삼성경영
현대경영

삼성경영
현대경영

발 행 일   2016년 11월 1일 초판 1쇄 발행
지 은 이   박상하
발 행 인   박재우
발 행 처   한국표준협회미디어
출판등록   2004년 12월 23일(제2009-26호)
주   소   서울시 금천구 가산디지털1로 145, 에이스하이엔드 3차 11층
전   화   02-2624-0383
팩   스   02-2624-0369
홈페이지   www.ksam.co.kr

ISBN 979-11-6010-002-0
값 27,000원

삼 성 과 현 대 의 기 업 문 화 깊 이 읽 기

삼성경영

현대경영

KSAM

「삼성경영 현대경영」은
역사이자 전기이며,
기업전략이자 기업문화의 경영 텍스트다

때론 전혀 예기치 않은 전화를 받아야 하는 순간이 있다. 또 그런 전화일수록 그저 막무가내이다. 거두절미하고 단박에 핵심만을 내던지기 일쑤다. 그리고는 곧바로 대답을 듣지 않으면 사달이라도 날 것처럼 금방 숨이 넘어간다.

대개 신문기자들이 그렇다. 그것도 당장 답변하기 어려운 까다로운 질문만을 골라 내던진다. 정말 당황스럽기 짝이 없다. 사전에 무슨 언질이라도 주었다면 생각이라도 좀 해보고 나서 대답할 수가 있으련만 시도 때도 없이 불쑥 찾곤 한다.

때문에 답변이 충분할 까닭이 없다. 글쎄요, 하고는 번번이 통화를 끝내기 십상이다.

한데 참 이상한 일이다. 그 같은 전화가 꼭이 불편한 것만은 아니라는 점이다. 그런 통화를 끝내고 나면 으레 어떤 알 수 없는 영감에 문득 빠져들곤 했으니 말이다.

주말의 오후였던 그날도 예외가 아니었다. 필요한 자료를 찾아보기 위해 때마침 국립중앙도서관에 가 있었는데 넌떡 전화가 걸려왔다.

저자의 이름을 확인하는 젊은 여성의 음성을 듣는 순간, 신문기자라는 걸 거의 직감으로 알 수 있었다. 아니나 다를까. 삼성전자 등을 출입한다는 경제신문의 여기자였다.

여기자는 딴 게 아니었다. 글로벌 전자시장에서 삼성전자가 꿋꿋이 버텨내고 있는 비결이 과연 어디에 있다고 보느냐고 물었다.

그걸 왜 저자에게 묻는지 궁금했다. 삼성전자를 출입한다는 기자도 모르는 걸 저자가 어찌 안단 말인가.

"삼성이나 현대 관련 책을 여러 권 쓰셨잖아요?"

"글쎄요, 그건 아직 다 모른다는 얘기가 아닐까요? 알았다면 벌써 끝내고 말았지. 왜 이것저것 기웃거렸겠어요?"

더구나 다른 것도 아니고 그같이 첨예한 문제를 어떻게 전화 통화만으로 가능하겠느냐며 그만 발을 뺐다. 나 역시 오래전부터 쓰느라 고심했음에도 여태 코끼리 다리만을 만지작거리고 있는 터라 딴은 할 말도 없었다. 앞으로 기회가 닿는다면 새로운 문법으로 다시금 접근해볼 생각이라고 에둘렀다.

여기자는 집요했다. 새로운 문법이라면 어떤 걸 말하는 거냐며 꼬치꼬치

캐물었다.

"뭐랄까, 모든 과정에서 역사는 대전제가 아니겠어요? 따라서 역사⋯, 또 뭐 기업문화와 같은 그런 것이 되겠죠. 암튼 포괄적으로 다시금 깊이 들여다볼 생각이에요."

사실 「삼성경영 현대경영」은 오래 전부터 꿈꾸어 오던 원고였다. 진즉부터 기획하고 다듬어 왔으며, 또한 지금껏 「이기는 정주영 지지 않는 이병철」 등 여러 권을 저술하는 과정에서 느낀 점과 강연 현장에서 깨달은 점 등을 복토시켜 어떻게든 반드시 집대성해보고 싶었다. 지금까지 선보여 왔던 단선적인 풍경을 넘어 언젠가는 좀 더 「삼성경영 현대경영」을 깊이 천착해 들어가, 그 의문과 해법을 기필코 파헤쳐 마침표를 찍고야 말리라 속다짐했었다. 지난 몇 해 전부터 어느 하루 조바심치고 열병처럼 끓지 않는 날이 없었다.

하지만 마음만이 무거웠다. 막상 붓질을 시작하자니 어디서부터 무엇을 해야 할지 막막하고 두렵기만 했다. 시작할 엄두조차 내지 못한 채 차일피일 미루고만 있던 참이었다.

그러던 어느 주말 오후에 걸려온 여기자의 전화는 마치 천둥이었다. 막막함과 두려움에 빠져 멈칫거리고만 있던 진땀 나는 손을 불끈 쥐게 만들었다. 이 원고를 완결 짓지 않고선 그 어떤 과제를 해결해 낸다 할지라도 결국 후회하게 될 것이라는 강렬한 신호에 사로잡혔다.

또 그때 '삼성경영 현대경영은 역사이자 전기이며, 기업전략이자 기업문화의 경영 텍스트다'라는 첫 문장이 쓰여졌다. 오랜 경험을 부싯돌로 삼아

마침내 불꽃을 일으키는, 어떤 계시와도 같이 한순간 뇌리를 빠르게 스쳤다.

나는 그만 국립중앙도서관을 나섰다. 「삼성경영 현대경영」이 기다리고 있을 작업실로 서둘러 돌아와야 했다.

'삼성경영 현대경영'이 이룬 성공 신화는 기적에 가깝다. 어떻게 그 짧은 기간 안에 변방의 이름 없는 간판으로 지구촌의 도처에 경제영토를 그토록 넓혀나갈 수 있었는지. 그저 놀랍기 그지없다.

그럼에도 삼성과 현대가 이룬 경영의 핵심 가치와 그 문법을 본격적으로 밝혀낸 저서는 찾아보기 어려운 게 사실이다. 기껏해야 고려대 장세진 교수의 「삼성과 소니」와 서울대 송재용 교수의 「SAMSUNG WAY」가 거의 유일하다고 볼 수 있다.

그나마 두 권의 저서는 학문적·시스템적으론 상당 부분 치열하게 파고들어 대단히 정교한 역작임에도 한편으로는 아쉬움도 없지 않았다. 학문적·시스템적인 범주의 한계에서 벗어나지 못하고 있다는 느낌을 지우기 어려웠다. 「삼성과 소니」와 「SAMSUNG WAY」는 연구 보고서로는 더할 나위 없이 충분할 것일지라도, 일반 기업의 현장에서 취하고 발견할 수 있는 어떤 문법도 찾아보기가 쉽지 않았다.

요컨대 왜 그런 시스템을 채택케 되었는지, 우연한 동기인지 필연의 전술인지 하는, 왜 그 같은 기업전략을 구축케 되었는지 하는 의문과 해답이 빠져 있다는 점이다. 저자의 일천한 경험으로 미뤄볼 때 무수한 일반 기업들이 삼성과 현대의 경영 속에서 무언가를 발견해 내고 자신에게도 공유할 수 있는 어떤 접합점이 있지 않을까 애써 찾고 있는데도 말이다.

물론 두 분의 저명한 석학으로선 그 같은 연구 보고서만으로도 자신의 역할과 의무를 충분히 완수했다고 믿어진다. 거기에 또 다른 부분을 요청하기도 딴은 어려운 노릇이다.

「삼성경영 현대경영」은 바로 그런 점에 착안한 것이다. 학문적 연구 보고서만으로 그친 학자들의 시선이 아닌, 실제 일반 기업에서 경영의 텍스트로 삼을 수 있도록 하자는 것이었다. 먼저 그 같은 위대한 이야기를 과연 어떻게 쓸 수 있었느냐 하는 문제부터 보다 명확히 짚은 다음 해답을 묻는 것이 순서라고 보았다.

앞으로 점차 조명하고 분석해 나가겠지만, 도대체 그 놀라운 동력의 실체란 과연 무엇이었는지. 전문가들이 듣기엔 다소 불편할지 몰라도, 분명한 것은 지난 80여 년 동안 그들이 보여준 놀라운 역량은 결코 뜬금없이 나타난 역사적 비약이나 한낱 현상이 아닌, 결코 아직 다 설명되지 않는 또 다른 무언가가 분명 존재하고 있다는 점이다. 그들의 내면에 도도히 흐르는 동아줄처럼 끊을 수 없는 어떤 숨은 힘이 실존한다는 사실이다. 곧 그들의 숨은 힘을 「삼성경영 현대경영」을 통해서 스스로 발견해 내고 공유할 수 있도록 실질적으로 밝혀보자는 게 당초의 기획 의도였다.

여기엔 그동안 삼성과 현대 관련 원고를 여럿 집필해 온 것도 힘이 되었다. 저자 나름대로 축적하고 학습 된 부분 역시 분명 밑돌이 될 수 있을 거라는 믿음 또한 없지 않았다.

　그런 만큼 「삼성경영 현대경영」은 지금까지 볼 수 없었던 정체의 통섭, 요체의 본질을 낱낱이 들여다보는 작업이 될 것이다. 어떤 세계를 이해하려면 그 시작으로 돌아가야 한다는 신념에 따라, 이 책은 삼성과 현대라는 첫 출발점에서부터 아직 미처 다 가보지 못한 지평의 끝 지점까지 도달하는 완결편이 될 것으로 보인다. 학자들이 간과하기 마련인 낮은 단계의 인문학적 시선에서부터 명쾌하게 단정 짓고 명료하게 해답을 제시할 것으로 믿어진다.

　그러기 위해선 먼저 밝혀두어야 할 것이 있다. 「삼성경영 현대경영」은 빅맨 이병철과 정주영, 이건희와 정몽구로 일컬어지는, 실존의 경험이라는 경영사business history가 지금의 '삼성경영 현대경영'에 고스란히 녹아 있다고 보는 데서부터 출발한다. 다시 말해 오늘날 삼성과 현대라는 기업경영의 발전을 기업경영의 주체인 그들의 남다른 기업가활동entrepreneurship을 통해서 통사적으로 해부해 나갈 작정이다.

　거기서 한 걸음 더 들어가 이병철과 이건희는 왜 강렬한 개성과 냉혹한 성격을 경영의 전면에 내세웠는지. 반면에 정주영과 정몽구는 왜 두둑한 배짱과 불 같은 열정을 경영의 전면에 내세워야 했는지. 삼성은 왜 '이유는 없다, 명령은 내가 한다'는 황제경영의 기업전략push strategy이었는지. 그에 반해 현대는 왜 '이유는 없다, 나를 따르라'는 정벌경영의 기업전략lead strategy이었는지 알아볼 것이다. 그런 결과 '삼성경영 현대경영'은 오늘날 우리에게 어떤 '기업문화'와 '경영문법'을 제시해 주고 있는지조차 빠짐없이 톺아볼 참이다.

그러기 위해서는 무엇보다 그들의 다양한 경영기법이라든가 실존의 경험들을 좀 더 깊숙이 들여다볼 필요가 있다. 과거에서 현재에 이르기까지 삼성과 현대의 경영관리 조직은 어떻게 성장하고 진화해 갔는지, 기업경영과 조직구조의 변화를 중심으로 자세히 살펴나갈 요량이다.

그뿐만 아니라 그 같은 성장과 진화 속에서 경영관리 조직의 또 다른 핵심가치인 기업문화는 과연 어떻게 만들어 나갈 수 있었는지, 또 그 같은 기업문화는 필연적으로 '삼성경영 현대경영'에 어떤 차별화를 가져다주었는지 삼성과 현대라는 두 제국의 첫 시작점에서부터 완성체까지를 비교사적으로 두루 설명해 내고자 한다.

저자는 이것을 경영사의 원형原形이라 일컫는다. 더욱이 이 같은 원형은 오늘날 '삼성경영 현대경영'의 탄생과도 밀접하게 관련되어 있다는 걸 전제로 하고 있음도 아울러 미리 밝혀둔다.

그런 만큼 「삼성경영 현대경영」이 우리에게 던지는 질문은 한결같다. 역사 속의 삼성과 현대는 과연 어떤 성장과 진화의 과정을 거쳐 오늘에 이르렀는지. 오늘날 '삼성경영 현대경영'이 탄생하기까지 그런 시간은 대체 어떤 역할을 한 것인지. 아직도 적체에서 헤어나지 못하고 있는 리더와 기업이 적지 않은데도, 지난 80여 년 동안 그들이 거둔 성장과 진화는 그토록 역사와 경제 점쟁이의 제자들마저 놀라게 한 것인지.

창업1969년 당시 전자 메이커도 아닌 일본의 한낱 레코드 업체에서 눈물 겹게 배워야 했던 삼성전자가 대체 어떤 숨은 역량이 있었기에 불과 30여 년 만에 세계 전자영토를 지배하던 소니를 비롯한 도시바, 파나소닉 등과 같은 일본의 전자군단들을 죄다 제쳐내고, 4년2012~2015년 연속 '매출 200조 클럽'의 첨단 기업으로 우뚝 설 수 있었는지. 한참 뒤늦게서야 가까스로 소형차 포니를 생산하기 시작하면서 지구촌의 영토전쟁에 뛰어든 현대자동차가 대체 어떤 숨은 역량이 있었길래 불과 40여 년 만에 누적 판매 1억 대2016년를 돌파하는 'Big 5'에 올라설 수 있었는지.

그리하여 마침내 오늘날의 '삼성경영 현대경영'을 탄생케 할 수 있었는지. 도대체 어떤 무엇이 그 같은 기업역사와 기업전략, 나아가 기업문화를 구축케 할 수 있었는지. 그 의미를 이해하고 밝혀내며 또한 새로운 용어 정의를 부여하여 경영의 외연을 확장시켜 보고자 한다.

이것은 비단 저자만의 오래된 의문과 질문만은 아니라고 본다. 우리 모두에게 지적 호기심과 상상력을 불러일으키는 충분한 논쟁거리라는데 의심의 여지가 없다.

따라서 이 원고는 꽤 광범위하게 판을 벌여 짚어나가, 빅맨 이병철과 정주영, 이건희와 정몽구에 이르는 고사내력故事來歷의 속살까지도 놓치지 않는 고찰이 될 것으로 예상된다. 경영과 전략의 씨줄 위에 기업의 역사와 기업의 문화가 날줄로 겹쳐 그려내는 콜라보collaboration, 곧 아래로부터의 관점에서 본 진지한 분석과 성찰로 '삼성경영 현대경영'의 모든 숨은 문법을 기어이 드러내어 밝혀나갈 결심이다.

물론 누구나 완벽한 역사와 경영을 다 들여다볼 순 없는 일이다. 저자 역시 예외일 수 없다.

더구나 이 원고는 여전히 비판의 소지가 많을 줄 안다. 비록 경영과 전략의 씨줄 위에 기업의 역사와 기업의 문화를 날줄로 삼고 있다고는 하나, 오랜 역사의 상거相距 속에서 기업경영의 정석을 구한다는 건 자칫 편협한 시각일 수 있다. 또한 우연적인 요소도 적지 않아 기업경영의 문법이라고 단정 짓기엔 무리수라는 지적이 나올 법도 하다.

어디 그뿐이랴. 의문과 질문의 판은 제법 크게 벌여놓았음에도 답변을 뒷받침하는 증거의 빈약은 물론이고, 그나마 친절하고 설득력 있게 입증하려 하기보다는 그저 주장하는 데에만 그치고 있을 뿐더러, 그런 사실조차 단순화하고 말았다는 미숙함 또한 고백하지 않을 수 없다.

그럴대도 저자는 '몇 가지 증거만 뒷받침된다면 비록 그것이 잘못된 견해라 하더라도 결코 해가 되는 건 아니라'는 찰스 다윈Charles Darwin의 변명을 떠올려본다. 혹여 부분적인 오류가 발견된다 하더라도 저자는 그것이 생산적인 오류가 되기를 희망한다. 그리하여 이 원고가 삼성제국과 현대제국의 정체성 형성과 경영문법을 규명하고 발굴하는 데 보다 폭넓은 시각과 관점에서 논의될 수 있는, 논쟁과 숙고의 가시고기가 될 수 있기를 요청한다. 오늘날 「삼성경영 현대경영」의 탄생이라는, 매우 방대하면서도 중대한 질문에 대한 계림일지桂林一枝로 발견될 수만 있다 하더라도 더할 나위가 없다 하겠다.

끝으로 달빛이 들지 않는 곳이 없는 것처럼 그간 오로지 원고의 영토를 보다 더 깊이 보다 더 확장시키는 데 피를 말렸다. 그럼에도 한 권의 책이 세상에 나오기까지에는 저자 혼자만의 노력으론 불가능하다. 기획 단계에서부터 마감에 이를 때까지 한국표준협회미디어의 박재우 대표이사와 머리를 맞대고 함께 고민한 날이 여럿이었다. 더딘 붓질을 묵묵히 견디어주었을 뿐 아니라, 거친 원고를 사려 깊게 다듬어 책으로 엮어주느라 애써준 공동의 산모임을 여기에 밝혀둔다.

이제 「삼성경영 현대경영」을 비정한 세상에 내보내고자 한다. 부디 꺼지지 않는 들불로 널리 번져나가길 바란다. 우리의 전통성을 강화시키고, 일찍이 가져보지 못한 희소성을 차별화시켜, 기업경영의 무한한 상상력과 외연을 확장해낸 「삼성경영 현대경영」이 보다 많은 이들에게 발견될 수 있기를 희망한다. 기업경영의 경전과도 같은 하나의 텍스트로 남아 앞으로도 백 년 동안 두루 읽힐 수 있기를 소망해 본다.

차례

제1부

왜 **삼성경영 현대경영**인가?

제1장

왜 '삼성경영
현대경영'인가?

큰 자본 기술 없이 '100년 경영'을 시작하다

어떠한 역사도 첫 시작은 결코 창대하지 않았다. 다수에 의해 만들어지고 또한 다져지는 것이라고는 한다지만, 그 시작점은 으레 바람에 떨어진 겨자씨 한 알과 같은 아주 작고 사소한 것으로부터 비롯된 경우가 많다. 바람에 떨어진 겨자씨 한 알에서 싹이 돋아나, 땅을 뚫고 일어서 수목으로 자라났다. 그 수목이 거대한 숲을 이루어 나간 것이다.

'삼성경영 현대경영' 또한 그와 다르지 않았다. 지금으로부터 80여 년 전 바람에 겨자씨 한 알이 대지 위에 뿌려졌고, 싹이 돋아나 땅을 뚫고 일어서 수목으로 자라났다. 그 수목이 마침내 지금의 삼성과 현대라는 거대한 숲을 이루게 되었다.

'현대'의 정주영은 24세 때 '경일京—상회'로 사업을 시작한다. 보잘것없는 쌀가게가 그 첫 시작점이었다. 대지 위에 뿌려진 겨자씨 한 알이었다.

'삼성'의 이병철은 형편이 좀 나았다. 26세 때 지인 세 사람과 자본을 합자해서 설립한 '협동協同정미소'가 그 첫 시작점이었다. 대지 위에 겨자씨 한 알을 뿌린 것이다.

이같이 이병철과 정주영은 어떤 큰 자본을 갖고 시작한 게 아니었다. 별다른 기술이나 남다른 경험을 가진 것도 아니었다. 인맥이나 학맥조차 따로 가졌던 게 아니다. 미래는 소심하게 머뭇거리는 자의 것이 아니라 용기 있게 나서는 자의 것이라는 신념 하나만으로 세상에 자신을 내던진 셈이다.

물론 이들의 시작점이 지금의 환경과 같은 조건이라고 말할 수는 없다. 그동안 비교도 할 수 없을 만큼 환경이 크게 달라졌다는 지적이 있을 수 있다.

하지만 그 같은 지적에 과연 이병철과 정주영이 선뜻 동의할 수 있을는지 모르겠다. 어쩌면 두 사람은 그때나 지금이나 조건이 어렵긴 마찬가지였다고 항변할는지도 모르겠다.

다만, 분명하게 말할 수 있는 건 이들에게 남다른 점이 있었다. '삼성'에 이병철과 이건희가 있었다면 '현대'에 정주영과 정몽구라는, 일찍이 보지 못한 주목할 만한 리더가 실존했다는 사실이다.

그렇대도 천만다행이 아닐 수 없다. 이들의 '삼성경영 현대경영'은 그저 먼발치에서만 바라보아야 하거나 결코 범접하기 어려운 금단의 역사가 아니라는 점에서 그렇다. 바람에 떨어진 겨자씨 한 알과 같은 아주 작고 사소한 첫 시작으로 어렵사리 싹을 틔워내고, 땅을 뚫고 일어서, 수목으로 자라나 마침내 오늘의 '100년 경영'에 이르렀다는, 다시 말해 누구에게도 성공

가능의 지평을 열어주었다는 점에서 우선 반갑기가 그지없다.

모든 기업경영의 정신은 위에서부터 온다

호랑이 1마리가 이끄는 100마리의 양떼가 있다고 하자. 반대로 양 1마리가 이끄는 100마리의 호랑이 무리가 있다고 하자.

만일 이 두 집단이 서로 맞닥뜨려 피비린내나는 약육강식을 벌인다면 과연 그 결과는 어떻게 될까? 생각해볼 것도 없이 마땅히 100마리의 호랑이 무리가 승리하지 않겠는가?

정녕 그렇다고 보는가? 반드시 힘센 다수가 승리할 수 있다는 절대론이란 단순히 물리적 결과만을 고려한 건 아닐까? 혹 섣부른 관념일 수도 있다는 생각을 해보진 않았는가?

우린 실제 역사 속에서 그 같은 사실을 곧잘 목격하게 된다. 두터운 세계사를 뒤적일 것도 없다. 임진왜란 때의 명량해전1597년만 하여도 그렇다.

당시 해전에서 이순신 장군은 고작 13척의 전함뿐이었다. 반면에 일본 수군의 구루시마 미치후사가 이끄는 전함은 그 10배가 넘는 133척이었다. 하지만 결과는 모두의 예상을 깬 일본 수군의 참패로 끝나고 만다.

이 같은 역사의 실례에서도 볼 수 있는 것처럼 반드시 힘센 다수가 승리한다는 공식은 자칫 잘못된 관념일 수 있다. 더욱이 리더십과 연결지어 생각해 본다면 그 결과는 얼마든지 달라질 수 있다. 어떤 조직이 가지고 있는 조건에 상관없이 리더십에 따라 그 결과가 얼마든지 뒤집힐 수도 있음을 확인할 수 있다.

마찬가지로 앞에 예를 든, 호랑이 1마리가 이끄는 100마리의 양떼와 양

1마리가 이끄는 호랑이 100마리의 약육강식 또한 다르지 않다. 리더십으로 조직의 사고방식을 바꾸어내고, 그들이 어떤 행동을 취할 수 있도록 역량을 동원할 수 있다는 점에서 얼마든지 다른 결과가 나올 수 있다는 얘기다.

예컨대 양 1마리가 이끄는 100마리의 호랑이들은 자칫 자신의 리더인 양을 쫓다 보면, 그만 야성을 잃어버린 채 모두가 양과 같이 온순해질 수밖에는 없다. 그렇게 길들여진 호랑이가 되고야 만다. 나아가 약육강식을 벌이는 방식에 있어서도 리더인 양을 따라갈 수밖에 없게 된다.

반면에 호랑이 1마리가 이끄는 100마리의 양떼는 자신의 리더인 호랑이를 쫓다보면, 그만 호랑이와 같은 거친 야성으로 모두가 돌변할 수도 있다. 그렇게 길들여진 양떼가 되고야 만다. 나아가 약육강식을 벌이는 방식에 있어서도 리더인 호랑이를 따라갈 수밖에 없게 된다.

다시 말해 무리의 리더인 양의 생존 전술과 전략에 따라 마치 양처럼 온순하게 탈바꿈한 호랑이 무리와 그에 반해 무리의 리더인 호랑이의 생존 전술과 전략에 따라 호랑이처럼 사납게 탈바꿈한 양떼가 서로 맞부딪쳐 약육강식을 벌인다고 가정해 보았을 때, 무리가 가진 조건과 상관없이 리더에 따라 얼마든지 다른 결과를 만들어낼 수가 있다.

아니라고? 그건 어디까지나 동물을 전제로 한 것일 뿐이라고?

그렇다면 앞서 언급한 실제 역사를 다시 돌아보길 바란다. 13척의 이순신과 그 10배가 넘는 133척의 구루시마 미치후사가 맞부딪친 명량해전의 예를 다시금 상기해 주었으면 한다.

이 믿기지 않는 명량해전이야말로 전형적인 리더십이 보여준 단면이라고 말할 수 있다. 그 어떤 조직에서도 찾아볼 수 없는, 기업경영이라는 매우 특수하면서도 미묘한 조직에서 과연 리더십이 어떠한 가치를 발휘할 수 있는가를 가늠케 해주는 단적인 사례라고 할 수 있다.

더구나 명량해전의 결과로 말미암아 전쟁 전과 후의 상황이 정반대로 뒤바뀌게 되었다는 사실이다. 절대 열세에 놓여 있던 조선의 수군은 리더의 리더십으로 상황을 탈바꿈시켜 반전의 기회로 삼은 데 반해, 절대 우위에 섰던 일본의 수군은 리더의 리더십 위기로 오히려 기회를 상실하고 말았음을 알 수 있다.

기업의 조직 또한 뭐가 다르다 할 수 있겠는가? 오늘날의 기업경영에서 리더십의 위기는 이슈와 함께 반드시 해결하지 않으면 안 될 과제가 되고 있다. 기업이 당장 차세대 리더를 발굴하거나 키워내지 못한다면 성장전략에 심각한 위기를 맞을 것이란 분석들을 마주한 지 오래다. 기업의 경영에서, 특히 조직의 운영에서 리더의 리더십이 그만큼 중요한 의미를 갖게 되었다.

'경영학의 아버지'로 불리는 피터 드러커는 평생 40여 권의 저서를 남겼다. 물론 다 읽어볼 수는 없었다. 하지만 그중 몇 권을 읽고서 간추리고 또 간추리다 보면, 맨 마지막까지 남는 건 '기업의 정신은 곧 위에서부터 온다'는 문장이었다.

그렇다. 무릇 조직의 정신은 모두가 위에서부터 온다. 만일 어떤 조직이 특별한 정신을 갖고 있다면, 이는 분명 그 조직을 이끄는 리더의 정신이 남달랐기 때문이다. 윗물이 맑아야 아랫물이 맑은 것처럼 조직의 정신은 위에서 흘러내리는 계류와도 같다. 또 위에서부터 흘러내릴 때 계류는 보다 큰 힘을 발휘할 수 있게 된다.

'삼성경영 현대경영' 역시 계류가 없지 않았음을 보게 된다. '삼성경영 현대경영'을 간추리고 또 간추리다 보면, 맨 마지막까지 남는 건 이병철과 정주영, 이건희와 정몽구라는 리더의 계류다. 수풀 더미 우거진 숲 속을 헤치고 또 헤쳐나가면서 스스로 길을 내어 앞으로 나아간 개척의 80여 년은 순전히 그들의 남다른 리더십부터였음을 알 수 있다.

물론 오직 그들만이 '삼성경영 현대경영'을 이룬 것은 결코 아니다. 이병철과 정주영, 이건희와 정몽구만으로 이루었다 말하긴 어렵다. 그럴더라도 분명한 건 '삼성경영 현대경영'의 정신은 곧 그들로부터 비롯되었다는 사실이다.

이병철의 '생각의 힘', 정주영의 '끈기의 힘'

러시아 속담에 주의력이 산만한 사람을 가리켜 '숲 속에 들어가도 땔감을 찾지 못한다'라고 했다. 고대 이스라엘 왕 솔로몬도 '지혜로운 사람의 눈은 바로 생각 속에 있다'고 말했다. 생각의 힘으로 사물을 꿰뚫어 볼 줄 알아야 한다고 일컬었다.

사려 깊지 못한 이에겐 바로 눈앞에 있는 보물도 좀처럼 쉬 보이지 않는다. 총명한 통찰력을 지닌 이는 사물 너머에 숨어 있는 진실까지도 꿰뚫어 볼 줄 아는 혜안이 있기 마련이다.

지동설을 처음으로 주장한 갈릴레이 이전에도 높이 매달린 물체가 규칙적으로 움직이는 것을 목격한 이는 얼마나 수많았겠는가. 하지만 그 같은 현상의 가치를 꿰뚫어 발견한 이는 오직 갈릴레이뿐이었다.

다음의 에피소드는 갈릴레이가 남다른 '생각의 힘'을 지니고 있음을 보여주는 사례다.

어느 날 기울어진 피사의 탑으로 유명한 피사 대성당의 종지기가 지붕 밑에 매달아 놓은 램프를 닦고 있었다. 지붕 밑에 매달린 램프는 청소가 끝나고 종지기가 그 자리를 떠난 뒤에도 계속해서 좌우로 흔들리고 있었다.

아무도 눈여겨보지 않았으나, 당시 18세에 불과했던 갈릴레이의 눈에는 램프의 흔들림이 예사롭지 않게 보였다. 그는 이것을 주의 깊게 관찰하고 또 생각을 거듭하다, 그 원리를 시간의 계측에 활용할 수는 없을까 연구하기 시작했다.

그 후 50여 년에 걸친 집요한 연구와 부단한 노력 끝에 비로소 갈릴레이는 진자振子의 실용화에 성공했다. 시간의 측정과 천문의 계측에서 이 같은 발견은 아무리 높이 평가해도 지나치지 않은 것이었다.

만일 갈릴레이가 사물을 그저 일상적인 눈으로 스쳐 지나쳤거나, 수동적으로 남의 얘기를 흘려들었다면 이같이 위대한 업적은 결코 이루지 못했을 게 자명하다. 주의 깊게 관찰하고 생각하는 힘으로 사물을 예리하게 꿰뚫어 보았기 때문에 언뜻 보기에는 아무것도 아닌 듯이 보인 현상에서도 중대한 의미를 찾아낼 수 있었던 것이다.

다음의 에피소드는 남다른 '끈기의 힘'을 지니고 있음을 보여주는 뷔퐁의 사례다. 프랑스 박물학자 뷔퐁은 자신의 말과 행동으로 '천재란 곧 인내심과 통한다'라는 사실을 입증해 보인 인물이다. 그는 박물학 분야에 탁월한 업적을 남겼지만 원래부터 재능이 뛰어났던 건 아니다.

실제로 그는 두뇌도 그다지 명석하지 못했을뿐더러 게을렀다. 유복한 가정에 태어나 굳이 무언가를 열심히 할 필요도 없었다.

어느 날 뷔퐁은 그런 자신을 심각하게 돌아보았다.

'과연 이렇게 살아도 되는 걸까? 이대로 살다가는 남자로 태어나 뜻있는 일도 한번 못해보고 사치와 타락에 물든 채 일생을 마감하게 되는 건 아닐까?'

어떻게 보면 남부러울 게 없는 환경이었지만, 뷔퐁은 거기에 만족하지 않았다. 생활 습관부터 고쳐나가기로 작정했다.

그 첫 번째 시도가 아침에 일찍 일어나는 습관을 길들이는 거였다. 시간은 모든 사람에게 한정적으로 주어지는 귀중한 보물이라고 여긴 그는 이제부터라도 시간을 아껴 쓰기로 마음먹었다.

"이보게, 매일 아침 여섯 시에 나를 좀 깨워주게. 그러면 상으로 은화 한 닢씩을 자네에게 주겠네."

뷔퐁은 자신의 하인 조셉에게 제의했다. 조셉은 주인의 뜻에 기꺼이 따랐다. 한데 말처럼 쉽지만은 않았다. 오랜 세월 늦잠 자는 버릇에 길들여진 뷔퐁은 조셉이 깨울 때마다 짜증부터 부리기 일쑤였다.

그러거나 말거나 조셉은 매일같이 집요하게 매달렸다. 은화를 받을 수 있다는 욕심에 아침 여섯 시면 어김없이 뷔퐁을 깨우려 들었다. 주인이 짜증을 부리든 말든 침대맡에 붙어선 채 한사코 귀찮게 굴었다.

그처럼 끈질기게 매달린 결과 마침내 뷔퐁은 자신의 게으른 습관을 떨쳐낼 수 있었다. 아침에 일찍 일어나 학문에 정진할 수 있게 된 것이다.

'박물학에 관한 나의 책 서너 권은 순전히 나의 하인 조셉의 공이었음을 밝힌다.'

훗날 뷔퐁은 자신의 회고록에서 그렇게 고백했다.

'삼성경영 현대경영' 역시 이와 다르지 않았다. 이른바 이병철과 이건희, 정주영과 정몽구로 일컬어지는 그들 역시 모두가 거기서부터 기업경영의 정신이 비롯되었으며 또한 계류로 흘러내렸다.

삼성경영의 정신은 순전히 '생각의 힘'에서 비롯된 것이다. 이병철과 이건희의 삼성경영 80년을 관통하는 정신의 코어core는 다름 아닌 '생각의 힘으로 사물을 통찰하라'였다. 그 같은 뿌리 깊은 정신이 곧 누구도 따를 수 없는 경박단소輕薄短小형의 첨단산업을 일으킬 수 있었던 원동력이었다.

현대경영의 정신은 순전히 '끈기의 힘'에서 비롯된 것이다. 정주영과 정몽구의 현대경영 80년을 관통하는 정신의 코어는 다름 아닌 '끝까지 최선의 노력을 다하라'였다. 그 같은 뿌리 깊은 정신이 곧 누구도 따를 수 없는 중후장대重厚長大형의 중공업을 일으킨 원동력이었다.

토끼와 거북이 경주의 승자는 둘이다

이솝의 우화 「토끼와 거북이」는 지금 읽어보아도 새롭다. 겉 이야기는 지극히 단순해 보여도 읽어볼수록 마치 양파까기를 하는 느낌이다. 많은 생각을 반추하게 만든다.

어느 날 발 빠른 토끼가 거북이를 보고 느림보라고 놀린다. 그러자 거북이가 토끼에게 달리기 시합을 제안한다. 둘의 달리기 시합은 그렇게 시작되고, 처음부터 토끼가 훨씬 앞서나가게 된다. 거북이가 한참이나 뒤처진 사실을 알게 된 토끼는 잠시 그늘에서 쉬어가기로 한다. 그러다 깜박 낮잠에 빠져든다. 뒤늦게 낮잠에서 깨어났을 땐 상황이 크게 뒤바뀐 뒤였다.

거북이는 이미 목표 지점에 도착했고, 둘의 달리기 시합은 그렇게 끝이 나고 만다. 솜씨로 보아 도저히 어림도 없을 것 같은 토끼와 거북이의 달리기 시합은 그같이 극적인 반전으로 말미암아 뜻밖의 결말을 안겨준다.

승부의 세계에서 승자와 패자는 그냥 엇갈리는 게 아니다. 승자는 승리할 만한 이유가 있어서 승자가 된다. 패자는 패배할 수밖에 없는 이유가 있어서 패자가 되는 거다.

토끼와 거북이의 우화 역시 다르지 않다. 발 빠른 토끼가 느림보 거북이에게 마땅히 질 수밖에 없는 이유가 있어서 패한다. 마찬가지로 느림보 거북이가 발 빠른 토끼를 마땅히 이길 수밖에 없는 이유가 있었기 때문에 승자가 된 것이다.

그렇다면 발 빠른 토끼가 느림보 거북이에게 패할 수밖에 없었던 이유는 무얼까? 단순히 자신의 빠른 발을 믿고서 잠시 쉬어가려다 그만 깜박 낮잠에 빠진 것 말고, 또 무슨 마땅한 이유가 있어서 그토록 승자와 패자로 엇갈린 거란 말인가.

이유란 딴 게 아니다. 토끼는 자신의 상대인 거북이만을 바라보았다. 자신의 입장으로만 달리기 시합을 바라본 것이다.

말하자면 자신의 빠른 다리만을 보았을 뿐, 상대의 끈기를 전혀 살피지 못했다. 겉으로 드러난 느림보 다리라는 상대의 조건만을 바라보았을 뿐, 자신의 게으름은 미처 돌아보지 못한 셈이다.

반면에 거북이는 자신과 상대를 동시에 보았다. 자신은 물론이고 상대조차 이해하면서 달리기 시합에 들어갔다.

다시 말해 자신의 느림보 다리만을 본 것이 아니라, 상대의 게으름까지도 꿰뚫어 보았다. 토끼의 빠른 발만을 바라본 것이 아니라, 자신의 끈기까지도 내다본 것이다.

이렇게 볼 때 토끼와 거북이가 같이 뛰었던 달리기 시합의 결과는 결코 뜻밖의 반전이 일어날 수 없었다. 그럴 수밖에 없는 이유가 처음부터 이미 자명했다는 점이다.

무엇보다 발 빠른 토끼는 상대를 보며 얼마쯤은 게으름을 피워도 될 것 같다는 개연성이 처음부터 농후했다. 느림보 거북이 역시 상대를 보며 바짝 긴장해서 여느 때보다 부지런을 떨지 않으면 안 된다는 개연성이 처음부터 충분했다.

결국 미처 다 쓰지는 않았지만, 이솝이 전하고자 했던 건 토끼의 게으름이나 거북이의 끈기가 아니었을 수 있다. 정녕 그가 들려주고자 했던 속 이야기는 거북이와 토끼의 깨달음이었을지 모른다.

그러니까 토끼와 경주를 벌이기로 한 거북이는 혼자서 생각에 잠기게 된다. 자신의 끈기라면 상대의 게으름을 이길 수도 있다는 깨달음을 얻게 되었던 것이다.

토끼 역시 마찬가지였다. 거북이와의 경주에서 패한 토끼는 혼자서 생각에 잠기게 된다. 빠른 발을 가졌지만 자칫 한눈을 팔았다간 느린 끈기를 이기지 못한다는 깨달음을 얻게 된 것이다.

이 같은 깨달음들이야말로 정작 이솝이 전하고자 한 메시지가 아니었나 싶다. 즉, 이솝이 말하고자 한 이야기는 승자의 조건이었는지 모른다.

따라서 이솝 우화 「토끼와 거북이」에서 승자는 어느 한 쪽이 아닌 둘 다였다. 끈기의 힘이라면 빠른 발도 이겨낼 수 있다고 깨달은 거북이는 물론이고, 빠른 발을 가졌으나 게으름을 피웠다간 패할 수도 있다고 깨달은 토끼의 손을 동시에 들어준다. 느림보도 게으름뱅이도 깨달을 줄 안다면, 경주에서 다 같이 승자가 될 수 있다는 걸 말하고자 했던 건 아닐까?

이솝 우화에 등장하는 「토끼와 거북이」는 언뜻 삼성과 현대를 연상시킨다. 아무래도 재치 있고 빠른 토끼가 삼성을 떠올리게 한다면, 어딘지 모르게 느리지만 끈기 있어 보이는 거북이는 현대가 영락없다. 왠지 재빠른 토끼가 이병철이나 이건희의 이미지와 고스란히 겹쳐 보인다면, 우직한 거북이는 정주영이나 정몽구의 이미지와 고스란히 오버랩된다. '삼성경영 현대경영' 또한 이 같은 우화와 다르지 않아 보인다.

'현대경영'의 경우 전자산업의 도전이 그 좋은 예라고 볼 수 있다. 현대는 일찍이 1983년 경기도 이천에 '현대전자'를 설립하고 반도체 산업에 뛰어든다. 삼성이 산통 끝에 '삼성전자'를 설립1969년한 데 이어, '우리는 왜 반도체 사업을 해야 하는가?'라는 선언문을 신문 지면에 발표하면서 반도체 산업에 전격 뛰어든 것과 같은 해였다.

그러나 모두가 성공을 의심치 않았다. 천하무적의 현대라면 전자산업도 충분히 승산이 있다고 믿었다.

현대 역시 자신감에 넘쳐 예의 뚝심으로 밀어붙인다. 이듬해 국내 최초로 16K S램을 시험 생산한 이래, 다음 해엔 256K D램을 만들어 본격적인 반도체 생산에 들어갔다.

1997년에는 세계 최초로 SOISilicon On Insulator기술을 이용한 1Gb SD를

개발하면서, 같은 시기에 출범한 삼성전자와 앞서거니 뒤서거니 어깨를 나란히 하기도 했다. 이어 업계의 또 다른 라이벌인 LG반도체를 흡수·병합 1999년하는 기염을 토한 데 이어, 새 천년 들어 '하이닉스'로 사명을 변경하며 반도체 전문기업으로 급성장해 나갔다.

하지만 2005년 당시 하이닉스는 부채가 무려 15조 원에 달하는 부실기업의 대명사처럼 언론에 오르내렸다. 이후 3년 만에 연 매출 6조 원, 순이익 2조 원에 달하는 초일류 기업으로 면모를 일신하기도 했으나, 2009년 다시 사상 최대 규모인 1조 9,000억 원의 적자를 기록하고 만다. 세계 경기 침체로 인한 반도체 수요가 크게 위축된 것이 주된 원인이었다.

결국 2012년, 현대는 하이닉스현대전자를 끝내 SK그룹에 넘겨주어야 했다. 천하무적의 현대가 야심 차게 도전했으나, 전자산업에서 끝내 승자가 되지 못한 것이다.

'삼성경영' 또한 유사한 사례를 찾아볼 수 있다. 자동차 산업에의 도전이 그 좋은 예다.

1995년 2월 미국 LA에서 가졌던 전략회의에서 이건희는 자동차 산업에 도전장을 던진다. 그러면서 그 이유를 다음과 같이 밝힌다. 아버지 이병철의 그늘에서 벗어나 비로소 자신의 친정 체제를 굳힌, 이른바 '프랑크푸르트 선언'을 한 2년 뒤였다.

"산업의 특성이나 시장 규모 측면에서 전자와 자동차가 21세기 한국경제를 책임져야 할 양대 산맥입니다. … 자동차 사업은 삼성의 21세기 신수종 사업인 동시에 21세기 산업 경쟁력의 핵심이라는 인식을 공유하고, 세계

자동차 산업 재편에 따라 21세기에는 우리나라가 세계 자동차 산업을 주도해 나갈 수 있도록 자동차의 개념과 기술의 변화에 조기 대응해야 합니다.”

이어 같은 해 3월 '삼성자동차'가 설립된 데 이어, 4월엔 부산 신호공단의 55만 평 부지 위에 공장 건설을 착수했다. 2000년에 50만 대의 생산 능력을 갖춘 승용차 공장이었다.

모두가 성공을 의심치 않았다. 천하제일의 삼성이라면 자동차 산업도 충분히 승산이 있다고 믿었다. 삼성 역시 자신감에 넘쳐 예의 완벽을 기했다.

그러나 이듬해 5월부터 국제 반도체 가격이 폭락하며 삼성에 어두운 그림자가 드리우기 시작했다. 삼성전자의 순이익이 전년도 2조 5,000억 원에서 1,600억 원으로 곤두박질 쳤다.

따지고 보면 이 수익도 부풀려진 거였다. 회계 처리 기준을 바꿔서 이익의 규모를 늘려놓은 장부상의 숫자일 뿐, 같은 해 삼성전자는 1조 원 이상의 적자를 기록했다고 메릴린치증권과 삼성전자의 재무 담당자들이 말했다.

엎친 데 덮친다 했던가. 삼성에 드리운 어두운 그림자는 같은 시기 자동차 산업이 본격화되면서 더욱 가중될 수밖에 없었다.

그렇대도 자동차 산업은 이건희의 해묵은 숙원이었다. 자신의 오랜 숙원 위에 국가 경제를 위해서 다시금 스스로 선택한 가시밭길이었다.

마침내 1997년 2월에 삼성자동차는 기업광고를 선보였고, 9월엔 자체 생산한 'SM5'의 공개 시승회가 열렸다. 이듬해 양산에 들어가, 3월부터는 본격 출시에 들어갔다.

하지만 판매는 저조했다. 자동차 전문가들로부터 승차감과 안정성이 뛰어나다는 호평에 이어 융단폭격식의 무차별 광고 공세를 퍼부었음에도, IMF 외환위기의 한파를 넘지 못했다. IMF 외환위기라는 암초에 걸리면서 소비 심리가 극도로 위축되고 말았다.

더구나 SM5는 팔수록 밑지는 기현상이 발생했다. 1대를 팔 때마다 약 153만 원의 손해가 발생한 것이다.

게다가 생산 대수마저 적어 감가상각비까지 감안하면 1대에 수백만 원씩의 적자였다. 출시 첫해에만 누적 적자액이 무려 6,988억 원으로 자본금 8,054억 원을 거의 잠식한 상태였다.

이쯤 되자 정부가 팔을 걷어붙였다. 재벌 계열사의 편법 지원 행위 등 방만한 경영에 메스를 들이대면서 삼성자동차가 기업 구조조정 대상의 도마 위에 올랐다.

한데도 삼성은 자동차 사업의 고수를 천명했다. 기아자동차 인수로 삼성자동차 문제를 해결하려고 나섰으나, 이미 돌이킬 수 없는 지경에 이른 뒤였다.

더 이상 자동차 사업을 고수했다간 그동안 삼성그룹 안팎으로 쌓아온 명성과 신뢰까지 한꺼번에 무너질 수 있었다. 삼성자동차로 말미암아 자칫 그룹 전체가 무너질 수도 있었다.

결국 삼성자동차를 2000년 4월 프랑스의 르노자동차에 넘겨주지 않으면 안 되었다. 천하제일의 삼성으로선 야심 찬 도전이었으나, 자동차 산업에서 끝내 승자가 되지 못한 것이다.

이처럼 현대는 전자산업에서, 삼성은 자동차 산업에서 각기 쓰라린 패배를 맛보아야 했다. 자신의 주 종목이 아닌 상대 왕국의 주 종목이랄 수 있는 분야로의 영토 확장을 야심 차게 꾀했다가 결국 좌절해야만 했다. 끝내 이룰 수 없는 꿈으로 접을 수밖에 없었다.

20여 년 전의 일이다. 그 사이 많은 시간이 흘러갔고, 시간의 두께만큼이나 변화 또한 적잖았다. 마치 뽕나무밭이 변하여 푸른 바다가 되었다고나 할까?

결론부터 말하자면, 그 뒤 현대는 그렇고 그런 자동차 왕국에서 과감히 벗어난다. 마침내 누적 판매 대수 1억 대를 눈앞에 둔 'Big 5'로 발돋움한 것이다.

삼성 또한 저가의 TV나 만들던 전자 왕국에서 과감히 벗어난다. 반도체, 컬러TV, 액정화면, 모바일 등의 주요 전자산업 분야에서 '글로벌 톱'으로 우뚝 선다. 현대도 삼성도 마치 기적과도 같은 도약을 이뤄낸다.

어떻게 된 걸까? 그 사이 현대와 삼성에 과연 무슨 일들이 벌어졌던 것일까? 자신의 주 종목이 아닌 상대 왕국의 주 종목으로의 영토 확장을 야심 차게 꾀했다가, 제대로 한 방 얻어맞아 그로기 상태에까지 놓였던 삼성과 현대에 도대체 어떤 변화가 일어났던 것일까?

이 대답을 듣기 위해서는 다시금 「토끼와 거북이」의 이야기로 돌아가야 한다. 비록 느린 발을 가졌지만 끈기의 힘이라면 빠른 발도 이길 수 있다는 생각으로, 반면에 빠른 발을 가졌지만 자칫 한눈을 팔았다간 끈기에 뒤질 수도 있다는 생각으로, 느림보도 게으름뱅이도 깨달을 줄만 안다면 경주에서 다 같이 승자가 될 수 있다는 이솝 우화로 말이다.

비록 중후장대형의 피와 근육을 가진 현대가 자신의 한계를 뛰어넘는 전자산업에 도전했다가 접을 수밖에 없었다 하더라도, 경박단소형의 피와 근육을 가진 삼성이 자신의 한계를 뛰어넘는 자동차 산업에 도전했다가 일장춘몽으로 끝났다 하더라도, 곧 그 같은 도전과 깨달음이 있었기에 상전벽해

桑田碧海와도 같은 변화를 이끌어낼 수 있었다는 얘기다. 그같이 처절한 학습과 단련의 역사가 실존했기에 20여 년 뒤 결국 환골탈태한 승자의 조건이 될 수 있었다는 것이다.

아직도 유효한 '삼성경영 현대경영'

시간은 누구에게나 다 똑같이 주어지는 것일까? 과연 그렇다고 생각하는가?

절대 공간과 절대 시간을 부정하는, 어렵기만 한 상대성이론을 굳이 동원하지 않는다 하더라도 이건 암만해도 동의하기 어려울 것만 같다. 적어도 어느 기업 어떤 기업가에게나 다 같이 공평하게 주어지는 건 아니라는 생각이 든다.

그러면서도 한편으론 누구에게나 다 같이 다르지 않은 것이 곧 시간이다. 어느 기업 어떤 기업가에게는 시간이 좀 더 많이 주어지는 데 반해, 또 다른 기업 또 다른 기업가에게는 시간이 좀 더 적게 주어지는 것이 결코 아니라는 말이다.

마찬가지로 저마다 그 성장 속도가 다 같을 수는 없다. 어느 기업 어떤 기업가는 성장 속도가 빨라서 일찍부터 두각을 나타내는가 하면, 또 어느 기업 어떤 기업가는 성장 속도가 더디기만 하여 속절없이 뒤처지기 십상이란 얘기다.

물론 주어진 조건이나 환경 또한 이 같은 시간을 활용하는 데 있어 적잖이 영향을 미치기 마련이다. 결국 시간이란 어느 기업 어떤 기업가에게나 다 같이 공평하게 주어지는 건 아니라는 사실이다.

'삼성경영 현대경영' 또한 예외가 아니었다. 물려받은 유산도, 마땅한 기술도, 변변한 경험조차 없이 한 치 앞을 내다보기 어려운 역사의 격랑 속으로 뛰어들어, 거기에다 선발 자본이나 선발 기업에 비하면 턱없이 뒤늦은 출발이 아닐 수 없었다. 80여 년 전 '삼성경영 현대경영'은 그저 무명의 선수로 어렵사리 출발 선상에 등장할 수 있었을 따름이다.

하지만 아놀드 토인비Arnold Toynbee는 이렇게 말한다. 문명은 항구가 아니고 항해라고. 또 여태 그 어떠한 문명도 아직 항구에 다다른 일이 없다고. 따라서 어렵사리 뒤늦게 출발 선상에 등장한 '삼성경영 현대경영'이라 할지라도 희망의 돛을 올릴 수 있었다고 말이다.

그럼에도 80여 년 전 출발 선상에 등장한 '삼성경영 현대경영'은 초라하기 이를 데 없었다. 먼저 시작한 선발 기업과의 간극이 마치 하늘과 땅만큼이나 컸다.

더욱이 일본은 그들이 도저히 넘볼 수 없는 거대한 괴물과도 같았다. 마치 현대의집반이 자전거와 삼성의 화물 트럭 몇 대만으로 일본의 첨단 군함과 맞서 싸워가지 않으면 안 되었던 것이다.

그렇다. 시간은 앞으로 점차 좁혀갈 수 있다 셈치자.

그렇더라도 여전히 풀리지 않는 의문과 질문 하나가 남는다. 앞으로 우리가 텍스트로 삼아 본격적으로 들여다볼 네 명의 인물들, 예컨대 하필이면 지금 왜 이병철과 정주영, 이건희와 정몽구이어야 하느냐는 거다. 이미 지나가고만 그들의 경영력이 과연 오늘날의 기업경영에 어떤 가치, 문법이 될 수 있을지 따져 묻지 않을 수 없다.

더욱이 제아무리 그럴싸한 경영력을 그들이 발견했다 할지라도, 막상 그것을 실전에 옮겨 적응하기란 녹록지가 않은 문제다. 우리의 현장과 처지에 그들의 경영력을 그대로 육화하고 실천하기가 결코 쉽지 않다. 환경과 조건, 역사와 정서의 충돌 때문이다.

그러나 먼저 밝혀두지 않으면 안 될 것이 있다. 이병철과 정주영, 이건희와 정몽구의 경영력은 그 같은 의문과 문법에서 크게 다르다는 점이다.

무엇보다 이들의 경영력은 그간 실전에 옮겨 적용하기 어려웠던 우리의 환경과 조건, 문화와 정서와도 상당 부분 밀착되어 있다. 이들의 경영력만큼 우리의 기업이라는, 매우 미묘하면서도 특수한 조직을 이끌어가는 리더들에게 적합한 경영력도 따은 또 없다는 사실이다.

어떻게 입증하느냐고? 눈치 빠른 이는 벌써 알아차렸으리라 짐작된다.

실제로 삼성과 현대라는 기업의 경영을 통해서 이미 그 실험 결과가 검증된 경영력이라는 점이 그렇다. 그것도 다른 환경과 조건, 역사와 정서가 아닌, 바로 우리가 함께 살아가고 있는 공동체 안에서 그 실험 결과가 검증되었다는 점에서 더욱 중요한 의미가 있다.

그렇대도 다시 한번 의문과 질문을 던질 수밖에 없을 것 같다. 이병철과 정주영, 이건희와 정몽구의 경영력이 기업경영에서 이미 검증되었다 할지라도, 앞의 두 사람은 작고한 지 벌써 약 30년, 15년이 되며, 뒤의 두 사람 역시 이미 자신의 후계자가 전면에 나서고 있는 터다. 다시 말해 지난 시대의 리더십과 경영력이 아니냐는 지적을 그냥 지나치긴 어려울 것만 같다.

결국 그들의 아날로그 시대 리더십이 과연 디지털 시대로 일컬어지는 오늘날 기업경영의 환경과 조건 속에서도 여전히 유효한가라는 의문과 질문이 그것이다. 이 점을 어떻게 설명할 수 있느냐는 거다.

결론부터 말하면 이렇다. 이병철과 정주영의 경영력이 순전히 아날로그 시대의 것이었다 할지라도, 지금의 디지털 시대와 여전히 긴밀하게 맞닿아 있음을 보게 된다. 실제로 아날로그 시대에서 디지털 시대로의 가교를 이 두 사람만큼 충실하게 열어 보인 이도 흔치않다.

그렇다. 아날로그 시대를 통과했던 그들의 경영력이 디지털 시대의 환경과 조건 속에서도 여전히 유효하다고 대답할 수밖에 없는 이유란 다른 게 아니다. 눈길을 멀리 둘 것도 없이 바로 이들의 후계자를 들여다보면 이내 그 해답을 찾을 수 있다.

잠시 돌아보면, 먼저 이병철은 슬하에 맹희, 창희, 건희 3남을 두었다. 이 가운데 장남 맹희는 일찍부터 후계자로 지목되어 아버지의 곁에서 후계자 학습을 했다. 하지만 맹희는 한사코 앞으로만 내닫는 돌격형의 리더였다.

둘째 창희는 세 아들 가운데 가장 두뇌가 뛰어났다. 하지만 우표 수집 따위에나 몰두해 있는 내면형의 리더였다. 일찌감치 후계 구도에서 제외될 수밖에 없었다.

하기는 아비처럼 제 자식을 잘 아는 이도 세상엔 또 없다. 결국 심사숙고 끝에 이병철은 셋째 건희를 후계자로 삼게 된다. 자신의 세 아들 가운데 다가오는 미래디지털 시대에 가장 적합한 리더라고 꿰뚫어 본다.

또 이 같은 결정은 결과적으로 볼 때 옳았다. 자신과 그대로 오버랩되는 이건희에 의해 '삼성경영'이 마침내 디지털 시대에 만개할 수 있었다.

그렇다면 이건희의 무엇이 과연 아버지 이병철과 오버랩된다는 것일까?

물론 여기서 이건희에 대해 일일이 다 설명할 순 없는 일이다. 하지만 이병철 경영력의 핵심 가치를 한마디로 요약해서 '치밀하면서도 대담한' 것이라고 보았을 때, 적어도 이 핵심 가치 하나만은 이건희가 아버지 이병철을 그대로 빼어 닮았을 뿐더러, 또 그 같은 핵심 가치가 다가오는 미래에 가장 필요한 덕목이라고 점찍은 것이다. 그런 의미에서 이건희가 아버지 이병철과 고스란히 오버랩된다는 얘기다.

마찬가지로 정주영 또한 슬하에 8남을 두었다. 그 가운데 아버지 정주영을 가장 많이 빼어 닮은 아들이 둘째 몽구라고 할 수 있다. 8남 가운데 몽구에게서 아버지 정주영이 고스란히 오버랩된다는 얘기다.

그건 무엇보다 정몽구의 좌우명에서 짐작해 볼 수 있다. 일근천하무난사 勤天下無難事, 부지런하게 사는 이는 세상에 어려움이 없다는 뜻이다.

실제 그는 아버지 정주영이 그랬던 것처럼 '아침에 일찍 일어나는 새가 먹이를 먼저 찾는다'는 철저한 얼리버드early bird다. 이는 현대자동차만의 오래된 정신이기도 하다.

일부에선 이 같은 얼리버드를 두고 곱지 않은 시선으로 바라보는 것도 사실이다. 대를 잇는 현대가의 이런 부지런함을 두고 농경사회적 근면정신이라며 평가 절하하는 측면도 있다. '딸리는 실력, 넘치는 의욕'이라는 비아냥거림도 없지만은 않다.

하지만 정주영의 생각은 조금도 흔들리지 않았던 것 같다. 현대가의 이같은 근면정신이야말로 가장 먼저 계승되어야 할 경영력이며, 따라서 8남 가운데 자신과 고스란히 오버랩된다는 정몽구를 후계자로 삼았던 게 아니냐는 거다.

흔히 일본인들은 칼날을 엄지와 검지 두 손가락만으로 간다고 한다. 그처럼 3대에 걸쳐 두 손가락만으로 칼을 갈아 이윽고 명검을 만들어 낸다. 이 같은 장인정신이 곧 일본의 힘이라고 일컫고는 한다.

현대가의 농경사회적 근면정신 또한 이와 다르지 않다는 생각이 든다. 논에 심은 벼가 농부의 발자국 소리를 들으면서 자란다는 남모를 부지런함, 세상의 어디에서도 찾아보기 어려운 이 같은 정신이 디지털 시대에도 성장을 지속할 수 있는 '숨은 힘'으로 보았던 것이다.

또 그 같은 결정은 결과적으로 볼 때 전적으로 옳았다. 정몽구에 의해 '현대경영'이 마침내 디지털 시대에 만개할 수 있었던 것이다.

이쯤 되면 앞서 우리가 가졌던 의문과 질문에 대한 해답을 어렵잖게 찾을 수 있을 것도 같다. 예컨대 작고한 지 벌써 30년, 15년이 된, 말하자면 아날로그 시대의 이병철과 정주영의 경영력이 여전히 들여다볼 만한 어떤 가치와 문법이 될 수 있음을 보게 된다. 다시 말해 이병철과 정주영의 경영력은 오늘날의 디지털 시대에도 여전히 맞닿아 있다고 단언할 수 있다는 얘기다.

무엇보다 그들의 후계자를 보면 이내 그 해답이 나온다는 얘긴 앞서 밝혔다. 지구촌의 최강자들과 같은 무대 위에 서서 서로 겨뤄가며 디지털 시대를 이끌어갔던 이건희와 정몽구가 다름 아닌 이병철과 정주영으로 고스란히 오버랩된다는 점에서 그렇다. 로마가 하루아침에 만들어지지 않았던 것처럼 그들의 경영력 또한 지금의 연장선상에 엄연히 존재하고 있으며, 그 시작점이 되고 있기 때문이다.

물론 후대에 이르러 보다 강화되고 진화된 측면이 결코 없지 않다. 더구나 이병철과 정주영의 무대가 내셔널national이었다면, 후계자인 이건희와 정몽구의 무대는 지구촌의 최강자들과 서로 겨루어야 하는 인터내셔널international로 보다 차원이 다른 세계이기는 했다.

그렇더라도 그 핵심 가치는 변함없이 오버랩되고 있다. 이병철의 '치밀하면서도 대담한', 정주영의 '얼리버드'의 변주가 곧 그것이다. 큰 의미로 보았을 때 이병철, 정주영의 경영력은 후계자인 이건희, 정몽구와 더불어 아직도 마르지 않는 원천源泉이 되고 있다. 이는 오늘날 디지털 시대의 환경과 조건 속에서도 여전히 유효한 도전과 성취이며, 기업경영의 텍스트라는 점도 여전히 준엄한 사실이다.

제2장
삼성과 현대의
기업가정신

'삼성경영 현대경영'의 기업가정신

에피소드 – 포드자동차

어린 시절 헨리 포드Henry Ford의 어머니는 건강이 좋지 못했다. 그러던 어느 날 어머니의 병세가 갑자기 악화되었다. 급한 마음에 포드는 말을 타고 서둘러 의사를 데리러 갔다. 간신히 수소문하여 의사를 데려왔지만 어머니는 이미 숨을 거둔 뒤였다.

훗날 청년이 된 포드는 어머니의 묘 앞에서 눈물을 흘리며 자신에게 약속한다. 그렇게 시작한 것이 자동차 사업이었다. 40세 때 동업자와 자본금 10만 달러로 포드자동차를 설립했다.

‘자동차는 결코 귀족의 장난감이 아니다.’

포드는 자신과의 다짐 또한 지켜냈다. 말보다 빠르고 서민들도 탈 수 있는 저렴한 자동차를 많이 만들어 보다 많은 사람이 이용할 수 있게 했다. 현대식 생산공정 혁신의 대명사인 ‘포드 시스템’을 창안한 데 이어, ‘컨베이어 벨트’를 이용한 최초의 조립공정 시스템을 도입함으로써 대량 생산 시대를 열었다. 1923년 모델 T의 연간 생산 대수가 200만 대를 돌파하면서, 16초에 한 대꼴로 자동차를 만들어 낸 것이다.

포드의 이 같은 경영철학은 미국 시장의 패권을 두고 GM과 경쟁을 벌일 때 회사를 정상의 위치에 올려놓았다. 또한 그 같은 경영철학으로 말미암아 회사가 경영난에 빠지는 시련을 겪기도 했다.

미국의 자동차 산업이 한창 발전을 거듭하고 있을 무렵이었다. 이때 포드에게는 새로운 8기통 엔진이 절실했다. 속도와 힘이 있는 차만이 경쟁에서 살아남을 수 있었다.

포드는 결심을 굳힌 그날부터 엔지니어들과 머리를 맞대고 8기통 엔진 개발에 매달렸다. 한데 돌아오는 소리는 모두 ‘불가능’이었다. 여덟 개의 실린더를 하나로 묶는 엔진은 이론상 설계가 불가능했다.

포드는 단념하지 않았다. 엔지니어들을 보강하고, 투자를 늘리는 등 사운을 걸었다. 그렇게 1년이 흘렀다. 하지만 결론은 여전히 불가능하다는 소리였다. 엔지니어들과 회사 임원들은 허탈감에 빠졌다. 그러나 오직 한 사람, CEO 포드만은 물러서지 않았다.

“대안이 없다. 8기통 엔진뿐이다. 그래야 우리가 산다.”

포드는 자신이 직접 팔을 걷어붙였다. 실의에 빠진 엔지니어들을 격려하고 침식을 같이 했다. 연구개발실의 불은 밤새 꺼질 줄을 몰랐다.

그렇듯 배수진을 치고 각고의 노력을 다한 어느 날, 드디어 요란한 굉음소리와 함께 엔진이 돌기 시작했다. 세계 자동차 역사의 신기원을 이루는 순간이었다.

포드는 이같이 자신과의 다짐을 이루는 과정에서 온갖 역경을 마주했다. 하지만 그 모든 역경과 싸워 마침내 이겨냈다. 그리하여 오늘날 젊은 날의 다짐과 같이 자신의 이름이 붙은 자동차들이 세계 도처에서 내달리게 되었다.

에피소드 – 태산인가? 동산인가?

아래 사진 속의 산을 보아주기 바란다. 과연 높다란 태산인가? 아니면 야트막한 동산인가?

누구는 태산이라고 말한다. 사진 속의 풍경으로 볼 때 아주 높다란 태산이 아니냐는 것이다. 그런가 하면 또 누군가는 동산이라고 말한다. 이 정도의 산은 야트막한 동산이라고 간단히 말한다.

다시 말해 똑같은 산을 바라보면서도 어떤 이에게는 태산으로 보이는 데 반해, 또 어떤 이에게는 동산으로 보인다. 누군가는 태산으로 바라보는 것을 또 누군가는 동산으로 바라볼 수도 있다는 얘기다.

물론 여기엔 조건이 있다. 그동안 태산만 한 고난과 시련을 기꺼이 사귀어 왔는지, 그 같은 고난과 시련을 지속적으로 껴안을 수 있을 때 가능하다. 그 어떠한 것도 가로막을 수 없다는 간절함이 깃들어 있을 때 가능한 세계다. 요컨대 성숙한 자신의 역사가 존재할 때만이 비로소 가능한 현실이다.

그렇지 않다면 사진 속의 깎아지른 산과 산 사이에 드리운 깊은 운무에서 한사코 눈길을 뗄 수 없게 된다. 하늘 높이 치솟아 오른 봉오리에서 끝내 헤어나지 못하고 만다.

'기업가정신'이란 무엇인가? 앞의 에피소드에서 본 포드와 태산과 같은 모험이 따르는 새로운 영역에 남다른 생각으로 도전하는 정신을 일컫는다. 미래를 예측할 수 있는 통찰력과 위험을 무릅쓰고 새로운 것에 과감히 도전하는, 창의적이고 모험적인 의지로 자아를 실현하는 자세를 뜻한다.

'삼성경영 현대경영'에도 그 같은 기업가정신이 없을 리 만무하다. 이렇다 할 자본이나 별다른 기술도 없이, 단지 이병철의 생각이나 정주영의 끈기만으로 지금의 '삼성경영 현대경영'이 탄생했을 리 없기 때문이다.

또 그 같은 현장이 기실 멀리 있는 것도 아니다. 서울 아산병원에는 아산

복흥상회에서 배달을 할 때 탔다는 정주영의 자전거
사진제공: 아산사회복지재단

기념전시실이 있다. 아산峨山 정주영의 생애를 한눈에 볼 수 있는 곳이다.

전시실의 유품 가운데는 유독 눈에 띄는 게 있다. 낡은 구두 한 켤레와 지금은 거의 볼 수 없는 짐받이 자전거 한 대가 그것이다.

정주영이 첫 직장이었던 쌀가게에서 배달할 때 탔다는 짐받이 자전거는, 그가 수많이 넘어지면서도 굽힐 줄 모르는 의지로 우뚝 설 수 있게 했던 고난의 상징물처럼 다가온다. 주인으로부터 성실함을 인정받아 쌀가게를 인수하여 '경일상회'를 열었던 건 도전의 첫 시작점이었다. 이후 자동차 수리공장을 설립한 것이 '현대자동차'의 밑돌이 되었고, 500원짜리 지폐의 거북선 그림을 들이대며 영국에서 차관을 얻어내고, 그리스에서 초대형 유조선을 수주받아 '현대중공업'을 키워냈다. 여기서 만든 배로 '현대상선'을 설립했고, 현대상선을 이용하여 현대자동차를 수출하는 등 정주영의 도전정신은 끝을 몰랐다.

'고난과 시련이란 뛰어넘으라고 있는 것이지, 걸려 엎어지라고 있는 것이 아니다. 길이 없으면 찾고, 찾아도 없다면 닦아나가면 된다'는 게 정주영의 불굴의 기업가정신이었다.

이병철의 기업가정신은 일찍이 대구에서 '삼성상회'라는 상호를 처음 지을 때1938년부터 분명하게 드러난다. 삼성에서 '삼三'은 크고 많고 강하다는 뜻이다. '성星'은 밝고 높고 깨끗이 빛나며 또 영원한 그 무엇이다. 이런 바람을 담아 삼성이란 이름을 지을 때 이미 그의 기업가정신이 얼마나 남다른 것인가를 보여주고 있다.

실제로 6·25 전쟁이 휩쓸고 지나간 폐허와 공허 위에서 아직 누구도 꿈꾸지 못하고 있을 때 그는 시대를 앞서 제조업에 뛰어든다. 모두가 시기상조라고 고개를 내저을 때 그는 최초로 상업자본을 탈피하여 산업자본으로 전환한다.

이때 '제일제당'과 '제일모직'을 설립한 것은 곧이어 8여 년1958~1965년에 걸쳐 건설된 세계 최대 규모의 비료공장 '한국비료'의 밑돌이었을 따름이다. 왕국의 미래 먹거리로 결정이 되면서 후발주자의 굴레를 무릅쓰고 뒤늦게 전자산업에 뛰어들었을 때 그의 도전정신은 마치 앞에 예를 든 태산을 동산이라고 바라보는 듯 대담하기조차 하다.

누구도 추종하지 않았던 그의 도전정신은 73세의 노구에도 멈출 줄 몰랐다. 미국과 일본의 반도체전쟁이 첨예할 때 왕국의 명운을 걸고 첨단의 반도체 산업에 진출하는 과감한 결단은, 지금의 '삼성경영'을 탄생시킬 수 있었던 그만의 기업가정신이었다.

이병철의 기업가정신, 정주영의 기업가정신

삼성과 현대의 기업가정신은 앞에서 보듯 서로 달랐다. '삼성경영'이 사물을 통찰하는 '생각의 힘'으로부터 비롯된 것이라면, '현대경영'은 끝까지 최선을 다하는 '끈기의 힘'으로부터 비롯되어진다. 그런 만큼 이들의 기업가정신 또한 다른 모습, 다른 형식이었다.

가령 이병철과 정주영, 두 사람 앞에 꽃과 달이 있다고 치자. 둘의 반응은 어땠을 것 같은가?

모르긴 해도 이병철은 달이 아닌 꽃을 집어 들었을 게 틀림없어 보인다. 반면에 정주영은 미련 없이 달을 덥석 집어 들었을 것으로 믿어진다.

이병철이 활짝 핀 꽃을 바라보는 것은 그 생기 넘치는 꽃의 마음을 감상하는 것이지, 밖으로 드러난 붉은색이라든가 자색이라든가 하는 색깔이나 향기에 취해서가 아니다.

정주영 역시 달을 바라보는 것은 청명한 기를 감상하는 것이지, 달이 둥글다거나 이지러지고 밝았다가 다시 어두워지는 것을 애써 찾는 게 결코 아니다.

이같이 둘은 정신의 첫 시작점부터 뚜렷이 엇갈린다. 바라보는 지향점이 서로 판이하게 달랐다.

그런 만큼 결정하고 작용하는 에너지 또한 전연 다르기 마련이었다. 그 같은 결과를 이끌어내는 과정 또한 전혀 다른 문법일 수밖엔 없었다.

때문에 이병철은 세밀하고 정교한 노력에 집중할 수 있었다. 느긋한 일은 재빠르게, 반대로 다급한 일은 천천히 하는 남다른 역량을 갖게 된 것이다.

반면에 정주영은 대담하고 끈질긴 노력에 집중케 된다. 내 앞의 일은 마땅히 밝은 달이나 청명한 바람처럼 시원시원하고 산뜻하게 대하는 게 좋다는 남다른 역량을 가질 수 있게 된 것이다.

그리하여 이병철은 믿음을 얻으면 안 되는 일이 없다고 생각하기에 이른다. 믿음만 얻을 수 있다면 곧 천하를 얻을 수 있다고 확신케 된다.

물론 사람들로부터 믿음을 얻기란 결코 쉽지가 않다. 제아무리 좋은 말을 하더라도 사람은 실천한 것을 보고 비로소 믿음을 준다. 아니 실천보다 진정성을 느낀 뒤라야 비로소 신뢰하기 시작한다.

그러므로 자신의 진정성을 사람들이 느낄 수 있게 하기란 퍽 어려운 일이다. 사람들로부터 믿음을 얻어내기란 실로 지난한 일일 수밖에는 없다.

삼성에게 이 같은 믿음이란 곧 '첨단 기술'을 뜻했다. 나중에 기술 제일주의로 삼성전자가 첨단산업을 이끌 수 있었던 것도 따은 여기서부터 기인한다고 볼 수 있다.

그에 반해 정주영은 뚝심을 획득하면 안 되는 일이 없다고 생각하기에 이른다. 바람과 구름, 비와 천둥처럼 멈추지 않는 근면이 곧 조직을 움직인다고 확신케 된다.

하기는 구름은 끊이지 않고 모여든다. 바람과 비 역시 그치지 않고 하늘로부터 새어나오며, 천둥 역시 멈추지 않고 진동한다. 제아무리 멈추려고 애써도 멈출 수가 없는 지극한 근면의 작용이다.

때문에 그 같은 작용을 획득하기란 결코 쉽지가 않다. 남다른 뚝심을 지닌다는 게 실로 지난한 일인 것이다.

현대에게 이 같은 뚝심이란 곧 '대담한 도전'을 뜻했다. 나중에 특유의 뚝심을 획득하여 현대자동차나 현대조선소와 같은 중공업을 이끌 수 있었던 것도 딴은 여기서부터 기인한다고 볼 수 있다.

흔히 '삼성경영'은 '이유는 없다. 명령은 내가 한다!'라는 황제경영으로 일컬어진다. '현대경영' 역시 '이유는 없다. 나를 따르라!'라는 정벌경영으로 일컬어지곤 한다. 그러나 따지고 보면 순전히 기업가정신에서 움터 오른 서로 다른 행동의 방향 에너지였음을 알 수 있다.

만개한 꽃과 둥근 달과도 같이 이병철과 정주영의 기업가정신은 전연 다른 모습, 다른 형식을 띠었다. 또 그 같은 차이가 오늘날의 '삼성경영'과 '현대경영'을 낳게 한 모태였으며, 중후장대형의 산업을 중심으로 한 현대왕국과 경박단소형의 산업을 중심으로 한 삼성왕국을 세우게 한 '숨은 힘'이었음을 부인할 수 없다.

제3장

세상의 모든 리더는 여우형과 고슴도치형

세상의 모든 리더는 여우형과 고슴도치형

삼성경제연구소2007년에서 '한국의 기업가'를 9가지 유형으로 분류한 적이 있다. 이병철삼성과 같은 평가형, 정주영현대과 같은 리더형, 이건희삼성와 같은 분석가형, 안철수안철수연구소와 같은 충신형, 천호균쌈지과 같은 예술가형, 지승룡민들레영토과 같은 봉사자형, 정문술미래산업과 같은 연예인형, 김우중대우과 같은 추진가형, 최종현SK과 같은 중재자형이 그것이다.

세계에서 가장 영향력 있는 경영사상가 짐 콜린스Jim Collins는 보다 더 단순하고 명쾌하다. 그의 저서 「좋은 기업을 넘어 위대한 기업으로GOOD TO GREAT」에서 세상의 모든 리더는 두 가지 유형이라고 단언한다. 이른바 숲 속의 고슴도치형 아니면 숲 속의 여우형이 그것이다.

먼저 숲 속의 고슴도치는 이렇게 큰소리친다.

"용감한 자가 숲 속의 진정한 사냥꾼이다!"

숲 속의 여우는 단박 이같이 반박한다.

"아니야. 신중한 겁쟁이야말로 숲 속의 명승부사야!"

그러면서 여우는 자신이 숲 속의 많은 것을 알고 있다고 뽐낸다. 그러자 고슴도치도 가만있지 아니하고 한마디 거든다.

"여우 넌 숲 속의 많은 것을 알고 있을지 모르지만, 난 어떤 큰 것을 알고 있어."

"...?"

사실 고슴도치는 여우와 달리 우리에게 좀 낯선 동물이다. 요즘은 집에서 애완용으로도 기르고 있다지만, 역시 동물원에나 가야 볼 수 있다. 그 이유는 고슴도치가 유럽에서만 서식하는 동물이기 때문이다.

고슴도치는 몸길이가 기껏 30cm 정도로 그리 크지 않은 몽톡한 야행성 동물이다. 보통 어둑해질 무렵에 나타나 밤새도록 움직인다. 그래도 피곤한 기색이라곤 없다.

이런 고슴도치가 먹이를 찾아다니는 모습을 보면 마치 작은 탱크를 연상케 한다. 머리는 땅을 향한 채 종종걸음으로 한 방향을 향해 일직선으로 곧장 내닫는다. 그러다 뭔가 발견했다 싶으면 잠시 주의 깊게 냄새를 맡다 말곤 또다시 일직선으로 곧장 돌진해 나아간다.

고슴도치는 먹이를 찾는 것 말고는 주변에 신경조차 쓰지 않는다. 게다가 시력까지 약해 앞으로만 돌진해가다 주변 사물에 부딪히기 일쑤다.

그럴 때면 고슴도치의 불 같은 성질이 곧바로 삐쳐 나온다. 가시투성이인

갑옷을 여지없이 곤두세우며 몸을 웅크린 채 공격 자세를 취한다. 그러다 주위가 조용해지면 웅크린 몸을 펴고 또다시 돌진해 나아간다. 아마도 이상한 물체에 느닷없이 부딪친 일 따윈 벌써 잊어버린 듯하다.

고슴도치의 주된 먹이는 곤충이다. 특히 딱정벌레를 즐겨 먹는다. 재미있는 것은 독이 있는 동물마저 가리지 않는다는 점이다. 독이 있는 동물은 다른 동물들에게는 치명타가 되지만, 고슴도치에겐 아주 좋은 먹잇감이 된다. 때문에 독사와 같은 위험천만한 파충류 따위도 가리지 않는다. 뱃속에 집어넣을 수 있는 거라면 모두 다 고슴도치의 사냥감으로 보면 틀림이 없다.

고슴도치는 사냥한 먹이를 끝까지 다 먹어치우기 전에는 절대로 다른 먹이를 손대지 않는 특성이 있다. 사냥할 때는 도망치는 사냥감과 한동안 나란히 달리다 사냥감에 잽싸게 올라탄 다음 머리를 숙이고 덥석 물어버린다. 그렇다고 무는 부위가 따로 정해져 있는 건 아니다. 그저 닥치는 대로 문다는 표현이 더 어울릴 성싶다.

독사와 같은 파충류를 사냥할 때도 먼저 죽이고 보는 수고로운 일 따위는 하지 않는다. 뱀의 꼬리를 잡자마자 먹기 시작하는데, 뱀이 몸부림치든 소리를 지르든 상관하지 않고 먹어치운다.

고슴도치는 상대를 놀라게 하는 재주도 갖고 있다. 똬리를 틀고 있는 독사와 같은 파충류를 사냥할 때면 겁을 주기 위해 그 앞에서 펄쩍 뛰기도 하고, 이상한 콧소리를 연신 내기도 한다.

그러다 뱀이 다른 곳으로 도망치기 위해 몸을 길게 늘어뜨리면, 결코 그 기회를 놓치는 법이란 없다. 꼬리부터 곧바로 먹어치우기 시작한다.

짐작하였겠지만 고슴도치는 성미가 매우 급한 편이다. 화가 나면 고개를 숙이고 높이 뛰면서 가시를 곤두세워 저돌적으로 덤벼든다.

야행성인 고슴도치는 낮과 밤의 모습이 크게 차이가 난다. 날이 어두워져 비로소 활동을 시작하게 되면 고슴도치는 아주 대담하고 공격적으로 돌변한다. 어쩌다 사람과 맞닥뜨려도 도망가지 않는다. 정면으로 바라보면서 이상한 소리를 내어 위협하기도 하고, 가시를 앞쪽으로 곤두세워 마구 찌르려 들기도 한다.

그런 고슴도치를 쫓으려 해보지만 낮과 달리 밤엔 도망가지 않는다. 사람을 보고 필사적으로 덤비거나, 조금 물러섰다가도 곧바로 다시금 공격을 해온다. 체력도 뛰어나서 밤새 사냥을 하고 다녀도 좀처럼 지칠 줄 모른다.

여우는 흔히 잔꾀가 많은 동물로 알려져 있다. 그 같은 생각은 가히 틀리지 않은 것 같다. 겨울철에 영국의 사냥꾼들은 많은 사냥개들을 데리고 다니며 여우를 추적하지만 쉽사리 잡지 못한다. 여우가 그 많은 사냥개들을 간단히 따돌리는 것을 보고 있으면 얼마나 영리하고 재치 넘치는 동물인가를 알 수 있다.

여우는 자신의 발자국을 여러 가지 방법으로 숨겨 사냥개들의 추적을 어렵게 만든다. 산토끼의 발자국이나 강의 얼음, 사냥꾼 일행이 남긴 발자국을 이용하여 여우는 눈 덮인 길에서도 흔적을 남기는 법이란 없다.

더구나 그런 길을 가다가도 발자국을 헝클어 놓곤 한다. 발자국으로 원을 그려놓거나 눈 녹은 감자밭의 이랑과 차바퀴 흔적 따위를 이용해 사냥개들의 후각을 감쪽같이 무력화시킨다.

그런가 하면 여우는 자신의 영역 안에 있는 모든 길을 완벽하게 꿰고 있다.

매번 같은 순서로 자신의 영역을 순찰한 덕분이다. 그러면서 세차게 부는 바람을 헤치며 먹잇감을 향해 은밀하게 살며시 다가간다.

여우는 눈에 보이지 않는 바람의 흐름까지도 결코 놓치는 법이 없다. 수북이 쌓인 눈 밑에서 미세하게 움직이는 작은 동물의 소리조차 잘 들리도록 바람과 반대 방향으로 움직인다.

반면에 여우는 겁이 많은 편이다. 의심 또한 유난히 많은 동물이다. 한데도 마을 근처에 사는 걸 조금도 두려워하지 않는다. 오히려 자신의 사냥을 방해하지 못하도록 사람을 홀린 뒤 가축을 잽싸게 습격하기도 한다. 특히 여우가 좋아하는 생쥐를 사냥할 때면 재치가 넘쳐난다. 아주 재미있어 보이기까지 한다.

여우는 한 장소에 오랫동안 앉았다 일어나기를 반복하며, 집요하리만치 수북하게 쌓인 흰 눈과 땅의 냄새를 잘 맡고, 미세한 소리에도 양쪽 귀를 번쩍 세워 쫑긋거리며 땅을 파헤친다. 그러다 갑자기 꼬리가 휘날릴 정도로 땅에서 거세게 뛰어올라 사냥감을 무는가 싶다가 곧바로 삼켜버린다.

만일 이때 사냥감이 도망치더라도 결코 서두르지 않는다. 여우는 사냥감이 어디로 숨는지 귀를 세워 확인하고 냄새를 맡아 다시 공격한다. 그만큼 자신이 넘쳐난다.

하지만 놀랍게도 다잡은 먹잇감이라 하더라도 때론 포기할 줄도 안다. 만약 사냥감이 반경에서 멀어지면 일찌감치 포기하고서 다른 구멍으로 달려가 새로운 사냥을 계속한다.

여우는 어림없을 것 같은 새 사냥에도 특유의 솜씨를 발휘한다. 우거진 숲 속에서 여우가 까치 사냥을 하고 있는 광경을 보고 있으면, 사람들이 왜

'여우같다'는 비유를 하는지 금방 알 수 있다.

까치들은 평소처럼 여기저기 날아다니면서 관목에 앉기도 하고, 땅에 내려앉기도 한다. 여우는 땅으로 내려온 까치들을 향해 배를 깔고 땅바닥에 엎드린 자세로 접근하려 들지만, 까치들은 이내 높은 나무로 푸르릉 날아가 버린다.

여우는 단념하지 않는다. 그 나무에서 얼마 떨어지지 않은 근처까지 다가가 땅바닥에 누워 꼼짝하지 않는다. 죽은 척을 하는 것이다. 그러면 까치들은 요란스럽게 떠들며 아무 의심도 없이 여우가 누워있는 근처의 나뭇가지에 앉아 쉰다. 죽은 척하는 여우에게 자꾸만 관심을 갖게 된다.

까치들은 나뭇가지에서 나뭇가지로 옮겨 다니며 조금씩 여우에게 다가간다. 호기심 많은 어떤 까치는 여우로부터 불과 2m 정도 떨어진 근처에까지 접근하기도 한다.

이윽고 까치들의 움직임을 감각으로만 쫓던 여우에게 기회가 찾아온다. 까치들 가운데 빈 구석이 보이는 한 마리만을 점찍어 순식간에 몸을 날려 사냥한다. 순간 까치들은 혼비백산하여 한꺼번에 날아오른다. 다른 숲이나 근처 나뭇가지로 올라가지만, 여우는 자신이 점찍은 한 마리의 까치를 어느새 입에 물었다.

놀랍게도 여우는 물속의 물고기 사냥도 즐겨한다. 연안 지방의 여우는 파도에 밀려온 물고기를 줍는가 하면, 꽃게나 성게는 물론 연체동물 등도 곧잘 먹잇감으로 사냥한다. 산간 지방의 민물에서는 직접 물고기 사냥에 나서기도 한다. 송어 같은 제법 큰 물고기를 여울로 몰아 잡기도 한다. 또한 여우는 강물이 범람해서 일시적으로 생긴 호수나 물웅덩이에서도 물고기를 잡는다.

가끔씩은 우연하게 큰 새우를 잡을 때도 있다.

여우는 다리가 매우 빠르다. 물속에서 수영도 곧잘 하는 편이다. 개과의 짐승인데도 나무 또한 능숙하게 오르내린다. 사냥을 할 때면 감정을 고조시킬 줄도 안다. 감정을 고조시켜 사냥감에 열중하는 것이다.

이처럼 여우는 다양한 육식 생활에 맞도록 훌륭하게 적응했다. 특히 생쥐를 즐겨 사냥하지만 물고기 사냥도 마다치 않는 다양한 사냥법까지 몸에 익히고 있다.

이 같은 조건 때문에 여우는 아시아와 유럽, 북미 전역 등 서식 분포의 범위가 매우 광활하다. 여우는 해발 3,000~4,000m 높이 고산지대의 초원은 물론이고, 뜨거운 햇볕이 작열하는 중앙아시아의 혹독한 사막지대, 그리고 추위가 극심한 어두운 시베리아 지방의 북방 침엽수림지대에도 광범위하게 흩어져 살아가고 있다.

짐 콜린스는 이 같은 고슴도치와 여우에 주목한다. 세상의 모든 리더는 이 두 가지 유형으로 나누어진다고 말한다. 이른바 직선과 곡선으로 일컬어지는 숲 속의 고슴도치형 아니면 숲 속의 여우형이라고 단정 짓는다. 그도 아니면 그 사이 어딘가의 범주 안에 세상의 모든 리더가 들어가기 마련이라고 덧붙인다. 서구에선 이미 오래전부터 그 같은 인식을 갖고 있었다는 것이 그의 '고슴도치와 여우론'이다.

숲 속의 고슴도치형 리더, 정주영과 정몽구

짐 콜린스의 주장과 같이 세상의 모든 리더가 숲 속의 고슴도치형과 여우형으로 나누어진다면, 이른바 직선과 곡선, 단순과 복잡, 목적과 방법, 끈기

고슴도치형 리더	여우형 리더
직선	곡선
단순	복잡
목적	방법
끈기	재치
저돌성	신중성
우직함	예민함
대담함	섬세함
외적 지향	내적 지향
경험의 중시	직관의 중시
행동의 우선	사고의 우선
감정의 지배가 우세한 우뇌右腦형	이성의 지배가 우세한 좌뇌左腦형
아폴론적動的 인간형	디오니스적靜的 인간형

와 재치, 저돌성과 신중성, 우직함과 예민함, 대담함과 섬세함, 외적 지향과
내적 지향, 경험의 중시와 직관의 중시, 행동의 우선과 사고의 우선, 감정의
지배가 우세한 우뇌右腦형과 이성의 지배가 우세한 좌뇌左腦형, 우뇌의 가치
를 구현하는 아폴론적動的 인간형과 좌뇌의 가치를 구현하는 디오니스적
靜的 인간형으로 특징지을 수 있다.

현대왕국의 정주영은 전형적인 숲 속의 고슴도치형 리더다. 우선 그는 보
잘것없는 농부의 아들로 태어났지만, 거대한 영토를 가진 현대왕국을 이뤄
냈다. 그가 기업경영을 통해서 이뤄낸 수많은 신화들은 보통 사람이라면 상
상할 수도 없는 엄청난 업적이었음은 새삼 언급할 필요조차 없다.

때문에 그에게 붙여졌던 별명은 '경제 9단'이다. 그 같은 면모는 세계적
위상을 갖춘 현대왕국의 풍경에서 어김없이 찾아볼 수 있다.

믿지 않을지 몰라도 정주영은 한때 노벨 경제학상 후보1996년로 추천되기
도 했다. 유래를 찾아보기 힘든 파격적인 후보 추천이었다.

정치판에 뛰어들었을 즈음이다. 그가 아닌 이병철의 표현을 빌리면 '기업을 경영하면서 정치권력이라는 칼날 아래 혹은 정변 때마다 혹은 정권 교체 때마다, 그때그때 겪는 고난과 고통이 결코 쉽지만 않아서', 정주영 자신이 나서서 세상을 바꿔보겠다며, 불도저처럼 정당을 뚝딱 만들어 대통령 후보로까지 나섰다.

그러나 보기 좋게 참패했다. 참패했으니 승자의 정권으로부터 업보를 혹독히 치러야 했다. 나중에 가까스로 복권이 되어 경영의 일선으로 돌아온 지 얼마 되지 않은 시점이었다. 이제 막 자신의 왕국을 둘째인 정몽구에게 물려주었을 때 그 같은 후보 추천이 날아든 것이다.

물론 국내 언론에 그런 사실이 간략하게나마 소개된 것은 그보다 훨씬 지난 10월 초순에 이르러서였다. 스웨덴의 국회의원과 경제학자 등 6명의 유력 인사들이 이미 한림원에 그를 경제학상 후보로 추천한 뒤였다.

마침내 그해 12월로 예정된 노벨상 시상식이 임박하자 언론에 수상자들의 명단이 잇따라 흘러나왔다. 스웨덴 왕립과학원이 영국 케임브리지대학교의 제임스 멀리스 교수와 미국 컬럼비아대학교의 윌리엄 버커리 교수를 경제학상 공동 수상자로 선정한다는 사실을 발표하면서 정주영은 탈락했다.

그렇더라도 노벨상 후보로 추천되었다는 사실만으로도 충분히 영광스러운 일이었다. 한국인이 노벨 경제학상 후보로 추천된 건 지금까지도 그가 유일하다.

당시 노벨 경제학상 후보 추천장에 밝힌 그의 주요 공적 사항을 요약해보면 이렇다. '맨손으로 세계 굴지의 기업을 이룩한 주인공으로, 한국의 경제 부흥에 크게 이바지했다'는 것이다.

그러나 정주영은 기업인이지 경제학자가 아니었다. 그는 평생을 통한 자신의 경제적 업적을 증명해 보였지만, 독창적인 경제학설이나 이론을 만들지 못했던 게 한계로 지적될 수밖에 없었다.

결국 노벨 경제학상은 받지 못했으나 두둑한 배짱과 물러설 줄 모르는 집념, 더불어 누구도 따를 수 없는 돌파력으로 세계 속의 현대왕국을 건설해 냈다. 때로는 무모하고 돌격적이라는 비아냥거림을 들었을 만큼 그는 저돌적인 모험가였으며 또한 정복자였다.

'경제 9단'에 걸맞은 그가 정복자의 진가를 유감없이 보여준 건 불모지였던 이 땅에서 처음으로 조선업에 진출할 때였다. 울산 미포만에 조선소를 세우겠다며 백방으로 뛰어다니던 1970년대만 하더라도 사정이 여의치 않았다.

하다못해 조선 관련 기술과 경험을 가진 사람조차 찾아보기 어려웠다. 그가 말한 것처럼 '장난감 보트를 만들어 본 경험조차 없는 사람들뿐'이었다.

그 같은 조건 속에서 배를 만들겠다고 하자 많은 이들이 콧방귀를 뀌었다. 누가 봐도 '현대조선소' 설립은 불가능한 일처럼 보였다. 초대형 선박 건조 기술이 전무한 것도 문제였으나, 무엇보다 천문학적인 창업 자금을 마련하는 것도 난제였다.

그러나 할 수 있다는 신념을 버리지 않았다. 장래에 조선소가 들어설 울산 미포만을 흑백 사진에 담아 멀리 영국으로 날아갔다. 우여곡절이 많았다. 하지만 버클레이 은행으로부터 끝내 조선소 건립 자금을 빌리는 데 성공했다.

이때 그가 담보로 내놓았던 건 흑백사진 2장이 전부였다. 흑백사진 속의 울산 미포만은 황량한 개펄에 허리 굽은 소나무 몇 그루와 초가집 몇 채가 엎드려 있을 따름이었다.

그리스 선박왕 리바노스 회장으로부터 26만 급 초대형 유조선 2척을 수주 받을 때에도 마찬가지였다. 같은 흑백 사진을 내보였다.

"경제에 기적이라는 건 따로 없다. 기업경영이란 냉혹한 현실이다. 오직 행동함으로써 이루어지는 것이다. 똑똑하다는 사람들이 모여 앉아 머리로 생각만 해서 기업이 클 수는 없는 일이다. 우선 행동해야 한다."

조선소를 건립하기 이전에 설립한 '현대자동차'의 경우도 별반 다르지 않았다. 현대자동차가 국내 최초로, 아시아에서는 두 번째로 독자적인 모델인 '포니PONY' 개발에 성공한 건 1976년 1월이다. 세계에서 16번째 자동차 생산국으로 자리매김하는 순간이었다.

현대자동차는 원래 미국 포드와 기술 제휴를 맺어 '코티나'를 조립·생산하는 정도의 수준이었다. 그랬던 현대자동차가 자체 모델을 개발한 건 포드의 지나친 요구에 대응해 독자 생존을 선언한 지 불과 3년 만의 쾌거였다.

그로부터 반세기여 동안 수많은 부침과 명멸 속에서도 현대자동차의 존재와 기세는 놀라웠다. 오늘날 미국 전체 시장 점유율 10%, 글로벌 자동차 브랜드 5위, 연간 650만 대 생산을 자랑하고 있을 만큼 장족의 성장을 이뤘다.

현대그룹의 모체라고 볼 수 있는 '현대건설'의 눈부신 활약상 또한 조금도 빠지지 않는다. 현대건설은 일찌감치 국내시장의 한계를 인식하고 해외 건설 정벌에 나섰다.

그리하여 한국 건설 사상 최초로 일본, 독일, 프랑스, 이탈리아 등의 건설 사와 겨뤄 태국 파타니 나라티왓 고속도로 공사를 따냈다. 베트남의 캄라인 만 준설 공사를 비롯해 알래스카, 괌, 파푸아뉴기니, 호주 등지에서부터 사막의 나라 중동에 이르기까지 건설 붐을 일으켰던 것도 현대건설의 힘이었다.

특히나 '알라신의 도움 없이는 완성되기 어렵다'고 했을 만큼 난공사 가운데 하나였던, '20세기 최대의 건설'로 일컬어진 사우디아라비아의 주베일 산업항 심해 공사는, 그가 아니고선 불가능했을는지 모른다. 정주영의 현대건설이 아니었더라면 완공되기 어려운 초대형 프로젝트였다.

"국토는 넓을수록 좋다!"

서산 간척지 공사 역시 그가 남긴 족적이었다. 굳이 이윤만을 놓고 따진다면 간척 공사는 민간 기업이 도저히 시도할 수 없는 대규모 사업이었다. 수익을 내려면 같은 투자 금액으로 부동산을 사두거나, 새로운 사업을 벌이는 게 더 나았다. 그편이 자금 회전도 빠르고 수익률도 클 수 있었다.

한데도 가난한 농부의 아들로 태어나 농토에 대한 애착이 남달랐던 그는, 1978년 겨울부터 바다를 간척해 옥토를 만드는 간척 사업에 착수했다. 총 공사비가 당시 돈으로 6,400억 원이나 투입된 이 초대형 간척 공사는, 엄청난 규모의 바다를 막아 서해안의 지형을 바꾸어놓는 힘겨운 토목공사였다.

하지만 정주영 특유의 단순과 끈기, 대담함과 저돌성은 그 어떤 장벽도 가로막을 수 없었다. 정부로부터 간척 허가를 따낸 데 이어, 중동에 진출해 있던 현대건설의 중장비 250대를 대거 들여왔다.

최종 물막이 공사가 가장 난제였다. 공사 구간이 조석으로 간만의 차가 심할 뿐더러, 썰물 때는 물오리의 다리가 부러질 정도로 물살이 거세 방조제 공사는 엄두조차 내기 힘들어 보였다.

때문에 방조제 공사의 관건은 밀물과 썰물 때의 유실을 최소화하는 데 있었다. B지구부남호 방조제 최종 물막이 작업에는 철사로 2~3개씩 묶은 4~5t씩 나가는 바위들을 바지선으로 운반해 바다에 투하했다.

문제는 A지구간월호의 최종 물막이 공사였다. 총 연장 8.4km의 방조제 공사에서 270m 길이의 마지막 물막이는 현대건설이 가진 토목공법과 경험으로도 해결할 수 없는 난제였다.

여름철 홍수 때 한강 유속의 위험 수위는 초속 6m이다. A지구의 급류는 초속 8m에 달했다. 보기만 해도 빨려 들어갈 것만 같은 무서운 속도였다. 자

'아산 정주영 탄신 100주년 기념 사진전'에 전시된 서산간척지 현장에서의 정주영 회장 모습

동차 크기만 한 바윗덩어리조차 물속으로 들어가는 순간 휩쓸려 들었고, 철사로 묶은 돌망태기는 아무리 쏟아부어도 속수무책인 상황이었다.

당시의 상황 해결을 정주영은 이렇게 회고하고 있다. 훗날 '정주영 공법'으로도 불리는 역사적 사건의 기록이다.

"… 그러다 어느 순간 번쩍 하고 떠오르는 생각이 있었다. 해체해서 고철로 쓰기 위해 30억 원에 사다가 울산에 정박시켜 놓고 있던 스웨덴 고철선 워터베이호를 끌어다 가라앉혀 일단 물줄기를 막아놓은 뒤, 바윗덩어리들을 투하시키면 될 것 같았다. 나는 즉시 현대정공과 현대중공업의 기술진들에게 폭 45m, 높이 27m, 길이 322m의 23만 t급 초대형 고철 유조선을 안전하게 최종 물막이 공사 구간에 가라앉힐 수 있는 방법을 연구하도록 지시했다."

결과는 대성공이었다. 고철 유조선을 이용한 최종 물막이 공사로 얻은 4,700만 평의 옥토는 자그마치 여의도 면적의 33배였다. 나라의 국토를 그만큼 더 넓혀놓은 셈이다. 그런 정주영 공법으로 공사비를 290억 원이나 절감할 수 있었다.

'정주영 공법'은 이내 미국 시사 주간지 〈뉴스위크〉와 〈타임〉지에 소개되었다. 동시에 영국 템스 강의 하류 방조제 공사를 맡았던 세계적 철구조물 회사에서 정주영 공법에 대한 자문을 구할 정도였다.

반세기 동안에 걸쳐 현대왕국을 이끌어오는 동안 숱한 어려움에 부닥칠 때마다 그는 언제나 야전 현장에 있었다. 어느 때나 앞장을 서 정면으로 돌파해 나갔다. 모두가 두려워 멈칫거릴 때마다 홀로 어려움 속으로 뛰어들며 이같이 소리치곤 했다.

"모든 것은 나에게 맡겨라! 그렇게 겁이 나거든 집에 가서 내가 다시 부를 때까지 조용히 기다려라!"

어떤가? 이쯤 되면 '용감한 자가 숲 속의 진정한 사냥꾼'이라고 한 고슴도치와 흡사한 것 아닌가? 정주영을 굳이 숲 속의 고슴도치형 리더라고 일컫는 이유도 딴은 여기에 있다.

앞으로 점차 깊숙이 해부해 들어가겠지만, 선대 회장 정주영에 이어 현대 왕국의 2대 회장으로 바통을 이어받은 정몽구 역시 조금도 다르지 않았다. 비단 그의 에토스ethos만이 선대 회장 정주영의 아바타avatar가 아니었다. 선대 회장이 못다 이룬 꿈은 곧 그의 꿈이 되었으며, 선대 회장과의 대를 이은 도전과 시련의 연속 역시 결코 비켜갈 수 없는 자신만의 몫이었다.

정몽구 또한 모두가 무모한 '도박'이라며 만류하였으나 한사코 직선으로 내달았다. 100년 앞을 내다보는 단순한 목적과 끈기의 저돌성으로 기어이 '도전'이라고 외쳤다.

이른바 정몽구식 '뚝심경영'으로 부실경영에 빠진 기아차를 인수하여 미국 시장 9위로 끌어올렸다. 녹록잖은 경영 환경 속에서도 현대차를 글로벌 5위로 끌어올렸으며, 선대 회장이 못다 이룬 첫 민간 종합제철소를 건설해 냈다. 현대왕국의 모체랄 수 있는 현대건설의 인수와 함께 숙명적 라이벌인 삼성왕국을 제치고서 삼성동 '한국전력'의 부지를 매입하는 숙원을 이뤄냈다. 그 같은 절체절명의 도전 때마다 선대 회장에 이은 전형적인 고슴도치형 리더의 풍모를 보여주었다.

숲 속의 여우형 리더, 이병철과 이건희

짐 콜린스의 주장과 같이 세상의 모든 리더가 고슴도치형과 여우형으로 나누어진다면, 삼성왕국의 이병철은 전형적인 숲 속의 여우형 리더다.

한데 이병철을 떠올릴 때마다 동시에 깊은 의문 한 가지를 품게 된다. 어떻게 그 험준한 시대의 격랑과 경쟁을 다 헤쳐 올 수 있었는지, 숱한 외압과 시련에도 굽힐 줄 몰랐던 그만의 뿌리 깊은 내적 규범은 과연 어디서부터 기인하는 것인지 하는 의문이 그것이다.

아울러 다수의 사람을 만나기보다 소수의 인재를 깊이 알기 위해 노력했으며, 그중에서도 정예만을 모아 조직하고 조율함으로써 기업의 부침이 극심했던 우리의 기업사에서 반세기 넘도록 정상의 자리를 지켜낸 원동력은 무엇이었는지. 그리고 마침내 첨단산업에 도전하여 세계 시장을 점령할 수 있었던 숨은 힘의 정체는 무엇이며, 또한 그 힘은 어디서 나오는 것인지 궁금하지 않을 수 없다.

그러자면 우선 맨 처음으로 돌아갈 필요가 있다. 어떤 세계를 이해하기 위해선 먼저 그 시작점부터 잠시 돌아보아야 한다.

물론 이병철에게도 수많은 고난과 시련의 장벽이 없지 않았다. 일제강점기인 1940년대 첫 사업으로 마산지금의 창원에서 정미소를 차렸을 때만 하여도, 그는 아무 보잘 것이라곤 없는 한낱 지방의 소상공인에 불과했다. 그땐 이미 서울 지역의 재력가들을 비롯하여 일제의 막대한 자본까지 흘러들어와 굵직굵직한 기업들이 수두룩했던 시절이다.

종로 네거리에 당시 현대식 엘리베이터와 에스컬레이터까지 갖춘 박흥식의 화신백화점을 비롯하여 일본 자본으로 세워진 미츠코시백화점, 미나카이백화점, 히로다백화점, 조지아백화점 등이 청계천을 사이에 두고 북촌과 남촌에 걸쳐 위용을 뽐내고 있었다. 뿐만 아니라 다수의 민간 은행과 증권회사, 대규모 방직공장, 호텔, 맥주공장, 화학공장 등이 마포와 용산 벌판에 즐비했다.

반면에 이병철은 남쪽 바다가 넘실대는 지방의 작은 항구 도시에서 이제 막 정미 사업을 시작한 풋내기였을 따름이다. 게다가 혼자도 아닌 세 사람의 동업으로 이뤄진 합자 사업이었다.

다시 말해 그 또한 재계에 처음 뛰어든 동시대의 여느 기업인들과 조금도 형편이 다르지 않았다. 이병철 역시 처음부터 명망 있는 기업가들과 어깨를 견줄 만한 거인이 아니었다는 사실이다.

하지만 이병철은 같은 조건에서 시작한 여느 기업인들과 달리 일찍부터 두각을 나타내기 시작한다. 28세에 대구에서 설립한 '삼성상회'와 뒤이어 인수한 '조선양조'를 비롯하여 6·25전쟁 직후 '제일제당'과 '제일모직' 등을 잇달아 설립하면서 기라성 같은 재력가들을 모두 제치고 마침내 재계의 정상에 서게 된다.

그뿐만 아니라 한 번 정상에 오른 그는 78세를 일기로 타계할1987년 때까지 정상에서 밀려나 본 일이 거의 없었다. 반세기여 동안 LG1974년와 현대1981년, 1995년에 잠깐 자리를 내어주었을 뿐, 줄곧 정상에 서서 최고의 리더로서 세간에 명성을 떨쳤다.

처음으로 삼성이라는 상호를 내세워 대구에 설립한 '주식회사 삼성상회'

더구나 그 오랜 세월 동안 기업 영토를 확장해 나가고, 또 맨 앞에 서서 왕국을 이끌어 나가면서 그는 어느 누구의 뒤도 추종하거나 따르지 않았다. 애오라지 타고난 본성과 거기에서 비롯된 자신만의 리더십으로 탄탄대로의 지평을 열어나갔다.

그런 만큼 이병철에게 따로 어떤 기업경영의 중요한 경험이나 이념, 스승이 있을 리 만무했다. 그가 남긴 회고록 「호암자전湖巖自傳」에 따르면 당시 '움직이는 계산기'로 불리는 세계은행의 로버트 맥나마라 총재, 박력 있고 건실한 일본 동경지포전기의 도고 사장, 그리고 자신감을 갖고서 매사를 처리하는 일본 삼정물산의 미즈커미 사장 등을 존경한다고 밝힌 적이 있다. 하지만 그것조차 자신의 나이 70세를 넘긴 훗날의 덕담 수준이었을 따름이다.

대신 그는 운명론을 더 신뢰했던 것 같다. 자신이 보기에 재물이나 지위는 마음대로 얻을 수 있는 게 아니라 운명적으로 정해져 있다고 믿은 것이다.

더욱이 운명적으로 정해져 있는 것이라 하더라도 단순한 불가항력이 아닌, 하늘의 도리나 우주의 섭리에 순응해 정해진다는 것이 그의 생각이었다. 고대의 천자나 제왕들이 무력을 앞세워 패권을 장악하고도 자신의 권력은 하늘의 명을 받아서, 혹은 하늘의 뜻에 따라 행하는 것이라고 말했던 것과 비슷한 이치다.

여기에 덧붙여 이병철이 곧잘 강조하는 말이 있다. 사람은 자신의 능력만으로는 성공하지 못한다는 거였다. '기본적인 역량을 갖추되 운運을 타고나는 것은 물론, 때와 사람을 잘 만나야 한다'는 게 그의 운명론의 요체였다.

그러나 운이란 그렇듯 자주 찾아오는 것이 아니다. 오죽하면 운을 기다리는 건 곧 죽음을 기다리는 것과 같다는 말을 하고 있겠는가.

때문에 사람들이 일대 전환의 기회가 될 어떤 특별한 운을 만난다는 건 결코 쉬운 일이 아니다. 그런 일은 자신의 전 생애 가운데 고작 한두 번에 지나지 않을는지도 모른다.

따라서 운을 놓치지 아니하고 잘 타려면 운이 다가오기를 기다리는 자세가 필요하다고 말한다. 일종의 둔한 성품이라고나 할까? 운이 트일 때까지 버티는 인고라고 해도 좋다.

요컨대 성공하기 위해서는 그처럼 운을 바라는 굳은 신념이 반드시 있어야 한다는 게 이병철의 지론이자 주장이다. 더불어 둔한 성품과 인고가 따르지 않을 땐 제아무리 좋은 기회가 찾아온다 하더라도 손가락 사이로 시나브로 빠져나가고 마는 물처럼 그만 놓치고 만다고 덧붙인다.

결국 그의 운명론은 매우 뚜렷한 두 가지 경향이 상존하고 있음을 알 수 있다. 비록 어떤 운명일지라도 이를 하늘이 주는 기회로 알고 묵묵히 받아들여 순응하고 복종함으로써 '무욕과 무탐에 기대는 자세'가 그 하나라고 한다면, 나머지 하나는 주어진 운명의 명령에 순응하는 데 그치지 아니하고 보다 새로운 세계를 향해 창조하고 개척하는 부단한 자기 노력을 기울여 고난과 역경에 직면해서도 결코 굴복하지 않는 '용기 있는 자세'가 다른 하나이다.

  말할 것도 없이 이병철의 성공 뒤에는 이 같은 현실적인 용기 또한 분명히 작용했을 것으로 여겨진다. 그런 현실적인 용기 가운데 하나로 그가 만일 일본이 아닌 중국으로 유학을 떠났더라면 그의 운명은 또 어떻게 전개되었을지 알 수 없다. 당대의 지식인들이 그랬던 것처럼 그가 중국에 더 애착을 둔 나머지 일본 와세다대학교가 아닌 중국 베이징의 어느 대학에 입학했더라면 말이다.

  아마 그 자신은 물론이고 지금의 삼성왕국 또한 크게 다른 모습을 하고 있을지 모른다. 그가 새로운 사업을 시작할 때마다 일본에서 떠올린 영감은 물론이고, 기술과 설비 또한 일본에서 들어온 것을 보면 그런 차이는 보다 분명해질 것으로 보인다.

  비교적 부유했던 집안의 배경도 이병철을 설명하고 이해하는 중요한 키워드가 된다. 여기서 집안의 배경이라 함은 단순히 많은 유산을 의미하진 않는다. 상대적으로 조금 더 여유로운 집안에서 자랐다는 정도다.

  실제로 그가 첫 사업을 시작했을 때만 하여도 부친으로부터 그저 먹고 살 만할 정도의 유산지금 돈 약 10억 원을 물려받았을 따름이다. 가진 거라고는 고작 몸뚱이 하나뿐이었던 정주영보다는 조금 더 여유로웠다지만, 사업 자금으론 턱없이 모자라 공동 투자자 두 사람을 끌어들여야 했을 정도였다.

그렇더라도 상대적으로 조금 더 여유롭게 자란 차이는 엄청난 영향을 미쳤다. 이는 자신의 경영철학을 형성해 나가는 데 값진 토대가 되어주었다.

이병철이 재계에 첫발을 들여놓았을 무렵 동시대의 기업 리더들, 예컨대 현대의 정주영이나 금호아시아나의 박인천, 기아자동차의 김철호, 아남의 김향수, 동양의 이양구, 대림산업의 이재준, 종근당의 이종근 등은 대부분 전통적인 자본 축적 방식에 따랐다. 티끌을 모아 태산을 이뤄나가듯 개미처럼 열심히 모아 자본을 어렵사리 쌓아나갔다. 어린 시절 어렵게 자라면서 지배받은 환경의 영향을 고스란히 드러내어 보인 셈이다.

반면에 이병철은 달랐다. 첫 출발에서부터 맹수처럼 단번에 커다란 먹잇감을 덜컥 사냥하는 통 큰 기질을 유감없이 보여준다.

단적인 예로 '한국비료' 설립을 들 수 있다. 처참한 전쟁이 끝난 지도 얼마 되지 않은 시기인 데다가, 사업의 초창기였음에도 한국비료는 공장 건설에만 꼬박 8년1958~1965년이 소요될 만큼 규모가 컸다.

이때 그는 대구의 조선양조를 비롯하여 삼성물산, 제일제당, 제일모직 등의 계열사를 거느렸다. 이병철의 존재가 이제 막 부각되는 시기이기도 했다.

그럼에도 한국비료는 스케일에서 남달랐다. 당시의 경제 여건으로 미뤄 볼 때 상상을 초월하는 초특급 프로젝트였다.

한국비료를 세우면서 투입한 건설비용만 하여도 무려 4,600만 달러에 달했다. 당시 100달러지금 돈 약 10만 원가 지금 돈 5억 원 가량으로 환산된다는 점을 감안하면 실로 엄청났다.

독일에서 차관을 끌어다 설립한 한국비료는 연간 생산량이 33만 t에 이르는, 세계에서 가장 큰 비료 공장이었다. 그가 아니고선 누구도 꿈꿀 수 없는 판이 아닐 수 없다.

그러나 보다 이병철다웠던 건 그렇듯 큰 것만을 애써 좇았던 건 아니라는 사실이다. 모두가 큰 것만을 좇을 때 그는 다시금 제일第一만을 바라보았다. 그같이 '크되 가장 큰' 통 큰 방식이 곧 기업경영의 핵심가치라고 여겼다. 또 그 같은 방식이야말로 지금의 삼성왕국을 일으켜 세우는 데 가장 중요한 동력이 될 수 있다고 확신했다.

이병철의 남다른 성격 또한 그를 설명하고 이해하는 데 있어 빼놓을 수 없는 단면이다. 뒤에 좀 더 상세히 들여다보겠지만 우선 그는 차갑다, 매섭다, 냉정하다, 냉철하다, 엄격하다, 까다롭다, 예리하다, 예민하다, 재치 있다, 이기기보다는 지지 않는다 등 그를 표현하고 있는 어휘들을 나열해 놓고 보면, 그의 강한 개성과 특성을 어느 정도 가늠해 볼 수 있다.

이병철은 예의 성격에서뿐 아니라 스타일에서도 흐트러짐이 없는 치밀함과 깐깐함을 보여준다. 머리끝에서부터 바지자락 끝 부분에 이르기까지 조금도 소홀함이 없었다.

그는 평생 완벽을 추구했던 인물로도 유명하다. 하다못해 식사 자리에서조차 자신의 문법이 철저히 지켜져야 했다. 식빵 하나에까지 최고만을 고집할 정도였다. 유난스럽기까지 한 이런 그의 고집 또한 실은 그 같은 완벽성에서 잉태한 것이었다.

당연한 말 같겠지만, 이러한 생활 태도는 그의 경영철학과도 무관치 않았다. 그가 굳이 제일의 제품만을 찾았던 건 '가장 좋은 걸 선호한다'는 개인의 취향 탓이기도 하겠지만, 일상 속에서 최고의 제품만을 사용해 봄으로써 '무엇이, 어떻게, 왜 좋은가?'를 자신이 직접 느껴볼 수 있었던 것이다. 그에 못지않은 최고의 제품을 만들어 내겠다는 그의 숨은 의지가 내포되어 있었던 셈이다.

그를 설명하고 이해하는 데 있어 정치권력과의 관계 또한 반드시 눈여겨봐야 할 대목이다. 그가 과거 정권으로부터 겪은 정치적 배신과 시련의 경험 또한 매우 중대한 영향을 끼친 것으로 보인다.

이를 통한 고난의 과정을 거쳐 '삼성은 정치에 직접 관여하지 않는다'는 철벽의 금기가 세워지고, 또 그러한 원칙이 결국에는 '오직 기술만이 살 길이다'라는 명제를 낳게 된다. 그런 결과 '1등 주의'를 삼성이 가장 먼저 체험할 수 있게 되었다는 사실이다.

마지막으로 냉철한 자세 또한 빼놓을 수 없는 키워드 가운데 하나다. 그는 누구보다 침착하게 사물을 파악했지만, 이는 자신의 냉철한 자세에서 비롯된 것이었다.

사실 그는 「삼국지」의 적벽대전이나 오장원의 전쟁에서 보여준 제갈공명의 장면이 유난스레 겹치는 기업의 리더다. 우선 무엇보다 치밀하고 날카로운 데다 어떤 상황에서도 냉정함을 잃지 않는다는 점에서 그렇다.

실례로 삼성의 '사업성 검토 지침'을 들 수 있다. 이 검토 지침은 삼성이 중요한 사업을 벌일 때 반드시 적용해야 할 단계별 검토 내용 및 기준이 집약된 지침으로, 큰 항목 20개와 세부 항목 90개가 포함된 포괄적 업무 매뉴얼이라고 볼 수 있다.

"사업성 검토 지침이야말로 기업경영 반세기에 걸쳐 삼성에 축적된 이병철 회장의 소중한 노하우 가운데 하나라고 볼 수 있다. 단지 얼마를 만들어 얼마의 이익을 내는가를 살펴보는 것에 그치지 아니하고, 사업의 목적부터 시작해서 사업 환경, 요소별 추진 방법, 조직화, 성과에 이르기까지 제반 사항이 검토된다. 이처럼 이 회장의 사업 검토 방식은 실무적인 면까지 포함시켜 정형화시켰다고나 할까? 생전에 이 회장이 사업을 검토할 때 하나하나 따져나가던 그 엄격하고 치밀한 모습이 눈에 선하다…"

삼성의 회장 비서실에서 오랫동안 그를 보좌했던 전 유한대학교 교수 박세록의 증언이다. 그를 일컬어 왜 냉철한 경영가라고 말하는지 그 이유를 알 수 있다.

하지만 이병철은 고독한 인간이었다. 가을날의 고목과도 같이 그는 평생 지독한 고독을 안고 살았다.

자신의 회고록 「호암자전」에서도 밝히고 있다. 자택과 집무실에 홀로 가만히 앉아 생각에 잠기는 시간이 적지 않았다고 고백한다.

물론 그의 이런 고독은 순전히 자의적인 면이 컸다. 고독이야말로 자신을 지키는 유일한 성城이라 여겼으며, 스스로 그 성의 문을 굳게 걸어 닫고서 누구에게도 쉽사리 열어 보이려 하거나 속내를 내보이지 않았다. 오로지 자신의 안으로 또 안으로만 걸어 들어간 모습이었을 따름이다.

그 때문인가. 이병철은 들여다보면 볼수록 대단히 난해한 인물로 여겨진다. 그를 한마디로 정의하기 어려운 것도 따지고 보면 그처럼 성문을 굳게 걸어 닫고서 누구에게도 말하지 않은 자신의 견고한 고독 때문이었다.

또한 그런 모습이 어떻게 보면 그를 보다 거인처럼 부풀리게 한 점도 없지 않다. 그리고 이것이 그가 떠난 지 사반세기가 지난 지금도 여전히 세간의 입에 오르내리는 이유인 줄도 모른다.

그렇다 하더라도 흩어져 있는 퍼즐을 맞춰가다 보면 오롯이 그가 그려져 나온다. 남다른 냉철함과 침착함, 지혜로우면서도 완벽한 제일의 정신, 그리고 아주 사소한 면까지도 최선을 다함으로써 큰일을 이룩할 수 있었던 인물로 비춰진다. 나아가 인간을 예리하게 통찰할 줄 아는 성숙한 기업의 리더였음이 어렵잖게 포착된다.

흔히 어떤 기업의 리더를 일컬어 불굴의 개척정신을 말하곤 한다. 또한 어떤 기업의 리더는 공존의 합리경영을 추구한다고 말하기도 한다.

이병철은 이 모두를 아우르면서 시대의 불투명까지도 꿰뚫어 볼 줄 알았다. 차가운 이성으로 새로운 지평을 열어 보인, 일찍이 우리 기업의 정서에선 그 유례를 찾아보기 힘든 기업의 리더였음이 분명하다.

어떤가? 이쯤 되면 '최고의 전술은 먼저 적의 마음을 공격한 다음 성을 공격하는 것'이라고 외쳤던 제갈공명이 연상되지 않은가? '겁쟁이야말로 숲속의 명승부사다'라고 했던 여우를 연상케 하고 있지 않은가? 짐 콜린스가 주장한 세상의 모든 리더는 숲 속의 고슴도치형과 숲 속의 여우형이라는 범주 안에서 그를 애써 후자의 범주에 두고자 하는 이유도 여기에 있다.

앞으로 보다 깊숙이 해부해 들어가겠지만, 선대 회장 이병철에 이어 삼성왕국의 2대 회장으로 바통을 이어받은 이건희 역시 조금도 다르지 않았다. 비단 그의 에토스만이 선대 회장 이병철의 아바타가 아니었다. 선대 회장이 못다 이룬 꿈은 곧 그의 꿈이 되었으며, 선대 회장과의 대를 이은 도전과 시련의 연속 또한 결코 비껴갈 수 없는 자신만의 몫이었다.

모두가 넘지 못할 장벽이라고 만류하였으나 그는 한사코 곡선의 길을 찾아 내달았다. 남다른 방법과 재치, 신중하고 냉철한 이성으로 첨단산업에 왕국의 명운을 내걸었다.

그렇게 미국과 일본만의 초일류 반도체 전쟁에 뒤늦게 뛰어들어 10년 만에 일약 지구촌의 강자로 떠올랐다. 이른바 이건희식의 '은둔경영'으로 무려 반세기 동안이나 세계 영토를 지배해 온 전자산업의 절대 강자 소니를 물리쳐낸 것이다. 이건희는 절체절명의 순간마다 선대 회장에 이은 전형적인 여우형 리더의 풍경을 보여주었다.

제4장

삼성과 현대,
그 재才와 평平의 사이

삼성과 현대, 그 재才와 평平의 사이

사람이 다 같다고 할 수 있을까? 사람의 재주나 역량이 모두 다 똑같다고 볼 수 있을까?

여기에 동의할 사람은 없을 줄 안다. 사람은 결코 같을 수 없다는 데 딴죽을 걸 사람은 없을 것이다.

만개한 꽃다발이 있다고 하자. 얼핏 보면 꽃잎이 무더기로 피어 모두 다 같게 보일 수 있다. 하지만 조금만 주의 깊게 들여다보면 이내 그렇지 않음을 알게 된다. 꽃다발에 핀 수많은 꽃잎 가운데 어느 것 하나도 같은 꽃잎이란 찾아보기 어렵다. 완전히 똑같은 꽃잎이란 있을 수 없을 것이다.

자연계도 이럴진대 하물며 복잡한 체계와 기능을 가진 사람homo sapiens이

어떻게 다 같을 수 있을까? 사람의 재주나 역량이 어떻게 다 평등하다고 말할 수 있겠는가?

하기는 사람의 재주나 역량이 선천적으로 차이가 나지 않는다고 말하긴 어렵다. 설령 최초의 출발점에선 대개 비슷하다 하더라도, 이후 각자 선천적으로 부여받은 재주나 역량을 스스로 키워나가게 되면서 분명 저마다 능력에 차이가 드러나 보이기 마련이다. 또 그처럼 결과에 차이를 드러내어 보이는 이상 당연히 평등하다고 볼 수만은 없는 일이다.

여기에 대해 보다 명쾌한 해답을 갖고 있는 이가 있다. 경영 칼럼니스트 김형곤이다. 저자와 EBS교육방송을 진행할 때 처음 만나 10년 넘도록 교류해오고 있는 친구다.

그는 사람이 결코 평등할 수 없다고 단언한다. 사람이 평등하기 위해서는 각기 저마다 선천적으로 부여받은 재주나 역량에 관계없이, 더욱이 출발점 이후 스스로 키워온 능력을 부정할 때만이 가능하다는데, 그게 어디 가능하겠느냐며 반문한다.

그러면서 사람이 결코 평등할 수 없다는 전제 아래 그는 사람을 일곱 가지로 분류해낸다. 이른바 '열劣 → 우愚 → 용庸 → 평平 → 지智 → 재才 → 현賢' 이 그것이다.

열은 글자 그대로 능력에 미치지 못하는 사람을 일컫는다. 우는 능력을 평가받기 어려운 어리석은 사람을 일컫는다. 용은 그저 능력이 쓸 만한 수준이지만, 단순한 성과밖엔 기대할 수 없는 대다수의 사람을 일컫는다. 평은

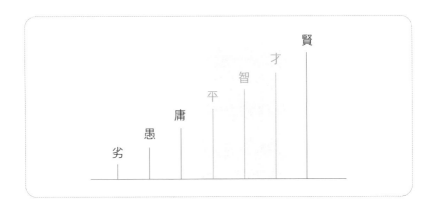

능력이 용보다는 한 단계 위의 수준인 사람을 일컫는다. 하지만 자신에게 주어진 미션 이상의 세계를 갖지 못한 사람이 여기에 해당된다. 지智는 능력이 평의 수준을 넘어 지혜로운 사람을 일컫는다. 재는 능력에 비상한 재주가 있는 매우 극소수의 사람을 일컫는다. 현은 능력에 비상한 재주를 뛰어넘어 어질기까지 한 사람을 일컫는 것으로, 직업군으로 보면 역사에 남은 몇몇 종교 지도자쯤으로 보면 된다.

여기서 그가 주목하는 대목은 단연 평平 → 지智 → 재才의 사이이다. 우리의 관심사가 집중되는 부분이기도 하다지만, 무엇보다 '삼성경영 현대경영'으로 들어가기 위해서는 반드시 통과할 수밖에 없는 지점이다.

뿐만 아니라 그는 재와 평 사이의 지는 열외로 쳐도 좋다고 말한다. 이 수준을 직업군으로 보면 창작을 하거나 대학교수와 같은 사람이 될 수 있겠지만, 어떤 남다른 깨달음이나 부단한 학습, 자기 단련쯤으로 보아 넘겨도 무방하다는 것이다.

다시 말해 평의 사람이라면 누구라도 어떤 남다른 깨달음이나 부단한 학습,

자기 단련에 따라 다음 단계인 지의 수준에 이를 수 있다고 한다. 그 같은 조건이 충족된다면 지의 단계를 건너뛰어 그 다음 재의 수준을 곧바로 기대해 볼 수도 있다는 식이다.

그렇다면 재의 수준이란 대체 어떤 것일까? 앞서 설명한 '비상한 재주'란 과연 어떤 속내를 말하는 것이란 말인가?

우선 평은 평면의 세계다. 설명이 가능한 세계를 뜻한다. 그에 반해 재는 입체의 세계다. 설명하기 어려운 세계를 뜻한다.

바꾸어 말해 평과 재의 사이는 설명이 가능한 부분과 설명하기 어려운 부분으로 나누어진다. 그것은 마치 고양이가 높은 데서 뛰어내리는 것과 같은 현상이다. 고양이는 다른 동물들과 달리 높은 데서 뛰어내려도 사뿐하다. 네 다리가 부러질 만도 하련만 멀쩡하다. 순전히 타고난 재 때문이다.

결국 세상의 모든 승부는 이 두 간극의 사이, 곧 평과 재의 수준 사이에서 엇갈리게 된다. 평의 단계까지는 누구라도 도달할 수 있으나, 지의 수준을 건너뛰어 그다음 수준인 재의 단계에 이르기 위해서는 반드시 어떤 전제가 따른다는 얘기다.

요컨대 평에서 재의 수준에 이르기 위해서는 반드시 지의 수준, 어떤 남다른 깨달음이나 부단한 학습, 자기 단련의 과정이 있을 때 가능하다는 거다. 그 같은 조건이 충족될 수 있을 때만이 설명이 가능한 세계에서 설명하기 어려운 세계로까지 이를 수 있게 된다.

한데 이 같은 분류나 세계가 어찌 사람만이겠는가? 사람들이 모여 있는 조직과 기업이라고 어디 크게 다르겠는가? 어떤 조직, 어떤 기업이라도 이 같은 7가지 분류에서 자유롭다 하겠는가? 아니 적어도 용庸 → 평平 → 지智

→ 재才에 이르는 네 가지쯤으로 분류가 가능할 수도 있지 않겠는가?

  짐작하였겠지만 '삼성경영 현대경영'은 결코 평平의 수준이 아니다. 그것은 분명히 고양이가 높은 데서 사뿐히 뛰어내리는 것 같은, 지를 넘는 재의 수준이다. 누구나 쉽사리 넘볼 수도 없는, 설명하기 쉽지 않은 입체의 세계임에 틀림없다.

  그 같은 단서는 '삼성경영 현대경영'의 도처에서 목격된다. 일찍이 1940년대 '삼성경영 현대경영'이 이제 겨우 송사리만 하였을 때, 경성엔 이미 고래만 한 거대 자본과 기술을 축적한 기업이 적지 않았다. '삼성경영 현대경영'이 이제 겨우 정미소와 쌀가게 간판을 내건 채 출발점에 섰을 때, 이들과 함께 어깨를 나란히 하고 출발선에 섰던 고만고만한 기업과 기업가들 또한 수두룩했다.

  그러나 오늘날 그들의 존재는 사실상 찾아보기 어렵다. 그간 달빛에 젖고 햇볕에 바래 오랜 시간 속에서 대부분 스러져갔거나, 설령 살아남았다 하더라도 그 존재감이 없다.

  오로지 '삼성경영 현대경영'만이 거의 유일하다. 이들의 조직, 문화, 경영, 성취만이 살아남아 우뚝 섰다.

  요컨대 별다른 자본도 기술도 없이 보잘것없는 평에서 출발했다 하더라도, 기어이 지를 뛰어넘어 재의 수준을 열어 보인 이들의 역량과 성취는 결코 가볍지 않다. 어떤 남다른 깨달음이나 부단한 학습, 자기 단련으로 다음 단계인 지의 수준을 넘어, 마침내 설명하기 어려운 입체의 세계 곧 '재의 경영'을 구축해 낼 수 있었던 것이다.

끝으로 친구에게 물었다.

"그럼 어떻게 하면 평의 사람이 지를 넘어 재의 단계에 이를 수 있을까?"

친구는 대답한다. 재는 곧 결정된 사항이 아니다. 만인의 가능성이다. 다만, 평의 사람이 재의 사람이 되고자 한다면 '5배의 노력'은 아끼지 않아야 한다. 그쯤은 되어야 비로소 평의 사람이 지를 넘어 재의 수준에 이를 수 있게 된다. 이건 어떤 조직이나 기업 또한 다르지 않다.

이것이 곧 삼성과 현대의 재ォ의 세계다

CEOChief Executive Officer를 어떻게 정의할 수 있을까? 기업의 최고 경영자, 최고 책임자, 업무 1인자, 사장, 회장 등 여기에 대한 정의는 여럿이다. 또 누구나 그렇게 생각하고 있기 마련이다.

한데 이 같은 사전적인 의미 말고 좀 더 실존적인 정의를 듣고 싶었다. 기업의 현장에선 과연 어떤 생각을 갖고 있는지도 궁금했다.

그러던 중 우연한 기회에 현장의 대답을 접할 수 있게 되었다. CEO로 기업경영을 해오다 이제는 연로하여 일선에서 물러나 앉은 S그룹의 K고문이었다. 주저 없이 입을 연 그의 CEO에 대한 정의는 이랬다.

"기업의 CEO란 다른 게 아니다. 황금money이 되는 산업을 찾아내어 자기 기업에 효율적으로 접목시켜내는 자다."

어떤가? 그의 정의가 옳다고 생각하는가?

솔직히 예상치 못한 답변이었다. 하지만 이내 생각이 바뀌어갔다. 본질에 가깝다는 생각이 들었다. 시간이 흐를수록 이처럼 명쾌한 정의도 또 없다고 믿게 되었다. CEO에 대해 이보다 더 현실적인 정의도 딴은 또 없다고 확신하게 되었다.

무엇보다 '삼성경영 현대경영'을 떠올리면서 그랬다. 이병철과 정주영을 돌이켜보며 그같이 생각했다.

둘은 황금이 되는 산업을 찾아내어 자기 기업에 효율적으로 접목시켜내는 데 탁월한 역량을 보여주었다. CEO로서 자신의 목적이 어디에 있는지 누구보다 뚜렷하고 확고했다. 설명하기 어려운 입체의 세계, 곧 재ォ의 수준을 펼쳐보였던 것이다.

그러나 이들의 설명하기 어려운 입체의 세계는 또한 서로가 달랐다. 본질은 같았으되 그 전개 방식은 전연 다른 거였다. 이들이 보여준 재의 수준은 각기 '도전정신'과 '일등정신'이라는 사뭇 다른 풍경으로 나타났다.

일제의 오랜 식민 지배에서 마침내 해방된 이듬해1946년, 정주영은 미군정이 적산敵産의 일부를 불하할 때 서울시 중구 초동 부근 200여 평의 땅을 불하받았다. 그런 뒤 거기에다 '현대자동차공업사'라는 간판을 내건다. 과거 자동차 수리 공장아도서비스을 운영했을 때의 경험을 밑천 삼아 다시금 자동차 수리 공장을 시작한 것이다.

현대자동차공업사의 초기 정주영은 미군 병기창에 가서 엔진을 바꿔 단다든가 하는 작업을 청부받아 하곤 했다. 그 이듬해부터는 낡아빠진 일제 고물차를 용도에 따라 개조하는 일까지 맡아 했다. 다행히 해방 이후 교통량이 크게 늘어나면서 그의 현대자동차공업사도 매일매일 번창해 나갔다.

그렇듯 자동차 수리 일거리를 찾아 관청이며 미군부대를 부지런히 쫓아다니면서 견적을 넣고, 수금을 하던 어느 날이었다. 건설업자들이 공사비를 결산 받아 가는 걸 보곤 깜짝 놀란다. 자신이 받아 가는 수금액이 고작 해야 한 번에 30~40만 원 정도인데 반해, 건설업자들은 한 번에 1,000만 원씩 받아갔다.

정신이 번쩍 들었다. 일하는 업종이 좀 다를 뿐 공들이는 노력은 같은데, 기왕이면 나도 좀 큰돈을 받아가는 일을 해야겠다는 생각이 들었다.

하지만 주위에서 반대가 심했다. 어떤 자본도 건설 경험도 쥐뿔이라곤 없이 새로운 업종에 뛰어든다는 건 무모한 짓이라며 그냥 자동차 수리 공장이나 열심히 하라고들 손사래 쳤다.

그러나 주위의 반대에도 현대자동차공업사 건물 안에 '현대토건사'라는 간판 하나를 더 달았다. 훗날 현대자동차와 함께 현대왕국의 모태가 되는 현대건설이 탄생하는 순간이었다. CEO로서 자신의 목적이 어디에 있는가를 보여준 에피소드였다. 설명하기 어려운 입체의 세계, 곧 정주영의 도전정신이 보여준 재의 수준이었다.

이병철의 일등정신 또한 사업 초기부터 유감없이 나타난다. 6·25 전쟁으로 그간 쌓아온 모든 것을 잃고 속절없이 피난길에 올라야 했던 그는, 피난지 부산에서 가까스로 재기에 성공한다.

재기에 성공하면서 그는 결단한다. 전쟁이 채 끝나기 전의 어수선한 사회 분위기였으나 제조업에 투신하기로 결의를 굳힌 것이다. 임직원들은 만류하고 나섰다. 관계 당국의 의견 또한 부정적이었다.

하지만 제조업에 대한 그의 결의는 확고했다. 어떤 제조업을 어떻게 할 것인가만 남겨두었을 따름이었다.

그렇게 건설된 것이 '제일제당1953년'이다. 제조업에 투신하더라도 그중 제일第—이 되겠다는 의지를 처음부터 밝히고 나선 셈이다.

제일제당의 설립은 8·15 광복 이후 건설된 우리나라 최초의 현대식 대규모 생산시설이었다. 삼성이 근대적 생산자로서의 면모를 구축한 첫걸음인 동시에, 마침내 무역업의 상업자본을 탈피하여 산업자본으로 전환한 최초의 선구자본이라 할 수 있었다.

그러나 뭐니 해도 그의 일등정신을 가감 없이 보여준 사례는 '한국비료'를 설립할 때였다고 볼 수 있다. 1965년 가을부터 본격적인 건설에 들어간 한국비료는 건설비용 4,600만 달러가 소요되는 당시 세계 최대 규모였다. 이병철의 얘기다.

"한국비료 울산공장을 완성하는 데는 10년 가까운 세월이 걸렸다. … 증가 일로인 국내 비료 수요를 충족시키기 위해서는 세계 굴지의 최신식 대규모 공장을 건설해야 하며, 그 규모는 30만 t 정도는 되어야 한다. 이 규모라면 장차 수출을 할 경우에도 국제 경쟁력을 지닐 수 있다. …

지금에 와서는 4,000~5,000만 달러 규모의 공장은 별반 신기할 것이 못 되지만, 당시로써는 그야말로 세계적인 거대 규모였다. … 이윽고 삼성이 세계 최대의 비료 공장을 건설한다는 것이 국내에 알려지자 반응이 분분했다. 우선 그 웅대한 스케일에 놀라 그렇게 큰 공장을 과연 우리 손으로 지을 수 있을까 하고 의심하는 것 같기도 했다…"

하기는 반응이 분분할 만도 했다. 상업자본에서 갓 산업자본으로 전환하기 시작한, 그것도 고작 제일제당과 제일모직을 계열사로 거느렸을 뿐인 그가 언감생심 누구도 꿈꾸지 못한 세계 최대 규모의 비료공장을 덜컥 건설하겠다고 나섰으니 말이다.

어떤가? 황금이 되는 산업을 찾아내어 자기 기업에 효율적으로 접목시켜 냈는가? CEO로서 자신의 목적이 어디에 있는지 누구보다 뚜렷하고 확고했는가? 설명하기 어려운 입체의 세계, 곧 재才의 수준을 펼쳐보였는가?

결국 '삼성경영 현대경영'의 재才란 다른 게 아니었다. 단언컨대 일등정신과 도전정신이었을 따름이다. 설령 자신이 평平의 수준에 머물러 있었을지라도 그 '5배의 노력'을 아끼지 않은 남다른 자세, 깨달음, 다짐 같은 것이 있었기에 설명하기 어려운 입체의 세계, 곧 재才의 수준을 펼쳐보일 수 있었다는 것이다.

또 다른 '큰 바위 얼굴'을 기다리며

갓난아이의 손을 잡아본 적이 있는가? 아직 눈도 뜨지 않은 갓난아이의 고사리손을 잡아본 일이 있는가?

아주 오래전의 일이긴 하지만 잡아본 일이 있다. 아내가 아들을 출산한 지 얼마 지나지 않아서였다. 이제 막 세상에 태어난 갓난아이의 고사리손이 너무도 기특해 검지로 살며시 대어 보았다.

한데 어떻게 알았는지 아직 눈도 뜨지 않은 갓난아이가 지체 없이 반응을 보였다. 고사리손에 살며시 대자마자 내 검지를 와락 붙잡았다. 검지를 재빨리 붙잡고선 다시는 놓지 않을 것처럼 힘을 주었다. 순간 놀라지 않을 수 없었다. 검지를 붙잡은 갓난아이의 힘이 여간 아니었던 것이다.

그러고 보니 어린 시절의 기억이 난다. 아직 초등학교도 들어가기 이전인데, 동네 꼬맹이들이 한데 모여 집 마당에서 놀고 있었다.

한데 누구였는지 자신이 돌보던 아이에게 마당을 가로지른 빨랫줄을 쥐어주었다. 아이는 빨랫줄을 붙잡은 채 허공에 매달렸다. 울지도 않았다. 땅에 떨어지지 않으려고 한사코 바동거렸을 뿐이다. 우리는 그게 재미있어 철없이 깔깔거렸던 기억이 아련하기만 하다. 지금 생각해봐도 그저 신기할 따름이다.

도대체 갓난아이는 왜 그토록 재빠른 반응을 나타냈던 것일까? 왜 무언가를 그같이 와락 붙잡았던 것일까? 아이가 허공에 매달린 채 위태롭게 바동거리면서도 끝내 땅에 떨어지지 않았던 것은 왜일까? 그 놀라운 힘은 과연 어디서 나온 거란 말인가?

그건 다름 아닌 본능이다. 태어날 때부터 부여받은 생존의 힘이다. 물리학이나 생물학으론 도저히 해석이 되지 않는 신비의 영역이다. 무언가를 하기 위한 천재성인 것이다.

사람은 누구나 이 같은 천재성을 갖고 태어나기 마련이다. 여기선 누구도 예외일 수 없다. 또 그럴 때만이 빨랫줄에 매달린 아이처럼 생존이 가능해진다.

우리가 애써 돌아보고 살피지 않아서일 뿐, 사람이라면 누구나 이 같은 가능성을 갖고 세상에 태어난다. 무언가를 할 수 있다는 단순한 존재가 아니라, 그 같은 가능성이 열리는 세계에서만 존재할 수 있다는 얘기다.

'혹惑'은 '혹시나' 하는 마음이다. '행여 만萬에 하나─'라고 하는 어떤 가능성을 생각하고 기대해보는 마음이다.

말하자면 어떤 가능성에 홀린 마음이라고 볼 수 있다. 그것이 정말로 가능한 것인지 의심하는 마음인 것이다.

따라서 '혹'은 전일하지 못하다. 인식의 오류가 불러일으킨 한낱 망상일 수도 있다. 현실에 실재하지 않는데도 자칫 실재하는 듯 느끼는 어지러워진 마음이다.

그러나 대관절 무엇이 인식의 오류를 낳는단 말인가? 혹을 보고자 하는 마음, 보고 싶다는 의지 없이 과연 혹의 세계를 볼 수 있단 말인가? 혹을 좇지 않는 인생, 혹을 그리지 않는 인생을 정녕 가치 있는 인생이라고 말할 수 있느냐는 거다.

이런 물음에 어울리는 인물이 있다. 다산茶山 정약용이다. 그는 정조와 손잡고 새로운 세상, 혹의 가능성을 꿈꾸었다. 비록 현실에 존재하지 않는 한낱 망상으로 그치고 말았을지라도, 혹을 보고 싶다는 그의 부단한 의지는 어두운 유배지에서조차 꺾일 줄을 몰랐다.

사실 강진의 다산초당은 어떤 책을 집필할 수 있는 환경이나 조건이 아니었다. 절망과 한숨은, 고독과 비탄은, 차마 눈물로도 모자랐다.

한데도 혹을 보고자 하는 그의 간절함은 거기서도 굽힘이 없었다. 다행히 60여 리 바깥에 자리한 외가를 찾아가도록 이끌었다. 고산孤山 윤선도 등을 배출한 호남의 명문가였던, 해남의 윤씨 집안이 소장하고 있던 수많은 장서들을 수레로 실어다 서재의 곳간을 든든히 채울 수 있었다. 그리하여 다산은 18여 년의 유배 기간 동안 무려 550여 권에 달하는 방대한 양의 책을 써냈다. 마침내 자신의 천재성, 혹의 가능성이 만개한 것이다.

어떤 전문가가 되기 위한 입문서를 펼쳐보게 되면 대개 한 가지 공통점이 있기 마련이다. 십중팔구 거의 첫머리에서부터 아무나 전문가가 될 수 없다는 얘기부터 서슴없이 나온다.

기업가라고 조금도 다를 것이 없다. 성공한 기업가가 되고 싶다는 갈망은 자칫 섣부른 인식의 오류가 낳은 한낱 망상일 수 있다고 지레 겁을 주기 십상이다. 아울러 성공한 기업가가 되는 데는 어떤 충분조건 혹은 특별한 재능을 타고났는지부터 먼저 요구한다.

그렇지 않다면 행여 착각은 아닌지 자신을 의심해 보라고 이른다. 아예 혹의 가능성에 경고 딱지부터 붙이고 만다. 이 같은 경고 딱지는 무책임하다. 인간의 천재성을 외면하고 혹의 가능성을 짓밟는 야만이다.

재능이란 무엇인가? 어떤 가능성의 능력을 지닌 소질을 스스로 타고났다는 뜻이다. 후천적으로 연마하여 습득한 기량보다는 다분히 선천적인 부분에 방점이 있다.

그것은 마치 대지의 기운을 받아 그 기운으로 초목이 생장해가듯, 사람의 재능이라는 것도 먼 조상으로부터 기운을 이어받아 타고나는 거라며 에둘러 못을 박고는 만다. 아예 출생 때부터 이미 움터 나온 것이란 전제가 강하게 깃들어 있기 마련이다.

한데 사람 가운데 과연 재능 없는 이가 또 있단 말인가? 정말 몇몇 선택받은 이만이 출생하는 순간부터 군계일학이란 말인가? 그 나머지는 단순히 갑남을녀라고 단정지을 수 있느냐는 거다.

거듭 밝혀두지만 이것은 인간의 천재성을 외면한 전제다. 혹의 가능성을 짓밟는 무책임한 야만이다. 대지의 기운을 받아 그 기운으로 초목이 생장해

가듯, 사람이라면 누구나 먼 조상으로부터 이어받은 천분으로서의 재능이 아예 없다고 말하긴 어렵다.

물론 재才와 평平은 엄연히 존재한다. 모양과 쓰임새가 제각기 다른 것도 분명하다. 그렇대도 재와 평의 간극은 그저 오른발에서 왼발의 사이가 고작이다. 옛사람들은 불과 백지장 한 장 차이일 뿐이라고 그 간극을 더 좁혀서 보았다.

단지 스스로 돌아보고 애써 톺아보지 않았을 따름이다. 살아가면서 종종 그때 정말 한 발만 더 내디뎠더라면 하고, 자신의 무릎을 친 안타까웠던 순간의 경험이 곧 그것이다.

그렇다. 혹의 가능성에서 우리가 발견할 수 있는 건 사람의 천재성에 깃들어 있는 무언가를 갈망하는 존재이다. 바라고 꿈꾸는 존재인 것이다.

더구나 이 같은 바람과 꿈은 단지 인식의 오류가 낳은 한낱 망상이라는 무책임한 지평이 아니다. 차마 눈물로도 모자랐던, 그 어두운 유배지에서조차 꽃을 피워낸 어기찬 지평이다. 간절함이 깃들어 있는 무한의 가능성을 뜻함이다.

그렇다면 자신의 한계부터 미리 단정 지어선 곤란하다. 누군가 정해놓은 한계의 말뚝 앞에 섣불리 두 팔을 들어 올려선 안 된다. 누군가 제멋대로 정해놓은 운명 앞에 자신을 옭아매어 묶을 필요란 없다. 자신의 운명은 오직 자신만이 스스로 결정해 나갈 수 있음을 기억할 일이다.

물론 사람 가운데 재능 없는 이가 따로 없다곤 하더라도, 로마는 하루아침에 만들어지지 않는다. 성공한 기업가가 되고 싶다는 갈망을 현실화하는 작업은 생각만큼 녹록지 않다. 그 어느 조직 어떤 기업도 결코 쉽게 일으켜 세운 것이란 없다. 더구나 짧은 기간 안에 엄청난 진전을 이룰 수 있는 그 어떤 묘약도 존재하지 않는다.

그렇다고 이쯤에서 순순히 물러날 그대가 아니란 것쯤은 나도 안다. 두고 두고 자책할 수밖에 없는 마음을 또 어쩌란 말이냐 하고 물을 줄 이미 알고 있었다.

그렇다면 다른 누구보다 먼저 자기 자신에게 다시 물어라. 인간으로서의 성숙함, 생각하는 동물로서의 자세, 그 어떤 것도 가로막을 수 없는 간절함이 자신에게 깃들어 있는가를 물어보아라. 그 대답을 들을 수 있다면 이 말은 유효하다. 나는 성공한 기업가가 될 수 있다.

거듭 말하지만, 혹의 가능성은 꿈꾸는 자만의 세계다. 혹의 가능성을 꿈꾸는 순간 먼 조상으로부터 물려받은 천분으로서의 재능은 이미 움터 오르기 시작한다. 아이가 빨랫줄에 매달려도 떨어지지 않는 간절함이 깃들어 있을 때 비로소 그 같은 천재성을 되찾게 된다.

그런 만큼 어떤 가능성의 능력부터 묻지 말기를 바란다. 충분조건 혹은 특별한 재능을 갖췄는지 보다는 우선 스스로 물어볼 일이다. 차마 눈물로도 모자랐던 그 같은 간절함이 자신에게 있는지부터 먼저 물어보고 다짐할 일이다.

'삼성경영 현대경영'은 우리에게 분명 혹惑의 세계다. 혹을 보고자 하는 마음, 어떤 가능성을 생각하고 기대해 보는 마음이다. 대지의 기운을 받아 그 기운으로 초목이 생장해가듯, 기업의 리더라면 누구나 먼 조상으로부터 이어받은 천분으로서의 재능이다.

다행히 '삼성경영 현대경영'은 이렇다 할 자본이나 별다른 기술도 없이 시작된 도전이었다. 어떻게 보면 무모하달 수밖에 없는 선택의 스펙트럼에서 어떠한 제한조차 없었다.

한쪽이 직선의 저돌성이었다면, 다른 한쪽은 곡선의 신중성이었다. 한쪽이 감정의 지배가 우세한 외적 지향의 아폴론적 인간형이었다면, 다른 한쪽은 이성의 지배가 우세한 내적 지향의 디오니스적 인간형이었다. 한쪽이 고슴도치형 리더였다면, 다른 한쪽은 여우형 리더였다.

그만큼 폭이 크고 넓을뿐더러 선택의 여지 또한 수많은 혹의 세계였다. 누구라도 그 범주 안에 들어갈 가능성의 지평을 확장시켜 놓았다는 사실이다. 더욱이 이들은 누구를 애써 뒤따라가지 않았다. 어느 누구도 추종한 적이라곤 없었다.

오직 사소하고 보잘 것 없는 자신의 경험과 역량을, 하지만 평생 이어진 학습과 단련으로 자신을 극대화시켜 나갔다. 하늘 높은 줄 모르는 태산도 야트막한 동산쯤으로 바라보는 기업가정신으로 길 없는 곳을 스스로 열어나갔다. 한 치 앞을 내다볼 수 없는 엄혹한 시대의 장벽을 어기차게 뚫어내고야 말았다.

이제는 그들을 만나보고자 한다. 그 모든 기대와 과제, 의문과 해답을 찾아 '삼성경영 현대경영' 안으로 본격적으로 들어가 보고자 한다. 이른바 이병철과 정주영, 이건희와 정몽구로 이어지는, 삼성과 현대의 100년 경영을 보다 깊숙이 들여다보고자 한다. 또 다른 '큰 바위 얼굴'을 기대하는 뜻있는 여정을 떠나보고자 한다.

제2부

왕국national의 시대

제1장
창업, 학습과 단련

부잣집 도련님과 가난한 농부의 아들

흔히 위인전을 읽어보면 '될성부른 나무는 떡잎부터 알아본다'는 전제 하에 이야기가 전개된다. 실제로 범상치 않은 어린 시절을 보낸 위인의 예는 많다. 이순신은 전쟁놀이를 할 때마다 대장을 맡았다. 율곡 이이는 8세에 이미 수준 높은 시를 지어 어른들을 깜짝 놀라게 만들었다. 이런 일화들은 위인전의 주인공이 장래에 비범한 인물로 성장할 것임을 넌지시 알려준다.

그러나 세상의 모든 위인이 떡잎부터 남달랐던 건 결코 아니다. 평범하다 못해 심지어 보잘 것 없기까지 한 어린 시절을 보낸 위인도 얼마든지 많다. 인류 역사상 가장 넓은 영토를 정복했던 칭기즈칸만 해도 그렇다. 그는 어린 시절 개만 보면 울고 도망갈 정도로 소심한 겁쟁이였다. 인류의 위대한 스승으로 추앙받는 간디는 형의 금팔찌를 몰래 훔쳐 팔기도 했다.

'삼성경영 현대경영'의 첫 주인공인 이병철李秉喆과 정주영鄭周永 역시 별반 다르지 않았다. 떡잎부터 알아볼 만큼의 타고난 인재들은 아니었던 듯싶다. 다만 한 가지 분명한 사실은 둘이 너무 달랐다는 점이다. 둘은 이미 출생 때부터 달라도 너무 달랐다.

이병철은 풍년이 들면 2,000석 흉년이 들면 1,500석을 거둬들이는 부잣집 도련님으로 태어났다. 집안 대대로 농사를 크게 지어 먹을 걱정, 입을 걱정 없는 4남매 중 막내로 태어나 집안의 사랑을 한몸에 받으며 자랐다.

그에 반해 정주영은 찢어지게 가난한 데다 식구들마저 득실거리는 농부의 장남으로 태어났다. 그의 부모님이 매일같이 새들보다 먼저 일어나 들판에 나가 허리가 휘도록 일해도 식량 걱정이 끊이지 않을 정도였다.

가방끈에서도 둘은 차이가 컸다. 정주영이 초등학교 문턱을 밟은 게 전부라면 이병철은 당대에도 드문 일본 유학파였다. 시쳇말로 금수저와 흙수저가 따로 없었다.

정주영은 할아버지의 서당에서 3년 동안 한문을 배웠다. 「천자문」부터 시작해서 「소학」, 「대학」, 「논어」, 「맹자」 등을 할아버지 앞에서 줄줄 외웠다. 열 살이 되어서야 초등학교에 들어갈 수 있었지만, 1학년에서 3학년으로 월반을 하면서도 줄곧 우등생이었다. 타고난 성격이 급해서 오른쪽 왼쪽 신발을 번번이 바꿔 신고, 차분히 앉아서 해야 하는 붓글씨 쓰기가 젬병이었을 뿐, 초등학교 졸업 때까지 줄곧 2등을 놓쳐본 적이 없다.

반면에 이병철은 학습 능력이 다소 뒤떨어졌다. 초등학교에 입학하기 전 서당에 다니면서 한자를 배웠다. 한자 공부의 시작은 천자문이었는데, 남들은 서너 달이면 뗀다는 천자문을 1년 동안 배웠다. 학습 진도가 늦은 탓에 훈장에게 꾸중을 듣기 일쑤였다.

열한 살이 되자 이병철은 진주시에 자리한 지수초등학교에 입학했다. 고향에선 볼 수 없는 신식 초등학교였다. 고향을 떠나 도시에서 생활하면서 신식 문물에 눈을 떴다. 더불어 자신이 태어나고 자란 시골 마을이 얼마나 비좁고 답답한 곳이었는가를 깨달았다.

이듬해 이병철은 친척 형을 따라 서울로 상경했다. 신학문을 배우겠다는 의지가 그만큼 강했다. 서울에서 그는 붉은 벽돌로 지어진 교사가 퍽이나 인상적인 수송초등학교 3학년에 편입했다.

학교 성적은 여전히 신통치 않았던 것 같다. 한데도 초등학교 과정을 한시바삐 끝내고 싶어 했다. 4학년을 마친 그는 초등학교에서 배울 것이 없다며 중학교로 옮기고 싶다고 아버지를 졸랐다. 그리하여 속성과가 있는 중동중학교로 전학을 가게 된다.

다시 중동중학교 4학년 때 다니던 학교를 돌연 그만두고, 일본으로 유학 갈 생각을 했다. 보다 넓은 세상을 체험해보기 위해서였다.

그러나 이런 그의 어린 시절은 늘 혼자일 수밖에 없었다. 고향을 떠난 진주에서도, 편입을 위해 다시 상경한 서울에서도, 그는 늘 외톨이였다. 학교가 끝나고 집으로 돌아가 봐야 반겨줄 부모님이 기다리는 것도 아니었다. 학교를 자주 옮기게 되면서 딱히 놀아줄 친구조차 사귀지 못한 채, 낯설기만 한 타향에서 어린 시절을 혼자 지내다시피해야 했다.

또 이 같은 어린 시절의 환경은 그를 늘 조용한 아이로 만들었고, 바깥으로 향하는 에너지보다는 자기 안으로 향하는 에너지, 곧 내면의 세계로 이끌었다. 이런 환경이 제1부에서 설명한 이른바 이성의 지배가 우세한 우뇌右腦형의 인간, 곧 디오니스적靜的 인간형의 성격 형성에 결정적인 토양이 되어준 것이다.

이듬해 이병철은 일본 와세다대학교 정치경제학과에 입학했다. 그러면서 뒤늦게나마 학교 공부에 열중했다.

한데 2학기 말이 되면서 때마침 유행하던 독감에 걸려 학업을 중단해야 했다. 와세다대학교를 중퇴한 그는 쓸쓸히 고국으로 돌아올 수밖에 없었다. 학업보다 당장 몸부터 추스르지 않으면 안 되었던 것이다.

정주영 역시 드넓은 세상을 갈망하긴 마찬가지였던 것 같다. 비좁고 답답한 고향을 떠나 좀 더 넓은 세상으로 나아가고자 하는 바람이 굴뚝같았다.

그의 어린 시절 꿈은 선생님이었다. 하지만 아버지의 뜻에 따라 초등학교를 마치자 농부가 되어야 했다. 가난이 자신의 꿈을 앗아간 것이다. 꿈이 깨어진 이후 정주영은 한동안 상실감에 휩싸였다. 선생님이 되지 못해서만은 아니었다. 그는 결코 아버지처럼 가난한 인생을 살고 싶지 않았다. 하지만 어느새 자신 또한 찢어지게 가난한 아버지를 닮아가고 있었던 것이다.

"고향을 뜨자. 더 나은 세상으로 나아가자."

그러던 어느 날 청진항에 있는 제철 공장에서 노동자를 구한다는 신문 기사를 보게 된다. 고향에서 그리 멀지 않은 데다, 많은 수의 노동자를 구한다고 했다. 정주영은 그 기회를 놓치지 않았다. 동네 친구와 둘이서 고향을 떠났다. 그의 첫 가출이었다.

첫 가출은 단 며칠 만에 실패로 돌아갔다. 아버지가 청진항까지 찾아왔던 것이다.

"너는 형제들 많은 우리 집안의 장손이다. 장손은 집안의 기둥이다. 기둥이 빠져나가면 집안은 쓰러진다. 형제가 아무리 많다 한들 너는 장손이 아니냐. 무슨 일이 있어도 너는 고향을 지키고, 네 동생들을 책임져야 한다. 다른 자식 중 하나가 집을 나갔다면 이 애비가 이렇게 찾아오지도 않았을 것이다."

아버지의 절절한 부탁을 뿌리치지 못한 정주영은 한동안 마음을 비우고 농사일에 전념했다. 한데 그만 흉년이 들었다. 먹어야 사는 목숨한테 굶주림보다 더 비참한 것은 없었다.

결국 소 판 돈 70원지금 돈 약 700만 원을 훔쳐 들고 다시금 가출해서 서울로 올라왔다. 덕수궁 옆에 있던 경성실천부기학원에 두 달을 다니다 아버지에게 그만 덜미를 잡혔다. 부기학원에 다녀봤자 일본 놈들 고즈카이사환밖에 더하느냐며 우시는 아버지를 따라 속절없이 고향으로 돌아와야 했다. 하지만 찢어지게 가난한 고향은 그를 오래 붙잡아두지 못했다. 어쨌든 고향을 떠나 넓은 세상으로 나아가고만 싶었다.

19세가 되던 해 봄, 그는 친구에게 돈을 좀 빌려 무작정 서울로 향했다. 꿈에 그리던 서울이었다.

정주영의 어린 시절은 이같이 꽤 시끌벅적했던 것 같다. 적어도 이병철의 어린 시절처럼 외톨이가 아니었던 것만은 분명하다. 바깥에 나갔다 들어오면 가난한 흥부네 집같이 식구들로 넘쳐났고, 또한 바깥으로 나가면 친구들이 적잖았던 것으로 보인다.

이 같은 어린 시절의 환경은 그의 주변에 늘 사람들로 득실거리게 만들었고, 내면을 지향하는 이병철과 달리 바깥으로 향하는 에너지, 곧 외면으로 이끌었다. 이러한 환경이 제1부에서 설명한 이른바 감정의 지배가 우세한 좌뇌형의 인간, 곧 아폴론적 인간형의 성격 형성에 결정적인 토양이 되어 준 것이다.

그러나 낯선 타향에서의 삶은 생각보다 녹록지 않았던 것 같다. 배운 것이라곤 없는 그가 할 수 있는 일이란 기껏 공사장의 막노동뿐이었다. 정주영은 지금의 고려대학교 신축 공사장에서 돌과 목재를 나르는 막노동을 두 달 가까이 했다.

이후 그는 용산역 근처에 있는 풍전 엿 공장지금의 동양제과에 잔심부름꾼으로 들어갔다. 우연히 그 앞을 지나가다 정문 옆 담장에 붙어 있는 '견습공 모집'이라는 벽보를 보고서 무턱대고 들어간 직장이었다. 엿 공장에서의 일은 막노동보다는 수월했지만 보수가 별로였다. 별다른 기술도 배울 수가 없었다. 장래가 보이지 않기는 막노동과 다를 게 없었다.

정주영은 짬만 나면 무작정 거리를 쏘다녔다. 좀 더 나은 일자리를 찾아 기웃거렸다.

그러다 신당동에 자리한 복흥상회라는 쌀가게의 배달원으로 취직했다. 그의 처지로 볼 때 행운이 아닐 수 없었다. 무엇보다 안정적인 데다, 점심과 저녁을 제공하고 월급으로 쌀 한 가마니를 계산해 주었기 때문이다.

이병철과 정주영은 이처럼 태생에서부터 서로 너무 달랐다. 부잣집 도련님과 찢어지게 가난한 농부의 아들로, 학교 성적이 신통치 않았던 것과 우등생을 놓치지 않았던 것으로, 조용한 내면 지향의 아이와 시끌벅적한 외면 지향의 아이로, 초등학교 문턱과 일본 유학파로 대별해 볼 수 있다. 바꿔 말해 이 둘의 스펙트럼이 그만큼 폭넓다는 점이다. 앞서 살펴본 것처럼 이 둘의 궤적은 마치 서로 그 반대 지점에 서 있는 듯하다. 그리하여 누구라도 그 범주 안에 들 수 있을 만큼 폭넓게 달랐다는 점에서 반갑다.

예감으로 시작된 100년 경영의 출발점

모든 것은 항상 '할 수 있을 것 같다'는 예감적인 것에서부터 시작된다. 모든 이해가 전체에 대한 어떤 예감에서 비롯된다고 볼 수 있다. 하지만 예감은 근원적이다. 근원적이어서 그 모든 최초의 파악은 잠정적이고 불안전하기만 하다. 이병철과 정주영의 100년 경영의 출발점 역시 이와 다르지 않았다. 어느 것 하나 근원적이지 않은 게 없었던 것이다.

먼저 일본 와세다대학교를 중퇴하고 돌아온 이병철은 잠정적이고 불안정하기만 했다. 그때 벌써 26세였는데, 당시 조혼 풍습에 따라 19세에 결혼한 그는 이미 세 아이의 아버지였다. 언제까지나 골패 노름에나 빠져 소일할 수도 없는 노릇이었다. 당장 무엇인가 하지 않으면 안 될 절박한 심정이었다.

조심성 많고 신중한 이병철은 고민한다. 자신이 선택해야 할 길을 두고 숙고에 들어갔다. 독립운동, 관리, 사업 등으로 생각을 좁혀나갔다. 독립운동은 투쟁 못지않게 국민을 빈곤에서 구하는 일이 시급하다는 점에서, 관리 생활은 일제 식민지하에서 떳떳하지 못하다는 점에서 일찌감치 제외되었다. 남는 건 오직 사업이었다.

그렇잖아도 일본 유학 시절 도쿄로 가는 오사카의 철로 연변에 즐비하게 늘어선 거대한 공업단지를 목격하면서 일본의 힘을 절감한 그였다. 와세다대학교 정치경제학과에 진학할 때부터 그도 장차 기업가가 되어 '부강한 조국을 만들리라'는 청운의 꿈을 품었던 적이 없지 않은 터였다. 결국 사업의 길이 자신의 성격에도 맞는다고 판단하여 사업에 뛰어들기로 했다.

결심을 굳힌 그는 아버지에게 그 같은 뜻을 밝혔다. 아버지도 '스스로 납득이 가는 길이라면 결단을 내리는 것도 좋다'며 흔쾌히 막내아들의 몫인 600석 지기 토지를 물려주었다.

자본을 수중에 쥔 그는, 사전 시장 조사에 벌써 마음이 부풀었다. 서울을 사업의 근거지로 하면 업종 선택의 폭이 넓고 친구들도 있어 손쉬울 것 같았지만, 처음부터 그렇게 하기에는 아무래도 손에 쥔 자금이 부족한 것 같았다. 대구나 부산, 평양과 같은 대도시는 어떨까 하고 알아보았으나, 그 세 도시에서도 이미 큰 상권은 일본인들이 독점하고 있어 자신의 자금력으로는 끼어들 여지가 없어 보였다. 이런저런 이유로 결국은 고향과도 가까운 마산지금의 창원을 우선 후보지로 골랐다.

당시 마산은 물이 맑고 기후가 온화한 아담한 항구도시였다. 경남 일대 농산물의 집산지로 그곳으로 모이는 쌀이 연간 수백만 석에 이르고, 대부분 일본으로 수출되었다. 반면에 만주로부터 대두나 고량高粱 등이 유입되어 물자와 돈의 흐름도 제법 컸다.

그러나 연간 수백만 석에 이르는 쌀이 모여드는데도 도정 능력이 모자란다는 사실에 그는 착안했다. 마산 시내 일본인들이 경영하는 정미소는 제법 큼직큼직한 규모였으나, 한국인들의 정미소는 보잘 것 없어서 하주荷主는 도정료를 선급하고도 한동안 차례를 기다리는 것이 예사였고, 정미소의 공터에는 어딜 가나 도정을 기다리는 볏단 더미가 산더미같이 쌓여 있었다.

"그래, 바로 이거야! 정미사업이다!"

이병철은 주먹을 불끈 쥐었다. '조심성 많고 신중한 성격과 달리 유난히 스케일이 남다르게 컸던' 그는, 마산에서 제일 큰 규모로 한다면 얼마든지 경쟁력을 가질 수 있다고 확신했다.

하지만 그처럼 사업을 벌이기에는 아버지로부터 물려받은 토지만으로는 턱없이 부족했다. 자본을 좀 더 끌어모으지 않으면 안 되었다. 이병철은 친구 둘을 만나 공동사업을 제의했다. 때마침 두 친구도 무엇인가 사업을 할 생각이었던지, 셋이 의기투합하여 1만 원지금 돈 약 10억 원씩을 투자하기로 했다.

물론 그때만 해도 자본주의 역사가 일천했던 때라 3자 동업이란 내부적으로 상당한 어려움을 안고 있었다. 법상업이나 자본 참여 규모에 따른 발언권결정권이 존중되기보다는 나이, 인정, 의리 따위에 더 무게를 두고 있었던 것이 당시 상계 분위기였다.

그럼에도 굳이 동업을 택한 이유는 사업자금이 부족했던 것도 원인이었지만, 시쳇말로 '조선 사람은 단결심이 없다. 그러므로 공동사업 같은 것은 바랄 수 없다'고 비아냥거리는 일본인들의 고정관념을 깨기 위한 것이기도 했다. 일본인들에게 '조선 사람도 동업이 가능하다'는 사실을 보여주고 싶었던 것이다.

26세이던 1936년 봄, 북마산에 부지를 마련하고 설비를 들여왔다. 셋이 자본을 댄 공동사업인 만큼 '협동協同정미소'라는 상호의 간판을 내걸었다. '삼성 100년 경영'의 첫 시작점이 열리는 순간이었다.

그에 반해 정주영은 그럴 처지도 운명도 아니었다. 어렵사리 구한 쌀가게 배달원으로 감지덕지해야 했다.

때문에 쌀가게 일을 마치 그의 아버지가 농사일을 하듯 그야말로 전심전력을 다했다. 매일같이 누구보다 일찍 새벽에 나가 쌀가게 앞을 깨끗이 쓸고 물까지 뿌려놓은 것으로 하루 일과를 시작했다.

쌀가게 주인은 기특해했다. 게으른 난봉꾼 아들 때문에 골치를 앓던 쌀가게 주인은 그저 열심히 되질과 말질을 배우면서 쓸고, 닦고, 배달하고, 명랑하게 손님을 응대하는 정주영을 좋아했다.

반년쯤 지났을까. 쌀가게 주인은 장부를 아예 정주영에게 맡겨버렸다. 곳간의 열쇠를 쥐어줄 만큼 신임하게 된 것이다. 그날 그는 쌀과 잡곡이 한데 섞여 있어 오래전부터 온통 뒤죽박죽이던 창고를 말끔하게 정리 정돈해 놓았다. 쌀은 쌀대로 한 곳으로 몰아 줄지어 쌓아두고, 잡곡은 잡곡대로 또 그렇게 정리해서 한눈으로 재고 파악이 가능하도록 만들어 놓았다.

장부도 원장元帳과 고객별 분개장으로 나누어 분류해 놓았는데, 소 판 돈 70원을 훔쳐 들고 세 번째 가출하여 서울에서 두 달 다니다가 만 부기학원에서 배운 공부를 요긴하게 써먹었다. 당연히 쌀가게 주인의 입이 벌어졌음은 물론이다.

그렇게 다시 2년이 지났다. 쌀가게 주인으로부터 복흥상회를 인수할 의향이 없느냐는 전혀 뜻밖의 제의를 받았다. 경성 바닥이 좁다며 만주까지 들락

거리며 가산을 탕진하는 아들 때문에 울화병이 든 주인이 그만 의욕을 잃고 쌀가게를 내놓고 싶다고 했다.

정주영은 굵은 단골을 그대로 물려받고, 쌀은 월말에 계산하는 조건으로 얼마든지 대어준다는 정미소의 약속까지 받아낸 뒤 사글세로 쌀가게를 인수했다. 그리고 서울에서 제일가는 쌀가게를 만든다는 포부로 '경일京—상회'란 간판을 내걸었다. 정주영의 나이 24세, 고향을 떠난 지 4년여 만인 1938년 섣달이었다. '현대 100년 경영'의 첫 시작점이 열리는 순간이었다.

글자 몇 자로 하늘과 땅의 차이가 생겨나다

송나라 때 장괴애張乖崖라는 이가 늘그막의 한가로움을 이렇게 읊었다.

"홀로 태평하여 일없음을 한탄하니, 강남 땅에서 한가로운 늙은 한량이로다."

그걸 보고 소초제蕭楚材라는 이가 못마땅한 기색을 짓더니, 앞 구의 '한탄恨'을 '행복幸'으로 고쳤다. 그런 뒤 말했다.

"지금 나라가 태평하고, 그대의 공명이 높고 무겁거늘, 홀로 태평스러움을 한탄스러워 한다니. 어디 될 말이오?"

'행'자로 한 자만 고쳐도 '홀로 태평하여 일 없음을 기뻐하니'라는 뜻이 된다. 장괴애가 진땀을 흘리며 사과했다.

이같이 한 글자를 지적하여 시의 차원을 현격하게 높여주는 것을 흔히 '일자사一字師'라고 일컫는다. 청나라 때 원매袁枚가 말했다.

"시는 한 글자만 고쳐도 하늘과 땅의 차이만큼이나 판이하다. 겪어본 이가 아니라면 알 수 없는 세계다."

그러나 글자의 미세한 차이가 어디 시의 세계뿐이랴. 세상 일 또한 글자 몇 자 때문에 뒤집히고 용솟음쳐 또 한바탕 울고 웃는 기막힌 순간이 또 얼마이던가. 이병철의 첫 사업인 협동정미소 역시 그와 다르지 않았다. 그의 첫 사업은 단지 글자 몇 자 때문에 성공하지 못한다.

물론 처음에는 경험 부족에서 오는 손실 문제부터 해결해야 했다. 젊은 의욕을 앞세워 시작한 정미소는 생각만큼 경영 성과가 나지 않았다. 첫해에 이미 자본금의 3분의 2를 잠식당할 만큼 엄청난 적자를 면치 못했다.

실패의 원인을 분석해 본 결과, 미곡의 가격 변동을 잘못 예측했기 때문이었다. 그저 들리는 풍문에 따라 쌀값이 오를 때 사들이고, 내릴 때 판 때문이라는 사실을 뒤늦게야 알게 되었다.

하지만 미곡의 가격 변동을 잘못 예측했다거나, 경영이 미숙했던 점만도 아니었다. 그보다는 동업자 상호 간에 표출된 의견 대립이 상당한 원인으로 작용했음을 부인할 수 없었다. 결국 동업 1년 만에 한 사람의 동업자가 떨어져 나갔다. 그때부터 정미소는 2인 체제로 전환되고, 이병철이 경영을 주도하고 나선 것으로 알려지고 있다.

아무렇든 첫해의 실패를 거울삼아 미곡의 가격 변동에 따른 전략을 새로이 세웠다. 일 년 전과는 정반대로 쌀값이 오를 때 쌀을 팔고, 내릴 때 쌀을 사들이는 방식으로 전략을 전환했다. 그런가 하면 50여 명에 달하는 종업원들이 질서없이 일한다는 사실도 발견해냈다.

그리하여 입출 전표를 쓰는 사람은 오직 입출 전표 업무만을 맡도록 했다. 저울, 하역, 포장과 같은 업무 또한 각기 책임을 정하는 등 작업 현장에 책임 경영제와 같은 분업의 원리를 도입하여 경영을 일신시켜 나갔다. 그런 결과 이듬해부터는 단숨에 흑자경영으로 돌아섰다.

자신감을 얻은 이병철은 때마침 일본인이 경영하던 운송회사가 매물로 나오자 두말하지 않고 사들였다. 트럭 10대를 보유하고 있던 마산일출자동차 회사를 인수한 데 이어, 다시 새 트럭 10대를 더해 모두 20대의 트럭을 가진 운송회사를 경영하게 되었다. 당시 트럭 1대 값이 요즘으로 말하면 비행기 1대 값과 맞먹는 것이어서 그의 야망이 얼마나 큰 것이었는지 짐작케 한다.

조심성이 많은 소심한 성격과 달리 유독 스케일이 남달랐던 이병철은, 운수회사 인수에 이어 토지 사업에도 눈을 돌린다. 1930년대 후반 경남 지역에선 논 한 평이 25전, 한 마지기200평가 50원지금 돈 약 500만 원 정도였다.

한데 논 한 마지기를 소작으로 주면 소작료로 벼 한 섬 값인 15원지금 돈 약 150만 원이 들어왔다. 당시 은행 금리는 연 7부여서, 50원에 대한 연간 금리가 3원 50전지금 돈 약 35만 원이었다.

수치 감각이 남달랐던 이병철, 은행 대출로 논 한 마지기를 사서 소작을 주었을 때의 대차대조표를 그려보았다. 소작료 수입은 앞서 말한 것처럼 당시 15원이었다. 이 가운데 은행 이자로 3원 50전, 세금 1원, 관리비 50전을 제외하고도 논 한 마지기당 10원지금 돈 약 100만 원의 순익이 남았다.

그는 당장 식산은행 마산지점에서 융자를 받아 토지를 사들이기 시작했다. 투자금 한 푼 없이 순전히 은행 대출을 이용하여, 1년 만에 김해평야의 200만 평이나 되는 광활한 땅을 가진 대지주가 될 수 있었다. 가을 추수가 끝나자 소작료도 한꺼번에 쏟아져 들어와 자금 사정은 더욱 좋아졌다. 정주영이 쌀가게 배달원에서 성실성을 인정받아 막 쌀가게를 물려받을 즈음이었다. 될성부른 나무는 떡잎부터 다르다고, 이병철의 기업가적 자질은 이때 이미 충분히 입증해 보인 셈이었다.

그러나 어느 날 갑자기 뜻하지 않은 시련이 불어닥쳤다. 광활한 토지 사업은 글자 몇 자 때문에 결국 실패작으로 끝나고 만다. 더 멀리 껍질 바깥의 환경까지 미처 내다보지 못한 데 원인이 있었다.

사태의 발단은 전혀 엉뚱한 데서 터졌다. 1937년 여름, 만주에서 루거우 차오蘆溝橋 사건을 시작으로 중국과 일본 사이에 전쟁이 발발하자, 조선총독부가 전시체제령을 내렸다. 동시에 은행들이 돌연 대출을 중단하고 대출금 회수에 나섰다.

은행의 설명은 간단했다. '중일전쟁' 때문이라고 했다. 다른 이유가 없었다. 은행의 요구에 속절없이 따라야 했다. 200만 평에 달하는 광활한 토지는 시가보다 싸게 팔 수밖에 없었고, 정미소와 운송회사까지 남의 손에 넘겨주고 나서야 부채를 청산할 수 있었다. 수중에 남은 거라곤 미처 팔리지 않은 토지 십만 평과 함께 현금 2만 원지금 돈 약 20억 원이 전부였다.

한순간의 막대한 성공과 허무한 좌절을 동시에 겪게 되면서 이병철은 비로소 경영의 어려움을 깨닫게 되었다고 고백한다. 그때의 좌절이 이후 사업에 적잖은 영향을 끼쳤음을 자신이 쓴 「호암자전」에서 이렇게 실토하고 있다.

"사업은 반드시 시기와 정세에 맞춰야 한다. 이것부터 우선 인식할 일이다. 사업을 운영할 때는 국내외 정세 변동을 정확하게 통찰해야 하며, 과욕을 버리고 자기 능력과 한계를 냉철하게 판단해야 한다. 투기는 절대 피해야 하며, 직관력의 연마를 중시하는 한편 항상 제2, 제3의 대비책을 강구하여 실패라고 판단이 서면 깨끗이 청산하고 자신의 길을 택해야 한다는 것을 절감했다…"

뼈아픈 첫 실패의 반성 속에서 얻은 것 또한 없지 않았다. 가능성을 발견한 것이다. 또 그 같은 가능성의 발견으로 말미암아 젊은 이병철은 비로소 자신의 경영 능력에 대한 자신감도 아울러 갖게 된다. 예컨대 '내 방식대로 하니까 할 수 있더라'는 것이었다.

말하자면 적자에 빠진 정미소를 자신이 경영을 주도하게 되면서 흑자로 전환시킨 것이랄지, 뜻하지 않은 전쟁 발발로 말미암아 은행에서 대출금을 돌연 회수하는 바람에 공염불이 되고 말았다지만 자기 투자 없이 은행 대출만으로 광활한 200만 평의 대지주가 될 수 있었던 실제 경험이 그것이다.

다시 말해 거듭되는 실패를 통해서 경영의 어려움을 깨닫게 되고, 또 그런 깨달음 속에서 어떤 문법이랄까? 자기만의 경영철학이 확실히 자리 잡게 되었다는 점이다. 바야흐로 어느 사이엔가 자신만의 새로운 경영력, 자신이 경영을 주도하는 '황제경영'이 신앙처럼 뿌리내리기 시작한 것이다.

또 그렇듯 '내 방식대로 하니까 할 수 있더라'는 황제경영이 시작되면서, 예의 자신만의 강렬한 개성과 냉혹한 성격이 점차 맨 앞으로 나오게 되었거나 보다 강화되었을 것으로 보인다. 곧 그 같은 경영의 에토스ethos가 이후 이병철의 천성으로 구축되었을 것으로 비춰진다.

정주영 역시 자신의 첫 사업인 쌀가게 경일상회에 모든 걸 쏟아부었다.
예의 '끝까지 최선의 노력을 다하는' 자신만의 자세로 임했다. 고향에서 사촌동생을 불러들여 쌀 배달을 하면서도, 그는 이미 확보하고 있던 단골 말고도 더 큰 고객을 만들기 위해 부지런히 새 거래처를 찾아다녔다. 덕분에 대량으로 공급할 수 있는 배화여고와 서울여상 기숙사까지 단골로 만들어 나가면서 쌀장사는 날로 번창 일로였다.

하지만 그 또한 글자 몇 자 때문에 하늘과 땅의 차이가 생겨나는 비운에 이내 휩싸이고 만다. 1937년 자신과는 아무 상관도 없는 '중일전쟁'으로 말미암아 조선총독부는 전시체제령을 내렸다. 동시에 미곡 통제와 쌀 배급제가 전면 실시되면서, 전국의 쌀가게가 일제히 문을 닫아야 했다. 경일상회를 시작한 지 불과 2년여 만이었다.

정주영은 어쩔 수 없이 경일상회를 정리할 수밖에 없었다. 그동안 힘들게 번 돈을 갖고 고향집으로 돌아가야 했다. '촌놈은 땅이 최고'라는 평소 생각에 따라 부모님에게 논 10마지기 2,000평을 사 드렸다.

실패는 아니었다. 비록 일제에 의해 쌀가게를 정리 당하긴 하였으나 그 또한 가능성을 발견했다. 자신의 방식이 통할 수 있다는 자신감을 갖게 되었다. 바야흐로 어느 사이엔가 자신만의 새로운 경영력, 예의 '할 수 있을 것 같다'는 아주 작은 확신만 보이면, 앞뒤 가리지 않고 끝까지 최선의 노력을 다하는 경영을 주도해 나가면 자신의 영토를 얻을 수 있다는 '정벌경영'이 신앙처럼 뿌리내리기 시작한 것이다.

또 그렇듯 '내 방식대로 하니까 할 수 있더라'는 정벌경영이 시작되면서, 자신만의 강렬한 개성과 열정적 성격이 점차 맨 앞으로 나오게 되었거나 보다 강화되었을 것으로 보인다. 곧 그 같은 경영의 에토스가 이후 정주영의 천성으로 구축되었을 것으로 비춰진다.

자동차를 만나고, 대륙을 여행하다

마산에서 한순간의 막대한 성공과 허무한 좌절을 동시에 겪었던 이병철은 한때 실의에 젖기도 했다. 아직 30세가 채 안 된 젊은 가슴 속에 실로 만감이 교차했다. 하지만 그대로 물러서기엔 너무도 젊은 청춘이었다. 더구나 실패를 통해서 경영의 어려움을 깨닫게 되었다 하더라도, 또 그런 깨달음 속에서 어떤 자신감을 확인할 수 있었다.

이병철은 새 출발을 다짐하면서 기나긴 기차 여행길에 올랐다. 처음 부산역을 출발해서 서울, 평양, 신의주, 원산, 흥남 등 여러 도시를 두루 돌아보았다. 이어 대륙으로 향했다. 만주의 창춘, 펑톈 등 여러 도시를 거쳐 중국의 베이징, 칭다오, 상하이에 이르는 머나먼 여행길이었다.

여행의 목적은 분명했다. 새로운 사업을 찾아보기 위해서였다. 대구에 새로이 간판을 내걸 '삼성상회'에서 과연 어떤 사업을 벌일 것인지를 탐색하는 데 있었다. 대륙 여행은 그에게 또 다른 충격이었다. 무엇보다 눈에 띄었던 건 상거래의 규모가 우리하고는 비교가 되지 않을 정도로 엄청나게 크다는 점이었다.

일례로 마산에서의 경험을 상기해볼 때 액수가 매우 크다는 어음이 20만 원_{지금 돈 약 200억} 수준이었다. 그러나 대륙에선 300~400만 원의 어음이 예사로이 교환되고 있음을 보고 이병철은 놀라지 않을 수 없었다.

그러나 일본의 마수는 벌써 대륙 깊숙이까지 뻗쳐 있었다. 좀 크다는 상권은 이미 일본 상인들이 대부분 장악한 뒤였다.

겉으로 보기에는 상점의 규모가 그리 대수롭지 않아 보이는 중국 상점마저도 우리하고는 비교가 되지 않았다. 상점의 안쪽에는 으레 트럭이 하루에도 수십 대씩 드나드는 커다란 창고가 몇 개씩이나 서 있었고, 쌓아둔 상품 또한 마치 산더미와도 같았다.

농산물에서부터 공업용 원자재며 식품·의류 등 그들의 상품은 종류도 헤아리기 어려울 만큼 많았지만, 그 가운데 어느 한 품목을 가지고 우리와 무역을 한다 하더라도 도저히 감당할 수 없을 것만 같았다.

결국 기나긴 탐색 여행 끝에 마침내 단안을 내렸다. 청과물을 비롯하여 건어물과 잡화 등의 무역이 상대적으로 적합하다고 보았다.

더구나 그런 상품들은 일상생활에서 결코 없어서는 안 될 필수품인 데다, 반드시 소비가 늘어날 것으로 점쳐졌다. 한데도 아직 그런 분야에 전문가 한 사람 찾아보기 어려웠던 게 당시의 실정이기도 했다.

기나긴 여행에서 돌아오자마자 그는 대구에 상점을 열었다. 가슴 속 깊이 혼자 다짐하고 주먹을 불끈 쥐었던 결심 그대로 250평 남짓한 2층 점포를 사들여 '주식회사 삼성상회'라는 간판을 내걸었다. 처음으로 삼성三星이라 는 상호를 내세웠다. 1938년 이른 봄, 그의 나이 28세 때였다.

자본금은 마산에서 부채를 청산하고 남은 3만 원지금 돈 약 30억 원이었다. 2년 전 아버지로부터 토지를 물려받아 사업을 시작할 때보다 그래도 2만 원 이 늘어난 액수였다.

그렇게 대구 일대에서 생산되는 청과물과 함께 포항 등지에서 나는 건어 물을 만주와 중국으로 수출하는 무역업을 시작했다. 마산의 곡물 거래에서 얻은 일천한 경험을 살려 청과물의 작황이나 건어물의 어항도 끊임없이 조 사해서 보탰다.

그같이 끊임없이 작황을 조사하고 유통의 흐름을 읽어나간 보람이 있었던지, 급격한 가격의 폭락에도 삼성상회는 흔들림이 없었다. 거래량도 점차 늘어만 갔다.

그러면서 어느 정도 자금의 여유가 생기자 새로운 투자 대상을 물색했다. 그러다 마산에서의 쓰라린 실패를 다시 밟지 않기 위해서라도, 판매만을 고집할 것이 아니라 제조를 겸하는 것이 좋겠다는 생각이 들었다.

당시 대구엔 제법 규모가 큰 양조장이 여덟 군데가 있었다. 한국인과 일본인이 경영하는 곳이 각각 네 군데였다. 청주의 상권은 일본인이, 막걸리나 민속주는 한국인이 독점하고 있었다.

한데 때마침 일본인이 경영하던 조선양조라는 회사가 매물로 나왔다. 연간 양조량이 7,000석이나 되는, 대구에서 첫째 둘째를 다툰다는 꽤 큰 청주 양조장이었다. 때문에 조선양조의 매입가만 하여도 무려 10만 원을 호가하였으나, 이병철은 두말 않고 사들였다. 삼성상회를 창업한 지 불과 1년 뒤의 시점이었다.

그러나 시국은 아직 한 치 앞을 예측하기 어려운 불안의 연속이었다. 중일전쟁이 장기화 되면서 전시 체제가 강화되어 해소될 기미가 보이지 않았으며, 갖가지 통제가 가해지면서 시중 경제는 더욱더 곤두박질 쳤다.

그런 가운데서도 양조업계만은 그나마 불경기를 몰랐다. 굳이 시장 개척에 나설 필요조차 느끼지 못할 정도로 그저 만들어 내기가 바쁘게 속속 팔려나갔다. 세수 확보를 위해 밀주 단속이 철저해지면서 양조업계는 앉아서 그처럼 호황을 누릴 수 있었다. 그는 어느덧 대구에서도 알아주는 굴지의 고액 세납자로 부상해 있었다.

하지만 1941년 세밑에 들어 중일전쟁은 마침내 태평양전쟁으로 확대되어 갔다. 자금, 자재, 설비, 노동력 할 것 없이 모든 것이 군수용으로 총동원되었다. 양조업계도 예외가 아니어서 업자가 자유재량으로 판매할 수 있는 건 해당 분량의 겨우 5%뿐, 그 나머지 95%는 모두 군수용으로 납품해야만 했다.

그뿐 아니라 심각한 식량난마저 뒤따랐다. 만주에서 수입한 콩깻묵마저 식량으로 배급되는 형편이었다. 술뿐 아니라 일용품에까지 암거래가 성행했다.

한데도 '성전수행聖戰遂行'에 공헌한다는 일본군, 관료, 또 그 연고자들 사이에선 허울 좋은 온갖 구실을 붙여가며 '특별 배급'이라는 부정이 공공연히 자행되었다. 반면에 한국인 기업가나 상인들에겐 걸핏하면 공정 가격을 어겼다는 이유를 붙여 경제범으로 적발하여 구속시키는 일이 비일비재했다.

그러나 끝내 쌀 배급량마저 줄어들고, 부식인 건어물이나 채소류조차 구하기 어려워지자 사정이 급변했다. 일본인 관료들까지 서슴지 않고 그에게 도움을 간청해오기 일쑤였다.

당시는 밀가루나 청과물, 건어물을 취급하는 회사들에게 보유 물량의 5%만 자유 판매를 허용했다. 그 자유 판매량을 자신들에게 나누어 달라는 일본인 관료들의 청탁을 들어주는 대신, 무고한 이웃이나 지인을 경찰서나 감옥에서 석방되도록 한 일도 적지 않았다.

그럴 무렵 이병철은 대구 북쪽 왜관 인근에 1만 평 남짓한 과수원을 사들여 닥쳐올 식량난에 대비했다. 그리고 삼성상회와 조선양조의 경영 일체를 관리인에게 맡긴 뒤, 자신은 고향으로 돌아와 들어앉았다.

국민의 생활은 갈수록 핍박해지고, 이른바 '성전수행'을 외치는 일본 관료들마저 한국인인 자신에게 곤경을 호소하는 그 같은 생활 주변의 절박한 상황을 직시하면서, 그는 이미 그때 일본의 패망을 확신했던 것 같다. 말하자면 머지않아 도래할 새로운 세상을 맞이하기 위한 칩거에 들어간 것이다. 그리고 몇 달 지나지 않아 1945년 8·15 광복을 맞이할 수 있었다.

한편, 쌀가게 경일상회를 정리한 뒤 고향집으로 돌아가 부모님에게 논 10마지기 2,000평을 사드린 정주영은, 고향집에 오래 머물지 않았다. 이듬해 초 다시금 서울로 올라와 이리저리 할 일을 찾아다녔다. 수중에 남아있던 7,800원_{지금 돈 약 8,000만 원}을 밑천 삼아 뭔가 할 만한 사업이 없을까 궁리하던 중에 엔진 기술자 이을학을 만났다.

두 사람은 이내 의기투합했다. 자기 수중에 있던 돈에다, 쌀가게를 할 때 신용을 얻은 삼창정미소 오윤근 사장에게 빚을 얻어 보탠 뒤, 아현동 고개에 자리한 '아도서비스'라는 자동차 수리 공장을 3,500원_{지금 돈 약 3억 5,000만 원}에 인수하게 되었다. 자동차와의 첫 인연이 시작된 것이다.

자동차 수리 공장 아도서비스를 인수한 정주영은 처음 20여 일 동안 밤잠도 못 자면서 신명나게 일했다. 이을학이 워낙 소문난 기술자라 주문이 끊이지 않았다.

한데 곧 불운이 겹쳤다. 뜻하지 않은 화재가 일어나 공장이 불타고 말았다. 수리해 달라고 맡겨놓은 트럭 5대와 함께 당시 최고 권력자인 윤덕영이 타던 올스모빌 고급 세단까지 모두 다 불타고 말면서 그만 빚더미에 올라앉게 되고 말았다.

하지만 그대로 좌절하기에는 너무 젊은 청춘이었다. 다시 한번 무릎을 꿀기로 했다. 삼창정미소 오윤근 사장을 찾아가 3,500원지금 돈 약 3억 5,000만 원을 빌린다. 신용만을 담보로 빌린 적지 않은 금액이었다.

그렇게 빚을 얻어 화재로 발생한 빚을 모두 갚고 나자, 수중에 몇 푼 남지 않았다. 정주영은 그 돈을 털어 신설동 빈터에다 자동차 수리 공장을 다시 시작했다. 비록 무허가 수리 공장이긴 하였으나, 특유의 성실함으로 단골을 만들어 나갔다. 오윤근에게 빌린 돈도 이자까지 쳐서 깨끗이 갚을 수 있었다.

그러나 시국은 여전히 불안하기만 했다. 이듬해 5월에는 기업정비령을 내렸다. 정주영의 자동차 수리 공장 아도서비스 또한 종로에 자리한 일진공작소에 강제 병합되고 말았다.

이후 자동차 수리 공장을 하면서 알게 된 유화광천 사장을 찾아갔다. 사장의 아들이 조선제련과 관계가 있었기 때문이었는데, 그는 사장에게 조선제련의 광산 어디에서 일 좀 하게 해달라고 생떼를 쓰다시피 매달렸다.

결국 황해도 수안군에 있는 홀동금광에서 평안남도 진남포 제련소에 옮겨지는 광석을 평양 선교리까지 운반하는 하청 계약을 맺을 수 있게 되었다. 말이 하청이지 자그마치 트럭 30대가 동원되어야 하는 대규모 운송 사업이었다.

하지만 텃세가 심해 도저히 버티기가 쉽지 않았다. '굴러온 돌' 정주영을 쳐내기 위해 홀동금광 소장과 동기생인 관리책임자가 사사건건 생트집을 잡기 일쑤였다. 참는 데도 한계가 있었다. 2년 정도가 지난 1945년 여름, 정주영은 관리책임자에게 하청 계약을 넘겨주고 말았다.

보증금 3만 원과 하청 계약을 넘겨주면서 받은 2만 원을 합쳐 5만 원을 들고 홀동금광을 미련 없이 떠났다. 이익을 본 것도 손해를 입은 것도 없었다지만, 가진 것 없이 오직 신용 하나로 쌀가게를 인수받아 경영을 시작한 지 8년여 만에 5만 원지금 돈 약 50억 원의 재산을 손에 쥘 수 있었다. 그리고 석 달여 뒤, 일본이 패망하면서 1945년 8·15 광복을 감격스럽게 맞이했다.

정주영의 '현대토건사', 이병철의 '삼성물산공사'

일제의 오랜 식민 통치가 마침내 종식되었다지만, 나라 안은 어수선하기 짝이 없었다. 구심점을 찾지 못해 거리마다 인파가 표류하고 있었다. 너무나 오랜 세월 동안 일제 식민 지배의 억압과 공포 속에 갇혀 있다가 갑작스럽게 맞이한 해방의 공간에서 저마다 길을 잃은 미아처럼 우왕좌왕했다.

정주영은 8·15 광복 이듬해 '현대자동차공업사'라는 간판을 내걸었다. 처음으로 현대現代라는 상호를 내세웠다. 과거 자동차 수리 공장을 운영했을 때의 경험, 예컨대 자동차에 들어가 있는 갖가지 기계의 모든 기능을 거의 완벽하게 이해한 것을 밑천 삼아 다시금 자동차 수리 공장을 시작한 것이다.

현대자동차공업사는 1.5t짜리 트럭의 중간을 좀 더 늘려서 2.5t짜리로 만들어 내거나, 당시 휘발유가 귀해서 휘발유차를 목탄차나 카바이드차로 개조하는 일 등을 주로 했다.

한두 명씩 늘어가던 종업원의 수도 한 해 동안에 어느덧 80명까지 늘어나 있었다. 정주영은 이때를 '아버님이 살아 계셔서 내가 잘 커 나가는 것을 보셨으면 얼마나 좋았을까'하는 생각이 참 많이도 나던 때였다고 회상했다.

그러던 어느 날 건설업자들이 공사비를 결산 받아가는 데 높은 금액에 깜짝 놀랐다. 그때 정주영은 정신이 번쩍 들었다. 큰돈이 되는 일을 해야겠다고 생각했다. 주위의 반대에도 무릅쓰고 '현대토건사'를 열었다. '현대건설'의 출발을 알리는 정주영식 영토 확장이었다.

순전히 '할 수 있을 것 같다'는 아주 작은 확신과 앞뒤 가리지 않고 끝까지 최선의 노력을 다하는 남다른 열정으로 이룬 창업이었다. 쌀가게 경일상회 → 자동차 수리 공장 아도서비스 → 홀동금광에서의 운송업 → 현대자동차 공업사 → 현대토건사로 이어지는 '현대왕국의 창업기'였다. 첫 시작은 보잘 것이 없었으나 처음 쌀가게로 창업해서 학습하고 단련시켜 토대를 닦은 뒤, 그런 경험 위에서 과감히 외연을 넓혀나가 단숨에 몸집을 불려나가는 방식이었다. 마치 몽골의 초원에서 칭기즈칸이 소수의 기병부대를 이끌고 서쪽으로 다시 서쪽으로 거침없이 내닫던 것과 같은 '정벌경영'이 본격적으로 시작된 것이다.

이병철도 돌아왔다. 해방이 되자 고향집에 칩거하고 있던 그도 곧장 자신의 사업장으로 복귀했다. 한동안 문을 닫았던 조선양조의 설비를 확충하고 다시 영업을 재개했다.

청주의 상표를 '월계관'으로 정하고, 영남 일대를 비롯하여 서울까지 시장을 넓혀 나갔다. 공급이 절대적으로 부족한 상황이었기 때문에 조선양조의 월계관은 그야말로 날개 돋친 듯이 팔려나갔다.

삼성상회 역시 빠르게 안정을 되찾아갔다. 해방 이후 중국이나 북한 쪽의 판로가 가로막히긴 하였으나 국내 판매는 계속 신장되어 갔다.

그러나 이병철은 마음 한구석이 뭔가 채워지지 않아 늘 허기져 했다. 양조 사업 역시 한계가 뚜렷했다. 무엇인가 새로운 사업을 모색하지 않으면 안 되었다.

그는 고민하기 시작했다. 해방 정국은 아직 정치도 경제도 갈피를 잡지 못한 채, 극심한 물자 부족과 함께 살인적인 인플레로 말미암아 국민의 생활은 궁핍하기 짝이 없었다. 과연 이런 궁핍한 시대에 그저 삼성상회나 월계관 청주만을 지키고 앉아있을 것인지 깊은 회의에 빠져들었다.

그렇다고 새로이 생산 시설을 갖추려 해도 자본과 기술이 전무한 상태였을 뿐더러, 무엇보다 전력 사정이 절대 부족했다. 단기간 안에 불자 생산이 확대될 전망이란 전혀 없었다. 물자 부족에 대처하기 위해선 무엇보다 무역업이 시급하다는 결론을 얻었다.

더욱이 무역이라면 낯선 것도 아니었다. 중국과 이미 몇 해 동안의 경험이 쌓아진 터였다. 중국에서 좀 더 다른 나라로 확대시켜 나가는 것쯤으로 여겨도 별반 다르지 않았다.

회사 간부들을 불러 모았다.

"우리 양조업이 오늘과 같이 발전하게 된 것은 우리가 단결하여 열심히 노력한 덕분입니다. 여러분의 협동과 단결심이 살아있는 한 이 분야에서 경쟁에 지는 일은 절대로 있을 수 없을 겁니다. 그동안 축적된 이익을 이 기회에 국가와 사회의 급선무인 새 사업에 투자하고 싶습니다. 현 사업의 경영은 모두 여러분에게 일임할 것입니다."

1947년 봄, 이병철은 무대를 대구에서 서울로 옮겼다. 서울로 올라온 그는 조심성 많고 신중한 성격답게 먼저 국제 무역의 동향과 함께 신생 독립국인 한국의 산업이나 국민 생활에서 가장 먼저 필요한 것이 무엇인지부터 면밀히 살펴나갔다.

그리고 이듬해인 1948년 가을, 종로2가 영보빌딩 근처에 자리한 2층 건물 100여 평을 빌려 '삼성물산공사'의 간판을 내걸었다. 그때 나이 38세였다.

무역은 홍콩과 싱가포르 등 동남아에 오징어와 우무寒天 등을 수출했다. 수입은 면사綿絲부터 시작했다. 사업은 금세 확대되어 수입을

1940년대 삼성물산공사 시절의 **이병철 회장**
사진제공: 호암재단

위주로 한 취급 상품은 강재鋼材 등의 원자재까지 포함하여 수백 종에 달했다. 무역 상대국도 미국 등 선진국으로 점차 확대되었다.

수입한 상품은 일용 잡화와 같은 자질구레한 것이라도, 통관되기가 무섭게 도매상으로 넘어갔다. 긴급히 필요한 상품을 사전에 정확히 예측해서 들여온 결과였다.

당시는 상품의 발주에서 입하까지 거의 2개월 정도가 걸렸다. 그 기간을 어떻게 단축시켜 자금 회전을 빠르게 할 수 있는가가 선결 조건이었다. 그러기 위해서는 유동적인 국내외 시장을 계속 손바닥 들여다보듯 꿰뚫어 볼 수 있어야 했다.

회사 운영의 기본 방침도 정했다.

첫째, 일정한 자본금의 규모를 정하지 않고, 사원이면 누구나 응분의 투자를 하고, 이익의 배당을 투자액에 비례해서 모두 공평하게 받을 수 있게 한다.

둘째, 사장이나 평사원이나 공존공영의 정신으로 일에 몰두하는 것은 물론, 능력에 따른 대우와 신상필벌의 기풍을 확립한다.

셋째, 사원의 생활 안정을 도모하기 위하여 운영에 지장이 없는 범위 내에서 가능한 우대해서 가족적 분위기가 항상 유지되도록 한다.

일찍이 협동정미소에서 시작하여 삼성상회와 조선양조 등을 거치면서 쌓았던 학습과 단련이 총동원된 경영이었다. 때문에 출범 당시 거의 무명에 가까운 삼성물산공사는 설립 이듬해부터 곧바로 두각을 나타냈다.

1949년 500여 업체가 넘는 국내 무역업계에서 랭킹 7위를 차지하며 재계의 시선을 한몸에 받았다. 당시 자본금만 무려 275만 원지금 돈 약 2,750억 원에 유럽과 아프리카까지 진출한 화신산업을 비롯하여, 거대 무역회사였던 천우사, 동아상사, 대한물산 등과 불과 1년 만에 어깨를 나란히 할 수 있었으며, 1년 반 만에 최선두로 성큼 나서게 되었다.

이병철은 이때의 소회를 「호암자전」에서 이렇게 밝히고 있다.

"사업이란 우연히 이루어지는 것이 아니다. 의욕만으로 되는 것도 아니다. 제아무리 수익성이 높은 사업일지라도, 그것을 발전·확장시켜나갈 능력이 없으면 성공할 수 없다. 시기時期와 사람, 거기에 자금의 3박자가 갖추어지지 않으면 성공을 기약할 수 없다."

처음 사업을 벌였을 때 자본이 부족해서 합자로 시작했던 그가 순전히 '내 방식대로 하니까 할 수 있더라'는, 조심성 많고 신중한 성격으로 이룬 창업이었다. 협동정미소 – 일출자동차회사 – 2,000,000평 토지사업 – ㈜삼성상회 – 조선양조㈜ – 삼성물산공사로 이어지는 '삼성왕국의 창업기'였다. 첫 시작은 미약했으나 정미소를 창업해서 학습하고 단련시켜 토대를 닦은 뒤 그런 경험 위에서 조금씩 외연을 넓혀나가 착실히 몸집을 불려나가는 방식이었다. 자신만의 새로운 경영력, 자신이 경영을 주도하는 '황제경영'이 본격적으로 시작된 것이다.

아무튼, 대구에서 서울로 무대를 옮겨 본격적으로 국제 무역을 개척한 끝에 이제 막 정상에 오를 무렵이었다. 기업경영의 참뜻과 남모를 희열로 한창 부풀어 있던 1950년 여름, 뜻하지 않은 6·25 전쟁의 발발은 그야말로 하늘이 무너지는 커다란 충격이었다. 멀리 해외에까지 벌여놓은 사업은 어떻게 되며, 그보다 사람들의 신변 안전은 또 어떻게 될 것인지. 모든 것이 불확실한 가운데 6·25 전쟁은 삼성물산공사를 한순간에 혼란 속으로 빠뜨렸다. 인천과 서울 용산의 보세창고에 잔뜩 보관되어 있던 수입 상품도 깨끗이 사라지고 말았다. 마산에서의 악몽이 재현되고 있었던 것이다.

사태가 심각하기는 정주영이라고 다르지 않았다. 현대자동차공업사에 이어 현대토건사로 사업 영역을 넓히면서 한창 동분서주하던 그 또한 날벼락이었다.

전쟁이 터진 이틀 뒤였다. 동생 정인영이 장충동 집으로 헐레벌떡 뛰어왔다. 북한군이 탱크를 앞장세워 미아리 고개까지 쳐들어왔다는 것이다.

정인영은 당시 동아일보 외신부 기자였다.

정주영은 동생과 함께 지프를 타고 단숨에 현대자동차공업사로 달려갔다. 그 사이 벌써 서울 시내엔 북한군 탱크가 달리고 있었다. 정신이 아득해졌다. 정주영은 다시 집으로 돌아왔다. 동생을 우선 피난시키는 것이 급선무였다. 동생에게 먼저 피난을 가라고 했지만, 가만히 생각해보니 전쟁통에 아우 혼자서 떠나보내는 것도 걱정스러워 하는 수 없이 그도 같이 가기로 했다.

대신 여자들은 서울에 남았다. 집에 쌀이 얼마나 남았는지 확인해보니 보리쌀 반 가마에 쌀 두 말 정도가 전부였다. 일단 당분간 먹을 만큼의 양은 되는 것 같았다. 그때만 해도 불과 1~2주 정도면 서울이 수복되지 않겠느냐고 단순히 생각했다.

정주영은 동생 정인영과 한강을 건너 남쪽으로 기약 없는 피난길에 올랐다. 위기 속에 눈앞이 캄캄하기만 했다.

제2장
자본 축적

전쟁의 혼란 속에서 첫 달빛을 밟다

일기일회—期—會란 말이 있다. 일생에 단 한 번 딱 한차례의 만남을 뜻한다. 백 년에 단 한 번, 천 년에 한 차례뿐인 귀한 만남이다. 이 한 번, 이 한순간을 위해 우리는 몇 겁의 생을 기다려 왔던 것일까?

소동파의 '승천사承天寺 밤나들이'란 글이 있다.

'옷을 벗고 잠자리에 들었는데 달빛이 창문으로 넘어왔다. 기쁨을 주체하지 못해 그만 일어났다. 생각해보니 함께 즐길 이가 딱히 없었다. 때문에 승천사로 가서 장회민을 찾았다. 그 친구 또한 아직 잠자리에 들지 않고 있었다. 둘이서 함께 뜰을 거닐었다. 뜰 아래는 아주 작은 연못이 있었는데, 물속에 물풀이 엇갈려 있는 것만 같았다. 대나무와 잣나무 그림자였다. 어느 날의 밤중이고 이 같은 달빛이 없었으랴? 어디인들 대나무와 잣나무가 없었겠는가? 다만 우리 둘과 같이 한가한 사람이 없었을 뿐이리라.'

달은 어느 날 밤중이나 떠오른다. 나무 그림자는 어디서도 볼 수 있다. 하지만 그날 밤 장문으로 넘어온 달빛, 그 달빛에 이끌려 벗을 찾은 발걸음, 뜰 아래 연못에 어린 대나무와 잣나무 그림자, 말없이 바라보던 두 사람이 있어 그 달빛의 그림자가 일생에 하나뿐이요, 단 한 번뿐인 것이 되었다.

그렇다. 모든 만남은 기실 첫 만남이다. 매 순간은 최초의 순간이다. 소동파와 장회민은 그날 밤 그런 경이 속에 서 있었던 것이다.

전쟁의 혼란 속에서 자신들이 이룬 모든 것을 내버린 채 속절없이 피난길에 오를 수밖에 없었던 이병철과 정주영 역시 피난지에서 어느 날 밤 달빛을 밟는다. 그러나 그 달빛은 그냥 달빛이 아니었다. 그들이 일생에 처음 밟은 첫 달빛이었다. 일기일회의 단 한 번뿐인 귀한 만남, 자본을 축적할 수 있었던 절호의 기회였던 것이다.

'1년 만에 20배 성장'과 '한겨울의 푸른 잔디'

8·15 해방 이후 정주영은 현대자동차공업사 옆에 현대토건사 간판을 내건다. 그러나 꿈에도 생각지 못한 전쟁이 터지고 말면서 모든 것을 뒤로 하지 않으면 안 되었다. 삼성물산공사의 이병철 역시 예외가 아니었다. 그때까지 자신이 이룬 모든 것을 포기한 채 남쪽으로 기약 없는 피난길에 올라야 했다.

정주영은 동생 정인영과 함께 천신만고 끝에 부산에 당도할 수 있었다. 하지만 피난지 부산은 형제에게 절망의 땅이 아니었다. 예기치 않은 또 다른 기회가 형제를 기다리고 있었다.

하지만 처음 한동안은 신세가 말이 아니었다. 피난 내려올 때 입고 온 단벌 노동복에 무일푼이었던 형제는 거지 중에 상거지였다. 어느 하루 딱 밥 두 끼 먹으면 그야말로 깡통 들고 나서야 할 판이라 차고 있던 손목시계를 잡히러 전당포에 갔다.

시계 값을 쇠똥 값도 안 되게 쳐준다기에 부아가 나서 그냥 나오는데, 우연히 미군 사령부에서 붙인 통역 장교 모집 광고가 눈에 띄었다. 동생 정인영이 서면에 자리한 미군 사령부로 가 동아일보 외신부 기자 신분증을 내보이고 취직을 했다.

일이 순조롭게 풀리려고 그랬던지, 정인영이 미군 사령부 건설담당 맥칼리스터 중위의 통역으로 배치되었다. 그리고 맥칼리스터 중위는 통역인 정인영에게 자신은 아무런 정보도 갖고 있지 않다며 일을 할 만한 건설업자를 찾아 데려오라고 했다.

그때 피난지 부산엔 전쟁 특수로 인하여 건설 물량이 수없이 쏟아져 나왔다. 무엇보다 꾸역꾸역 밀려드는 미군들의 숙소며 군사 물자 집하장, 군사 지원 사령부 건설이 시급한 실정이었다.

정주영은 동생 정인영을 따라 미군 사령부로 득달같이 내달려 갔다. 맥칼리스터 중위는 그런 정주영을 보고 물었다.

"당신이 할 수 있는 게 어떤 분야인가?"

"건설이라면 무엇이든지 다 할 수 있소."

"그럼 미군 병사 10만 명의 임시 숙소를 한 달 안에 만들 수 있겠소?"

"물론 할 수 있고 말고요."

임시 숙소를 만드는 작업이란 딴 게 아니었다. 휴교 중인 학교 교실을 소독한 뒤 페인트칠을 하고, 바닥에 길이 36자_{1자: 30.3㎝} 폭 18자짜리 널빤지를 깔아 그 위에 천막을 쳐서, 교실을 임시 숙소로 만들어내는 것이었다. 무려 10만 명에 달하는 어마어마한 규모였다.

더구나 한 달 안에 만들어내야 한다는 빠듯한 시한 때문에 눈코 뜰 새 없이 바쁘게 움직여야 했다. 하루에 3시간이나 겨우 눈을 붙일 수 있을까 말까 한 강행군이었다.

그러나 그의 뚝심은 결국 해내고야 말았다. 약속한 한 달 만에 미군 병사 10만 명의 임시 숙소를 만들어내자, 맥칼리스터 중위는 엄지손가락을 훅 치켜세웠다.

이어진 다음 공사에서도 정주영이 나섰다. 부산 유엔군 묘지 단장 공사였다. 더구나 이번에도 예외 없이 시간에 쫓기는 작업이었다. 아이젠하워 미국 대통령 당선인과 함께 각국의 유엔 사절들이 부산 유엔군 묘지를 참배할 계획이 갑자기 세워진 것이다.

미군 사령부는 곧바로 정주영을 불렀다. 한겨울이던 그때 유엔군 묘지를 푸른 잔디로 단장하라는 다소 황당한 주문을 요구했다.

이번에도 할 수 있다고 막상 큰소리를 치긴 하였으나, 참배일이 기껏 닷새밖에 남지 않은 상황에서 난감하기만 했다. 고심에 고심을 거듭해 보았지만 한겨울에 푸른 잔디로 단장하라는 주문은 신이 아닌 이상 불가능한 노릇이었다.

그러나 정주영에게 중도 포기란 있을 수 없었다. 그러기에는 너무도 아까운 기회였다. 일생에 처음 밟는 달빛, 단 한 번뿐인 일기일회를 결코 놓칠 순 없었다. 어떻게든 끝까지 최선의 노력을 다해야만 했다.

그러다 문득 자신의 무릎을 치며 자리에서 벌떡 일어났다. 어릴 적 가난한 고향의 겨울 들판에서 바라보았던 푸른 보리밭을 떠올리며 '바로 그거다!'하고 소리쳤다.

정주영은 곧바로 트럭 30대를 동원했다. 트럭 30대를 몰고 부산 인근의 농촌으로 내달려 갔다. 낙동강 근처에 지천으로 널려 있는 보리밭에서 파랗게 자란 어린 보리 포기들을 떠다가 유엔군 묘지에 옮겨심기 시작했다.

한겨울의 황량하던 묘지가 어린 보리의 푸른 빛깔로 뒤덮이기 시작하자 미군 관계자의 입에서 일제히 '엑셀런트excellent!'가 터져 나왔다. 앞으로 미군의 건설 공사는 언제든지 정주영의 현대건설에게 맡기겠다고 약속했다. 결코, 그가 아니고선 할 수 없었던 '콜럼버스의 달걀'과도 같은 기상천외한 마술이었다.

전쟁의 혼란 속에 길이 끝나는 곳에서 절망이 아닌 새 길을 스스로 열어 나가기는 이병철 또한 다름이 없었다.

어렵사리 구한 트럭에 실려 기나긴 피난 행렬을 따라 먼저 대구로 내려간 이병철은 조선양조로 향했다. 사장 김재소, 지배인 이창업, 공장장 김재명 등을 만나 신세를 지게 되었다고 부탁했다. 한데 그들의 대답이 천만뜻밖이었다.

"사장님, 걱정하실 것 없습니다. 3억 원 가량이 비축되어 있습니다. 이

자금으로 다시 사업을 시작하십시오."

　당시 3억 원은 거액이었다. 한 치 앞을 예측하기 어려운 전쟁의 혼란 속에 조선양조를 굳건히 지켜준 것만으로도 고마운 일인데, 3억 원이나 되는 자금을 비축해 두었다니 놀라운 일이 아닐 수 없었다. 생각지도 못한 거액 3억 원을 받아든 이병철은 감격해서 목이 메었다.

　이병철은 3억 원의 사업자금을 들고 재기에 나섰다. 피난지 부산의 동광동에서 옛 임직원들과 함께 출자금 3억 원으로 삼성물산㈜을 새로이 설립했다.

　사업은 급진전되어 갔다. 설립 1년 만에 결산을 해보자 3억 원의 자본금이 그 20배인 60억 원으로 늘어나는 기적과도 같은 성장을 이뤄냈다.

　어떻게 된 걸까? 그 역시 한겨울의 푸른 잔디와 같은 기상천외한 '콜럼버스의 달걀'을 세우기라도 한 걸까? 이병철의 육성을 직접 들어본다.

　"우선 서울에서 무역하던 경험을 살려 공급이 가장 달리는 생필품을 하나하나 조사했는데, 달리지 않은 물자란 하나도 없을 정도였다. 전쟁과 함께 국내 물자가 잿더미가 되고 생산 능력이 마비된 데다 전시 인플레로 물가가 엄청나게 치솟기 시작하자 정부로도 관·민수 할 것 없이 당장 수입을 촉진하지 않을 수 없는 실정이었다. 이 당시 부산에서의 사업 경쟁이란 자금 동원 능력과 기동력 싸움이나 다름없었다. 자금 동원 능력은 우리를 능가하는 상사가 적지 않았을 것이다. 그러나 기동력만큼은 삼성물산이 타사의 추종을 불허했었다고 자부한다. 경황 없이 1년을 보내고 결산해보니 3억 원의 밑천이 장부상으로나마 무려 20배 넘게 불어나 있었다."

1938년 대구의 삼성상회 이래 서울에서의 삼성물산공사를 통해 학습 되고 단련된 결과였다. 일생에 처음 밟는 달빛, 단 한 번뿐인 일기일회의 기회를 결코 놓치지 않았다. 그렇게 앞을 가로막는 풀을 뽑고 새 길을 열자 이제는 바람을 우러를 수 있을 것 같았다. 또 다른 지평을 바라볼 수 있게 되었다.

이쯤 되자 이병철은 생각이 깊어졌다. 스스로 택한 사업의 길 위에서 좀 더 중요한 일은 없는지 자신에게 물었다. 단순한 무역업만으론 만족할 수 없었다. 결국 오래 전부터 꿈꾸어 오던 제조업에 투신하기로 결의를 굳혀가고 있었다.

정주영의 교훈, 이병철의 교훈

찢어지게 가난한 고향이 지긋지긋하게 싫어서 여러 차례 가출을 시도한 끝에 마침내 서울에 정착하게 된 정주영이, 아직 신당동의 쌀가게 복흥상회에 취직하기 이전의 이야기다. 사고무친인 그에게 객지 서울은 아직 발붙일 곳이라곤 없었다.

그래서 친구 오인보에게 여비 50전지금 돈약 5만 원을 빌려 무작정 인천으로 향했다. 할 수 있는 거라곤 그저 몸뚱이로 하는 막노동밖에 없는 서로의 처지에 피차 막노동하는 모습을 보이는 것도 거북한 생각이 들었고, 또 약간의 돈을 갖고 있던 친구 옆에 무일푼인 자신이 빌붙어 있는 꼬락서니가 무슨 신세라도 지려고 그러는 것 같아 치사스런 생각도 든 때문이었다.

인천으로 내려간 정주영은 한동안 막노동판을 전전했다. 부둣가에서 무거운 짐을 등짐으로 나르는 하역 노동이었다.

한데 밤이면 노동자 합숙소에서 도무지 잠을 잘 수가 없었다. 끊임없이 물어뜯는 빈대 때문이었다. 견디다 못한 몇 사람이 빈대를 피하는 방법을 연구해냈다. 기다란 밥상 위로 올라가 잠을 청해 보았는데 아무 소용이 없었다. 빈대가 밥상의 다리를 타고 기어 올라와선 사람들을 물어댔다.

합숙소 노동자들이 다시 머리를 짜냈다. 밥상의 네 다리에 물을 담은 양재기를 하나씩 고여 놓고 잠을 자기로 한 것이다.

하지만 편안한 잠은 겨우 이틀을 넘기지 못한 채 끝나고 말았다. 빈대가 여전히 합숙소 노동자들을 괴롭혔다. 밥상의 다리를 타고 기어오르려다 양재기 물속에 몽땅 빠져 죽었어야 할 빈대들이 여전히 극성을 피운 것이다.

"어떻게 된 거야?"

도대체 빈대들이 무슨 방법으로 살아나서 합숙소 노동자들을 다시 물어뜯나 불을 켜고 살펴보다 모두가 그만 아연할 수밖에 없었다. 밥상의 다리를 타고 올라가는 게 더 이상 불가능해진 빈대들이, 이번에는 벽면을 타고 까맣게 천장으로 올라가고 있었다. 그런 다음 천장에서 사람들의 몸을 향해 툭, 툭, 툭, 떨어지고 있었던 것이다.

정주영은 그날 밤 느꼈던 그 소름끼치도록 놀라운 광경을 오랫동안 잊지 못했던 것 같다. 그뿐 아니라 그날 밤의 깨달음 또한 마찬가지였다.

"보잘 것 없는 빈대도 자신의 목적을 이루기 위해서 저렇게 머리를 쓰고, 저토록 죽을힘을 다하지 않는가. 하물며 나는 보잘 것 없는 빈대도 아닌 만물의 영장이라는 사람인데… 그렇지만 빈대한테서 배울 것이 있다면 마땅히 배우자. 사람도 무슨 일에든 절대로 중도에 포기하지 않고 죽을힘을 다해 끝까지 노력을 기울인다면 이루지 못할 일이 없다는 것을… 찾지 않으니까 길이 없다. 빈대처럼 필사적인 노력을 안 하니까 방법이 안 보이는 것이다."

1950년 2월, 이병철은 패전의 상흔이 채 가시지 않은 일본 도쿄 방문 길에 올랐다. 전택보천우사, 설경동대한전선 등 경제계 인사 15명과 함께였다. 방문 목적은 일본 경제계 시찰이었다. 일본 점령 미군 총사령부 초청에 의한 것이었으나, 사실은 한국과의 교역을 통해 경제부흥을 도모하려는 패전국 일본 경제계의 제안으로 이루어진 것이었다.

당시만 하여도 해외여행이라는 것 자체가 거의 불가능하던 시절이었다. 더구나 이승만 대통령의 반일감정은 철저하다 못해 가시가 돋쳐 있었다. 일본과의 교역이나 친선을 서두르는 것은 곧 민족정기에 어긋나는 것이라고 믿고 있을 정도였으며, 또 그것은 아직 대다수 국민의 정서이기도 했다. 물론 이병철 또한 그 같은 생각과 별반 다르지 않았다.

그렇다고 일본 열도를 태평양 저쪽으로 밀어버릴 수도 없는 노릇이었다. 무역과 같은 경제관계는 그 같은 민족감정으로 치우쳐선 안 될 문제라고 생각했다. 또한, 멀지 않은 장래에 일본과의 무역이 다시금 활발해질 것으로 확신했던 이병철은, 이번 기회에 일본 경제계의 실정이며 속살을 가능한 한 깊숙이 살펴보리라 작정하고 떠난 길이었다.

일본 하네다공항에서 한국 시찰단을 맞이해준 사람들 가운데 조선총독부 총무국장이었던 호즈미, 조선신탁주식회사 사장이었던 다다이를 비롯하여 마산에서 토지 사업을 벌였을 때 안면이 있는 식산은행 마산지점장 히라타 등도 있었다. 그 밖에도 몇몇 안면이 있는 사람이 눈에 띄었으나, 그렇게 봐서 그런지 그들에게서 예전의 위세 같은 것은 찾아보기 어려웠다.

일본의 경제계는 생각보다 더 어려워 보였다. 하네다공항에서 도쿄 중심부에 이르는 연도에는 판잣집들만이 즐비할 뿐, 큰 건물이라곤 제대로 남아 있는 것이 없을 정도였다.

2차 세계대전 당시, 일본제국의 중무기를 생산하던 가와사키川崎중공업은 미군의 포격을 얻어맞아 공장 건물의 골격만이 앙상할 따름이었다. 내부 시설이라곤 찾아볼 수 없어 폐허나 다를 바가 없었다.

한국 시찰단은 3개월여 동안 일본 각지를 부단히 돌아다녔다. 그러던 어느 날 저녁이었는지 이병철은 가로등조차 꺼진 도쿄의 아카사카赤坂 골목길을 걷고 있다가 이발소 안으로 들어섰다. 허술한 이발소 입구에 모리타森田라는 문패가 붙어 있을 뿐이었다. 가위질을 하고 있는 중년의 이발소 주인에게 이병철은 별다른 생각 없이 말을 건넸다.

"이발 일은 언제부터 하셨나요?"

"제가 3대째입니다, 가업이 된 지 그럭저럭 60년쯤 되나 봅니다. 자식놈에게도 이어 주었으면 합니다만, 어떨지 아직 모르겠습니다…"

특별한 뜻이 있는 대화는 아니었으나, 예사말로 들리지 않았다. 패전으로 완전히 좌절해야 할 일본인들이건만, 그렇듯 담담하게 대를 이은 외길을 살아가고 있었다. 니뽄도日本刀를 숫돌이 아닌 오직 사람의 엄지와 검지 두 손가락만으로, 그것도 대를 이어 칼을 갈아 날을 세운다는 일본인들의 투철한 직업의식에 이병철은 다시 한 번 적잖이 놀랐던 것 같다.

정주영과 이병철은 훗날 각기 자서전을 남겼다. 정주영은 서거하기 다섯 해 전인 1997년에 자신이 구술하고 김 모 방송작가가 쓴 「이 땅에 태어나서」를, 이병철 역시 서거하기 이태 전인 1986년에 자신이 구술하고 홍 모 언론인이 쓴 「호암자전」을 남겼다.

그렇듯 정주영과 이병철이 각자 자신이 살아온 이야기를 한사코 후세에 남기고자 했던 건, 자신들의 그러한 기록이 어떤 비밀 금고 같은 곳에 깊숙이 숨겨져 있기보다는 밝은 세상에 나가 보다 널리 읽히길 바라는 뜻이 담겨 있었다고 보인다. 더구나 자신들의 명암을 굳이 숨기거나 부풀리지 아니하고 있는 그대로를 써냈을 땐 각오 또한 그만큼 남달랐으리라고 확신할 수밖엔 없다.

그렇지 않다면야 왕국의 황제였던 그들이 무엇이 아쉬워서, 또 무엇을 더 얻자고 적지도 않은 83세, 77세라는 노구의 몸으로 백설이 만건곤하여 하얗게 얼어붙은 차디찬 창밖의 풍경을 쓸쓸히 바라보며 그 힘겨운 노정을 시작했겠는가.

한데 이 두 사람의 자서전, 다시 말해 정주영의 「이 땅에 태어나서」와 이병철의 「호암자전」에는 마치 약속이라도 한 것처럼 짤막한 교훈이 등장한다. 그것도 오직 한 번씩뿐이다.

앞서 살펴본 것처럼 '끝까지 최선의 노력을 다하는' 빈대의 교훈과 '대를 이어 묵묵히 외길을 가는' 이발사의 투철한 직업의식이 그것이다. 또 그 같은 교훈은 자신의 왕국을 세워나가면서 가장 중요한 머릿돌이 된다.

길이 끝난 곳에서 새 길을 열다

한때 낙동강까지 밀려났던 전쟁은 소강상태로 접어들었다. 판문점에선 연일 휴전 교섭이 진행되었다. 그 같은 진척 상황에 마음을 졸이면서도 결국 이병철은 제조업에 투신하기로 결의를 굳혔다.

하지만 자신의 구상에 대해 삼성물산의 임직원들은 물론 관계 당국의 의견 또한 부정적이었다. 초기 투자 비용이 막대하게 들어가는 제조업을 벌이기에는 불안정한 시국, 좀처럼 수습될 기미가 보이지 않는 인플레이션, 그런 상황에서 자금의 회임 기간이 긴 생산 공장에 막대한 자금을 투입하는 일은 무모하다는 게 그 이유였다.

게다가 공장의 건설과 운영이 제대로 된다 하더라도 거기에서 생산되는 상품의 질은 외국 제품에 뒤떨어질 것이 분명하다고 믿었다. 그러면 판로가 걱정이라고 손사래부터 쳤다. 모두가 아직은 시기상조라며 고개를 내젓기부터 했다. 그렇대도 제조업에 대한 그의 결의는 점차 굳어만 갔다.

'그렇다면 도대체 어떤 제조업을 할 것인가?'

조심성 많고 신중한 성격답게 우선 그는 어떤 생산 공장을 지을 것인가부터 결정하기 위해 사전조사를 해보았다. 그 결과 제지·제약·설탕의 국내 생산 능력은 거의 전무한 상태였다. 국민 생활이나 산업 활동에 당장 요긴한 중요 물자이면서도 전량 수입에만 의존하고 있는 실정임을 알 수 있었다.

그같이 제지·제약·설탕 세 가지 업종으로 압축해낸 이병철은 일본의 삼정물산三井物産에 기획과 견적을 의뢰했다. 유달리 스케일이 남달랐던 그답게 일본의 선진 사례를 도입하여 일거에 수준을 끌어올릴 계획이었다. 3개월 만에 먼저 설탕 공장 건설에 대한 마스터플랜이 도착했다. 이어 제약과 제지 공장 건설 계획서가 속속 들어왔다.

이병철은 평소 사고하기보다는 자신의 직관력을 더 믿는 편이었다. 하지만 이때만은 그 세 가지 계획서를 놓고 한동안 고심했다고 한다. 세 가지 모두가 당장 요긴한 산업 물자이면서 수입대체 효과가 큰 것이었지만, 마지막 순간에 그는 설탕을 집어 들었다.

"조사 자료의 숫자만 갖고서는 가부간의 결론이 나지 않는 경우가 많다. 그럴 때 문제되는 것이 곧 최고경영자의 직관력이다. 다만 그 직관은 평소 치밀한 계획과 풍부한 경험, 그리고 철저한 자료조사를 바탕으로 한 것이어야만 한다. 최고경영자에게 요구되는 것은 그 같은 직관력이 아니라 직관에 따른 통찰을 실천에 옮기는 결단이 있어야 한다는 점이다."

회사명은 '제일제당공업㈜'으로 정했다. '이발사의 교훈'에서 깨달은 투철한 직업의식, 제조업에 투신하더라도 그중에서 제일第一이 되겠다는 의지가 다분히 묻어나는 사명임을 어렵잖게 짐작할 수 있게 한다. 제일제당은 해방 후 우리나라에 건설된 최초의 현대식 대규모 생산시설이었다.

제일제당이 설립되던 1953년의 우리나라 설탕 수입량은 2만 3,800t에 달했다. 그때까지 수입 의존도 100%였던 설탕은 제일제당의 가동으로 이듬해엔 51%, 그 이듬해에는 27%, 1956년에는 불과 7%까지 떨어졌다. 수입을 국내 생산으로 대체하자는 당초 목표를 3년 만에 달성한 셈이다.

제일제당은 수요 증대에 따라 시설을 계속 확장해 나갔다. 원가절감을 위해 최신 시설을 도입했다. 자신감을 얻으면서 제일제당 설립 이듬해엔 '제일모직㈜'과 '대한정당판매㈜'를 잇달아 설립했다. 다시 1957년에는 제일제당에 제분공장까지 세워 소맥분 생산을 추가하면서 기간식품, 가공식품을 생산하는 식품 메이커로의 발판을 마련했다.

이때 벌써 이병철은 삼성물산, 조선양조, 제일제당, 제일모직, 대한정당 판매 등 5개 계열사를 거느리며 재계 정상에 올라섰다. 그의 나이 어느덧 불혹의 중반으로 들어서고 있었다.

한편 한겨울에 유엔군 묘지를 푸른 잔디로 단장시킨 마술 솜씨로 미군 사령부를 감동시킨 정주영은, 전선을 따라다니며 주문받은 공사를 계속해 나갔다. 그땐 국내 건설업체 중에서 현대건설이 유일하게 미군 사령부의 발주 공사를 독점했다. 미군 사령부 건설 공사는 '손가락질만 하면 다 현대건설의 것'이었다.

여세를 몰아 정부가 발주하는 대형 공사도 잇따라 수주했다. 휴전 협정이 조인됐던 1953년 봄, 한국조폐공사 동래 사무실 건설과 대구의 고령교 복구공사가 그것이었다. 총공사비 5,478만 환, 공사기간 26개월로 계약한 고령교는 당시 정부 발주 공사로는 최대 규모였다.

한데 복구공사는 시작부터 심상치 않았다. 당시만 해도 건설 장비 자체가 없어 거의 인력에 의존할 수밖에 없었던 상황에서 60m짜리 트러스truss 두 개를 수심 10m 깊이에 설치하고, 콘크리트 교량을 놓기 위해 교각 13개를 박아야 하는 공사는 지지부진했다. 더욱이 간신히 박아놓은 교각이 홍수에 쓸려 사라져버리기 일쑤였다.

그러나 가장 힘들었던 건 인플레로 인해 자고 나면 치솟아 오르는 물가 폭등이었다. 예를 들면 착공 당시 책정한 설계상의 기름 단가가 700환 _{1953년 2월 화폐개혁이 됨}이었던 것이 공사가 끝날 즈음엔 4,500환이었고, 40환 하던 쌀 한 가마 값이 공사 끝 무렵에는 4,000환이었다.

어떻게 해볼 도리가 없었다. 결국 한국조폐공사 건설도 고령교 복구공사와 마찬가지 사정으로 7,000만 환이라는 감당키 어려운 적자를 보고 말았다. 미군 사령부 건설 공사에서 알뜰하게 벌어놓은 돈을 돈 찍어내는 한국조폐공사에다 털어놓다시피 했는데, 고령교 복구공사마저 또 그 지경이었으니 걷잡을 수 없었다.

노임을 제때 주지 못하자 공사장 인부들은 파업을 했다. 사무실이며 집이며 매일 빚쟁이들로 지옥 같았다. 빚쟁이들이 집에 와 도끼로 마루를 쾅쾅 찍어대며 돈 내놓으라고 아우성치는 가운데, 정주영은 매일같이 빚을 얻으러 미친 듯이 뛰어다녀야 했다.

결국 동생 정순영의 삼선동 20평짜리 기와집을 팔고, 매제 김영주의 돈암동 집을 팔았다. 그래도 모자라 초동 자동차 수리 공장 자리마저 팔아 고령교 복구공사에 매달렸지만, 6,500만 환의 적자를 내야 했다. 한국조폐공사 건설과 고령교 복구공사에서 생긴 감당키 어려운 부채는 이후로도 꽤 오랜 세월 동안 발목에 쇠뭉치를 매달고 뜀박질을 해야 하는 것처럼 그를 힘들게 만들었다.

공사를 따는 것에만 집착했지 눈에 드러나지 않는 숨어 있는 다른 구석을 치밀하게 계산하고 예측하지 못한 탓이 컸다. 비싼 수업료를 내고 학습을 한 셈이었다.

고령교 복구공사에서 잃은 것도 많았지만 얻은 것도 있었다. 감당키 어려운 적자를 감수하면서도 끝까지 공사를 마무리했던 현대건설의 신용을 정부에서 높이 평가해주어, 이후 정부 공사를 수주하는 데 용이했다.

더구나 이듬해부터 미국 원조 자금으로 전후 복구 사업이 활발히 진행되면서 침체에 빠져 있던 현대건설은 갑자기 할 일이 많아졌다. 가창댐 확장 공사, 내무부 중기重機공장 신축 공사, 부산항 제4부두 신축 공사 등을 맡아 서서히 다시 일어서기 시작했다.

현대건설이 단연 두각을 나타낸 시점은, 1957년 가을에 착공했던 한강 인도교 복구공사를 수주하면서부터였다. 공사 기간도 얼마 되지 않은 비교적 단기 공사였음에도 총 계약금이 2억 3,000만 환으로, 고령교 복구공사 이후 단일 공사로는 전후 최대 규모였던 터라 현대건설 수주 계약에 건설업계가 놀랐던 것도 무리는 아니었다.

이때부터 대동공업, 조흥토건, 삼부토건, 극동건설, 대림산업에 이어 현대건설을 일컬어 소위 '건설 5인조'니 '6인조'니 하며 세간의 입에 오르내리게 되었다. 1천여 국내 건설업체들 가운데 단연 선두 그룹에 낄 수 있었다.

현대건설은 거기에 그치지 않았다. 건설업은 장비 확보가 필수라고 고령교 복구공사에서 이미 뼛속 깊이 학습했던 정주영은, 같은 해 여름 초동 자동차 수리 공장에 중기 사무소를 차렸다. 구입한 장비와 부속품들을 수리·조립·개조시켰을 뿐더러, 아직 국내에 없는 기계는 만들어 쓰기도 했다.

다른 경쟁자들보다 앞서 장비의 기계화를 이뤄내면서, 장차 탄생되어 왕국의 기둥이 될 중공업산업을 세우기 위한 워밍업warming-up이 그때 벌써 시작되었다. 정주영은 그렇듯 현대건설과 함께 울고 웃는 가운데 어느덧 불혹의 나이로 접어들고 있었다.

제3장
다각화 시대

현대의 자동차와 조선의 탄생

1960년대는 이병철과 정주영에게 가장 중요한 시기였다. 제일제당과 현대건설을 통해 각기 자신의 경영력을 확신하게 된 두 사람은, 어느 때보다 왕성한 활동으로 보다 보폭을 넓혀나갔다. 기업의 다각화를 통하여 마침내 경제영토 확장에 돌입하였다. 또 그 같은 기업의 다각화를 통하여 둘은 곧 자신이 세운 왕국의 색깔을 보다 뚜렷하게 채색시켜 나갔다. 지금의 삼성과 현대의 운명을 결정지을 변곡점이었던 셈이다. 그리고 그 변곡점에서 이병철의 삼성이 선택한 길이 전자電子였다면, 정주영의 현대가 선택한 길은 자동차自動車와 조선造船이었다. 두 왕국 모두가 순전히 '할 수 있을 것 같다'는 예감에서 시작된, 미래로 나아가기 위한 새로운 도전이었다.

우선 자동차 공업은 한 나라의 경제 지표가 될 만큼 경제적 중요도가 높은 산업이다. 자본과 기술이 집약되어야 하는 자동차 산업은 경기를 주도하는 산업일 뿐더러, 방위산업으로도 큰 몫을 한다.

더구나 1960년대 이후 경제개발 5개년 계획이 당초 목표를 크게 상회하는 경제 성장을 기록하며 성공적으로 마무리된 시점에서, 수송 화물이 엄청나게 팽창하면서 자동차 공업의 육성을 필연적인 것으로 만들었다.

정주영이 나섰다. 청년 시절 자동차 수리 공장 아도서비스로 자동차와 일찍부터 인연을 맺었던 그는, 1967년 자본금 1억 원으로 '현대자동차'를 설립한다. 회장은 자신이, 사장은 미국 마이애미대학교에서 석사를 마친 동생 정세영을 앉혔다. 오랜 꿈이었던 자동차 사업에 드디어 뛰어든 것이다.

당시 국내엔 현대자동차보다 2년 앞서 '딸딸이'라고 불리던 삼륜차를 주로 생산하는 아시아자동차훗날 기아자동차와 반제품 조립 생산 수준의 신진공업사훗날 대우자동차가 승용차를 만들어내고 있었다. 현대자동차는 아시아자동차와 신진공업사와 달리 일본이 아닌 미국 포드와 기술 제휴를 맺으며 출범했다. 당시만 해도 현대자동차는 기술이 전무했기 때문에 사실상 포드의 차량을 부분 조립 생산semi-knock down하는 형태였다.

현대자동차는 설립 이듬해 울산에 20만 평66만 ㎡의 부지를 확보하고, 연간 3,500대를 생산할 수 있는 공장을 착공했다. 모두가 공장 준공에 3년은 걸려야 생산이 가능할 것으로 믿었으나, 정주영은 특유의 뚝심으로 밀어붙여 시기를 앞당겼다. 1년도 채 되지 않은 이듬해 곧바로 첫 모델인 '코티나' 생산을 시작했다.

현대자동차의 첫 모델인 코티나는 1968년 첫해 533대가 판매되었다.

이듬해에는 수량이 10배로 늘어나 5,567대가 팔렸다. 성공이 손에 잡힐 듯이 보였다.

그러나 이내 코티나의 성능에 대한 논란이 그치지 않았다. 잦은 고장에 원성이 높았다. 코티나를 '코피나'로 부를 지경이었다.

아직 익숙하지 않은 조립 기술력도 문제였지만, 아스팔트 포장도로를 기준으로 만들어진 승용차가 비포장도로에서 영업용으로 혹사당하면서 부품 마모가 심했던 것이다. 게다가 수리 부품을 미국에서 들여와야 했기 때문에 수리 시간마저 지체되었다.

정주영은 이 원인이 포드의 인색한 기술 이전이라고 생각하고 분통을 터뜨렸다. 순수 우리 기술로 우리 차를 만들어야 한다고 목청을 돋웠다.

"업체에서 설렁탕 한 그릇도 대접받지 마라! 업체에 약점이 잡혔다간 우린 다 죽는다!"

정주영, 정세영 형제는 용감했다. 자칫 작은 약점이라도 잡혀 부품의 결함으로 이어질까 끝까지 원칙을 지켜가며 타협을 불허했다. 일찍부터 A/S 사업부를 분리1973년하고 나설 정도였다.

형제의 남다른 노력으로 코티나 생산이 어느 정도 정상 궤도에 들어서자, 형제는 포드의 글로벌 판매망을 통해 현대자동차를 수출할 계획을 세웠다. 하지만 포드는 딴생각을 하고 있었다. 포드가 이미 진출해 있는 시장에는 완성차 수출이 불가능하다는 입장이었다.

형제는 포드와 결단을 내려야 했다. 자동차를 독자적으로 생산해 수출하지 못한다면 영원히 부품 조립 생산 형태에서 벗어날 수 없다고 생각했다.

결국 1973년 포드와의 결별을 선언하고 독자생존의 길을 찾아 나서기로 했다. 정주영은 장담했다.

"독자적인 우리 기술로 우리의 차를 만들자! 우린 반드시 성공할 수 있다."

그러나 형제의 독자적인 신차 개발 추진은 내부에서부터 반대의 목소리가 많았다. 코티나와 같은 부품 조립 생산 방식만으로도 큰 비용을 들이지 않고도 충분히 돈을 벌어들일 수 있는데, 왜 굳이 불확실한 길을 가려 하느냐고 아우성이었다.

외부의 시각 역시 부정적이었다. 당시 국내 승용차 시장 전체 수요가 1만 대 미만이었는데 5만 6,000대 양산 계획은 무리라고 보았다.

하지만 그쯤에서 물러설 형제가 아니었다. 예상 수요를 측정해보자 1976년 4만 6,000대에서 1980년 19만 8,000대까지 국내 수요가 늘어나고, 원가역시 정부 기준인 2,000달러 아래 선인 1,932달러로 '한국형 자동차' 생산이 가능하다는 결론이 나왔다.

공장 건립 자금도 넘어야 할 산이었지만, 공장 건립 자금은 설득 끝에 정부가 보증을 서 차관을 들여와 어렵사리 마련할 수 있었다.

그러나 자동차의 심장이랄 수 있는 엔진 제조 기술을 단기간에 확보한다는 것은 도저히 불가능했다. 자동차 엔진만은 선진 기술을 도입해야만 생산 시기를 앞당길 수 있었다.

정세영이 일본으로 날아가 미쓰비시자동차를 찾아갔다. 그리고 가솔린

독자적인 우리 기술로 만든 국산 1호차 '포니'

엔진1,238cc급 등 제조 기술 제휴를 맺는 데 성공했다.

엔진 문제까지 해결한 형제는 미쓰비시의 '랜서' 모델과 코티나를 참고해서 첫 차를 기획했다. 디자인은 세계적인 자동차 디자이너 주지아로에게 의뢰했다. 디젤 엔진 기술은 영국의 퍼킨사로부터 받았다. 그렇듯 어렵게 도전에 나선 신차 이름은 조랑말을 뜻하는 '포니'로 정해졌다.

한데 또 문제가 생겼다. 포드가 이미 포니라는 이름의 상표권을 등록해놓았던 것이다. 정주영은 문제를 피하지 않았다. 두둑한 배짱과 뚝심의 정공법을 택했다. 포드로부터 포니의 상표권을 사들인 것이다.

그같이 우여곡절 끝에 탄생한 포니는 1974년 가을, 권위 있는 토리노 국제 모터쇼에 첫선을 보였다. 세계 자동차 업계는 깜짝 놀랐다. 아시아의 변방인 한국과 같이 작은 나라의 자동차 회사가 선보인 예상 밖의 깜찍한 차를 보고 신기해했다.

포니는 그로부터 1년 3개월 뒤인 1976년 정초부터 현대자동차 울산공장에서 양산에 들어갔다. 세계에서 16번째, 아시아에서 일본에 이어 두 번째로 고유 모델의 자동차를 생산했다.

당초 우려와 달리 포니는 인기 폭발이었다. 1976년 한 해 동안에 1,726대가 팔려나갔다. 미국 GM과 제휴한 신진차훗날 대우자동차의 카미나와 아시아자동차훗날 기아자동차의 브리사를 제치고, 국내 시장 점유율 43.6%를 차지했다. 이때 벌써 현대자동차는 국내 최대 자동차 회사로 발돋움해 있었다.

소망하던 첫 수출도 할 수 있었다. 1976년 남미의 과테말라와 에콰도르에 5대를 처녀수출하는 감격을 맛보았다.

'반드시 성공할 수 있다'고 정주영이 장담했던 것처럼 포니는 대성공이었다. 초기 생산 능력은 1만 대 수준이었으나, 1970년대 말에는 10만 대까지 늘어났다. 1978년 누구도 예상치 못한 제2차 오일쇼크를 겪으며 판매가 잠시 주춤했지만, 1982년 대체 차종으로 출시한 '포니2'는 원년 포니의 인기를 능가할 정도로 폭발적이었다.

기세가 오른 현대자동차는 마침내 '자동차의 나라'로 불리는 북미시장 공략에도 나섰는데, 첫 번째 진출 국가가 캐나다였다. 결과는 성공적이어서 1983년 1,500대가 나간 데 이어, 이듬해에는 2만 5,000대, 1985년에는 무려 8만여 대가 팔려나갔다. 같은 해 현대자동차의 포니2는 캐나다에서 일본 자동차들을 누르고 소형차 부문 판매 1위에 올라서는 기염을 토하기도 했다.

국내 시장 점유율도 꾸준히 상승해 마침내 60% 고지를 넘어섰다. 1985년엔 단일 차종으로 자그마치 28만 대가 넘는 판매량을 기록하는 등 선풍적인 인기를 누렸다. 포니의 그 같은 인기는 이후 현대자동차의 인기 차종으로 자리매김하는 '그랜저1987년'와 '소나타1988년'의 고유 모델 확대에 밑돌이 되어 주었다. 현대자동차가 왕국의 강력한 군단으로 자리 잡을 수 있게 된 것이다.

그렇다면 정주영의 운명을 결정지을 변곡점, 순전히 '할 수 있을 것 같다'는 예감에서 시작된, '조선'을 해보겠다는 야망은 언제부터였을까? 그는 자신이 쓴 「이 땅에 태어나서」에서 다음과 같이 말하고 있다.

"조선소라는 밥풀 한 알이 언제 내 마음속에 씨앗으로 자리 잡았는지는 정확하게 모른다. 어쨌든 1960년대 전반에 이미 내 마음 속에 조선소가 머지않은 미래의 꿈으로 들어앉아 있었던 것은 확실하다. 청년 시절에 현대 식구가 되어 지금도 현대가족인 이춘림 회장을 어느 해인가 해외 출장 중에 들른 일본 동경에서 만나, 이틀에 걸쳐 요코하마 조선소, 가와사키 조선소, 고베 조선소 시찰을 했다. 이춘림의 기억에 의하면 그때가 1966년도였다는 것이다. 조선소 시찰을 끝내고 돌아오면서 내가 때가 되면 국내에 조선소를 만들어 큰일을 하겠다는 구상을 피력했다고 한다."

그는 마침내 때가 무르익었다고 생각하기에 이른다. 최초로 태국 해외 건설시장을 개척1965년하면서 탄탄한 기반을 다진 현대건설에 이어, 현대자동차에서 승용차를 생산1967년하는 데 성공한 그는 다음 목표로 '현대중공업'을 점찍었다.

그러나 이번에도 주위의 반대가 심했다. 1960년대 중반이었으니 그럴 만도 했다. 기술도, 자본도, 시장도 전무한 상태였다. 쥐뿔도 없는 처지에 무슨 수로 큰 배를 만들어낼 수 있겠느냐고 모두가 고개를 내저었다.

그는 아랑곳하지 않았다. 조선산업 역시 건설이나 자동차와 크게 다를 바 없을 것이라고 확신했다. 남은 문제는 오직 대규모 조선소를 건설하기 위한 막대한 자금을 외국에서 빌려오는 것뿐이라고 생각했다.

마침내 정주영은 유럽으로 날아갔다1971년. 프랑스와 스위스 은행에 4,300만 달러의 대출을 요구했다. 당시 현대그룹의 총 자산보다도 많은 거액이었다.

프랑스와 스위스 은행은 일언지하에 거절했다. 그 이유를 이렇게 설명했다. "작은 배조차 만든 경험이 없는 국가의 한 기업에 어떻게 그 많은 거액을 빌려줄 수 있겠느냐"고 한 것이다.

정주영은 영국으로 날아갔다. 그리고 선박 건조 기술 제휴를 얻어냈다.

이번에는 돈을 빌리기 위하여 영국의 은행장들을 찾아 나섰다. 영국의 은행장들은 선박의 수주 계약서부터 요구했다.

이번에는 그리스로 날아갔다. 무턱대고 '첫 고객'인 세계적인 선박왕 선 엔터프라이즈의 조지 리바노스 회장을 찾아가 정주영이 내보였던 건 임시변통으로 마련한 영국 조선소에서 빌린 유조선의 설계도면과 울산 미포만의 백사장 사진, 그리고 축적 5만분의 1 지도였다.

리바노스 회장은 싱긋 웃기만 했다. 정주영의 패기 넘치는 자세에 흥미롭다는 듯이 다음 얘기 정도는 들어줄 요량이었다.

그런 그에게 정주영이 다시 꺼내놓았던 건 500원짜리 지폐였다. 지폐 속에 도안되어 있는 거북선을 가리키며 담판을 벌였다.

"배가 뭐겠습니까? 안에 엔진이 있고 바깥은 철판으로 만들어진 것인데, 우리나라에선 이미 16세기에 '거북선'이라는 철갑선을 만들었습니다. 반드

정주영 회장은 500원 지폐 속 거북선을 보여주며 담판을 벌여 선박 수주를 성사시켰다

사진제공: 아산사회복지재단

시 좋은 배를 만들어 드리겠습니다."

정주영은 그 자리에서 초대형 유조선 2척을 수주받았다. 활짝 웃는 얼굴로 영국으로 돌아갈 수 있었다.

"자, 이거면 되겠습니까? 이것이 26만 t급 초대형 유조선 2척을 수주받은 계약서입니다."

영국 바클레이스 은행 부총재를 만나 선박 수주 계약서를 내밀자 그는 놀랍다는 듯이 이렇게 물었다.

"도대체 당신은 무엇을 전공했기에 그 어렵다는 조선소를 건설하려고 합니까?"

정주영은 초등학교 졸업장이 전부다. 그는 자신에게 던져진 질문에 잠시 당황한 듯 보였으나 이내 태연하게 되물었다.

"부총재님, 제가 제출한 사업계획서를 이미 검토하신 줄로 아는데요?"

"그렇소. 당신의 사업계획서는 매우 완벽했습니다."

그러자 정주영은 자신 있게 덧붙였다.

"제 전공은 바로 그 사업계획서입니다. 어제 오는 길에 옥스퍼드대학교에 잠시 들러 그 사업계획서를 보여주었더니, 당장 경제학박사 학위를 준다더군요."

순간 그 자리에 앉아 있던 사람들은 그의 재치 있는 유머에 모두가 박장대소했다. 바클레이스 은행의 부총재 또한 옥스퍼드대학교 경제학박사가 작성한 것보다 더 훌륭한 사업계획서라는 덕담을 애써 잊지 않았다.

이처럼 꺾일 줄 모르는 의지와 재치 있는 임기응변으로 정주영은 영국과 스위스 은행으로부터 자그마치 1억 달러의 자금을 빌리는 데 성공했다. 그런가 하면 아직 조선소도 건설하기 이전인 미포만의 갯벌 사진만을 달랑 내보이면서 26만 t급 초대형 유조선 2척의 수주를 받아내는 개가를 올렸다. '할 수 있을 것 같다'는 아주 작은 확신만 보이면 앞뒤 가리지 않고 끝까지 최선의 노력을 다하는 정주영식의 문법이 결국 미래의 꿈이었던 조선소 건설을 가능케 만들었던 것이다.

후일담이지만, '반드시 좋은 배를 만들어 드리겠다'고 했던 정주영은 몇 년 뒤 그 약속을 지켰다. 선엔터프라이즈의 리바노스 회장은 그런 정주영에게 지금까지 모두 15척의 초대형 유조선을 발주했다.

그러면서 리바노스 회장은 정주영, 정몽준, 정기선정몽준의 외아들의 3대에 거쳐 지금껏 긴밀한 우정을 이어오고 있다. 2016년 6월에도 선엔터프라이즈에서 발주한 15만 9,000t급 초대형 유조선 2척의 명명식에 참석하기 위해, 팔순의 고령에도 불구하고 아들 스타브로스 리바노스와 함께 울산의 현대중공업을 찾았다. 40여 년 전 자신을 찾아왔을 때의 자신감 넘치던 정주영을 회고하기도 했다.

삼성전자, 이렇게 탄생한다

1960년대 기업의 다각화에 돌입했을 때 왕국의 색깔을 보다 뚜렷하게 채색할, 삼성의 운명을 결정지을 변곡점은 당초 전자가 아닌 금융이었다. 제일제당을 통해 경영력을 확신한 이병철이 점찍은 경제영토의 확장은 처음엔 시중 은행이었다. 실제로 한일은행, 상업은행, 조흥은행, 안국화재, 동방생명지금의 삼성생명 등을 잇달아 인수하면서 '금융 삼성'을 일구는가 싶었다.

그러나 다 잡은 물고기를 그만 놓아주어야 했다. 이 부분에 대해선 뒤에 보다 상세히 들여다볼 기회가 따로 마련되겠지만, 정치의 격변 속에서 '금융 삼성'의 꿈은 어이없이 깨지고 말았다.

물론 이후에도 동양방송TBC, 동화백화점지금의 신세계백화점, 미풍산업, 대구대학교, 〈중앙일보〉, 성균관대학교, 중앙개발, 고려병원, 새한제지, 안양컨트리클럽 등을 연이어 계열사로 편입시켰다. 또한 전국경제인연합회 초대 회장으로 추대되면서 재계 정상의 자리를 한 번도 내주지 않았다.

하지만 다 잡았던 '금융 삼성'이라는 물고기를 그만 놓아주어야 했던 허탈감이 컸던 것일까? 조심성 많고 신중하지만 유난히 스케일이 남다르게 컸던 그는 일본으로 눈을 돌렸다. 좀 더 큰 그림 속에서 '금융 삼성'을 대체할 수 있는 '무엇'을 찾고자 한 것이다.

그것이 곧 전자산업이었다. 지금으로 보면 '신의 한 수'라고 말할 수도 있겠지만, 당시로선 무모해 보이기까지 한 선택이었다. 처음 정미소를 창업해서 학습하고 단련시켜 토대를 닦은 뒤, 그 같은 경험 위에서 조금씩 외연을 넓혀 착실히 몸집을 불려나갔던, 자신의 문법에는 없던 어드벤처adventure 였기 때문이다.

더구나 당시 국내 전자산업의 기반은 형편이 없었다. 자본도 기술도 크게 뒤져 있을 뿐더러, 기존 업체들의 반발마저 없지 않았다.

아무렇든 이병철이 '삼성전자'를 처음 해보겠다고 결심을 굳힌 것은 대략 1960년대 초쯤으로 알려지고 있다. 삼성물산 도쿄 지점에 근무하고 있던 일본인 시마다島田에게 텔레비전과 라디오 등 가전제품 생산 공장을 설립하는 데 필요한 여러 가시 조사와 기술 제휴선을 알아보도록 지시한 것이다.

이병철의 지시를 받은 시마다는 레코드 전문 메이커로 이름이 널리 알려져 있는 일본빅터와 상담을 하게 된다. 전자산업을 하겠다면서 레코드업체와 상담을 시작하게 된 것은 비슷한 시기 이병철이 레코드 회사를 설립하겠다는 의지를 갖고 있었기 때문이다.

더구나 일본빅터는 비록 레코드를 제조하는 메이커이긴 해도 당시 매출액이 삼성그룹 전체보다도 컸다. 사원의 수도 삼성그룹 전체가 5천여 명 정도인데 반해, 일본빅터는 8천여 명이 넘는 등 삼성과는 비교도 되지 않을 정도로 큰 기업이었다.

일본빅터와의 상담 결과 마침내 '텔레비전과 라디오 공장 건설 기획서'가 작성되었다. 1965년 5월이었다.

하지만 안타깝게도 이 기획서는 빛을 보지 못하고 만다. 전자산업을 시작하기 위한 사전 단계 작업이 미처 구체화되기도 전에 이병철은 또 다른 자신의 야심작인 '한국비료'를 짓느라 온통 정신이 팔려 있었다. 앞으로 점차 설명할 기회가 따로 마련되겠지만, 이른바 '한국비료 사건'으로 말미암아 전자산업의 시작이 일시 중단되고 말았다.

이병철이 다시금 전자산업을 벌이겠다며 본격적으로 나선 건 그로부터

4년이 지난 1968년에 이르러서였다. 그해 초 회장 비서실의 한쪽 구석에 전자사업 부서가 구성되어 자리 잡기 시작했는데, 4월경쯤 전자산업이 가장 유망한 산업이라는 결론이 나왔다.

그렇잖아도 전자산업에 깊은 관심을 보여 왔던 이병철은 그런 결론을 받아보곤 마침내 결심을 굳힌다. 6월쯤엔 일본 아사히신문과의 대담에서 '전자산업은 앞으로의 성장 분야이므로 이에 도전해볼 생각'이라는 자신의 뜻을 분명히 밝히고 나섰다.

그러나 문제는 높기만 한 기술력에 있었다. 그때나 지금이나 텔레비전, 세탁기, 냉장고와 같은 전자산업은 무엇보다 기술력이 중요한 기술 산업이었다. 그런 기술이 우리에겐 턱없이 부족했던 것이다.

그때만 해도 전자과학 분야의 전문가라고 해봤자 미국에서 활동하고 있던 김완희 박사를 겨우 찾아볼 수 있을 정도였다. 때문에 삼성전자뿐 아니라 다른 여러 기관에서도 김 박사를 초청해서 자문을 구하고, 세미나를 개최하는 등 여러 가지 도움을 구하곤 했다.

하지만 김 박사는 학자일 따름이었다. 전자과학을 상품화하는 데 전문가는 아니었다.

사정이 이러하자 기술 제휴선을 일본에서 다시 찾아봐야 했다. 일본은 1952년에 이미 텔레비전 생산 메이커가 60개에 달할 정도였으며, 1955년부터는 텔레비전, 세탁기, 냉장고가 가정마다 급속히 보급되었다. 이병철이 전자산업을 해보겠다고 결심을 밝힌 1960년대에 일본은 이미 이른바 '3C'로 일컫는 컬러 텔레비전color TV, 에어컨cooler, 자동차car가 내구 소비재로 널리 보급되고 있을 만큼 세계 최고 수준을 자랑하는 전자산업 강국이었다.

그만큼 콧대가 셀 수밖에 없었다. 그런 점을 감안하여 백방으로 물색한 끝에 겨우 합작 의사를 나타낸 기업이 일본의 NEC일본전기와 산요전기三洋電氣였다.

거기에도 문제가 없지만은 않았다. 애당초 삼성전자를 설립하면서 일본의 NEC와 산요가 함께 투자하도록 계획을 세워두었던 모양이다.

한데 이 계획은 NEC 측의 강력한 반발로 무산되고 말았다. 당시 NEC는 일본에서 산업용 전자제품을 만들면서 고도의 기술 제품을 만든다 하여 자부심이 대단했다. 그런 자신들이 산요처럼 트랜지스터 라디오나 텔레비전 따위를 만드는 메이커와는 함께 할 수 없다고 으름장을 놓은 것이다.

그도 NEC의 자부심에 대해 익히 알고 있었다. 특히나 NEC의 사장이 자신과 격이 맞지 않는 사람과는 아예 만나주지도 않는다는, 일본인 특유의 외골수 기질이 누구보다 강하다는 것도 이미 알고 있었던 듯하다.

이병철이 참석한 가운데 묘수를 찾기 위한 전자산업 관련 회의가 빈번히 열렸다. 한 번은 회의 도중에 당시 삼성그룹 부사장이자 삼성전자 창설에 깊이 관여했던 이병철의 장남 이맹희가 분통을 터뜨렸다. 자신이 일본으로 건너가 NEC 사장을 직접 만나 담판을 지어서라도 문제를 해결하겠다고 나섰다. 그러자 이병철이 고개를 가로저으며 만류했다.

"가지 마라. 니 가도 만나주지도 않는다."

결국 회사를 3개로 나누어 만들게 된다. '삼성전자'와 '삼성산요' 그리고

'삼성NEC'가 그것이다. 콧대 높은 일본 NEC로부터 기술제휴를 맺기 위한 고육책이었다.

그렇게 1970년 1월에 설립된 삼성NEC는 삼성전관에서 다시 '삼성SDI'로 상호를 변경해 오늘에 이르고 있다. 1973년 8월에 설립된 삼성산요파츠는 이후 상호를 '삼성전기'로 바꾸어 오늘에 이르고 있다.

그러나 정작 '삼성전자'가 출범하기까지는 아직도 첩첩산중이었다. NEC, 산요와 같은 일본 선진 기업들과 합작을 하고 기술제휴를 맺기까지에는 도처에 암초가 기다리고 있었다.

NEC는 삼성과 합작에 관한 상담을 하는 도중 돌연 정치 문제를 들고 나왔다. 한국은 정국이 불안하니 문제점이 많다고 지적했다. 당시 1·21 사태를 두고 하는 말이었다. 1·21 사태란 1968년 1월 21일 북한 특수공작원 31명이 청와대를 기습하기 위해 휴전선을 넘어 청와대 바로 뒤 세검정 고개까지 잠입하여 소란을 피웠던 사건이다.

NEC 측은 대만이 안정되고 있으니 대만 기업과 합작하는 것이 오히려 낫지 않겠느냐는 발언까지 덧붙였다. 물론 이 같은 발언은 삼성과 합작하지 않으려는 것보다는 유리한 고지를 선점하겠다는 숨은 전략이 담긴 발언이었다. 이병철이 반박하는 논리를 폈다.

"당신들의 지적은 명백히 옳다. 지난 1월에 북한 특수공작원들이 내려와 조금 소란을 피웠다. 불과 30여 명 정도가 잠시 소란을 피운 것이다. 그러나 당신네 나라를 한번 보라. 도쿄 시내에는 몇만 명이나 되는 공산분자들이 매일 같이 데모를 하고 있지 않은가. 또한 대만만 해도 그렇다. 350만 명이 넘는 중국군이 호시탐탐 노리고 있고, 대만 영토인 금문도에 심심하면 포격을 가하고 있다. 자, 과연 삼국 가운데 어느 나라가 안정된 나라인가?"

그러나 문제는 기술을 얻어 와야 하는 일본에만 있지 않았다. 국내에서의 반발 또한 거셌다.

삼성전자가 출범하려던 시기 우리나라 전자산업의 연간 총 수출액은 4,200만 달러 수준이었다. 그나마도 한국의 값싼 임금을 활용한 미국계 기업들의 전자부품_{주로} 반도체 조립 수출이 70%를 차지하고 있었을 정도로 국내 전자산업의 기반은 형편이 말이 아니었다.

이런 처지에 삼성이 전자산업에 진출한다고 하자 크게 위협을 느낀 기존 업체들이 가만있지 않았다. 같은 해 6월 한국전자공업협동조합의 명의로 대정부 건의서를 제출하는 한편, 언론기관을 통해서도 강경한 반대 주장을 전개했다.

"삼성그룹이 추진하고 있는 합작 투자 사업은 일본 부품을 도입해 단순히 조립하는 것에 지나지 않는다. 우리가 지금까지 애써 국산 기술을 여기까지 끌어올려 놓았는데, 지금에 와서 일본 기술과 일본 자본을 도입한다면 국내 기술은 설 땅을 잃게 된다. 그러므로 삼성의 합작 투자를 절대 허용해서는 안 된다…"

정부는 그보다 앞서 전자 부품 생산을 수출전략 사업으로 육성하기 위해 합작 투자와 기술 도입을 권장한다는 '전자공업진흥 8개년 기본 계획'을 확정·발표한 바 있었다. 한데도 삼성전자의 참여를 반대하는 기존 업계의 강력한 반발에 부딪히자 합작 회사 설립 허가를 미루기만 했다.

그러다 정부가 기존 업계의 주장을 받아들이면서 조건을 붙이고 나섰다. 생산하는 제품의 전량을 수출한다는 불리한 족쇄를 채워 삼성전자를 허가해 주었다.

이 같은 산통 끝에 전자업계의 후발 주자로 어렵게 출범을 하였으나, 삼성전자의 생산시설이란 보잘 것이 없었다. 퀸셋 가건물 4동과 식당, 그리고 500평 남짓한 단층 짜리 공장이 고작이었다. 공장 주변은 황무지였으며 농로를 겨우 면한 듯한 비포장도로가 외부세계로 이어지는 유일한 통로였다.

전망 또한 낙관하기 어려웠다. 전량 수출이어야 한다는 족쇄를 과연 어떻게 풀어나갈지 의문이었다. 일본의 합작 기술로 이제 막 걸음마를 시작한 삼성전자가 과연 어떻게 독자 기술을 개발하여 세계의 높은 기술 장벽을 넘을 수 있을지 아무도 장담할 수 없었다.

과연 삼성전자는 살아날 수 있을 것인가? 발목에 채워진 무거운 족쇄를 풀어내고 자유로이 비상할 수 있을 것인가? 주위에선 모두가 불가능하다고 고개를 내저었다. 외줄 위에 홀로 서야 하는 불안하기 짝이 없는 출범이었다. 1969년 1월 13일 삼성전자는 그렇게 탄생할 수 있었던 것이다.

제4장
왕국의 에토스ethos

구수한 말솜씨, 간결한 말씨

말言語에는 불가사의한 힘이 있다. 사람을 살리는 힘이 있는가 하면, 사람을 죽이는 힘까지 언어 속에 담겨 있다. 때문에 말 한마디가 세계를 바꾸기도 한다. 마치 마법과도 같이 전혀 예상치 못한 결과를 감쪽같이 만들어내기조차 하는 것이다.

정주영과 이병철의 말솜씨는 어땠을까?

누차 한 얘기지만 이병철은 조심성이 많고 신중한 사람이었다. 따라서 말수도 많지 않은 편이었다. 말보다는 생각하고 모색한 다음, 완벽한 준비부터 강조하곤 했다.

정주영은 달랐다. 우선 뛰고 나서 나중에 생각을 해가는 타입이었다. 할 수 있을 것 같다는 아주 작은 확신만 보이면 앞뒤 가리지 않고 끝까지 최선의 노력을 다하는 스타일이었다.

따라서 정주영은 왜 먼저 뛰면서 생각할 수밖에 없었는지, 왜 할 수 있을 것 같다는 아주 작은 확신만으로 밀어붙이는지에 대해 일일이 설명해야 했다. 이병철과 달리 상대적으로 말수가 많을 수밖에 없는 이유다.

정주영은 또 이따금 머리가 뜨거워지고 복장이 터져 미칠 지경에 이르면 "이런 죽일 놈들, 이런 죽일 놈들!"하는 불호령도 마다하지 않았다. 물론 그때뿐이었다. 뒤끝이라곤 없는 불호령이었다. 그때만 넘어가면 문책조차 일절 없는, 단지 상황 돌파용이었을 따름이다.

그렇다고 정주영이 웅변가였는가 하면 그것도 아니다. 그는 범처럼 포효하지도 않았고, 이솝이나 맹자처럼 폐부를 찌르는 촌철살인의 이야기 솜씨를 갖고 있지도 않았다.

한데도 그의 말솜씨 속에는 묘한 매력이 숨어 있었다. 자신이 하는 이야기에 사람들이 흥미를 갖고 빠져들게 하는 알 수 없는 분위기를 구축하고 있었다. 어떤 이야기를 하든 어렵지 않으면서도 진솔하고, 또 진지하면서도 긍정적인 구수함이 듬뿍 묻어나는 말솜씨가 어느 만담가 못지않았다.

이 같은 정주영의 구수한 말솜씨를 일반 대중에게까지 널리 선보이게 된 건 1992년 대통령 선거 때였다. 통일국민당을 창당하고 대통령 후보로 나선 그는, 특유의 구수한 입담으로 치열하다 못해 살벌하기까지 했던 선거 열풍 속에서도 국민들로 하여금 웃음을 자아내게 만들었다. 선거 기간 중에 '애교 있는 영감쟁이'라는 새로운 별명까지 얻기도 한 것이다.

이병철의 말솜씨는 어땠을까?

회장 비서실에서 근무하며 오랫동안 지근거리에서 그를 보좌하기도 했던 전 유한대학교 박세록 교수의 「삼성비서실」에 따르면, 이병철의 말솜씨는 숫제 젬병이었다고 한다. 우선 말수가 적은 데다 그나마 그 말조차 알아듣기 힘들 정도였다. 경상도 지방의 억센 사투리에다 경남의 억양까지 더해진, 거기에다 살점 하나 붙어 있지 않은 간결하기 짝이 없는 생략법을 구사했다. 단어와 단어가 문법적으로 정확히 연결되지 않고 곧살 비약하기 일쑤였다. 때문에 같은 경상도 출신도 알아듣기 어려울 때가 잦았을 정도니 과연 그의 말솜씨가 어땠다는 걸 알만도 하지 않은가.

그래서인지 이병철은 말 잘하는 임직원을 별로 탐탁하게 여기지 않았던 것 같다. 곧잘 말만 뻔지르르하다며 면박을 주기 예사였다는 것이다. 언어에 대한 다분히 부정적인 의사가 담긴 이병철식 표현 방식이라고 볼 수 있다.

게다가 그의 말을 미처 알아듣지 못해 반문이라도 할라치면 결코 두 번 다시 말하는 법이 없었다. 그러니 죽을 맛일 수밖에. 그의 말뜻을 그저 감으로 혹은 이심전심으로 알아들을 수밖에 딴은 도리가 없을 때가 잦았다 한다.

한데 그같이 어눌한 말솜씨와는 달리 상대의 말을 정확하게 알아들을 줄 알았다. 상대가 말하는 발언을 예리하게 분석하여 요지를 간단명료하게 정리하거나, 보다 올바른 방향으로 유도해 가는 데는 누구도 따를 수 없는 천재성을 발휘하곤 했다. 그런 만큼 사장단 회의를 할 때나 업무상 임직원들과 대화를 나눌 적에도, 좌중의 흐름을 단번에 이끌어가는 것이 가히 탄복할 만했다.

노자老子가 말하길 최고의 웅변은 말을 더듬는 것처럼 보인다고 했던가. 이병철의 말솜씨는 그렇듯 양면성을 갖고 있었다.

이같이 이병철에겐 상대의 말을 매우 정확하게 알아듣는 것 말고 탄복할 만한 솜씨가 한 가지 더 있었다. 기가 차게 잘 쓴 그의 글씨 솜씨였다.

사실 그의 필재筆才는 후천적으로 다듬어진 것이라기보다는 타고났다는 표현이 더 옳았다. 촉이 뭉텅한 미제 파카 황금만년필을 양복 재킷 주머니에 늘 꽂고 다니면서 글씨 쓸 일이 있으면 그것을 꺼내어 쓰곤 했다는데, 남성다움이 한껏 묻어나는 그의 글씨 솜씨는 그야말로 일품이었다고 한다.

지적이고 품위 있는 모습, 헐렁하고 수줍은 인상

사람의 얼굴相 곧 첫인상은 그 사람의 생애를 밝혀주는 거울이라고 볼 수 있다. 더욱이 우리는 사람의 얼굴, 관상에 대해 별다른 학습을 따로 하지 않았음에도 알게 모르게 얼굴에 대한 나름대로의 평가 기준을 갖고 있기 마련이다. 뿐만 아니라 그 같은 상론이 거의 예외 없이 맞아떨어지는 데도 으레 그러려니 하고는 만다. 별반 놀라워하지도 않는다.

속담에 '생긴 대로 논다'는 말이 있다. 사람은 무릇 자신이 가지고 태어난 상판에 따라 세상을 살아간다는 얘기다. 이를 두고 당말唐末의 전설적인 관상가 마의麻衣는 상유전정相有前定, 이미 결정된 것이라고 정의했다.

그렇다면 정주영과 이병철은 과연 어떤 상론을 가졌던 것일까? 기왕에 두 사람을 파헤쳐 보기로 작정했다면 마땅히 그들의 상, 첫인상을 빼놓고서 다른 이야기부터 언급할 순 없는 일이다. 그들의 첫인상을 통해서 인물됨을 나름대로 탐색해 보고, 상론에 비견하여 그들의 행동과 내면을 가늠해 보는 것 또한 딴은 흥미로울 것으로 보인다.

그 이전에 잠시 「삼성경영 현대경영」의 책표지를 참고로 보아주길 바란다. 책표지의 두 사람 얼굴을 다시 한 번쯤 들여다본 다음 본문으로 들어갔으면 싶다.

어떤가? 책표지의 이병철과 정주영의 상을 보고서 어떤 생각이 들던가?

먼저 정주영부터 살펴보기로 하자. 정주영 하면 우선 연상되는 얼굴 이미지가 있다. 아무렇게나 훌렁 빗어 넘긴 짧은 머리, 희미한 눈썹, 퉁퉁 부어오른 듯 두툼한 눈꺼풀, 커다란 뿔테 안경을 설친 얼굴이 그것이다.

하지만 뭐니 해도 그의 얼굴 이미지에서 가장 중요한 건 따로 있다. 알 듯 모를 듯 오른쪽 얼굴에 지그시 힘을 주어 수줍게 웃어 보이는 특유의 웃는 얼굴이다. 눈도 코도 입도 동시에 따라 살짝 웃는 순박한 웃음이다. 그의 이런 순박한 웃음은 상대를 편안하고 기분 좋게 만들어준다. 그런 웃음을 지어 보일 때면 대기업의 총수라는 위엄은 온데간데없이, 순박하다 못해 친근한 이웃집 아저씨 같다는 생각을 떠올리게 한다.

정주영의 걸음걸이도 남달리 인상적이다. 빠르진 않지만 보폭이 커서 성큼성큼 걷는 모습이란 영락없이 소걸음을 닮아있다.

상론에선 정주영의 이 같은 물형物形을 일컬어 고면우구羔面牛口에 족현암산지자足懸岩山之姿라 한다. 바탕은 염소의 얼굴에다 소의 입을 띠고 있다는데, 만물의 운체를 발에 달고 다니는 까닭에 그의 재복은 발에서 나온다는 얘기다. 그러나 그의 재복이 비록 발에 의해 운전되고 있다고는 하여도 그 근원은 다름 아닌 입으로부터 나온다는 설명이다.

이병철은 어떠했을까? 생전에 그를 가까운 지근에서 보좌했던 박세록 교수의 「삼성비서실」에 따르면 마치 현미경을 들여다보듯 그를 꼼꼼히 관찰하고 있다.

이병철은 그리 크지 않은 체격에 비교적 호리호리한 편이었다고 한다. 신장 167cm에 몸무게 60kg을 넘지 않았다니, 그때나 지금의 기준으로 보아도 큰 체격은 아니었던 듯싶다.

얼굴의 윤곽은 지방질 결핍에 비교적 갸름한 편이었다. 이런 윤곽은 본인도 익히 알고 있는 터여서 자신의 얼굴을 곧잘 양¥의 상이라고 말하곤 했다.

특이하게도 얼굴에 주름살이 많은 편이었다. 젊었을 때부터 그랬다고 한다. 한데 이 주름살은 결코 밉살스럽지 않았을 뿐더러, 아무에게서나 쉽사리 찾아볼 수 있는 것이 아니었다. 특히 눈언저리에 진 잔주름이 인상적이었다. 그를 지적이고 품위 있어 보이게 하는 황금의 주름살이었던 것이다.

이목구비 또한 조금도 하자가 없었다. 그렇다고 무슨 영화배우처럼 잘 생긴 미남으로 구성되었다는 건 아니다. 요모조모 뜯어봐도 좀처럼 흠잡을 데가 없는 얼굴이었다는 뜻이다.

우선 귀 주위를 살펴보면 갸름한 얼굴에 비해 꽤나 큰 편이었다. 정면에서 바라보았을 때 마치 귀마개라도 두른 듯이 양쪽 귓바퀴가 또렷이 보였다. 그는 자신의 귀가 그같이 꽤 큰 데다, 얼굴 윤곽이 양의 모습을 하고 있었기 때문에 그것이 곧 부의 상이라고 말하곤 했다.

눈은 크지도, 가늘지도 않은 편이었다. 하지만 쌍꺼풀진 두 눈은 늘 예리한 빛을 깊숙이 담고 있었다.

코는 동양인으로선 비교적 오뚝하게 높은 편이었다. 그러나 살점을 전혀 찾아볼 수 없어선지 갸름한 얼굴의 윤곽과 조화를 이루면서 보다 이지적으로 돋보이게 했다. 입은 갸름한 얼굴 윤곽에 비해 다소 큰 편에 속했다. 하지만 입술은 마치 북유럽인과 같이 얇으면서도 가지런했다.

이런 전체적인 모습은 이병철을 언제나 단정한 사람으로 보이게 만들었다. 한데다 사람의 인상을 결정짓는 데 중요한 부분을 차지한다는 머리카락의 처리까지 거기에 더해졌다. 흰 머리가 제법 희끗희끗 섞여 있기는 하였으나, 머리카락 한 오라기 흐트러짐 없이 말끔하기만 했던 것이다.

정주영과 이병철의 차이는 옷차림에서도 예외가 아니었다. 짐작하였겠지만 둘은 서로 판이했다.

정주영은 단순하고 수수한 차림이었다. 옷차림새 정도는 별반 신경 쓰지도 않는다는 분위기였다. 적어도 세련되지 않았던 것만은 틀림이 없는 것 같다. 그도 그럴 것이 그는 트렌치코트 한 벌을 사더라도, 보통 10년을 넘게 입었다. 옷깃이 해어질 때까지 줄곧 걸치고 다녔다.

구두에 얽힌 이야기는 이미 널리 알려져 있는 에피소드다. 정주영은 발이 원체 컸기 때문에 도무지 맞는 기성화가 없었다. 반드시 맞추어 신을 수밖에 없었다. 한데 구두의 가죽이 닳아 너덜너덜해질 때까지 신곤 했다. 실제로 그는 구멍 난 구두를 신은 채 비행기도 타고, 해외 출장도 숱하게 다녔다.

정주영은 이처럼 옷차림새 따위는 거의 무감각했다. 아무거나 손에 잡히는 대로 주워 입고서 집을 나선 듯 옷차림새가 두드러져 보였던 적은 거의 없었다.

물론 그가 젊은 시절 자동차 수리 공장에서부터 시작하여, 흙먼지 이는 건설 현장이나 거대한 중공업과 같이 중후장대한 업종에 주력해 왔던 것도 그런 이유 가운데 하나일 수 있다. 옷을 맵시 있게 차려입고선 그 같은 일을 하기 어려운 것 또한 간과할 수 없었던 점이기도 하다.

그래선지 정주영이 남긴 사진첩 「세기世紀의 가교架橋」를 넘겨보면, 그는 대개 점퍼 차림으로 나온다. 양복 차림보다는 점퍼 차림이 훨씬 더 편안해 보이기까지 하다.

그런 면에서 정주영의 옷차림은 그저 헐렁한 스타일이었다고 볼 수 있다. 옷이건 구두건 간에 한번 자기 몸에 걸치기 시작하면, 헤어져 닳을 때까지 한사코 입고 다녔다는 표현이 어울릴 정도였다.

반면에 이병철은 판이하게 달랐다. 다른 정도가 아니라 정반대였다고 보면 된다.

다시금 박세록의 「삼성비서실」에 따르면, 정장한 차림새에서 이병철의 단정함을 단적으로 보여주고 있는 부분은 다름 아닌 바지 끝바짓부리이었다고 한다. 그의 바지 길이는 길지도 그렇다고 짧지도 않았다. 바지 끝이 구두 위를 풍덩 덮지도 달랑 들리지도 않았다는 것이다.

사실 눈에 잘 드러나 보이진 않지만, 정장을 하였을 때 바지의 길이는 매우 중요한 몫을 한다. 바지 길이에 따라 정장 차림새의 품위가 크게 달라져 보이는 까닭이다.

이왕 말이 나왔으니, 바지의 주름은 어땠을까? 이병철의 정장에서 바지 주름은 조금도 꾸부러짐이 없이 항상 날이 서 있는 '1'자를 유지했다. 이 1자 유지를 위해 옷을 맞출 때부터 신경을 써야 했다.

그래서 가만 보면 바지 끝 부분의 양옆을 눈에 보일락 말락 2cm 정도 역 'Y'자 모양으로 살짝 트게 했다. 바지 끝이 구두 잔등 위에 약간 덮일 듯

말 듯하게 되고, 그럼에도 바지 주름은 조금도 꾸부러짐이 없이 언제나 1자가 유지될 수 있었다.

바지의 품 역시 꼭 들어맞게 입었다. 물론 누구나 바지의 품은 꼭 들어맞도록 입기 마련이다. 하지만 중년의 나이에 들어서게 되면 대부분 나잇살이며, 저마다 체질에 따라 그 품을 일정하게 맞추기가 쉽지 않아진다. 굳이 비만성이 아닐지라도, 하루면 서너 차례 정도는 아랫배의 크기가 달라져 보이는 게 어쩔 수 없는 현상이다.

한데 이병철은 소식小食을 고수한 것으로도 유명하다. 그가 만년에 암 수술을 받고도 11년간이나 수를 더 누릴 수 있었던 것도 딴은 상상 이상의 절제된 식생활, 그중에서도 소식과 결코 무관치 않아 보인다.

때문에 모처럼 지방 출장길에 나섰을 적에도 그의 아침 식사는 으레 구운 식빵 두 조각에 계란 프라이 하나, 그리고 과일 주스 한 잔이 전부였다. 그러니 식사를 하건 하지 않건 간에, 허리 품이 언제나 일정할 수밖에 없었다. 아마도 이병철은 자신의 생을 다 마칠 때까지도 그런 바지 품을 계속 유지했을 것으로 짐작된다.

이병철은 그처럼 전체적인 모습이 언제나 단정한 것이 특징이었다. 머리 끝에서부터 바지 끝에 이르기까지 어느 한 군데 흐트러짐이라곤 없을 만큼 언제나 깔끔한, 아니 빈틈이라곤 찾아보기 어려워 매우 깐깐해 보이기까지 한 모습이었다.

이렇듯 두 사람은 너무도 다른 이미지였다. 정주영이 그저 헐렁하고 수줍게 웃는 인상이었다면, 이병철은 머리카락 한 오라기 흐트러짐 없이 깔끔하면서도 깐깐한 스타일이었다.

열정적이고 다급한 성격, 차갑고 냉혹한 성격

"소학교초등학교에 들어가기 전 3년 동안 할아버지의 서당에서 천자문을 시작해서 동몽선습童蒙先習, 소학小學, 대학大學, 맹자孟子, 논어論語를 배우고 다시 무제시無題詩, 연주시聯珠詩, 당시唐詩도 배웠다. 열심히 암기하고 뜻을 익혀 조부님이자 훈장님이셨던 어른 앞에서 달달 외워 보여드렸던 것은 공부가 재미있어서도 뜻을 이해해서도 아니고, 그저 회초리로 사정없이 종아리를 맞아야 하는 매가 무서웠기 때문이다.

그때 배운 한문 글귀들의 진정한 의미는 자라면서 깨달았다. 열 살에 소학교에 입학했는데, 소학교의 공부는 공부랄 것도 없이 쉬워 1학년에서 3학년으로 월반도 했었고, 성적은 붓글씨 쓰기와 창가唱歌를 못해서 졸업할 때까지 줄곧 2등이었다. 왼발 오른발 신발을 제대로 맞춰 신는 것도 못하고 밤낮 바꿔 신고는 꾸중을 들었던 급한 성격 때문에, 차분해야만 할 수 있는 붓글씨 쓰기가 젬병이었고…."

정주영의 어린 시절을 회고한 글 가운데 한 토막이다. 흔히 성격은 그 사람의 운명이라고 일컫는다. 그렇듯 타고났기 때문에 바꾸기가 어렵다는 얘기다.

정주영 또한 예외가 아니었던 모양이다. 왼발 오른발의 신발을 제대로 맞춰 신지 못할 만큼 다급했던 성격은 어느새 그의 운명이 되고 만다.

"지금도 생각나는 사고가 있다. 초창기 현대중공업이 건조한 26만 t급이라면 배 길이가 320m에 폭이 50m가 넘는다. … 배를 다 만들어 점검을 하니, 물에 넣어도 물 들어갈 틈이 없으면 된 거다 싶었는데 나중에 보니까 굴뚝이 빠져 있었다. 굴뚝 하나 중량이 25t인데 그걸 빼놓고 배가 다 됐다고 한 것이다. 이런 죽일 놈들, 이런 죽일 놈들! 화가 머리끝까지 났지만, 어쩔 도리가 없었다. 도크에 물을 넣고 장비를 치우는 동안 탑재하면 되겠다기에 그렇게 하라고 지시했다. 나중에 보니까, 크레인에 굴뚝을 달아 정확한 높이에 맞춰서 대기하고 있었다. 그런데 도크에 물이 들어가자 배가 떠오르면서 맞추어 놓았던 굴뚝이 제 위치보다 한참 아래로 내려와 있었다. 도크 물이 차면 배가 뜬다는 계산을 한 사람이 미처 한 명도 없었다는 얘기다. 정신 빠진 놈들이라는 욕을 안 할래야 안 할 수가 없었다.”

비단 상소리만도 아니었다. 때로 그는 멱살도 잡았다. 정강이도 걷어찼다.

“현장에 지프를 타고 느닷없이 나타나 한 바퀴 돌아다니다 잔소리를 해대던 내가, 장비 위에서 잠깐 졸고 있던 운전기사를 발견하더니 대뜸 장비 위로 뛰어 올라가 운전기사를 멱살잡이로 끌어내 다짜고짜 귀싸대기를 올려붙이더란다. 얼마나 비싼 장비인데 일은 안하고 장비 위에서 낮잠이나 자고 있느냐고 하면서 말이다.”

숫제 이런 식이었다. 정주영은 잠시도 속에 담아두지 못하는 불 같은 성격이 언제 어디서나 번번이 불끈 일곤 했다.

그러나 꼭이 불같은 성격만 있었던 건 아니다. 그는 누구도 넘볼 수 없는 두둑한 배짱의 소유자였으며, 또 어느 누구든 아우르고 품을 줄도 아는 장부였다.

"젊은 날 현저동 산꼭대기 셋방에서 신당동으로 옮겨 쌀가게경일상회를 할 때에도, 하나둘씩 서울로 올라온 동생들을 데리고 살 때에도, 아내는 쌀도 팔고 두부도 만들어 팔면서 나름대로 가용할 돈을 벌었다. 해방 전, 부모님까지 함께 살게 되자 그때 살고 있던 신설동 한옥이 20여 명의 대가족으로는 돌아눕기도 힘들게 좁아, 돈암동의 좀 더 큰 집으로 이사를 했다. 큰 집이라야 고작 건평 20여 평의 집이었기 때문에, 누이동생 희영이 내외는 제대로 된 방 하나도 차지하지 못하고 다락방에서 생활을 했다.

당시 아도서비스 자동차 수리 공장은 종업원이 60여 명이나 되는 꽤 큰 공장이었지만, 나는 아침 밥상에 김치 한 가지와 국 한 대접 이상의 반찬을 용납하지 않았고, 어머니와 아내는 그 많은 종업원들의 식사를 매일 같이 공장으로 머리에 이어 날랐다."

그럼 이병철의 내면은 과연 어떤 풍경이었을까?

우선 가장 먼저 눈에 띄는 특징적인 모습은 절제였다. 그는 멈추어야 할 때와 나아가야 할 때를 정확하게 판단할 줄 알았으며, 스스로 자신의 진퇴에 관한 모든 것을 조절할 수 있는 특이한 능력을 지닌 소유자였다.

무엇보다 그는 불같이 이는 감정을 절제할 줄 알았다. 점차 설명할 기회가 따로 마련되겠지만, 한때 그가 세계 최대 규모의 '한국비료1967년'를 어쩔 수 없이 국가에 헌납한 데 이어, '동양방송1980년'까지 국가에 헌납하고 나선 눈물을 흘렸다는 이야기가 무성했다.

하지만 그건 아무래도 사실이 아닌 것 같다. 한국비료와 동양방송을 잇달아 국가에 헌납하고도 잠도 잘 자고, 일상생활도 한 치의 흐트러짐이 없이 종전 그대로였다고 한다. 아니 그 정도에 흔들릴 이병철이 아니었다. 그즈음 가장 가까이서 지켜본 장남 이맹희CJ그룹 창업회장는, 자신이 보기에도 사람이 어떻게 감정의 흔들림 없이 살 수 있을까 싶을 정도였다고 술회한 바 있다.

실제로 이병철은 좀처럼 화를 내는 법이 없었다. 일상에서 좋다, 싫다 하는 감정을 좀처럼 겉으로 드러내는 경우도 드물었다. 큰소리와 욕설은 물론이고, 부하 직원들로부터 보고를 받을 적에도 겉으로 좋다, 싫다는 표정을 쉽게 드러내어 보이지 않았다. 그 어떤 내용의 보고를 받을 적에도 그저 조용히 듣고 있다가, 가만히 고개를 끄덕이면 그것은 곧 대단히 만족한다는 표시였다.

때문에 그의 눈빛과 분위기만으로 과연 좋은지, 그렇지 않은지를 구분할 수밖에 없었다. 다행히 그를 보좌했던 삼성의 임원들은 대부분 무언의 대화를 통해서 그의 뜻을 정확히 읽어내곤 했다고 한다. 하지만 보고를 받다가 딴전을 피우거나 엉뚱한 곳을 바라보면, 그것은 곧 마음에 들지 않는다는 뜻이었다는 것이다.

이병철은 이같이 직설적인 표현을 거의 하지 않았다. 평생 그가 큰소리를 내면서 웃는 모습을 목격했다는 사람도, 아니 그런 사진조차 본 사람이 과연 몇이나 되는지 궁금할 정도였다는 것이다.

더구나 그의 앞에서 필요한 말을 제외하고 어떤 딴 얘기를 나눈다는 것은 불가능한 일이었다. 삼성의 임원들이 그의 앞에서 농담을 한다는 것 또한 언감생심이었다고 한다.

따라서 이병철과 마주앉아 농담을 나눌 수 있는 사람도 극히 제한적일 수밖에 없었다. 고작 해야 제일제당과 제일모직을 경영하던 시절의 초기 경제인들 일부가 그와 농담을 나눌 수 있는 사이였다. 예컨대 당시 한국유리의 최태섭 회장과 한화그룹 김승연 회장의 부친인 김종회 회장, 천우사 전택보 사장 정도가 그런 이들이었다.

이병철의 이런 카리스마는 일본에서도 유효했다. 장남 이맹희에 따르면 일본에서 정치인이나 경제인들과 만날 적에도, 그들 역시 이병철에 대해서는 늘 조심하는 분위기가 역력했다고 한다. 당시 NEC의 고바야시 사장, 미쓰이부동산의 하세가와 사장, 미쓰이물산의 사장 정도만이 이병철과 그래도 편안하게 농을 주고받는 사이였다는 것이다.

이처럼 이병철은 여느 사람들과는 다른, 매우 독특한 면을 많이 지닌 CEO였다. 그의 성격은 너무도 특이했다. 차갑다, 매섭다, 냉정하다, 냉혹하다, 사정없다, 엄격하다, 까다롭다, 깐깐하다, 예리하다, 날카롭다, 그리고 고독했다 등으로 열거된다. 한마디로 강렬한 개성과 괴팍한 성격의 인물로 요약해볼 수 있다.

또 그런 강렬한 개성과 성격으로 말미암아 그는 적잖은 에피소드를 낳았다. 다음 이야기는 그중 한 토막이다.

서울 태평로 2가 삼성의 옛 본관 옆에 '삼성생명'과 〈중앙일보〉의 사옥을 지어 올릴 때였다. 그는 외벽 대리석의 색상을 자신이 직접 골랐다. 또 대리석 칸과 칸 사이의 간격을 몇 mm로 할 지 일일이 지정해 줄 정도였다.

그보다 더 적나라한 에피소드도 전한다. 삼성물산에 지池 아무개라는 부장이 있었다. 지 부장은 키가 180cm가 넘는 거구였다. 그래도 체격이 균형잡혀 있는 데다 매너가 좋아서, 마치 영국 신사와도 같은 풍모가 은은히 묻어나는 그런 중간 간부였다. 한데 평소 가까이 지내던 비서실 친구와 복도에서 마주치자 사색이 되어 말하는 것이었다.

"이보게, 나 큰일 났어!"

"왜 무슨 일 때문에 그러는데?"

"회장님 눈 밖에 나서 큰일 났어."

지 부장이 이병철의 눈 밖에 난 사연이 기구했다. 지 부장은 삼성 내에서도 제법 능력을 인정받고 있는 터라, 한때 일본 도쿄 지사에 근무한 적이 있었다. 한데 도쿄 지사에 근무하게 된 바로 그 영전이 화근이었다.

점차 언급할 기회가 따로 마련되겠지만, 이병철은 일 년 중 절반은 한국에 머물고, 그 나머지 절반은 일본에서 보내기 일쑤였다. 때마침 일본에 머물고 있던 이병철이 하루는 가스미가세키 빌딩에 자리한 삼성 도쿄 지사 임직원들을 불러 저녁식사를 함께하게 되었다. 이국땅에서 열심히 일하는 모습이 대견스럽기도 하고, 고국에 처자식을 두고 홀로 나와 있는 것이 못내 안쓰러워 그랬던 것 같다. 그는 회식 자리에서 도쿄 지사의 임직원들을 격려하느라 이런 비슷한 말을 꺼냈다.

"느그 고생 참 많이 한다. 맥주라도 마시고, 어려운 일이 있으면 내게 기탄없이 말해라."

그룹 회장의 격려에 지 부장이 그만 안심을 풀어놓은 모양이다. 지 부장은 맥주를 거푸 꼴깍꼴깍 마시기 시작했다. 과장인지 어떤지는 몰라도 소문에 5병인가 6병인가를 깠다⑰는 것이다.

당시 일본 맥주병의 크기는 지금 우리가 알고 있는 것과 달라도 한참 달랐다. 요즘은 청량음료 병과 같이 작은 병도 흔하고, 그것보다 더 커봤자 흔히 맥주병으로 알고 있는 중간치 병이 고작이다.

한데 당시 일본에는 지금과 달리 대개 큰 병이었다. 조금 허풍을 떨면, 청주 됫병이나 됨직한 그런 무지막지한 병이었다. 따라서 웬만큼 술을 한다는 주당도 3병이면 이미 혀가 꼬부라지고, 4병, 5병으로 이어지면 곤드레만드레에 그만 속엣것을 죄다 토해놓기 마련이었다.

더구나 이병철은 술을 별로 좋아하지 않았다. 그런 회장 앞에서 청주 됫병만 한 크기의 무지막지한 맥주병을 무려 5병인가 6병인가를 연신 깠으니, 이병철의 까다로운 심기가 불편하지 않을 수 없었다. 말할 것도 없이 그날 맥주파티를 끝으로 지 부장은 도쿄 지사에서 당장 쫓겨나고 말았다.

하지만 그렇게 일단락 지은 채 두루뭉술하게 넘어갈 이병철이 아니었다. 일본에서 귀국한 다음 삼성물산 사장을 자신의 집무실로 불러 예의 간결한 한마디를 던진다.

"그 물산에 지 뭐라 카는 아… 있다. 가… 5급 사원보다 못하데…?"

알아듣기 쉽게 풀이하면, 삼성물산에 중간 간부가 있는데 그가 5급 사원보다 못하다는 뜻이다. 당시 삼성의 인사제도에서 5급 사원이라면 갓 고등학교를 졸업한 직급에 해당하는데, 반면에 부장은 1급 사원에 해당했다.

이병철은 한 번 눈 밖에 나면 결코 풀네임으로 상대를 부르지 않았다. 그의 성만 겨우 알고 이름은 전혀 알지 못하다는 식으로 숫제 깔아뭉갰다. 좀 더 심한 경우에는 이름 전체를 모르는 체하기도 했다. 예컨대 "지 아무개가 누고?" 하는 식으로 되묻곤 한 것이다.

회장의 의중을 어렴풋이 짐작한 삼성물산 사장은 곧 적절한 조치를 취하겠다는 응답으로 그 순간을 모면하려 했다. 하지만 그 적절한 조치라는 것이 말처럼 쉽지 않았다.

비록 술을 좀 과하게 마시긴 하였다지만, 그렇다고 무슨 무례를 범한 것도 행패를 부린 것도 아니잖은가. 그러니 해고시킬 수 있는 사안도 아니고 해서 난감했다. 그저 깐깐한 회장의 마음이 풀리기만을 기다리며 우물쭈물 넘어갈 수밖에 별도리가 없었다. 더욱이 회장은 한 번 그런 말을 던지고는 결과에 대해서까지 꼬치꼬치 확인하지도 않는 스타일이었다. 그냥 그렇게 넘어간 것쯤으로 여기기 일쑤였다.

한데 세상살이라는 게 왜 그런 건지. 그놈의 원수는 꼭 외나무다리에서 만나게 되어 있다. 공교롭게도 좁은 복도에서 하고많은 사람들 가운데 회장과 지 부장이 정면으로 마주치고 만 것이다. 아, 이 무슨 악연이란 말인가!

이쯤 되면 가만히 있던 회장도 다시 심기가 불편해진다. 모르긴 해도 그럴 경우 이병철은 두 가지가 자신의 마음에 들지 않았을 것이다. 첫 번째는 자신의 눈 밖에 난 간부직원을 다시 만나게 된 것이 심기를 건드렸을 것이고, 두 번째는 5급 사원보다 못하다고 자신이 분명히 일렀건만 아직까지 아무런 조치도 취하지 않고 있는 사장 또한 심기를 불편하게 만들었을 게 틀림없다.

그는 다시 삼성물산 사장을 자신의 집무실로 부른다. 그런 다음 지난번과 똑같은 말을 반복한다.

"물산에 지 뭐라 카는 아… 있다. 가… 5급 사원보다 못하데…?"

회장으로부터 같은 말을 거듭해서 듣게 되면 이제 사장인들 어쩔 도리가 없어진다. 결국 본인에게 사표를 받고 그 결과를 보고해야 하는데, 또 그런 보고를 할 적에도 그의 마음에 쏙 드는 모범답안이 따로 있었다. 이런 거다.

"지 부장은 부장으로선 자질이 좀 부족한 듯해서 그만두게 조치했습니다."

그러면 통상 하는 말이 있었다.

"내가 내… 카니."

이 말은 곧 내가 몇 번이나 말했는데도 이제야 겨우 내 말귀를 알아듣고 조치를 취했느냐는 뜻이다.

이병철은 전국경제인연합회에서 행한 '나의 창업이념과 경영철학'이란 강연1980년에서 자신의 성격을 이렇게 설명한 바 있다.

"나는 한가한 것을 가장 싫어하고 못 견디는 성미입니다. TV를 보면서도 신문이나 잡지를 읽고 이야기를 합니다. TV는 3대를 동시에 켜놓고 보는데, 우리 국악과 권투 중계를 즐겨 봅니다. 국악은 오래된 취미이고, 권투는 투지에 불타 치고받는 것이 볼 만하며, 한쪽이 KO승을 거둘 때 몹시 통쾌합니다…"

삼성경제연구소 최우석 소장은 이병철의 이런 기질을 두고 대담한 면과 사소한 면이 변증법적으로 통합된 성격이라고 말한다. 정치권력과 맞서 자신의 의사를 관철시키거나 공들여 키운 수천 억짜리 기업을 내주고도 눈 하나 까딱하지 않는 대담성이 있는 반면, 사업 추진 과정에서 세세한 부분까지 일일이 빈틈없이 챙기는 스타일이란 것이다.

이처럼 정주영과 이병철은 눈을 씻고 보아도 도무지 닮은 점이라곤 찾아보기 어렵다. 정주영이 큰일을 잘 해야만 큰 경영자가 될 수 있다고 생각한 반면에, 이병철은 작은 일에도 완벽을 추구해야만 큰 경영자가 될 수 있다고 믿었다. 성격 면에서도 두 사람은 서로 크게 달랐다. 정주영이 불같은 열정적 인간이었다면, 이병철은 간결하고 냉혹한 인간이었다. 정주영이 뜨거운 불이라고 한다면, 이병철은 차가운 얼음이었다. 둘은 정반대의 시점에서 있다고 보면 가히 틀림이 없었다.

카우보이 총잡이, 반복되는 톱니바퀴

세르반테스가 소설 「돈키호테」에 인용하면서 비로소 세상에 널리 알려진 명언이 있다. '로마는 하루아침에 이루어지지 않았다'는 것이다.

정주영의 현대왕국이나 이병철의 삼성왕국 또한 하루아침에 이루어진 것은 아니다. 아름드리 거목도 처음에는 한낱 작은 씨앗으로부터 비롯되는 것처럼, 천 리 길도 한 걸음 한 걸음으로 시작이 된다. 그렇듯 하루하루가 쌓여가고 또 달빛에 젖고 햇빛에 바래어, 비로소 거목으로 우뚝 설 수 있게 된 것이다. 다시 말해 오늘날의 현대나 삼성이 결코 하루아침에 탄생된 것이 아니라, 왕국의 톱인 정주영과 이병철의 하루 일과부터 켜켜이 쌓이고 쌓여 마침내 지금의 모습에 이르게 되었다는 얘기다.

그러나 두 사람의 하루 일과 역시 서로 판이한 풍경이었다. 뜨거운 불과 차가운 얼음처럼 둘의 하루 일과 역시 전혀 다르게 시작할 수밖에 없었다.

먼저 정주영의 하루 일과이다. 벌써 예상했겠지만, 그의 하루 일과는 따로 정해진 게 없었다. 어디로 튈지 모르는 럭비공과도 같이 동에 번쩍, 서에 번쩍 나타나선 회사 안은 물론이고 현장을 온통 휘젓고 다녔다.

"정주영 회장은 누구보다 현장을 잘 알고, 잘 이해하고, 사랑한 사람이셨어요."

현대건설의 비서실을 시작으로 30년 넘게 정주영을 지근거리에서 보좌해온 이병규 현대백화점 고문의 증언이다.

"시간만 나면 현장으로 달려가셨습니다. 특히 자동차와 조선소가 있는 울산을 자주 가셨는데, 보통 새벽 4시에 서울에서 출발하면 금강휴게소까지 잠깐 눈을 붙이시고, 이후 울산에 도착하실 때까지는 울산에서 하실 일을 미리 머릿속에 그리셨죠. 물론 서울로 올라오시는 길도 마찬가지셨고요."

정주영의 하루 평균 수면 시간은 4~5시간이었다. 매일 새벽 4시쯤이면 벌써 일어나 5시부터 전화로 현장 상황을 보고받았다. 현장을 한눈에 꿰뚫어 보고 있어야 신속하고 정확한 의사결정을 내릴 수 있다는 것이 그의 지론이었다.

더구나 '현장 근로자들과 한몸이 돼야 한다'며 그들과의 스킨십을 매우 중요하게 여겼다. 그들과 함께 저녁을 먹고, 격의 없이 막걸리 잔을 기울였는가 하면, 웃통을 벗어젖히고 씨름판을 벌이기도 했다.

"가끔은 새벽에 혼자 차를 몰고 현장을 돌아보시곤 했었죠. 한번은 새벽 3시에 잠을 깨 울산의 현대중공업을 돌아보는데, 비가 너무 쏟아져 앞을 분간할 수 없을 정도였어요."

그러다 실수로 차가 그만 도크 옆 바다로 빠져들고 말았다. 하마터면 그대로 익사하고 말 뻔했다.

정주영은 왜 그토록 현장을 강조했던 것일까? 굳이 새벽잠을 쪼개어가며 한사코 현장을 휘젓고 다녀야만 했던 이유를 직접 들어보기로 한다.

"그 옛날, 수많은 근로자들을 일사불란하게 움직이게 하려면 눈도 세모 꼴로 떠야 하고, 목청도 높여야 하고, 때로는 정강이도 걷어차야 했으며, 더 심하면 따귀도 올려붙여야 했었다. 그렇게 일을 하다 보니까 현장에서나 사내에서나 저승사자보다 더 무섭고 끔찍한 인간이 돼버렸나 보다. 나는 기억할 수 없지만 누군가는 결재 서류를 들고 들어왔다가, 나한테 욕을 실컷 얻어듣고 나가는데 너무 겁을 먹은 나머지 철제 캐비닛 문짝을 출입문으로 알고 열고서 들어가려고 했다던가. 아무튼 얼마나 으르렁거리고 다녔던지 단양시멘트 공장 건설 현장에서 내 별명이 '호랑이'였다. 금요일 오후면 벌써 사원들끼리 '호랑이 오냐? 호랑이 안 오냐?' 하고 다녔다고 한다.

어느 주말이었는지 하루는 야간열차 안에서 아주 깜박 잠이 들었다 깼는데, 기차가 어느새 목적지인 단양역을 빠져나가고 있었다. 별수 없이 달리는 기차에서 몸을 날려 떨어져선, 툭툭 털고 일어나 어디가 어딘지도 모르는 캄캄한 밤길을 더듬어 산골길을 넉넉하게 30리는 걸어서 새벽에야 도착할 수 있었다. 그런데 현장 사람들이 내가 현장에 오지 않은 줄 알고서 편안하게 아침밥을 먹으러 식당에 들어서다 나를 보고선 모두가 귀신 보고 놀란 얼굴들이 되었다. 모두들 참 열심히 일했으나, 그래도 내가 현장에 있을 때와 없을 때가 크게 달랐다. 현장 사람들 모두의 걸음걸이부터가 달랐으니, 경영자가 현장을 직접 챙기고 안 챙기고의 차이는 대단히 큰 법이다. 내가 '현장의 사나이'로 통할 수밖에 없었던 이유다.

… 기업이란 냉정한 현실이고, 행동함으로써 이루고 키워나가는 것이다.

그저 앉아서 똑똑한 머리만 굴려선 기업을 키울 수 없다. 똑똑한 머리만이 아니라 몸소 행동해야 한다.

… 나는 제아무리 어려운 일을 지시할 때도 시간을 많이 주지 않는 편이다. '내일 아침까지 해놓으세요.' 직원들은 모두 바쁘기 때문에 시간을 줘봤자 다른 일을 하느라고 지시한 일은 하루 이틀 미룰 게 뻔하다. 그러다 발등에 불이 떨어져서야 '아이고' 하면서 콩 볶듯 후다닥 해치우니 들고 오는 일이 제대로 됐을 리가 만무하다. 모든 일은 최대한 빠른 시간 안에 총력을 다 기울여 집중하여 처리하는 것이 그 결과 또한 좋다.

… 언제였는지. 원효로 4가에 있는 중기 공장을 매일 하루 한 번씩, 어떤 날은 하루에 두 번도 갔다. 그래서 '오늘은 회장님이 다녀갔으니 내일이나 오겠지'하고 방심하고 있던 직원들의 혼을 빠지게 만들기도 했다. 나타났다 하면 으르렁거릴 줄밖에 모르는 나한테 마음의 상처를 입었던 직원들도 물론 많을 줄로 안다. 그 점에 대해서는 미안하게 생각한다. 그러나 누가 뭐라 해도 좋다. 그렇게 철저한 확인과 훈련, 독려가 오늘의 현대를 만들었다고 나는 확신한다."

정주영의 이 같은 현장주의를 일컬어 하버드대학교 경제학자 마이클 포터 교수는 '미국 서부영화 속의 카우보이 총잡이' 같다고 표현했다. 어줍지 않은 이론보다 현장에서 직접 체험한 지식과 경험이야말로 기업경영에 보다 더 절실한 것일 수도 있음을 두둔하는 발언이다.

이병철의 하루 일과는 과연 어떻게 시작했던 것일까? 남달리 간결하고 냉혹한 인간으로, 작은 일에도 완벽을 추구해야 한다고 믿었던 그의 하루 일과는 긴장으로 시작된다.

사실 이병철의 하루 스케줄은 그의 깐깐한 성격만큼이나 빈틈이 없고 대단히 치밀한 것이었다. 기상 시간도 정확해서 매일 아침 6시였으며, 일어나기 전엔 잠자리에 가만히 드러누워 이것저것 생각을 하곤 했다. 아마 중요한 결정은 이 시간에 했을 것으로 짐작이 된다.

출근 시간도 어김이 없었다. 오전 9시, 아니 9시 5분 전에 태평로에 자리한 삼성 본관 505호의 회장 집무실에 출근하는 것으로부터 시작되었다. 오랫동안 그의 차는 벤츠였으며 물론 경호 차량도 있었다. 장충동 자택에서 출발하면 집사가 삼성 본관의 회장 비서실에 '지금 떠나셨다'고 전화를 걸어 알려주었다. 1970년대만 해도 교통 사정이 지금처럼 나쁘지 않았기 때문에 장충동 자택에서 삼성 본관까지의 출발과 도착 시간이 거의 일정했다.

비서실 또한 거의 일정하게 따라 움직여야 했다. 장충동 집사의 전화를 받은 비서실은 곧바로 본관 현관에 연락을 취해 VIP가 떠나셨으니 준비하라고 이른다.

그러면 본관 현관 앞이 돌연 분주해진다. 그의 차를 현관 앞에 대기 쉽도록 도로에 불법주차한 차들이 있으면 정리를 하고, 엘리베이터를 대기시킨 뒤 비서실 직원이 본관 현관 앞에 기다리고 있다가 그를 모시고 엘리베이터에 오른다.

엘리베이터는 거침없이 수직으로 상승해 회장 집무실이 있는 5층에 그를 내려놓는다. 그는 여비서의 인사를 받으며, 당시로선 좀처럼 보기 드문 커다란 꽃무늬가 그려진 파스텔 톤의 푹신푹신한 카펫이 깔려 있는 집무실 안으로 들어섰다.

이병철의 집무실은 자신의 성격만큼이나 티끌 하나 없이 깔끔하다는 것 말고도 일단 품위가 있었다. 무엇보다 처음 찾는 사람을 압도하는 분위기였다.

좀 더 자세히 들여다보면 50~60평 정도 되는 탁 트인 널찍한 공간에, 벽쪽에는 흑단으로 만든 장이 쭉 둘러서 있어 안정감을 기했다. 그 한쪽 복판에 상당히 큰 집무 책상이 놓여 있었으며, 동양화 두세 작품과 도자기도 적당히 배치하여 그 널찍한 공간을 더욱 짜임새 있고 인상 깊게 연출해 냈다.

그렇다고 아무 그림이나 도자기가 그의 집무실에 들어갈 수는 없었다. 도자기는 청자 상감운학모란국화문 매병과 같은 수준으로, 그림만 해도 그가 선호한 이당以堂 김은호 화백의 작품이 주로 내걸렸는데, 계절이 바뀔 때마다 그림과 도자기가 다른 것으로 교체되곤 했다.

또한 관엽수 두 그루 정도와 꽃이 피어 있는 화분이 늘 창가에 놓여 있었다. 월요일 아침이면 싱싱한 새 화분을 실어오고, 토요일 오후면 다시금 실어나갔기 때문에, 그의 집무실에 있는 나무들은 언제나 푸르고 싱싱했다.

그의 집무실은 이같이 방주인을 그대로 빼어 닮았다. 방주인을 고스란히 닮아 고전적인 분위기에 은은한 고품격의 표현이 잘 어울리는 그런 분위기를 자아냈다.

암튼 오전 9시 5분 전에 그가 자신의 집무실에 도착하게 되면, 여비서는 장충동 자택에서 보내온 원두커피를 약간 진하게 뽑아낸다. 커피 크림과 설탕은 그가 직접 타서 마셨다고 한다.

그같이 커피 향기를 음미하듯 천천히 마시고 있는 사이, 담당 비서들이 회장 집무실 안으로 차례대로 들어와 테이블 위에 일일 정보 보고를 얹어놓는다. 그 가운데는 당일 스케줄이랄지 중요 정보 요약, 일기예보 등이 빠짐없이 포함되어 있었다. 일기예보가 빠짐없이 오르는 데에는 수많은 사업장이 전국에 산재해 있는 데다, 또한 골프 약속이 월·수·금으로 하루걸러 잡히기 마련이어서 중요하게 여긴 정보 가운데 하나였다.

신문도 빼놓지 않고 읽었다. 아니 그의 신문 읽기는 오전 일과 중 결코 빠트릴 수 없는 중요한 거였다. 그를 위해 별노도 신문을 낭낭하는 직원이 있을 정도였다.

신문을 담당하는 직원은 국내 주요 일간지에서부터 일본의 아사히신문, 마이니치신문, 요미우리신문, 산케이신문 등을 미리 체크해서 삼성 관련 기사가 있으면 붉은 줄을 긋고, 반드시 읽어야 할 경제 기사에도 표시를 해둔다. 그런 뒤 별도의 백지에 무슨 신문 몇 면의 어떤 기사를 보라고 일목요연하게 정리해서 신문 뭉치와 함께 책상 위에 올려놓는다. 오전 일과가 바쁘기만 한 그가 짧은 시간 안에 여러 가지 정보를 빠짐없이 두루 살필 수 있는 방법이었다.

그런 다음에는 면담으로 이어졌다. 삼성 계열사의 각 사 사장들을 비롯하여 합자, 기술 제휴, 수출 관련 등 외국에서 온 손님들은 물론이고, 삼성 이외의 인사들도 적지 않았다. 따라서 여비서가 미리 리스트 업해서 보고를 올리면 그가 만나고 싶을 경우 자신의 집무실로 부르거나 전화 연락을 하고, 그렇지 않은 면담 신청은 들은 척도 하지 않았다고 한다.

이렇듯 빠듯한 오전 시간과는 달리 오후에는 비교적 홀가분한 시간을 많이 가졌던 것 같다. 오후 동안에는 사전에 약속되어 있는 골프 모임에 나가거나, 골프 모임이 없는 날에는 곧잘 서소문에 자리한 〈중앙일보〉로 건너가곤 했다. 신문 발간을 무척 재미있어했기 때문에 신문사 3층에도 자신의 집무실이 따로 마련되어 있었다.

퇴근 시간 역시 마찬가지였다. 일을 하다가 시계도 보지 않고 자리에서 일어나면, 오후 6시 정각이었다고 한다. 더러 시간이 틀린다고 해봤자 5분 정도의 차이밖엔 나지 않았다.

퇴근 후 집에 돌아오면 식사를 하고, 저녁 8시면 늘 목욕을 하는데 목욕물의 온도가 일정해야만 했다. 1도 정도의 수온 차이도 쉽사리 알아차리기 때문에 목욕물의 온도를 맞추는 것이 언제나 신경 쓰이는 일이었다. 당시만 해도 수온 조절 장치가 없었던 때라, 아마 그의 목욕 시간이 불규칙했다면 목욕물의 수온을 맞추기가 더욱 어려웠을 것이다.

하지만 저녁 8시를 기준으로 목욕물의 온도를 맞추어 놓으면 어김이 없었다. 때문에 집안일을 돕는 이가 수온을 맞추어 두고 목욕탕 문을 나서다, 목욕탕 안으로 들어서는 그와 욕실의 입구에서 부딪히는 경우도 허다했다. 시계를 보고 움직이는 것도 아닌데 어떻게 그리도 정확하게 시간을 맞추던지 그저 신기할 따름이었다는 것이다.

잠자리에 드는 시각도 다르지 않았다. 매일 밤 10시에서 5분 정도의 오차밖에 나지 않았을 정도로, 그의 하루 일과는 마치 시곗바늘 같고 톱니바퀴처럼 정확하게 반복되는 것이었다고 한다.

그러나 이병철의 하루 일과를 살펴보면서 결코 **빼놓을** 수 없는 대목이 있다. 다름 아닌 독서였다. 감수성이 예민한 젊은 시절부터 만년에 이르기까지, 톱니바퀴같이 어김없이 돌아가는 분주한 일과 속에서도, 그는 일부러 짬을 내어 책 읽는 걸 게을리하지 않았다. 일본에 머물다 돌아올 적에도 언제나 많은 책을 사가지고 와서 틈틈이 읽곤 했다.

끝까지 노력하는 사람, 사람에 대한 끊임없는 탐구

예부터 일년지계—年之計는 곡식을 심는 일이고, 십년지계+年之計는 나무를 심는 일이며, 백년지계百年之計는 사람을 기르는 일이라고 했다. 사람을 길러내는 일이야말로 중하고 귀하다는 얘기에 불과하다.

무릇 천하를 얻고자 각오한 터라면 이 같은 말은 더욱 실감 나게 다가온다. 무엇보다 사람을 끌어모아야만 대업을 이룰 수 있기 때문이다. 삼국지에서 유비가 제갈공명을 얻기 위해 삼고초려三顧草廬를 했다는 대목도 따は은 그런 데서 유래한 것이다.

기업 경영 또한 별반 다르지 않다. 기업의 차이가 기업을 구성하고 있는 인재의 차이에서 비롯되는 것처럼, 기업의 경영 또한 결국 사람에 의해 결정되는 까닭에서다. 때문에 기업경영에 탁월했던 CEO들은 인재를 볼 줄 아는 감각이 남다를 수밖엔 없었다.

정주영과 이병철이 그랬다. 비록 인재를 보는 안목과 방법 면에서 서로 크게 차이가 나긴 하였지만, 자신들만의 확고한 세계를 구축하고 있었던 것만은 틀림없다.

우선 정주영은 '끝까지 최선의 노력을 다하는 인재상'을 선호했다. 이 같은 인재관 역시 자신의 육화된 현장 경험에서 굳어진 듯하다.

그는 자신의 어린 시절을 '열 살 때부터 농사일을 거드는 것이 너무 힘들었고, 항상 배가 고픈 시절이었다'고 회고한다. 그러나 평생 동안 자신을 뒷받침해준 '아버님과 어머님의 부지런하심은 나의 일생을 지배했던 교훈이었으며, 오늘의 나를 있게 한 첫째가는 유산이었다'고 단언한다. 정주영은 그 같은 유산, 곧 '끝까지 최선의 노력을 다하는' 실천의 뚝심으로 모든 성공을 이루었다. 오직 그것만이 성공에 이르는 길이라고 굳게 믿었던 것이다.

어린 시절 그는 한문서당과 초등학교를 나온 것이 학력의 전부였지만, 힘든 농사일로 일생을 보낼 순 없다고 생각했다. 그리고 몇 푼 되지 않는 47전 지금 돈으로 약 47,000원을 달랑 손에 쥐고서 무작정 서울로 가출한다.

그러나 그의 아버지 생각은 달랐다. 초등학교밖에 못 나온 놈이 잘난 사람들 많다는 서울에서 도대체 무얼 하고 살 수 있겠느냐며 그를 다시 고향으로 데려갔다.

그때마다 정주영은 초등학교 교과서에서 읽은 '버드나무 가지를 향해 힘차게 뛰어오르지만 너무 높아 번번이 실패하였음에도, 끝까지 낙심하지 않고 끊임없이 뛰어올라 결국에는 성공하고 만다'는 청개구리의 교훈을 떠올리곤 했다. 배움이 많고 적음이 아니라 노력이 많고 적음에 따라 삶이 결정된다고 믿었던 그는, 4번의 가출 끝에 결국 서울에 정착케 된다.

그 이후에도 마찬가지였다. 그의 모든 성공은 끝까지 최선의 노력을 다하는, 오직 그런 바탕 위에서 이루어졌다. 때문에 그가 바라는 인재관이 어떠했으리라는 건 쉬 짐작이 간다.

그 대표적인 인재로 이명박을 들 수 있다. 17대 대통령이 되어 청와대에까지 입성했으나, 정주영이 현대건설을 이끌고 1966년 태국의 파타니 나라티왓 고속도로 공사를 하고 있을 때 이명박은 거기 현장에서 새내기였다. 이제 막 고려대학교 경영학과를 졸업한 경리 담당 말단 사원으로 건설 현장에서 근무하고 있었다.

한데 태국 현장의 근로자들이 폭동을 일으켰다. 인건비 문제가 발단이 되어 폭동을 일으킨 그들이, 닥치는 대로 기물을 때려 부수며 현장 사무실까지 몰려들었다. 태국인 경리 사원이 이명박을 보고 경악해 소리쳤다.

"미스터 리, 빨리 도망가요!"

그러나 경리 담당 새내기 사원이었던 그가 금고를 두고 도망갈 순 없었다. 성난 폭도들에 놀라 모두가 도망쳤지만 마지막까지 남았다.

폭도들은 이내 그가 혼자 지키고 있는 현장 사무실 안까지 우르르 쏟아져 들어왔다. 한 명이 칼을 뽑아들며 외쳤다.

"야, 당장 금고 열어!"

그는 고개를 가로저었다. 안 된다고 버티었다.

"너 죽고 싶냐?"

칼을 뽑아든 폭도의 얼굴이 험상궂게 일그러졌다. 당장에라도 쓰윽 하고 칼날을 그어버릴 기세였다. 그는 놀라 주춤주춤 물러섰으나, 이내 벽에 등이 닿고 말았다. 그 순간 폭도들의 손에 자신이 죽을지도 모른다는 끔찍한 생각이 들어 금고 열쇠를 줘버릴까도 잠시 생각했다.

하지만 경리 사원 중 한 명으로서 마땅히 금고를 지킬 의무가 있었다. 그는 금고를 가슴으로 끌어안았다. 죽어도 내놓지 못하겠다며 버티기 시작했다.

"안 되겠어. 이 새끼 끌어내!"

다음 순간 폭도들의 거친 손길이 목덜미를 와락 잡아챘다. 그는 두 눈을 질끈 감았다. 그러면서도 금고를 붙들고 끝까지 놓지 않았다. 그러자 폭도들의 발길이 등 뒤로 무수히 날아들었다.

그때 구세주가 나타났다. 신고를 받고 출동한 태국 경찰이 현장에 들이닥쳤다. 현대건설의 경리 담당 새내기 사원 이명박은 그렇게 가까스로 위기를 모면했다.

그 소식이 정주영의 귀에도 전해졌다. 갓 26세의 이명박은 이때부터 정주영의 눈에 쏙 들어 승승장구 출세 가도를 내달리게 된다. 3년 뒤인 29세에 현대건설 관리 담당 상무로, 5년 뒤인 34세에 전무, 이듬해에 샐러리맨의 꿈이라는 사장의 자리에까지 오른다. 이명박이 1965년 현대건설에 입사한 지 10년 만이었다. '끝까지 최선의 노력을 다하는' 인재를 골라 쓴다는 정주영의 인재관을 유감없이 보여준 사례였다.

그뿐 아니라 정주영은 사람을 쓸 때 현장에서의 경험도 매우 중요한 덕목으로 여겼다. 현장에서 일해 본 사람이 더 잘할 것이라는 믿음을 갖고 있었던 듯하다. 현장에서 몸으로 느끼고 여러 가지 어려움을 겪고 극복해 나가는 과정을 높이 평가했던 것이다.

따라서 현대 계열사의 임원들 가운데는 유독 현대건설을 거쳐 간 출신들이 많았다. 정주영의 현장에 대한 사랑과 결코 무관치 않은 대목이다.

이병철의 인재관은 보다 구체적이고 엄격했다. 간결하고 냉혹한 성격만큼이나 명료하기 이를 데 없었다.

'기업은 곧 사람이다.'

이것은 이병철의 경영철학이자 인재관이었다. 단순히 인재가 중요하다는 의미만이 아니었다. 기업은 사람을 만드는 곳이라는 뜻으로도 풀이되었다.

'기업은 곧 사람이다'라는 인재관을 가진 이병철 회장이 신입사원들과 대화를 나누고 있다

사진제공: 호암재단

요컨대 기업이란 단순히 상품을 생산하고 판매하여 이윤을 남기는 조직체에 머물고 마는 것이 아니라 인재의 양성을 통해 개인과 기업의 발전을 도모하는, 사람을 만드는 장場이어야 한다는 뜻이기도 했다.

"경영자는 전문적 지식을 갖춰야 함은 물론, 또한 쉴 새 없이 공부를 해야한다. 경기, 전망, 사업, 비결, 내외 정세에 밝아야 하며, 기업의 경영 전략, OA, 생산성, 첨단 산업과 기술 변혁, 인재 양성에도 장기적 계획으로 실천해 나가야 한다."

사장단 회의에서 끊임없이 되풀이해온 경영자의 자세론이다. 명장의 그릇이 그리 흔치는 않겠지만, 적어도 기업의 조직을 이끄는 리더라면 할 수 있는 한 명장의 기량에 접근하도록 피나는 자기 수련의 연마를 거쳐야 한다는 얘기다.

"사장들의 이야기를 들어보면 시원찮다. 특별한 이야기가 나오지 않는다. 그것은 공부를 하지 않아서 그렇다. 공부하면 더욱 발전할 수 있다. 나 역시 외국 신문이나 잡지 등을 읽기 싫고 귀찮다. 하지만 그나마 읽지 않으면 시대 흐름에 뒤지고, 여러분에게 참고가 될 만한 이야기를 해줄 수 없게 된다. … 그렇게 최선을 다한 다음에는 비록 경영 부실이 온다 하더라도 어쩔 수 없는 것이 아니겠는가? 사장들은 정말 적극적으로 공부해야 한다."

말할 나위도 없다. 기업경영에서 요구되는 통찰력, 판단력, 추진력, 리더십, 책임경영 등의 덕목은 모두 경영자가 지니고 있는 지혜의 정도에 따라 결정된다 하여도 과언이 아니다. 또 그런 지혜는 천부의 자질뿐 아니라 부단히 축적된 지식과 경험, 다시 말해 적극적인 공부에 의해서 획득될 수 있다는 주문이다. 그리고 그 같은 적극적인 공부로 이병철은 활자 읽기를 들고 있다.

이병철은 독서를 꽤 하는 편에 속했다. 자신 역시 그렇게 주장한다. 「호암자전」에 따르면 젊은 시절부터 책 읽는 걸 좋아했으며, 그중에서도 인상에 남는 작가와 작품으로 러시아 문호 톨스토이와 여성 현장사원들의 비참한 생활을 생생히 그려낸 일본 호소이 와키조 작가의 1925년 발표작 「여공애사女工哀史」를 손꼽고 있다.

성우그룹 신훈철 전 회장의 증언이다. 이병철은 일본에 머물다 돌아올 때마다 신간 서적을 대형 가방 한가득 구해 와 본인이 직접 읽거나, 임원들에게 나눠주면서 독후감책을 읽도록 하기 위해을 제출하라고 요구했다고 한다. 그의 이 같은 독서는 말년까지도 끊임없이 지속되었다.

특히 73살의 노구에 반도체 사업 참여를 결정하면서 그가 보여주었던 독서는 지금도 회자되는 유명한 일화다. 일본 현지의 업계, 기술자, 설비 관계자, 연구소 능을 돌아다니며 얻어온 산더미 같은 활자 자료를 항공편으로 공수해서 일일이 붉은 줄을 그어가며 읽은 후 해당 부서 담당자들에게 나눠주어 숙지토록 했다. 점차 독서할 내용이 너무 많아지자 비서실 안에 서적이나 외국 원서를 번역하여 요약할 팀을 따로 운영했을 정도이다.

그렇대도 초기 이병철의 독서에서 어떤 뚜렷한 목적이나 방향의 흔적 같은 건 찾아보기 어렵다. 그저 단순히 교양을 위한 독서 수준이었다고 보는 편이 옳을 것 같다. 흔히 말하는 세상살이를 두루 살피기 위한 책읽기였다. 좀 더 들어가 보면 기업을 경영하면서 자신이 중요하게 여겼던 '사고와 직관력'을 보다 살찌우기 위한 것쯤으로 보인다.

그러다 1950년대에 접어들면서 일대 변화가 인다. 삼성물산, 제일제당, 제일모직 등을 잇달아 창업하여 본격적인 경제영토를 확장시켜나가면서, 적어도 그 이전보단 책 읽는 시간을 쫓기게 되면서부터 자연스레 선택적이고 집중적으로 방향을 잡아가기 시작한다. 경제영토의 규모가 자꾸만 확장되어 1957년도엔 국내 최초로 신입사원 공개 채용 시험을 실시하여 휘하에 수많은 인재들을 거느리게 된다. 그러면서 관심사 또한 자연스럽게 휘하의 수많은 인재 쪽으로 확대되어 갔다.

그즈음 삼성에서 인재를 선발하는 것만 보아도 실제 그 예를 알 수 있다.

그가 주변 사람들을 매우 엄하게 대했으면서도, 가장 아꼈던 것 또한 다름 아닌 사람의 역량이었다. 삼성의 인재 제일주의는 한낱 구호가 아닌, 그가 평생 좌우명처럼 삼았던 삼성경영의 핵심 가치이자 아젠다agenda였던 것이다.

그래선지 한때 세간에선 이런 풍문조차 떠돌았다. 삼성의 면접시험 때 그가 역술가나 관상가를 곁에 앉혀두고 관상과 사주를 들여다보았다는 얘기가 그것이다.

이건 잘못 전해진 이야기 같다. 경제영토를 크게 확장시켜나가면서 더러 주변 사람들이 그의 사주를 여기저기 들고 다녔는지는 모르겠으나, 입사 시험장에 역술가를 불러들였다는 건 암만해도 입방아 찧기 좋아하는 호사가들이 지어낸 이야기이지 싶다.

물론 그가 입사 시험장에서 인재를 골라 뽑는 것을 매우 중요하게 여겼던 건 사실이다. 그래서 2~3일 동안 계속 면접을 보기도 했다는데, 이때 자신이 체크한 면접 결과를 독특하게 표시했다. 자신이 체크한 면접자의 서류에 O표시를 하면 무조건 합격을 시켜야 했으며, X표시는 제아무리 면접 위원들이 높이 평가해도 반드시 탈락시키라는 표시였다.

하지만 그는 대부분 △표시를 하기 일쑤였다고 한다. 이 표시는 면접 위원들이 잘 알아서 처리하라는 뜻이었다.

때문에 삼성의 입사 시험은 학과 점수와 면접 점수가 동일하게 각기 50점씩이었음에도 예측이 쉽지 않았다. 학과 점수가 아무리 높아도 면접 점수가 낮으면 탈락시키는 경우가 적잖았던 것이다.

반대로 학과 점수가 좀 나빠도 면접 점수가 출중하면 합격시키는 경우가 많았다. 당시 삼성의 주요 간부들 가운데는 그런 케이스로 합격한 사람들이 허다했다. 학과 점수보다는 좋은 인상과 자세가 더 소중한 재능임을 인정하는 그만의 옥석 가리기였다.

"사업의 승패에 대해서는 어느 정도 확신이 서는데, 사람을 판단하는 것은 반반의 확률밖엔 자신이 없다."

이병철의 발언이다. 생전에 그는 과연 어떻게 하면 좋은 인재를 뽑을 수 있을 것인가에 대해 늘 고심했다. 삼성 임원들의 걸음걸이만 보고도 현장의 상황을 파악할 수 있을 만큼 예리한 직관력을 지녔다는 그였음에도, 그 확률이 반반 정도밖에는 되지 않는다며 사람을 판단하는 것을 가장 어려워했다고 한다.

모르긴 해도 이병철의 '사람에 대한 공부'는 그 시기까지 거슬러 올라가야 할지 모른다. 그 방법론 역시 그가 손꼽은 대로 독서가 유일했을지 모른다. 그 시기부터 그의 독서는 주로 '사람에 대한 공부'로 선택되고 집중되었을 뿐더러 더욱 확대되어 갔음을 짐작해볼 수 있다.

"…60년대 초반에 2명의 유명한 관상가가 서울에서 활동하고 있었다. 백운학白雲鶴과 우종학禹鍾鶴. 백운학은 종로 보령약국 뒤의 한옥에서 살고 있었고, 우종학은 화신백화점 뒷골목에 '운수우거처雲水寓居處'라는 조그만 팻말을 붙인 집에서 관상을 봐주었다. 우종학의 생긴 모습은 키가 크고 호리호리한 몸매에다가 눈이 칼날처럼 가늘고 길었다고 한다. 평안도 사투리를 쓰면서, 찾아오는 사람들의 얼굴을 보고 신상문제를 정확하게 집어내곤 하였다. 그 사람은 장기 운세 쪽보다는 단기 운세를 적중시키는 주특기가 있었다.

　지금 당면한 문제를 짚어내는 능력은 그 사람의 찰색察色 여부와 관련된다. 우종학은 찰색을 잘 보았다. 관상에서는 얼굴의 특정 부위가 빛이 나면서 밝은 색을 띠는가, 아니면 어두침침한 색깔인가에 따라서 그 사람의 그때그때 운세 여부가 달라진다고 본다. 우종학의 적중률을 경험한 고급 관료나 사업가, 명사들이 운수우거처에 자주 드나들었음은 물론이다. 당시 집한 채 값과 맞먹는다는 백색전화가 여기에 놓여 있었는데, 그 백색전화는 체신부 장관이 우종학에게 선물한 것이었다고 한다.

　삼성 이병철 회장의 친형인 이병각 씨도 자주 우종학에게 놀러 갔다. 이병각 자신이 관상에 많은 관심이 있어서 관상에 대한 이야기를 나누곤 하였다. 그러면서 하는 말이 '동생이병철은 요즘 관상 연구에 몰두해 있다. 시간 날 때마다 항상 관상 서적들을 들여다본다. 일본에 갔다 오면 일본에서 나온 관상서들도 많이 사가지고 온다'라는 것이었다. 일본 관상서들은 간단하게 요점 정리가 잘 되어 있어서 일반인들이 보기에 편하다. 우종학이 가지고 있던 관상 책들도 형인 이병각을 통해서 이병철에게 전달되곤 하였다.

　이로 미루어 볼 때 이병철은 오랜 세월 동안 관상의 이론과 실전에 대한 내공을 축적하였음을 알 수 있다. 그 관상내공觀相內功이 삼성의 신입사원 채용이나 간부직원 승진 과정에서 일정 부분 작용하였음을 부인할 수 없다. 이병철이 선호하였던 관상은 단정端正한 얼굴이었다고 한다. 단정한 관상은 정직하고 배신을 하지 않는다. 오늘날 삼성의 성공 뒤에는 창업자의 관상 내공도 한몫하였다고 본다."

- 〈조선일보〉 '조용헌 살롱' 중에서-

한데 이 같은 사람에 대한 공부는 비단 이병철에게만 한정된 게 아니었던 모양이다. 선대 회장인 아버지의 유지에 따른 것인지, 아니면 그 또한 사람에 대한 끊임없는 탐구 때문이었는지는 확인할 길이 없으나, 2대 회장인 3남 이건희 역시 그런 낌새가 엿보인다. 이건희의 고등학교 동창으로, 이건희와 누구보다 가깝다고 알려져 있는 홍사덕 전 정무장관이 쓴 글에 그 같은 사실이 묻어난다.

"듣건대 요즘 이건희 회장은 좀처럼 웃지 않고 칭찬하지 않으며 절대로 흐트러진 모습을 보이지 않는다고 한다. 하지만 회장님이 되어 멋진 나비의 모습을 갖추기 이전, 그러니까 애벌레 시절의 그는 정반대였다. 그래서 나는 그의 내면 깊숙이에 은닉되어 있을 또 다른 진면목을 들려줄까 한다.

고등학생 이건희 군은 근엄하기는커녕 엉뚱하고 싱거운 친구였다. 서울사대부고에 입학한 지 며칠 안 된 어느 날의 일이었다.

···〈중략〉···

그 후 그는 불과 며칠 사이에 나를 압도했다. 시골 서점에 있는 책을 모조리 섭렵했던 내가, 그래서 꽤나 거들먹거렸던 내가 그처럼 순식간에 압도당한 것은 그의 독특한 '세상 보는 안목' 때문이었다.

'미국의 차관을 많이 들여와야 미국과의 이해관계 때문에 우리의 안보가 튼튼해진다', '공장을 지어서 일자리를 많이 만들어 내는 게 어떤 웅변보다도 애국하는 길이다', '이익을 내지 못하는 기업은 사실상 나라를 좀먹는 존재다' 등등 내가 상상도 하지 못했던 분야에 대해 그는 특유의 싱거운 표정으로 샘솟듯 이런저런 얘기를 들려줬던 것이다. 어떤 때는 내가 한참씩 궁리해야 비로소 말뜻을 알아들을 때가 허다했다.

나를 압도한 요소에는 그 밖의 것들도 있었다. 그는 이미 일본 말을 우리 말처럼 구사했고, 현인과 남인수를 단군 이래 최고의 가수로 숭앙하던 나에게 해리 벨라폰테의 카네기홀 리사이틀 실황 LP판을 들려줌으로써 그 분야에도 새로운 지평이 있음을 깨닫게 했다. 하지만 가장 큰 경이는 사람을 보는 안목이었다. 여기서 소개하기는 어렵지만 "나는 사람에 대한 공부를 제일 열심히 한다"던 엉뚱한 말이, 실인즉 무서운 의미가 담겨 있음을 알게 되었던 것이다…."

- 「내가 만나본 이건희 회장」 홍사덕 전 정무1장관

새들은 흔히 태어날 때부터 둥지를 트는 법을 안다고 한다. 정주영과 이병철 또한 자신의 왕국을 건설하는 데 필요한 인재가 어떤 이라는 것을 본능과도 같이 잘 알았던 이유가 그렇듯 따로 있었던 건 아닐까?

노조가 없는 삼성, 노조가 강한 현대

노조는 기업경영에 있어 여전히 헤게모니hegemonie다. 어느 한 쪽으로 기울어도 뜨거운 감자일 수밖에 없다.

한데 우리나라 기업 집단 가운데 현대만큼 노사 분규에 몸살을 앓았던 대기업이 또 있을까? 그래도 지금은 상당히 순화된 편이지만, 아니 현대의 노사 관계가 이제는 점차 안정기에 접어들고 있다고는 하지만, 사실 얼마 전까지만 하더라도 노사 분규 하면 으레 현대를 떠올릴 만큼 현대의 노조는 강성이었다.

그도 그랬던 것이 현대는 유독 해마다 대형 노사 분규를 겪어왔었다. 그것도 한 번 벌어졌다 하면 단박 이슈가 커져 모든 언론의 헤드라인을 뜨겁게 장식하곤 했을 정도다.

더욱이 알 수 없었던 건 흔히 그쯤 되면 생산에 엄청난 차질을 빚어 기업이 흔들릴 법도 하련만, 현대는 끄떡도 하지 않았다는 점이다. 그런 혼란 속에서도 아무 탈도 없었냐는 듯 기업이 선재할 수 있다는 것이 그저 신통하기만 했다.

신통한 것은 또 있다. 현대가 파업을 하면서도 납품 기간을 넘긴 적이 없다는 사실이다. 비록 겉으로 보기에 강성으로 알려져 있기는 하지만, 노조 집행부는 파업을 하면서도 납품 기간을 항상 머릿속에 담아두고 있었다는 얘기다. 다른 기업의 노사 분규에선 좀처럼 찾아보기 어려운, 현대만이 가지고 있는 독특한 기업문화가 아닐 수 없다.

바로 이 같은 기업문화 때문일까? 한국표준협회에서 발행하는 월간지의 기사 취재를 위해 저자가 현대의 울산공장을 몇 차례 찾았던 적이 있다. 한데 그같이 격렬한 파업을 장기간 벌인 뒤끝인데도 마치 노사 분규 정도는 대수로운 것도 아니라는 듯 모두가 여유만만한 모습들이기 일쑤였다. 언제 그랬느냐는 듯이 그 거대한 공장이 일사불란하게 살아 움직이곤 했던 것이다.

반면에 삼성은 대개 노동조합이 없었다. 당시 다른 기업집단이 이른바 춘투春鬪니 하투夏鬪니 하는 노사 분규로 몸살을 겪을 적에도 삼성의 계열사들만큼은 예외 없이 무풍지대였다. 참으로 신기한 노릇이 아닐 수 없다.

아주 오래전의 얘기이긴 하지만 삼성에도 노조가 생겼던 적이 있다. 거제도에 자리한 삼성조선(훗날 대성중공업과 합병되어 삼성중공업이 됨)에 노조가 있었다. 물론 삼성조선의 경우는 기업 인수 당시 이미 노조가 존재했기 때문이라지만, 어쨌든 삼성에 노조가 전혀 없었던 건 아니다. 그러나 적어도 이병철의 생전에는 어림없었다. 그것도 그 이후에나 가능한 소리였다.

기업에 노조가 없다는 사실은 결코 자랑일 수만은 없다. 그렇다고 부끄러운 일도 아니다. 다만 이병철 생전의 삼성은 '노조가 설립되지 않고 노사 협력이 잘 이루어지고 있는 기업'으로 인식되어 왔던 게 정설이다.

때문에 노사 문제로 골머리를 앓는 기업가들은 도대체 '삼성의 안정된 노사 관계의 비결이 무엇인가?'라는 점에 주목했던 것도 사실이다. 반면에 노동운동가들은 '삼성에 왜 노조가 없는지, 삼성이 노동운동에 장애가 된다'는 점에서 역시 주목했던 것으로 알려지고 있다.

도대체 그 비결은 무엇이었을까?

한마디로 이병철은 '노조가 필요로 하지 않는 경영'을 실현한다는 게 그 요체였다. 그는 노조가 생겨 상호 불신하고 투쟁한다면 기업경영이 잘될 리가 없다고 보았다. 노조가 극성을 부린 나라치고 발전한 나라가 없고 기업 역시 마찬가지라는 소신을 바탕으로, 노조 없는 기업을 키우는 데 주력했다. 노사 화합에 바탕을 둔 조직 풍토를 만들어 나가는 한편, 종업원들이 굳이 노조의 필요성을 느끼지 못할 정도의 기업을 만들고자 했다. 요컨대 노조가 만들어져 있는 기업보다 더 나은 근로 조건을 제시한 것이다.

그는 이러한 원칙을 지키기 위해 삼성의 경영 방침 가운데 하나로 '업계 최고의 대우, 업계 최고의 근로 조건'을 기치로 삼았다. 기업경영이 좀 나쁘다고 해서 급료 날짜를 넘기거나, 보너스로 자사 제품이나 주식을 대신 교부하는 일이란 결코 없었다.

삼성의 이 같은 최고 대우는 비단 급료에서만이 아니었다. 복리후생 면에서도 으뜸을 지향했다. 그는 '분위기가 좋은 직장을 만들어야 한다'고 강조하곤 했다.

다시 말해 노사가 상호 신뢰하고 상호 협조할 수 있는 분위기를 만들어 정신적인 안정을 가질 수 있도록 해주어야 하며, 나아가 미래에 대한 희망을 가지며 사기를 높이기 위해선 장래를 보장해 주어야 한다는 것이 자신의 생각이었다. 그뿐 아니라 누구나 맡은 직무에 최선을 다하면 승급이 되고 급료가 올라가며, 노후에도 안정된 생활을 할 수 있다는 희망을 갖게 하고, 또 그것을 믿을 수 있게끔 해주어야 한다는 거였다.

그 같은 직원들의 안정감이야말로 기업 발전에 절대 불가결한 조건이라고 보았다. 더욱이 그런 정신적인 측면의 배려야말로 경영자에게 주어진 최우선 과제이며, 인간 존중의 경영을 이룰 수 있는 근원이 된다고 믿었다.

그렇다면 처음으로 돌아가 보자. 그는 왜 '노조를 필요로 하지 않는 기업을 만들어야 한다'는 소신을 갖게 되었던 것일까? 그가 술회한 바에 따르면, 그런 소신을 갖게 된 까닭은 사업의 초기까지 거슬러 올라간다.

일제의 식민지배로부터 이제 막 해방이 된 직후였다. 그러니까 아직 사회의 구심점을 찾지 못해 거리마다 넘쳐나는 인파로 우왕좌왕하고 있을 때였다. 더구나 사회 곳곳에선 실제 좌익운동이 활개를 치고 있었다. 서울을 비롯한 대도시는 거의 예외 없이 노조의 물결에 휩쓸려 공장은 폐쇄되고, 국가 경제는 파탄에 이를 지경이었다.

특히 대구사변1946년 10월을 즈음하여 일부 좌익 운동가들의 사주에 따라 삼성의 창업 도시인 대구경제 역시 파탄에 이르게 되었다. 급기야 삼성의 공장마저 비타협적인 과격한 노동쟁의로 폐쇄하는 사태까지 직면했다.

모르긴 해도 그날 현장을 목격했던 이병철은, 그런 일련의 사태에 대해 우려하고 또한 고뇌했을 것으로 보인다. 그때 스스로 어떤 결심을 굳혔던 것으로 짐작된다. 기업경영은 반드시 노사 화합의 바탕 위에 서야 한다는 소신을 갖게 되었을 것으로 믿어진다.

그렇다면 이런 의문도 든다. 그는 노조의 역기능 말고 순기능에 대해선 또 어떤 생각을 하고 있었던 것일까?

그의 답변은 이렇다. 노사협의회를 더욱더 활성화시켜야 한다, 종업원들의 실질적인 대의기구로 육성하고 경영진과의 직접적인 대화 창구로 정착시켜 하의상달을 원활히 할 수 있는 체제를 만들라고 강조한 것이다.

다시 말해 건강한 노사협의회를 활성화시켜 현장의 목소리에 귀 기울이되, 그 같은 목소리를 기업경영에 적극 반영시켜야 한다고 했다. 노조를 무조건 반대한다기보다는 노조보다 나은 제도적 기반을 갖추어, 공존공영의 경영을 실현하겠다는 의지를 밝힌 것이라고 볼 수 있다.

그렇다면 그는 삼성에서 언제까지 '노조 없는 기업경영'이 가능할 것이라고 내다보았을까? 이 점에 대해선 이제 그의 답변을 들을 수 없게 된 점이 유감이지만, 대신 그의 심중을 읽을 수 있는 단서가 있다. 그가 타계한 이듬해에 삼성경제연구소에서 펴낸 「호암湖巖의 경영철학經營哲學」이란 책이 그것이다.

그는 이 책에서 자신의 심중을 다음과 같이 밝히고 있다.

"미국의 IBM, 모토로라, 일본의 이데미츠코산 같은 세계적인 기업들이 '노조 없는 기업경영'으로 성장한 케이스다. 이 기업들의 공통점을 보면 노조의 필요를 느끼지 않도록 모든 종업원에 대해 성의를 다해 대우하고 상호 신뢰할 수 있는 직장을 만든 때문이다. 두고 보면 알게 되겠지만 앞으론 우리나라에서도 노조원이 등을 돌리는 노조, 아니 노조를 자진 해산하는 기업들이 자꾸만 생겨날 것이다…"

그의 이런 지론은 실현 가능한 것인가? 일찍이 그가 예언한 '노조를 자진 해산하는 기업들이 생겨나고 있는가? 과연 이 시대에도 그의 생각은 여전히 유효한 것인가?

얘기가 길어졌다. '4단계 왕국의 에토스'를 마무리해야 할 시점이다.

1936년과 1938년도에 첫 예감으로 시작된 창업에서부터 8·15 광복에 이어 6·25 전쟁의 혼란 속에서 '한겨울의 푸른 잔디'와 '1년 만에 20배 성장'이라는 자본 축적의 과정을 거쳐, 그렇게 축적된 자본으로 일으켜 세운 제일제당과 현대건설을 통하여 자신의 경영력을 확신한 이병철과 정주영은, 이후 경제영토 확장에 적극적으로 말을 내몰았다. 기업의 다각화시대를 열어 나갔다.

그러면서 둘은 구수한 말솜씨와 간결한 말씨, 지적이고 품위 있는 모습과 헐렁하고 수줍은 인상, 열정적이고 다급한 성격과 차갑고 냉혹한 성격, 카우보이 총잡이와 반복되는 톱니바퀴, 끝까지 최선의 노력을 다하는 사람과 사람에 대해 끊임없는 탐구를 하는 사람, 노조가 강한 현대와 노조가 없는 삼성으로 왕국의 에토스를 보다 확실히 구축해 나갔다.

또 그렇게 구축된 에토스가 왕국의 색깔을 보다 뚜렷하게 채색시키면서 마침내 자신들의 운명을 결정지을 변곡점으로 삼성은 전자를, 현대는 자동차와 조선이후 현대중공업을 선택케 된다. 또한 그같이 선택을 하는 데 있어 다른 무엇보다 자신들의 에토스가 결정적인 역할을 한 밑돌이 되었음은 누구도 부인하지 못한다.

제5장
도전과 응전

이유는 없다 나를 따르라, 이유는 없다 명령은 내가 내린다

한국은 일찍이 16세기 철갑선 거북선을 만들어 왜적의 간담을 서늘케 하였으며 오늘날 세계 선박 수주량 부동의 1위 자리를 십수 년째 지켜오고 있지만, 일제로부터 해방이 되었을 때만 해도 1,000t 이상의 선박을 철강으로 만들 수 있는 조선소라고는 부산 영도에 자리한 조선중공업이후 대한조선공사를 거쳐 지금의 한진중공업이 유일했다. 그나마 군수공업의 확충이라는 일본 군부의 보이지 않은 지원이 있었기에 가능한 일이었다.

그로부터 30여 년이 지난 1974년 무렵이다. '현대중공업'이 그때에 비해 무려 260배 크기인 26만 t급 초대형 유조선을 국내에서 처음으로 수주받아 울산조선소 도크에서 한창 선각 건조작업 중일 때였다.

선각 건조작업이란 배의 기본 형태를 만드는 과정을 일컫는다. 이때는 대형 철 구조물들이 선체 위에 덩그러니 올라가 있는 상태일 뿐, 용접으로 안전하게 고정되어 있지 않은 경우가 대부분이다.

하지만 대개 철 구조물 한 개의 무게가 100~200t씩의 자체 중량이 있기 때문에 그같이 선체 위에 올려놓아도 큰 문제가 없었다. 골리앗 크레인으로 철 구조물들을 선체 위에 가득 올려놓은 다음, 수많은 용접공이 매달려 용접을 해나가기 시작하면 그만이었다.

그럴대도 자그마치 26만 t급 초대형 유조선을 우리 손으로 만들어 보기는 난생처음이었다. 과연 그 거대한 철선을 만들어낼 수 있을지조차 장담하기 어려웠다.

어쨌든 그 같은 과정을 거치면서 초대형 유조선이 한창 건조 중에 있었다. 아직은 모든 게 완전히 고정되지 않은 철 구조물들이 선체 위에 가득 올라가 있었던 터라, 어느 때보다 안전사고에 만전을 기하지 않으면 안 되었다.

그때 예기치 않은 사태가 발생했다. 하필 여름 태풍이 울산만을 강타한 것이다. 작업은 일절 중단되었다. 벌떼같이 매달려 있던 현장 작업자들이 도크에서 모두 철수하여 태풍이 무사히 지나가기만을 기다리고 있었다.

한데 기어이 일이 벌어지고 말았다. 브리지bridge 부근에 올라가 있던 강철 구조물 하나가 태풍을 이기지 못해 흔들거리기 시작한 것이다. 초대형 선박의 규모에 비하면 작은 철 구조물 하나에 불과하다지만, 그래도 자체 무게만 수십 t이나 나가는 쇳덩이였다.

더구나 브리지는 선박의 가장 높은 곳에 있어서 그 쇳덩이가 태풍을 이기지 못해 떨어지기라도 하는 날엔 선체에 심한 손상을 입게 될 게 뻔했다. 그렇게 되는 날엔 선체가 크게 파손되어 배 만드는 작업을 처음부터 다시 시작해야 하는 위험한 상황이었다.

그때 정주영은 현장주의자답게 울산 현장에 머물고 있었다. 즉시 현장 상황이 보고되었고, 그는 비바람 속에 현장으로 내달려 갔다. 그가 비바람을 맞아가며 잠시 브리지를 올려다보더니, 무턱대고 도크 쪽으로 뚜벅뚜벅 걸어나가더란다. 모두가 놀라서 황급히 막아보려 하였으나 소용없는 일이었다. 정주영은 그런 손길을 모두 뿌리친 뒤 도크로 걸어가 이윽고 선체 위로 올라가기 시작했다.

비바람이 미친 듯 휘몰아쳤다. 그는 막무가내로 비바람을 뚫고 브리지로 올라갔다. 끝내 브리지까지 올라간 그는, 주변에 있는 와이어로프를 끌어당겨 흔들리는 그 쇳덩이를 고정시키려고 안간힘을 다했다. 강한 비바람에 미끄러지기도 하였으나 여전히 사투를 벌이고 있었다.

그런 모습을 바라보던 현장 작업자들이 너도나도 결연히 따라나섰다. 누구 한 사람 시키지도 않았건만, 저마다 도크로 달려나가 브리지 위로 올라갔다. 정주영과 함께 그 쇳덩이를 고정시키는 작업에 일제히 달라붙었던 것이다.

사투가 따로 없었다. 말이 철 구조물 고정 작업이지 생사를 건 무모한 모험이나 다름없었다. 당시 현장 상황을 낱낱이 지켜본 현대중공업의 이정일 전무의 기억이다.

정주영의 현장은 늘 그런 식이었다. 일일이 쫓아다니며 참견하고 지시만 내렸던 것이 아니라, 모두가 두려워 망설이고 있을 땐 기꺼이 자신이 앞장을 섰다. 도저히 불가능할 것만 같아 모두 머뭇거리고 있을 때면 여지없이 그가 나타나선 기어이 해결하고 마는, 그의 현장주의를 일컬어 '서부영화 속의 카우보이 총잡이' 같다고 한 하버드대 경제학자 마이클 포터 교수의 표현 그대로였다.

"모든 것은 내게 맡겨라! 그렇게 겁이 나거든 집에 가서 내가 다시 부를 때까지 조용히 기다려라!"

같은 해 6월 28일은 우리나라 조선산업사에 커다란 획을 그은 날이었다. 현대중공업 울산조선소의 제1단계 도크 준공과 동시에 약 2년 3개월 동안 26만 t급 초대형 유조선을 건조 진수시켜, 세계 선박 건조 사상 전무후무한 기록을 남긴 뜻깊은 날이었다. 갈매기나 한가로이 노닐던 허허벌판의 갯벌 위에 조선소의 도크 공사를 하면서, 동시에 한 번도 만들어본 일이라곤 없는 초대형 선박을 건조해낸 역사적인 순간이기도 했다.

하지만 말이 좋아 26만 t급 선박이지 그건 숫제 괴물이 아닐 수 없었다. 그 거대한 선체가 균형을 잡고 도크 안에 서 있는 것도 아슬아슬하였지만, 도대체 물 위에 뜰 수 있을 것인가 하는 의문이 깊어갔다. 선박의 건조가 마무리 단계에 접어들어 갈수록 현대중공업의 임직원들은 내심 두렵고 긴장이 되지 않을 수 없었다. 만에 하나 어떤 사태가 발생할지 아무도 알 수 없는 일이었다. 또 그런 기색이 벌써 정주영의 눈에 비쳤던 모양이다.

그쯤 되자 이번에도 그가 앞장을 섰다. 현대중공업이 건조한 26만 t급 초대형 유조선을 도크에서 옮기는 작업을 현장에서 진두지휘했다. 두렵고 긴장하고 있는 임직원들을 향해 그는 이렇게 호령하고 있었다.

"이유는 없다! 모두 나를 따르라!"

정주영이 현대에 뼛속 깊이 심어놓은 정신이다. 전형적인 영토 정복자의 모습을 엿볼 수 있게 하는 대목이 아닐 수 없다.

한때 '삼성에는 의사 결정권자가 단 한 사람밖에 없다'는 얘기가 닐리 회자된 적이 있다. 맞는 말 같다. 지금이야 크게 달라졌다는 얘기도 들리긴 하지만, 이병철이 왕국을 이끌었을 때1938~1987년의 삼성의 움직임을 보노라면 오직 한 사람, 다름 아닌 이병철의 의사 결정에 따라 왕국이 굴러갔었던 게 거의 확실한 것 같다. 때문에 이 같은 그의 경영 방식을 두고 흔히 '황제경영'이라고 일컬었던 것이다.

실제로 삼성의 경영자주요 임원 포함로 몸담았던 인사들이 훗날 남긴 기록을 두루 살펴보았지만, 그들은 대부분 충실한 관리자였다는 생각을 지우기 어려웠다. 자신만의 리더십을 개성적으로 소신껏 발휘할 수 있었다는 경영자는 좀처럼 찾아볼 수 없었다.

마치 누구도 풀 수 없는 신통한 최면催眠이라도 집단적으로 걸려들고 말아 오직 이병철 한 사람만을 충실히 쫓아갔던 것 같다. 따라서 그들은 다만 이병철이 결정해서 내린 지시를 빈틈없이 실행에 옮긴 것 말고는 그다지 내세울 게 없어 보인다는 인상을 지울 수 없게 만들었다.

다음은 그의 그런 황제경영의 면면을 여지없이 볼 수 있게 하는 장면이다. 그러니까 그가 삼성을 이끌고 있을 때였다. 그땐 계열사 사장단에 대한 교육이 한 해에 두 차례, 봄과 가을에 실시되었다. 하지만 그는 평상시에도 계열사 사장들에게 곧잘 질문문제을 던짐으로써 그들 스스로 부단히 공부하도록 만들었다.

그도 그럴 것이 그저 단순한 질문이라면 별것 아닌 것으로 여길 수도 있다. 하지만 그룹의 회장 질문에 마땅히 대답하지 못했을 땐, 더구나 그런 상황이 몇 차례 반복되었을 땐 그 사장은 곧 자격이 없다고 평가되기 일쑤였다. 그뿐 아니라 그 같은 평가는 결과적으론 사장 본인의 신상에도 고스란히 반영되었기 때문에, 그룹 회장이 질문할 때를 대비해서 충분히 공부해두지 않으면 누구라도 그런 처지에 직면할 수밖엔 없었다.

암튼 계열사 사장단 교육이 끝난 직후였다. 갑자기 그가 계열사 가운데 어느 사장을 지목하여 이번 교육에서 무엇을 배우게 되었는지 물었다. 어느 사장은 이내 자신의 부족함을 다시 한 번 느꼈다고 인사치레로 말하고 난 뒤, 그동안 회사의 비전을 제시하지 못한 점을 깊이 깨닫게 되었노라고 대답했다.

이병철 역시 다르지 않았다. 어느 사상이 자신이 이끌고 있는 계열사에 대해 보다 명확한 비전을 제시하지 못한 데 대해 평소 불만을 가지고 있는 듯했다. 그가 보기에는 현재 어느 사장이 하고 있는 사업이 머지않아 사양길에 들어설 것이 확실한데도, 어느 사장은 아무러한 대책도 내놓지 않은 채 그저 종전 방식대로 끌고만 가고 있었다. 더구나 부하 직원들이 기업을 다른 방향으로 끌고 가야 하지 않겠느냐고 제안을 해도 묵살해 버리기 일쑤라는 소문을 듣고서 못마땅하게 여기고 있던 참이었다.

그래선지 이병철은 이제야 비로소 자신의 불만을 제대로 깨달았구나 하는 반가운 기색으로 다시금 물었다.

"그래, 앞으론 어떻게 할 작정인데?"

그러자 사장은 잠시 생각을 정리하고 난 뒤 이렇게 입을 열었다. 먼저 한 달에 한 권씩 책을 읽겠다는 것과 부하 직원들의 의견에도 귀를 기울여 기업 경영에 적극 반영토록 하겠다고 답변한 것이다.

답변을 들은 이병철은 예의 그 간결하면서도 경남 특유의 억양으로, '그 레서?'라고 되물었다. 순간 사장은 자신의 답변이 정답이 아니었다는 생각이 들었는지 음성을 조금 더 높여 다시 이렇게 대답했다.

"네, 한 달에 한 권씩이 아니라 일주일에 책 한 권씩을 읽을 것이며, 반드시 세미나에 참석해서 기업의 비전을 세우도록 하겠습니다."

그가 되물었다.

"그래서…?"

사장은 아이구, 이것도 정답이 아니라는 생각이 들었는지, 바짝 긴장한 자세로 정면을 바라본 채 좀처럼 입을 열지 못하고 있었다.

그러자 이병철이 마지못해 입을 열었다.

"자네 나이가 환갑이 다 되어 가제?"

"네."

어느 사장은 한껏 풀이 죽어 힘없이 대답했다.

"환갑이 다 되어 가는 사람이 지금까지 세우지 못했던 비전을 책 몇 권을 읽고 세미나에 참석한다고 해서 금방 세울 수 있나? 자네가 책을 읽고 세미나에 참석해서 비전을 만들 때까지 그 회사는 크지도 못하고 계속 고생만 하고 있으라는 건가? 자네는 대표이사가 아닌가? 대표이사면 자네가 직접 하지 않아도 되는 것들이 있어. 자네 밑에 비전을 세울 수 있는 사람을 데려다써. 그러면 될 것 아이가!"

백번 옳은 지적이다. 그런 상황이라면 이병철이 아니라 다른 어떤 오너 owner라 할지라도 그 정도의 질책은 충분히 할 수 있는 사안으로 보인다.

그러나 그 같은 질책을 잠시 제외시켜 놓고 본다면, 전체 그림에서 또 다른 무언가가 연상되는 것이 있지 않은가? 마치 TV 속의 대하사극에서나 볼 수 있음직한 왕조시대의 어전과 같은 분위기를 연상케 하고 있지는 않은가?

이병철은 훗날 타계할 때까지 자신의 이 같은 황제경영을 결코 포기한 적이 없었다. 일사불란한 피라미드형 기업경영의 체제, 곧 황제경영만이 거대해진 왕국을 조직화할 수 있고 또한 낙오자 없이 이끌고 나갈 수 있는 유일한 정답으로 알고 있었다. 더욱이 누가 무어라 하건 1950년대 후반 들어 삼성을 이미 한국 최고의 기업집단으로 성장시킬 수 있었으며, 그 후 오늘날에 이르기까지 정상의 자리를 굳건히 지켜내고 있다. 요컨대 '이유는 없다. 명령은 내가 한다'고 표현되는 그의 황제경영이 곧 정상의 삼성왕국을 일으켜 세우고 이끌어 나가는 데 지속적인 경영력으로 통하였음을 알 수 있게 하는 대목이다.

'절대로 못한다', '히기 단디이 해래이'

밀폐된 공간에서 다수에 에워싸여 목숨마저 위협받는 순간이라면 그 사람의 진면목이 고스란히 드러나지 않을까? 흔히 TV에서 사극을 보노라면 그런 막다른 장면을 종종 목격하게 된다. 최후의 순간에 이르게 되었을 때 비로소 그 사람의 진짜 모습을 볼 수 있게 되는 것이다.

1980년 봄은 정주영에게 그런 불행한 시간이었다. 매번 정권이 뒤엎어질

적마다 그랬던 것처럼 신군부 역시 이번에도 만만하게만 보이는 재계를 손보고 요리할 필요가 있었다. 기업의 통폐합이라는 말 같지도 않은 강제 조치를 단행하고 나섰다.

여기에 정주영 또한 예외일 수 없었다. 그 역시 모 기관으로 조용히 불려 갔다. 그런 다음 양자택일을 강요했다. '창원중공업_{현대중공업의 전신}'과 '현대자동차' 가운데 하나를 포기하라는 것이었다.

당시의 험악한 분위기 속에서 많은 기업인들이 비인간적인 수모와 모멸감을 겪어야 했다는 건은 이미 다 알려져 있는 사실이다. 더구나 그때 생때같은 기업을 강탈당한 기업인들 가운데는 그로 인한 후유증으로 말미암아 지병을 얻어 끝내 세상을 일찍 하직한 이마저 있을 정도였다.

한데 당시 기관의 방침은 정주영이 창원중공업을 김우중의 대우중공업에 넘기고, 김우중의 대우자동차는 정주영의 현대자동차에 넘겨 해당 업종의 국가경쟁력을 제고시킨다는 단순 산술이었다.

"어떻습니까? 정 회장께서도 찬성하시는 거죠?"

기관 담당자는 간략한 설명을 마치자마자 정주영을 쏘아보며 그렇게 물었다. 마치 당연히 동의해야 한다는 강압적인 분위기였다.

정주영은 찬성할 수 없다고 대답했다. 그렇게 대답하는 순간 따귀를 세차게 얻어맞을지, 발길질이 무수히 날아들지, 전혀 예측할 수 없는 두려운 상황이었다. 실로 정주영이 아니고선 아무나 할 수 없는 뚝심이었다.

담당자의 표정이 한순간 싸늘하게 바뀌었다. 신군부가 나서 국가를 개혁하려는데 무슨 대답이냐는 뜨악한 얼굴이었다.

정주영은 끝내 굽히지 않았다. 그런 공포 분위기 속에서도 특유의 배짱으로 자신의 주장을 밝혔다.

난리가 났다. 자동차와 중공업 가운데 하나를 당장 선택하라고 윽박질렀다. 정주영은 '절대로 못한다'고 했다. 사정상 어쩔 수 없이 기업을 인수했던 '인천제철'을 제외하면 어느 기업 하나 자신의 손으로 말뚝을 박고 길을 닦아 시작하지 않은 것이 없었다며, 창원중공업도 현대자동차도 내줄 수 없다고 한사코 버텼다.

그같이 버티고 나오자 나중에는 현대그룹의 핵심 간부들까지 지하실로 끌려왔다. 저마다 혹독한 대접을 받았음은 물론이다.

한데도 그는 요지부동이었다. 막다른 험악한 분위기 속에서도 다른 기업인들과는 달리 자신의 비장한 의지를 보여준 것이 사실이다.

그렇다면 같은 상황 속에서 이병철은 과연 어땠을까? 1980년 봄 당시 이병철 또한 정주영과 마찬가지로 모 기관으로 조용히 불려갔다. 기업의 통폐합에 따른 선택을 강요받았다.

한데 이런 문제를 들여다보기에 앞서 좀 이상한 점이 먼저 눈에 띄었다. 말을 타면 달리고 싶고, 경제적인 여유가 생기면 권력을 쥐어 명예를 생각하는 것이 인간의 본성이기 마련이다.

그러나 왠지 삼성에는 그 같은 본성, 정치가 일절 보이지 않는다는 점이다. 여느 그룹과는 달리 삼성은 정치하곤 왠지 멀어 보이기조차 하다. 다른 그룹들이 혹은 정치권력에 너무 시달려서, 또는 정치권력에서 그룹을 지켜내기 위해서 등 이런저런 이유를 들어 정치에 날개를 다는 것과는 달리 삼성만은 유독 그런 낌새조차 찾아보기 어렵다는 사실이다.

하다못해 영원한 숙적이자 라이벌이라는 현대에서조차 정주영이 통일 국민당까지 창당하고 대통령 선거에 나서, 전국을 한바탕 녹색 물결로 떠들 썩하게 물들였던 적이 있지 않은가. 그의 아들 정몽준은 최다선이라는 7선選 의원의 금배지를 달았으며, 대선 때마다 유력한 대통령 후보군으로 거론되고 있잖은가 말이다.

그렇게 보면 이병철의 직계 가족 가운데 형제나 아들 딸, 사위 중에서 국회의원 금배지 하나 정도는 충분히 나올 만도 하지 않은가? 하지만 눈을 씻고 찾아보아도 전연 찾아볼 수가 없다. 삼성에서 마음만 먹는다면 천하가 다 알아주는 돈과 조직, 또 탄탄한 지역 연고까지 가지고 있어 언제든지 정치에 날개를 달 수 있을 텐데도 말이다.

실은 이병철이 정치에 발을 내디뎠던 적이 딱 한 번 있기는 했다. 또 이때 고향 의령에서 집권당의 공천이 유력시되었다. 출마만 했더라면 당선은 따 놓은 거나 다름없었다. 더욱이 그의 당선은 꽤 오랫동안 계속되었을 것이라는 게 정치계나 언론계의 전망이었다.

그러나 이병철은 집권당의 공천을 끝내 받지 않았다. 이유는 간단했다. 비록 자유당과 인연을 맺긴 하였으나, 정계에 투신할 뜻이란 전혀 없었다.

다만 자유당의 이승만과 선친 사이의 인연 때문이었을 따름이다. 그의 선친과 이승만은 한때 독립운동을 함께한 사이였다. 그런 인연으로 해방 직후 국내에 정치적인 세력 기반이 취약했던 이승만이 자유당 창당 때 이병철에게 권유를 해왔고, 과거 선친과의 인연도 있고 해서 차마 뿌리치지 못한 채 그저 이름 석 자만을 단순히 걸쳐놓은 정도로 참여하게 된 것이었다.

한데 그저 이름 석 자만을 단순히 걸쳐놓았을 뿐인 이 단 한 번의 정치 참여로 말미암아 훗날 이병철은 엄청난 곤욕을 치르게 된다. 자신은 물론이며 왕국의 운명마저 바꾸어 놓게 되는 것이다.

1957년 새해 벽두였다. 정부가 시중 은행의 민영화 작업에 나섰다. 이때 정부 보유 은행 주식을 이병철에게 인수하라고 정부 쪽에서 제의했다.

당시 시중 은행들은 대부분 재무 구조가 취약했다. 경영 또한 부실하기 짝이 없었다. 한데도 전후 부흥자금을 마련하기 위해 정부가 반 강압적으로 떠맡기는 식에 가까웠고, 불하 가격 또한 은행의 자산에 비해 높았다.

바꿔 말해 은행을 인수해봤자 이렇다 할 이득이 없다는 뜻이다. 때문에 세간에선 그에게 시중 은행 인수를 직접 종용한 이가 다름 아닌 이승만이었다는 이야기가 떠돌았다.

어쨌거나 같은 해 그는 '한일은행'을 인수한 데 이어, 이듬해에는 '상업은행'을, 그 이듬해에는 '조흥은행'을 잇달아 인수하게 되었다. 모르긴 해도 재무 구조를 튼실하게 하고 내실 경영을 기하면, 시중 은행들을 살릴 수 있을 것 같다는 나름대로의 복안이 있었기 때문이리라.

한데 이듬해인 1960년 4·19 혁명으로 자유당 정권이 무너졌다. 야당인 민주당이 정권을 잡게 된 것이다. 민주당은 국민의 기대 정서에 부응하기 위해서라도 어떤 가시적인 조치를 내놓아야만 했다. 그 가운데 하나가 이른바 부정 축재자 척결이었다.

그러나 이 조치는 저항도 만만치 않았다. 법률 전문가들 사이에서도 자본주의 사회에서 탈세범은 있을 수 있어도 부정 축재자라는 용어 자체에 모순성이 있다는 주장으로 엇갈렸다.

그같이 부정 축재자에 대한 시비가 오가고 있는 사이, 그 이듬해인 1961년 5월 민주당 정권이 무너진 것이다.

군사정권 역시 민주당과 마찬가지로 재계를 희생양으로 지목하고 나섰다. 특히 이병철을 부정 축재자 1호로 낙인찍으면서 '정부와 결탁하고 시중 은행을 특혜 인수했다'는 이유를 들었다.

그는 억울했다. 특혜로 인수했다면 상당한 이익이 발생했을 텐데, 사실 내막을 들여다보면 전혀 그렇지 않았다. 그럼에도 서슬 퍼런 군사정권에 의해 부정 축재자 1호로 낙인찍히고만 이상 어쩔 도리가 없었다. 삼성은 그야말로 바람 앞에 선 등불과도 같은 위기에 놓인 것이다.

돌아보면 일찍이 마산에서의 협동정미소를 시작으로, 사반세기에 걸쳐 혼신을 다해 이뤄놓은 기업집단이었다. 그런 삼성이 풍전등화와도 같은 운명에 처하고 말았으니 그의 심정이 어떠했을지 짐작이 가고 남는다. 기업가는 정치에 직접 인연을 맺어서는 안 된다는 결심이 그의 경영 이념으로 자리 잡게 되는 순간이다. 이는 이후 삼성의 기업경영에도 매우 중대한 영향을 끼치게 되었음은 물론이다.

예를 들면 이런 것이다. 정부를 대상으로 파는 물건, 곧 시중 판매 상품이 아니라 제조업체가 정부에 공급하는 관수품官需品을 일컫는다. 이후 이병철은 이런 관수품에조차 일절 손을 대지 않았다. 처음부터 정부를 끼고 팔겠다는 생각으로 만든 상품이 삼성에는 없었다.

한데 1960년대 후반에서 1970년대 중반까지 정부가 통신망 확장 사업을 의욕적으로 추진하면서, 전화기 수요가 가히 폭발적으로 증가하게 되었다. 당시만 해도 전화 가입자는 전화기를 전화국에서 임대해 사용하는 형식으로 공급받고 있던 때라, 시중 판매가 아닌 제조업체가 정부에 공급하는 관수품 성격이었다.

더욱이 국내 업체의 전화기 공급이 수요를 따르지 못하고 있던 터였다. 따라서 일부 외국에서 수입해 들여와야 했고, 때문에 정부는 국내 전자업계에 전화기 생산 설비 확장을 종용하고 있는 실정이었다.

삼성전자 또한 예외가 아니었다. 정부가 전화기 생산을 종용했다. 땅 짚고 헤엄치기였다.

하지만 이병철은 요지부동이었다. 정부를 끼고 파는 상품은 절대로 만들지 않는다는 원칙을 끝내 고수했다.

기아자동차 사태 때에도 마찬가지였다. '기아산업지금의 기아자동차'이 경영 부실로 인해 도산 위기에 처했을 무렵이다. 당시 통치자는 삼성에게 기아자동차를 인수하라는 제의를 반 강압적으로 요구했다. 그러나 통치자의 제의를 이병철은 끝까지 거부했다. 신병 치료를 구실로 일본에 장기간 머물면서 결국 귀국하지 않았다.

물론 그가 창업보다는 기업 인수나 합병을 선호한 건 사실이다. 하지만 기업을 인수할 적에도 그만이 가지는 원칙이 있었다. 정부가 출자한 정부 소유의 기업이거나, 정부가 개입한 기업 인수에 대해선 예의 '철벽의 금기'를 지켜나간 것이다.

하지만 그렇게 피하고 싶었던 정치와의 악연은 1980년대에 다시금 이어지고 만다. 신군부가 비상계엄령으로 국회를 단숨에 해산시킨 뒤, 철권을 휘두르고 나섰다.

동양방송과 〈중앙일보〉 두 언론사를 소유하고 있던 그 또한 예외가 아니었다. 신군부는 동양방송을 국영방송인 KBS에 통합하여 자신들을 대변하는 도구로 삼고자 했다.

이병철 역시 정주영과 마찬가지로 어느 날 밤 은밀히 불려갔다. 말로만 듣던 모 기관의 지하 수사실에서 신문사와 방송사 둘 가운데 하나를 내놓으라고 닦아세웠다. 험악한 분위기는 앞서 정주영에게 그랬던 것과 조금도 다르지 않았다.

결국 굴복할 수밖에 없었던 이병철은 포기 각서에 도장을 찍어준 뒤, 서소문 〈중앙일보〉 사옥 3층에 있는 회장실로 돌아와 참모들에게 이렇게 말했다고 한다.

"일보는 아이데이. 히기 단디이 해래이〈중앙일보〉는 아니다. 회계 단단히 하거라."

말하자면 〈중앙일보〉는 빼앗기지 않아 살아남았다는 뜻이고, 동양방송을 KBS에 넘겨주더라도 함께 따라갈 장비며 시설 등에 대한 자산 가치 계산을 빠짐없이 정확히 하라는 뜻이다. 비록 초법적 강압 속에 언론사 둘 가운데 하나를 강탈당하고 말았지만, 그런 상황 속에서도 냉철함을 잃지 않고 나름대로 계산을 가지고 대처했음을 알 수 있게 해주는 대목이다.

정치에 직접 참여하지 않는다는 이병철의 '철벽의 금기'는 이후에도 줄곧 지켜진 것 같다.

그런가 하면 자연히 시간의 흐름에 따라 종래에는 그 같은 철벽의 금기가 끝내 육화되어 가고, 육화된 이후부턴 경영 이념은 물론이고 진로에까지 심대한 영향을 끼치기에 이른다. 이른바 삼성의 기질, 묘사描寫 따위를 형성하는 데 결정적인 초석이 되었다고 말할 수 있다.

그리하여 그와 삼성에게 유난히 기술을 강조하고 나서게 만들었다. 정치에 직접 참여하지 않는다고 한 이상, 이제 남은 길이란 오직 치열한 경쟁 속에서 살아남을 수 있는 기술뿐이었다. 요컨대 '기술만이 살길'이라는 데 선택의 여지가 없었던 것이다.

이병철은 그렇듯 어느 누구보다 일찍부터 기술에 눈을 뜰 수밖에 없었다. 남들이 따라올 수 없는 첨단기술만이 살아남을 수 있는 유일한 길이라는 걸 본능처럼 깨닫게 되었다는 사실이다.

실제로 그런 기술에 대한 절실한 인식은 일찍이 1953년까지 거슬러 올라간다. 제일제당 공장 건설 때부터 이미 시작되었다고 볼 수 있다. 제일제당의 설립은, 애당초 사업 결정 과정에서부터 우여곡절도 많았지만 공장 건설은 참으로 난관이 많았다.

일본의 삼정물산을 통해서 전중기계田中機械의 플랜트를 도입하기로 결정하고 기계류가 부산항에 도착했는데, 문제가 발생했다. 당시 이승만 대통령의 배일 정책 때문에 플랜트를 조립하고 시운전하는 데 필요한 일본인 기술자들을 한 사람도 입국시킬 수 없게 되었다. 전연 예상치 못한 사태였다.

그렇다고 지금처럼 국제전화 사정이 좋은 것도 아니었다. 가까스로 전화 연결은 되었으나 통 들리지가 않았다. 매일 아침이면 국제전화로 일본의 기술자에게 어려운 전문 기술용어를 배워가며 기계 조립법을 터득해 나가자니 복장이 터졌다. 게다가 원심분리기와 결정관 플랜트 본체를 제외한 기계는 외화 절약이라는 차원에서 전국의 고철을 뒤져가며 순전히 우리 손으로 일일이 만들어내야 했다.

이쯤 되자 웃지 못할 광경도 벌어졌다. 갖은 고생 끝에 공장 건설을 끝낸 뒤 드디어 기계를 시운전하던 날, 또다시 예기치 않은 일이 벌어졌다. 원심분리기가 크게 요동지면서 균형이 잡히질 않은 것이다.

당장 기계를 세우고 전체를 점검해 보았지만 고장 난 곳은 찾지 못했다. 밤낮으로 문제점을 찾았으나 뾰족한 수가 없었다.

그렇게 3일째 되던 날이다. 우연히 기계 옆에 서 있던 용접공이 혹시 원당原糖을 한꺼번에 너무 많이 집어넣어서 그런 게 아닌지 모르겠다고 지나가는 말처럼 투덜댔다. 그 소리에 따라 원당을 조금씩 넣었더니 과연 원심분리기 안에서 순백의 설탕이 순탄하게 쏟아져 나왔다. 이병철은 너무 기뻐서 바로 이날을 제일제당의 창립일로 삼았다.

그처럼 첫 공장 설립의 힘든 과정에서부터 그는 기술 정보나 기술 인력의 확보가 새로운 현대 산업에 얼마나 중대한 역할을 차지하는지 절감하기 시작했던 것 같다. 아울러 기술 혁신을 이룩하기 위해서는 먼저 기술 도입이 선행되어야 한다고 생각했다.

이 같은 생각은 기술을 자체 개발하는 중요성을 인식하지 못해서가 아니었다. 기초과학이나 자체 개발 역량이 부족한 당시 우리나라의 실정에서 이상적인 면만을 강조하기보다는, 일본의 예에서 볼 수 있는 것처럼 먼저 선진 기술을 도입해서 최대한 활용하여 실력을 쌓고, 이를 바탕으로 다시 신기술 개발에 힘을 쏟는 것이 보다 효율적인 해법일 수 있다고 생각했다.

다시 말해 지구촌에서 무한한 기술력을 가진 미국만이 원천 기술의 보유자이긴 하지만, 그 아래 단계의 기술을 들여와 최대로 활용한 일본을 본보기로 삼자는 것이다. 실제로 그 같은 방법을 통해 일본은 점차 힘을 길러내는 데 성공했고, 그 힘을 바탕으로 차츰 자체 기술력을 높여온 것도 사실이었다. 따라서 우리나라도 자체 개발인가, 아니면 기술 도입을 할 것인가를 두고 과연 어느 쪽이 빠른지 숙고해 보자는 거였다.

하지만 이랬던 그도 1980년대에 들어서자 생각이 급격히 바뀌게 된다. 첨단산업이 날로 확대되고 기술 경쟁이 더욱 가속화되면서, 기술 장벽이 하루가 다르게 높아져 가자 다급해졌다. 기술 자체 개발에 높은 관심을 보이면서 적극성을 띄게 되었다.

같은 시기 그는 노벨상을 수상할 만한 지구촌 최고 수준의 연구소 설립을 간절히 원했다. 그룹 각사의 연구소가 제품 개량, 신제품 개발, 공정 개선 등 제품 관련 기술에 중점을 둔 것에 비해, 그룹 차원의 힘을 한데 모아 장기간이 소요되는 기초과학 기술과 미래의 유망한 첨단기술 제품을 개발하는 데 역점을 두기로 한 것이다.

그 같은 취지에서 결국 1986년 '삼성종합기술원'이 설립되었다. 그가 타계하기 바로 한 해 전으로, 이병철이 마지막으로 쏟아 부은 집념의 결과였다.

그렇더라도 정치에 직접 참여하지 않는다는 생각의 절정은 말할 나위도 없이 전자산업으로의 진출을 꼽지 않을 수 없다. 그러나 삼성전자는 한참이나 늦은 새까만 후발 주자였다. 1958년부터 금성사지금의 LG전자가, 그 이듬해에는 동양정밀·대한전선·동남샤프 등이 전자산업을 시작했기 때문에 앞서 살펴본 것처럼 여러모로 불리한 제재가 뒤따를 수밖엔 없었다.

한데도 불구하고 승부수를 던질 수밖에 없었던 건 다름 아닌 '첨단기술만이 살 길'이라는 철벽의 금기 때문이었다. 그것이 곧 오늘날의 삼성전자를 낳게 한 것이다.

그에 반해 정주영은 이병철과 전연 다른 길을 선택하고 나선다. '눈에는 눈, 이에는 이'였다. 자신이 직접 정치권력의 현장 속으로 뛰어들어 정벌하기로 작정한 것이다. 정주영식 정공법이었다.

마침내 그는 결단을 내린다. 현대왕국의 막강한 자금력과 조직력을 기반으로 '통일국민당'을 창당하면서 정치판에 전격 뛰어든다. 같은 해 14대 국회의원전국구에 당선되어 금배지를 단다. 다음 장에서 보다 구체적인 정치판의 정벌기가 별도로 다뤄지겠지만, 정주영은 14대 대통령 선거에서 한국 정치사의 두 거물인 민주당의 김대중, 민자당의 김영삼과 함께 물러설 수 없는 처절한 3파전을 벌여나간다.

정주영, 정치권력에 도전하다

정주영은 평소 자신을 일컬어 '큰 일꾼'이라고 부르길 좋아했다. 나이가 들어서도 다르지 않았다. 큰 일꾼으로서 자신은 아직 늙었다고 생각지 않았으며, 일에는 늙고 젊음이 따로 없다고 굳게 믿었다. 어차피 자신은 큰 일꾼으로 살아가길 평생 원하고 있던 터였다.

이랬던 그가 자신의 불문율을 스스로 깨고서 돌연 정치판에 뛰어들어 일대 파란을 일으켰다. 1992년 새해 벽두였다. 이른바 통일국민당을 창당한 채 그 살벌한 정치권력의 한복판에서 정벌에 나선 것이었다.

충격적인 변신이었다. 그의 나이도 엄청나게 많았을 때다. 칠순하고도 여

넓 살이나 더 많은, 이미 지긋한 나이 수준을 넘는 고령의 얼굴이었다.

따라서 그 당시 이런저런 말들이 많았다. 선거 과정에서 빚어진 해프닝 또한 하루도 조용할 날이 없을 정도였다.

하지만 한 가지 풀리지 않는 의문이 있었다. 편안한 집안에 가만히 들어앉아 쉬어도 결코 성치 않을 고령의 나이에, 하필이면 그 살벌하다는 정치판으로 뛰어들어 정벌에 나섰느냐는 거였다. 그것도 상대가 정치 9단으로 산전수전 다 겪은 민주당의 김대중과 민자당의 김영삼을 상대로 말이다.

그러나 고령의 나이임에도 불구하고 그가 왜 살벌하다는 정치판에 뛰어들어 정벌에 나서야 했는지에 대해선 정확히 밝혀진 것이 없다. 단 한 번도 그 점에 대해 진지하게 논의되거나 심층까지 파고든 적도, 또 자신이나 주위의 누구에게도 속 시원히 속내를 털어놓은 적이라곤 없었다.

당시 그가 정치판에 뛰어들면서 표면상으로 내세웠던 건 '경제 살리기'였다. 좀 더 뒤에 나올 얘기이긴 하지만, 그가 표방한 슬로건은 막강한 정치력을 발휘하고 있던 김대중이나 김영삼과는 다르게 자신의 주 전공이라고 할 수 있는 '경제대통령'이었다. 지난 제17대 대통령 선거에서 이명박이 처음부터 '경제'를 내세워 젊고 패기만만한 민주당의 정동영 후보를 멀찌감치 따돌렸던 것도 따지고 보면 그가 원조였던 셈이다.

그렇대도 결코 적지 않은 나이에 정치판에 전격 뛰어들었다는 건, 그저 단순히 '먹고사는' 경제 문제만이 아니었을 것이라는 중론이다. 필경 또 다른 곡절이 있었음이 분명해 보인다. 다만 지금에 와서 그의 심중을 새삼 헤아리기 어렵다는 것일 따름, 그저 계란으로 바위를 치기 위해 그런 무모한 도전에 나섰다곤 믿어지지 않는다.

그러나 여전히 알 수 없는 일이다. 그 점에 관해선 도무지 알려진 것이라곤 없기 때문이다.

물론 그의 자서전인 「이 땅에 태어나서」에 일말의 단서가 아주 없는 건 아니다. 1980년 신군부에 불려가서 다른 기업인들과는 분명히 다르게 '절대로 못 한다'고 끝까지 버텼음에도 끝내 창원중공업을 강탈당하고만 뒤, 그는 '경제 논리가 통하지 않은 시대'였다고 다음과 같이 한탄한다.

"5공화국 시절 내내 기업이 어렵지 않았을 때가 별로 없었지만, 창업자였던 아우 인영이가 옥고까지 치르면서 1전 한 푼 못 건지고 창원중공업 공장을 강탈당했던 기막힌 사건은 지워지지가 않는다. 나는 사람에게는 전쟁 이상의 어려운 고난은 없다고 생각하면서 산다. 전쟁만큼의 고난은 아니지만 전혀 자격 없는 이들의 손에 쥐어진 권력이라는 칼날 아래 기업을 하면서 정변 때마다, 정권 교체 때마다, 그때그때 겪어야 했던 고난과 고통도 쉽지는 않았다."

어떤가? 어떤 심증이 가지 않는가?

정치권력에 발을 들여놓던 해엔 보다 직설적인 발언도 내놓았다. 1992년 월간 〈신동아〉와의 인터뷰에서 그는 정치에 참여한 이유에 대해 이같이 밝힌다.

"나는 우리나라 경제를 꾸준하게 발전시키려면 기업인의 능력만 가지고는 역부족이니까, 언젠가는 정치를 해야겠다, 정치를 해서 기업을 성장시키는 모든 사람들한테 지장을 주거나 방해가 되는 일은 안 해야 되겠다, 그래야만 이 나라 경제가 경쟁력을 갖추고 정상적으로 발전할 수 있겠다고 생각했습니다. 그랬는데 근래에 와서 100억 달러 무역 흑자를 내던 우리나라가 다시 연간 100억 달러 적자로 돌아서고, 작년 말로 적자 누계가 400억 달러, 금년 말까지 500억 달러가 되는 것은 명약관화한 사정이 되었습니다. 현재의 민자당 정부의 5년으로 이렇게 경제가 파탄에 빠졌는데 다시 5년을 더 하게 되면 이 나라 경제는 수렁에 빠져서 재기불능의 염려가 있다고 생각합니다. 그래서 나는 새롭고 창의적이며 능력 있는 정치가들이 나와서 이 나라 경제를 수렁에서 건지고 새로운 기풍을 진작하지 않으면 우리 민족이 영원히 재기의 기회를 놓친다고 생각해서 정계에 나왔습니다."

완곡한 표현이긴 하지만 발언의 서두를 주목해 주길 바란다. '자기 기업을 성장시키는 사람들한테 지장을 주거나 방해가 되는 일은 안 해야 되겠다'고 한 부분을. 아무래도 이날 인터뷰에서 방점은 거기가 아닐까 싶다. 나머지 부분은 다른 후보들도 얼마든지 발언할 수 있는 내용이었다고 보인다.

이쯤 되면 일말의 단서가 아니라 어떤 추론도 가능하지 않겠는가. 한평생 기업을 이끌어 오면서 그때마다 치러야 했던 마음의 상흔, '기막힌 사건은 지워지지 않는다'는 그 같은 상흔을 치유키 위해서라기보다는, 어쩌면 자신이 나서 반드시 근절시키고 싶은 어떤 남다른 생각을 품었던 건 아닐까? 자신이 나서 올바르게 정립시키지 않으면 안 되는 어떤 무엇이 있었지 않았느냐는 얘기다. 또 그 '일' 역시 오직 자신만이 해낼 수 있다고, 생애 마지막 남은 과제로 여겼을는지도 모른다는 사실이다.

아니 이병철과 정주영을 일컬어 불세출의 신화 어쩌고 할 땐 언제이고, 이제 와서 엉뚱한 소리냐고 반론을 제기할 수도 있다. 하지만 생각해 보라. 영웅호걸이라도 마음의 상처란 있기 마련이다. 또 그런 마음의 상처로 인해 얼마든지 역사가 뒤바뀔 수도 있음을 우린 이미 목격하지 않았던가.

하지만 그걸 대체 무슨 수로 여기에서 입증할 수 있겠는가? 말로만 듣던 모 기관의 지하 수사실에서 그들이 고통을 겪으며 무슨 생각을 했을지 그 속내를 어떻게 알 수 있단 말인가?

앞서 이병철에게 왜 첨단의 기술만이 살 길이라고 했는지 두루 살펴보았다. 그가 왜 삼성전자에 그토록 승부수를 던질 수밖에 없었는가에 대해서도 깊숙이 들여다보았다. 이병철은 그렇듯 첨단의 기술만이, 삼성전자만이 해법이라고 일찌감치 마음을 다잡았다.

정주영 역시 마찬가지였다고 본다. 방법은 좀 달랐지만, 그런 이유 때문에 고령의 나이에 정치판에 뛰어들어 정벌에 나선 거라고 보인다. 다름 아닌 '경제 논리가 통하는 시대'로 만들어 놓아야 한다는 것을, 자신에게 마지막 남은 과제로 여겼을 것이라는 추론이다.

어쨌든 정주영은 이병철과 달리 늘그막에 정치판으로 뛰어들었다. 정치판에 뛰어들어서도 그는 저돌적이었다. 당시 언론이 그를 '불도저'라고 표현한 것은 매우 적절한 수식어였다.

그는 통일국민당을 창당하자마자 신선한 바람을 불러일으켰다. 선거판을 주도해 가며 도처에서 돌풍을 몰아갔다. 정치판에 뛰어들어서도 그는 예의 '끝까지 최선의 노력을 다하는', 마치 광야를 내달리는 준마와도 같았다.

그렇게 그해 총선에서 지역구 의원 24명을 당선시켰다. 거기에 전국구

7명을 합하여 모두 서른한 석을 차지함으로써 '캐스팅 보트'를 쥔 원내 제3당으로 당당히 자리 잡을 수 있었다.

그도 전국구 후보로 국회에 진출, 저고리 옷섶에 당당히 금배지를 달았다. 여당이던 민자당을 뛰쳐나와 자신의 참모역을 맡던 6남 정몽준도 울산동 지역구에서 당선되었다. 아버지와 아들이 총선에서 나란히 당선된 건 의정 사상 처음 있는 기록이었다.

이런 여세를 몰아 78세라는 결코 적지 않은 고령에도 그해 겨울에 치러진 대통령 선거에서 그는 통일국민당 후보로 나섰다. '난파된 대한민국호號를 고쳐서 항해를 계속할 수 있도록 만들겠다'고 공약했다. '나를 대통령으로 뽑아준다면 국민 모두가 잘 사는 민부民富의 시대를 열겠다'고 포효했다.

이병철, 반도체 사업에 도전하다

똑같은 시점과 고통 속에서 정주영과 이병철은 서로 다른 길을 선택한다. 오래전의 속 다짐에 따라 이병철은 끝까지 정치를 외면한다. 대신 그는 정치권력에서 입은 상흔을 '이기기 위한 길'로 첨단기술에 몰입했다. 그가 반도체에 대한 관심을 자주 나타내기 시작한 것도 1980년대부터였다. 선발 기업 아남산업이 반도체 사업을 시작한 지 10여 년이나 지난 뒤였다.

사실 1969년 진통 끝에 후발 주자로 어렵게 출범한 삼성전자는, 10여 년만인 1978년 세계 최대 기록을 달성한다. 흑백TV 200만 대 생산으로 일본의 마쓰시타松下전기를 앞질렀다.

하지만 문제는 질보다 양이라는 데 있었다. 대량 생산한 제품의 수출은 한계에 부딪혔고, 국내 수요도 공급을 따라갈 정도가 아니라서 재고가 쌓여

갔다. 구형 모델인 경우엔 누적된 재고를 정리하기 위해 덤핑으로 쏟아냈고, 이마저도 한계에 달하자 심지어 계열사 임직원들에게 장기할부로 떠맡기기까지 했다. 그만큼 삼성의 경영난이 심각했다.

한데 그럴 무렵 재계에 이상한 소문 한 가지가 떠돌았다. 반도체를 두고 일컫는다는 소문이었는데, 반도체 제품은 트렁크 하나가 무려 100만 달러나 된다는 게 그것이다.

1차 산업 제품인 광산물을 한 배 가득 선적해도 고작 수십만 달러가 될까 말까 한데, 그 같은 소문이 끊이지 않자 재계의 인사들이 너도나도 반도체에 관심을 나타내지 않을 수 없었다. 또 일부에선 미국까지 건너가 시장 조사를 타진해보려 했지만, 미국 기업에서 상대도 해주지 않아 외화만 낭비한 채 돌아왔다는 풍문까지 무성하던 때였다.

이병철은 당시 삼성전자 사장 강진구를 태평로 자신의 집무실로 불렀다. 그런 뒤 이렇게 묻는다.

"대체 반도체는 종류가 몇 가지나 되는 기야? 이기 말하는 사람마다 다 달라서 도시 종잡을 수가 있어야지."

그 또한 이미 반도체 공부를 시작했다는 질문이다. 강 사장은 다음과 같이 대답했다.

"회장님, 그건 사람이 몇 종류나 되느냐고 물으신 거나 마찬가지 질문입니다. 세상 사람들을 남자와 여자라는 성별로 구분할 수도 있겠고, 황인종이냐 백인종이냐 하는 식으로 인종으로 나눌 수도 있을 것이며, 또한 나이로도 나눠볼 수가 있을 것입니다. 반도체도 마찬가지로 가지가지여서 어떻게 구분하여 보느냐에 따라 그 종류와 수가 달라지는 겁니다. 따라서 한마디로 몇 종류라고 말씀드리기 어려운 문제입니다."

그는 더 이상 입을 열지 않았다. 하지만 그 문제가 끝내 마음에 걸렸던지 일본에 가서도 같은 질문을 하게 된다. 맨 처음 반도체라는 번역어를 만들어 낸 것으로도 유명한 일본 반도체 연구의 1인자인 산켄전기產硏電氣 회장 오타니 다이묘大谷大命 박사에게 똑같이 물은 것이다. 오타니 박사의 답변은 이랬다.

"이 회장님, 저는 평생토록 반도체를 연구해 왔지만, 아직도 반도체를 완전히 다 안다고 할 순 없습니다. 그러니 반도체는 젊은 사람들에게 맡기십시오."

오타니 박사와 산켄전기의 기술본부장이었던 덴다 쇼이치 박사는 그와 오랜 친분이 있었던 사이로, 이병철은 그들에게 반도체에 대해 많은 조언을 들었던 것으로 알려지고 있다.

그 밖에도 다수의 반도체 관련 학자들과 기업가들로부터 조언을 받았다. 특히 전후 요시다 시게루吉田茂 정권에서 일본 경제 부흥 계획의 입안자 가운데 한 사람이자, 후지화학 회장인 이나바 슈조稻葉秀三 박사의 조언이 결정적이었다. 그에 따르면 제1차 오일쇼크1973년 이후 일본의 산업 구조가 반도체, 컴퓨터, 신소재, 광통신, 우주개발 등으로 전환 개편되어가고 있는데, 그 중에서도 반도체와 신소재 분야가 가장 유력하다는 말에 영향을 받은 것으로 전해지고 있다.

그는 일본에서 돌아오자마자 다시 삼성전자 사장 강진구를 집무실로 불렀다.

"요즘 반도체가 중요하다고들 하는데, 우리도 이미 반도체를 하고 있지 않은가?"

그랬다. 삼성은 이때 이미 반도체 사업을 벌인 상태였다. 몇 해 전에 적자 기업을 떠안다시피 인수한 '한국반도체'가 그것이었다.

"그런데 와 우리 것은 잘 안 되노? 잘 안 된다는 건 이익이 안 난다는 것인데, 이익은 제쳐 놓더라도 어째서 팍팍 크지 못하고 있노?"

강 사장은 송구스럽다는 듯이 자세를 낮추며 일본 산요전기의 예를 들었다.

"산요전기의 경우 세계 도처에 있는 기술 제휴선과 자사의 반도체 수요량을 합치면 벌써 상당한 양이 됩니다. 가전제품용 반도체만 가지고도 이익을 올릴 수가 있습니다. 일본의 다른 종합 가전 메이커들도 모두 같은 이치로 반도체 사업에서 이익을 올리고 있습니다. 그러나 우리 삼성의 경우 가전에 필요한 각종 반도체를 개발해야 하는데, 투자비에 비해서 수요량이 적으니 이익을 올릴 수가 없는 구조입니다. 요컨대 반도체는 수량의 문제입니다. 하나를 개발하더라도 월 수십만 개, 수백만 개를 생산할 정도로 시장이 있어야 비로소 클 수 있는데, 지금 삼성의 전자산업만으로는 그 규모가 안 되니 그런 제품을 별도로 검토해봐야 하겠습니다."

순간 그의 눈빛이 강 사장에게 날카롭게 꽂혔다.

"하나를 개발해서 그렇게 많이 팔 수 있는 제품이 있겠나?"

"기술이 다소 어렵긴 하지만 기억소자와 계산소자는 세계가 거의 공통 규격이고, 또한 시장 규모도 대단히 큽니다. 수요량은 얼마든지 있다고 볼 수 있습니다."

그는 잠시 골똘히 생각에 잠기는 것 같았다.

"강 사장도 연구해보게."

사실 그 무렵 메모리 시장의 판도는 64K D램이 미국과 일본, 그리고 유럽

의 몇 개 기업이 세계시장에서 치열하게 경쟁하고 있었다. 따라서 공급과
잉의 조짐마저 우려되고 있는 실정이었다.

한데도 장래가 유망한 사업이라는 데는 이견이 따로 없었다. 따라서 당장
생사를 걸어야 할 것 같은 분위기였다.

바로 그럴 즈음인 1982년 그는 미국으로 건너간다. 1970년대 이미 두 차
례에 걸쳐 오일쇼크를 겪으면서 불황에 적절히 대처하지 못한 미국 산업계
의 위축된 모습이란 일본 산업계와 퍽이나 대조적이었다. 일본이 재빨리 하
이테크에 주력하여 이른바 중후장대重厚長大의 산업 구조를 경박단소輕薄短小
지향으로 전환시켜 성공한 것과는 뚜렷이 대비되는 풍경이었다.

그는 미국 방문을 마치고 돌아오자마자 뭔가 결심이라도 한 듯 그간의 반
도체 사업에 대한 논의를 전면적으로 재평가하라고 지시했다. 즉각 전담팀
이 꾸려졌고, 전담팀에선 지난 8년 동안의 사업을 분석하여 앞으로의 추진
사업 보고서를 내놓았다.

보고서를 받아본 그는 기존의 반도체 사업한국반도체과는 별도의 신규
사업으로 추진하되, 세계의 공통 규격인 메모리 반도체를 중심으로 하는
사업 계획을 작성해 오도록 다시 지시한다. 지금까지 가전용의 LSI대규모 집적
회로를 겨우 제조하고 있는 단계의 수준인데, 그보다 몇 배의 첨단 기술을
요하는 VLSI초대규모 집적회로의 개발 계획을 수립하라는 엄명이었다. 청천
벽력이 아닐 수 없었다.

더욱이 메모리 반도체라고 해도 거기에는 다시 D램과 S램, 마스크 롬, EP
롬 등으로 분류되어 있어, 그중에서 과연 어느 것을 선택할 것인지도 첨예
한 문제였다. 처음 한동안에는 가격 경쟁이 치열하게 벌어지고 있는 D램을

피해 S램을 하자는 쪽으로 기울어지기도 했다.

만일 이때 그 같은 결정으로 굳어지고 말았더라면, 오늘날의 삼성전자는 존재하지 못할지도 모른다. 실로 아찔한 순간이 아닐 수 없었다.

한데 S램은 시장 규모가 D램의 25~30%밖에 되지 않았다. 더구나 지금까지의 경험으로 보았을 때 비록 가격 경쟁이 치열하고 공급 과잉이 예상된다 하더라도 시장 규모가 큰 쪽으로 도전해볼 필요성이 있다는 쪽으로 기울었다. 결국 D램이 유리하다는 결론에 도달케 된 것이다.

물론 그 같은 결론으로 결정하기까지는 쉬운 일이 아니었다. 그뿐만 아니라 과연 메모리사업을 어떻게 추진할 것이냐 하는 실행 문제도 여전히 장벽처럼 남은 상태였다.

1983년 2월 초, 이병철은 일본 도쿄의 오쿠라大倉호텔에 머물고 있었다. 몹시 피곤함에 절은, 핼쑥해진 얼굴에 깊은 번뇌로 입술마저 부르튼 채였다. 엄격하고 깔끔하기로 소문난 삼성왕국의 총수로는 도무지 어울리지 않는 보기 드문 모습이었다. 그는 눈길을 창 너머 어두운 야경 속으로 가져갔다. 벌써 며칠째 밤잠을 이루지 못해 초췌해진 눈빛으로였다.

"과연 해야 할 것인가, 하지 말아야 할 것인가…?"

그는 장고에 장고를 거듭했다. 심각하게 갈등하고 또 번뇌했다. 자신이 내리게 될 판단에 따라 왕국의 미래가 결정될 것이기 때문이었다.

이날 밤도 그같이 꼬박 밤을 지새운 그는, 이튿날 날이 밝아오자 마침내 수화기를 집어 들었다. 서울로 거는 국제전화였다.

같은 시각, 삼성전자 사장 강진구는 〈중앙일보〉 회장 홍진기의 방에 앉아 담소 중이었다. 그때 전화벨 소리가 울렸다. 일본에 체류 중인 이병철로부터 걸려온 국제전화였다.

"아, 네에, 회장님….'

전화를 받은 홍 회장의 표정에서 강 사장은 무언가 중대한 대화가 오가고 있음을 느꼈다. 대화 내용은 주로 반도체에 관한 것이었다.

전화 통화를 끝낸 홍 회장이 강 사장에게, "이 회장께서 말씀하시길, 누가 뭐래도 삼성은 반도체를 할 테니 이 사실을 내외에 공포해 달란다"고 전해 주었다. 강 사장은 그가 당시 다음번 신규 사업을 심각하게 물색하고 있다는 사실을 간접적으로 전해 듣고 있었기 때문에, 그룹의 다음번 주력사업으로 반도체 사업이 선정되었구나 하고 직감으로 알아차릴 수 있었다.

이병철의 깐깐한 질문과 꼼꼼한 메모, 끊임없는 탐구는 너무도 유명했다. '모르는 것이 부끄러운 게 아니라, 모르면서 그냥 넘어가는 게 부끄러운 것'이라는 지론을 가진 그는, 자신이 이해하고 납득할 때까지 질문하고, 기록하고, 또 탐구했다. 이 무렵 팀장급인 최준명훗날 삼성전자재팬 대표에게 'RAM이 뭐냐'며 질문을 쏟아냈다. 신규 사업을 벌일 때 90개 항목에 달하는 사업성 검토서를 매뉴얼로 정착시킨 이도 다름 아닌 그였다.

그가 삼성을 이끌 때 일 년이면 절반 정도는 으레 일본에 머문 것도 딴은 그런 연장선상이었다. 그중에서도 매년 12월 20일을 전후해서 일본으로 건너가 그곳에서 신년원단을 보낸 다음, 1월 중순쯤에 귀국하는 것도 연례행사나 다름없었다.

일본에 머물 때 그는 여러 방송 채널들이 기획한 특별 프로그램들을 유심히 살펴보곤 했다. 한 해 동안의 경제 동향에 관한 결산과 신년을 맞이하는 전망에 대해 일본의 저명한 석학이나 저널리스트들이 벌이는 좌담이나, 그런 기획의 특별 프로그램들을 놓치지 않았다.

그런 다음 신년 하례가 끝날 즈음이 되면, 일본 재계의 동향에 정통하고 나름대로 일가견이 있다고 알려진 경제 전문기자들을 점심이나 저녁식사에 초대하여 대화를 나눴다. 여러 사람을 한꺼번에 부르는 것이 아니라 한 사람 한 사람 따로 만나서 지난해 업적이 우수했던 업종이며 무엇 때문에 그런 결과가 나왔는지를, 그리고 신년의 전망까지 꼼꼼히 묻고 들었다. 전문기자들은 표면에 나타난 숫자나 일반적으로 알려진 정보뿐 아니라, 실제 상황까지 소상히 꿰고 있어 그 원인을 설명 듣는 데는 더할 나위가 없었다.

그처럼 경제 전문기자들을 통해 일본 경제의 큰 흐름을 다시 한 번 파악한 다음, 이번에는 흥미 있는 분야를 골라 관련 대학교수 등 저명한 학자들을 만났다.

그가 만나는 학자들은 이론에만 밝은 것이 아니라, 재계의 동향까지도 꿰뚫는 그런 전문가들이었다. 물론 그들 역시 경제 전문기자들을 만났을 때와 마찬가지의 수순을 밟았다.

그런 다음에는 재계의 이름난 기업가를 초청했다. 이병철은 일본 재계에도 두루 발이 넓어 친분이 두터운 기업가가 적지 않았다.

그들을 만나서도 경제 전문기자들과 저명한 학자들을 만났을 때와 같은 질문과 경청의 수순을 밟게 된다. 기업가들이란 그들 나름대로의 견해가 있기 마련이고, 또한 구체적인 데다 누구보다 현장성이 강하기 때문에 그가 빼놓지 않고 마련하곤 했던 자리였다.

이같이 그는 삼성에 도입할 새로운 시스템이나 관리 기법, 비전을 알아냈고, 이를 그룹 비서실에 지시하여 실천해 나갔다. 새로운 사업을 시작할 경우에는 절차 과정이 한결 더 철저했다. 확신이 설 때까지 거듭 확인하고 또 확인을 반복하였다.

그 같은 일련의 순서를 모두 마치게 되면 마침내 귀국을 앞두게 되는데, 마지막 수순으로 꼭 도쿄의 서점을 찾곤 했다. 서점을 찾아 참고가 될 만한 서적들을 몇 아름씩 골라 사가지고 돌아왔다.

귀국 즉시 그는 자신이 일본에서 직접 작성한 유망 업종 리스트 및 자료들을 그룹 비서실에 전하면서, 사업의 타당성 따위를 검토하여 보고하라고 지시했다. 바로 이 같은 식으로 선정된 업종이 삼성의 보험업계 진출이다. 연이어 제지, 합섬, 매스컴, 전자, 중공업, 석유화학이 모두 그러한 과정을 거쳐 설립된 사업들이었다.

이병철로부터 국제전화를 받은 〈중앙일보〉 회장 홍진기는 서둘러 자리에서 일어났다. 이어 3월 15일 자 '우리는 왜 반도체 사업을 해야 하는가'라는 선언문을 삼성그룹 이름으로 지면에 발표했다.

"우리나라는 인구가 많고 좁은 국토의 4분의 3이 산지로 덮여 있는 데다 석유, 우라늄 같은 필요한 천연자원 역시 거의 없는 형편이다. 다행히 우리에게는 교육 수준이 높으며 근면하고 성실한 인적 자원이 풍부하여 그동안 이 인적 자원을 이용한 저가품의 대량 수출 정책으로 고도성장을 해왔다. 그러나 세계 각국의 장기적인 불황과 보호무역주의의 강화로 대량 수출에 의한 국력 신장도 이제는 그 한계에 이르게 되었다.

이러한 상황 아래서 삼성은 자원이 거의 없는 우리의 자연적 조건에 적합하면서 부가가치가 높고 고도의 기술을 요하는 제품의 개발이 요구되었다. 그것만이 현재의 어려움을 타개하고 제2의 도약을 기할 수 있는 유일한 길이라고 확신하여 첨단 반도체 산업을 적극 추진키로 했다. 반도체 산업은 그 자체로서도 성장성이 클 뿐 아니라 타 산업으로의 파급 효과도 지대하고 기술 집약적인 고부가가치 산업이다. 이러한 반도체 산업을 우리 민족 특유의 강인한 정신력과 창조성을 바탕으로 추진하고자 한다."

하지만 지난 반세기여 동안 수많은 사업을 벌여오면서 남달리 탁월한 혜안과 예민한 감각으로 불패의 신화를 쌓아온 이병철이었지만, 이번만은 달랐다. 지금까지 국내 시장에서만 서로 경쟁하고 공략하던 패턴pattern에서 벗어나 처음으로 지구촌을 상대로 경쟁하고 공략해야 하는 반도체 사업이란, 당시 상황으로 볼 때 우리의 기업 수준에선 너무나 높은 장벽이었다.

무엇보다 선진국과의 극심한 기술 격차, 막대한 자금 마련, 고도의 기술 두뇌 확보, 짧은 라이프 사이클로 인한 높은 위험성 등 기존에 삼성이 벌이던 사업들과 비교해 보았을 때 반도체 사업은 도박이 아닐 수 없었다. 아니 불가능에 가까운 맹목적 도전에 가까워 보였다.

따라서 섣불리 반도체 사업에 뛰어들었다 자칫 수렁에라도 빠지고 마는 날에는 왕국 전체가 뿌리째 흔들릴 수 있었다. 지난 반세기여 동안 이루어 놓은 공든 탑이 한순간에 무너질 수도 있는 상황이었다. 그가 도쿄에서 몇 날 밤을 뜬눈으로 지새우며 그처럼 고뇌했던 까닭도 그런 이유에서였다.

그러나 주사위는 던져졌다. 접시의 물은 엎질러진 뒤다. 이제는 돌이키지 못한다. 지금부터 한순간 한순간은 왕국의 운명이 될 수밖에 없었다. 이병철은 국내 시장을 넘어 과연 세계 시장에서도 삼성을 성공시킬 수 있었을까? 성공한다면 그 방법은 도대체 어떠한 것이 될 것인가?

패배로 막을 내린 정주영의 권력 도전

이병철이 생애 마지막 미션으로 반도체 사업을 왕국의 미래 먹거리로 삼는 운명의 도전에 나섰다면, 정주영은 정치권력의 한복판으로 뛰어들어 운명을 건 정벌의 길에 나서면서 둘은 서로 상반된 길을 선택했다. 정주영은 통일국민당을 창당하자마자 같은 해 봄에 치러진 총선에서, 모두 31석의 의석을 확보하여 '캐스팅 보트'를 쥔 원내 제3당으로 안착했다. 그는 여세를 몰아 같은 해 겨울에 치러진 대통령 선거에서도 후보로 나섰다.

지금도 크게 다르지 않지만 그 시절에도 하늘 높은 줄 모르고 치솟는 아파트 분양가를 절반으로 낮추는 것을 시작으로, 집권 1년 안에 국제수지를 100억 달러 흑자로 만들어 1인당 국민소득을 2만 달러까지 끌어올리겠다고 호언장담했다.

그렇잖아도 당시 경제는 내리막길로 치닫고 있을 때였다. 그가 쏟아내는 한 마디 한 마디는 국민들로부터 박수갈채를 받았다.

정주영의 이 같은 선전은 대선에서 가장 중대 변수로 부각되었고, 예상을 훨씬 웃도는 인기로 대선에서도 또다시 극적인 '정주영의 신화'가 탄생할지도 모른다는 소문이 그칠 줄 몰랐다.

그쯤 되자 민주당의 김대중 후보보다는 지지 기반이 서로 겹치는 민자당의 김영삼 후보와 정주영 사이에 틈새가 벌어질 수밖에 없었다. 더구나 세간에서는 선거 막바지에 이르게 되면 민주당 김대중 후보를 떨어뜨리기 위해, 정주영이 민자당 김영삼 후보의 손을 들어줄 가능성이 있다는 소문이 파다했다. 아무래도 그가 정치 초년병인 데다, 건강에 이상이 있어 중도 포기한다는 출처 불명의 뜬소문까지 나돌았다.

'나라가 망해가고 있는데 밀실에서 대권 흥정이나 벌이자는 사람은 통치자로서 자격이 없다!'

'이제 와서 간교를 부리는 것을 보니 사람이 변한 모양이다!'

'의리라곤 없어 도저히 믿지 못하겠다!'

그러나 정주영은 세간의 뜬소문을 일축이라도 하듯이 김영삼 후보를 거침없이 공격하고 나섰다. 김영삼 후보를 향해 연일 맹공을 퍼부었다. 김영삼 후보도 가만있을 성질이 아니었다. 그 역시 정주영 후보를 노골적으로 적대시했다.

사실 대선 전만 해도 둘은 사이가 그리 나쁘지만은 않았다. 그는 가까운 사람들에게 'YS를 지지하는 게 좋지 않겠느냐'고 했을 정도였다. 김영삼 후보 역시 그를 '훌륭한 기업인'이라고 추켜세우곤 했다.

한데 대선 열기가 둘 사이를 돌이킬 수 없이 갈라놓았다. 날이 갈수록 두 사람 사이에 원색적인 비난이 그 수위를 높여갔다. 그런 형세는 자연스럽게 쫓기는 쪽보다는 쫓아가는 쪽이 훨씬 더 날카로운 발톱을 세울 수밖에 없었다.

마침내 공방을 주고받은 선거 열전도 끝나 일제히 개표에 들어갔다. 개표 결과는 민자당 김영삼 후보의 승리였다. 김영삼 997만 표41.98%, 김대중 804만 표33.82%, 정주영은 388만 표16.32%를 얻는 데 그쳤다.

제아무리 '시련은 있어도 실패는 없다'고 외치던 그였으나, 대선의 패배는 충격적이었다. 더구나 그 충격은 단순히 대선의 패배로 끝난 것이 아니었다.

그보다 더한 가혹한 업보가 그를 기다리고 있었다. 패자가 겪어야 할 죽은 자와도 같은 수모 말고도, 전 생애에 거쳐 일으켜 세운 자신의 왕국마저도 그 기반이 위태로운 지경에 놓였다.

아니나 다를까. 선거 기간에 현대그룹에서 자금을 끌어다 쓰거나 임직원들을 동원했던 사실들을 차례대로 들춰내기 시작하면서, 알 수 없는 소문마저 끊임없이 나돌았다. 그는 이제 단순한 선거 사범이 아니라 형사범으로 처벌받을 가능성이 날로 커져갔다.

결국 그는 자신이 원하지 않았음에도 국회의원직과 통일국민당 대표 최고위원 자리를 내놓은 채 정계에서 물러나야 했다. 당장 자신의 왕국에 휘몰아칠 후폭풍을 모면하기 위해선 어쩔 수 없는 선택이었다.

하지만 그것만으로 시련은 끝나지 않았다. 끝내 그는 법정에까지 서야 했다. 선거가 끝난 2년 뒤, 서울 고등법원 형사1부 법정에서 피고인은 정주영이었다. 그에 대한 '대통령 선거법 위반사건' 항소심 선고 공판이 열렸다. 재판장 이상현 부장판사는 판결문을 읽어 내려가기 시작했다.

"… 회사에 노동력을 제공하기만 하면 되는 근로자에게 창업주 개인의 선거 업무까지 떠맡기는 전근대적 고용관계는 현대사회에서 도저히 용납될 수 없는 일이다."

여든 노구의 그는 피고인석에 힘겹게 선 채 재판부로부터 따가운 훈시를 고스란히 얻어들어야 했다. 그는 최후 진술에서, '여든 살이 된 제가 무슨 욕심이 있겠습니까? 다만 대통령을 도와 국가 경제를 살리는 데 여생을 바치고 싶습니다'며 선처를 호소해야 했다.

그에게 떨어진 선고 형량은 징역 3년이었다. 그간의 경제적 공로와 업적을 참작해 내려진 판결이었다. 다만 재판부는 실형을 선고하고도 곧바로 수감시키진 않았다. 당연히 법정 구속으로 이어져 구치소에 수감되어야 했지만, 고령인 점이 감안되었다.

물론 경영 일선으로 복귀할 수도 없었다. 정계에서 물러나면서 경영 일선으로의 복귀를 원했으나, 그때마다 발목이 묶이고 말았다.

정주영이 겨우 복권될 수 있었던 것은 그로부터 1년이 더 지나서였다. 1995년 광복절 특사로 가혹한 업보에서 가까스로 풀려나게 되었다.

그러나 광복절 특사로 복권되기까지 그가 치러야 했던 대가는 너무도 컸다. 너무나도 뼛속 깊은 것이었다.

심지어 그는 '정직한 대통령을 뽑은 한국 국민들은 위대하다. 나를 뽑았더라면 큰일 날 뻔했다'며, 스스로 자신의 뺨을 치는 치욕스런 자기 부정마저 마다하지 않으면 안 되었다. 불과 몇 달 전만 하더라도 '한 치 앞도 내다보지 못한 위인들이 그만 '대통령병'에 단단히 걸려 선거 때마다 분칠을 하고 나온다'는 비난조차 서슴지 않던 그답지 않은 유화 제스처였다.

그뿐 아니라 현대그룹을 해체하여 경영과 소유를 완전히 분리하겠다는 움직임마저 보여야 했다. 겉으로는 대통령 선거 때의 재벌 해체 공약을 실천하는 것이란 설명까지 덧붙여졌다.

그렇게 현대해상화재보험, 현대알루미늄, 금강개발, 한무쇼핑 등 일부 계열사의 분리 작업이 서둘러 시작된 것도 바로 그럴 무렵이었다. 곧바로 분리되어도 그룹 전체에 별다른 영향을 주지 않는 기업 위주로 대상을 고른 것이라고 했다. 뒤이어 현대그룹은 왕국을 대표하는 현대중공업을 비롯하여 현대상선, 고려산업개발, 현대산업개발, 현대엘리베이터 등 5개 기업군을 공개하기로 결정을 내렸다.

아울러 과장급 이상 모든 임직원에 대한 신년도 임금을 전격 동결시키는가 하면, 계열사에서 생산되는 제품값을 한시적이나마 묶어두는 조치가 뒤따랐다. YS 정부의 이른바 신경제 100일 계획과 고통 분담 정책에 적극 동조하는 것이라고 밝혔다. 참으로 눈물겨운 짝사랑이 아닐 수 없었다.

어쨌거나 그런 가혹한 업보의 대가, 눈물겨운 짝사랑마저 다 바쳐서 끝내 광복절 특사로 가까스로 복권될 수 있었다. 그러면서 계동 현대그룹 사옥 12층 그의 집무실에 '명예회장실'이란 팻말이나마 다시 내걸 수 있게 되었다.

정주영은 그날 이후 곧바로 정례 사장단 회의를 주재한 데 이어, 하루도 빠짐없이 집무실에 꼬박꼬박 출근했다. 아침 8시면 어김없이 자신의 집무실에 출근하여 그룹의 주요 결정 사안들을 다시금 의욕적으로 직접 챙겨나가기 시작했다. 그가 왕국으로 다시 돌아온 것이다.

기필코 성공시키겠다는 이병철의 반도체 도전

새로운 첨단기술과 제품을 드라이브하고 이끌어가는, 지구촌에서 가장 강력한 종합반도체 기업 삼성전자는, 마침내 지난 2002년에 낸드플래시 메모리 분야 세계 1위의 자리에 오른다. 삼성전자가 반도체 사업에 뛰어든지 10년 만에 이룬 놀라운 개가였다.

세계 정상에 오른 축배도 미처 들 겨를조차 없이 또다시 새로운 기술을 계속 개발하고 집적도를 높여 2004년엔 바야흐로 모바일혁명을 이끌 퓨전 메모리 원낸드를 세계 최초로 개발한 데 이어, 2006년에는 CTF 기술을 토대로 40나노 32기가 낸드플래시 메모리를 내놓았다. 모두가 이 분야에서 세계 1위의 놀랄만한 기술 성과였다.

그러나 10여 년 전 처음 삼성이 그룹의 미래 주력 사업으로 반도체 사업에 신출하겠다고 선언했을 때만 하여도 우호 세력이라곤 어디에서도 찾아볼 수 없었다. 그 시기엔 미국과 일본이 태평양을 사이에 두고 이른바 '반도체 전쟁'을 날로 가속화해 가는 중이었다.

때문에 보다 철저한 기술보호주의가 어느 때보다 강화된 마당이었다. 메모리 사업이란 첨단기술의 도입 없이는 단 한 발짝도 앞으로 나아갈 수가 없는 일인데, 당장 삼성에게 그런 기술을 공여할 기업은 지구촌 어디에서도 찾아보기 어려웠다.

이병철과 삼성전자의 경영진은 고민이 깊어졌다. 그렇듯 몇 날 며칠을 고심한 끝에 궁여지책으로 한 가지 생각을 떠올려냈다. '팔은 안으로 굽는다'는 우리 속담에서 찾아낸 '어떤 실마리'였다.

"그래, 미국으로 가보자. 우리나라는 예부터 동방예의지국東方禮儀之國이면서 또한 동방인재지국東方人才之國이었으니 미국엔 숨어 있는 한국인 과학자들이 분명히 있을 것이다. 그런 인재들 가운데 미국에서 전자공학을 전공해 박사 학위까지 받았으나, 국내에서 자신의 역량을 발휘할 만한 곳을 찾지 못해 부득이 미국에 주저앉아 연구소나 기업에서 연구 활동을 계속하고 있는 이들이 틀림없이 있을 것이다. 그런 고급 두뇌들을 한곳에 모아 반도체를 연구 개발케 한 뒤 그렇게 개발된 기술을 국내로 들여와 양산하면 될 것이다.”

뜻이 있는 곳에 길이 있다고 했던가? 딴은 그것이었다. 얼핏 보면 기업경영엔 도입할 수 없는 어설픈 생각도 같았으나 가히 예리한 혜안이었다. 삼성전자의 반도체는 높기만 한 기술의 장벽을 그같이 헤쳐나갈 수 있었다. 우리의 속담에서 어떤 실마리를 찾고, 또 그 같은 실마리에 따라 미국으로 건너가 숨어 있는 우리 인재들을 찾아 나선 것이다.

과연 미국에서 반도체를 전공한 숨은 우리의 인재가 있었을까? 있다면 정말 어느 정도의 수준이었을까? 지금 기준으로 1983년이라면 그야말로 호랑이 담배 피우던 시절의 얘기다.

삼성반도체통신 VLSI 공장의 준공식 현장

사진제공: 호암재단

한데 이병철과 삼성전자의 경영진에게 연이어 낭보가 전해졌다. 미국에서 반도체를 전공한 우리 인재가 적지 않을뿐더러, 그 수준 또한 예상을 훨씬 뛰어넘어 놀라울 정도였다.

당장 현장에 투입이 가능한 고급 두뇌들만 하여도 스탠퍼드대학교에서 박사 학위를 받은 뒤 GE와 IBM을 거쳐 샤프사의 고문으로 있던 컴퓨터와 IC 전문가 이임성 박사를 비롯하여, 컨트롤네이터와 허니웰을 거쳐 사일록에서 반도체 공정개발을 담당했던 이상준 박사, 인텔과 내셔널 세미컨덕터에서 64K D램 개발담당 팀장으로 있는 이일복 박사, 인터실과 사이너텍에서 C-MOS 제조수율의 개선에 성공한 이종길 박사, 웨스턴디지털과 인텔에서 메모리 설계엔지니어로 활약하고 있던 박용의 박사가 그들이었다. 그 밖에도 중국, 일본, 베트남, 인도 등지에서 동양권의 고급 인력 32명도 확보할 수 있었다.

실로 생각지도 못했던 뜻밖의 원군이었다. 깊은 터널 안에 갇혀 좀처럼 길이 보일 것 같지 않아 고심 고심하고 있을 때, 어설픈 것 같은 우리 속담에서 찾은 실마리로 한순간 돌파구가 활짝 열린 것이었다.

천군만마를 얻은 삼성전자는 이때부터 발걸음이 무척 빨라지기 시작한다. 같은 해 여름 경기도 기흥에 10만 평 규모의 VLSI 양산공장 건설에 착수하는 한편, 첨단기술의 확보와 판매를 위해 미국에도 연구개발센터와 시제품 생산 설비를 갖춘 현지법인 설립을 동시에 시작했다.

이같이 VLSI 사업이 본격적으로 개시되자, 삼성전자에서 이미 인수 합병한 국내의 한국반도체의 기술진 역시 가만있을 수만은 없었다. 새로이 팀을 결성하고 64K D램 개발에 착수했다. 미국의 마이크론테크놀로지로부터 칩을 도입하여 조립 공정부터 개발하기 시작해서 마침내 성공시켰다.

미국 현지법인의 이종길 박사를 중심으로 한 개발 요원들 역시 예상대로 64K D램을 생산 조립하는 데 무난히 성공했다. 말하자면 국내파와 해외파가 서로 경쟁하는 체제가 된 셈이었다.

한층 자신감을 얻은 삼성전자는 주먹을 불끈 쥐었다. 거기에 멈추지 아니하고 여세를 몰아 곧바로 256K D램의 개발에 도전했다. 256K D램은 당시 일본의 후지쯔와 NEC, 도시바, 히타치 등 전 세계적으로 단 몇 개 기업만이 생산하고 있을 정도의 고난도 첨단기술이었다.

그러나 삼성전자는 거기에 굴하지 않았다. 미국 해외파와 국내파가 동시에 팀을 구성한 뒤 256K D램 개발 도전에 나섰다.

이윽고 한 해가 흘러 1984년이 되자, 국내파가 먼저 256K D램 시제품을 내놓았다. 기술 제휴선인 마이크론테크놀로지로부터 디자인을 받아 공정 기술을 개발하는 데 성공한 것이다.

미국 해외파도 256K D램 개발에 박차를 가하고 있었다. 거기선 회로설계로부터 공정 개발에 이르기까지 완전히 자체 개발을 해야 했기 때문에 국내파인 한국반도체보다 한 발 늦어졌다. 하지만 당초 불가능할 것이라고 여겨졌던 독자적인 회로설계에 성공하면서 그 이듬해엔 시제품을 생산하는 데까지 성공했다.

이쯤 되자 국내파의 한국반도체 기술진과 미국 현지법인의 해외파 기술진 사이에 경쟁이 불붙었다. 이번에는 두 개의 조직이 서로 1M D램을 개발하겠다며 자존심을 내세웠다. 개발을 나누어 할 수 있도록 권해 보았으나, 양쪽 모두 각자도생各自圖生하겠다며 결의를 불태웠다.

한 곳에서만 추진하더라도 수천만 달러가 들어가는 프로젝트인데, 미국과 국내에서 동시에 추진한다는 건 곧 낭비라는 반론이 만만치 않았다. 하지만 이병철과 삼성전자의 경영진은 고심 끝에 두 곳에서 동시에 연구 개발을 하도록 결성을 내리게 된다. 개발비는 두 배로 늘어나겠지만, 기업의 리스크는 절반으로 줄어든다는 이유에서였다.

다시 말해 1M D램 공장은 이미 3,500억 원의 예산이 투입되어 돌관 작업에 들어간 상태였다. 더욱이 라이프 사이클이 짧은 반도체의 속성으로 미루어볼 때 개발 기간이 단 얼마만이라도 늦어지게 되면 이 사업은 곧 실패나 다름이 없었다. 따라서 양쪽에 개발을 맡겨 서로 경쟁케 함으로써 기업의 리스크를 절반으로 줄일 수 있다는 전략적 계산에 따른 결론이었다.

결과는 이번에도 미국에서의 연구 개발보다 국내에서의 연구 개발이 한발 앞서 끝났다. 박용의 박사를 중심으로 한 48명의 국내 개발팀이 개발에 착수한 지 10개월 만에 양품을 생산하는 데 성공한 것이다. 성능 또한 매우 우수해서 1M D램의 양산은 국내에서 개발한 것을 채택하기로 결정했다. 미국의 현지법인에겐 1M D램의 개발을 중지하라고 통보했다.

그러자 미국 현지법인이 반발하고 나섰다. 해외파의 주장은 대강이랬다. 인텔이나 텍사스 인스트루먼트와 같은 일류 회사에 다니고 있던 인재들을 불러다 놓고, 이제 와서 개발이 좀 뒤졌다고 손을 떼라니 너무 심한 처사가 아니냐는 볼멘소리였다.

이병철과 삼성전자의 경영진은 다시금 고심에 들어갔고, 결국 다음과 같은 고육책을 내놓았다. 그렇다면 '반도체를 계속해서 개발하라. 하지만 1M D램의 개발은 이미 끝났으니 미국이나 일본에 비해 늦었다, 다소 시간이 걸리더라도 아직 선진국도 시작하지 않은 4M램을 개발해보는 것이 어떻겠냐'고 제안했다. 성공하면 좋고 실패하더라도 결코 나쁠 게 없다는, 회사로서는 아쉬울 게 하나도 없는 제안이었다.

다만 한 가지 조건이 있었다. 이번에도 국내파와 해외파가 경쟁을 하게 되는데, 또다시 뒤지게 된다면 그땐 미국 해외파는 해체다. 더 이상은 안 된다는 단서 아래 아직 누구도 시작하지 않은 4M램 개발을 국내와 해외 모두에게 허용했다.

이처럼 당초 생각했던 것과 달리 기술 장벽이 높다는 반도체의 개발은 막상 팔을 걷어붙이고 나서자 엉뚱한 데서 길이 열려 순조로웠으나, 경영 면에서는 가시밭길의 연속이었다. 1983년 삼성전자가 반도체 사업을 본격화하기 이전부터 반도체 부문의 경영 상태는 썩 좋지 않은 편이었는데, 64K D램이 본격 출하되던 이듬해부터 적자가 눈에 띄게 불어나기 시작했다. 가까스로 개발을 해서 쫓아가면 미국과 일본 등의 선진국이 벌써 저만큼 앞서 나가 공염불이 반복되고 있었다.

더욱이 한발 늦은 반도체는 국제시장에서 제값을 받기 어려웠다. 라이프 사이클이 짧은 반도체의 속성상 불과 몇 달 사이에 가격이 곤두박질 치기 일쑤였다. 실제로 삼성전자가 64K램 개발에 성공하여 출하했을 땐 3달러 50센트 하던 국제 가격이 불과 몇 달 사이에 50센트로 폭락한 다음이었다. 당시 제조 원가가 1달러 70센트였으니, 반도체 1개를 만들어내는 데 1달러 20센트씩 손해를 본 셈이다.

그런 결과 1984년부터 1987년까지 64K D램에 이어 256K D램을 개발하면서 누적 적자만 무려 1,159억 원에 달했다. 수업료치곤 너무도 값비싼 대가를 톡톡히 치러야만 했던 것이다.

물론 지금의 삼성전자로 본다면 그만한 금액은 별반 큰돈이 아닐 수도 있다. 하지만 30여 년 전 1,000억 원이란 이만저만 거액이 아닐 수 없었다. 더욱이 그 같은 경영 손실 안에는 천문학적인 개발 투자비 또한 포함되어 있었다. 또 그런 개발 투자비는 미래를 위해 어쩔 수 없이 계속 쏟아붓지 않으면 안 되는 절대비용이었다. 높기만 한 첨단기술의 장벽을 가까스로 넘어서긴 하였지만, 또 다른 장벽 앞에 삼성전자는 이러지도 저러지도 못하는 늪에 빠진 지경이었다.

그러나 이병철은 초지일관 흔들리지 않았다. 삼성전자의 경영진들이 초기에 처한 질곡의 위기에서 극복할 수 있었던 것도, 따지고 보면 그런 그의 굳은 의지에 힘입어서였다. 더구나 이병철은 그러한 위기를 마치 사전에 훤히 꿰뚫어 보기라도 한 듯 줄곧 초연하기만 했다.

실제로 그는 반도체 사업을 처음 시작하였을 때부터 삼성전자에 속해 있던 반도체 사업부를 떼어내어, 비교적 호황이 예상되는 통신부문과 합쳐 '삼성반도체통신'이라는 새로운 사명으로 체제를 강화시켜 놓았었다. 반도체 개발에 소요되는 막대한 초기 투자비용과 더불어 치열한 국제시장에서 파생될지도 모를 가격 경쟁을 미리 통찰하여 취한 절묘한 조치였다. 이병철에게서만 목격할 수 있는 조심성 많고 신중한 경륜이 아닐 수 없었다.

거기에다 어떤 희생을 치르더라도 왕국의 미래 산업으로 반도체를 기필코 성공시키고야 말겠다는 굳은 의지 또한 눈에 띄는 대목이었다. 유달리 스케일이 남다르게 컸던 그만의 의지가 과거 여느 사업을 추진할 때보다 결연했던 것이다.

그렇다 하더라도 반도체 경영진들은 하루도 마음 편할 날이 없었다. 만년 적자에서 헤어나지 못하고 있어 기를 펼 수 없었던 게 사실이다.

이병철 또한 그 같은 사실을 헤아리고 있었던 모양이다. 어느 날인가 반도체 경영진들과 점심자리를 같이했다.

화제는 마땅히 반도체였다. 누적 적자가 4년 사이에 벌써 1,200여억 원이라는 것과 1M D램의 공장 착공을 당장 하지 않으면 또다시 출하 경쟁에서 후발주자가 되고 말 것이라는 걱정이 쏟아져 나왔다.

경청하고만 있던 그가 이윽고 입을 열었다. 가히 높지 않은 음성이었으나 단호한 어조였다.

"64K D램, 256K D램이 시장 도입에 늦어 큰 고생을 했는데, 1M D램의 공장 착공이 늦어지면 우린 어떻게 되겠는가? 내일 아침에 당장 공장 착공식을 하자. 내가 기흥공장으로 가겠다."

돌이켜보면 그동안 최선을 다한 시간이었다. 후발주자로서 어쩔 수 없이 64K D램이 3년, 256K D램이 2년 늦게 국제시장에 출하되었다. 한데 1M D램부터는 사정이 달랐다. 미국과 일본 등의 선진국에 비해 여전히 뒤늦기는 하였으나 그다지 큰 차이가 나지 않았다. 그만큼 기술 격차를 따라잡은 것이다.

그러나 4M D램 이후부터 삼성전자는 더욱 단단해져 있었다. 4M D램 생산이 선진국의 앞선 기업들보다 오히려 먼저 시작되는 계기를 마련할 수 있었다. 따지고 보면 지난 수년 동안 쓰라린 실패의 경험이 축적되고 학습 되어 있었기에 가능한 '토끼와 거북이의 경주'였다. 또 그러한 토끼와 거북이의 경주는 미국과 일본 등의 선진 기업을 따라잡는 데 그치지 않고, 마침내 세계 반도체 시장을 적극적으로 지배하는 전기를 마련할 수 있었던 것이다.

이병철과 정주영이 26세에 마산에서 협동정미소를 창업하면서, 24세에 신당동에서 쌀가게 경일상회를 인수하면서 각각 '삼성경영 현대경영'을 시작한 이래, 두 사람은 전 생애에 거쳐 도전과 응전의 연속이었다. 도전과 응전 속에서 어떤 땐 자신의 운명을 스스로 바꾸어 만들어가기도 하고, 또 어떤 땐 예기치 않은 강압 속에서 운명을 선택받기도 했다.

그 한 예가 1980년대 모 기관의 수사실로 은밀히 불려갔을 때다. 밀폐된 험악한 분위기 속에서 겪어야 했던 비인간적인 수모와 모멸감은 마음에 깊은 상처로 남는다. 결국 누구는 애써 키워온 기업 하나를 내주고 말았고, 또 누구는 결코 내줄 수 없다고 버티다 말할 수 없는 고초를 겪어야 했다. 하기는 어디 80년대 만이었으랴?

거듭 말하지만 영웅호걸도 마음의 상처란 있기 마련이다. 또 그런 마음의 상처로 인해 얼마든지 역사가 뒤바뀔 수도 있음을 우린 이미 목격하지 않았던가. 하물며 영웅호걸이 아닌 그들인들 어쩔 도리가 없었을 줄 안다. 기업을 경영하면서 그때그때 겪는 고난과 고통이 결코 쉽지 않았으리라. 그래서 둘은 약속이라도 한 듯이 스스로 자신의 운명을 새로이 만들어 나가기로 결심한다.

그러나 어쩌면 생애 마지막 미션이 될지도 모르는 운명 앞에서 둘은 또 자신의 에토스에 따른 상반된 길을 가게 된다. 똑같은 시점과 고통 속에서 결심한 선택 역시 전혀 다른 것이었다. 한 사람은 오래전의 속 다짐에 따라 끝까지 정치를 외면한다. 대신 그는 정치권력에서 입은 상흔을 '이기기 위한 길'로 첨단기술에 몰입한다.

반면에 한 사람은 '서부영화 속의 카우보이 총잡이' 답게 '눈에는 눈, 이에는 이'라는 정공법에 따른다. 자신이 직접 정치권력의 현장 속으로 뛰어들어 운명을 건 정벌에 나선 것이다.

거기까지였다. 비록 반도체가, 자동차와 조선이, 각기 결실을 맺어 지금까지 국내에만 머물렀던 경제영토가 마침내 무한한 해외로까지 넓혀나갈 수 있게 되었다지만, 결국 두 사람은 '왕국national의 시대'까지였다. 자신의 손으로 이제 막 밑돌을 놓기 시작한 본격적인 '제국international의 시대'를 위해서라도 서둘러 후계자를 찾아 나서지 않으면 안 되었다.

제6장
100년 경영을 위한 수성

창업이 어려운가, 수성이 어려운가?

당나라 태종이 재위 10년째가 되자, 주위의 신하들에게 물었다.

"제왕의 사업에 있어서 처음 창업하는 것과 그 일을 지키는 것 가운데 어느 것이 더 어려운가?"

상서성尙書省 차관 방현령方鉉玲이 대답했다.

"천하가 혼란스러워지면 영웅들은 다투어 일어나지만, 쳐부수면 투항하고 싸워 이기면 곧 제압할 수 있습니다. 이런 관점에서 본다면, 창업이 더 어려울 것 같습니다."

그러자 간의대부諫議大夫 위징魏徵이 대답했다.

"제왕이 군사를 일으키는 것은 반드시 세상이 혼란스러워진 뒤의 일입니다. 그러한 혼란을 제거하고 흉악한 폭도들을 진압하면 백성들은 제왕을 기꺼이 추대하고, 천하의 인심이 제왕에게로 돌아옵니다. 이같이 창업은 하늘이 내려주고 백성들이 받드는 것이기 때문에 그다지 어려운 것이라고 할 수 없습니다. 그러나 일단 천하를 얻은 뒤에는 스스로 마음이 교만해지고 음란한 데로 달려가게 됩니다. 백성들은 편안한 휴식을 원하지만 각종 부역은 끝이 없게 되고, 백성들은 잠시도 쉴 틈이 없지만 사치스러운 일은 오히려 멈추지 않습니다. 나라가 쇠락하고 피폐해지는 것은 언제나 이로부터 발생합니다. 이러한 관점에서 본다면, 이미 세운 업적을 지키는 일이 보다 더 어려운 것이라고 말할 수 있을 것입니다."

방현령과 위징의 대답을 듣고 난 태종이 입을 열었다.

"방현령은 과거 나를 따라 천하를 평정하면서 갖은 고생을 다하며 구사일생으로 요행히 생명을 부지하였기 때문에 창업의 어려움을 아는 것이다. 위징은 나와 함께 천하를 안정시키며 교만하고 음란한 병폐가 발생하는 조짐을 걱정하면서, 이는 곧 위태롭고 멸망으로 가는 길이기 때문에 이미 이룩한 업적을 지키기 어렵다고 생각한 것이다. 그러나 이제 창업의 어려움은 이미 과거가 되었고, 기왕에 세워진 제왕의 사업을 유지하는 어려움은 마땅히 공들과 신중히 상의하여야 할 것이다."

말년에 이른 정주영과 이병철 또한 같은 생각이 아니었을까? 그들 역시 속절없이 나이가 들어 어느덧 칠순도 훨씬 넘어감에 따라 그 옛날 당 태종이 그랬던 것처럼 창업과 수성의 어려움을 남몰래 저울질하며 혼자 고민하는 날이 많아져 가기 시작했던 것은 아닐까?

처음부터 자신을 빼어 닮은 정몽구였다

1998년 정주영의 현대왕국은 광활했다. 그룹의 계열사 기업 62개, 종업원 수 20만 명, 자산 총액 73조 5,200억 원, 국내 재벌기업 자산 순위 1위, 한 해 전 기준 매출액 55조 6,253억 원, 국내 전체 경제의 약 17%를 차지했다.

이 같은 현대왕국의 최고경영권이 마침내 후계자의 손으로 넘어간 건 이태 진인 1996년이있다. 창업주 정주영 명예회장에 이어, 짧은 과도기 난계로 넷째 동생인 정세영 2대 회장을 거쳐서, 마침내 그의 2남 정몽구로 후계 체제에 들어갔다.

비록 5남 정몽헌과 함께 그룹의 지휘봉을 나누어 쥐어주었다고는 하더라도, 2남 정몽구에게 우선권이 부여되어 있다는 건 누구도 부인할 수 없는 기정사실이었다. 실제로 정몽구가 2남이라곤 하지만 큰아들인 정몽필이 이미 오래전에 타계한 만큼 그동안 그가 집안에서 실질적인 장자 노릇을 해오던 터였다. 정주영도 그룹에 중대한 일이 있을 때면 정몽구를 불러 동석시키곤 해왔다. 정세영, 이명박 등과 함께 앞자리에 자리를 배석시켜 얼굴을 내밀도록 했다.

이런 정몽구가 그룹의 새 총수로서 취임식을 하고 정식으로 회장 자리를 물려받게 된 것은 1996년 정초였다. 새해 업무를 여는 그룹 시무식 자리에서였다. 새해 업무의 시작과 함께 그룹의 최고경영권을 정식으로 넘겨받게 된 것이다.

반면에 이날 10년1987~1996년 가까이 과도기 그룹을 이끌어왔던 정세영 회장이 이임식을 하고 경영 일선에서 물러났다. 겉으로 보기엔 숙부에서 조카

1999년 3월, 기아자동차 화성공장을 방문하고 있는 정주영 회장과 정몽구

로 경영권이 넘겨진 모양새였으나, 실제론 아버지 정주영에게서 2남 정몽구에게 넘겨진 것이나 다름없었다.

아울러 최고경영진에 대한 전면적인 후속 인사가 뒤따랐다. 현대전자 회장인 5남 정몽헌이 그룹 부회장으로 한 단계 자리가 올라갔다. 그룹을 이끌어 나가는 큰 지휘봉은 정몽구에게 넘겨주었으나, 무슨 고민이 또 남아있었던 것인지 작은 지휘봉 하나를 더 만들어 5남에게 쥐어준 셈이다.

정몽규 현대자동차 부사장은 몇 단계를 뛰어올라 현대자동차 회장으로 승진했다. 정세영의 외아들인 그는 이때 불과 33세였다. 현대정유와 현대석유화학의 부사장을 맡고 있던 정몽혁도 사장으로 승진했다. 정주영의 다섯째 동생으로 독일에서 박사논문을 준비하던 중 타계하고만 정신영의 외아들이었다.

그러나 정주영을 도와 창업 때부터 앞뒤에서 그룹을 이끌어왔던 원로들은 이날 대부분 퇴진했다. 그룹 설립 이래 처음으로 세대교체를 단행한, 이른바 '2세의 시대'가 마침내 열리게 된 것이다.

같은 날 현대종합상사 이춘림 회장도 물러났다. 일찍이 현대건설이 미군 발주 공사1950년로 이제 막 발판을 다지던 무렵부터 정주영과 동고동락을 함께해온 원로 세대의 대표주자로서, 사실상 그동안 성주영에 이은 넘버 투로 그룹의 부회장에 버금가는 역할을 맡아왔던 그가 그룹고문으로 한걸음 뒤로 비켜섰다. 이어 한영원 현대상선 회장, 김동윤 현대증권 사장, 송윤재 대한알루미늄 회장 등도 경영 일선에서 동반 퇴진했다.

그러나 이날의 전면적인 후속 인사에서 가장 두드러졌던 건 그룹의 분가分家 방침이 거듭 확인되었다는 점이다. 계열사 분리 작업이 더욱 신속하게 진행될 것임을 예고하는 수순이기도 했다.

다시 말해 정몽구 신임 회장이 그룹의 회장으로 그룹 전체를 관할하면서 현대정공, 현대강관, 현대자동차서비스, 현대산업개발, 인천제철 등을 직접 거느리게 했다. 5남 정몽헌은 그룹 부회장으로 현대전자, 현대상선, 현대엘리베이터 등을 직접 관할하게 했다. 3남 정몽근은 금강개발 회장으로, 6남 정몽준은 현대중공업 고문으로당시 현역 국회의원 신분이었다, 7남 정몽윤은 현대해상화재 사장으로, 막내 정몽일은 현대종합개발금융 사장을 그대로 유지토록 했다.

물론 2세들의 전진 배치의 뒷면에는 정주영의 입김이 없지 않았다. 그는 기회가 있을 때마다 '내 자식들은 10년 이상 경영에 참여해 전문 경영인으로서 능력을 키워왔으니 이제 책임을 지고 회사를 꾸려나갈 수 있으리라고 본다'고 말했다. 말하자면 일찍부터 그룹의 분가 방침을 염두에 두고 있었다는 얘기다.

그러나 이 같은 일련의 조치들은 그가 예전부터 다짐해오던 자신의 공언에서 크게 후퇴한 것이었다. 그는 벌써 몇 번씩이나 '내 아들 가운데 누구에게도 경영권이 넘겨지는 일은 결코 없을 것'이라고 공언하곤 해왔다. 자식들에게 구멍가게 하나씩을 떼어주어 먹고살게는 하겠지만, 그룹을 통째로 넘겨주는 일은 결코 없을 것이라고 다짐한 것이다. 적어도 그가 정치판에 뛰어들기 전까지만 해도 그랬다.

심지어 그는 신문 인터뷰에서 "딱 잘라 말하겠지만, 둘째 아들 몽구가 그룹의 회장을 맡는 일은 절대 없을 것이다. 우리 가족 중 그룹 회장을 맡는 것은 정세영 회장이 마지막이 될 것이다"라고 호언했을 뿐만 아니라, '내가 물러나면 현대그룹에는 그룹 회장이라는 단어가 사라지게 될 것'이라고 장담하기도 했다.

그랬던 정주영이 돌연 딴소리를 하기 시작한 것이다. "미국의 포드, 일본의 토요타는 소유와 경영이 분리되지 않았어도, 세계적인 기업으로 우뚝 서 있지 않은가? 따라서 소유와 경영이 반드시 분리되어야 한다곤 생각지 않는다. 누가 소유하느냐보다, 어떻게 경영하느냐가 더 중요하다고 보기 때문이다"라고 했다.

"우리나라는 오너 체제이다. 일본은 법인 체제로 법인이 부富를 지배하고 있다. 우리나라도 2세 체제를 지나 3세 때가 되면 저절로 일본처럼 되지 않겠는가."

요컨대 뛰어난 역량만 갖춘다면 재벌 2세라고 해서 굳이 경영을 떠맡지 말아야 할 이유가 없지 않느냐는 거였다. 정주영의 후계자 자리는 2남인 정몽구에게 돌아갔다. 정주영에 이어 왕국을 이끌어갈 새 총수로 지목된 것이다.

그럼 왕국의 새 종수로 나선 정몽구는 과연 어떤 인물일까!

정몽구는 흔히 그룹 내에서 'MK'라는 이니셜로 통한다. 별명으로도 애칭으로도 그렇게 불리고 있다.

그는 정주영과 변중석 여사 사이의 9남매8남 1녀 중 둘째로 태어났다. 앞서 언급한 대로 인천제철을 이끌고 있던 장남 정몽필이 1982년 봄 쉰도 안 되는 젊은 나이에 불의의 교통사고를 당하여 사망한 이후, 집안에서 실질적인 장남 역할을 도맡아왔다.

그러면서 현대정공, 현대강관, 현대자동차서비스, 현대산업개발, 인천제철 등 왕국의 굵직한 계열사들을 이끌어왔다. 우선 그가 맡아온 계열사의 숫자만 놓고 봐도 그렇지만, 그 비중을 보더라도 다른 형제들과는 다른 대접⑫을 받고 있었던 셈이다. 그룹 안에서의 발언권도 형제들 가운데 자연 우선순위가 주어졌다. 그는 장남으로서 조금도 손색이 없었던 거다.

하지만 그는 자신이 장남이라서 왕국의 지휘봉을 거저 물려받았다는 소릴 가장 듣기 싫어했다. 그동안 남모를 혹독한 경영수업을 쌓으며 나름대로 준비를 해왔다고 생각한 때문이다.

그도 그럴 것이 그가 왕국에 첫발을 들여놓은 건 1969년으로 거슬러 올라간다. 그것도 '왕의 아들'로 그냥 들어올 수 있었던 게 아니다. 다른 임직원들과 똑같이 평사원으로 입사할 수 있었다. 현대가 이제 막 대기업으로 발돋움하기 시작할 무렵이었다.

1년여 동안 평사원으로 기본 업무를 익힌 그는, 당시 갓 출범한 현대자동차로 옮겨 숙부인 정세영 사장 밑에서 부품과장, 자재부장, 사업소장 등을 두루 거쳤다. 이것저것 다 경험했다고나 할까.

그러다 이사로 승진하게 된 것은 입사 4년여 만이었다1973년. 그런 뒤 1년 후쯤엔 새로이 설립된 현대자동차서비스 사장을 맡으면서 CEO 자리에 올랐다. 아버지와 숙부의 그늘에서 벗어나 나름대로 경영의 역량과 수완을 발휘할 수 있게 된 것도 바로 이때부터였다.

한데 막상 뚜껑을 열어본 결과 그의 경영력은 놀랄 만한 것이었다. 이제 막 걸음마를 시작한 현대자동차서비스의 경영 실적이 해마다 두 배 이상씩 급속도로 늘고 있었다.

정몽구는 현장에 늘 붙어살았다. 양복에 넥타이를 매어본 일이 없을 정도로 매번 점퍼에 군화 차림이었다. 철저한 현장주의자였던 그 아버지에 그 아들이었다. 아버지가 걷던 바로 그 길이었다.

더욱이 그가 CEO로 경영력을 발휘하던 시기는 큰 숙부 정인영이 그룹과 결별을 선언하고 뛰쳐나갔던 무렵과도 겹쳤다. 철석같이 믿었던 아우가 자신의 곁을 떠나면서 생긴 공백을 그가 유감없이 메워줌으로써 아버지의 근심을 덜어준 결과가 되었다.

그같이 아버지의 신임을 한몸에 받게 된 그는, 오래지 않아 현대정공까지 맡게 된다. 이번에도 그의 역량은 유감없이 발휘되었다. 그러자 아버지는 뒤이어 현대강관, 현대산업개발, 인천제철까지 잇달아 맡겼던 것이다.

정몽구는 처음부터 별명이 '불도저'였다. 아버지의 별명 그대로다.

그것만이 아니다. 나이가 들어갈수록 겉모습은 물론이고 성격까지도 아버지를 쏙 빼어 닮았다는 소리를 듣는다. 밀어붙이는 추진력이나 과감한 경영 스타일이 아버지와 거의 다르지 않았다. 유난히 보스 기질이 남다른 데다, 소탈하고 선이 굵은 것까지 그렇다. 솥뚜껑만 한 손바닥과 「삼국지」를 열심히 탐독하는 것까지도 아버지를 그대로 빼어 닮은 점이었다.

그러나 정몽구의 아버지에 대한 사랑과 존경심은 별반 알려지지 않은 것 같다. 그는 왕국의 2대 총수에 임명되기 전까지만 해도, 회사에 출근하면서 단 한 번도 현관 정문을 이용한 적이 없었다. 아버지 앞에 자신을 철저히 낮추어 왔음을 짐작케 한다.

그룹의 총수가 된 이후에도 그는 조금도 달라지지 않은 모습이었다. 아버지를 배웅할 때면 승용차가 시야에서 완전히 사라질 때까지, 승용차 쪽을 향해 거의 90도 각도로 허리를 굽혀 인사하는 것은 흔히 목격할 수 있는 장면이었다. 아버지에 대한 사랑과 존경심이 그만큼 순수했다.

그룹 총수의 자리에 오른 2년 뒤, 정몽구 회장은 환갑을 맞이하게 된다. 이때에도 일절 바깥 행사를 따로 하지 않았다. 그저 부인과 1남 3녀 가족들만이 단출한 환갑상을 차리고 넘어갔다. '아버님께서 아직도 건재하신데 환갑이라고 떠들썩하게 잔치를 치르기가 민망하다'며 형제들과의 모임도 따로 갖지 않은 채 그냥 넘어갔다. 아버지에 대한 사랑과 존경심이 얼마나 지극한지를 보여주는 대목이다.

처음에는 머리 좋은 이맹희였다

삼성전자의 반도체 사업으로 한창 동분서주하던 이병철이 암에 걸렸다는 청천벽력 같은 소릴 듣게 된 것은 그의 나이 67세이던 1976년 가을이었다. 그는 잠시 당황한 듯 쉬 결정을 내리지 못했다. 하지만 끝내 암 수술을 받기 위해 일본으로 건너가야 했다.

평소 그는 자신의 건강에 대해 삼성에서 운영하고 있는 고려병원과 사촌 형 이동희 박사가 운영하고 있는 제일병원의 의견을 가장 많이 참조했었다. 한데 막상 암에 걸렸다는 진찰 결과를 받아들자 처음에는 '수술하지 않고 국내에서 치료받겠다'고 했다가, 일본행으로 바꾸었다. 일본행을 강력하게 권하고 나선 이는 사촌 형 이동희 박사였다.

결국 사촌형의 의견을 받아들여 일본으로 건너가 암 수술을 받았다. 암 수술을 받고 건강을 되찾게 되었는데, 이후에도 상상 이상의 절제된 생활로 11년간이나 수를 더 누렸다.

그렇대도 자신의 삶이 그리 오래 남지 않았음을 그때 이미 알고 있었던 듯하다. 그가 자신을 뒤이어 왕국을 이끌어 나갈 후계 구도에 대해 비로소 입 밖에 꺼내기 시작한 것도 그때가 처음이었다.

일본으로 암 수술을 받기 위해 출국하기 전날 밤, 전 가족이 모였다. 때마침 해외 출장 중이었던 3남 이건희를 제외한 장녀 이인희, 장남 이맹희, 차남 이창희, 차녀 이숙희, 3녀 이순희, 4녀 이덕희, 5녀 이명희 등이었다. 장소는 용인에 있는 그의 거처였다. 그는 이 자리에서 후계 구도에 대해 처음으로 입을 열어 언급했다.

"앞으로 삼성은 건희가 이끌어가도록 하겠다."

그 말을 듣는 순간 장남 이맹희는 충격을 감추지 못하는 모습이었다. 차남 이창희는 물론 그의 누이들 또한 별반 다르지 않았다.

그도 그럴 만했다. 비록 아버지와의 사이에 상당한 틈새가 벌어졌다곤 하지만, 그래도 벌써 10년이나 넘도록 후계자 수업을 쌓아왔던 장남 이맹희였다. 따라서 왕국의 대권이 당연히 자신에게 주어질 것이라고, 아니 가족 모두가 은연중에 그렇게 믿고 있었다.

더구나 3남 이건희라면 일본과 미국에서 학업을 마치고 돌아온 지도 얼마 되지 않았다. 아버지가 이루어놓은 왕국을 넘겨받기에는 너무나 일천한 이제 갓 서른다섯 살에 불과했다.

왜 그랬던 것일까? 그는 왜 그 같은 결정을 내려야 했을까? 벌써 10년씩이나 후계자 수업을 시켜왔던 장남을 내버려두고 굳이 3남을 자신의 후계자로 지목해야만 했던 것일까?

그는 삼성이라는 창조적 경영체를 과연 어떻게 수성해 나갈 것인지 비교적 일찍부터 고심한 흔적이 역력하다. 그 때문에 벌써 그는 1960년대 후반, 자신의 나이 환갑을 맞이하기 훨씬 이전부터 장남 이맹희와 차남 이창희 형제에게 경영 수업을 쌓게 했다.

그러나 10년 뒤엔 결국 장남도 차남도 아닌 3남인 이건희에게 대권을 상속시키기로 방향을 선회한다. 그는 자신의 「호암자전」에서 이렇게 쓰고 있다. 대권의 상속 과정에서 그들 형제가 배제된 이유에 대해 다음과 같이 짤막이 밝히고 있다.

"삼성을 올바르게 보전시키는 일은 삼성을 지금까지 일으키고 키워온 일 못지않게 중요하다…. 후계자의 선정에는 덕망과 관리 능력이 기준이 안 될 수 없다. 그것은 단순히 재산을 상속시키는 것보다는 기업의 구심점으로써 그 운영을 지휘하는 능력이 필요하기 때문이다. 본인의 희망도 듣고 본인의 자질과 분수에 맞춰 승계의 범위를 정하기로 하고, 처음에는 주위의 권고도 있고 본인의 희망도 있어 장남 맹희에게 그룹 일부의 경영을 맡겨보았다. 그러나 6개월도 채 못 되어 맡겼던 기업체는 물론 그룹 전체가 혼란에 빠지고 말았다. 본인이 자청하여 물러났다. 차남 창희는 그룹 산하의 많은 사람을 통솔하고 복잡한 대 조직을 관리하는 것보다는, 알맞은 회사를 건전하게 경영하고 싶다고 희망했으므로 본인의 그 희망을 들어주기로 했다."

그는 이처럼 장남과 차남에 대해 아버지로서 신중하면서도 매우 조심스러운 표현을 쓰고 있지만, 한마디로 말해 두 아들로는 도저히 안 되겠노라 밝히고 있다. 두 아들의 조직 관리에 대한 인식 부족과 미숙함을 지적하고 나선 것이다.

단적인 예가 일찍이 장남과 차남이 주축이 되어 만든 '삼성기획위원회 1967년'와 이후에 다시 조직한 '5인위원회'였다. 그가 주재하는 삼성 사장단 회의가 매주 열렸으나, 그 위원회는 아버지의 사장단 회의를 제치고 이내 삼성의 모든 경영 시책을 결정하는 최고의결기관이 되어갔다.

한데다 회의의 방식과 성격 또한 아버지의 사장단 회의와 너무나 판이하고 비민주적이었다. 더구나 삼성기획위원회는 상설 기구가 아닌 회의체 조직이었기 때문에, 신규 사업 하나만 추진하려 해도 실질적인 사업단을 구성하고 대처하는 기존의 조직체하고는 너무도 대조적이었다.

때문에 그 같은 삼성기획위원회의 결점을 보완하기 위해 부랴부랴 등장한 게 이른바 '5인위원회'였다. 5인 위원이란 삼성기획위원회의 상임위원과 같은 성격으로, 장남 이맹희당시 삼성그룹 부사장와 차남 이창희당시 제일모직 부사장를 비롯하여 이은택 제일모직 사장, 이일섭 신세계백화점 사장, 김뇌성 중앙개발 전무 등이었다.

그러나 형제가 주축이 되어 만들어진 삼성기획위원회와 5인위원회는 파열음이 그치지 않았다. 적잖은 혼란과 시행착오를 겪은 끝에 결국 해체되는 비운을 겪고 만다.

마침내 이병철은 5인 위원 가운데 이은택 제일모직 사장을 제외한 나머지 4명을 사실상 문책하고, 자신의 후계자를 이제 막 일본과 미국 유학을 마치고 돌아온 이건희로 결정하기에 이른다.

이때부터 이건희는 아버지를 그림자처럼 따라다니며 장남 이맹희가 그랬던 것처럼 본격적인 경영 수업을 받게 된다. 그가 작고할1987년 때까지 기나긴 세월 동안 후계자 수업을 쌓게 되는 것이다.

이병철, 불씨마저 꺼줘야 공평한 상속이다

그럼 이병철은 왜 장남도 차남도 아닌 굳이 3남 이건희를 자신의 후계자로 지목했던 것일까? 과연 이건희는 어떤 인물이기에 장남 이맹희와 차남 이창희를 제치고 아버지로부터 왕국의 대권을 넘겨받을 수 있었던 것일까? 일본에 갈 적마다 관상 서적들을 잔뜩 사 와 누구보다 '사람에 대한 공부'를 열심히 했다던, 그런 이병철의 낙점이었다는 점에 궁금증이 더해진다.

그러나 사실 그때까지만 하여도 이건희는 매우 미스터리한 인물이었다. 그에 대해 알고 있는 정보가 그리 많지 않은 것도 사실이었다. 고작 해야 1942년 경남 의령 출생, 일본 와세다대학 경제학 전공 및 미국 조지워싱턴 대학교 경영학 전공 정도였다.

그렇다고 누구도 그의 자질을 의심하지는 않았다. 단지 아버지가 왕국의 총수였기에 대권에 오르게 된 것이라고 말하는 이도 많지 않았다. 그처럼 단순히 평가할 수 없었던 이유는, 아버지에 이어 왕국의 총수 자리에 오른 이래 20여 년 동안 그가 이끌어온 삼성이 이루어낸 놀라운 경영 성과 때문이었다.

그렇다 하더라도 이건희에 대해 알 수 있는 자료는 그때나 지금이나 퍽이 드물고 제한적이다. 기껏해야 「이건희 에세이1997년」 정도가 고작이다.

그래서 「이건희 에세이」를 첫 장부터 마지막 장까지 빠짐없이 살펴보았지만 역시나였다. 그에 대해 이미 일반적으로 알려져 있는 것 이상은 찾아보기가 쉽지 않았다. 단지 성과가 있었다면 글 쓰는 힘이 생각보다 놀라우리만치 논리 정연하고, 또한 상당히 수준이 높고 사려가 깊다는 정도만을 대략 느낄 수 있을 따름이었다.

말할 것도 없이 삼성이라는 거대 조직을 이끌고 있는 총수라면, 적어도 일반인보다 남다르다는 것쯤은 당연한 풍경일는지도 모른다. 한데도 그가 여전히 미스터리한 까닭은, 언론에 비친 그의 모습이 생각한 만큼 그렇듯 능숙해 보인다거나 세련돼 보이지 않는다는 데 있는 것 같다.

더욱이 명성에 비해 그는 언론에 자주 등장하는 편도 아니다. 어쩌면 은 둔자의 모습 그대로다.

말도 어눌하기 짝이 없어 보인다. 아버지와 달리 경상도 사투리가 아닌 비교적 서울의 표준어를 구사하고 있을 뿐, 언론에 비친 그의 말솜씨는 여느 총수와 달리 몇 마디가 전부이기 일쑤다. 어쩌다 그 커다란 눈망울을 싱글거리며 빙긋이 웃는 모습을 보고 있노라면 차라리 천진해 보이기까지 한다.

그럼에도 그가 삼성이라는 공룡 조직을 맨 앞서 이끌고 있다는 것만으로도 호기심을 불러일으키는 데는 모자람이 없어 보인다. 대체 무슨 남다른 역량과 카리스마가 있어, 마술을 부려놓기라도 한 듯 오늘날 삼성을 막강한 글로벌 기업으로 바꾸어 놓을 수 있었는지 궁금증이 더할 따름이다.

우선 이건희를 곁에서 지켜보고 만난 몇몇 인사들의 증언 가운데 이어령 전 문화부장관이 본 인물평이다.

"…장관직을 물러난 뒤 나는 삼성복지재단에서, 또는 무슨 자문회 같은 자리에서 여러 번 이 회장을 만날 기회를 얻었다. 그때마다 처음 침묵 속에서 들었던 시계추 소리가 경이로운 새 목소리로 바뀌게 되는 충격을 맛보곤 했다. 한담 속에서도 나는 늘 이건희 회장의 21세기 문명에 대한 날카로운 통찰력과 한국 문화에 대한 확고한 인식에 대해 찬탄을 하지 않을 수 없었다. 그 분야에서 전문가를 자처해 왔던 나 자신이 미처 알지 못했던 것, 느끼지 못했던 것을 이 회장의 어눌한 몇 마디 말 속에서 깨닫게 될 때에는 나 자신의 무력감까지 느껴야만 했다. 왜냐하면 그 분의 지식은 책에서만 얻은 것이 아니라 세계를 무대로 한 폭넓은 기업 현장 속에서 직접 얻고 닦은 것이기 때문이다. 더구나 내가 열 마디 할 때 이건희 회장은 한마디를 하지만 그 한 마디가 내 열 마디를 누른다…"

물론 이 같은 단상만으로 그를 설명하기란 충분치 않다. 때문에 저자는 그동안 여러 경로로 그에 관한 자료를 수집해 오던 중, 어느 날 우연히 지인을 통해서 고서古書 연구가 송부종을 만나게 되었다.

송부종과 자리를 함께하며 1920년대 경성시대에 관한 이런저런 대화를 나누다 중간에 이병철의 얘기가 불쑥 튀어나왔다. 그와 함께 일부러 요청하지도 않았건만 송부종의 입에서 그의 차남 이창희에 대한 얘기가 술술 새어 나오기 시작했다. 한때 자신과는 퍽 친하게 지낸 적이 있었다고 했다.

"이병철 회장님의 차남 말씀입니까?"

그는 고개를 끄덕였다. 1970년대 초 지금의 태평로에 자리한 삼성 본관이 신축되었을 때, 송부종은 당시 삼성 본관 지하 아케이드에서 잠깐 우표와 화폐 수집 가게를 연 적이 있었다는 것이다.

"이창희 씨가 점심시간을 이용해 우리 가게에 거의 매일 들르곤 했었어요. 그러면서부터 부쩍 친해졌지 뭡니까?"

그때 차남 이창희는 재벌 2세답지 않게 자신의 취미 생활로 진기한 우표나 화폐 따위를 수집하고 있었다. 두 사람은 그같이 아주 자연스럽게 가까운 사이가 되었고, 수시로 얼굴을 마주하고 앉아 관련 정보도 주고받는 사이가 되었을 것으로 짐작된다.

더욱이 이창희만큼 자주 찾지는 않았어도 장남 이맹희는 물론이고, 미국에서 유학 생활을 마치고 귀국한 지 얼마 되지 않은 3남 이건희조차 이따금 자신의 가게 문을 밀고 들어서곤 했다고 한다.

그 순간 저자는 숨죽이지 않을 수 없었다. 어쩌면 송부종의 얘기 속에서 저자가 그토록 찾던 이건희에 대한 실증적 자료가 나올지도 모른다는 생각에 눈길을 떼지 못했다.

송부종의 얘기를 요약해 보면 대략 이랬다. 먼저 장남 이맹희는 인정이 많고 두뇌가 매우 뛰어난 사람이었다. 더구나 일에 관한 추진력 또한 매우 강한 편이어서 그가 한 번 마음먹은 일은 당장 끝장을 보고야 마는 품성이었다. 다만 다혈질적인 성격이 두드러져 기분이 좋을 때와 나쁠 때 감정의 폭이 커 금방 알아차릴 수 있었다.

차남 이창희는 매우 단정한 사람이었다고 한다. 영락없이 영국 신사와도 같은 깔끔한 인상이었다. 그런가 하면 섬세하고 치밀한 면도 두드러진 데다, 두뇌 또한 맏형 못지않게 뛰어나 보였다. 하지만 물이 너무 맑으면 물고기가 모여들지 않는 것처럼, 차남 이창희는 왕국의 총수라기보다는 차라리 어떤 학자와도 같은 분위기였다는 것이다.

반면에 3남 이건희는 아버지를 가장 많이 닮은 것 같았다. 외모가 아니라 일반적으로 알려져 있는 이병철에 대한 이미지가 가장 많이 중첩된다고 설명했다.

"무엇보다 3남 이건희 씨는 미래에 대한 통찰력과 스케일이 아주 컸던 사람이었어요. 주변에선 좀처럼 찾아보기 힘든 그런 특별한…."

그러면서도 이건희는 젊은이답지 않게 사려가 깊고 배려 또한 분명했다고 기억한다. 또 그런 균형 잡힌 감각과 입체적인 사고를 지녔기에 아버지가 장남 이맹희도 차남 이창희도 아닌 3남 이건희의 카드를 선택한 것으로 보이며, 결론적으론 그 카드가 옳았기 때문에 삼성이 오늘날과 같이 도약할 수 있지 않았겠느냐는 게 송부종의 진단이었다.

한데 바로 이 중요한 길목에서 이병철은 정주영과는 전연 다른 결정을 내린다. 자신들의 후계자 선정에 대해선 별다른 큰 차이점을 나타내지 않았다면, 그룹의 상속에 있어선 정주영과는 전연 딴판이었다.

정주영이 100년 경영의 수성을 위해 2남 정몽구에게 그룹의 큰 지휘봉을 물려주면서도 또 한편으론 5남 정몽헌에게 작은 지휘봉 하나를 더 만들어 매우 조심스럽다 할 만큼 신중을 기하고 있는 반면에, 이병철은 매우 단호했다. 통 큰 과감성을 보여주었다. 100년 경영의 수성을 위한 후계자로 지목한 3남 이건희에게, 왕국의 전 영토라고 할 수 있는 93.6%에 달하는 지분을 넘겨준 것이었다.

그리고 나머지 부분은 장녀 이인희에게 한솔제지그룹 전체의 1.0%에 해당를, 한때 황태자로 후계자 수업을 받았던 장남 이맹희에겐 제일제당2.9%에 해당을, 차남 이창희에게는 제일합섬1.2%에 해당을, 5녀 이명희에게는 신세계백화점1.3%에 해당을… 나눠주는 식이었다.

다시 말해 왕국의 경영 영속을 위해 93.6%에 달하는 대규모 영토를 후계자인 3남 이건희에게 몽땅 넘겨준 데 반해, 그 나머지 6.4% 정도를 자녀들에게 유산으로 물려주어 따로 분가시켰다. 경영의 상속과 아울러 분가의 원칙에 철저히 따랐던 것이다.

그가 이렇듯 경영 상속과 분가의 원칙을 동시에 택했던 건 단순 상속을 하였다가 훗날 야기될지도 모를 경영권의 다툼, 예컨대 주주총회랄지 일상의 경영 활동까지도 매우 심도 있게 고심한 그만의 포석이라고 볼 수 있다. 경영을 상속하는 애비가 그 불씨마저 철저하게 꺼줘야만 공평한 상속이라고 믿었기 때문이었다.

더구나 이 같은 경영 상속의 원칙에 대해 그는 결코 틀렸다고 생각지 않앉던 것 같다. 기업은 생물처럼 영속되어야 하는 것이며, 그런 만큼 애비로서의 선택이 아니라 기업을 영속시키고자 하는 기업가로서 최선의 선택이었음을 스스로 확신하고 있었던 것 같다.

정주영, 갈라서고 분가된 현대가家

100년 경영의 수성을 위한 현대의 최고경영권이 마침내 후계자의 손으로 넘어간 건 1996년 정초였다. 창업주 정주영 명예회장에서 과도기 단계인 정세영 회장을 거쳐, 그동안 실질적인 장남 역할을 해온 2남 정몽구로의 후계 체계에 들어갔다는 얘긴 앞서 이미 설명한 그대로다.

한데 5년이 지난 2000년 왕국은 끝내 경영권 다툼이 일고야 말았다. 이른바 큰 지휘봉을 물려받은 2남 정몽구 회장의 체제에 작은 지휘봉을 물려받은 5남 정몽헌을 비롯한 형제들이 일으킨 '왕자의 난'이 그것이었다.

이때 왕국의 자산 규모는 87조여 원. 계열사 수만도 40여 개가 넘었다.

그러나 왕자의 난으로 말미암아 그룹은 다시 갈라서고 분가되면서, 외형상의 규모는 더 작아지고 말았다. 재계의 서열도 결과적으론 곤두박질 쳤다.

하지만 경제 전문가들은 전화위복이라고 말한다. 지금 당장은 갈라져 작아지고, 때문에 순위도 곤두박질쳤다지만, 이제야 비로소 보다 먼 훗날을 기약할 수 있게 되었다고 입들을 모았다.

그도 그럴 만했다. 왕국은 왕자의 난을 거치면서 8남 1녀가 서로 갈라서고 분가되면서 자동차 중심의 현대자동차그룹, 유통 중심의 현대백화점그룹, 해운과 제조 중심의 현대그룹, 조선 중심의 현대중공업그룹, 금융 중심의 현대해상그룹 등으로, 각기 전문 그룹의 길로 나서게 되면서 경쟁력이 한층 더 강화되고 동반 부실의 위험 또한 크게 줄였다는 평을 들었다. 그런가 하면 현대산업개발그룹, KCC그룹, 한라그룹, 성우그룹 등 창업주 정주영의 형제들이 이끄는 그룹들 역시 새로이 독자 영역을 굳혀가고 있다고 내다보았다.

물론 왕국은 이제 과거 정주영이 이끌 때만큼의 큰 힘을 결집할 수 없게 되었다. 갈라서고 분가되면서 이른바 '현대가家'로 불리게 되고야 말았다지만, 그러나 현대가의 장래는 결코 어둡지만 않았다. 언제인가는 이들이 다시금 의기투합하여 이룩하게 될 '현대'의 신화가 반드시 다시 한 번 쓰이게 될 것이라는 데는 누구도 의심치 않는다.

2남 정몽구1938년생는 현대자동차그룹을 이끌고 있다. 출범 당시 10개였던 계열사가 어느덧 63개로 늘어났다. 매출 또한 삼성그룹에 이어 재계 순위 2위를 굳건히 지키고 있다.

3남 정몽근1942년생 또한 일찌감치 유통 부문을 물려받아 현대백화점그룹을 이끌어간다. 몽구, 몽헌, 몽준의 그늘에 가려 세간에 그리 알려져 있진 않으나, 소리 없이 외길을 걸으며 유통 부문을 키워온 주인공이다. 현대백화점, 현대H&S, 현대홈쇼핑 등 12개 계열사를 거느리며 만만찮은 매출을 올리고 있다.

장녀 정경희1944년생의 남편 정희영은 선진해운 회장을 맡고 있다. 4남 정몽우1945년생는 일찍이 40대부터 현대알루미늄 회장을 맡았으나, 심한 우울증을 앓다 45세의 젊은 나이1990년에 서울 시내 한 호텔에서 스스로 목숨을 끊었다. 그의 장남 정일선은 현대자동차그룹의 계열사인 BNG스틸의 대표이사 사장직을 맡고 있다.

5남 정몽헌1948년생은 왕자의 난2000년 때 형들을 제치고 현대그룹 단독 회장에 추대되기도 했다. 하지만 '대북 송금' 사건에 연루돼 검찰 조사를 받던 중, 극심한 스트레스를 견디지 못해 계동 현대사옥 자신의 집무실에서 투신 사망2003년하고 말았다. 지금은 그의 부인 현정은이 그룹 경영에 뛰어들어 현대아산, 현대상선, 현대증권 등 20개 계열사를 거느리며 재계 순위 10위권현재 25위 진입을 눈앞에 두고 있다.

6남 정몽준1951년생은 형제들 가운데 유일하게 엘리트서울대-MIT 경영대학원 코스를 밟으면서 아버지로부터 신임이 두터웠었다. 31세에 현대중공업 사장으로 발탁되었으나, 정계에 진출1988년하면서 소유와 경영의 분리를 견지해오고 있다.

7남 정몽윤1955년생은 한때 경영 일선에서 물러나 있다가 최근 현대해상의 회장으로 복귀했다. 8남 정몽일1959년생은 정주영의 막내아들이다. 미국 조지워싱턴대학교에서 경영학 석사학위를 받은 뒤 현대상사 등에서 경영 수업을 쌓다, 현대기업금융을 설립2000년하여 독립했다.

이 밖에도 현대가에서 빼놓을 수 없는 인물군이 있다. 정주영의 동생들인 정인영, 정순영, 정세영, 정상영 등이 그들이다.

먼저 동아일보 외신부 기자로 활약하다 현대건설 전무로 입사1953년하면서 맏형 정주영을 도와 왕국을 일으킨 손아래 동생 정인영이 있다. 1975년 맏형으로부터 독립한 그는 한라건설, 한라시멘트, 한라중공업, 만도기계 등 12개 계열사를 거느리는 한라그룹을 이끌었다. IMF 외환위기 때 자금난이 가중되면서 그룹이 부도나는 시련을 겪기도 했다. 지금은 둘째아들 정몽원이 그룹 재기에 나서고 있다.

정순영은 현대시멘트, 성우종합건설, 성우리조트, 현대종합금속 등의 계열사를 거느린 성우그룹을 이끌고 있다.

'포니 정'으로 유명한 정세영은 외아들 정몽규와 함께 맏형으로부터 독립1999년했다. 지금은 계열사 10개 이상을 거느린 현대산업개발그룹으로 키워내어, 건설 영역에서 확실하게 자리 잡았다.

다섯째 동생 정신영은 정주영이 생전에 가장 자랑스럽게 여기던 동생이었다. 일찍이 서울대를 졸업한 뒤 동아일보 기자로 잠시 활약하다 독일로 유학을 떠났다. 함부르크대학교에서 경제학 박사과정을 밟던 중 그만 타계하고 말았다. 정주영은 서울대 음대 출신의 첼리스트였던 미망인 제수 장정자에게 현대학원현대고등학교을 경영토록 배려했다.

막냇동생 정상영은 계열사 8개를 거느린 건축 자재 전문그룹 KCC를 이끌고 있다. 맏형 정주영을 고스란히 빼어 닮았다 하여 '리틀 정주영'으로도 불리는 그는, 조카 정몽헌 회장이 자금난에 몰렸을 때 200억 원을 선뜻 내놓았을 만큼 의리도 강하다. 그러나 조카 사망 이후 현정은 회장과의 경영권 다툼을 벌이면서 한때 세간의 눈총을 받기도 했다.

끝으로 정희영은 정주영의 유일한 여동생이다. 그녀의 남편 김영주 한국프랜지공업 회장은 정주영의 매제가 된다. 두 사람의 인연은 일찍이 1944년으로 거슬러 올라간다. 그가 신당동 쌀가게 경일상회를 강제 병합당한 뒤 홀동금광에서 운송 하청업을 하던 도중 운전기사를 하던 김영주와 뜻이 맞았고, 결국에는 매제로까지 오랜 인연을 맺었다.

이병철과 정주영은 100년 경영을 위한 수성으로 자신의 후계자를 내세웠다. 기업은 생물처럼 영속되어야 하는 것이며, 그런 만큼 애비로서의 선택이 아니라 기업을 영속시키고자 하는 기업가로서의 선택이었다.

그 결과 정주영은 처음부터 자신의 모든 걸 쏙 빼어 닮은 2남 정몽구를 선택했다. 모두가 예상한 그대로였다.

이병철은 처음엔 머리 좋은 장남 이맹희였다. 그러다 나중에 일천한 3남 이건희로 전격 교체되었다. '장남 맹희에게 그룹 일부의 경영을 맡겨보았으나, 6개월도 채 못 되어 맡겼던 기업체는 물론 그룹 전체가 혼란에 빠지고 말았다. 본인이 자청하여 물러났다'는 게 이유였다.

그러나 이건 핑계였다. 암만해도 장남 이맹희가 자신의 정서에 맞지 않다고, 최종 단계에서 고뇌에 찬 판단을 한 것이다. 그에 반해 이건희는 자신의 아바타avatar였다. 일반적으로 알려져 있는 이병철 자신에 대한 이미지가 가장 많이 중첩되는, 이른바 자신의 '대담한 면과 사소한 면이 변증법적으로 통합된' 성격에 그만 기울었다.

그렇다면 이병철과 정주영은 왜 그 같은 결정을 내렸던 것일까? 왜 꼭 자신의 아바타여야 했던 것일까? 여기에 '삼성경영 현대경영'의 단서가 숨어 있다.

둘은 합자회사 협동정미소1936년와 쌀가게 경일상회1938년로 창업한 이래 반세기 넘도록 남다르게 왕국을 키워왔다. 그 사이 자신들의 경영력 또한 부단히 시험하고, 다듬고, 진화시켜내어 마침내 오늘에 이르렀다. 반세기 만에 완성된 경영문법인 셈이었다. 예컨대 이병철의 '황제경영'과 정주영의 '정벌경영'이 그것이다.

더욱이 이 같은 경영문법이 결과적으로 옳았다고 둘은 확신했다. 곧 그 같은 경영력이 왕국을 남다르게 지속 발전시켜 왔을 뿐만 아니라, 21세기 새로운 미래에도 여전히 유효할 것이라고 내다보았다.

그렇기 때문에 이병철은 '미래에 대한 통찰력과 스케일이 아주 큰' 3남 이건희를, 정주영은 '유난히 보스 기질이 남다른 데다 소탈하고 선이 굵은 것에서부터 솥뚜껑만 한 손바닥과 「삼국지」를 열심히 탐독하는 것조차 자신을 그대로 **빼어** 닮은' 2남 정몽구를 선택했다. 요컨대 이병철이 왕국의 연속성에 방점을 찍은 반면에, 정주영은 자식들을 통해서 자기완성을 꿈꾼 후계 구도였던 셈이다.

그럼 이 같은 후계 구도는 과연 옳았던 것인가? 이병철과 정주영의 창업 1세대가 마감되고, 마침내 이건희와 정몽구의 이름으로 새로운 시대를 열어가는 이들 두 왕국의 미래는 또 어떻게 전개될 것인가?

제7장
못다 이룬 완성完成

이병철, 승률 96%의 직관력

재계에선 지금도 이병철을 일컬어 '기업경영의 귀재'라고 부른다. 그가 손대는 기업경영마다 실패한 것이 하나도 없었다고 애써 강조하기까지 한다. 기업경영을 모르는 일반인들은 물론이고 기업을 직접 경영하고 있는 기업가에서부터, 심지어는 삼성의 내부 사람들조차 그런 말을 공공연히 하고 있을 정도다. 다른 건 몰라도 최소한 기업경영에 있어서만큼은 한사코 실패한 적이 없다고 아퀴를 짓는다. 모두가 그같이 굳게 믿고 있다.

이병철은 전 생애에 걸쳐 모두 57번의 창업전쟁을 치렀다. 스물여섯 되던 해 선친으로부터 쌀 300석 지기의 토지를 유산으로 물려받아 마산에서 동업으로 정미업을 시작하면서 창업전쟁에 뛰어든 이래, 타계하기 직전에 설립한 삼성데이타시스템1985년과 삼성경제연구소1986년에 이르기까지 반세기 동안 꼭이 쉰일곱 차례의 창업전쟁을 벌였다.

이를 살펴보면 협동정미소 일출자동차회사1936년, 토지사업1937년, 삼성상회 → 삼성물산1938년, 조선양조 인수1939년, 삼성물산1950년, 제일제당1953년, 제일모직1954년, 한일은행 인수1957년, 안국화재·상업은행·조흥은행 인수1959년, 동양TV방송·라디오서울1963년, 동방생명 → 삼성생명·동화백화점 → 신세계백화점·동남증권·동양화재 인수 및 미풍산업1963년, 대구대학교 인수 및 한국비료1964년, 〈중앙일보〉 창간 및 성균관대학교와 새한제지 → 한솔제지 인수1965년, 중앙개발·고려병원 → 삼성중앙병원1966년, 안양컨트리클럽·삼성전자1969년, 삼성NEC → 삼성전관1970년, 삼성문화재단1971년, 제일합섬1972년, 제일기획·호텔신라·삼성산요파츠 → 삼성전기·삼성코닝1973년, 삼성석유화학·삼성중공업1974년, 중앙엔지니어링1975년, 용인자연농원1976년, 삼성종합건설·삼성조선·삼성정밀·삼성해외건설·삼성GTE통신·대성중공업·한국반도체 → 삼성반도체 인수1977년, 코리아엔지니어링 인수1978년, 한국전자통신 인수1980년, 한국안전시스템 인수1981년, 삼성라이온즈 프로야구단·호암미술관1982년, 삼성시계 및 조선호텔 인수1983년, 삼성의료기기·삼성휴렛팩커드1984년, 삼성유나이티드항공·삼성데이타시스템1985년, 삼성경제연구소1986년에까지 이른다.

그는 이 가운데 모두 마흔네 번의 창업을 성공시킨 것으로 나타났다. 96%라는 경이적인 승률의 기록을 남긴다.

비단 경이적인 승률만이 아니다. 숫자로 가늠해 볼 수 있는 양도 양이지만, 질적인 면에서도 단연 타의 추종을 불허한다. 대학과 미디어 부문에서부터 전자산업의 하이테크에 이르기까지, 하나같이 누구도 넘볼 수 없는 정상의 수준을 자랑한다.

앞서 밝혔듯이 '기업경영의 귀재'이니, 손대는 기업경영마다 결코 실패한 적이 없다고 굳게 믿을 만도 하다. 그같이 믿는다 하더라도 가히 틀린 말이 아닐 법도 싶다.

말할 나위도 없이 이 같은 경이적인 성공 뒤엔 평소 신중하고 사려 깊은 사고도 사고이지만, 오롯이 그만의 직관력이 있었음은 당연하다. 그가 창업하여 왕국을 일으킨 삼성만의 스타일이 존재했던 것이다.

그런 삼성만의 스타일엔 먼저 '삼성 비서실'을 들 수 있다. 비서실은 비단 삼성에만 있었던 건 아니다. 당시 기업마다 자신의 스타일에 따라 비서실, 경영기획실, 기획조정실 등 명칭은 달랐지만, 역할 면에선 기획·재무·인사·감사 등을 총괄하는, 큰 틀에서 볼 땐 회사를 총괄하는 조직이 없지 않았다.

다만 삼성 비서실은 남달리 일찍 진화했다. 그 결과 그룹을 혁신시킬 수 있었다는 점이 타 기업과 다른 차별성을 보였다.

이병철이 그룹 내에 비서실을 맨 처음 조직한 것은 1959년이다. 삼성물산 산하에 일개 과課 단위로 출발했던 삼성 비서실은 주로 의전, 재무관리, 문서작성 등 여느 비서실과 다름 없이 CEO를 보좌하는 일상적인 업무를 담당하는 것으로 시작했다.

그렇게 출발했던 삼성 비서실은, 그로부터 15년 후 완전히 탈바꿈하여 일대 변혁을 일으켰다. 종합무역상사로서 황금의 시대가 도래하자 전 세계적인 규모의 폭넓은 시장을 대상으로 중요 정보를 수집하고, 각지의 지점을 통제하기 위한, 이른바 '헤드쿼터Headquarter'가 필요하게 되었다.

그는 이 점을 예리하게 간파했다. 곧바로 여러 가지 경로를 검토한 끝에 일본의 대기업 미쓰비시와 미쓰이, 스미토모 등의 비서실을 벤치마킹bench-marking하여 비서실을 강화할 것을 지시했다.

그런 결과 1970년대 후반 삼성 비서실은 면모를 크게 일신하게 된다. 벤치마킹을 시도한 일본의 대기업들과 마찬가지로 마침내 기획, 인사, 정보, 기술, 감사, 홍보 등을 총괄하는 소위 최고의 인재들로 구성된 '엘리트본부'가 탄생케 된 것이다.

때문에 삼성 비서실은 한때 왕국 내에서조차 무소불위라는 말을 들을 만큼 막강한 파워를 과시했다. 훗날 삼성 계열사의 CEO로 출세한 황영기삼성증권 CEO 및 우리은행 행장, 김순택삼성SDI CEO, 배종렬삼성물산 CEO 등 수많은 인재들이 비서실을 거쳐 길러지면서, CEO 사관학교라는 유행어마저 낳기에 이르렀다.

이처럼 삼성 비서실이 진가를 발휘하며 유명세를 타자 여타 대기업들 역시 뒤따라 벤치마킹에 나섰다. 기아그룹은 비서실로, 현대는 종합기획실로, SK는 경영기획실 등으로 그룹 경영을 총괄하는 정보를 수집, 분석하여 오너에게 보고하는 체제를 제각기 구축하고 나섰다.

다음으론 삼성 특유의 '깐깐한 1등의 완벽주의'를 들 수 있다. 그야말로 한 치의 오차도 허용치 않는 깐깐하면서도 철저하고 완벽한 스타일이 그것이다.

이건 말할 것도 없이 순전히 왕국의 오너인 이병철로부터 비롯된 것이다. 그로부터 씨앗이 뿌려져 왕국에 움터 오르고 뿌리가 내린, 삼성만의 기업 근육이라고 일컬을 수 있다.

예컨대 서울 태평로에 자리한 삼성 본관 옆 동방생명삼성생명과 〈중앙일보〉 사옥을 지어 올릴 때 그가 외벽 대리석의 색상은 물론, 대리석의 칸과 칸 사이 간격까지 일일이 지적해 주었다는 얘긴 앞서 한 바 있다. 물론 그만이 아니더라도 왕국의 중요 건축물인 만큼 그 같은 오너는 얼마든지 있을 수 있다. 뒷짐이나 진 채 전문가의 손에 떠맡겨 버리고 마는 것보단, 어떻게 보면 자신의 의중을 분명하게 밝히는 오너가 더 확실해 보일 수도 있다.

그렇다 하더라도 이병철은 그런 오너하곤 분명히 또 달랐다. 그의 깐깐한 완벽성은 누구도 따를 수 없는 유별난 것이었다. 가령 자신의 비서에게 넘겨줄 메모지에 글씨가 좀 비뚤어졌다거나, 써놓은 글씨가 성에 차지 않을 땐 곧바로 찢어버리고 다시 반복해 써서 건네줄 만큼, 일상의 작고 사소한 것에서부터 한사코 철저하게 완벽을 기했다.

제일모직 대구공장의 이병철이 사용하던 사장실에는 그 같은 완벽을 다시 한 번 가늠해볼 수 있는 유물이 있었다고 한다. 지금은 세월이 많이 흘러 어떻게 처치되고 말았는지는 몰라도, 그의 생전엔 까맣게 옻칠 된 두터운 회의용 탁자와 함께 응접세트가 놓여 있었다.

한데 이 회의용 탁자와 응접세트가 어찌나 무거운지, 한 번 옮기려면 사람의 힘으론 도저히 어림도 없었다. 반드시 기계의 힘을 빌려야만 했다.

그럴 만했던 게 제일모직 창립 시기1950년 중반에 만들어졌다는, 두툼한 원목 위에 구두 밑창에나 댈 법한 두꺼운 소가죽으로 응접용 소파를 만들었기 때문이다. 회의용 의자도 앉는 자리에는 두꺼운 소가죽으로 다시 덧씌운 후, 나머지 부분은 검은 옻칠을 하여 그 견고함이란 이루 말할 수 없었다.

요컨대 어떤 물건 하나를 만들어도 그같이 철저하고 완벽하게, 그래서 다시는 손보지 않아도 영구히 쓸 수 있도록 만들고자 했던 그의 자세가 삼성의 일상 업무 처리 과정에까지 고스란히 배어들었다는 얘기다. 크든 작든, 하찮 건 그렇지 않건 간에 상관없이 그 같은 남다른 철저함과 완벽함이, 마침내 삼성이 하면 무언가 다르다는 '1등의 신화'를 낳기에 이르렀다는 사실이다.

그렇대도 그가 치러낸 57번의 창업전쟁 가운데는 이도 저도 아닌 무승부 를 기록하고 만 것도 열한 번을 헤아린다. 조금은 뜻밖의 기록이지 않은가? 맨 처음 사업을 계획할 땐 반드시 90가지에 달하는 매뉴얼을 꼼꼼하고 깐깐 하게 두들겨 보는 철저함, 120%의 목표를 세워 100%를 달성하는 치밀한 목 표 관리, 더욱이 왕국의 미래 성장 동력을 위해 73세의 노구에도 불구하고 반도체에 전체 역량을 쏟아부을 만큼 승부 기질마저 남달랐던 '기업경영의 귀재' 답지 않은 뜨뜻미지근한 적바림이 아닐 수 없다.

우선 앞서 잠깐 언급한 바 있던 시중 은행의 인수1957년를 들 수 있다. 한일 은행·상업은행·조흥은행의 인수에 이은, 정부로의 환수가 그것이다.

앞서 얘기한 것처럼 당시 이승만 정부가 시중 은행의 민영화 작업에 나서 면서, 그에게 정부 보유 은행 주식을 인수하라는 제의가 들어왔다. 그때 시중 은행들은 대부분 재무 구조가 취약한 데다, 경영 또한 부실하기 짝이 없었 다. 한데도 전쟁 이후 부흥 자금을 마련키 위해 정부가 반 강압적으로 떠맡 기는 식에 가까웠고, 불하 가격 또한 은행 자산에 비하면 높았다.

어쨌든 같은 해 한일은행을 인수한 데 이어, 이듬해에는 상업은행을, 다 시 그 이듬해에는 조흥은행을 잇달아 인수케 되었다. 금융을 거머쥐면서 비 로소 재벌로 가는 마지막 퍼즐을 맞춘 셈이었다.

그러나 다음 해 4·19로 이승만 정권이 무너졌다. 야당인 민주당이 정권을 잡았다. 민주당은 이른바 부정 축재자 척결이라는 조치를 내렸다.

하지만 다시 이듬해인 1961년 5·16이 일어났다. 한데 군사정권 역시 재계를 희생양으로 지목하고 나섰다. 그를 부정 축재자 1호로 낙인찍는다. '정부와 결탁하고 은행을 특혜 인수했다'는 이유였다.

이병철은 억울했다. 특혜로 은행을 인수했다면 상당한 이익이 발생했을 텐데 내막을 들여다보면 전연 그렇지가 않았다.

하지만 총칼을 치켜든 군사정권에 의해 부정 축재자 1호로 낙인찍히고 만 이상 어쩔 도리가 없었다. 아무 소리도 못하고 한일은행, 상업은행, 조흥은행을 정부에 그냥 돌려줘야 했다.

동양방송TBC와 라디오서울의 운명 역시 별반 다르지 않았다. '말馬 위에서 천하를 잡을 순 있으나, 말 위에서 천하를 다스리지는 못한다'는 명언에 따라, 정치보다 더 강한 힘으로 사회의 조화와 안정에도 기여할 수 있는 방법 중 하나로 시작한 사업이 동양방송과 라디오서울이었다. 이어 다시 〈중앙일보〉까지 잇달아 창간해 매스컴 경영에 뛰어든 것이다.

그러나 군사정권 출범 때 시중 은행들을 빼앗기고 말았던 것처럼, 라디오서울과 동양방송 또한 신군부에 의해 다시금 희생양이 되고 말았다. 말로만 듣던 모 기관의 지하 수사실로 은밀히 불려간 그는, 두 눈을 부릅뜨며 윽박지르는 수사관들에 에워싸여 동양방송과 〈중앙일보〉 가운데 전자를 포기한다는 각서에 도장을 꾹 눌러주지 않으면 안 되었다.

같은 해 동양화재와 동남증권 역시 소리 소문 없이 양도해야 했다. 그러나 여기에 대해선 딱히 눈에 띄는 자료를 찾아보기 어려워 무어라 언급할 수 없는 점이 유감이다. 따라서 후일의 과제로 남겨두기로 하면서, 다만 동양화재와 동남증권 역시 무승부로 기록해 두고자 한다. 큰 틀에서 보았을 때 자의가 아닌 외부 환경에 의한 결과로 본 것이다.

그 다음으론 1964년에 인수했다가 곧바로 양도한 대구대학교가 눈에 띈다. 또 대구대학교의 인수와 양도를 설명하기 위해선 먼저 용인자연농원으로 잠시 눈길을 가져가야 한다. 거기에 자리한 삼성종합연수원 현관에 들어서면, 널찍한 로비 정면 벽면에 다음과 같은 글귀가 꽤나 세련된 필체로 새겨져 있음을 보게 된다. 삼성종합연수원 준공을 기념하여 그가 쓴 친필을 붉은 화강암 위에다 흰 글자로 음각해 놓은 것이다.

"국가와 기업의 장래가 모두 사람에 의해 좌우된다는 것은 명백한 진리이다. 이 진리를 꾸준히 실천해 온 삼성이 강력한 조직으로 인재 양성에 계속 주력하는 한 삼성은 영원할 것이며, 여기서 배출된 삼성인은 이 나라 국민의 선도자가 되어 만방의 인류 행복을 위하여 반드시 크게 공헌할 것이다."

그는 이처럼 역사와 인간사회에 대한 깊은 인식을 바탕으로 반세기에 걸친 기업경영을 해오면서 줄곧 '인재 제일'을 경영 이념으로 삼아 왔었다. 또 그 같은 인재 제일주의에 관해 다음과 같이 덧붙이기도 했다.

"나는 내 일생의 80%는 인재를 모으고 교육시키는 데에 시간을 보냈다. 내가 키운 인재들이 성장하면서 두각을 나타내고 좋은 업적을 쌓는 것을 볼 때 고맙고, 반갑고, 아름다워 보인다. 삼성은 인재의 보고라는 말을 세간에서 자주 하는데, 나에게 있어서는 이 이상 즐거운 일은 없다.”

그랬다. 실제로 그는 기업경영을 통해서 ‘기업은 곧 사람이다’라는 원리를 잠시도 잊지 않고 꾸준히 실천에 옮겼다. 자신이 즐겨 인용하던 격언, ‘일년지계一年之計는 곡식을 심는 일이고, 십년지계十年之計는 나무를 심는 일이며, 백년지계百年之計는 사람을 기르는 일이다’는, 시대가 바뀌고 경영 환경이 제아무리 급변하더라도 기업이 인재를 육성하고, 그같이 무한한 상황 적응 능력을 갖춘 인재가 기업을 운영하는 이상 그 기업은 흔들림 없이 영속될 수 있다고 믿었다. 대구대학교 역시 그 같은 신념, 순전히 인재 육성을 목적으로 인수한 것이다.

한데 어떻게 된 영문인지 대구대학교를 서둘러 양도하고 만다. 그 뒤 대구대학교는 영남대학교로 바뀌고, 이후 지금껏 박정희 일가와의 이야기가 끊이질 않고 있다.

마지막으로 그의 창업전쟁에서 빼놓을 수 없는 건 대구의 조선양조일 것 같다. 이병철은 생애 첫 사업이었던 마산에서의 쓰라린 좌절 이후 대륙 기차 여행길에 올랐다. 경성역을 출발하여 봉천 등 만주를 거쳐 북경, 청진, 상해 등지를 두루 여행하고 돌아와, 대구에서 삼성상회를 설립1938년하여 재기에 성공한다.

그러면서 이듬해 대구 지역을 기반으로 하는 조선양조를 인수하게 된다. 대구에선 첫째 둘째를 다툰다는 대규모 청주 양조회사였다. 이 양조회사는 1969년에 자진 해산할 때까지 무려 30여 년 동안이나 장수한 기업이었을 뿐 아니라, 이 양조회사에서 벌어들인 돈이 6·25 전쟁 이후 자칫 좌초 직전에 처한 삼성을 살린 든든한 자금원이 되어주었을 만큼 조선양조는 왕국의 역사에서 매우 중요한 위치를 차지한다.

한데 정말 알 수 없는 일이다. 그는 왜 이런 조선양조를 자진 해산하고 만 것일까? 그때까지 경영도 좋은 데다, 앞으로 얼마든지 키워나갈 수 있음에도 군이 무승부의 기록으로 남기길 바란 것일까? 그때나 지금이나 술장사야말로 그다지 힘들이지 않으면서 금맥을 캘 수 있는 자금원이 될 수 있었을 텐데도 말이다.

이런 의문에 대해 그는 무어라고 대답했을까? 한마디로 술장사는 사업이라고 보기 어렵다는 게 그의 기본 입장이었다.

우선 술장사를 하려면 정부의 허가를 받아야 하는데, 그 허가가 여간 까다로운 게 아니라서 일단 양조회사만 가지고 있으면 크게 힘들이지 않고 큰 돈을 벌어들일 수 있었다. 그러나 손쉬운 기업만 하고 있다가는 정작 기업가로서 성장할 수 없다고 느꼈고, 그러한 이유로 자진 해산을 결정한 것이다.

어떤가? 그의 결정에 십분 동감하는가?

하기는 당시만 해도 지금과는 사뭇 다른 사회 분위기였다. 사람이 술을 마시는 것이 아니라 술이 사람을 마셔서, 패가망신하는 경우가 적지 않았을 때이다. 때문에 기왕 사업을 할 바라면 손쉬운 술장사를 하지 않는 것이 좋겠다는 생각이 들어, 30년 장수기업 조선양조를 자진 해산 형식으로 정리하였다는 얘기다.

공교롭게도 같은 시기 그는 기업가답지 않은 발언을 꺼낸다. 조선양조를 자진 해산하기 바로 직전인 1968년 세밑, 삼성 사장단 회의에서 자신의 '도의문화 앙양운동'의 의도를 처음으로 개진하고 나선다.

"새해부터 중앙매스컴이 중심이 되어 도의심道義心 앙양운동을 전개하자. 비 오는 날의 얌체, 중상모략, 도의 추락은 없어져야 할 것이다. 일은 큰 데 힘이 약해서 어떤 효과가 나올지는 모르지만 강력히 추진해야 할 것이다. 동시에 삼성의 이미지를 높여야 한다."

저자의 생각은 이렇다. 이날 그가 발언한 마지막 부분에 주목한다. 이땐 이미 자신이 거느린 계열사만 하더라도 삼성물산을 필두로 제일제당, 제일 모직, 삼성생명, 신세계백화점, 〈중앙일보〉 등 무려 15~16개 기업에 달했다. 말하자면 모자랄 게 하나도 없는 왕국을 구축한 뒤였다. 더욱이 한국 재계의 대표 얼굴인 한국경제인연합회 초대 회장의 신분이기도 한 위치였다.

요컨대 그도 이젠 술장사 따위 걷어치우고 자신의 체면치레, 곧 역사를 돌아볼 때가 되었다고 생각한 것이다. 30년 장수기업 조선양조를 굳이 무승부로 주저앉히고만 그의 결정이 그것과 별반 다르지 않았을 거라는 얘기다.

정주영, 아주 작은 경험을 확대시켜 만들어낸 큰 현실

흔히 정주영의 경영력을 평가할 때면 대개 여섯 가지니, 일곱 가지니, 열 가지니 하는 기적부터 떠올리곤 한다. 그가 남긴 기적을 나름대로 살펴보았을 때 이중 '여섯 가지의 기적'에 손을 들어주고 싶다.

첫 번째 기적은 이미 설명한 바 있다. 1952년 한겨울 부산 유엔군묘지를 푸른 보리 잔디로 단장한 것이다. 두 번째는 1966년 한국 건설 역사상 최초로 해외로 진출하여 태국 파타니 나라티왓 고속도로 공사를 수주한 것이다. 세 번째는 1972년 황량한 울산 미포만의 갯벌 사진 두 장을 들고서 영국과 그리스로 날아가 조선소 건설 자금과 함께 초대형 유조선을 수주받아 설립하게 된 현대중공업 울산조선소의 창업 비화다. 네 번째는 1976년 현대자동차가 자체 개발한 고유 모델 'PONY'를 자동차의 나라 북미에 상륙시킨 것이다. 다섯 번째는 같은 해 당시 우리나라 국가 예산의 절반 이상에 해당하는 공사비 9억 3,114만 달러의 세계 최대 심해 공사인 사우디아라비아의 주베일 산업항 건설이었다. 마지막 여섯 번째 기적은, 1984년 서산 간척지 공사 최종 물막이 때 그가 아이디어를 낸 '정주영 공법工法'이 그것이다.

여기에 한 가지 더 추가하고 싶은 게 있다. '시베리아 개발'이다. 뒤에 따로 살펴보겠지만, 시베리아 개발은 정주영의 최후 정벌이었을 뿐 더러 왕국의 경제 영토를 보다 확장시킬 수 있는 마지막 기회였다.

그러나 안타깝게도 타계하고 마는 바람에 미처 그 뜻을 이루지 못했다. 아쉬움이 남는 대목이 아닐 수 없다. 비록 지금은 갈라서고 분가되어 큰 힘을 다시 결집시키긴 쉽지 않더라도, 그가 자신의 후예들에게 남긴 과제 가운데 하나라는 건 분명히 의심할 여지가 없다.

어쨌거나 그는 오랫동안 숙명처럼 이어져 내려오던 보릿고개를 물리치는 데 상당 부분 이바지했다. 아시아의 변방에 자리한 작고 가난한 분단국가 'Korea'의 이름을 지구촌에 널리 떨치는 데 그만큼 기여했던 이도 드물다.

하지만 일찍 일어나는 새가 먹이를 찾는다는 정주영의 '얼리버드 정신'은 결코 거기에 만족하지 않았다. 시간이 허락된다면 좀 더 많은 경제 영토를 정벌해 나갈 수 있다고 확신한 정벌의 경영자이기도 했다. 1988년 서울올림픽 유치 때 그가 보여준 눈부신 활동이랄지, 시베리아 개발 같은 것이 그 단적인 예라고 볼 수 있다.

영국과 그리스에서 초대형 유조선을 수주받아 설립한 현대중공업 울산조선소

　그렇다면 정주영의 이 같은 불패의 기적, 놀라운 경제 영토의 정벌경영을
과연 어떻게 볼 것인가. 서울대 경제학과 송병락 교수는 그 점에 대해 자신
의 저서 「마음의 경제학」에서 이렇게 언급하고 있다.

　"… 현대그룹을 창설한 정주영 회장도 일의 성패는 주위의 여건이나 환경
이 아니라 마음먹기에 달렸다고 했습니다. 여러분도 자신의 목표를 달성할 수
있는 무한한 능력이 자신의 무의식 세계 속에 있다는 사실을 믿으십시오.
실패의 모든 원인은 여러분의 마음속에 있고, 여러분은 이를 극복할 수 있는
능력이 있으므로 모든 부정적인 생각을 버리십시오. 그리고 그 포부의 실현을
가능하게 하는 방법도 존재한다는 사실 또한 아울러 믿으십시오. 여러분이

스스로 자신을 믿지 않으면 남은 더욱더 여러분을 믿을 수가 없게 됩니다…"

송 교수에 따르면 정주영의 그 같은 불패의 기적, 놀라운 경제 영토의 정벌경영은 자신의 무한한 능력을 스스로 확신했기 때문이라고 설명한다. 정주영 자신 역시 같은 발언을 한 적이 있다.

"나는 누구에게든, 무엇이든, 필요한 것은 모두 배워서 내 것으로 만든다는 적극적인 생각, 진취적인 자세로 작은 경험을 확대해 큰 현실로 만들어내는 것에 평생 결코 주저해 본 일이 없습니다…"

그는 덧붙여 '나는 무슨 일을 시작하든 된다는 확신 90%와 반드시 되게 할 수 있다는 자신감 10% 외에, 안 될 수도 있다는 불안감은 단 1%도 갖지 않았다'고 말하고 있다.

그에게 왜 '불도저'라는 별명을 붙였는지, 그가 왜 '빈대의 교훈'을 자주 들먹였는지, 그가 왜 '나는 생명이 붙어 있는 한 실패는 없다고 생각한다'고 말했는지를 짐작해볼 수 있게 한다.

뼈아픈 2패, 토지사업과 한국비료 사건

'기업경영의 귀재'로 불리는 이병철의 에토스는 앞서 이미 살펴본 그대로다. 그중에서도 전 생애에 걸쳐 그가 일관되게 보여주고 있는 뚜렷한 특성 한 가지가 있다. 또 그런 특성은 마치 초원의 맹수와도 같이 매우 거칠다는 생각을 들게 한다. 초식동물과 같이 작은 풀잎을 뜯어먹고 사는 것이 아니라, 광활한 들판으로 뛰쳐나가 작은 풀잎을 뜯어 먹고 자란 덩치 큰 초식동물을 일거에 포획하고 마는, 실로 거침이 없는 담대함이 그것이다.

사실 그는 어떤 사업을 벌이든지 간에 출범할 때부터 상당히 큰 규모로 시작하고 있음을 볼 수 있다. 생애 첫 사업인 마산의 협동정미소만 해도 그렇다. 지금 돈 약 10억 원 정도로 출발할 수도 있는 사업이었지만 그렇게 하지 않았다. 혼자서도 할 수 있는 정미사업이었으나, 동업자 둘을 더 불러 모아 3배에 달하는 자본금으로 첫 사업을 시작하고 있는 것만 봐도 알 수 있다.

물론 합자사업은 패수였다. 거대한 정미소를 차리는 데는 성공했지만, 그 정미소를 멈추지 아니하고 가동키 위해선 쌀을 확보하는 것이 선결 과제였다. 하지만 쌀값의 등락이 골칫거리였다.

더욱이 그 쌀값은 정미소가 위치한 마산 지역에서 결정되는 게 아니었다. 그의 눈엔 보이지도 않은 전국의 미곡상이나 일본의 농간, 더 멀리는 만주 지역이나 대륙의 곡물 시세에 따라 수시로 반등을 거듭하기 일쑤였다. 때문에 제아무리 정미소를 열심히 돌려 쌀을 찧어놓아도 쌀값의 반등에 따라 희비가 엇갈릴 수밖엔 없었다.

그렇대도 막대한 시설비가 들어간 정미소를 멈추게 할 순 없었다. 따라서 쌀값의 반등에도 아랑곳하지 않고 정미소를 한사코 돌려야만 했고, 또 그러다 쌀값이 폭등했을 때 사들인 것으로 말미암아 사업 시작 1년 만에 자본금의 3분의 2가 잠식되는 실패를 기록한다.

유달리 예민했던 그가 그런 사실을 그냥 넘길 리 만무했다. 이듬해부턴 정미소를 흑자 경영으로 전환하는 데 성공할뿐더러, 여세를 몰아 트럭 20대를 굴리는 일출자동차회사와 은행에서 대출받아 토지를 늘려 200만 평의 대지주로 깜짝 변신하게 된다.

하지만 당시 그가 바라본 지평은 거기까지였다. 지평 너머 또 다른 세계가 존재한다는 걸 미처 헤아리지 못했다. 결국 자신의 사업 역량을 일찌감치 발견하긴 하였으되, 준비되지 않은 허상의 그물질이 얼마나 헛된 것임을 아울러 깨닫게 된 사례이기도 했다.

또 그때 '물러설 줄 아는 용기'도 절감했다. 그리고 그때 절감한 물러설 줄 아는 용기는 훗날 그를 다시 한 번 위기에서 구하게 된다.

일찍이 이병철 역시 조선산업에 진출1973년한 적이 있다. 정주영의 울산 현대조선소가 착공한 이듬해였다. 사업의 특성에 따라 그는 지구촌에서 가장 크고 생산성이 높은 조선소를 만들고 싶어 했다. 일본 조선업계의 명문인 IHI와 합작으로, 경남 통영군 안정리에 부지 150만 평을 확보하고 야심찬 사업 계획을 세웠다.

한데 지구촌에 때아닌 제1차 오일쇼크가 불어 닥쳤다. 그와 함께 세계 조선업계는 신규 발주가 끊어지고 계약금을 포기하면서까지 선박 주문을 취소하는 사태로까지 번져나갔다. 부득이 삼성은 조선산업을 관망할 수밖에 없었다.

그는 당시 상황을 이렇게 회고한다. 생애 첫 패배인 토지사업 때 절감했던 대목과도 맞닿아 있는 내용이다.

"만일 그대로 안정리 조선소 건설을 강행했더라면 사업은 큰 타격을 받았을 것이다. 사업에는 착수하는 용기와 함께 물러서는 용기도 아울러 필요하다."

그러나 이병철의 두 번째 패배이자 생애 마지막 패배로 기록되는 '한국비료’는 아무래도 뼈아픈 것이었다. 아니 그에겐 영원히 씻을 수 없는 오명으로 남을 수밖에 없는 기록이 되고 말았다. 우선 결론으로 가기 전에 ‘한국비료’ 사건에 대한 그의 설명부터 들어보기로 하자.

“한국비료 울산공장을 완성하는 데는 10년 가까운 세월이 걸렸다. … 증가 일로인 국내 수요를 충족시키기 위해서는 세계 굴지의 최신식 대규모 공장을 건설해야 하며, 그 규모는 30만 t 정도는 되어야 한다. 이 규모라면 장차 수출을 할 경우에도 국제경쟁력을 지닐 수 있다. … 무엇보다도 어려운 문제는 자금, 즉 외자外資였다. 줄잡아 제1차로 5,000만 달러는 소요될 터인데 이것을 어떻게 마련할 것인가. 지금에 와서는 4,000~5,000만 달러 규모의 공장은 별반 신기할 것이 못 되지만, 당시로써는 그야말로 세계적인 거대 규모였다. 이 거대한 공장을 운영하는 것은 삼성 혼자만의 힘으로는 실로 힘겨운 일이었다. … 이윽고 삼성이 세계 최대의 비료 공장을 건설한다는 것이 국내에 알려지자 반응이 분분했다. 우선 그 웅대한 스케일에 놀라 그렇게 큰 공장을 과연 우리 손으로 지을 수 있을까 하고 의심하는 것 같기도 했다. … 다음 해인 1966년에 접어들자 일본에서 기계류가 반입되기 시작했다. 한국비료에 필요한 기계는 총 30여만 종에 중량은 18만 t이나 되었다. … 암모니아 탑은 중량이 200t이나 되어 1만 5,000t의 화물선을 전세 내어 일본에서 울산항까지 운반하였다. 그러나 하선이 불가능하여 새로 부두를 건설해야 했다. … 한국비료 건설은 착공 1년 만에 차차 윤곽이 잡혀갔다. 이대로 가면 계획대로 18개월 만에 완성될지도 모른다는 희망을 갖게 되었다. 바로 그 무렵이었다. 완공된 한국비료 공장에서 손을 떼야 하는 뜻밖의 사건에 부딪혔던 것이다.”

이른바 '한국비료 사건'이 터지고 만 것이다. 당시 이 사건에 대한 언론 보도를 축약해 보면 다음과 같다. 건설 공사 중이던 삼성재벌 계열의 한국비료가 건설 자재를 가장, 사카린의 원료인 OTSA 60t을 일본으로부터 도입하여, 그중 38t을 금북화학에 내다 팔았다는 것이 그 요지였다.

충격적인 내용의 보도가 나가자마자 나라 안은 온통 벌집을 쑤셔놓은 듯 발칵 뒤집혔다. 때마침 판본版本방직 밀수사건과 동시에 불거진 사건이어서 정치권에선 대목을 만난 셈이었다. 언론 또한 서슴없이 필봉을 꺼내어 들었다.

"생산이 있기 전에 무역이 있었고, 무역이 있기 전에 밀수를 했다. 이것이 한국 재벌 생성의 과거사인 줄만 알았던 국민들은 지금도 공장을 짓는다고 밀수를 하고, 수출을 한다고 밀수를 하는 재벌의 현실에 이제 대경실색의 상태를 지나 용솟음치는 분노를 억누르는 데 온갖 이성을 앞세우고 있다…"

파문이 일자 정부는 뒷짐만 지고 있을 수 없었다. 사건의 경위를 명명백백하게 밝혀야 했다.

"한국비료의 이일섭 상무와 이창희이병철의 2남 씨가 공모, 1966년 5월 5일 OTSA 2,400부대를 일본 화물선편으로 울산에 들여왔다. 건설 자재 백시멘트를 가장, 밀수를 한 것이다. 5월 15일, 이 가운데 141부대를 팔았고, 이어 1,400부대를 부산 동래 소재 인공 감미료 제조업체인 금북화학錦北化學에 팔려다 부산세관 감시과 직원들에 의해 적발되었다. 이에 따라 세관은 전량을 몰수하는 한편, 벌과금 및 추징금 2,330만 원을 물린 것이다…"

사건의 당사자인 한국비료 측도 서둘러 해명하고 나섰다. '간부 한 사람의 개인적인 소행이며, 최근 억측 보도들은 사실무근'이라는 해명서를 내놓은 데 이어, 삼성 또한 '이 사건은 밀수가 아닌 원자재 유출이며, 이미 벌과금의 납부 등으로 사건은 매듭지어졌다'는 입장이었다.

그러나 여론은 들불처럼 번져나가 걷잡을 수 없을 만큼 악화되어갔다. 종래에는 대통령이 직접 나서야 하는 사태로까지 번졌다. 이쯤 되자 이병철은 9월 22일 기자회견을 하고 다음과 같은 성명을 내놓는다. 이른바 '한국비료 국가 헌납' 성명서였다.

"… 이에 연일연야 고민한 끝에 저는 제가 대표로 되어 있는 한국비료공업주식회사를 국가에 바치기로 결심했습니다. 한국비료는 그 사업의 성격으로 보나 그 방대한 규모에 비추어 어떤 개인이나 법인의 역량만으로는 절대로 건설될 수가 없습니다. 이에 국가가 직접 경영 주체가 되어 그 건설과 경영을 담당하는 길밖에 없다는 결론에 이르게 된 것입니다. 이는 오로지 한국비료가 국민의 소원과 정부의 계획대로 건설되기를 바라는 제 본래의 소신에서입니다. 그리고 이 기회에 제가 그 대표로 되어 있는 모든 사업 경영에서 손을 떼겠습니다. 이는 제가 관여함으로써 기업의 사회적 책임과 문화사업의 공익성이 유린될 것을 염려하시는 여러분의 뜻에 따르고자 함에서입니다…"

그러나 이병철의 한국비료 국가 헌납 성명에도 여론은 쉽사리 가라앉지 않았다. 끝내 검찰 수사로 확대되어 나갔다. 그 결과 한국비료의 이창희 상무,

이일섭 상무, 성상영 부사장 등이 구속 또는 불구속 기소되기에 이르렀다. 다만 이병철은 사건과 직접 간련干連이 없다고 검찰은 결론을 내렸다.

정치권에선 승복하지 않았다. 검찰의 발표에도 불구하고 야당은 대통령에게 경고 성명을 발표하는가 하면, 그런 와중에 '장군의 아들'로 유명한 민주당의 김두한 의원이 국회에서 국무총리 김종필에게 똥물을 끼얹고 마는 사건까지 일어났다. 이어 국무위원 총사퇴 결의안 등 정치적 사건이 꼬리를 무는 가운데, 민주당의 장준하 의원은 규탄궐기대회에서 박정희 대통령을 심하게 몰아붙여 국가원수 명예훼손 혐의로 구속되기조차 했다.

여기까지가 당시 언론에 비친 한국비료 사건의 전말이다. 이 점에 대해 훗날 이병철 본인의 입장이 없을 수 없었다.

"다만 한 가지 분명히 해두고자 하는 것은, OTSA 문제가 일사부재리의 원칙도 무시된 채 강제 수사를 받게 되었던 배경에는 몇몇 정치인의 공작이 숨어 있었다는 사실이다. 현재로서는 이름을 굳이 밝히지 않으나 장차 그 진상이 밝혀질 날이 있을 것이다. 그뿐 아니라 당시 권력 구조의 중추에 있던 인물이 OTSA 문제가 일어나기 전에 한국비료 주식의 30%를 증여하라고 요구해 왔던 사실도 있다. … 10년간에 걸쳐서 세 번씩이나 도전하여 겨우 완성시킨 비료 공장이다. 손을 떼는 데 아무런 감상이 없었다고 하면 거짓말이 될 것이다. 그러나 한 가지 틀림없는 보람과 기쁨이 있었다. 국가가 시급하게 필요로 하는 세계 최대의 비료 공장을 내 손으로 완성시켰다는 바로 그 사실이다. 또한 역경 속에서도 용하게 자기 자신을 잃지 않고, 흔들리는 마음을 가누어 시종 정심정념을 잃지 않았다는 사실에 자기위안을 삼았다."

어째 좀 이상치 않은가? 왠지 억울해하는 분위기가 다분히 묻어나 보이지 않는가? 그의 평소 성격으로 보아 입장 표명이 아무래도 좀 길어 보이지 않는가 말이다. 10년 가까운 세월 동안 모든 역량을 쏟아 부어 건설했음에도 속절없이 내어줄 수밖에 없었던 그에게 한국비료는 자신의 생전엔 끝내 잃어버린 자식이었다. 한국비료를 다시 찾는 데 30여 년을 기다려야 했으니 말이다. 한국비료는 그가 타계한 지 7년 만인 1994년 정부의 공기업 민영화 정책에 따라 삼성의 품으로 다시 돌아와 삼성정밀화학으로 재탄생했다. 이후 삼성정밀화학은 2011년 요소 비료 생산을 중단한 데 이어, 한국비료를 2015년 롯데케미칼에 매각한다고 정식 공시했다.

어쨌든 그가 '파란 많은 생애 중에서도 더할 나위 없는 쓰디쓴 체험'이었

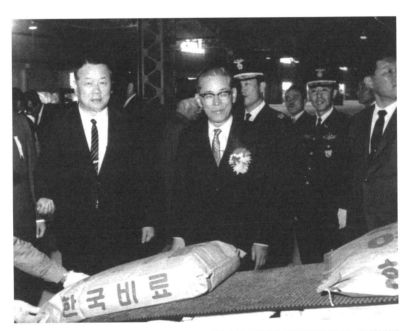

한국비료를 준공한 후 공장을 돌아보고 있는 이병철 회장
사진제공: 호암재단

다고 고백한, 이 한국비료 사건을 겪으면서 남긴 말이 있다. 장남 이맹희에게 한 말이다.

"맹희야, 정치한다는 사람들 절대 믿지 마래이!"

그가 왜 '돌다리도 두들겨보고 난 뒤 건너가는 사람을 확인한 다음에야 비로소 자신이 돌다리를 두들겨가며 건너간다'는 신중함을 유난히 강조하고 있는지, 삼성은 왜 '절대로 정치에 직접 참여하지 않는다'고, 그래서 오직 기술만이 살 길이라는 '철벽의 금기'를 만들었는지 새삼 떠올리게 하는 때늦은 한탄이 아닐 수 없다.

그들도 못다 이룬 프로젝트

"내정주영가 러시아의 시베리아에 깊은 관심을 갖는 데에는 크게 나누어두 가지 이유가 있다. 우선 러시아의 시베리아는 목재와 천연가스, 기름, 석탄부터 바다의 생선까지 무한한 자원의 보고이다. 우리는 지금 모든 자원을멀리 태평양을 건너 미국, 캐나다, 그리고 남태평양 한가운데의 호주나 아프리카 등지에서 실어오고 있다. 그나마 그 자원도 일본을 위시한 선진국들이 차지하고 있어 우리는 웃돈에 웃돈을 얹어 사서, 막대한 운반비를 들여실어오는 실정이다.

　… 우리의 합판산업이 한때 세계 시장을 지배했던 시절이 있었다. 그러나원자재인 목재의 항구적인 확보가 안 되었기 때문에 합판산업의 대명사였

던 동명목재가 도산했고, 그와 함께 합판 최대 수출국이었던 한국이 합판 수입국으로 전락하고 말았던 것이다. 자원의 미확보는 기업이 불안한 나날로 경영을 해나가다 급기야는 몰락하게 되는 지름길이다. 자원의 다변적인 확보야말로 산업국가의 필수 요건이다.

… 이제 다음으로 해야 할 일은 러시아의 영향력과 도움으로 남북통일의 지름길을 만드는 것이다. 상업성을 생각하면 물론 중국이 더 낫다. 그러나 중국은 우리 말고도 다른 나라의 수많은 기업인들이 다니고 있으니까 우리는 러시아에 전력을 다해서 남북통일을 이루는 데 물꼬를 트는 역할도 하고, 자원 확보로 자손만대 성장의 원동력이 되는 기반을 마련해 주는 것이 우리가 할 일이라는 생각이 들었다.

… 시베리아를 개발하는 데 한국이 무슨 수로 영하 50~70도의 혹한에 버틸 거냐고 일본이 또 웃고 있을지도 모른다. 그러나 나는 우리가 못할 것은 없다고 생각한다. 일본인들이 홋카이도 위쪽의 섬 4개를 러시아에서 되찾기 위해 애쓰고 있는 동안, 우리가 시베리아를 잡아놓아야지, 일본과 러시아가 한 덩어리가 되면 그 많은 자원 가운데 우리 몫은 하나도 없을 것이다. 일본 사람들이 추수하고 난 자리에 떨어진 이삭이나 주우러 다니는 형편이 될 수는 없다. 이것이 우리가 러시아의 시베리아 개발에 적극적으로 나서야 하는 중요한 이유다."

정주영은 금강산 개발로 남북 교류1989년의 물꼬를 튼 데 이어, 당시엔 아직 정식으로 국교 수교조차 맺지 않은 러시아를 방문하여 크레믈린 궁에서 고르바초프 러시아 대통령과 3시간 반 동안이나 환담했다. 시베리아 개발에 대한 그의 행보는 그렇게 시작되었다.

그는 우리의 미래가 전적으로 시베리아 개발에 달려 있다고 믿었다. 동토를 개발한다는 것이 결코 쉬운 일은 아니겠지만, 사막의 나라 중동에서의 경험에 비추어 볼 때 못할 것도 없다며 자신감을 비췄다.

이후에도 그는 모두 세 차례나 러시아를 거푸 방문했다. 시베리아 스베틀라야 산림 공동 개발과 함께 시베리아에서 남북한을 관통하여 부산까지 이어지는 가스 파이프라인을 설치하는 데 이어, 종래에는 시베리아 천연가스를 일본에까지 연결한다는 원대한 계획을 세워두었다.

무엇보다 시베리아의 부동항 블라디보스토크에 주목했다. 블라디보스토크를 개발해서 시베리아 진출의 근거지로 삼는 것이 지리적으로나, 기후적인 면에서 유리하다는 판단에서였다. 부산에서 선박을 이용한다 해도 30시간 정도면 도착할 수 있는, 생각만큼 먼 거리도 아니었다.

그러나 우리 기업들이 잠시 주춤거리는 사이 다른 기업들이 나섰다. 미국, 일본, 호주 등의 여러 나라가 블라디보스토크에 뛰어들어 각축을 벌이고 있는 것이 그를 못내 아쉽게 만들었다. 더구나 같은 시기 현대는 중국에 전력투구하고 있었다. 시베리아의 자원도 자원이지만, 시장으로 따진다면 지구촌에서 중국만 한 나라도 없다는 전략에서였다.

그랬다. 시베리아의 자원 확보가 시급하다는 그의 주장은 때마침 열리기 시작한 중국이라는 새로운 거대 시장으로 말미암아 탄력을 받지 못했다. 시베리아 개발은 우선순위에서 자꾸만 뒤로 밀려날 수밖에 없었고, 그러는 사이 새로이 등장한 거대 중국 시장에서 연이어 낭보가 날아들었다. 현대는 중국과 합작으로 '베이징·현대 지하철도차량공사'를 설립, 중국 전역에 건설될 지하철의 전동차 독점 생산 계약을 성사시켰다. 이어 자동차, 전자, 조선 등 여러 분야에서 새로운 투자 기회를 왕성하게 열어가고 있었다.

그렇더라도 언제까지 기다리고 있을 수만은 없는 일이었다. 그때 정주영은 왕국의 경영권을 이미 후계자에게 넘겨준 데다, 80을 바라보는 고령이었다.

정주영의 시베리아 개발은 끝내 그렇게 미완으로 그칠 수밖에 없었다. 왕국의 전사들이 뒤늦게야 중국에서 시베리아로 눈길을 돌렸을 때는, 미지의 대륙 시베리아로의 정벌을 나서고자 하였을 때는, 벌써 그를 잃은 뒤였다. 총수를 잃고 방향을 선회하지 않으면 안 되었던 것이다.

이병철은 과연 어땠을까? 정주영의 시베리아 개발과 마찬가지로 전망이 확실해 보이는데도 불구하고 그가 끝내 이루지 못한 사업은 무엇이며, 왜 그랬던 것일까? 거칠 것이라곤 없었던 천하제일의 그가 자신의 파란만장한 생을 마감할 때까지 미처 이루지 못한 사업은 어떤 것이 있었는지 그가 남긴 기록 너머에 묻혀 있는 또 다른 숨은 기록을 찾아나서 본다.

생전에 이병철은 충분히 돈을 벌어들일 수 있다 해도 결코 손대지 말아야 할 사업으로 다음의 세 가지를 들었다. 단자회사와 같은 사금융, 30년 장수 기업을 스스로 자진 해산하고 말았던 대구의 조선양조와 같은 술장사, 그리고 마지막으로 무기를 만드는 군수산업이 그것이다.

생각하기에 따라선 그의 이 같은 결정에 반드시 동의할 수 없는 부분이 있을 수 있다. 개인의 기업관이랄지 시대의 변화에 따라 얼마든지 달라질 수도 있는 문제라고 보인다.

한데도 생전에 그는 이 같은 생각을 굳게 가졌던 것으로 보인다. 적어도 그 세 가지 사업만은 자신이 먼저 앞장을 선다거나, 부추길 생각이라곤 전혀 없었던 게 확실하다. 술장사는 체통을 중시하는 우리의 정서로 미뤄보았을 때 불가피하게, 사금융 또한 그의 남다른 경영철학이나 체질로 미뤄보았을 때 일찌감치 눈길을 외면할 법도 하다.

하지만 군수산업은 조금 뜻밖이다. 분단의 아픈 현실과 무엇보다 기술을 중시하는 삼성의 에토스로 보아 여느 기업보다 적합할 것 같은데도 말이다.

그러나 이병철은 단호했다. 무기를 만들어 팔 수 있는 데라곤 국가뿐이라는 점을 들어 난색을 표명했다. 그렇게 되면 결국에 가선 정부에 납품하는 관수품官需品과 다를 게 또 무엇이냐는 반문이었다.

그가 관수품에 일절 눈길을 주지 않았던 이유는 앞서 이미 설명한 그대로다. '삼성은 정치에 직접 관여하지 않는다'는, 다시 말해 정부를 끼고 하는 사업은 절대로 하지 않겠다는 이른바 '철벽의 금기' 때문이었다.

그랬던 그가 돌연 1980년대에 들어서면서 항공기 엔진 및 정비 출고를 위한 군수업체 '삼성항공'을 설립하고 나섰다. 저자 역시 삼성항공 창원공장에 취재차 세 차례 다녀왔던 것으로 기억하는데, 최신예 전투기를 손으로 만져보고 조종석에도 올라가 본 게 아마 그때가 처음이었던 것 같다.

그는 왜 이같이 자신의 신념을 스스로 무너뜨리고 말았던 것일까? 세월이 흐르면서 어떤 계기가 있어 자신의 생각을 그토록 달라지게 만든 것일까?

그는 베트남의 패망을 이유로 들었다. 베트남이 패망하는 것을 매스컴을 통해 지켜보면서, 박정희를 찾아가 삼성에서도 군수산업을 해야겠다고 말했다는 것이다. 그렇게 손댄 것이 삼성항공이었으며, 한사코 손사래 치며 군수산업은 절대로 하지 않겠다던 금기를 스스로 깨게 된 것이다. 그럼에도 불구하고 군수산업은 결코 손대고 싶은 사업이 아니었다는 속내다.

　마지막으로 그가 파란만장한 생을 마감할 때까지 끝내 이루지 못한, 눈부신 기록 너머에 묻혀 있는 또 다른 숨은 기록인 '미완의 사업'이 있었다는 사실을 아는 이는 그리 많지 않다.

　사실 그는 냉혹하고 이성적인 면이 유난히 두드러지는 데다, 무슨 결벽증 비슷한 것마저 없지 않아 보였다. 지난날의 추억이나 향수 같은 감성이 자신의 사업에 전연 영향을 끼치지 않는 사람쯤으로 이해되어 왔다.

　하지만 그도 감정을 가진 인간이었다. 젊은 날 마산에서 한창 잘나갔을 땐 마산 시내의 요정들을 한 손에 쥐락펴락하며 흥청거리기도 한 그였다. '그 무렵 마산에는 천해관 등 한국식 요정이 서너 군데 있었고, 망월 등 일본식 요정이 다섯 군데 있었다. 그 모두가 나의 단골이었다. … 마산 시내의 기생들을 가끔은 한 사람도 빠짐없이 한 자리에 불러놓고 흥청거리던…' 시절마저 없지만 않았다.

　또 그것이 무슨 자랑거리라도 되는 듯이 아들 손자 대대로 읽을 줄 뻔히 알면서도, 그답지 않게 「호암자전」에 두 번 세 번 거듭해서 언급을 하고 있을 정도다. 암만해도 그 시절의 추억이 꽤나 인상 깊었던 모양이다.

　더욱이 그 시절 요정에서 기생들과 어울려 유성기를 틀어놓고 놀았던 그 아련한 기억을 끝내 잊지 못했던 걸까? 뜬금없이 레코드음반 사업을 하겠다고 나선다. 그것도 5년 간격으로 두 차례나 반복해서 사업성을 검토해 보라고 직접 지시할 정도였다. 까닥했으면 삼성레코드가 탄생될 뻔도 한 것이다.

　그러니까 1965년이었다. 이 시기라면 왕국이 날로 뻗어 나가 미래의 성장동력인 전자산업을 해보겠다며 백방으로 눈을 돌리고 있을 무렵이었다.

한데 그같이 중요한 시기에 레코드음반 사업을 해보겠노라 마음을 굳힌 그는, 삼성물산 도쿄지사에 근무하던 일본인 시마다에게 지시를 내리게 된다. 일본에서 가장 큰 레코드음반 회사인 일본빅터와 기술을 제휴해 보라고 한 것이다.

회장의 지시를 받은 시마다는 곧바로 움직이기 시작했다. 일본빅터에 의뢰해서 레코드음반의 프레스공장 설비에 관한 것이며 한국에서 제조되고 있는 지구레코드, 오아시스레코드, 아세아레코드, 신세기레코드, 도미도레코드, 크라운레코드 등의 회사 제품을 샘플로 입수하여 품질검사를 받기까지 했다. 그뿐 아니라 시장 동향, 유통 구조, 심지어는 음반 관련 법규까지 망라하여 사업 기획서가 작성되기에 이른다.

그러나 마지막 단계에 이르러 레코드음반 사업은 시기상조라는 결론이 나왔다. 당시 우리 국민소득은 겨우 105달러 수준이었다. 먹고살기도 바쁜 시대라는 게 제동이 걸린 이유였다. 그는 결국 레코드음반 사업을 잠시 미룰 수밖에 없었다. 우리 사정이 아직은 거기에 미치지 못했던 것이다.

그런 뒤 다시금 레코드음반 사업을 해보겠다고 마음을 굳힌 때가 5년이 지난 1970년이었다. 5년 전에 비해 국민소득이 두 배 넘게 늘어나 253달러가 된 때였다.

전과 달리 기술 제휴선도 세계 최고 수준이었다. 미국의 CBS와 일본의 SONY가 합작한 CBS-SONY를 점찍어 뒀다. 단순히 제조 기술을 제휴하는 데 그치지 않고, 세계적인 관현악단과 음악가들을 망라하고 있다는 것이 그쪽을 선택케 한 이유이다. 이병철은 다시 한 번 실무자들을 선발하여 사업 기획서를 작성하도록 지시했다.

한데 두 번째 시도 역시 그가 바라는 것과는 반대 결과가 나왔다. 불법 복제가 기승을 부리고 있는 데다, 레코드음반을 사치품으로 여겨 관세 또한 금값에 가까웠다. 거기다 다시 비싼 로열티까지 지불해가며 레코드음반 사업을 하기엔 불가능했다. 결국 레코드음반 산업이 아직까진 뿌리내릴 수 있는 환경이 형성되지 않았다는 점을 그도 받아들이지 않으면 안 되었다. 미완의 꿈 레코드음반 사업은 또다시 속절없이 뒤로 밀려나야만 했다.

"100% 확신이 없으면 당초에 착수하지 말아야 한다. 마음속에 실패에 대한 불안감을 품은 채 착수하면 전력투구를 못하게 된다. 배수진을 치고 백척간두에서 단호히 결행해도 예기치 못한 장애에 부딪히기 마련일진대, 하물며 출발부터 의심하고 망설이면 될 일도 안 되는 법이다."

그가 신규 사업을 추진할 적마다 '착수하는 용기'와 더불어 '물러서는 용기'를 말할 때 즐겨 인용하는 대목이다. 결코 밀어붙이는 허황된 용기와 단순한 힘만을 강조하진 않는다는 점이다.

이처럼 레코드음반 사업은 전례 없이 두 번씩이나 칼을 치켜들었음에도 결국 휘두르지 못한 미완으로 남아야 했다. '기업경영의 귀재'라는 이병철에게 끝내 한 많은 추억과 향수로만, 또 다른 그의 숨은 기록으로만 남겨둘 수밖에는 없을 것 같다.

'앞에는 물이 흐르고, 뒷산도 아늑하구나'

1987년 겨울, 이병철은 78세를 일기로 파란만장한 자신의 생을 뒤로 한

채 영면에 들어갔다. 길지도 그렇다고 짧지만도 않은 생이었다. 비교적 호리
호리한 편이었던 그는, 그렇듯 강건한 체질을 가지고 태어난 것 같지는 않아
보인다. 그렇다고 몹시 허약한 체질도 아니었던 것만은 분명하지만, 그의 중
년기와 노년기의 풍모에서 느낄 수 있었던 건 결코 유약하다고 볼 수는 없으
나, 누가 보아도 약골이라고 할 수 있을 그런 모습이었다.

「호암자전」에 따르면 일본 유학 시절에 심한 각기脚氣에 걸려 학업을 중
단해야 했던 병력이 나와 있다. 또한 오십 줄에 들어서면서 가벼운 신경통
증상으로 고생한 일도 없지 않다.

하지만 환갑의 나이에 이르러서도 몸에 이렇다 할 이상 증상이 없었기 때
문에 평소 건강에 대해서는 어느 정도 자신이 있었던 것 같다. 그래선지 젊
은 날엔 한때 무절제의 시기마저 없지 않았었다. 또 그런 과정에서 시나브
로 병이 깃들기 시작했을지도 모른다.

실제 그는 「서울경제신문」1969년 3월 22일의 '나의 건강'이란 기고문에서
이렇게 밝히고 있다.

"젊어서 사업에 너무 쫓겨 다닌 탓인지 모르지만 나는 젊어서부터 소화
기능이 좋지 않았었다."

그는 소화 기능 강화를 위해 비교적 일찍부터 골프를 쳤다. 일주일에 세
차례, 월, 수, 금 오후 시각이면 어김없이 골프를 치러 나갔다. 골프를 시작
한 뒤부터는 소화도 잘 되고 몸도 튼튼해졌으며, 머리의 긴장감도 씻을 수

있었다는 것이다. 물론 거기에는 그만의 건강요법도 포함되어 있었다.

'내 건강 요법은 다른 게 아니다. 건강에 무리를 주지 않고 병이 나지 않도록 예방을 하는 것이다. 나이를 먹어감에 따라 아무래도 옛날 젊었을 때의 정력과는 차이가 나니까. 내 건강에 알맞은 일을 하되 무리를 하지 않는다.'

요컨대 그의 건강 비결은 몸에 무리가 가는 일은 하지 않는다는 것이었다. 매일 아침 6시에 기상하여 밤 10시면 어김없이 잠자리에 들었다. 오전 9시 출근에 오후 6시 퇴근도 마치 시곗바늘 같았다.

아침 식사는 구운 식빵에 오렌지 주스와 원두커피 정도로 끝내고, 가급적 기름기가 많은 음식은 피했다. 술은 맥주 1병 정도에, 담배를 피우긴 했지만 많이 피우지는 않았으며, 이따금 비타민을 복용했다.

그러나 이순耳順의 나이를 넘기면서부터 그는 '마음의 여유'를 특히 중시

이병철 회장은 소화 기능 강화를 위해 일찍부터 골프를 즐겨했다

사진제공: 호암재단

하게 된다. 건강을 위해서도 그러했겠지만, 인생을 바라보는 눈이 그만큼 성숙해졌다는 증거다.

"삼성문화재단이다, 〈중앙일보〉다, 동양방송이다, 용인자연농원이다 하고 동분서주하던 지난 10년 동안도 참으로 바빴다. 그러나 다행히 나는 매우 건강했다. 오십 고개를 바라보면서 가벼운 신경통을 앓았던 일이 있었지만, 이렇다 할 지병은 없었다."

그런 그에게 죽음의 암운이 처음 드리운 것은 66세 되던 해1976년 여름이었다. 도쿄에 들른 길에, 게이오慶應대학병원에 하루 머물며 건강 진단을 받았다. 의사는 위궤양 같은데 수술을 하는 것이 어떻겠냐고 대수롭지 않게 물었다. 서울로 돌아온 그는 의사인 사위와 큰조카를 불렀다. 그리곤 일본에서 있었던 진단 결과와 X레이 사진을 보여주며 의견을 물었다.
며칠 후 곧 수술을 받는 것이 좋겠다는 의견이 나왔다. 의사인 사위와 큰조카만의 의견이 아닌, 주요 병원 전문의들의 의견까지 참작한 것이었다. 그 역시 심상치 않다고 생각한 것 같다. 가족들이 모인 자리에서 이렇게 입을 열었다.

"인간의 생로병사는 피할 수 없다. 섭생을 게을리했거나 방심했기 때문에 명을 재촉했다면 몰라도 불치의 병이라면 태연히 죽음을 맞는 것이 마땅한 일이 아니겠느냐? … 만일에 하나 암이라면 현대 의학으로 아직 난치병이 아니겠느냐? 숨기지 말고 사실대로 말해라. 나는 동요하지 않는다."

그는 자신이 이미 암에 걸렸음을 아는 듯했다. 도쿄 게이오대학병원에서 진단 결과를 들었을 때부터 그 같은 사실을 알고 온갖 상념에 사로잡혀 밤잠을 이루지 못했던 것 같다. 하지만 가족들 앞에서 태연해야 했다.

며칠이 지나 겨우 마음의 평정을 되찾을 수 있었다. 최선을 다해 볼 필요가 있지 않겠느냐는 생각이 들었다. 우선 위암에 대한 조사에 들어갔다. 당시 위암 수술은 한국에서 80%, 미국에서 50%의 사망률을 보이고 있었다. 그러나 초기 위암은 수술로도 완치할 수 있다는 것이 전문가들의 의견이었다.

"인명은 재천이다. 하지만 무작정 하늘의 뜻만 기다리는 것은 어리석은 태도일 것이다. 하늘은 스스로 돕는 자를 돕는다고 하질 않았는가. 난 이 몹쓸 병마를 기필코 이겨낼 것이다."

깊은 생각 끝에 마침내 결단을 내렸다. 자신의 병마에 도전할 결심을 했다. 그런 다음 자신이 기업경영을 벌일 때와 마찬가지 방식대로 암에 대한 데이터부터 모으기 시작했다. 국내는 물론이고 지구촌 각처의 위암 치료에 관한 자료를 모아가면서 면밀한 치료 계획을 세웠다.

아울러 집도의는 누가 가장 뛰어난지도 알아보았다. 파리의 국립암연구소, 영국 왕립암연구소, 서독하이델베르크 의과대학, 미국 국립암연구소 등의 권위자들에 대해서도 일일이 살폈다. 그 결과 일본이 가장 적합하며, 집도의 또한 도쿄 암연구소 부속병원의 카지타니梶谷 박사로 낙점이 되었다.

도쿄로 날아갔다. 마취에서 깨어났을 때 카지타니 박사는 이렇게 말했다.

"완벽한 수술이었습니다. 담배만 끊으신다면 앞으로 20년은 걱정 없으십니다."

박사의 충고에 따라 40여 년 동안이나 피워오던 담배를 즉시 끊었다. 그렇더라도 마음마저 평온했던 건 아니다. 생로병사가 피할 수 없는 자연의 섭리라곤 하지만, 처음 암인 줄 알았을 때 '10년만 더 살 수 있었으면 생각했다'고 「호암자전」에 적고 있다. 그는 자신이 소망한대로 암 수술을 받은 이후에도 10년 넘게 더 살았다. 엄격한 자기 관리가 뒷받침되었기에 가능했다.

뿐만 아니라 이듬해1977년부턴 다시금 자신의 자리로 돌아갈 수 있었다. 이후 10년 동안 삼성종합건설, 삼성조선, 삼성정밀, 삼성해외건설, 삼성GTE통신 설립 및 대성중공업, 한국반도체를 인수한 데 이어, 이후 코리아엔지니어링, 한국전자통신, 한국안전시스템, 삼성라이온즈 프로야구단, 호암미술관, 삼성시계, 조선호텔, 삼성의료기기, 삼성휴렛팩커드, 삼성유나이티드항공, 삼성데이타시스템, 자서전 「호암자전」을 발간한 데 이어, 삼성경제연구소를 설립하고 각기 인수하는 등 여전히 승승장구 왕국의 영토를 왕성하게 넓혀나갔다.

그러던 1986년 여름, 미열과 감기 기운이 멈추지 않는 가운데 왼쪽 폐에 이상 징후가 있음을 알게 되었다. 즉시 국내외 의료진의 검사 진단 결과 암으로 판명되었다. 그로부터 1년여에 걸쳐 화학 요법, 방사선 요법이 실시되었다. 철저하면서도 체계적이고 합리적인 치료법이 동원되었음은 물론이다.

주치의였던 서울대 서정돈 박사는 그의 투병 자세에 깊은 인상을 받았다. 서 박사가 〈중앙일보〉에 쓴 이런 회고가 눈에 띈다.

"생사가 달린 자신의 병 치료와 같은 문제를 놓고 이 회장은 합리적이고 의연한 태도를 가지고 감탄할 정도로 잘 어프로치 했습니다. 이 회장은 대 삼성의 최고 디시전 메이커답게 가족, 친지나 삼성 관계자들 앞에서 의연해지려고 애썼고, 끝까지 자제력을 발휘해서 자세를 흐트러뜨리지 않고 참고 견딘 점이 놀랍습니다."

그러나 이 같은 투병에도 불구하고 결과가 계속 악화되어 마침내 그는 의식이 흐려져 갔다. 뇌에까지 전이된 병변病變은 상태를 더욱 악화시켰다.

마침내 11월 19일 0시, 서울 이태원1동 135-26, 하얏트호텔 바로 아래쪽에 자리한 300여 평의 대지에 100평 남짓한 단층 한옥 자택으로 옮겨졌다. 이곳은 사후 승지원承志園이라는 이름으로 불렸다. 아버지의 뜻을 이어받아 나가겠다는 의미로 이건희 2대 회장에 의해 명명된 것이다. 그는 그곳에서 가족들이 지켜보는 가운데 같은 날 오후 5시 5분 숨을 거두었다.

장지는 용인자연농원 안으로 정해졌다. 세간의 소문처럼 풍수지리에 밝다는 어떤 지관이 정해준 것이 아니라 자신이 스스로 정한 자리였다.

"저기 자리가 좋다. 앞에는 물이 흐르고, 뒷산도 아늑하구나. 저만하면 여름엔 시원하고 겨울에는 따뜻하겠다."

타계하기 20여 년 전이다. 장남 이맹희가 용인자연농원의 부지를 한창 정리하고 있을 무렵, 그가 격려차 들렀다가 자신이 스스로 정한 자리였다.

이병철의 죽음에 깊은 애도의 줄이 이어졌다. 오랜 라이벌이었던 정주영 또한 그 줄에 섰다. 일찍이 식민 지배에 이어 전쟁이 휩쓸고 간 폐허와 공허뿐이었던, 의지의 빈곤과 희망의 빈곤을 뚫고 일어나 기업경영 개척에 한 치의 양보도 없이 맹렬히 경주했던 또 다른 왕국의 정주영은 이렇게 말했다.

"… 호암 이병철 회장이 걸출한 사업가였다는 것은 세상의 모든 이들이 알 것이다. 그분은 자신의 치밀한 판단력과 혜안으로 삼성이라는 대그룹을 일구었으며, 오늘날 삼성이 한국의 울타리를 뛰어넘어 세계로 진출할 수 있는 발판을 만들어 놓았다. 사업이란 자본의 크기로만 승패가 결정되는 일이 아니다. 누가 뭐라고 하더라도 사업은 사람의 일이며, 자신과 주변 모두의 철저한 노력 속에서 그 승패가 좌우되는 일이다. 그러하기에 사업에 성공하기까지 온갖 정성과 노력을 아끼지 않은 사업가를 비롯한 모든 사람들의 노력은 정당하게 인정되어야 한다.

호암은 사업이란 사람의 일이라는 것을 잘 알고 계셨던 분이다. 호암의 사업관은 인재 제일주의라는 말로 요약될 수 있다. 흔히 삼성사관학교라는 말이 통용될 정도로, 인재에 대한 호암의 열성은 우리나라 기업사에 하나의 기업문화를 일구어 내었다.

그러나 인재를 양성하는 일에만 열정을 품었던 것은 아니다. 호암은 자기 스스로를 단련시켜왔던 분이다. 단정한 그의 옷매무새는 자신에 대한 엄격함을 밖으로 드러내는 하나의 상징이었다. 또한 일단 시작된 사업에 대해 제일주의를 견지하던 모습은 무한경쟁시대를 맞이한 오늘날에 다시 한 번 변화, 발전시켜야 할 만한 것이다…."

그가 부른 마지막 노래, '보통 인생'

"120세까지는 살면서 큰일을 할 겁니다."

정주영이 작고하기 두 해 전에 한 얘기다. 독일의 시사 주간지 〈슈피겔〉과의 인터뷰에서 그같이 말했다. 인간의 수명이 백스무 살까지는 가능하다는 의사들의 얘기를 철석같이 믿었던 것 같다. 그는 이렇게 덧붙이기조차 했다.

'아직 은퇴하기에는 너무 젊다고 생각한다.'

당시 84세이었던 정주영에겐 아직 이루지 못한 꿈이 있었다. 시베리아 개발과 남북통일이 그것이었다. 남북통일이 되면 북녘의 고향땅에서 여생을 살고 싶다며 입버릇처럼 말하곤 했다.

물론 그때까진 건강에 자신이 있었던 것 같다. 진나라 시 황제가 찾았다는 불로초는 아니었다 하더라도, 나름대로는 건강 비결을 터득하고 있었다. 그건 규칙적인 생활과 잠자리에 들기 전에 목욕을 하는 것이었다. 거기에 단식도 추가되었다.

"나는 일흔 살 되던 해에 보름 동안 냉수만 마시면서 단식을 했어. 단식을 하게 되면 처음에는 뱃속의 찌꺼기들이 조금씩 배설되다가 나중에는 몸에 쌓인 찌꺼기들이 모두 빠져나오게 돼. 속이 다 비워져 어린아이의 뱃속처럼 깨끗이 청소가 되지. 그렇게 단식을 한 뒤로는 내 몸이 마치 어린애처럼 된 것 같아."

그래서 자신은 앞으로 몇십 년은 더 살 수 있을 것 같다고 자신했다. 사실 그때만 해도 여느 고령자와 달리 건강이 매우 양호했던 게 사실이다. 타고난 바탕이 워낙 건강한 것도 한몫을 했다.

때문에 대통령 선거 때에도 건강 이상설이 나돌자, '내가 집권한 뒤 하루라도 결근하면 즉시 청와대에서 내쫓아도 좋다'고 큰소릴 칠 수 있었다. 그의 주치의였던 중앙병원 내과과장 홍창기 박사 역시 '그에게 성생활이라고 불가능할 이유가 없다'고 말할 정도였다. 이 무렵 공개된 건강기록부에는 신장 173cm, 몸무게 76kg, 안경을 벗은 시력 0.4왼쪽 0.2오른쪽, 혈압80~120도 정상이었으며, 당뇨, 동맥경화증, 관절염 증세도 나타나지 않았다.

고령의 나이에도 건강을 지킬 수 있었던 비결은, 앞서 설명한 것 말고도 과로를 하지 않는다는 점이었다. 그날의 피로는 그날로 말끔히 풀어버렸다.

하지만 날마다 산적한 이런저런 개발·보류·분석·투자·결정과 같은 난제를 놓고서 홀로 고심해야 했던 그로선, 그날의 피로를 그날로 풀어버린다는 것이 말처럼 쉽지만은 않았으리라. 한때 미국 지사에서 보내온 곰의 쓸개를 말려 하루 한 알씩 먹으면서 입맛을 돋우기도 했다지만, 그밖에 보약이라곤 별로 입에 대지 않았다고 한다.

"아직 건강은 좋은데, 이놈의 세월이 너무도 빨리 흐르는 것 같아."

흐르는 세월 앞에 장사란 있을 수 없었다. 그 또한 흐르는 세월의 무게를 속절없이 느끼지 않을 수 없었던 것이다. 더욱이 대통령 선거 이후 극심한 정신적 황폐를 겪으면서 갑작스레 건강이 쇠퇴하기 시작한 것으로 알려지고 있다. 특히 선거 참패 이후 패배자로서의 정치 보복을 감내해야 했던 치욕스런 시간이 하나의 분수령이 되었다는 게 주변의 시각이다.

그때부터 정주영의 건강이 예전 같지 못하다는 소문이 주변에서 이따금 흘러나오기 시작했다. 이미 그의 걸음걸이에서 그 같은 움직임이 포착되었다.

1994년 겨울, 그는 국빈 자격으로 방한한 리펑 중국 총리를 울산 현대자동차 공장으로 직접 안내했는데, 이때도 그가 앞서기는 했지만 주위 사람의 부축을 받아 움직이는 모습이 목격되었다.

이듬해 정초엔 현대그룹 신례 하례회에서 너무도 수척해진 얼굴로 자리에 앉아있는 모습이 텔레비전 화면에 비쳐지면서, 한때 위독한 상태에 빠졌다는 소문이 퍼지기도 했다. 다음은 소문의 진상에 대한 당시 〈한국일보〉 1995년 1월 21일 기사이다.

"현대그룹은 정주영 명예회장의 신상과 관련, 지난주 초부터 여의도 증권가를 중심으로 와병설 또는 사망설이 계속 나돌자 사실무근의 음해성 루머라고 해명에 나섰다. 홍콩 증시에서 정 회장 사망설이 돌아 그룹에 확인 전화가 빗발친 데 이어 여의도 증권가에서 '정 회장이 혼수상태에 빠졌다'는 소문이 돌면서 현대그룹 계열사 주가가 출렁거리기도 했다."

그런 와중에 북한을 다시 방문2000년해서 김정일 국방위원장과 4시간 반동안이나 막걸리를 주고받으며 환담했다. 이 환담 이후 기운이 더욱 급속도로 떨어지기 시작했다. 팔순의 고령에 4시간 반의 술자리는 암만해도 무리일 수밖에 없었다. 방북 이후 그는 평소와 달리 피곤에 지친 모습으로 병원에 입원과 퇴원을 반복했다.

이듬해는 그의 생애 마지막 해가 되고 만다. 이른 봄, 그는 청운동 자택에서 위경련으로 누워 있다가 잠시 뜰로 내려와, 늙은 집사73세와 몇 마디 대화를 나누었다.

"너는 나이도 어린 데 왜 그렇게 머리가 하얗나?"

집사는 그의 짓궂은 농담에 미소를 지으며 대꾸했다.

"눈이 내려서 온 세상이 저렇게 하얀데 저라고 별수 있겠습니까?"

그러자 정주영은 온 얼굴을 활짝 펴며 마치 어린아이처럼 즐겁게 웃더란다. 그리고 며칠 후, 그의 건강은 돌이킬 수 없을 만큼 악화되었다. 급히 아산중앙병원으로 옮겨졌으나, 그땐 이미 손을 쓸 수 없을 지경이었다.

마침내 2001년 3월 22일, 정주영은 파란만장한 자신의 생을 접고 그만 세상을 떴다. 이병철이 타계한 지 18년 뒤였다. 향년 86세이었다. 빈소는 청운동 자택에 마련되었다. 정몽구, 정몽헌, 정몽준 등 그의 아들을 비롯하여 정인영, 정순영, 정세영, 정상영, 정희영 등의 동생들과 함께 지난 수십 년 동안 그를 보좌하며 고락을 같이해온 가신들이 줄곧 자리를 지켰다.

비보를 접한 조문객들도 청운동 자택에 줄을 이었다. 전직 대통령들을 비롯하여 여야 당 대표들이 빈소를 찾았다. 북한의 김정일 국방위원장은 직접 조문사절을 보내어 헌화했다. 빈소를 찾아와 애도한 조문객 수만 2만 3,000명을 헤아렸다.

세상에 올 때 내 마음대로 온 것은 아니지만
이 가슴에 꿈도 많았지
내 손에 없는 내 것을 찾아
뒤돌아볼 새 없이 나는 뛰었지
이제 와 생각하니 꿈만 같은데
두 번 살 수 없는 인생 후회도 많아
스쳐 간 세월 아쉬워한들 돌릴 수 없으니
남은 세월 잘 해봐야지…

그가 생전에 즐겨 불렀다는 대중가요 '보통 인생'이다. 참으로 보통 인생의 노랫말과 같이 그의 가슴엔 꿈도 많아 뒤돌아볼 새도 없이 뛰었던 한 평생이었다.

그렇게 한 시대가 또 저물어갔다. 이병철은 삼성이라는 왕국을 통해서, 정주영 역시 현대라는 왕국을 통해서 기업이 할 수 있는 모든 경영을 다한 시대였다. 일찍이 식민 지배에 이어 전쟁이 휩쓸고 지나간 폐허와 공허뿐이었던, 의지의 빈곤과 희망의 빈곤을 뚫고 일어나, 남다른 기업경영의 길을 스스로 열어나간 선구자이자 경영위인이었다. 그들이 영면에 들어간 것이다.

하지만 도저히 흘러가는 역사의 단절이란 있을 수 없었다. 이병철과 정주영의 한 시대가 또 그렇게 저물어가면서, 뒤이어 전개되는 그들의 후계자가 열어나갈 1990년 이후의 다음 왕국 또한 그 시대를 건너뛰고서는 '삼성경영 현대경영'을 설명할 수 없을 만큼 중요한 의미가 있었다.

이병철, 정주영을 찾아가다

생전에 두 사람의 마지막 에피소드다.

천하제일의 황제였던 이병철이 무슨 까닭에서인지 백기를 들고서 정주영을 찾아갔다. 누구도 예기치 못한 풍경이었다. 일대 사건이 아닐 수 없었다. 그것도 남이 볼까 두려워 은밀히 움직인 게 아니었다. 마치 모두에게 보란 듯이 고스란히 노출된 모습으로였다. 모르긴 해도 이때가 둘의 처음이자 마지막 만남이었다. 숙명의 라이벌이랄 수 있는 두 사람이었기에 더욱 뜻깊은 장면이 아닐 수 없었다.

사실 두 사람이 자리를 함께한 모습은 좀처럼 보기 어렵다. 아니 아예 자리를 함께하지 않았다는 표현이 더 옳을 정도였다. 전경련 회동과 같은 공적인 만남이 아니고선, 사적인 자리에선 눈을 씻고 보아도 찾아볼 수가 없다. 자신의 왕국을 이끄는 데 바빴기 때문이라고 생각할지 모르겠다. 하지만 국가 간에 정상도 수시로 만나 회담을 하지 않는가. 그걸 보면 바빴기 때문만은 아니었던 듯하다.

그렇다면 둘은 왜 사적인 만남이 전무했던 것일까? 만나지 못할 이유라곤 전혀 없었음에도 한사코 자리를 함께하지 않은 진짜 이유란 또 뭐란 말인가? 하다못해 일 년에 한 번 점심이라도 함께 먹는 장면을 보여주었더라면 더없이 아름다운 그림이었을 텐데. 삼성과 현대라는 경쟁과 대립에서 오는 공연한 긴장을 해소하는 데도 적잖이 도움을 주었을 텐데 말이다.

그건 오직 한 가지 이유 때문이었다고 생각한다. 둘이 달라도 너무 달랐던 데 있었다. 정주영이 사발 속의 텁텁한 막걸리 같은 사람이었다면, 이병철은 크리스털 글라스를 절반쯤 채우고 있는 톡 쏘는 위스키 같았다. 정주영이 행동을 중시하는 아폴론적 인물이었다면, 이병철은 사고를 중시하는 디오니스적 인물이었다. 한쪽이 활활 타오르는 불이었다면, 또 다른 한쪽은 얼음같이 차가운 물이었다. 결코 함께 섞이기 어려운 상극의 정서였던 셈이다.

그래선지 둘이 함께 나란히 포즈를 취한 사진조차 거의 찾아보기 어려운 게 사실이다. 공적인 자리를 제외하면 사적인 자리에선 아마 평생 없었을 것으로 추측된다. 한데 둘이 딱 한 번 사적인 만남을 오롯이 가졌던 적이 있다. 그것도 행동을 중시하는 정주영이 아닌 이병철이 먼저 나섰다. 정주영의 아성을 자발적으로 찾아갔다.

1982년 7월 17일 오후, 서울 태평로에 자리한 삼성 본관 옥상에서 헬기 한 대가 프로펠러 굉음과 함께 창공으로 가뿐히 떠올랐다. 헬기 안엔 이병철이 타고 있었다. 방향은 울산공단이었다. 울산공단은 말할 나위도 없이 정주영의 주력 사업장이 밀집해 있는 현대왕국의 영토였다.

더구나 울산은 이병철에게 애증이 교차하는 땅이었다. 5·16 이후 박정희 정권이 국내 최초로 산업공단을 기획했을 때, 삼성은 부지 선정에서부터 공단 조성 사업을 주도했었다. 그러나 훗날 뼈에 사무친 회한과 저주가 서린 땅으로 변해버렸기 때문이다.

앞서 설명한 이른바 '사카린 밀수사건1966년'으로 삼성은 왕국의 운명을 걸고 설립한 '한국비료'를 속절없이 국가에 헌납하지 않으면 안 되었다. 그 뒤로 이병철은 울산 쪽으로 20여 년 가까이 고개도 돌리지 않았다고 한다.

그랬던 그가 울산을 방문하겠다고 뜬금없이 헬기에 몸을 실었다. 실로 놀라운 일이었다. 이 무렵 삼성은 내부적으로 극심한 경영난을 겪고 있었다. 겉으로 보기엔 어느덧 그룹의 주력 계열사로 부상한 삼성전자가 창립 9년1978년 만에 세계 최대 기록을 세워 재계를 놀라게 만들었다. 흑백TV 200만 대 생산으로 일본의 마쓰시타 전기를 비로소 추월한 것이다.

하지만 문제는 양보다 질이었다. 대량으로 생산한 전자제품은 이내 수출의 한계에 부닥쳤다. 국내 수요도 이미 공급의 한계를 웃돌면서 재고가 쌓여갔다. 구형 모델인 경우에는 누적된 재고 정리를 위해 덤핑으로 쏟아낼 수밖에 없었을뿐더러, 그마저 한계에 이르자 전 계열사 임직원들에게 장기 할부로 떠맡기고 있는 실정이었다. 이 시기 삼성의 경영난은 그만큼 심각했다.

1950년대 중반 이후 지금까지 삼성이 재계 1위의 자리를 내어준 건 꼭이 세 차례였다. 1974년 LG당시 럭키금성에 이어, 1981년과 1995년 현대에게 정상의 자리를 잠깐 내어준 적이 있다.

그러니까 처음으로 현대에게 1위 자리를 빼앗기고 노심초사하던 예민한 시기에 그가 울산 방문에 올랐던 건 순전히 현대자동차, 현대중공업, 현대미포조선 등 현대의 주력 사업장을 두루 살펴보기 위해서였다. 말하자면 백기를 들고 현대왕국에 처음으로 발을 들여놓은 셈이다.

무릇 최고경영자란 천적 앞에서의 두려움과 사냥감 앞에서의 용맹함을 동시에 지녀야만 한다. 조직의 먹이를 마땅히 사냥해야 하는 최고경영자는 두려움과 용맹함 사이를 오가며 살아가야 한다.

그러나 삼성은 그동안 자신만을 알았을 뿐이다. 상대를 미처 돌아보지 않았다. 자신만이 제일이라는 오만함에 안주하다 현대라는 복병을 만나 정상을 내어준 채 수세에 몰리고 말았다. 상대를 몰라도 너무 몰랐던 탓이다. 뒤늦게야 현대라는 상대를 똑바로 보고자 나선 행로였다.

이병철을 태운 헬기는 서울을 떠난 지 한 시간여 만에 울산 현대중공업 헬기장에 안착했다. 미리 나와 대기하고 있던 정주영의 영접을 받았다.

"형님."

"…!"

"이거 몇 해 만이외까? 서로 바쁘게 살다 보니 그동안 소원했습네다 그려."

정주영은 평소처럼 현장을 누비는 회색 점퍼 차림이었다. 예의 솥뚜껑만 한 손을 이병철 앞으로 불쑥 내밀었다. 이병철의 가냘픈 손을 덥석 붙잡으며 호탕하게 웃어젖혔다. 반면에 이병철은 깔끔한 정장 차림이었다. 감정 표현을 거의 찾아볼 수 없는 얼굴로 가벼운 미소를 지었다. 서로 손을 맞잡으며 특유의 쇳소리 나는 경상도 사투리로 천천히 화답했다.

"…으음, 그동안 너무 적조했소이다. 그래서 오늘은 내 작정하고 아우님을 찾아왔다 카이."

어릴 적부터 유난히 지기 싫어하고 자존심이 남달랐던 이병철이었다. 하지만 이번에는 달랐다. 선뜻 내키지 않았으나 울산에 머물고 있던 정주영에게 먼저 전화를 걸어 방문을 요청했다. 숙명의 라이벌을 자진해서 제 발로 찾아 나섰다. 기업을 일으킨 지 실로 반세기 만에 처음으로 백기를 든 모양새였다. 이 시기 삼성의 경영이 그토록 절박한 처지에 놓여 있었던 것이다.

이병철은 그때까지만 해도 기업경영은 전문 경영인들에게 맡겨두고 자신은 은둔의 경영을 고집했다. 밤낮없이 작업 현장을 누비며 살아온 정주영의 스타일과는 정반대였다.

따라서 정주영에 대한 감정은 언제나 중의적이었다. 울산만의 황폐한 허허벌판에서 세계 굴지의 기업집단을 일으킨 데 대한 일말의 두려움과 함께 한편으론 경의를 표할 수밖에 없었다. 때문에 그의 왕국을 진작부터 직접 둘러보고 싶었던 것이다.

헬기에서 내려 현대중공업에 발을 들여놓자마자, 거대한 골리앗 크레인이 한눈에 들어왔다. 하늘을 찌를 듯 우뚝 솟아 있는 세계 최대 규모가 단번에 시선을 압도했다. 삼성중공업의 거제조선소와는 비교도 되지 않았다. 겉으로는 별다른 감정 변화를 드러내어 보이진 않았으나 속내는 만감이 교차했다.

그가 울산의 현대중공업을 방문하던 날은 유독 무더위가 기승을 부렸다. 삼복더위의 한복판인 데다, 철판과 불꽃을 다루는 작업장에서 뿜어내는 열기까지 더해져 마치 가마솥 같았다.

이병철은 현대중공업 영빈관 302호 스위트룸에 여장을 풀자마자 불볕더위에도 곧바로 미니버스에 올랐다. 현대중공업과 현대미포조선소, 현대자동차의 생산라인을 일일이 둘러보았다. 정주영의 안내로 거의 2시간에 걸쳐 현장 방문을 마친 뒤 저녁 7시 30분쯤 영빈관 만찬에 참석했다.

정주영은 그가 까다로운 사람이란 걸 익히 아는 터였다. 평소 술을 입에 대지 않는 대신 국악과 서예가 취미인 그를 위해, 국악인들을 대거 불러 만찬 분위기를 돋웠다. 판소리 '적벽가'에서부터 '흥보가', '남도 육자배기'까지 흥건한 가운데, '꽃춤'에 이어 '승무' 등으로 만찬장의 분위기가 한껏

아산 연설문집 출판기념회에서 이병철 회장에게 축하받는 정주영 회장

고조되어 갔다.

그러나 오직 한 사람, 이병철만은 그다지 흥겹지 않아 보였다. 감정 표현이 없는 얼굴 그대로였다. 간혹 엷은 미소를 띠어 보이긴 하였어도 생각이 깊고 복잡한 눈빛이었다.

황량한 초원에서 늑대 사냥을 하는 몽골의 유목민들에겐 한 가지 믿음이 있다고 한다. 늑대보다 '높은 운명'을 가진 사람만이 곧 늑대를 사냥할 수 있다는 믿음이 그것이다.

그날 이병철은 그런 믿음을 갖고서 정주영을 찾아 나섰다. 자신이 찾을 수 있는 유일한 사람이 정주영이라고 생각한 것이다. 물론 그가 정주영의 현대왕국을 직접 살펴보면서 과연 무슨 생각, 어떤 영감을 떠올렸는지는 아무도 모른다. 다만 확실한 것은 그가 정주영의 현대왕국을 찾은 이듬해 삼성왕국에 중대한 변화가 있었다는 사실이다.

이듬해 2월 7일, 그는 일본 도쿄의 오쿠라大倉호텔에 머물고 있었다. 몹시 피곤에 절은, 해쑥해진 얼굴에 깊은 번뇌로 입술마저 부르튼 채였다. 벌써 며칠째 밤잠을 이루지 못해 초췌해진 몰골이었다.

"과연 해야 할 것인가, 하지 말아야 할 것인가…?"

이병철은 고민하고 또 고민했다. 심각하게 갈등하고 또 번뇌를 거듭했다. 자신이 내리게 될 판단에 따라 삼성왕국의 미래가 결정될 것이기 때문이었다.

이날 밤도 꼬박 밤을 지새운 이병철은, 이튿날 날이 밝아오자 마침내 수화기를 집어 들었다. 서울로 거는 국제전화였다. 왕국의 미래 먹거리로 반도체 사업으로의 진출을 알리는, 이른바 '동경선언'을 결심하는 순간이었다.

그가 장고에 장고를 거듭한 끝에 마침내 결심을 내리기까지에는, 7개월여 전 자신이 목격했던 장면도 분명히 들어 있었다. 자진해서 정주영의 현대왕국을 찾아갔을 때 마음속 깊이 혼자 다짐했던 그 '무슨 생각과 어떤 영감' 또한 분명히 작용했을 것이란 점이다.

다시 말해 둘의 사적인 만남은 서로에게 자신의 '높은 운명'을 확인시켜주는 거울과도 같은 것이었다. 자칫 허물어지기 쉬운 비탈에서 역설적으로 서로에게 위안과 용기, 다짐과 영감, 불굴의 에너지를 충전할 수 있었던 다시없는 존재였다. 단순히 삼성과 현대라는 경쟁과 대립에서 오는 공연한 긴장을 해소하는 차원을 넘어, 무슨 생각이라도 해도 좋고 어떤 영감이라 해도 좋을 그 무엇이 정녕 선순환으로 작용했을 것이란 얘기다.

그렇다면 여기서 한 가지 의문이 남는다. 이병철이 현대왕국을 찾았는데 정주영은 왜 삼성왕국을 한 번도 찾지 않은 것일까? 그 역시 왕국을 이끌어 가면서 때론 내부적으로 극심한 경영난을 겪은 적이 없지 않았으련만, 더욱이 상대가 먼저 손을 내밀어 열어놓은 길이라서 훨씬 수월했을 텐데도 왜 굳이 찾지 않았던 것일까? 젊은 날 '벼룩의 교훈'이 들려주듯 학습이라면 한낱 미물일지라도 가리지 않았다던 정주영이기에 의문은 더욱 깊어진다.

역사에 가정이란 있을 수 없다. 그렇다 하더라도 이렇듯 둘이서 이따금 만나 연대했더라면 과연 어땠을까? 이병철과 정주영의 '높은 운명'은 보다 강고해지지 않았을까? '삼성경영 현대경영'은 지금보다 더 높은 세계를 열어갈 수 있지 않았을까 하는 아쉬움이 두고두고 남는다.

제국international의 시대

제1장
리더의 조건

아무도 주목하지 않은 초일류기업으로의 다짐

1987년 12월 1일은 삼성왕국에게 매우 뜻깊은 하루였다. 고인이 된 창업 회장을 영결식으로 떠나보낸 호암아트홀 바로 그 자리에서, 일주일 뒤 45세의 젊은 이건희가 2대 회장으로 취임했다. 저마다 새로운 희망을 가슴에 간직하는 순간이었다.

이날 오전 10시, 역사적인 신임 회장의 취임식 자리에는 삼성물산 신현확 회장을 비롯하여 삼성 계열사 사장단과 임원 전원, 삼성 계열사의 사원 대표 1,000여 명이 참석했다. 신임 회장 이건희는 가늘게 떨리는 음성으로 취임사를 읽어내려 갔다. 고인이 된 창업 회장 이병철이 그토록 바라던 절정의 순간이 아닐 수 없었다. 이건희의 취임사 일부이다.

'존경하는 원로 회장님과 고문 여러분! 친애하는 삼성가족 여러분! 본인은 오늘 지난 반세기 동안 삼성을 일으키고 키워 오셨던 창업주를 졸지에 여의고 이 자리에 서게 되는 영광에 앞서 그 책임감이 너무 크고 무거움을 느낍니다. … 우리는 지금 국내외적으로 수많은 시련과 도전이 몰려드는 격동의 시대를 살고 있습니다. 삼성 제2창업의 선봉으로 혼신의 힘을 다하여 그 소임을 수행할 것입니다. 삼성은 이미 한 개인이나 가족의 차원을 넘어 국민적 기업이 되었습니다. 삼성이 지금까지 쌓아온 훌륭한 전통과 창업주의 유지를 계승하여 더욱 발전시켜 나갈 것이며, 미래 지향적이고 도전적인 경영을 통해 90년대까지는 삼성을 세계적인 초일류 기업으로 성장시킬 것입니다. 첨단기술 산업 분야를 더욱 넓히고, 해외 사업의 활성화로 그룹의 국제화를 가속시키고, 국가와 사회가 필요로 하는 인재를 교육시키며, 그들에게 최선의 인간관계와 최고의 능률이 보장되도록 하겠습니다. … 새로이 출범하는 삼성의 제2의 창업에 찬란한 영광이 돌아오도록 힘차게 전진합시다.'

이날의 취임사에서 눈길이 가는 키워드는 단연 한 가지로 모아졌다. 도전 경영을 통해서 '세계 초일류 기업'으로 성장시켜나가겠다는 다짐이었다. 창업 회장의 시대가 국내 정상이 목표였다면, 신임 회장 이건희의 목표는 그런 창업 회장을 뛰어넘었다. 세계 초일류 기업으로의 비상이 처음으로 언급된 것이다.

신임 회장 이건희의 취임사가 모두 끝나자, 삼성에 가장 먼저 입사한 원로 가족 삼성중공업 최관식 사장으로부터 삼성그룹의 사기社旗를 건네받는

삼성창립 50주년 기념식에서 기념사를 하고 있는 이건희 회장

상징적인 순서가 기다리고 있었다. 장내를 가득 메운 삼성가족의 박수소리 속에 삼성그룹의 사기를 건네받아 좌우로 크게 흔들어 보이는 신임 회장의 얼굴은 상기된 표정이었다. 그렇게 이건희는 공식적으로 삼성왕국의 2대 회장으로 취임했다.

역사적인 취임식을 마치자, 신임 회장 이건희는 삼성의 사장단을 이끌고 이태원의 자택으로 향했다. 이제는 고인이 되어 자신들의 곁을 떠난 창업 회장의 영정 사진 앞에 나란히 모여 섰다. 모두가 말이 없었다. 하지만 영정 사진 속의 창업 회장을 바라보며 저마다 다짐을 잊지 않았다. 창업 회장이 소망하는 것도 바로 그런 것이었으리라.

이윽고 한 달여 뒤, 새해1988년가 밝았다. 새해는 여느 해보다 뜻깊었다. 삼성왕국이 탄생한 지 어언 지천명, 하늘의 뜻을 헤아린다는 50번째 생일을 맞이하는 해였다. 삼성 50주년 기념식이 올림픽체조경기장에서 열렸다. 회장 이건희를 비롯하여 계열사 사장단과 임직원과 삼성가족, 퇴임 임원 및 협력업체 대표 등 1만 3,000여 명이 참석한 가운데 성대히 치러졌다. 기념식에서 이건희는 '제2의 창업'을 다시 한 번 강조했다. 아울러 세계 초일류기업이라는 과제를 보다 구체적으로 제시한다.

"… 지금부터 본인은 거대한 생명체의 위대한 내일을 약속하는 제2의 창업을 엄숙히 선언합니다. 그것은 삼성의 체질을 더욱 굳세게 다져 세계 초일류 기업으로 키워나가고, 국민의 사랑을 받으며, 국민에게 더욱 봉사하는 삼성을 만들어 나가자는 뜻입니다. … 제2창업 수행의 구체적인 지표를 여러분에게 밝히고자 합니다. 첫째로 90년대까지는 삼성을 세계적인 초일류 기업으로 발전시켜 나가는 일입니다. … 날로 치열해져 가는 국제 경쟁 속에서 우리가 살아남는 길은 우리의 인재들이, 그리고 인재들이 모인 기업이 세계 초일류 기업으로 성장하여 5대양 6대주로 활동 무대를 넓혀야 된다는 사실을 우리 모두가 깊이 명심해야 할 것입니다."

창업 회장을 계승하여 새로이 회장이 된 이건희는 처음부터 '세계 초일류 기업'을 작심했다. 한 달여 전 취임사에 이어 벌써 두 번째 강조하고 나섰다. 그러나 세계 초일류 기업이라는 말이 왠지 낯설기만 했다. 선뜻 귀를 열어 받아들이기 어려운 꿈같은 소리로 들렸다. 삼성왕국의 누구도 아직은 받아들이지 못하는 분위기였다.

현대왕국의 새로운 회장으로 취임한 정몽구 또한 다르지 않았다. 앞서 2부에서 살펴보았듯이, 1996년 1월 3일 창업 회장 정주영에 이어 현대왕국의 3대 회장에 오른 그의 취임 일성도 이건희와 동일했다. 현대자동차를 '세계적인 메이커'로 만들어 나가자고 다짐했다.

하지만 왠지 세계적인 메이커는 낯설기만 했다. 선뜻 귀를 열어 받아들이기 어려운 꿈같은 소리로 들렸다. 현대왕국의 누구도 아직은 받아들이지 못하는 분위기였다. 그도 그럴 것이 현대자동차가 미국시장에 진출1986년한 지 이제 겨우 10년 차였다. 21세기를 앞둔 당시만 해도 현대자동차는 여전히 '저가 브랜드' 혹은 '덤핑 브랜드'로 치부되던 때였다.

그러나 2000년 9월 25일, 이른바 동생들이 일으킨 '왕자의 난'으로 말미암아 현대그룹에서 계열 분리된 현대자동차가, 양재동에 마련한 신사옥에서 처음으로 가진 출범식을 겸한 임직원 통합 조회에서도 그는 다시 한 번 강조했다. 축하와 영광의 미래를 기대하는 박수 대신 일말의 불안이 가시지 않은 분위기 속에서도 정몽구는 음성을 드높였다. '2005년 세계 5위의 품질을 확보하고, 2010년에는 세계 5대 자동차 메이커로 거듭나는 노력을 아끼지 말자'는 'GT5 비전'을 제시했다.

표현은 다를지언정 결국 둘이 하고자 하는 말은 같았다. 서로 승계한 왕국과 중점 산업은 달랐다 하더라도 이건희와 정몽구의 지향점은 오로지 한 가지였다. 창업의 아버지 시대를 넘어 자신만의 세계를 열어 보이는 것이었다. 좋은good 삼성, 좋은 현대를 넘어 위대한great 삼성, 위대한 현대를 약속하는 정신이었다. 내셔널national에서 인터내셔널international로 나아가기 위한 원대한 강다짐이었다.

그땐 누구도 이건희와 정몽구의 그런 다짐에 주목하지 않았다. 모두가 허튼 꿈으로 흘려듣고 말거나, 으레 하게 되는 망상쯤으로 여기곤 했다. 아직은 스스로도 거기에 도달할 수 있는 학습이나 단련도, 기술이나 문화도, 역량이나 역사도 이루지 못했다는 이유에서였다. 하지만 이건희와 정몽구의 시대는 그렇게 시작되고 있었다.

고독한 외톨이의 장난감 세계

어떤 역사의 시작도 처음부터 창대한 것은 아니었다. 다수에 의해 만들어지고 남겨진다고는 하지만, 그 시작점은 으레 겨자씨 한 알 같은 아주 작고 사소한 것으로부터 비롯된 경우가 많았다. 바람에 떨어진 겨자씨 한 알이 싹을 틔워 땅을 뚫고 일어나 수목으로 자라고, 그 수목이 결국에는 숲을 이루어 나간다.

이건희와 정몽구 또한 예외일 수 없다. 로마가 하루아침에 이루어지지 않는 것처럼 이들 역시 겨자씨 한 알과 같은 때가 없지 않았다. 그 같은 시절을 헤쳐 나와 비로소 수목으로 자라나 숲을 이루고, 결국 형제들 가운데 아버지의 아바타로 지목되어 왕국을 승계하는 후계자가 된 것이다.

그렇다면 둘은 어떻게 겨자씨 한 알에서 마침내 숲을 이뤄낼 수 있었던 것일까? 또 그런 성장 과정과 풍경은 둘에게 어떤 지배, 무슨 영향을 끼쳤던 것일까? 그 같은 지배나 영향은 어떤 정신으로 나타나 창업주로부터 이어받은 왕국을 그렇듯 크게 확장 진화시켜나갈 수 있었던 것일까?

이건희는 1942년 대구에서 태어났다. 아버지 이병철과 어머니 박두을 사이에 태어난 8남매 가운데 일곱째인 3남으로 출생했다. 위로는 맹희, 창희, 두 형과 함께 인희, 숙희, 순희, 덕희 등 누나 넷과 나중에 태어날 여동생 명희가 있었다.

이건희가 태어날 당시 아버지는 마산에서의 첫 사업인 '협동정미소' 실패 이후 두 번째 사업을 벌여 한창 의욕적으로 활동할 무렵이었다. 대구 서문시장 근처에 250평 남짓한 점포를 사들여 '삼성상회'를 경영하고 있었다. 대구 일대에서 생산되는 청과물과 포항에서 나는 건어물 등을 만주와 중국 등지로 수출하는 무역 중개업이었다.

아버지의 사업은 순조로웠다. 무역의 거래량이 늘어나면서 어느 정도 자금의 여유가 생기자, 아버지는 무엇인가 새로운 투자 대상을 찾게 되었다. 첫 사업 실패 이후 쓰라린 전철을 다시 밟지 않기 위해서라도 판매만을 고집할 것이 아니라 제조를 겸하는 것이 좋겠다는 생각을 하고 있던 중이었다.

그러던 차에 때마침 일본인이 경영하던 '조선양조'라는 양조장이 매물로 나왔다. 연간 양조량이 7,000석이나 되는, 당시 대구에선 첫째 둘째를 다툰다는 대규모 청주 양조장이었다. 그런 만큼 조선양조의 매입 가격만 하여도 당시 돈으로 무려 10만 원지금 돈으로 약 100억 원을 호가하였으나, 아버지는 두말 않고 사들였다. 삼성상회를 개업한 지 불과 1년여 만에 기업 하나를 더 늘린 것이었다.

때문에 그의 집은 늘 부산하기만 했다. 아버지는 매일같이 바쁘게 움직였으며, 어머니는 이건희 말고도 위로 여섯이나 되는 어린 아이들의 뒤치다꺼리에 갓 태어난 이건희만을 따로 돌보아 줄 수 없었다.

결국 이건희는 젖을 떼자마자 대구 집에서 경남 의령군 정곡면 중교리의 할머니 댁으로 보내졌다. 의령의 할머니 댁으로 보내진 이건희는 갓난아이 때부터 할머니를 어머니라고 부르며 유모의 손에서 자랐다. 이건희는 그런 할머니의 보살핌을 받으며 의령에서 3년을 지냈다. 그러다 4세 무렵 대구 집으로 다시 돌아왔다.

하지만 그에게 대구 집은 모든 것이 낯설기만 했다. 할머니를 어머니로 알고 자랐기 때문에 정작 어머니와 대면했다고 다르지 않았다. 10세, 12세 나이 차이가 나는 손위 형맹희, 창희들과 누나인희, 숙희, 순희, 덕희들 역시 혼란스럽기는 마찬가지였다. 한창 낯가림이 심할 4세 무렵의 이건희에게 가족들은 꽤 오랫동안 어려운 상대였을 것으로 짐작이 된다.

때문에 어린 이건희는 가족들과 다시 함께 살게 되었어도 의령의 할머니에게서 자랄 때와 마찬가지 생활을 해야 했다. 유교적 가풍이 엄격했던 집안의 어머니는 두 형을 뒷바라지하기에도 여념이 없어, 어린 이건희에게는 별다른 신경을 쓰지 못했다. 누나들 역시 학업 때문에 어린 동생을 살뜰히 돌보아줄 겨를이 거의 없었다.

아버지 또한 사업을 하느라 분주했다. 삼성상회와 함께 새로이 인수한 조선양조를 경영하면서 눈코 뜰 새 없이 바쁘기만 했다. 의령 시절엔 할머니의 사랑을 독차지했지만, 대구 집으로 돌아온 뒤에는 그마저 기대할 수 없게 된 것이다. 그가 자신의 어린 시절을 돌아보며 '나는 줄곧 홀로였던 것 같다'고 회상하는 까닭도 바로 이 때문이다.

이건희는 오래지 않아 대구 집에서 유치원에 다니기 시작했다. 까만 고무신만을 신고 다녔던 그에게 어쩌다 흰 고무신이라도 주어지면 한동안은 아끼느라 신고 다니지 못했다고 한다. 이땐 이미 충분히 부유한 집안이었으나, 아껴 쓰는 집안의 가풍이 어린 그에게 그대로 반영된 것이었다.

하지만 대구에서의 어린 시절은 그리 길지 못했다. 대구에서 삼성상회와 조선양조를 경영하면서 자신감을 얻은 아버지가, 사업을 좀 더 크게 벌려보기 위해 가솔을 이끌고 서울로 상경하게 되었다. 해방된 지 얼마 되지 않은 1947년으로, 그의 나이 6세이던 때였다.

그의 가족은 서울 혜화동에 큼지막한 집을 마련해서 자리를 잡았다. 그리고 이듬해엔 지금의 종로 2가에 2층 건물을 임대해, 홍콩과 싱가포르 등지에 해산물을 수출하고 면사綿絲 따위를 수입하는 무역회사 '삼성물산공사'를 설립했다.

삼성물산공사는 처음부터 주식회사 체제로 시작했다. 아버지가 75%를 출자하고, 조홍제효성그룹 창업주, 김생기영진약품 창업주, 이오석, 문철호, 김일옥 등이 나머지 25%의 지분을 출자하는 형식이었다. 삼성물산공사는 금세 자리를 잡아나갔다. 대구에서의 경험과 사전 시장 조사, 그리고 무역 동향 따위를 치밀하게 검토한 다음 시작한 터라 순조로운 성장세를 보여주었다.

때문에 무역 대상 지역도 홍콩과 싱가포르에서 이내 동남아 전역은 물론이고 미국으로까지 확대되었다. 면사와 철강 등 원자재를 포함하여 취급 품목도 어느새 백여 가지를 훌쩍 넘어섰다.

이 같은 여세를 몰아 1949년 설립 첫해에 벌써 국내 무역업계 7위를 기록하면서 업계의 주목을 받았다. 설립 1년 만에 당시 내놓으라는 굴지의 무역회사였던 천우사전택보, 동아상사김인형, 대한물산설경동, 화신실업박흥식, 삼흥실업서선하, 오천석, 최태섭, 건설실업김익균 등과 함께 어깨를 견주게 되었다. 또 이듬해 초에는 삼성물산이 총 1억 2,000만 원지금 돈 약 600억 원의 이익을 내며 마침내 국내 무역업계 1위 자리에 성큼 올라서는 기염을 토했다.

이건희는 아버지가 삼성물산을 설립한 그 해에 혜화초등학교에 입학했다. 또래 아이들 사이에선 지방 사투리가 짙게 묻어나는 말수 적은 아이였다. 왁자지껄한 교실 안에서도 그는 줄곧 '외톨이'였던 것이다.

한데 이듬해 6월 25일, 뜻하지 않게 6·25 전쟁이 터지고 말았다. 전혀 예상치 못한 돌발 상황이었다. 아버지를 비롯하여 그의 가족들은 미처 피난을 떠나지 못했다. 한창 뻗어나가고 있는 사업에 그만 발목을 잡혔다. 하루 이틀 더 상황을 주시키로 한 것이다.

하지만 전쟁이 발발하고 하루 만인 다음날 26일 의정부 방어선이 뚫렸다. 서울 시내는 온통 혼란에 빠져들었다. 한데도 정부는 이런저런 발표를 통해 아군이 적군을 격퇴 중이라고만 했다. 서울시민은 안심하라고 했으나, 시시각각 아군이 불리한 양상으로 전개되어 갔다.

위기감을 느낀 아버지는 회사 간부들과 대응책을 논의해 보았지만 별다른 묘안이 있을 까닭이 만무했다. 시가전이 벌어질지도 모르는 상황이었기 때문에, 안전을 위해 각자 회사를 중심으로 어려운 일이 있을 때 서로 연락하자고 한 뒤 일단 헤어지기로 했다.

다음날 28일에는 피난민으로 넘쳐나는 한강대교가 폭파되면서, 서울은 북한군의 수중에 떨어졌다. 불과 4일 만에 적군이 서울을 점령하고 만 것이다. 아버지와 그의 가족들은 정부의 발표만 믿고 있다가 서울을 벗어나지 못했다. 적군 치하에서 거의 두문불출한 채 집안에 꼭꼭 숨어 살아야 했다. 무엇보다 집이 큼지막해서 자칫 자본가로 내몰려 목숨이 위태로울 수도 있었다.

불안한 나날을 보내고 있던 아버지와 그의 가족들은 연합군의 인천 상륙작전으로 비로소 서울이 수복되자, 서둘러 마산으로 내려갔다. 그리고 다시 대구로 옮겨갔다가 부산으로 이주했다. 아버지가 부산 동광동으로 자리를 옮겨, 고철 수집업과 함께 설탕과 비료 따위를 수입하는 무역업을 다시금 시작했기 때문이다.

이건희는 부산에 살면서도 초등학교 전학을 두 번 더 해야 했다. 초등학교 6년을 다니는 동안에 학교를 모두 다섯 군데나 옮겨 다녀야 했던 것이다. 따라서 또래 친구들을 사귀어 볼 겨를이 없었다고 봐야 한다. 겨우 눈이 맞아 더듬더듬 말을 텄을 때쯤이면 속절없이 전학을 가야만 했던 그에게 또래 친구들이 남아 있을 리 없었다.

여기서 잠시 아버지 이병철의 어린 시절과 이건희의 어린 시절을 오버랩시켜보기 바란다. 11세에 정든 고향 땅을 떠나 진주시에 자리한 지수초등학교에 입학, 이듬해 서울로 상경하여 수송초등학교 3학년에 편입, 다시 이듬해 중동중학교에 편입, 중동중학교 4학년 때 일본 유학길에 올랐던 아버지와, 아들의 어린 시절이 서로 고스란히 겹치지 않은가? 아버지와 복사판과도 같은 성장 과정이었지 않은가?

이건희는 어린 시절 학교에서 외톨이일 때가 더 많았다. 집으로 돌아와서도 마찬가지였다. 외톨이로 그저 집안에서만 맴돌기 일쑤였다. 부모님이 그걸 모를 리 만무했다. 집안에서만 맴도는 어린 아들이 못내 안타까웠다. 생각다 못해 이런저런 장난감을 사다 주었다. 어린 아들은 신기해했다. 비로소 얼굴에 미소가 번졌다.

그러자 장난감을 아낌없이 사 날랐다. 천장에 매달린 끈을 물고 허공을 빙빙 돌아가는 비행기며, 철로 위를 달리는 모형 기차 등이 수북이 쌓여갔다. 당시로선 구경조차 하기 힘든 값비싸고 신기한 장난감들이었다.

어린 시절 이건희는 그같이 장난감을 만나게 된다. 신기하기만 한 장난감들 속에 파묻혀 살았다. 비단 그만이 아니라 두 형들 또한 이내 관심을 갖게 되었다. 3형제는 신기한 장난감의 세계에 깊숙이 빠져들었다.

한데 집안에서 장난감을 가지고 노는 것만으론 아무래도 따분해서였을까? 세 아이는 값 비싸고 신기한 장난감을 가지고 노는 데에만 머물지 않았다. 오래지 않아 그것을 뜯어보는 재미에 빠져들었다. 그리곤 다시 조립해 보는 데까지 나아갔다. 복잡하고 난해한 기계 속으로 들어가 나름대로 무언가를 찾아내고 생각하는 탐구놀이로까지 발전케 된 것이다.

3형제 가운데 가장 나이 어린 이건희의 그 같은 탐구놀이는 좀처럼 그칠 줄을 몰랐다. 이윽고 심드렁해져 또 다른 취미로 관심을 돌리고 말았던 두 형들과는 달리 이건희의 그런 취미는 이후에도 줄곧 계속되었다.

그리하여 오래지 않아 그 방면에 누구도 따라올 수 없을 정도의 남모를 경지에 이르렀다. 처음에 장난감을 뜯어보고 다시 조립하는 수준으로 시작된 탐구놀이는 이내 진화를 거듭하고 보다 대담해져 갔다.

나중에는 손대기조차 힘든 카메라며 VTR에 이르기까지 손쉽게 척척 뜯어보고 다시 조립하는가 하면, 좀 더 뒷날의 얘기이긴 하지만 결국 자동차까지도 그 대상에 포함되었다. 몇 날 며칠 동안 자동차를 몽땅 해체했다가 다시금 조립할 수 있게 되기에 이른 것이다.

사실 여기까지만 놓고 보더라도 이건희의 어린 시절은 결코 흔치 않은 성장 과정이었다. 태어나자마자 할머니의 손에 길러지다 4세 무렵에야 비로소 어머니를 비롯하여 형제들의 품으로 돌아온 것에서부터, 일곱 번에 걸친 잦은 이사로 초등학교를 다섯 군데나 옮겨 다녀야 했다는 것만으로도 남다른 성장기를 보낸 셈이 된다.

그는 결국 또래 진구가 없는 외톨이가 될 수밖에 없었다. 때문에 장난감의 세계에 깊숙이 파묻혀 지내야 했으며, 그것도 따분해지자 결국에는 그 장난감마저 죄다 뜯어보고 조립하는 재미 속으로 빠져들게 되었다.

따라서 그에게 대화는 지극히 제한적일 수밖에 없었다. 복잡하고 난해하게 얽혀 있는 장난감의 기계 속으로 깊이 빠져들수록 대화의 세계는 그만큼 더 멀어져만 갔다. 거기에다 아버지가 끼친 영향 또한 적지 않았을 것으로 보인다. 아버지 또한 누군가와 마주앉아 도란도란 대화를 주고받기보다는, 곧잘 혼자서 무언가를 골똘히 생각하는 그런 모습이었다.

"아버지는 좀처럼 화를 내는 법도 없었고, 큰소리와 욕설은 물론 아랫사람들로부터 보고를 받을 적에도 겉으로 좋다 싫다는 표현을 하지 않았다. 평생 동안 아버지가 큰소리를 내면서 웃는 모습을 본 사람이 과연 몇이나 될까…?"

이건희는 그런 아버지의 영향까지 고스란히 더해져 늘 말이 없고 내성적인 아이로 자라났다. 기를 쓰며 남들 앞에 나서기보다는 오히려 조용히 돌아앉아 혼자서 무언가에 골똘히 탐구하는 시간이 날로 더 많아져만 갔다.

더욱이 그 같은 특이한 성장 과정은 비단 거기서 그치지 않고 이후에도 계속되었다.

시끌벅적한 대가족 속에서 자라다

정몽구는 1938년 강원도 통천에서 태어났다. 아버지 정주영과 어머니 변중석 사이에 태어난 8남 1녀 가운데 둘째 아들로 출생했다. 위로는 다섯 살 위인 첫째 몽필이 있었다. 3남 몽근, 장녀 희영, 4남 몽우, 5남 몽현, 6남 몽준, 7남 몽윤, 8남 몽일 등은 나중에 태어날 동생들이었다.

정몽구가 태어날 당시 아버지는 여러 차례 가출 끝에 이제 막 서울에서 자리를 잡을 무렵이었다. '더할래야 더할 게 없는 마지막의 마지막까지 최선을 다하는 노력'으로, 자신이 쌀 배달 일을 하던 쌀가게 주인으로부터 신임을 얻어 쌀가게를 인수할 수 있었다.

그런 뒤 서울에서 제일가는 가게를 만든다는 포부로 '경일상회京─商會'라는 간판을 걸었다. 현대왕국의 태동이 공교롭게도 그의 출생과 함께 시작되었던 것이다.

하지만 이 쌀가게는 그리 오래가지 못했다. 일본이 중일中日전쟁을 일으켜 전면적인 쌀 배급제를 실시하면서 쌀가게가 일제히 문을 닫아야만 했다. 아버지 또한 고향집으로 돌아오고 말았다.

그러나 찢어지게 가난한 고향 땅에서 아버지가 할 수 있는 거라곤 딱히 없었다. 이듬해 초 얼마 되지 않은 밑천을 들고서 아버지는 다시금 서울로 올라갔다. 때마침 아현동 고개에 매물로 나와 있던 '아도서비스'라는 자동차 수리 공장을 인수하게 되었다.

천성이 부지런한 아버지의 노력으로 돈도 제법 벌렸다. 그러자 아버지는 고향에 남아 있던 가족부터 차례대로 서울로 불러올리기 시작했다. 처음에는 어머니가 나이 어린 몽필, 몽구 형제를 데리고 상경했다. 곧이어 조부모님을 모셔왔고, 오래지 않아 아버지의 아우들까지 모조리 서울로 데려왔다. 사는 집이 조금이라도 더 넓어져 어떻게 끼어 잘 수만 있게 되면 고향에 남아 있는 가족들을 무턱대고 불러올렸다.

서울에서의 첫 번째 집은 아현동 셋방이었다. 그땐 정몽구가 너무 어려서 기억이 없지만, 어머니는 쌀과 두부를 팔면서 부족한 생활비를 벌어야 했다. 한데 자동차 수리 공장 아도서비스에 불이 나고 말았다. 더구나 수리해 달라고 맡겨둔 트럭 5대와 함께 당시 권력가 윤덕영의 올수모빌 고급 승용차까지 몽땅 화염에 휩싸이면서, 아버지는 하루아침에 산더미만 한 빚더미에 앉고 말았다.

하지만 아버지는 좌절하지 않았다. 아현동에서의 희망을 접고 이번에는 신설동에 빈터를 얻어, 직원들을 데리고 무허가로 자동차 수리 공장을 계속해 나갔다. 산더미만 한 빚더미를 껴안은 채 무허가 수리 공장을 한다는 것은 하루하루가 살얼음판이었다. 동대문경찰서에서 허구한 날 순경이 찾아와 무허가 수리 공장을 당장 닫아걸지 않으면 잡아넣겠다는 으름장을 놓았다.

이사 온 신설동의 셋방 또한 형편이 아니었다. 무엇보다 식구들이 늘어나 북적였다. 그나마 다행이었던 것은 무허가 수리 공장에 일감이 넘쳐난 것이다. 아버지의 주머니 사정도 점차 나아져 갔다.

그러자 이사부터 서둘렀다. 돈암동의 좀 더 큰 집으로 옮겨갔다. 하지만 말이 좋아 좀 더 큰 집이지, 고작 20여 평 남짓한 집에서 20명이나 되는 대가족이 한데 어울려 살아가기에 여전히 비좁을 수밖에 없었다. 돌아눕기조차 힘든 형편이었다.

그 무렵 무허가 수리 공장은 어느덧 직원이 60여 명으로 불어나 공장 또한 북적거리게 되었다. 오로지 아버지의 '더할래야 더할 게 없는 마지막까지 최선을 다하는 노력'으로 키워낸 결과였다.

한데도 '아침 밥상에 김치 한 가지와 국 한 대접' 이상의 반찬은 용납되지 않았다. 직원들 또한 모두가 한가족이고, 아버지는 그들마저 책임져야 한다고 굳게 믿은 터라 많이 먹을 수 없었다. 그때 할머니와 어머니는 그 많은 직원들의 식사를 매일같이 집에서 만들어냈다. 그런 뒤 돈암동 집에서 신설동 공장으로 머리에 이어 날랐다.

그야말로 대가족이 한데 어울려 살았던 돈암동 집은 언제나 장터 바닥같이 시끌벅적하기만 했다. 그래도 저마다 자기 역할에 충실했다. 온 가족이 꿈을 키우고 있었기 때문이다. 어린 정몽구가 초등학교에 들어가기 직전까지 보고 자란 집안의 풍경이었다.

한데 무허가 수리 공장도 오래가진 못했다. 급기야 일본이 태평양 전쟁을 일으키면서 기업정비령이 내려졌다. 무허가 자동차 수리 공장 아도서비스 역시 다른 공장으로 강제 합병되고 말면서, 문을 닫을 수밖에 없었다. 이후 아버지는 돈암동 집을 떠나 황해도 수안에서 일자리를 찾았다. 홀동광산에서 캐어낸 광석을 평양으로 운송하는 하청 일을 맡았다.

그러다 8·15 광복을 맞이했다. 이듬해 아버지는 미 군정청으로부터 적산 땅의 일부를 불하받아, 중구 초동에 '현대자동차공업사'에 이어 '현대토건사' 간판을 내걸었다. 돈암동 집은 또다시 북적이기 시작했다. 비로소 대가족이 저마다 꿈을 키워가기 위해 다시금 시끌벅적해지기 시작한 것이다.

정몽구는 이렇듯 언제나 시끌벅적한 환경 속에서 자랐다. 또래 친구를 사귀지 못해 외톨이가 되어 장난감 속에 빠져들어야 했던 이건희의 어린 시절과는 사뭇 다른 성장 환경이었다. 또 그 같은 성장 환경의 차이는 아버지인 이병철과 정주영이 그랬듯이 둘 또한 자신의 정체성 형성에 결정적인 영향을 끼치게 된다.

경복고 4학년의 정몽구

몇 해 지나지 않아 6·25 전쟁이 터졌다. 돈암동의 대가족은 전쟁을 피해 속절없이 남쪽으로 떠나야 했다. 끝없이 걷거나 기차의 화통火筒 위에 겨우 올라타고서 부산까지 피난길에 올랐다. 부산에서의 피난 생활 또한 서울 돈암동 집의 그것과 다를 게 없었다. 여전히 비좁은 집과 20명 남짓한 대가족이 저마다 꿈을 키우기에 분주한 나날을 보내야 했다.

굳이 부산 피난 시절에 남아 있는 남다른 기억을 든다면 어린 정몽구가 초등학교를 마친 뒤 중학교에 진학한 것이다. 그리고 한겨울에 부산의 UN 묘지를 푸른 보리 잔디로 단장하여 미군 관계자들을 놀라게 한 아버지의 뚝심 정도였다.

결국 전쟁도 끝이 났다. 정몽구는 대가족을 따라 다시 서울로 돌아온다. 1955년에는 서울의 5대 명문고 가운데 하나였던 경복고에 진학한다. 경복고에 입학하자마자 그는 체격이 건장하다는 이유 하나로 학교 코치의 눈에 들어 럭비선수로 선발되었다. 럭비는 이때가 처음이었다.

하지만 아버지로부터 물려받은 건장한 체격으로 평소 운동을 좋아했던 터라, 정몽구는 럭비에 입문하자마자 재미에 흠씬 빠져들었다. 학교에서 돌아온 방과 후에도 럭비선수의 유니폼을 입고 살았을 만큼 새로이 시작한 운동에 완전히 매료되었다. 세상의 모든 공이란 공은 그 크기와 무게만이 서로 조금씩 차이가 날 뿐 대부분 다 둥그렇다.

한데 럭비공만은 달랐다. 신기하게도 둥글면서 타원형이었다. 그야말로 어디로 튈지 모르는 타원형의 공을 갖고서 상대와 밀고 당겨야 한다. 럭비는 선수들의 치열한 몸싸움이 필수적이었다. 상대 진영으로 헤집고 들어가 득점을 많이 올린 팀이 이긴다. 때문에 상대 진영으로 공을 갖고 조금이라도 더 전진하려고 선수들은 안간힘을 다한다.

하지만 앞으로 무작정 공을 패스하는 건 허용되지 않는다. 공을 갖고 전진하기 위해서는 공과 함께 뛰거나 발로 차는 방법만이 허용된다. 득점은 트라이나 골을 통해서만이 가능한데, 트라이는 상대 진영의 골라인 너머에 있는 지면에다 공을 갖다 놓는 것이고 골은 골포스트 사이에 세워져 있는 크로스바 위로 공을 차 넘기는 것이다.

럭비는 다른 무엇보다 강인한 체력과 함께 팀워크가 중요하다. 설령 선수 개인의 강인한 체력이 뒷받침된다 하더라도, 팀워크가 이뤄지지 않을 경우에는 승리를 장담할 수 없다. 선수들 사이에 끈끈한 팀워크를 이루어야만 득점을 올릴 수 있는 운동이다.

정몽구는 바로 그런 팀워크가 마음에 썩 들었다. 강인한 체력으로 서로 맞부딪치는 숨 가쁘고 거친 상황 속을 뚫고 나아가는 쾌감도 빠질 수 없는 매력이었으나, 그 같은 상황을 뚫기 위한 팀워크 또한 통쾌함이자 값진 경험이었다.

그는 1학년 때부터 럭비에 남다른 실력을 발휘하며 두각을 나타냈다. 1학년 때부터 드물게 주전으로 뛰기 시작하여, 당시 서울운동장에서 전국 10개 고교가 참가한 가운데 열린 럭비 시합에서 영원한 맞수 용산고를 3대 0으로 제압하는가 하면, 인천고에도 기권승을 거누는 등 발군의 실력을 뽐냈다.

정몽구는 이런 럭비를 통해 훗날 기업 조직에서 팀워크가 얼마나 중요한지 새삼 깨닫게 되었다고 말한다. 또한 이를 회사 간부들에게 기회가 있을 때마다 자주 강조하곤 했다. 훗날 그는 경복고 재학 시절 체험한 럭비 운동의 팀워크를 자신의 현대·기아차그룹에 옮겨 심는 데도 심혈을 기울였다. 현대·기아차그룹의 임원들 가운데 유난히 경복고 출신들이 많은 것도 그런 이유 때문이다. 세인들은 이를 정몽구의 '경복고사단'이라 불렀다.

그의 학창시절은 럭비선수로 두각을 나타낸 것 말고는 그저 평범했다. 학교 공부에는 그다지 흥미를 느끼지 못했다. 별반 신경도 쓰지 않는 편이어서 시험 성적에 연연해 하지 않았다. 한데도 학우들 사이에선 인기가 꽤나 높았다. 통이 크고 대범하였을뿐더러, 학우들과도 곧잘 어울리기를 좋아하는 낙천적인 성격 탓이었다.

그는 언제 어느 때건 자신이 부잣집 아들이라는 티를 내는 법이 없었다. 생김새만큼 우직한 데다, 아버지로부터 물려받은 보스 기질로 그의 곁에 늘 친구들을 불러들였다. 정몽구의 관심사는 럭비에만 쏠렸던 듯하다. 럭비팀을 이끄는 주장으로서 과연 어떻게 리더십을 발휘하여 팀워크를 최상으로 만들지에 대해 고민했다.

리더십 또한 아버지로부터 밥상머리에서 귀에 못이 박히도록 듣고 또 들었을, 예컨대 부지런할 것과 성실함이 럭비팀에도 그대로 적용되었다. 그런 주장을 지켜본 럭비팀 선수들 역시 이내 그를 신뢰하고 따랐다.

그는 이때 처음으로 깨닫게 된다. 자신이 다른 사람들을 리드할 줄 아는 재능을 타고났다는 사실을 알게 된 것이다. 학교 수업을 마친 오후가 되면 매일같이 동료 럭비팀 선수들을 이끌면서 놀라운 변화를 스스로 만들어 갔다.

또 으레 그 시절이면 '의리의 주먹'으로 전설이 된 친구가 한두 명쯤 있기 마련이었다. 정몽구 역시 여기에서 빠지지 않았다. 럭비만이 아니라 주먹싸움에서도 밀리는 법이 없었다고 한다. 고교생끼리 패싸움이 벌어지는 자리면 어김없이 그가 등장하여 예의 의리의 주먹을 휘둘렀다고 한다. 같은 반 학우 가운데 누군가 억울하게 맞기라도 할라치면 즉각 응징에 나섰다.

한데 진주에서 서울까지 올라와 아르바이트로 학비를 벌어가면서 어렵게 공부하던 손병두전경련 부회장, 서강대 총장가 같은 학교의 어깨들에게 얻어맞는 사건이 벌어졌다. 정몽구는 주저 없이 나서 '공부 잘하는 손병두를 다시는 건드리지 말라'며 학교 어깨들을 좀 손봐주었다는 얘기도 있다. 손병두는 훗날 오래전의 그날을 돌아보며 '모름지기 주먹에는 두 종류가 있었다. 몽구와 같은 의리의 주먹이 있었는가 하면, 약한 학우들을 괴롭히는 저질이 있었다'고 회고하면서 다음과 같이 덧붙인다.

"정몽구 현대·기아차 회장과 나는 경복고 2학년 때 같은 반이었다. 그는 덩치가 크고 힘이 장사여서 운동부로 차출당해 럭비부 주장까지 했다. 당시 정주영 회장은 6·25 전쟁 직후 한강철교 복구공사를 맡아 성공적으로 공사를 해내면서 많은 돈을 번 것으로 안다. 그러나 몽구는 전혀 돈 있는 집 아이의 티를 내지 않았다. 순박하고 의리 있는 사나이로 꼽혔다. 친구들이 밖에서 맞고 왔다고 하면 찾아가서 혼내주는 것은 그의 몫이었다."

정몽구는 그 밖에도 등산에 열의를 보였다. 주말이면 서울 근교 인왕산이나 북한산 등지를 친구들과 어울려 올랐다. 이래저래 학교 공부는 늘 뒷전이었다. 결국 3학년 땐 유급을 당했다. 3학년을 한 번 더 다니는 수모를 겪어야 했다.

말할 것도 없이 부끄러운 일이었다. 친구들은 모두 다 졸업해서 각자 대학으로 진학하여 떠나는데, 여전히 학교에 남아 후배들과 같이 공부해야 한다는 건 받아들이기 쉬운 현실이 아니었을 것이다.

하지만 그것은 전화위복이었다. 다른 친구들과 달리 4년을 다닌 것이 결과적으로 정몽구에게는 엄청난 자산이 되어 돌아왔다. 그가 남들과 다르게 경복고를 4년 다닌 덕분에 동급생은 물론이고, 후배 동급생이라는 이상한 인맥까지 자연스럽게 형성되었다. 당시 명문고였던 경복고의 친구들은 대부분 일류 대학에 진학하면서, 장차 정몽구를 둘러싼 다시없는 귀중한 인적 자산이 될 수 있었다. 고교 시절 만난 럭비와 유급이 결과적으로 자신은 물론이며, 현대·기아차그룹에도 매우 중요한 의미를 가지게 된 것이다.

여기에 한 가지를 더 보탠다면, 대륙의 전국시대를 관통하면서 천하통일을 이루기까지의 역사를 유장한 대하소설로 엮은 「삼국지」다. 책을 많이 읽지 않는이라도 젊은 날에 누구나 한 번쯤은 어떤 형태로든 「삼국지」를 만난다.

실은 그의 아버지도 「삼국지」를 즐겨 읽었다. 그의 아버지가 79세의 늦깎이로 통일국민당을 창당하여 살벌하기 짝이 없는 정계에 진출했을 적에도 교과서로 삼은 책이 「삼국지」였다. 정몽구도 아버지만큼이나 「삼국지」를 애독했다. 그 역시 아버지처럼 「삼국지」에서 인생의 지혜와 리더십을 배우고 활용했다. 정몽구도 그렇듯 자신의 꿈을 키워갔다. 아버지를 승계하여 현대왕국을 이끌어갈 미래에 조금씩 다가서고 있었다.

영화 1,300여 편을 본 소년

이병철과 이건희 부자는 학교 공부에는 그다지 뛰어나지 못했다. 아니 인연이 없었다는 편이 옳을 성싶다. 한데 6·25 전쟁이 끝나갈 무렵인 1953년 부산사대부속 초등학교 5학년 때였다. 아버지 이병철이 어느 날 어린 이건희에게 일본으로 유학을 가라고 이른다.

당시 피난지 부산은 전쟁의 상흔이 겨우 회복해 가고 있었다. 하지만 교육 환경은 열악하기 짝이 없었다. 밀려든 피난민들로 임시로 만든 천막교실이 즐비한 풍경이었다.

반면에 일본의 사정은 달랐다. 2차 세계대전에서 패배하며 잿더미로 변하면서 다시 재기하기란 불가능할 것처럼 보였던 일본이 한국전쟁1950~1953년이라는 특수 속에 옛 영화를 빠르게 되찾아가고 있었다.

아버지는 어린 이건희에게 '선진국에 가서 배워라. 네 형들이 공부하고 있는 일본 도쿄로 가라'고 일렀다. 훗날 자식들이 장성하여 자신이 일궈놓은 가업을 이어가려면 아무래도 좀 더 넓은 세상을 보고 배워야 한다는 평소 생각에서였다.

일본에는 이미 큰형 맹희가 도쿄대학 농과대학에, 작은형 창희 역시 와세다대학 상과대학에 재학 중이었다. 이건희는 통학 거리 때문에 10세 위인 작은 형 창희와 함께 살면서, 도쿄의 초등학교로 다시금 선학을 가게 된다.

이제 겨우 12세밖에 되지 않은 어린 이건희는 또다시 그렇게 부모와 떨어져 살아야 했다. 더구나 이번에는 모든 것이 다 생소할 수밖에 없는 타국에서의 낯선 생활이었다. 당시 일본 사회는 사상 최대의 호경기라 일컫는 이른바 신무神武시대였다. 한국전쟁의 특수를 일본 혼자서 고스란히 누리며 낙엽을 자루에 쓸어 담듯 당시 돈으로 62억 달러라는 가히 천문학적인 외화를 벌어들여 그 어느 시기보다도 풍요로웠다.

더욱이 그런 호경기에 발맞춰 우리나라에서는 아직 보지도 듣지도 못한 TV 영상시대로 접어들고 있었다. 일본의 마쓰시타전기산업지금의 파나소닉과 네덜란드의 필립스가 합작으로 만든 흑백텔레비전이 할부 판매를 통해 불티나게 팔려나가던 시절이었다.

그같이 크게 달라진 환경도 환경이었지만, 무엇보다 소통이 되지 않아 고생할 수밖에 없었다. 여기저기 학교를 옮겨 다니느라 뒤처진 공부도 이건희에겐 여간 곤혹스러운 게 아니었다.

뿐만 아니라 매일같이 맞닥뜨려야 하는 한국인에 대한 뿌리 깊은 민족 차별은 어린 그를 더욱 고립시켰다. 학교에 갈 적마다 또래 아이들이 '조센징'이라고 놀려대는 이지메집단 따돌림는 어린 그를 더욱 힘들게 만들었다. 아버지의 뜻에 따라 어린 나이에 일본으로 유학을 왔지만, 그의 외톨이 삶은 여전했다. 아니 오히려 한층 더 고착화되어 갔다는 표현이 옳았다.

집으로 돌아와서도 마찬가지였다. 반겨줄 부모형제나 딱히 함께 놀아줄 친구가 기다리고 있는 것도 아니었다. 사실상 혼자 지내다시피한 일본에서의 생활은 한국에서보다도 더 외로운 나날일 수밖에 없었다.

이건희는 그 시절을 돌아보며 '가장 민감한 나이에 민족 차별, 분노, 외로움, 부모에 대한 그리움, 이 모든 것을 절실히 느꼈다'고 회고한 일이 있다. 어리기만 한 그로선 엉엉 소리 내어 울어도 시원찮을, 차마 견디기 어려운 시간이었을 것으로 짐작된다.

결국 그 같은 분노와 외로움은 그로 하여금 개를 좋아하게 만들었던 것 같다. 이듬해 중학생이 되면서부터 집에서 개를 기르기 시작했다. 사람을 언제나 반겨주는 충직함이 마음에 쏙 들었던 것이다.

분노와 외로움에서 비롯된 그의 피안은 집에서 개를 기르는 것 말고 한 가지가 더 있었다. 어두운 실내에 앉아 어느 누구로부터 차별이나 따돌림을 받지 않으면서도 재미있는 시간을 보낼 수 있는 영화 관람이 그것이었다.

처음에는 단순히 외로움의 도피처였는지 모른다. 아직 가보지 못한 이국적 풍경들이 신기해 눈길이 사로잡혔을 수도 있다. 낯선 땅과 도시, 대초원과 사막, 내가 아닌 또 다른 누군가의 삶이 낱낱이 펼쳐져 보이는 영화 속으로 자신도 모르는 사이 빠져들어 갔다.

당시 일본에는 집 근처에도 영화관이 즐비했다. 1950년대 일본의 영화산업은 미국의 할리우드에 이어 세계 2위를 기록하고 있을 정도였다. 그야말로 시네마 천국이었다. 그는 학교가 끝나면 집 근처 영화관으로 달려갔다. 오후 내내 영화관에서 살았다 해도 과언이 아니었다. 동시상영관이 많아서 한 번 본 영화를 또다시 본 적도 부지기수였다.

일본에서 초등학교 2년과 중학교 1년을 유학하는 사이, 이건희는 무려 1,300여 편 이상의 영화를 본 것으로 알려져 있다. 1,300여 편 이상이라면 당시 일본의 영화계가 10년 동안 제작한 작품의 수와 맞먹는 것으로, 그가 유학하는 3년여 동안 거의 매일같이 빼놓지 않고 영화를 보았다는 얘기가 된다.

이건희는 그처럼 시간이 나는 대로 영화를 보았다. 영화가 끝나면 다른 극장으로 자리를 옮겨 또 다른 영화를 보기 일쑤였다. 그러다 저녁에 집으로 돌아와선 그날 본 영화를 혼자서 곰곰이 생각하곤 했다. 영화는 이같이 오직 자신만의 것이었으며, 누구에게도 방해받지 않는 신세계였다.

그 무렵 아버지는 제일제당을 설립하면서 관련된 업무 때문에 일본을 자주 오갔다. 또 그때마다 여러 날씩 머물며 어린 아들과 함께 지내기도 했다. 하지만 매일같이 영화 속에 빠져 사는 아들을 아버지는 나무라지 않았다. 오히려 아들의 영화 보는 방법에 대해 감탄한 것으로 알려지고 있다. 어린 나이임에도 영화를 단순히 볼거리만으로 지나치지 아니하고, 수많은 인간군상의 이야기로 만들어지고 있다는 점을 이미 깨달았기 때문이었다고 한다.

이처럼 영화는 어린 시절 그에게 커다란 영향을 끼쳤다. 낯설기만 한 타국에서 외로움의 도피처로 혼자 보기 시작한 영화는, 타인의 삶을 이해할 수 있는 거울이 되어주었다. 또 그 같은 거울은 훗날 아버지로부터 삼성왕국을 이어받았을 때 기업경영에도 상당 부분 투영되었음을 알 수 있다.

뒷날의 얘기이긴 하지만, 그가 마침내 삼성왕국의 회장을 승계받은 이후 이른바 '바꾸자'는 경영을 선언했을 때다. 작심을 한 듯 새해 벽두부터 '변해야 살아남는다'는 자신의 생각을 신년사에서 천명한 데 이어 전자 계열사, 중공업 계열사, 화학 및 기계 제조 계열사, 금융서비스 계열사 등으로 연이어지는 사장단 회의에서 '바꾸자'를 여전히 쏟아내고 있을 즈음이었다.

그 무렵 이건희는 장애인들의 사회 참여를 장려한다는 차원에서 장애인 직원 공장 '무궁화전자' 설립 계획을 세우도록 지시했다. 장애인들을 위해 매년 거액의 기부금을 내는 것만으로는 그들의 삶을 바꿀 수 없다고 생각했다. 스스로 자립할 수 있도록 기업이 적극적으로 나서 그들에게 마땅한 일자리를 만들어 주는 것이 보다 실질적인 해결책이라고 판단한 것이다.

아울러 그는 장애인들이 아무런 불편함도 없이 근무할 수 있도록 완벽한 편의시설을 갖추라고 덧붙였다. 단순히 보여주기 위한 전시 사업이 아니라 앞으로도 지속가능한 하나의 롤 모델로서의 무궁화전자를 요구했다.

사업의 규모도 엄청났다. 당시 삼성전자의 한 해 순이익은 고작 1,000억 원 안팎의 수준이었다. 그 순이익의 20%가 넘는 자금을 투자하여 장애인들을 위한 무궁화전자를 설립키로 한 것이다. 회장의 지시가 떨어지자 삼성전자의 경영진은 발 빠르게 움직였다.

그렇게 3개월여 동안 준비 기간을 거쳐 마침내 회장에게 공장 설계와 관런하여 브리핑이 이뤄졌다. 브리핑이 끝나자 이건희는 장애인의 편의시설이 아무래도 부족한 것 같다며 보완을 지시했다. 휠체어를 탄 장애인을 위해 모든 출입문을 슬라이드 형태로 만들고, 식당 내부의 배식 선반 높이를 낮추라는 등 세부적인 사항까지 언급했다. 마치 자신이 오랫동안 장애인들과 함께 생활해 온 사람처럼 그들의 속사정까지도 꿰뚫어 보는 내용이 이어졌다.

"회장님, 장애인들에 대해 매우 자세히 알고 계시는데 어떤 연유로 그렇게 잘 알게 되신 겁니까?"

브리핑 자리에 참석했던 한 임원이 그에게 넌지시 여쭈었다. 그의 대답은 명료했다.

"자네는 영화도 안 보나? 장애인들과 관련된 영화 몇 편만 보면 장애인들의 생활을 훤히 알게 돼."

사실 이건희는 평범한 삶을 경험할 기회란 거의 없었다. 부유한 집안에서 태어나 자란 탓에 평범한 사람들의 속내를 깊숙이 접해보지 못했다. 한데도 다양한 계층의 삶을 누구보다 이해하고 있었다. 어린 시절 어두운 실내에 혼자 앉아 보기 시작한 1,300여 편의 영화가 그 통로 역할을 해준 것이다.

이건희는 이처럼 평생 영화와 다큐멘터리의 광이 된다. 한때 그를 소개하는 프로필 기사에서 으레 빠지지 않는 대목이 영화 및 다큐멘터리 비디오를 1만 개 넘게 소장하고 있다는 것이었다. 할리우드 영화계의 아이콘인 스티븐 스필버그와 영화 합작 사업에 뛰어든 것 또한 이와 무관치 않아 보인다.

1997년에 펴낸 처음이자 마지막 그의 산문집 「생각 좀 하며 세상을 보자」

에서 그는 자신만의 독특한 영화 감상법, 그리고 스스로 영화 속에서 체득한 입체적 사고에 대해 이렇게 적고 있다.

"…영화를 감상할 때는 대개 주인공에게 치중해서 보게 된다. 주인공의 처지에 흠뻑 빠지다 보면 자기가 그 사람인 양 착각하기도 하고, 그의 애환에 따라 울고 웃는다. 그런데 스스로를 조연이라고 생각하면서 영화를 보면 아주 색다른 느낌을 받는다. 나아가 주연, 조연뿐 아니라 등장인물 각자의 처지에서 보면 영화에 나오는 모든 사람의 인생까지 느끼게 된다. 거기에 감독, 카메라맨의 자리에서까지 두루 생각하면서 보면 또 다른 감동을 맛볼 수 있다.

그저 생각 없이 화면만 보면 움직이는 그림에 불과하지만 이처럼 여러 각도에서 보면 한 편의 소설, 작은 세계를 보게 되는 것이다. 이런 식으로 영화를 보려면 처음에는 무척 힘들고 바쁘다. 그러나 그것이 습관으로 굳어지면 입체적으로 보고 입체적으로 생각하는 '사고의 틀'이 만들어진다. 음악을 들을 때나 미술 작품을 감상할 때, 또는 일할 때에도 새로운 차원에 눈을 뜨게 된다."

하지만 집에서 충직한 개를 기르고, 매일같이 영화를 보는 것만으로는 차마 고독한 허기를 메우기 어려웠으리라. 나이 어린 그의 분노와 이지메를 정녕 다 메울 수는 없었을 것이다. 일본에서 초등학교 5, 6학년과 중학교 1학년까지 마친 그는 아버지를 졸라 끝내 귀국하고 만다. 귀국해서 서울사대부중에 편입했다.

그렇게 다시 부모의 품으로 돌아올 수 있었으나, 그렇다고 외톨이에서 벗어날 수 있었던 것은 아닌 것 같다. 일본에서 조센징이라고 이지메를 당했던 것처럼, 고국에 돌아와 새로이 편입해 들어간 서울사대부중에선 조금은 서툰 한국어 발음과 함께 무의식적으로 익숙해져 있는 일본식 태도로 인해서 이번에는 거꾸로 일본 놈이라는 놀림을 피할 수 없게 되었다.

그는 또다시 외톨이가 되어 깊은 고독감에 갇힐 수밖에 없었다. 서울사대부중을 거쳐 부고를 다닐 때까지도, 그의 십 대는 다른 누구보다 풍요로웠으나 또한 어느 누구보다도 고독했다. 어린 시절 그의 고독은 선택이 아닌 결코 피할 수 없는 운명과도 같은 것이었다.

착한 척하지 마라, 내겐 그럴 시간이 없다

갓난아이 때부터 부모형제와 떨어져 고독한 외톨이로 자란 이건희였다. 때문에 초등학교 무렵이 되자 갖가지 장난감의 탐구놀이에 빠져들었다. 12세 어린 나이에 일본으로 유학을 떠났을 땐 언어 소통과 민족 차별로 이지메를 경험하면서 개 기르기와 영화 1,300여 편에 빠져들었다. 다시 고국으로 돌아와 서울사대부중을 마치고 서울사대부고로 진학한 그의 고교 시절은 또 어땠을까? 같은 반 절친한 친구로 곁에서 이건희를 가까이서 지켜본 홍사덕전 정무장관의 증언이다.

"듣건대 요즘 이건희 회장은 좀처럼 웃지 않고 칭찬하지 않으며 절대로 흐트러진 모습을 보이지 않는다고 한다. 하지만 회장님이 되어 멋진 나비의 모습을 갖추기 이전, 그러니까 애벌레 시절의 그는 정반대였다. 그래서 나는 그의 내면 깊숙이에 은닉되어 있을 또 다른 진면목을 들려줄까 한다. 고등학생 이건희 군은 근엄하기는커녕 엉뚱하고 싱거운 친구였다. 서울사대부고에 입학한 지 며칠 안 된 어느 날의 일이다.

…〈중략〉…

언제인지 아버지 이병철이 삼성에서 일을 하던 간부 한 사람을 내친 일이 있었다. 한데 고등학생이던 이건희가 아버지 이병철에게 그 간부를 다시 부르라고 건의했다. 이런 모습을 곁에서 지켜보던 내가 이건희에게 핀잔을 주었다.

"고등학생인 네가 뭘 안다고 그러냐?"

"모르긴 뭘 몰라. 나는 사람에 대한 공부를 제일 열심히 한다."

이건희는 고집을 꺾지 않고 몇 번씩이나 아버지 이병철에게 건의했다. 처음엔 아버지 이병철도 까까머리 막내아들의 말을 대수롭지 않게 여겼다. 그러다 나중에야 마지못해 그 간부를 복직시켰다. 그런데 이 간부가 나중에 삼성에 크게 기여했다는 것이다."

서울사대부고 시절 학교에서 이런 일도 있었다고 한다. 교내에서 싸움을 가장 잘한다는 덩치 큰 학교의 짱과 시비가 붙었다. 한데 학교 짱이 아니라 이건희가 먼저 싸움을 걸었다. 재미있을 것 같다며 같은 반 친구들이 우르르 몰려들었다. 학교의 짱은 누구도 넘볼 수 없는 전설이었다. 같은 반 친구들은 이건희가 학교 짱에게 심하게 당할 것이라고 믿었다.

"야, 너희들 싸울 거야?"

그쯤 되자 함께 있던 홍사덕이 둘 사이에 끼어들었다. 싸움의 증인으로 나선 셈이다. 말하자면 둘의 싸움에 일종의 심판 역할 같은 거였다.

"정말?"

홍사덕이 재차 둘의 얼굴을 돌아보았다. 둘은 싸우겠다는 의사를 분명히 했다. 짱은 자신만만해했고, 이건희도 한 번 붙어보자며 주먹을 쥐었다.

싸움은 이내 불이 붙었다. 짱은 교내에서 싸움을 가장 잘한다는 명성에 걸맞게 기술이 능란하고 몸놀림 또한 예민했다. 반면에 이건희는 자신의 말수만큼이나 굼뜨고 느려 왠지 엉성해 보이기조차 했다.

따라서 싸움의 초반 기세는 덩치 큰 짱의 독무대였다. 이건희는 거의 일방적으로 얻어터졌다.

한데도 물러나지 않았다. 싸움에서 일방적으로 공격을 퍼붓더라도 상대가 흔들리지 않으면 공격을 퍼붓는 쪽에서 되레 맥이 풀리기 마련이다. 꼭이 이건희가 그랬다. 수없이 얻어터지면서도 결코 물러나는 법이 없자, 차츰 당황스러워하는 쪽은 거의 일방적으로 두들겨 패고 있던 학교 짱이었다.

'어떻게 된 거지? 이쯤 되면 대개 꽁무니를 빼곤 했는데…?'

짱은 연신 주먹을 내치고 발길질을 해봤지만 점점 맥이 풀려 갔다. 힘도 빠져 파괴력도 처음 같지 않았다. 공격을 거의 일방적으로 퍼붓고도 이건희의 기를 꺾진 못했다.

마침내 반격이 시작되었다. 얻어터지고만 있던 이건희가 상대를 조금씩 압박해 들어갔다. 비록 몸놀림이 굼뜨긴 하였어도 이건희는 좀처럼 밀리지 않았다. 다음 순간, 이건희의 느린 손이 짱의 허리춤을 와락 붙잡았다.

이건희는 그 순간을 놓치지 않았다. 짱의 허리춤을 붙들자마자 상대를 세차게 밀어붙였다. 그와 동시에 두 팔에 힘을 불끈 주어 짱을 바닥에 넘어

뜨렸다. 그런 다음 숨 돌릴 겨를도 없이 곧바로 팔을 붙잡아 팔 꺾기에 들어
갔다. 상대는 꺾어진 자신의 팔을 빼내려고 안간힘을 다했지만 빠져나올 수
없었다.

"아악…! 팔… 내 팔!"

견디다 못한 짱이 비명을 내질렀다. 뼈가 부러질 것만 같은 통증에 얼굴
을 일그러뜨리며 울부짖었다. 그쯤 되자 심판 역할을 맡았던 홍사덕이 나설
차례였다. 사실상 싸움이 그것으로 끝났기 때문이다. 말수 적고 조용하기만
하던 이건희가 교내에서 싸움을 가장 잘한다는 덩치 큰 짱을 꺾었다고 선언
하는 순간이었다.

"야아-!"

누구도 예상치 못한 결과였다. 싸움을 구경하고 있던 같은 반 친구들에게
서 일제히 함성이 터져 나왔다. 자신들의 예상이 보기 좋게 빗나간 데 대한
놀라움이었다. 이건희는 이제 막 배우기 시작한 서툰 레슬링 기술로 교내의
짱인 상대의 민첩한 기술을 끝내 무너뜨리고 만 것이다.

이건희가 12세 어린 나이에 일본으로 유학을 갔을 때다. 당시 일본 열도
를 뜨겁게 달구고 있는 것이 있었다. 흑백 텔레비전 화면 속에 등장하는 프
로레슬링이었다. 난생처음 보는 격렬한 격투기였으나 한 번 보자마자 단박
에 사로잡히고 말았다.

좀 더 정확히 말하면 재일교포 프로레슬러 '역도산'에게였다. 키 175cm
에 몸무게 115kg의 그다지 크지 않은 체격이었지만, 거대한 몸집의 미국 프
로레슬러들을 가라테 촙으로 연신 쓰러뜨렸다. 2차 세계대전 이후 일본인

들이 집단으로 응어리진 치욕적인 패배감이며 무기력한 허탈감을 통렬하게 해소시켜주며 인기를 한몸에 받았다.

역도산은 비정한 사각의 링 안에서 오직 승리만을 위해 싸우는 전사였다. 매번 덩치 큰 상대에게 걸려들어 아슬아슬한 위기를 맞곤 하였으나, 그 마지막 순간에 불꽃 같은 기적으로 승리를 일궈내곤 했다. 김신락이라는 한국 이름을 숨기고 리키도산力道山이란 일본 이름을 쓸 수밖에 없었지만, 그는 이미 일본에서 전 국민적 영웅이었다. 역도산은 선수 시절 이런 말을 남겼다.

"나는 외롭다. 강한 자만이 느끼는 외로움이다. 어차피 인생은 승부가 아니냐. 착한 척하지 마라. 내겐 그럴 시간이 없다."

나이 어리고 외톨이였던 이건희는 그런 역도산에게 무작정 심취해 들어갔다. 강자만이 느끼는 외로움, 그 속에서 알 수 없는 상대와 매번 맞닥뜨려 이겨내야 하는 승부라는 인생을 어렴풋이나마 이해할 수 있을 것 같았다. '착한 척하지 마라, 내겐 그럴 시간이 없다'던 역도산의 외침이 그의 가슴 속에 어느새 파고들어 와 계시처럼 받아들여야만 할 것 같았다.

이건희가 귀국하여 서울사대부중을 거쳐 서울사대부고에 다닐 때 레슬링을 배우기 시작한 것도 그 때문이었다. 당연히 아버지 어머니는 말렸다. 몸과 몸이 서로 격렬하게 맞부딪혀 싸워야 하는 레슬링은 힘들고 위험했다. 이런 저런 부상도 잦은 편이어서 부잣집 도련님이 하기에는 부적절한 운동이었다.

그러나 이건희는 레슬링 선수 생활을 단념하지 않았다. 알 수 없는 상대와 매번 맞닥뜨려 이겨내야 하는 설명하기 어려운 인생이라는 승부를, 그것을 향한 투지와 의지를, 남다른 정신세계에 흠씬 빠져들었기 때문이다. 마치 먼 훗날 자신이 걸어야 할 험난한 세계를 헤쳐나가기 위해 스스로 강인한 정신을 길러가는 모습처럼 비춰졌다.

하지만 부상 앞엔 도리가 없었다. 경기 도중 눈자위가 찢어지는 상처를 입게 되었는데, 자칫 실명할 수도 있어 더는 선수 생활을 이어가진 못했다.

요컨대 이건희와 정몽구의 어린 시절은 이렇듯 서로 정반대의 환경 속에서 자랐다. 똑같다고 말할 순 없어도, 큰 그림으로 보았을 때 그것은 마치 자신의 아버지와 흡사 닮은 어린 시절을 보낸 셈이다. 앞서 2부 '6단계 100년 경영을 위한 수성' 편에서 이들을 굳이 아버지의 아바타라고 단정지었던 것도 그 때문이다.

거듭 말하지만, 이건희는 매우 조용한 외톨이로 자랐다. 늘 말이 없고 조용한 가운데 사람들 앞에 나서기보다는 혼자서 생각에 골똘히 잠기는 날이 많았다. 메울 길 없는 자신의 빈 구석을 장난감의 세계, 충직한 개 기르기, 어두운 실내에서 혼자 보던 영화로도 차마 채우지 못한 고독으로 허기진 어린 시절을 보내야 했다.

열등감도 빼놓을 수 없는 대목이다. 어린 시절 일곱 번에 걸친 잦은 이사, 초등학교를 다섯 군데나 옮겨 다닌 데 이어 일본 유학 시절 언어조차 원활하지 못하면서 겪어야 했던 이지메 경험이 만든 마음의 상흔이었다.

정몽구는 그 반대였다. 그의 어린 시절은 언제나 시끌벅적했다. 대가족 속에서 서로 몸을 부비며 살아가는 시끌벅적함과 부산 피난 시절에 목격한 아버지의 뚝심, 럭비선수, 의리의 주먹, 친구들과의 등산, 경복고 4학년, 「삼국지」 등으로 요약되고 있다.

말하자면 스스로 의도하지 않았음에도 정몽구는 이미 어린 시절부터 다분히 보스로 자랄 수 있는 조건이었다. 대가족을 통해서 지금의 대기업을 이끌 수 있는 정서와 풍경을, 럭비와 경복고 4학년을 통해서 뚝심을, 또한 「삼국지」를 통해서 세상을 헤쳐나가는 지혜의 토대를 닦을 수 있는 계기가 주어졌다고 볼 수 있다.

하지만 정몽구 역시 열등감에서 예외가 아니었다. 경복고 4학년이 말해주듯 학창시절 공부 잘했다는 소릴 들어본 일이 없다. 한데 가방 끈이라곤 초등학교가 전부였던 아버지 정주영은 자식들에게 어린 시절부터 책상머리를 강조했다. 우등생이었던 동생몽헌, 몽준들을 노골적으로 편애하고 그는 늘 뒷전이었다.

정몽구는 자신의 열등감을 만회할 만큼 책임감이 누구보다 강했다. 앞서 공부 잘하는 손병두를 다시는 건드리지 말라는 '의리의 주먹'도 그중 하나라고 볼 수 있다.

정몽구	이건희
시끌벅적한 직선의 저돌성	조용한 가운데 곡선의 신중성
바깥으로 향하는 에너지	안으로 향하는 에너지
외면의 세계에 충실	내면의 세계에 충실
감성의 지배가 우세한 외적 지향	이성의 지배가 우세한 내적 지향
우뇌右腦형의 아폴론적動인 인간형	좌뇌左腦형의 디오니스적靜인 인간형
숲 속의 고슴도치형 리더	숲 속의 여우형 리더

그리하여 둘은 마치 알게 모르게 자신의 아버지들과도 같은 성격 형성을 만들어 나갔다. 결과적으로 그 같은 에토스로 길러졌다. 자신의 아버지들과 고스란히 오버랩된다고 말하는 까닭도 딴은 거기에 있다.

　다시 말해 어린 시절의 그들에게 어떤 무엇보다 큰 영향을 끼쳤던 건 둘의 아버지였다는 점이다. 딱 부러지게 이것이다 하고 말하긴 어렵다 하더라도, 그런 아버지의 일거수일투족이야말로 이들에겐 가장 위대한 교과서이자 스승이나 다름없었다.

제2장
위대한 스승,
그 아버지

아버지의 헛기침 소리

한 사람의 인격을 형성해가는 과정에 어린 시절의 체험은 무엇과도 바꿀 수 없을 만큼 강렬하다. 게다가 그 시절의 체험이 깊은 감동으로 남았다면 절대적 가치로 자리 잡기도 한다. 정몽구의 어린 시절도 그 같은 강렬한 체험의 순간들이 있었다. 여든의 나이에 가까운 지금도 마치 어제의 일처럼 또렷한 추억으로 남아있는, 돈암동 집에서 살던 때다. 이제 막 초등학교에 들어간 코흘리개 시절1950~1953년에 보고 듣고 느낀 기억이 그것이다. 다음은 아버지 정주영의 회고이다.

"돈암동의 자그마한 한옥에서 20명이나 되는 대식구가 같이 살았다. 수

년 전에 모셔온 부모님을 비롯하여 둘째 아우 정인영과 셋째 정순영의 혼인을 6개월 간격으로 돈암동 집에서 치렀다…. 그렇게 부모님을 비롯하여 다섯 형제들은 물론, 그 부부 사이에서 태어난 아이들까지 20명의 대가족이 겨우 20평 남짓한 비좁은 집에서 어떻게 살 수 있었는지. 지금 생각하면 신기하기까지 하다. 20명의 식솔들이 먹어대는 식량은 만만치 않았다. 그래도 조금은 벌어놓은 돈이 있어서 아이들 배를 곯릴 정도로 어렵지는 않았다….

당시는 휘발유가 귀해서 목탄차나 카바이트차로 개조하는 일이 많았다. 해방 후 교통량이 늘면서 우리 자동차공업사는 매일매일 번창했다. 한두 사람씩 늘던 종업원이 금방 30명이 되더니, 1년 만에 80명까지 늘었다.

내가 어렸을 때 집에서 어린애 똥 기저귀를 빨다가도 이웃에서 울음소리가 들리면 팽개치고 달려가 달래주실 정도로 정이 많으셨던 모친은, 회사 직원들을 자식처럼 보살피셨다. 봄·가을 야유회라도 갈 때는 내 안사람은 물론 둘째 아우 정인영과 셋째 정순영의 안사람, 그리고 누이동생 정희영까지 전부 다 동원되어 푸짐하게 음식을 장만하곤 했다. 나 자신이 배고픈 게 무엇인지 아는 사람이라 처음부터 직원들 먹는 것에 대해서는 후했고, 우리 집 사람도 정희영도, 그리고 우리 집안의 안사람들 모두가 우리 모친을 닮아서 남 주는 손이 크고 인심이 좋았다….”

상상만 해도 꽤나 시끌벅적한 풍경이 아닌가. 비좁은 집도 집이려니와, 조부모를 비롯하여 여러 숙부 숙모들과 한데 어울려 살아가는 대가족의 하루하루가 어땠을지 짐작이 간다. 그 가운데서도 어린 정몽구가 잊지 못하는 것, 내면의 감동으로 인해 절대적 가치로 자리 잡게 된 것은 아버지에 대한 기억이다. 어느 때부터인지 자신의 귀에 들려오기 시작한 아버지의 짧은 기척이 그것이다.

그 무렵 아버지는 매우 분주했다. 현대자동차공업사 공장과 현대토건사 현장을 뛰어다니느라 매일같이 새벽 일찍 집을 나갔다가 한밤중에 귀가하는 아버지의 얼굴은 무척 보기 힘들었다.

한데 어느 날 밤부터였는지 어린 정몽구는 아버지의 인기척을 무의식적으로 느끼기 시작했다. 분주하기만 한 하루 일과를 끝내고 한밤중에 집으로 돌아와 대문 안으로 들어설 때면 으레 '크음!' 하고 낮게 내지르는 헛기침 소리였다. 그 소리는 딱히 누구 들으라는 것이 아닌, 그저 '나 이제 돌아왔다'고 온 집안의 가족들에게 알리는 신호였다.

아버지의 그러한 헛기침 소리가 자신에게 얼리버드를 일깨워주는 것이었음을, 또 그것이 자기 내면에 막연한 감동으로 각인되어 자신에게 절대적 가치로 자리 잡았다는 사실을 이해하게 된 것은 물론 보다 훨씬 뒤의 일이었지만 말이다. 아니 스스로 체화된 자신을 발견케 된 것이다.

하기는 정몽헌과 정몽준 등 그의 아우들에게 어린 시절 돈암동 집의 기억이란 존재하지 않는다. 태어나기 이전이었기 때문이다. 그들의 어린 시절 기억이란 쾌적하기만 했던 청운동 집뿐이었다.

돈암동 집에서 한밤중에 귀가하는 아버지의 헛기침 소리를 들을 수 있었던 이는 삼 형제 가운데 오직 정몽구만이었다. 한밤중이면 으레 나지막이 들려오곤 했던, 고단하기만 한 하루의 일과를 끝내고 '나 이제 돌아왔다'는 아버지의 늦은 귀가에 대한 그 막연한 감동은….

어린 시절의 기억은 이같이 곧 씨앗이 된다. 씨앗은 이내 가슴 밭에 뿌려져 깊숙이 간직되기 마련이다. 눈에 띄지 않게 내면 깊숙이 잠복케 되는 것이다.

정몽구가 다시 30대 중반에 목격한 아버지에 대한 기억은 또 다른 성격으로의 중요성을 띤다. 어린 시절의 기억이 고스란히 내면의 씨앗으로 잠복케 되는 것이라면, 30대 중반의 기억은 보다 구체적으로 각인된다. 이 무렵 그가 목격했던 아버지 정주영의 '불굴의 의지'는 마침내 자신의 자아를 완성시키는 데 중대한 변곡점이 되어준다.

1973년은 암울한 시기였다. 현대만이 아닌 지구촌 전체에 걸쳐 심각한 위기였다.

지금 돌아보면 그럴 때가 다 있었겠는가 하겠지만, 1차 오일쇼크1975년가 터질 때만 해도 배럴당 1달러 75센트 하던 원유 값이 불과 2년도 되지 않은 사이에 다섯 배가 넘는 10달러까지 치솟아 사람들을 어리둥절하게 만들었다. 그야말로 지구촌의 경제는 패닉 상태에 빠져들었다.

정주영과 정몽구 부자에게는 물론 그룹에도 암운이 드리웠다. 이윽고 외채 상환 결제까지 매일매일 쫓기게 되는가 하면, 오일쇼크에 심각한 타격을 입어 현대조선현대중공업이 위기에 처하면서 급기야 왕국 전체가 생존을 걱정해야 하는 지경에 이르게 되었다. 당장 어떤 타개책을 찾지 않으면 안 되었다.

그러나 원유를 산업무기화하면서 세계 경제를 추락시킨 중동의 산유국들은 지구촌의 고통에는 아랑곳하지 않았다. 막대한 오일머니를 끌어모아 자국의 급속한 근대화 건설에 쏟아 붓고 있었다. 고민을 거듭해 보았자 묘수가 있을 리 만무했다.

"우린 중동으로 간다. 이 위기를 극복하는 길은 지구에서 오직 거기뿐이다."

정주영은 마침내 결단을 내린다. 베트남에서의 전쟁 특수도 이미 끝난 터에 성장을 지속시키기 위해선 지구촌의 다른 곳에서 돌파구를 찾아야 했다. 돈을 잡으려면 돈이 많은 곳으로 뛰어들어야 했다.

물론 간단치 않은 일이었다. 다시 한 번 무에서 유를 만들어내는 자신만의 문법, 예의 왕국의 명운을 건 정주영식 정벌경영에 나서지 않으면 안 되었다.

그 결과 중동 진출 원년인 1975년도에 현대건설이 바레인에 진출했다. 아랍 수리 조선소를 착공시킨 데 이어, 사우디아라비아의 해군 기지 해상 공사를 시작하는 것으로 중동 진출의 서막을 열었다. 그리고 다음 해 여름엔 사우디아라비아의 주베일 산업항 공사를 수주받는 데 성공한다.

주베일 산업항 공사는 당시 사상 최대 규모였다. 몇 세기에 한 번 있을까 말까 한 20세기 최대의 대역사였다. 공사 금액만 하여도 9억 3,000만 달러로 계약 당년인 1976년도 환율로 4,600억 원이었다. 이것은 같은 해 우리나라 예산의 절반에 해당하는 천문학적인 액수였다.

때문에 이 공사를 수주하기 위해 세계적인 명문 건설사들이 너도나도 뛰어들었다. 미국 3개사, 영국 2개사, 독일 2개사, 네덜란드와 프랑스에서 각각 1개사, 그리고 현대건설이 마지막 입찰 경쟁까지 살아남았다. 일본이 자랑하던 건설사는 단 한 자리도 끼지 못할 만큼 치열한 입찰 경쟁이었다. 이같은 수주전쟁을 뚫고 마침내 현대건설이 주베일 산업항 공사 업체로 최종 낙찰되는 감격을 누렸다.

수주 당시 단일공사로는 세계 최대였던 현대건설 주베일 산업항

그러나 축배를 들기엔 넘어야 할 산이 너무도 많았다. 20세기 사상 최대 규모의 건설 공사라는 주베일 산업항은 작업의 난이도도 높았으나, 별다른 경험이 없는 현대건설이 미지의 대역사를 감행하면서 겪어야 하는 고통은 더 클 수밖에 없었다.

무엇보다 당시 현대건설의 능력과 신뢰에 대한 불안을 품고 있던 공사 발주처는 사사건건 트집과 지독한 관리감독을 단행했다. 고통은 거기서 그치지 않았다. 미국의 건설사 '브라운 앤드 루트'에서 건설 장비를 빌려다 쓰면서 겪어야 했던 서러움 또한 컸다.

초기에는 건설 장비 운영 방식조차 몰라 부아가 치밀어 올라도 그저 참을 수밖에 없었다. 하지만 시간이 지나면서 조금씩 익숙해져 갔고, 공사 후반쯤에는 브라운 앤드 루트사의 장비가 아닌 울산조선소에서 제작한 1,600t

급 해상 크레인을 가져다 자켓 설치 작업을 하기도 했다.

하지만 정주영은 그 정도에 만족하지 않았다. 누구도 미처 생각지 못한 엄청난 모험을 저지르고야 만다. 그것은 실로 전대미문의 대양 수송 작전이었다. 주베일 산업항 건설 공사에 필요한 모든 기자재를 울산조선소에서 만들어 세계 최대의 태풍권인 필리핀 해양을 지나 동남아 해상, 다시 몬순의 인도양에서 걸프만까지 대형 바지선으로 운반하자는 기상천외한 구상이었다. 울산에서 주베일까지는 뱃길로 자그마치 1만 2,000km, 경부고속도로를 15번 왕복하는 거리다.

정주영이 이 구상을 내놓자 모두 기가 막힌다는 얼굴이었다. 자켓이라는 철 구조물 하나가 가로 18m, 세로 20m, 높이 36m, 무게 550t으로 제작비만 당시 개당 5억 원이 들어갔다. 이는 웬만한 10층 빌딩의 규모였다. 이런 자켓이 모두 89개가 필요했다. 여기에다 자켓의 기둥 굵기는 직경 2m였으며, 기둥을 지탱시키는 파일 하나가 비슷한 직경에 길이 65m가 넘어야 했다. 게다가 사우디아라비아의 암반은 석회석이라 아무리 시멘트를 쏟아 넣어도 콘크리트 강도가 떨어졌다. 때문에 콘크리트 슬래브까지 우리나라 화강암을 섞어 만들어서 철 구조물과 함께 실어 날라야만 했다.

정주영의 이 같은 구상에 그룹의 임원들만 기막혀 한 것이 아니다. 세계적인 건설사들 역시 말도 안 되는 일이라며 비웃었다. 정주영은 비웃음과 정면으로 부딪쳤다. 자켓 89개를 실어 나르기 위해서는 바지선으로 모두 19번이나 항해를 해야 하는 대장정이었다.

그룹 총수의 뜻에 어쩔 수 없이 따르게 된 임원들이 제안을 했다. 자칫 벌어질지도 모를 해난 사고에 대비해 국제 보험을 들자는 의견이었다. 정주영은 그마저 거부했다. 바지선이 해난 사고를 당하더라도 보험회사가 건져주는 것도 아닌 데다, 조사니 뭐니 애꿎은 시간만 끌면서 제때 나오지도 않을 보험금 따윈 필요가 없다는 것이었다.

대신 태풍으로 해난 사고가 나도 철 구조물이 바다 위에 떠있도록 하는 공법을 고안해 내라고 지시했다. 또한 태풍 지대인 남양과 몬순 지역, 인도양의 험한 파고의 위험에도 대비하는 컴퓨터 프로그램을 개발시켜 바지선에 장착시켰다.

그렇듯 수송 계획을 수립한 다음 울산조선소에 지시했다. 주야간 작업으로 1만 마력의 터그보트예인선 3척, 1만 5,800t급 대형 바지선 3척, 5,000t급 바지선 3척을 최단 시일 안에 만들어 내도록 했다.

1차 오일쇼크로 배 만드는 일거리가 없어 판판이 놀고만 있던 울산조선소는 주베일 산업항 건설 공사에 투입될 기자재를 만드느라 정신없이 바쁘게 돌아갔다. 편도 1회 항해에 35일이 소요되므로, 평균 1개월에 한 차례씩 바지선이 출항해야 했다.

이윽고 편도 1회 항해가 무사히 주베일 항구에 도착했다. 그리고 그날 이후 모두 19회 항해가 계속되는 동안 단 두 번의 가벼운 사고가 있었다. 항해 도중 대만 국적의 상선과 충돌이 있은 후, 태풍으로 대만 앞바다에서 소형 바지선 한 척을 잃었다가 나중에 대만 해안에서 되찾은 사건이 전부였다. 저마다 황당해서 기가 막힌다며 만류했던 정주영의 기상천외한 해양 수송 계획은 대성공을 이뤘다.

사실 주베일 산업항 건설 공사에서 가장 어려운 문제는 다른 무엇보다 공사 기간을 단축하는 것이었다. 몸을 사려서는 공기 단축이 어림도 없을뿐더러, 모험을 하지 않고서는 결코 성공할 수 없는 일이었다.

어쨌든 정주영은 '강하게 밀어붙이는' 길밖엔 달리 선택의 여지가 없다고 믿었다. 울산에서 제작된 빔을 바지선에 실어 대양을 건너가, 미리 설치해 놓은 자켓 89개 사이사이에 단 5cm 이내의 오차로 완벽하게 끼워 넣어 나시 한 번 모두를 놀라게 만들었다.

그리고 그 같은 성과를 발판 삼아 현대건설은 이후에도 중동에서 수많은 건설 공사를 수주하였다. 라스알가르 주택항 공사, 알코바와 젯다 지역의 대단위 주택공사, 쿠웨이트 슈아이바 항구 확장 공사, 두바이 발전소, 바스라 하수 처리 공사 등의 대형 공사로 이어나갔다.

그리하여 1975년 1차 오일쇼크를 맞아 중동으로 진출하기 시작한 지 불과 5년여 동안에 현대건설은 무려 51억 6,400만 달러의 외화를 벌어들였다. 같은 기간 그룹의 총 매출이익 누계 가운데 무려 60%가 해외 건설 공사에서 거둬들인 이익이었다.

이 무렵 정몽구는 삼십 대 중반이었다. 아버지로부터 현대자동차서비스의 CEO로 전격 발탁되어 첫 번째 시험대에 오른 시기였다. 그랬던 만큼 아버지의 그런 '강하게 밀어붙이는' 리더십이 그 어느 때보다 강렬한 인상으로 남을 수밖에 없었다. 어린 시절 하루의 일과를 끝내고 한밤중에 돈암동 집으로 귀가하는 아버지의 헛기침 소리가 막연한 감동으로 자신의 내면에 뿌려진 씨앗이 되었다면, 중동의 주베일 건설 공사에서 보여주었던 아버지의 뚝심은 첫 시험대에 오른 정몽구에게 더할 나위 없는 학습이자 단련이었다. 그 같은 아버지의 뚝심을 곁에서 낱낱이 지켜보며 정몽구 또한 '뚝심경영'을 스스로 각인케 되었던 것이다.

아버지의 「논어」와 「맹자」

가장 위대한 교과서이자 또한 스승이 다름 아니었던 아버지에 대한 이건희의 기억은 과연 어떤 것일까? 그가 아버지를 곁에서 지켜보며 보고 듣고 느낀 기억이란 대체 어떠한 것일까?

아버지 이병철은 삼성왕국을 후계자에게 물려줄 때 장자 원칙을 스스로 깨버렸다. 10년 넘게 후계자 수업을 받아오던 장자 이맹희를 내치고, 갓 35세의 3남 이건희를 전격 지명했다. 자신이 이룩한 삼성이라는 창조적 경영체를 영속시키기 위해서 자신과 가장 많이 닮았다고 판단되는 셋째 아들을 택한다.

이후 이건희는 이병철의 그림자가 되어 아버지의 곁에서 후계자 수업을 쌓게 된다. 예의 간결하고 냉철한, 예민하고 치밀한, 남다른 직관력을 가진 아버지만의 체취를 자신의 체질에 흡수하기에 여념이 없었다.

요컨대 크든 작든, 하찮든 그렇지 않든 간에 자신이 하는 모든 일엔 철저하고 완벽하게, 그래서 최고의 수준이 되길 원했다. 이 같은 아버지의 자세가 삼성의 일상 업무 처리 과정에 일찍부터 자리 잡았고, 또 그 같은 철저함과 완벽성으로 말미암아 삼성이 만들면 뭔가 다르다는 특유의 근육을 키워올 수 있었다.

아버지는 자신을 이어 삼성왕국을 이끌어 나갈 후계자에게 자신이 성공할 수 있었던 특유의 근육과 문법, 곧 그 같은 철저함과 완벽성을 일깨워주고 싶어 했다. 나아가 그 같은 정신을 이건희가 발견하고 육화시켜주길 바랐으며, 후계자 수업을 쌓아가던 이건희 또한 충분히 숙지한 터였다.

이병철이 타계한 이듬해인 1988년 정월, 이병철 서거 1주기를 맞아 '삼성
경제연구소'에서 펴낸 「호암의 경영철학」에서는 그가 공자의 「논어」를 즐
겨 읽고 이에 영향을 많이 받았다고 밝히고 있다.

사실 이병철의 생활·경영철학과 가장 밀집한 관계를 가진 책이 공자의
「논어」인 것은 맞다. 공자와 제자들의 언행록이자 유학의 경전이기도 한 이
책은 그의 오랜 애독서였다. 그가 77세라는 노구의 몸으로 백설이 만건곤하
여 차디차게 얼어붙은 창밖의 풍경을 쓸쓸히 바라보며 힘겹게 써나갔던물론
구술이지만 회고록 「호암자전」에도 그같이 천명하고 있다.

"가장 감명받은 책, 혹은 좌우에 두는 책을 들라면 서슴지 않고 「논어」라
고 말할 수밖에 없다. 나라는 인간을 형성하는 데 가장 큰 영향을 미친 책이
바로 「논어」이다. 나의 생각이나 생활이 「논어」의 세계에서 벗어나지 못한
다고 하더라도 오히려 만족한다."

「호암자전」의 이 대목은 이병철에 대한 「논어」의 영향력이 어느 정도인
가를 짐작케 한다. 그에게 「논어」는 한낱 애장서나 애독서 정도가 아니라 곧
생활과 철학이 다름 아니었던 것이다.

그 숱한 기업을 일으켜 세우고 또 수많은 사람을 접해야 했던 이병철은
「논어」에서 지知·인仁·용勇을 말하고, 공恭·관寬·신信·민敏·혜惠를 실천하는
난세의 군자상君子像 속에서 무한한 지혜를 발견한다. 더욱이 기업가로서

그는 「논어」에 나오는 '언필신言必信 행필과行必果'의 정신을 중시했다. '말은 반드시 믿음이 있어야 하고, 행동은 반드시 일관성이 있어야 한다'는 구절은 곧 그의 삶을 결정짓는 중요한 잣대였다.

"나의 부친이 가장 싫어했던 것은 거짓말이었다. 부친은 기회가 있을 때마다 공부도 중요하지만, 그보다도 정직한 마음가짐이 더 중요하다고 타이르곤 했다. 인간관계에 있어서도 솔직 담백한 태도가 제일이라고 일러주기도 했다."

일찍이 이병철이 쓴 「재계회고財界回顧」1976년에서도 볼 수 있듯이 거짓말을 경계하고 정직을 강조했던 그의 부친이 가르친 훈도의 대강大綱도 다름 아닌 「논어」의 '언필신'에서 비롯된 것이었음을 알 수 있다. 또 그는 「논어」에 대한 자신의 감상과 깊이를 다음과 같이 덧붙이고도 있다.

"「논어」에는 내적 규범이 담겨 있다. 간결한 말 속에 사상과 체험이 응축되어 있다. 인간이 사회인으로서 살아가는 데 불가결한 마음가짐을 일러주고 있다…."

한데 이 대목에 이르자 저자는 그만 고개가 갸웃거려졌다. 백 보를 양보한다 할지라도 이병철과 공자의 「논어」는 체온이 달라도 너무나 다르게 느껴졌다. 그래서 공자의 「논어」 말고 또 다른 중국 고전을 예로 들고 있는지 하고 「호암자전」과 「호암의 경영철학」을 부단히 들춰 보았으나 말짱 허사였다. 두 책 모두 한사코 공자의 「논어」만을 언급하고 있었다.

그러나 앞서 우리는 이미 그의 강렬한 개성과 냉혹한 성격에 대해 비교적 상세히 살펴보았다. 따라서 그가 중국의 고전을 곁에 두고 애독했으며 영향을 많이 받았다고 한다면, 정작 「논어」보다는 「맹자孟子」라야 옳지 않은 걸까?

폐부를 찌르는 날카로우면서도 명쾌한 논리, 상대를 옴짝달싹 못하게 하는 직설적인 질문, 나아가 예리한 관찰력과 식관력 등과 같은 점에서 그렇다. 앞서 살펴본 이병철의 성격으로 미뤄본다면 공자보다는 맹자라야 비슷해 보이지 않느냐는 얘기다.

그에 반해 우리가 생각하고 있는 것처럼 공자는 완벽한 성인도 아니었을 뿐더러, 오히려 '인생의 고행자'로 보여 아무래도 이병철과는 달라 보인다. 「논어」 가운데 공자의 모습이 가장 잘 드러나 보인다는 한 대목을 들여다보기로 하자.

어느 날 공자의 제자 자로子路가 스승인 공자에게 물었다.

"선생님, 선생님께서 이상적으로 그리는 삶은 대체 어떤 것입니까?"

그러자 공자가 대답했다.

"나이 많은 사람에게는 '저 사람이면 안심할 수 있다'는 말을 듣고, 친구에게는 '저 사람이라면 믿을 수 있다'는 소리를 들으며, 또한 나이 어린 사람에게는 '저 사람이라면 믿고 따를 수 있다'는 말을 들을 수 있는 삶이 가장 이상적이라고 생각하네."

언뜻 보면 평범한 것 같지만 곰곰이 생각해보면 깊은 뜻이 함축되어 있다. 공자의 이런 대답은 곧 성인의 말씀이라기보다는 인생에서 온갖 고난을 겪은 고행자의 깨달음 같은 거라고 보는 편이 더 맞다. 다시 말하지만 이병철은 대단히 강한 개성을 가진 냉철한 인간이었다. 자신이 헤쳐 온 인생행로 또한 다르지 않았다.

물론 그가 '현실에서 이상을 잃지 않고 살아가기 위한 인간에 대한 생생한 기록'으로서의 「논어」를 자신의 좌우에 두고 즐겨 읽었던 것만은 틀림없어 보인다. 그러나 이러한 「논어」에서 많은 영향을 받았다면 그 영향은 좀 독특하다고 밖엔 볼 수 없을 것 같다.

말할 나위도 없이 공자의 핵심 키워드는 '인仁'이다. 「논어」의 전체 글자 수 약 만 3,700자 가운데 무려 10% 이상이 다름 아닌 인이다. 인을 풀어쓰면 '측은지심惻隱之心', 곧 측은하게 여기는 마음이다.

한데 이병철을 지근거리에서 모셨다는 삼성의 여러 사람들은 물론 가까운 지인들이며 인척, 심지어 장자인 이맹희까지도 그의 인생행로에서 「논어」가 가장 강조하고 있는 인의 영향을 받았다고 믿는 이는 많지 않은 것 같다.

그럼 이런 가정도 가능해진다. 거듭 말하지만 이병철은 강렬한 개성과 냉혹한 성격의 소유자였다. 그 또한 그 같은 자신을 너무도 잘 알고 있었기에 그러한 이미지를 조금이라도 개선시켜 보려 공자의 「논어」를 애써 들먹여 가며 좌우에 두고서 애독했던 것은 아닐까?

그렇다면 문제는 간단해진다. 그가 후세에 보여주기 위한 거의 유일한 애교쯤으로 볼 수 있기 때문이다. 더욱이 그것은 철저한 플래너planner였던 그의 간절한 소망이었던 까닭이다.

뿐만 아니라 자신의 후계자 또한 그런 자신의 간절한 소망을 눈여겨 보아주길 희망했는지 모른다. 예의 간결하고 냉철한, 예민하며 신중한, 철저한 완벽성과 남다른 직관력을 가졌던 자신만의 독특한 근육과 문법을 물려받아 체화하는 것은 물론, 아버지의 그 같은 또 다른 소망조차 결코 놓치지 말아주길 바랐던 것은 아닐까?

'밥상머리 교육'에서 영어의 중요성까지

두 사람의 아버지는 학교 교육 또한 대단히 중시했다. 정주영은 찢어지게 가난한 집안 사정 때문에, 이병철은 학교 공부에 별다른 흥미를 느끼지 못해 비록 가방의 끈은 더이상 늘리지 못했다.

그런 아쉬움이 오래 남았던 탓일까? 자신의 후계자만은 학교 교육에 충실하길 소망했다. 그러나 앞서 살펴본 것처럼 정주영이 자신의 후계자로 삼은 2남 정몽구는 학교 공부에 별로였다. 럭비 선수를 하고, 의리의 주먹도 제법 날리면서, 주변에는 친구들로 넘쳐났지만, 학교 공부는 등한시했다. 경복고 시절 학교 성적이 좋지 못해 유급되면서 한 학년을 더 다닌 것이 그 좋은 예다.

아버지는 그런 정몽구에게 자상함과 따뜻함보다는 늘 엄격함으로 다가왔다. 다른 아들보다 정몽구에게 유독 엄격했던 것은 두 가지 이유로 보인다. 하나는 어렸을 때 손아래 동생들에 비해 학교 공부를 등한시한 것 때문이었다. 그다음 장성해서는 불의의 교통사고로 장자 정몽필을 잃은 이후 둘째 아들인 그에게 장자로서의 역할을 기대했기 때문으로 보인다.

정주영이 둘째 아들 정몽구에게 귀에 못이 박히도록 강조한 것은 부지런함과 성실함이었다. 정몽구는 고향인 강원도 통천 시절 '아버님께선 당신이

6남 2녀나 되는 동생들에게 하신 것처럼 손아래 동생들을 책임지고 혼인시켜 분가까지 해주려면 부지런하고 성실하게 일하지 않으면 안 된다며, 새벽 4시면 어린 나를 흔들어 깨워 십오릿길이나 떨어진 농토로 데리고 가셨다'고 회고한다. 언제나 살갑게 대하기보다는 부단히 가르치고 채찍질했다고 돌아보았다.

물론 아버지의 엄격함은 정몽구에게만 해당되었던 것은 아니다. 아버지의 자식 교육은 모두에게 가혹하리만치 엄격했다. '그 가족을 보면 그 집안을 알 수 있고, 그 기업가를 보면 그 기업을 알 수 있다'는 평소 신념에 따른 것이었다.

그 같은 정주영의 엄격한 자식 교육은 곧 '밥상머리 교육'에서 시작되었다. 잠자는 시간 말고는 거의 온종일, 1년 365일이 모자랐던 아버지로선 가족과 얼굴을 마주 보면서 대화할 수 있는 시간은 오직 이른 아침을 먹는 시간 외에는 없었다. 자연스레 아침을 먹는 자리에서 자식 교육이 이루어졌다.

이처럼 정주영이 유가적인 가부장제의 엄격한 아버지였다면, 어머니 변중석은 그 반대였다. 그런 아이들을 한사코 끌어안는 보자기 같은 어머니였다. 아버지가 엄격해 아이들이 무슨 할 말이 있어도 변변하게 꺼내지 못하면 어머니가 대신 나서 일일이 들어주었다.

아버지의 엄격한 자식 교육은 비단 '밥상머리 교육'으로 끝나지 않았다. 자식들의 용돈 제한은 물론이고, 당시 부자들의 전유물이었던 자가용에 태워 학교에 등교시키는 일 따윈 일절 금했다. 부잣집의 자식 티를 내서 어렵게 살아가는 이들에게 위화감을 주어서는 결코 안 된다는 것과 자식은 무릇 강하게 키워야 한다는 신념에서였다.

이런 아버지의 강한 자식 키우기가 안쓰러웠던지 어머니는 언제나 자식들을 세심히 보살폈다. 아버지 밑에서 큰소리 한 번 내지 못하고 자라는 아이들에게 아버지 몰래 용돈을 때맞춰 주머니에 챙겨주곤 했다. 시종 엄하게 가르치는 것이 정주영의 자식 사랑이었다면, 그런 자식들이 못내 안쓰러워 기죽지 않도록 세심히 보살피는 늙은 변중석의 자식 사랑이었던 셈이다.

성적이 좋지 못해 경복고를 4년 만에 졸업한 정몽구는 어렵게 한양대학교 공업경영학과에 들어간다. 하지만 그의 대학 시절 이야기는 거의 알려진 것이 없다. 다만 학기 중에 군 복무를 마치고 돌아와 복학했다가, 1966년 졸업한 것으로 되어 있다. 한양대를 졸업하자 그는 곧바로 미국 유학길에 오른다. '공부는 하지 않아도, 영어는 할 줄 알아야 한다'는 아버지의 완고한 뜻에 따른 것이었다.

사실 그가 아버지로부터 귀에 못이 박히도록 들었던 '밥상머리 교육' 가운데 빼놓을 수 없었던 게 영어의 중요성이었다. 아버지의 영어에 대한 집착은 정몽구가 초등학교에 들어가기 전부터였다.

그러니까 8·15 광복 이후 미 군정청으로부터 일본의 적산 땅 일부를 불하받아 다시 시작한 '현대자동차공업사'를 열었을 때부터였다. 아니 일거리를 찾아 미군의 병기창을 드나들 때부터 영어의 필요성을 뼈저리게 깨달았던 것이다.

그러다 6·25 전쟁 때 피난지 부산에서 또다시 미군 사령부의 건설 공사를 맡게 되면서 더욱더 확신케 되었다. 다행히도 일찍이 일본 유학을 다녀온 손아래 동생 정인영당시 동아일보 외신부 기자이 중간에서 통역을 맡아주긴 하였으나, 그때 이미 사업을 하기 위해서는 영어가 필수라는 생각이 굳어졌던 것이다. 이같이 '영어는 반드시 할 줄 알아야 한다'는 아버지의 뜻에 따라 정몽구는 미국 유학길에 올랐다. 미국 코네티컷대학교에서 경영학 과정을 공부할 예정이었다.

이건희 또한 유학길에 오른다. 서울사대부고를 졸업하자 아버지 이병철은 막내아들 이건희에게 자신의 모교였던 일본 와세다대학으로 유학을 가라고 일렀다.

2차 세계대전 이후 세계는 빠르게 변화되어 갔다. 지금까지 볼 수 없었던 격변이 지구촌의 곳곳에서 벌어지고 있었다. 미국과 소련은 핵무기 개발에 이어 숨 가쁜 우주선 발사 경쟁을 벌였다. 독일에선 베를린 장벽이 동과 서로 막히면서 갈라섰고, 아시아와 아프리카의 도처에선 유럽의 식민지들이 다투어 탈식민지에 나서면서 신생 독립국들이 속속 등장했다. 소련의 가장 절친한 우방이었던 중국이 독자 노선을 선택하고 나서는가 하면, 일본은 패전국의 상처를 재빨리 딛고 일어나 경제 대국을 향한 힘찬 행보에 들어갔으며, 미국에서는 민주당의 존 F. 케네디가 공화당의 닉슨 후보를 누르고 최연소 대통령에 당선되어 전 세계를 흥분시켰다.

냉전 속에서도 지구촌은 하루가 멀다 하고 시시각각 급변하고 있었다. 이병철은 그같이 격변하는 세계의 변화를 아들이 온몸으로 체득하는 것이 필요하다고 생각했다. 거기에다 한 가지 속내가 더 포함되어 있었다. 굳이 와세다대학 경제학부에 진학하라는 건 훗날 기업 경영을 위해서였다.

일본 최초로 설립된 와세다대학 경제학부는 오랜 역사와 전통을 자랑했다. 따라서 일본 최고의 엘리트들이 즐비했다. 보고 배우는 것이야말로 한국에서도 얼마든지 충분하다지만, 일본 엘리트들과의 인맥은 가까이서 그들과 함께 생활하는 것만큼 더 좋은 방법은 없었다.

이때 이건희는 연세대학교에 합격, 이미 등록금까지 낸 상태였다. 하지만 아버지의 그런 뜻에 따르기로 했다.

이건희는 일본 와세다대학 시절 골프부에서 활동했다. 서울사대부고 시절부터 운동했던 습관의 연장선상이기도 하였으나, 예의 일본 최고의 엘리트들과 좀 더 긴밀한 인맥을 쌓고 그들에게 다가가 이해하기 위해서였다.

"일본에서 대학 다닐 때 골프를 치면서 퍼블릭 코스에서 그런 사람들과 어울렸다. 프로레슬링으로 유명한 역도산과도 자주 만났다. … 여러 계통의 1급들을 보면서 그 사람들이 톱의 자리로 올라가기 위해서 어떻게 노력하였는가를 연구했다. … 철저하고, 인간미가 넘쳐흐르고, 벌줄 때는 사정없이 주고, 상줄 때도 깜짝 놀랄 정도로 주고…"

그렇다고 이건희의 일본 유학 생활이 마냥 풍족했던 것만은 아니었다. 그의 일본 유학 시절의 단면을 볼 수 있는 에피소드가 전한다. 그가 서울사대부고에 다닐 때 사회 과목을 가르치면서, 합숙 때면 레슬링부 활동을 함께 지도했던 교사 한우택의 증언이다.

"문교부에서 장학관으로 재직하고 있을 때 마침 도쿄올림픽1964년이 열려 일본에 간 적이 있다. 그때 제자였던 건희 군이 연락하여 자신의 거처에 머물도록 간곡하게 청해왔다. 당시 도쿄에 아버지 이병철 회장의 별장이 있다는 소문이 있기도 했지만 정작 가봤더니 차고 위에 방 두 개짜리 집에서 살고 있었다. 도쿄에 머무는 동안 모신다고 하기에 대접이 융숭할 걸로 기대했다. 그런데 식사 때 보니까 큰 대접에 담아온 라면과 짠지 정도가 고작이었다…. 그뿐 아니었다. 용돈의 사용 내역을 일일이 메모한 뒤에 아버지에게 보고하는 모습을 목격하고는 했다. 건희 군에게 아버지 이병철 회장은 여전히 깐깐하고 무서운 존재였던 것이다."

이건희는 와세다대학 경제학부에서 공부하던 시절에도 아직 자신의 오랜 신세계를 변함없이 이어가고 있었다. 어린 시절부터 틈이 날 적마다 이어오던 장난감 탐구놀이와 어두운 실내에 혼자 앉아 관람하는 영화였다.

물론 대학생이었던 그땐 장난감의 탐구놀이는 어느새 시계며 카메라 정도는 간단히 분해하여 감쪽같이 조립하는 수준을 뛰어넘었다. 마침내 이제 막 일본에 선보이기 시작한 트랜지스터 TV를 분해하는 수준으로까지 진화해 있었다. 일본에서 한창 붐이 일기 시작한 전자산업의 풍경과 충격을 나름대로 육화한 젊은 날의 소중한 경험이 아닐 수 없었다.

한편 이건희는 일본 와세다대학 경제학부를 졸업1965년하자, 귀국하지 않고 다시 미국 유학길에 올랐다. 미국 조지워싱톤대학교 경영전문대학원에서 MBA 과정을 공부했다.

이 무렵 아버지는 또 다른 야심작을 꿈꾸고 있었다. 경제를 넘어서는 정치, 그런 정치보다도 더 강한 힘을 가진 언론을 갖고 싶어 했다. 물론 삼성은 재계의 정상이었다. 1953년 이후 기존의 삼성물산과 조선양조 외에 제일제당과 제일모직을 잇달아 설립하면서 정상에 올라선 뒤, 굳건히 지켜오고 있었다.

그러나 이승만 정권의 붕괴로 이어진 4.19와 다시 민주당의 붕괴로 이어진 5·16 등 불안한 정치적 격변기마다 삼성은 격랑의 한복판에 서지 않으면 안 되었다. 더욱이 5·16 직후 부정 축재자 1호로 낙인찍히는 수모를 겪으면서 그런 생각은 보다 확고해졌다. 신문과 방송을 만들고 싶어 한 것이다.

이윽고 아버지는 '라디오서울'을 개국1964했다. 곧이이 동양방송TBC TV도 개국했다. 그다음은 신문이었다. 이듬해 곧바로 〈중앙일보〉를 창간했다.

이쯤 되자 종합 매스컴으로 손색이 없었다. 아버지는 〈중앙일보〉를 창간할 당시의 심경을 회고록 「호암자전」에서 이렇게 밝히고 있다. 언론에 도전하는 출사표였던 셈이다.

"나는 4.19와 5·16을 거치며 단 한 번 정치가가 되려 생각한 적이 있다. 기업 활동에서 얻은 수익으로 세금을 납부해 정부 운영과 국가 방위를 뒷받침하는 경제인의 막중한 사명과 사회적 공헌은 전적으로 무시되고, 부정 축재자라는 죄인의 오명까지 쓰게 되었다. 경제인의 힘이 미약함과 한계를 통감한 것도 정치가가 되려고 한 동기였다. 그러나 1년여를 숙려한 끝에 정치가로 가는 길은 단념했다. 올바른 정치를 권장하고 나쁜 정치를 못하도록 하며, 정치보다 더 강한 힘으로 사회의 조화와 안정에 기여할 수 있는 방법은 없을지 생각한 끝에 종합 매스컴 창설을 결심했다…"

통합 언론사를 꿈꾸었던 아버지는 〈중앙일보〉 창간과 함께 서울 서소문동,

<중앙일보> 창간호를 읽고 있는 이병철 회장

지금의 <중앙일보> 자리에 '중앙매스컴센터'라는 10층 높이의 현대식 빌딩을 지어 올렸다. 그러면서 라디오서울, 동양방송TV, <중앙일보>가 중앙매스컴센터로 모두 한데 모이게 되었다. 이건희가 MBA 과정에서 부전공으로 신문방송학을 따로 공부했던 연유도 딴은 그 때문이었다. 다시 아버지 이병철의 얘기다.

"신문사로서는 초유의 호화사옥을 건립하고, 최신예의 시설과 기재를 갖추었다. 지상 10층, 연건평 4,300평의 건물은 당시 서울에서는 처음 보는 굴지의 빌딩이었다. 전관에 냉난방시설을 한 것도 신문사로서는 국내에 처음이었고, 고속 윤전기나 모노타이프 등도 최신예의 것이었다. 대우 면에서는 기자를 중심으로 동업 타사보다 급여를 두세 배 더 주는 수준으로 했다. …요컨대 기업경영의 신조인 '최고의 상품'을 생산하기 위한 '최고의 시설'과

'대우' 및 '인재' 네 가지 최고를 갖춘 신문사로 〈중앙일보〉를 키우고 싶었다."

그런 아버지는 이건희가 와세다대학을 졸업할 무렵 일본 도쿄로 날아왔다. 혼자가 아니었다. 중앙매스컴을 총괄하는 홍진기 회장과 함께였다. 이유는 두 가지였다. 미국으로 다시 유학을 떠나 언론 공부도 함께하라는 것과 대동한 홍진기 회장을 소개하기 위해서였다. 일찍이 경성제국대학 법학부를 졸업하고 판검사를 두루 거친 뒤, 이승만 정권에서 법무부 장관과 내무부 장관을 지낸 홍진기 회장과 이건희는 뒷날 다시금 장인과 사위의 관계로 맺어지게 된다.

아무렇든 아버지의 뜻에 따라 또다시 미국으로 유학을 떠나게 된 이건희는, 적어도 일본에서보다는 더 행복했던 것 같다. 이제 막 선보이기 시작한 슈퍼카를 만나면서부터였다.

한국은 이제 겨우 자동차 산업에 막 눈을 떠가기 시작한 단계였으나, 미국은 그때 벌써 자동차 천국이었다. 아니 슈퍼카 전쟁으로 뜨거웠다. 유럽에서 페라리, 람보르기니 등의 자동차 기업이 고성능의 슈퍼카를 만들어 미국에 상륙하자, 미국의 자동차 기업들은 충격에 빠졌다.

유럽에서 상륙한 페라리는 디자인도 산뜻했다. 성능 면에서도 세계에서 가장 빠른 차였다. 그런 페라리보다 무조건 빠른 자동차를 목표로 삼은 람보르기니가 앞서거니 뒤서거니 슈퍼카를 출시하면서 인기를 누렸다. 한 발 뒤처지긴 하였지만 미국의 자동차 기업들 또한 이내 자존심 회복에 나섰다. 포드자동차를 필두로 폰티악, 뷰익, 닷지 등에서 연이어 슈퍼카를 내놓았다. 그야말로 미국은 슈퍼카의 전성기였다. 엄청난 기름을 소비했지만,

강력한 힘을 자랑하는 미국식 아메리칸 머슬이 속속 등장해 눈길을 끌었다.

자동차를 좋아했던 이건희 역시 당연히 호기심이 갔다. 부잣집 도련님으로 태어나 10세부터 골프채와 운전대를 잡았을 만큼 자동차는 이미 친숙한 터였다. 어린 시절 장난감의 탐구놀이부터 시작하여 갖가지 시계며 카메라, 라디오, 트랜지스터 TV 등 정밀 기계에 남다른 관심을 보여 온 첨단기술 지향의 인간형이었던 이건희에게 자동차는 또 다른 신세계, 이제껏 경험하지 못한 유희이자 탐구의 대상이었다.

그런 만큼 자동차의 스피드를 만끽하는 것만으로는 직성이 풀리지 않았다. 예의 자동차를 속속들이 해체 분해해 보고 싶은 열망에서 벗어나지 못했다. 물론 처음에는 엄두조차 나지 않았다. 자동차를 해체 분해해 보기 위해서는 먼저 자동차 공부부터 철저히 시작해야 했다. 뿐만 아니라 집 근처 정비센터에 들러 기술자에게 매달려 묻고 또 물어나가야만 했다.

그런 과정을 수없이 반복하고 난 다음에야 비로소 착수할 수 있었다. 자그마치 2만 가시가 넘는다는 갖가지 부품들을 해체 분해하였다가 다시 조립할 수 있었다.

자동차는 첨단기술의 산물이다. 시계나 카메라, 라디오나 트랜지스터 TV와는 비교도 되지 않는 또 다른 경이였다. 엉뚱한 발상과 예상치 않은 우연, 번뜩이는 혜안이 총 집결되어 있는 첨단기술의 예술품이라고 일컫는 데 부족함이란 없었다.

"미국 유학 시절 내가 처음으로 탄 차는 이집트 대사가 탄 차였다. 새 차를 사놓고 50마일도 안 뛰었는데, 아랍전쟁1967년이 터지면서 그만 본국으로 발령이 났다. 새 차가 6,000달러 할 때 그걸 4,200달러에 샀다. 서너 달 타다 4,800달러에 팔았다. 600달러를 남겼다. 또 미국인이 타지 않는 걸 구입해 깨끗하게 분해하고 왁스를 먹여서 타다가 팔았다. 이렇게 하면서 1년 반 미국에 머무는 동안에 차를 여섯 번 바꾸었는데, 나중에 올 때 보니까 오히려 600~700달러가 남았더라."

미끈한 차체에 감싸져 있어 겉으로 보기에는 그저 단순해 보이는 것 같은 자동차 안에는, 수많은 부품이 복잡하게 배치되어 있었다. 그 수많은 부품 하나하나가 서로 유기적으로 작동해서 비로소 강력한 스피드로 도로 위를 질주해 나가는 것을 보고 감탄했다.

이건희는 그처럼 첨단기술의 예술품이랄 수 있는 자동차들을 해체 분해해 보면서 갖은 상념에 잠겨 들었다. 첨단기술의 경이에 매료되어 점점 더 깊숙이 빠져 들어갔다. 훗날 만나게 될 삼성자동차와 삼성전자와의 조우를 그때 이미 예고하고 있었는지도 모른다.

왕국의 영토에 첫발을 내딛다

미국 코네티컷대학교에서 경영학 공부를 마친 정몽구는 1969년에 귀국한다. 적어도 아버지가 그토록 강조했던 영어만은 마스터한 셈이다. 29세였다. 이땐 이미 결혼까지 한 몸이었다. 아버지 정주영의 지론에 따르자면 유학을 마치고 혼례까지 치렀으니, 이젠 분가를 하기 위해서라도 마땅히 무슨 일을 찾아 해야만 했다. 그러나 그 무렵의 아버지는 도무지 얼굴조차 보기 힘들었다.

그도 그럴 것이 자본금 1억 원을 쏟아부어 현대자동차를 설립1967년한 뒤, 공장 준공만 3년은 걸린다는 걸 특유의 뚝심으로 밀어붙여 이듬해부터 첫 모델인 '코티나'가 이제 막 생산되어 나오고 있었다. 아울러 현대건설의 소양강 다목적댐이며 역사적인 경부고속도로 공사, 그리고 현대시멘트 단양 공장 준공과 함께, 울산조선소에선 26만 t급 초대형 선박 건조 등의 꿈을 현실로 바꿔놓기 위해 아버지는 그야말로 동에 번쩍, 서에 번쩍할 즈음이었다.

그즈음 정주영은 둘째 아들 정몽구는 물론이고, 그 아래 동생들의 진로 문제에 대해서도 차분히 얘기를 나눌 수조차 없었다. 미국 유학을 마치고 돌아온 정몽구와 마주앉을 겨를조차 없었던 것이다. 정몽구는 언제까지 아버지가 시간을 내어주기만을 기다릴 수도 없는 처지였다. 이땐 이미 자신이 먹여 살려야 하는 처자식이 딸린 몸이었다. 보다 못한 어머니 변중석이 나섰다.

"가자, 아범아."

어머니는 현대자동차 서울사무소의 임만섭 소장을 무턱대고 찾아갔다. 그리곤 정몽구의 취직자리를 부탁했다.

"아이구, 사모님. 그런 문제라면 회장님께 직접 말씀드리시지 않고요."

임만섭 소장은 어느 날 뜬금없이 찾아온 변중석의 등장에도 놀랐지만, 그보다 그룹 회장의 둘째 아들 취직자리 부탁에 그만 어안이 벙벙해졌다.

"그 양반 잘 아시잖아요. 도대체 언제 차분히 얘기할 틈조차 없어서 그럽니다."

변중석은 그냥 돌아설 수 없었다. 임만섭 소장에게 거의 통사정하다시피 매달려 미국에서 유학을 마치고 돌아온 정몽구를 현대자동차 서울사무소에 겨우 입사시킬 수 있었다. 현대왕국의 영토에 정몽구가 첫발을 내딛는 순간이었다.

현대그룹의 하고많은 계열사들 가운데 현대자동차에 취직을 하게 된 정몽구에게 주어진 직책은 부품과장이었다. 그것이 훗날 현대·기아차그룹을 이끄는 첫발이 되리라고는 아직 정몽구 자신도 알지 못했다.

이건희도 미국 유학을 마치고 귀국1968년한다. 이듬해엔 결혼을 했다. 신부 홍라희는 이건희가 와세다대학에 재학 중일 때 아버지 이병철로부터 소개받은 중앙매스컴 회장 홍진기의 맏딸로, 서울대 미대 응용미술학과 재학 중에 이건희를 만났다.

그녀는 해방둥이로 전주에서 출생했다. 고향은 서울이지만, 아버지가 전주법원의 판사로 재직 중일 때 태어나, '전라도에서 얻은 기쁨'이란 뜻으로 라희羅喜라는 이름을 갖게 되었다. 이건희의 키는 167cm, 신부 홍라희는 165cm였다. 이건희는 어머니 박두을이 신부의 키가 너무 크다고 불만을 표하자, "2세를 위해서는 키 큰 여자가 괜찮지 않겠어요?"라고 어머니를 안심시켰다고 한다.

홍라희와 결혼 후 이건희는 삼성그룹 회장비서실에서 견습 사원으로 첫 시작을 연다. 삼성왕국의 영토에 첫발을 내딛는 순간이었다. 그가 하는 업무란 다른 게 아니었다. 아버지 이병철이 오전 9시에 출근하여 여비서가 끓여온 원두커피를 마시면서 하루 스케줄과 이런저런 업무 보고를 받은 뒤 읽게 되는 신문 담당이었다.

이병철에게 오전 일과 중에 가장 중요한 업무 가운데 하나는 신문을 보는 거였다. 앞서 제2부 '카우보이 총잡이, 반복되는 톱니바퀴' 편에서 이미 살펴본 바 있다. 이 업무를 견습 사원으로 삼성왕국의 영토에 첫발을 들여놓은 이건희가 맡게 되었다.

견습 사원 이건희는 국내의 주요 일간지부터 일본의 아사히, 요미우리, 마이니치, 산케이신문 등을 미리 체크해서 삼성 관련 기사가 있으면 빨간 줄을 긋고, 꼭 읽어야 할 경제면에도 기사를 선택해서 표시를 해두었다. 그런 뒤 별지에 무슨 신문 몇 면의 어떤 기사를 보라고 일목요연하게 정리해서 책상 위에 올려놓았다. 짧은 시간 안에 여러 가지 정보를 빠짐없이 살펴볼 수 있는 방법이었다.

그 밖에도 이건희는 아버지를 그림자처럼 수행했다. 현장을 돌며 실무를 두루 익힐 수 있는 기회였다. 회사에 근무 중일 때 그는 이병철을 아버지라고 생각지 않았다. 아버지가 아닌 그룹의 회장으로 모셨다.

〈중앙일보〉 이사와 현대중공업 이사

삼성 비서실의 견습 사원 2년여를 거친 1969년 가을, 이건희는 '〈중앙일보〉·동양방송TV' 이사로 정식 발령을 받는다. 그의 나이 28세였다. 당시 〈중앙일보〉·동양방송TV 회장은 그의 장인 홍진기였다. 이건희는 장인 홍진기 회장 밑에서 아침 8시에 출근해 저녁 10시까지 일했다. 〈중앙일보〉나 동양방송TV는 개국한 지 불과 2~3년밖에 되지 않은 신생 후발 매체였기 때문에 하루빨리 정상 궤도에 올려놓아야 했다. 자신이 부전공으로 공부한 매스컴 분야에서 이후 10여 년 동안이나 경영수업을 쌓게 된 것이다.

결과적으로 볼 때 이 경영수업은 정녕 삼성다웠다. 무엇보다 이건희의 특성을 형성하고 구축하는 데 결정적인 영향을 끼쳤다. 그때 이미 그는 삼성 왕가의 후계자로 길러지고 있었던 셈이다.

이건희 본인의 고백이다. 그의 에세이집 「생각 좀 하며 세상을 보자」에서의 '두 분의 스승' 편을 보면 그가 과연 어떻게 왕가의 후계자로 길러졌는지 알 수 있다.

"나는 지금까지 살아오면서 세상 어디서도 만나기 어려운 훌륭한 스승을, 그것도 두 분이나 모실 수 있었던 행운아다. 삼성의 창업자인 호암湖巖 이병철 선대 회장과 법조인 출신으로 정치·행정·경제에 두루 밝으셨던 장인 유민維民 홍진기 전 〈중앙일보〉 회장이 바로 그분들이다. 두 분 모두 영면하셨지만 어려운 일이 생길 때면 그분들의 모습이 늘 떠오른다. 선친은 경영 일선에 항상 나를 동반하셨고, 많은 일을 내게 직접 해보라고 주문하셨다. 하지만 어떤 일에 대해서도 자세하게 설명해 주지는 않으셨다. 이럴 땐 이렇게 하고, 저런 경우에는 저렇게 처리하라고 구체적으로 가르치는 식이 아니었던 것이다.

선친의 이러한 경영 전수 방법이 처음에는 답답하기도 하고 이해되지 않을 때도 있었다. 그러나 선친은 내 속마음은 아랑곳하지 않고 현장에서 부딪치며 스스로 익히도록 하는 방식을 묵묵히 지켜나가셨다.

20년 가까이 이런 시간이 쌓이면서 어느덧 현장을 통해 경영을 생각하는 나를 발견하게 되었다. 주어지는 여건에 따라 수시로 변화하는 것이 경영 현장이므로 이에 대한 문제점을 해결하는 방법도 그만큼 다양하다는 것, 그리고 그 모든 상황에는 각기 그에 적절한 대처 방식이 있다는 사실도 터득하게 되었다.

현장의 문제에 직접 맞서서 해결하는 과정에는 시행착오도 없지 않았지만 그것들은 내 경영 감각을 가다듬는 정이요, 시금석이 되어주었다. 요컨대 나는 선친으로부터 '경영은 이론이 아닌 실제이며 감이다'라는 체험의 교훈을 배울 수 있었던 것이다.

한편 장인은 기업 경영과 관련된 다방면의 해박한 식견을 바탕으로 모든 문제를 문답식으로 자상하게 풀어서 설명해 주셨다. 오늘날 기업 경영상의 모든 문제에는 작든 크든 정치·경제·법률·행정 등이 복잡하게 얽혀 있게 마련인데, 경영자로서 이런 문제들을 해결하려면 역시 관련된 각 분야의 깊이 있는 지식이 없으면 안 되는 것이다.

장인은 바로 기업 경영과 관련된 이들 지식이 어떻게 서로 작용하며, 기업 경영을 올바르고 효율적으로 이끄는 데 이 지식들을 어떻게 활용할 것인가를 깨닫게 해주셨다. 나는 장인을 통해 기업 경영에 필요한 다양한 전문 지식과 그 활용 방법을 배움으로써 경영에 대한 거시적인 안목을 갖게 된 것이다.

결국 나는 두 분의 가르침을 통해 경영에 관한 '문文과 무武'를 동시에 배우게 된 셈이다. 선친의 엄격한 현장 중심 훈련을 통해서는 경영 일선에서 발견되는 각종 문제점을 느끼고 반사적으로 대처하는 '감의 지혜'를, 장인의 이론 중심의 가르침을 통해서는 합리적이고 융통성 있는 '문제 해결의 지혜'를 얻은 것이다. 돌이켜보면 이 두 분으로부터 전수한 지혜 덕분에 내가 지금까지 삼성을 이끌어 올 수 있지 않았나 생각한다."

요약하면 물고기를 잡아주는 것이 아니라 잡는 방식을 가르쳐 주었다는 얘기다. 더욱이 물고기를 잡는 방식 또한 조금은 남달랐다. 물고기를 덜렁 잡고 마는 것으로 그친 것이 아니라, 다시금 수많은 시간 속에서 혼자 반추를 해가며 스스로 최적을 깨달아가는 방식을 고수했다. 여기까지는 그의 선친이나 장인 모두 같았다.

그러나 다시 각론에 들어가 보면 서로 또 판이했다. 선친과 장인은 방법론에서 분명한 차이를 보여주고 있음을 알 수 있다. 예컨대 선친으로부터 경영은 이론이 아닌 실제인 '감의 지혜'를, 장인에게선 '문제 해결의 지혜'를 기를 수 있었다. 다시 말해 선친으로부터는 기업 경영을 현미경처럼 치밀하게 들여다볼 수 있는 매우 미시적인 안목을, 장인에게선 기업 경영을 멀리서 관조할 수 있는 거시적인 안목을 각기 전수받게 된 것이다.

이때만 하더라도 이건희는 왕가의 후계자가 아니었다. 아버지의 후계자는 엄연히 장남 이맹희였다. 이건희보다 열두 살이나 위인 맏형 이맹희는 항상 아버지의 곁에 머물며 삼성의 중요 결정에 진즉부터 일일이 호흡을 같이하고 있었다.

뒤에 좀 더 자세히 들여다볼 기회가 따로 마련되겠지만, 특히 1969년 '삼성전자'가 처음 태동을 시작하였을 때만 하여도 이맹희와 이건희의 입장은 비교가 되지 않을 정도였다. 제2부의 '삼성전자, 이렇게 탄생한다' 편에서 이미 살펴본 것처럼 왕국의 운명을 건 삼성전자 탄생에 맏형 이맹희가 아버지의 곁에서 마치 분신과도 같이 자기 역할을 다하고 있는데 반해, 이건희는 〈중앙일보〉·동양방송TV 이사 신분으로 그저 멀찍이서 지켜볼 수밖엔 없었다.

만일 훗날 3남 이건희가 아닌 장자 원칙에 따라 이맹희가 왕국을 계승했다면 오늘날 삼성의 운명은 과연 어떻게 되었을까? 지금쯤 삼성전자는 또 어떤 풍경으로 우리 앞에 존재하고 있을 것인가?

이건희에게 의도되고 정형화된 후계자 수업의 문법이 존재했다면, 정몽구에겐 그 반대였다. 길 없는 길을 스스로 알아서 찾아가야 했다. 또 결과적으로 볼 때 그 같은 경영수업은 정말로 현대다웠다. 무엇보다 정몽구의 특성을 형성하고 구축하는 데 결정적인 영향을 끼쳤다. 그때 이미 그는 현대 왕가의 후계자로 길러지고 있었던 셈이다.

우선 그는 현대자동차 서울사무소 부품과장으로 왕국의 한 귀퉁이에 첫발을 내디딘 이래, 숙부 정세영 사장 밑에서 여러 해 동안 일했다. 부품과장, 자재부장, 사업소장 등 여러 직책을 거치면서 현대자동차에서 잔뼈가 굵었다.

그러다 입사 4년 차이던 1973년 현대중공업으로 자리를 옮겨 앉았다. 울산조선소 자재부장을 지내다, 같은 해에 이사로 승진한다. 지난 1967년 자본금 1억 원으로 현대자동차를 설립하면서 기술 제휴를 맺은 미국 포드의 자동차를 사실상 부분 조립·생산해오다, 독자 생존을 위해 포드와의 결별을 선언한 해였다. 그야말로 죽느냐 사느냐 하는 햄릿의 갈림길 위에 선 셈이었다.

그렇더라도 여기까지는 그의 행보에서 중요하지 않을 수도 있다. 숙부인 정세영 사장의 울타리 안에서 비교적 순탄하게, 어쩌면 역량 평가에 대한 부담 없이 왕가의 한 귀퉁이에서 그저 맘 편히 경영수업을 닦고 있는 정도였다.

하지만 이듬해인 1974년부터는 그의 입장이 크게 바뀐다. 지난 4년여 동안 숙부인 정세영 사장의 울타리 안에서 쌓아온 경영수업을 마치고, 그해부터는 본격적인 시험대에 오르게 된 것이다.

사실 그가 어머니의 도움으로 현대자동차 서울사무소에 입사했을 때만 해도, 미국 포드와 판매 계약 및 기술 도입 계약을 체결하면서 승용차를 양산하기 시작한 무렵이었다. 이때 생산된 승용차는 '코티나'였다. 한데 코티나는 업계에선 '코피나'로 불릴 만큼 골치 아픈 승용차였다. 고장이 잦아 고객들의 불만이 빗발쳤다.

때문에 미국 포드는 승용차를 생산함과 동시에 A/S 체제를 갖추라고 권고했고, 현대자동차는 곧바로 지금의 원효로 자리에 정비 공장을 마련했다. 바로 그곳이 현대자동차 서울사업소로 정몽구가 왕가의 한 귀퉁이에 첫발을 내디딘 곳이었다.

그러나 부품과장 정몽구는 이때 다른 생각을 하게 된다. '자동차 부품의 상품 가치를 높이는 한편, 전국 어디서나 고객들이 손쉽게 자동차 부품을 구입할 수 있도록 서비스 유통망을 구축하는 일이 무엇보다 시급하다'고 본 것이다.

당시만 해도 자동차 판매가 극히 저조한 상태였다. 더구나 정비 사업은 별도의 수익성보다는 자동차 판매를 촉진시키기 위한 지원 사업의 성격을 띠었다. 때문에 A/S가 독자적으로 사업성을 갖기란 불가능해 보였다.

하지만 정비를 하려면 부품 사업이 필연적이어서 점차 '정비와 부품'의 사후 지원 시스템이 자리를 잡기 시작했다. 다른 자동차의 경쟁사보다 자동차 한 대라도 더 판매하기 위해서는 A/S가 필수였고, 그러자면 부품이 필수 조건이었다.

부품과장 정몽구는 예의 그 점을 놓치지 않았다. 전국에 부품 판매망을 구축해 나가기 시작했고, 자신이 직접 부품을 가득 실은 트럭을 몰고 순회 판매에 나서기도 했다. 와중에 목숨을 잃을 뻔한 순간도 있었다.

여느 날처럼 트럭 운전기사와 함께 순회 판매에 나서던 날이었다. 두 사람은 때마침 쏟아지는 굵은 빗줄기를 헤쳐 가며 길을 재촉했다. 그런 빗속을 달리던 트럭이 이미 빗물로 범람해 어디가 길인지조차 알 수 없는 개울 앞에 멈춰 서고 말았다. 운전기사가 뒷자리에 앉아 있는 부품과장 정몽구를 돌아보며 '과장님, 이제 어떡하죠?' 하며 난감한 표정을 지었다.

그는 태평스럽게 한마디 했다.

"그냥 가세요."

운전기사는 마지못해 트럭을 움직였다. 비교적 물살이 약해 보이는 쪽을 골라 트럭을 진입시켰다. 부품을 가득 실은 육중한 몸체의 트럭을 물속으로 조심스럽게 밀어 넣었다. 트럭이 천천히 움직이는가 싶더니만 이내 한쪽 바퀴가 거센 물살에 휩싸였다.

다음에 벌어진 상황은 순식간이었다. 개울 바닥이 트럭의 육중한 무게를 이기지 못해 잠겨 들면서 거칠게 헛바퀴를 돌리더니, 트럭이 기우뚱하며 한쪽으로 기울어졌다.

상황이 긴박했다. 재빨리 벗어나지 않으면 위험했다. 자칫 트럭이 거센 물살에 휩쓸려 깊은 곳에서 전복되기라도 하는 날엔 어떤 사태가 벌어질지 아무도 장담할 수 없었다. 결국 두 사람은 트럭 안에서 간신히 몸만 빼내었다. 그렇다고 부품을 가득 실은 트럭을 포기할 순 없었다.

두 사람은 곧바로 바퀴 밑에 돌을 받치고 트럭을 물 밖으로 밀어내기 위해 안간힘을 다했다. 몇 차례 반복 끝에 트럭을 겨우 물 밖으로 끌어냈을 땐 두 사람 모두 흙탕물을 온통 뒤집어쓴 채였다.

"과장님, 괜찮으세요?"

운전기사가 기진맥진한 모습으로 그를 바라보았다.

"그 쪽은 어때요?"

럭비로 다져진 그다운 음성으로였다. 이처럼 크고 작은 일들을 겪어가며 정몽구는 현장 실무를 익혀나갔다. 자신의 경험을 토대로 이제 막 걸음마를 시작한 현대자동차 서울사업소의 시스템을 나름대로 개선해 나갔다.

하지만 매번 부딪치는 문제는 부품 부족에 있었다. 당시만 하여도 모든 부품을 미국 포드로부터 수입해 썼기 때문에 재고가 제때 확보되지 않아 번번이 애를 먹었다. 심지어 보증 수리에 필요한 부품을 서울사업소나 부산사업소로 돌리고 나면, 정작 자동차를 생산해야 하는 울산공장에서는 당장 그 부품이 부족해 생산을 중단해야 하는 사태로까지 벌어지곤 했다.

사정이 이쯤 되자 A/S가 제대로 이루어질 리 만무했다. 상황을 지켜보던 정몽구가 아이디어를 내놓았다. A/S가 필요로 할 때에 비로소 울산공장에 부품을 청구하는 기존 방식에서 벗어나, 울산공장에 아예 부품을 가져다 놓고 재고를 쌓아두는 방식이었다. 언뜻 별것 아닌 것 같았으나 그의 아이디어가 빛을 발하기 시작했다. 그 이후 우왕좌왕하던 보증 수리가 비교적 원활하게 돌아갔다.

그럼에도 상황은 좀처럼 나아지질 않았다. 경쟁사였던 신진자동차의 '코로나'와 기아자동차의 '브리사'에 비해 상대적으로 고장이 잦았던 현대자동차의 '코티나'는 고객들 사이에서 평판이 나빠져만 갔다.

어떻게든 상황을 역전시켜 판을 뒤바꿀 필요가 절실했다. 그래서 내린 결단이 독자 생존을 위한 미국 포드와의 결별 선언이었다. 그리고 현대자동차 자체 모델로 '포니'가 탄생케 되었다.

그때쯤 정주영은 자동차의 생산과 A/S를 따로 분리시킬 궁리를 하고 있던 참이었다. 이번 기회에 A/S를 분리시키는 것이 경영의 합리화는 물론 자동차 판매에도 도움이 된다는 판단을 내린 것이다. 문제가 전연 없는 건 아니었다. 1970년대 중반 우리의 사정은 당시 자동차 선진국에 비해 기술력이 크게 뒤져 있었다. 따라서 정주영의 선택은 자칫 무모한 모험일 수 있었다.

무엇보다 국내 자동차 시장이 크지 않다는 것이 발목을 잡았다. 기술력이나 생산 능력 또한 보잘 것이 없어 A/S까지 신경 쓸 겨를이 없다는 것이 중론이었다. 때문에 '현대자동차'와 '현대자동차서비스'의 분리를 두고 그룹 안에서도 찬반양론이 팽팽했다. 생산과 판매 조직을 분리시킴으로써 업무의 중복으로 인한 여러 가지 낭비와 비효율을 초래한다는 것이 반대론자들의 주장이었다.

결국 정주영이 나서 밀어붙이는 쪽으로 가닥을 잡았다. 국내 사정으로 미루어볼 때 자칫 모험이 될 수도 있다는 현대자동차서비스1974년의 초대 사장에 전격적으로 둘째 아들인 정몽구를 임명했다. 어머니의 손에 이끌려 왕국의 한 귀퉁이에 첫발을 들여놓은 지 5년여 만이었다.

현대자동차에서 5년여 만에 최고경영자CEO의 자리에까지 오르게 된 정몽구는, 숙부 정세영 사장과 함께 자동차와 서비스로 분리하는 일에 호흡을 맞추게 되었다. 또한 그것은 아버지 정주영이 정몽구에게 내린 첫 번째 경영 과제이기도 한 셈이었다.

'현대자동차서비스' 초대 사장으로 임명된 정몽구가 가장 먼저 손을 댄 건 자동차의 필터 부분이었다. 그가 현장에서 직접 몸으로 부딪쳐가면서 얻은 결론이었다. 수많은 자동차 부품들 가운데 굳이 필터를 지목한 데에는 그럴 만한 사정이 있었다. 먼저 제조업종을 확보해야 금융 여신 혜택 등 기업의 제반 관리 비용을 절감시킬 수 있다는 경영적인 판단에서였다. 기존 현대자동차서비스의 업종은 '제조 및 도소매'로 되어 있어 제조업종까지 완전히 확보하고자 우선 필터 공장을 생각한 것이었다.

두 번째는 필터가 보수용 부품 가운데 가장 흔하게 쓰이는 것이어서, 이것을 국산화하여 품질을 높이되 저렴한 가격으로 공급하면 현대자동차에도 도움이 되어 시너지 효과를 거둘 수 있다는 전략적 판단이었다. 그러나 속내는 더욱 컸다. 그가 부품 개발에 박차를 가한 뜻은 정작 딴 데 있었다. 정몽구는 자동차를 만들어 보고 싶었다.

한데 첫 시작에서부터 제동이 걸렸다. 당시 주무 부서인 상공부에서 허가를 내주지 않았다. 기존 필터 업체를 인수하거나 합병하지 않고는 허가받을 생각을 말라는 통보였다. 그는 방법을 찾느라 동분서주했다. 그리고 오래지 않아 부도가 나 공장 문을 닫았다는 '광진필터'를 인수한 뒤, 울산공장으로 이전시켰다.

본격적인 부품 개발에 들어간 지 얼마 지나지 않아 부품 판매 수입이 정비 사업을 앞질러가기 시작했다. 부품의 시장점유율을 높여서 수익을 올린다는 그의 전략이 적중한 것이다.

자신감을 얻은 그는 다시 새로운 목표를 내걸었다. 현대자동차에서 생산되는 모든 차량의 부품 창구를 일원화시킨다는 거창한 계획 아래 부품 납품업체들에 대한 관리에 들어갔다. 뿐만 아니라 부품의 가치와 고객의 신뢰도를 높이기 위해 업계에선 처음으로 순정부품 상표를 도입하고 나섰다. 코티나의 경우에는 부품 가운데 오버헤드 캠샤프트가 부족하다는 소리를 듣고,

연구 개발을 독려하여 국산화에 성공하는 의지를 보여주기도 했다.

그같이 봄과 여름이 훌쩍 지나가고 그해 가을이 되자, 정몽구는 또 다른 청사진을 그려냈다. 조직을 재정비하고 나서면서 판매2부를 개발부로 확대 개편한 데 이어, 그 안에 별도의 프로젝트팀을 만들어 부품 생산까지 대비케 했다. 이때까지만 해도 이 프로젝트팀이 훗날 아버지의 두 번째 경영 과제인 '현대정공'을 탄생케 하는 데 결정적인 역할을 하리라고는 정몽구 자신도 미처 몰랐다.

이처럼 정몽구는 자동차의 국산 부품 개발에 온 힘을 다했다. 거친 몸싸움으로 상대팀 선수들을 헤치고 나아가는 럭비 경기와도 같이 그의 행보는 거침이 없었다. 오직 그 길만이 고객으로부터 신뢰를 얻을 수 있음은 물론이고, 영세성을 면치 못하는 부품 대리점들의 파산을 막는 길이라고 믿었다.

그러던 중에 현대자동차가 첫 국산 자동차인 포니를 전격 출시하기 시작하면서 부품 사업도 눈에 띄게 활황을 맞았다. 정몽구는 이때 자신의 현장 경험을 토대로 다음 두 가지를 지시한다.

첫째, 부품 대리점의 신용도를 조사하라. 둘째, 전국 어디서나 포니의 고객이 부품을 손쉽게 구입할 수 있도록 하라.

다른 경쟁사에선 찾아볼 수 없는 차별성이었다. 그 결과 고객들로부터 매우 높은 신뢰도를 쌓았다. 또 그 신뢰도는 결국 포니의 판매에도 선순환으로 나타났다.

포니뿐만이 아니었다. 현대자동차는 포니의 성공적인 출시에 이어 각종 트럭들을 잇달아 히트시키면서 성공리에 출고 행진을 계속했다. 거기엔 눈에 보이지 않은 신뢰도가 첨병 역할을 톡톡히 했다. 하지만 각종 차종이 늘면서 정비 또한 다양한 요구가 쏟아졌다. 또 이때까지도 국산 부품이 충분히 개발되지 않아 어쩔 수 없이 부품을 일본에서 들여와야 했다.

바로 그럴 무렵 기다렸다는 듯이 현대자동차서비스에서 마침내 단독으로 필터 국산화에 성공한다. 이후에도 부품 개발과 생산은 중단 없이 계속되었으며, 또 그 같은 부품 개발 생산은 결과적으로 포니의 미국시장 진출에도 소중한 밑거름이 될 수 있었다.

정몽구는 그렇듯 길 없는 길을 스스로 찾아내어 자신의 길을 만들어 나가야 했다. 이건희와는 전연 다른 환경에서 후계자 수업을 쌓아가고 있었다. 아버지 정주영이 내린 첫 번째 경영 과제를 그같이 성공적으로 완수해 나가고 있었던 것이다.

신의 한 수, 반도체의 발견

발견이란 단어는 '보내다發 + 눈으로 보다見'의 합성어다. 지금껏 미처 보지 못했거나, 세상에 아직 알려지지 않은 걸 찾아냄을 뜻한다. 이 단어의 몸체라고 할 수 있는 '눈으로 보다見=人+目'를 살펴보면 매우 흥미로운 부분이 눈에 띈다. 사람人 크기만 한 커다란 눈目을 그려 넣고 있음을 볼 수 있다. 암만해도 '눈으로 보라'고 강조하기 위해서였던 것 같은데, 그렇다면 일찍이 이런 그림象形文字을 그려 넣었던 이들에게 '본다'는 건 과연 어떤 것이었을까?

흔히 서양의 정신세계에서 눈은 곧 앎, 알아챔의 근거 감각으로 보았다고 한다. 어떤 세계를 본다는 건 곧 안다는 것과 관련되었으며, 앎과 인식의 기원은 그러한 시지각視知覺에 있는 것이라고 여겨왔다. 봄이 곧 앎으로 통한다고 생각한 것이다.

동양에서도 별반 다르지 않았던 것 같다. 고대 중국에서 눈은 곧 알음알이 행위의 뿌리에 있는 활동이라고 여겼다. 본다는 것은 곧 봄의 대상이 되는 세계를 깨닫는다는 뜻으로의 앎, 그러한 물리적 시지각에 깊이 관계있는 것으로 인식했다.

다시 말해 본다는 것은 단순히 보는 데 그치지 않고 그것의 너머에 있는 대답까지를 찾아내는 과정, 그리하여 모든 봄은 중층적 현상이었다. 본다는 것은 곧 안다는 것과 관련이 깊다고 말하는 것도 딴은 거기서 기인한다.

요컨대 발견이란 그 세계를 꿰뚫어 보는 목격이다. 겉으로 드러난 현상만을 보는 데 그치지 아니하고, 그 내면의 대답까지를 관통하는 것이다. 또 다른 변이의 세계를 찾아내는 것이라고 정의할 수 있다.

한데 이건희가 발견한다. 지금껏 왕국의 누구도 보지 못했거나, 아직 알려지지 않은 걸 찾아냈다. 그가 반도체를 맨 처음으로 목격한 것이다. 물론 우연히 눈에 띄었을 수도 있다. 아니다. 단순히 발견하는 데에 그치지 아니하고 전략적 사고로 그 내면의 대답까지도 관통했을 수가 있다.

중요한 건 어떤 분야에 집중하고 몰두해 있을 때 비로소 거기에 행운도 찾아와 준다는 점이다. 이건희의 반도체 발견도 그와 같았다. 그때는 미처 몰랐을 수도 있으나, 자신에게는 물론 왕국의 미래를 위해선 결국 신의 한 수였다고 볼 수 있다.

오늘날 이건희를 말할 때면 결코 삼성전자를 빼놓을 수 없다. 마찬가지로 삼성전자를 말할 때면 응당 반도체를 빼놓고서 따로 얘기할 수가 없다.

반도체는 오늘날 이건희에게나 삼성전자에게 있어 그만큼 절대 비중을 차지한다고 볼 수 있다. 반도체야말로 초고속 성장 제국 삼성전자의 역사에 다름 아니며, 이건희의 신화와도 그대로 오버랩되고 있기 때문이다.

물론 반도체를 언제 어떻게 처음 발견할 수 있었는지는 정확히 알려진 게 없다. 다만 반도체를 왕국에서 처음으로 발견하고 주목한 이가 이건희였다는 사실이다. 그가 〈중앙일보〉·동양방송TV의 이사로 지구촌의 새로운 정보를 상대적으로 많이 접하게 되면서 누구보다 가장 먼저 눈에 띄었을 것으로 짐작된다. 어린 시절 신기한 장난감의 세계며, 미국 유학 시절 슈퍼카를 해체하고 분해하여 조립했던 그만의 눈썰미와도 관련이 있었을 것으로 추측된다.

또 그날 이후 혼자서 골똘히 생각에 잠기곤 하며 온통 그를 지배했을 것으로 믿어진다. 주변의 만류에도 불구하고 파산 위기에 직면한 '한국반도체'를 인수1974년한 것만 보아도 알 수 있다. 이건희 얘기를 들어보기로 하자.

"1973년 불어 닥친 오일쇼크에 큰 충격을 받은 이후, 그동안 나름대로 한국은 부가가치가 높은 첨단 하이테크 산업으로 진출해야 한다는 확신을 가졌다. 이듬해 마침 한국반도체라는 회사가 파산에 직면했다는 소식을 들었다. 무엇보다도 반도체라는 이름에 끌렸다. 산업을 물색하면서 반도체 사업을 염두에 두고 있던 중이었다."

한국반도체는 당시 국내 유수의 무역회사인 '켐코'가 기술 집약적인 웨이퍼 가공 생산을 위해 1974년에 설립했다. 부천에 공장을 짓고, 초기 단계의 직접 회로를 사용해서 숫자로 표시되는 전자 손목시계를 생산하고 있었다. 이 전자 손목시계는 청와대를 방문하는 외국인에게 우리나라의 기술을 과시하는 선물 목록에 오를 정도였다.

하지만 한국반도체는 자금 부족으로 경영난에서 헤어나지 못했다. 이 회사가 때마침 이건희의 시야에 들어온 것이다. 32세의 이건희는 아버지 이병철에게 한국반도체를 인수하자고 건의했다. 그러나 아버지는 고개를 가로저었다. 아버지로부터 호응을 이끌어내지 못한 건 반도체 산업의 사업 전망을 제대로 인식하지 못했을 수도 있고, 아니면 한국반도체라는 회사가 반도체 산업의 교두보로 삼기에 적당한 회사가 아니라고 판단했을 수도 있다.

이건희는 결국 아버지의 도움 없이 반도체 사업에 투신해야 했다. 자신의 판단만으로 한국반도체의 한국 측 지분 50%를 인수하고 나섰다.

1960년대 기업을 다각화하면서 한일은행 등을 잇달아 인수하여 영락없이 '금융 삼성'을 일구는가 싶었다. 하지만 정치적 격변 속에 한낱 물거품이 되고만 이후, 더 큰 그림 속에서 찾은 대체 산업이 삼성전자였다. 그때가 출범한 지 5년째가 되던 시점이었다. 우여곡절 끝에 시판용 흑백TV를 내놓은 데 이어, 냉장고며 세탁기를 개발·생산하기 시작하면서 종합전자회사로서 이제 겨우 발돋움해 가고 있을 즈음이었다.

사실 이런 일련의 발견과 결정은 중요한 의미를 갖는다. 이건희는 이때 〈중앙일보〉·동양방송TV와 동방생명지금의 삼성생명, 그리고 중앙개발을 실제 소유하고 있었다. 그러나 3개 기업 모두 아버지로부터 물려받은 거였다. 그에 반해 한국반도체는 자신이 스스로 발견하고 선택한 생애 첫 사업이었다.

그는 생애 첫 사업이기도 한 첨단의 반도체 사업의 시작과 성공을 자신의 에세이집 「생각 좀 하며 세상을 보자」에서 이렇게 고백하고 있다.

"내가 기업 경영에 몸담은 것은 1966년 동양방송에서부터였다. 처음 입사한 그때부터 지금까지 많은 어려움을 겪고 결단의 순간을 거쳤지만, 지금 와서 보면 반도체 사업처럼 내 어깨를 무겁게 했던 일도 없는 것 같다.

사실 나는 어려서부터 전자와 자동차 기술에 남다른 관심을 가지고 있다. 일본 유학 시절에도 새로 나온 전자 제품을 만져보면서 나는 자원이 없는 우리나라가 선진국 틈에 끼여 경쟁하려면 머리를 쓰는 수밖에 없다고 생각하게 되었다. 특히 1973년에 닥친 오일쇼크에 큰 충격을 받은 이후 한국은 부가가치가 높은 하이테크 산업에 진출해야 한다는 확신을 가졌다.

1974년 마침 한국반도체라는 회사가 파산에 직면했다는 소식을 들었다. 무엇보다 '반도체'라는 이름에 끌렸다. 그동안 내 나름대로 첨단산업을 물색하면서 반도체 사업을 염두에 두고 있던 중이었다. 시대 조류가 산업사회에서 정보사회로 넘어가는 조짐을 보이고 있었고, 그중 핵심인 반도체 사업이 우리 민족의 재주와 특성에 딱 들어맞는 업종이라고 생각하고 있었다.

우리는 '젓가락 문화권'이어서 손재주가 좋고, 신발을 벗고 생활하는 등 청결을 중시한다. 이런 문화는 반도체 생산에 아주 적합하다. 반도체 생산은 미세한 작업이 요구되고 먼지 하나라도 있으면 안 되는, 고도의 청정 상태를 유지해야 하는 공정이기 때문이다. 이런 점은 사실 일본과 큰 차이가 없지만 내가 착안한 것은 식생활 문화였다. 우리는 전 세계에서 유일하게 숟가락을 사용한다. 찌개와 탕을 먹기 위해서다. 밥상 한가운데 찌개나 탕을 놓고 공동으로 식사한다. 그것은 결국 팀워크가 좋다는 것을 의미한다. 나는 이 점에서 일본에 비해 우리에게 강점이 있다고 보았다.

그러나 한국반도체를 실제로 조사해 보곤 실망이 컸다. 이름만 반도체

이지 겨우 트랜지스터나 만드는 수준이었다. 언제 LSI대규모 집적회로, VLSI초대
규모 집적회로를 만들 수 있을지 알 수 없었다. 더구나 한미합작이어서 인수한
다 하더라도 여러 제약이 많을 것으로 예상했다. 상당한 고민 끝에 인수를
결심했다. 전자산업뿐만 아니라 자동차, 항공기 등의 분야는 핵심 부품인
반도체 기술 없이는 불가능한 데다, 한국반도체 종자로 국내 하이테크 산
업에 발판을 마련할 수 있을 것 같았기 때문이다.

그런데 당시 경영진은 TV 하나 제대로 못 만드는 형편에 최첨단으로 가
는 것은 너무 위험하고 시기상조라고 하면서, 회사 인수에 강하게 반대했
다. 결국 나는 그해 12월 사재를 털어 내국인 지분을 인수했다.

반도체 사업 초기는 순전히 기술 확보 싸움이었다. 선진국에서 기술을 들
여와야 하는데 그것이 쉽지 않았다. 오일쇼크 여파로 각국이 기술보호주의
를 내세우고 있었고, 특히 미국은 일본의 산업스파이가 반도체 기술을 훔쳐
갔다며 우리에게까지 노골적으로 적대감을 드러내고 있었다.

선진국과 기술 격차가 크고 막대한 소요 자금, 라이프사이클이 짧은 데
따르는 위험성, 전문인력 부족 등 당시 우리의 실정은 사면초가와 다름없었
다. 이런 상황에서 벗어나려면 어떻게 해서든 기술을 확보해야 했다.

일본 경험이 많은 내가 나서서 반도체 공장과 일본을 오가며 기술 확보에
매달렸다. 거의 매주 일본으로 가서 반도체 기술자를 만나 그들로부터 조금
이라도 도움이 될 만한 것을 배우려고 노력했다. 지금 와서 하는 얘기지만,
그때 일본 기술자를 회사 몰래 토요일에 데려와서 우리 기술자들에게 밤새
워 기술을 가르치게 하고 일요일에 보낸 적도 많았다. 그런 노력 끝에 1981
년 초 컬러TV용 색色 신호 IC를 개발했다. 이는 트랜지스터나 만들던 기술

수준을 한 차원 올려놓은 것으로, VLSI 기술 개발의 발판을 마련했다.

처음에는 반도체 사업 진출을 주저하던 선친도 관심을 보여 적극 지원하기 시작했다. 선친은 1982년에 27억 원을 들여 반도체연구소를 건립했고, 이듬해에 마침내 반도체 사업 진출을 공식 선언했다. 구멍가게 같은 공장에서 개인 사업으로 시작한 반도체가 10년 만에 삼성의 핵심사업 중 하나로 인정받은 것이다.

이때부터 삼성은 전문가들의 예상을 뒤엎고, 영하 15도의 혹한 속에서 6개월 만에 기흥공장을 완공하고, 일본이 6년이나 걸려 개발한 64K D램을 6개월 만에 개발했다. 이후로 미국과 일본의 반도체 업체를 따라잡기 위해 전력을 다했고…."

그는 이같이 시대의 흐름을 정확히 꿰뚫어 보았다. 산업사회에서 정보사회로 넘어가는 조짐을 날카롭게 주시했다. 그러면서 반도체를 주목하고 발견할 수 있었다. 또한 그 같은 신념에 따라 비록 구멍가게 같은 공장에서 개인 사업을 시작한 지 10여 년 만에 마침내 왕국의 핵심 사업으로 인정받기에 이른다. 그동안 반도체 사업 진출에 주저하기만 하던 아버지로부터 전폭적인 지원을 이끌어낼 수 있게 되었다.

그리하여 1977년에는 미국의 ICII가 보유하고 있던 한국반도체의 나머지 지분 50%를 마저 인수한 데 이어, 다시 이듬해에는 한국반도체를 삼성반도체로 회사명을 변경했다. 아버지 또한 비로소 마음을 열기 시작한 것이다.

하지만 왕국의 총수 이병철은 너무 늙고 병이 깊었다. 젊어서부터 소화기능이 좋지 않았던 그는 이미 다섯 해 전에 위암 수술까지 받은 터였다. 공은 자연스레 아버지 이병철에서 이건희에게로 넘겨졌다. 왕국이 새 동력으로 낙점하고 나선 반도체 사업의 운명은 이제 오직 이건희의 몫이었다.

이같이 불리한 여러 조건 속에서 출범한 반도체 사업을 어떻게 성공시킬 수 있었을까? 세 번의 힘든 결단을 내린 끝에 세계 정상에 올라서기까지의 고백을 그의 에세이집 「생각 좀 하며 세상을 보자」에서 다시금 들어보기로 하자.

"반도체 사업은 '타이밍 업業'이라고 할 수 있다. 불확실한 미래를 예측해서 수조 원에 이르는 막대한 선행 투자를 최적의 시기에 해야 하기 때문이다. 반도체 사업에서 최적의 투자 시기를 결정할 때는 피를 말리는 고통이 뒤따른다.

1987년, 반도체 역사의 전환점이 되는 중대한 고비가 있었다. 4M D램 개발 방식을 스택stack으로 할 것인가, 트렌치trench로 할 것인가를 결정하는 것이었다. 두 기술은 서로 장단점이 있어서 양산 단계에 이르기 전에는 어느 기술이 유리한지 누구도 판단할 수 없는 상황이었다. 미국, 일본의 업체도 쉽게 결정을 못 내리고 있었다.

당시 나는 일본 반도체 회사의 제조 과정들을 저녁때 만나 새벽까지 토의했다. 이렇게 몇 차례를 거듭했지만 확실한 정답을 얻지 못했다. 반도체 전문가들도 두 기술의 장단점만 비교할 뿐 어느 쪽이 유리한지 단정 짓지 못했다.

나는 지금도 그렇지만 복잡한 문제일수록 단순화해 보려고 한다. 두 기술을 두고 단순화해 보니 스택은 회로를 고층으로 쌓는 것이고, 트렌치는 지하로 파 들어 가는 식이었다. 지하를 파는 것보다 위로 쌓아 올리는 것이 더 수월하고 문제가 생겨도 쉽게 고칠 수 있으리라고 판단했다.

스택으로 결정한 것이다. 이 결정은 훗날 트렌치를 채택한 도시바東芝당시 세계 반도체 1위가 양산 시 생산성 저하로 D램의 선두 자리를 히타치日立에 빼앗겼고, 16M D램과 64M D램에 스택 방식이 적용되고 있는 것을 볼 때 올바른 선택이었다.

그리고 1993년 또 한 번의 승부수를 띄웠다. 반도체 5라인을 8인치 웨이퍼 생산 라인으로 결정한 것이다. 그때까지만 해도 반도체 웨이퍼는 6인치가 세계 표준이었다. 면적은 제곱으로 증가한다는 것을 감안하면 6인치와 8인치는 생산량에서 두 배 정도 차이가 난다. 그것을 알면서도 기술적인 위험 부담 때문에 누구도 8인치를 선택하지 못했다.

나는 고심 끝에 8인치로 결정했다. 실패하면 1조 원 이상의 손실이 예상되는 만큼 주변의 반대가 심했다. 그러나 우리가 세계 1위로 발돋움하려면 그때가 적기라고 생각했고, 월반越班하지 않으면 영원히 기술 후진국 신세를 면치 못하리라고 판단했다.

반도체 집적 기술은 1983년에서 1994년까지 10년 동안에만 무려 4,000배가 진보했다. 그만큼 기술 개발 주기가 계속 단축되고 있어서 단기간에 기술을 확보하지 못하면 엄청난 기회 상실을 초래한다. 그래서 나는 단계를 착실히 밟는 편안한 길을 버리고 월반을 택한 것이다.

그리고 1993년 6월 5라인을 준공했고, 숨 돌릴 새도 없이 6, 7라인에 착공하여 이듬해 7월부터 가동했다. 당시 각종 전문기관의 수요 예측이나 내부의 자금 사정은 추가 투자가 무리한 상황이었으나 일본 업체들이 투자를 머뭇거릴 때 투자를 감행하는 공격경영이 필요하다고 판단한 것이다.

그 결과 16M D램 개발은 일본과 동시에 했지만 양산 시기를 앞당기고 8인치 웨이퍼를 사용함으로써 생산력에서 앞설 수 있었다. 이를 계기로 세계 시장에서 일본 업체를 따돌리고 1993년 10월 메모리 분야 세계 1위에 서게 된 것이다.

반도체 사업이 세계 정상에 오른 날, 나는 경영진에게 이렇게 말했다.

"목표가 있으면 뒤쫓아 가는 것은 어렵지 않다. 그러나 한 번 세계의 리더가 되면 자신이 목표를 찾지 않으면 안 되며, 또 리더 자리를 유지하는 것이 더 어렵다."

이는 내 스스로 하는 다짐이기도 했다."

그렇다. 시대의 조류가 산업사회를 지나 정보사회로 넘어가는 조짐 속에서 이건희는 반도체라는 첨단 산업을 맨 처음 발견하고 주목했다. 남달리 예리한 안목이었다고 볼 수 있다. 그러면서 구멍가게 같은 공장에서 반도체를 개인 사업으로 키워온 지 10년 만에 아버지 이병철로부터 전폭적인 지원을 이끌어 내면서, 왕국의 핵심 사업으로 인정받기에 이른다.

그러나 반도체 사업의 운명은 오직 이건희 몫이었다. 그리고 그는 반도체 역사의 중요 전환점이 되는 고비마다 남다른 결단과 경영력을 발휘하면서 마침내 메모리 분야 세계 1위1993년에 올라선다. 세계적인 일본의 반도체 강자들을 차례대로 물리치고 정상에 올라서는 기적을 만들었다. 오늘날의 초고속 성장 제국 삼성전자라는 브랜드 파워가 그때 이미 초석을 다졌다고 보는 것이 옳다. 일찍부터 아버지 곁에서 후계자 수업을 쌓고 있던 맏형 이맹희와 둘째 형 이창희와는 전연 다른 행보였으며, 그를 향한 아버지의 시선도 달라지기 시작했음은 물론이다.

벤처 '현대정공'의 끝없는 모험과 도전

정몽구가 아버지 정주영으로부터 받은 첫 번째 경영 과제인 현대자동차서비스를 정상 궤도에 올려놓기 위해 안간힘을 다하고 있던 어느 날이었나. 난데없는 아버지의 부름을 받는다.

"아버님, 저를 찾으셨어요?"

정주영은 순간 자신의 집무실 안으로 성큼 들어서는 아들을 보고 흠칫 놀랐다. 지금껏 단 한 번도 느껴보지 못한 감정이라서 잠시 의아해했다. 어쩌면 그리도 젊은 날 자신의 모습과 영판 빼어 닮은 건지, 아들의 걸음걸이 하며 음성을 새삼 되새기다 말곤 불쑥 입을 열었다.

"머지않아 우리나라 수출이 폭발적으로 늘어날 게 틀림없다."

정주영 앞에선 언제나 그렇듯 정몽구는 아버지의 얘기에 귀를 기울였다.

"그렇게 되면 말이다. 아무래도 컨테이너가 필요하잖겠어? 그러니 울산에다 몽구 네가 컨테이너 공장 하나를 지어 보거라."

첫 번째 경영 과제를 성공리에 진행 중이던 아들과의 대화는 그것이 전부였다. 아버지는 아들의 대답 따윈 들을 필요도 없다는 듯 이내 눈길을 거두었다.

이 무렵 정몽구는 현대자동차서비스의 초대 사장직을 맡아 자동차 부품의 국산화에 온 힘을 다 쏟고 있을 때였다. 따라서 그것만으로도 이미 그는 과부하 상태나 다름이 없는 몸이었다. 한데도 그는 아버지의 지시에 아무 말도 하지 못한 채 물러났다. 그 길로 울산으로 내려가 컨테이너 공장을 짓는 데 소홀함이 없었다.

그것이 곧 세계 최대 규모의 컨테이너 제조기업인 '현대정공'의 시작점이었다. 아버지가 정몽구에게 내린 두 번째 경영 과제였던 셈이다. 울산으로 내려간 정몽구는 마치 최면이라도 걸린 사람처럼 곧바로 컨테이너 공장을 짓기 시작했다. 그러나 모든 시작점이 다 그렇듯이 컨테이너 공장 건설 역시 예외가 아니었다. 미처 생각지 못했거나 예기치 않은 크고 작은 문제들이 불뚝불뚝 생겨났다.

당시 국내 경기는 밑바닥에서 좀처럼 회복하지 못하고 있던 때였다. 때문에 아무도 선뜻 대규모 투자를 하지 못했다. 하지만 정몽구는 공장 설비와 함께 컨테이너를 생산하기 위한 대규모 사업 계획서를 작성하여 아버지를 다시 찾았다. 정주영은 아들이 작성해 온 사업 계획서를 꼼꼼히 살폈다. 그리고 이내 긍정적인 반응을 나타냈다.

아니 그럴 수밖에 없었다. 아버지의 뜻에 조금이라도 미치지 못할까 봐 며칠씩이나 밤잠을 이루지 못한 정몽구의 지극정성 때문이었다.

"그래, 공작 기계는 앞으로 가능성이 높은 분야야. 정공精工이라는 우리 회사의 이름에도 걸맞은 사업이니 어디 한 번 열심히 해봐. 한 2,000억 정도 투자해서 공장을 지으면 반드시 성공할 거야. 어서 가 봐."

아버지는 사업 계획서의 사인 란에 기꺼이 도장을 꾹 눌러 찍었다.

정몽구는 아버지의 방에서 나온 그 길로 다시 울산으로 향했다. 아버지가 내린 두 번째 경영 과제인 현대정공 울산공장 건설을 완수하기 위해서였다.

한데 주변에서 말들이 참 많았다. 국내 업계는 물론이고 심지어 일본에서

조차 현대정공에 대한 회의적인 시각이 지배적이었다. 너무 앞서나가 무리한 투자를 하고 있다는 비아냥거림이었다.

그는 흔들리지 않았다. 자신이 있었다. 그럴수록 특유의 뚝심과 돌파력으로 밀어붙였다. 결국 정몽구는 생산된 컨테이너 재고품이 바닥나 더 이상 수출을 하지 못할 지경에 이를 만큼, 현대정공을 세계 최대 컨테이너 기업으로 성장시켜냈다. 후발 주자였음에도 불구하고 컨테이너 단일 품목으로 세계 시장 40% 점유라는 전대미문의 성공을 거두었다.

물론 이 같은 성공에는 앞서 얘기한 것처럼 그가 현대자동차서비스 초대 사장이 된 지 불과 9개월 만에 조직을 재정비하면서, 별도의 프로젝트팀을 만들어둔 게 밑거름이 되어주었다. 그때의 그 작은 의지와 실천 하나가 훗날 그토록 커다란 역할을 하게 되리라고는 자신도 미처 알지 못했다. 행운이라는 것도 준비한 자의 몫이었던 것이다.

아버지 정주영의 첫 번째 경영 과제였던 현대자동차서비스를 정상 궤도에 올려놓은 데 이어, '우리나라 수출이 폭발적으로 늘어날 것 같으니 컨테이너가 필요할 것 같다'고 현대정공을 해보라는 두 번째 경영 과제를 받은 1977년 여름이었다.

그날로부터 며칠 뒤, 장맛비가 억수로 퍼붓던 날이었다. 정몽구와 현대자동차서비스 임직원들은 이삿짐을 싸들고 서울 종로3가에 자리한 세운상가 4층으로 들이닥쳤다. 다음날 현대정공이 출범했다.

현대정공은 현대왕국의 역사에서 중대한 방점을 찍는다. 현대왕국이 조선과 자동차 등 중후장대형의 중공업을 키워나가는 데 남다른 근육을 키울 수 있었던 학습과 단련의 기회였을 뿐더러, 정몽구 개인으로 볼 땐 훗날 현대자동차가 글로벌 자동차 업계에서 Big 5로 발돋움하는 데 모든 경영기법을 체득한 요람이었다.

1970~80년대 당시 종로3가 세운상가는 벤처의 산실이었다. 골목마다 미로처럼 널려진 어둡고 비좁은 골목, 마치 닭장처럼 다닥다닥 둘러붙은 사무실 겸 공장에서 미래를 꿈꾸며 출발한 기업인들이 많았다. 이들 중에는 회사를 키워 굴지의 대기업 최고경영자로 성장한 이들도 적지 않은데, 정몽구도 그중 한 사람이었다.

정몽구의 현대정공은 1983년 지금의 중구 계동 현대그룹 신사옥이 완공되어 이전할 때까지 종로3가 세운상가에서 꼬박 6년여 동안 벤처기업의 문화를 고스란히 이어나갔다. 여느 벤처기업과 마찬가지로 수많은 모험과 도전 속에서 체력을 길러나갔다. 현대모비스현대정공의 개명 부회장 정석수는 「현대모비스 30년사」에서 이렇게 회고하고 있다.

"당시 세운상가 사무실은 저녁 9시가 되면 어김없이 문을 닫아버렸다. 때문에 야근하느라 집에도 가지 못하고 사무실에서 잘 때도 무척 많았다. 초창기 업무는 영업과 생산 위주로 활력이 넘쳤고, 당시 조직도 별로 크지 않아 인간미가 넘쳤다. 네 일 내 일 따로 없이 멀티플레이어로 일을 해야만 했다. 당시 박정인 경리부장현 HMC투자증권 고문은 은행에 돈 빌리러 다니는 게 주요 일과였고, 나는 돈이 입금되면 그걸 찾아 결제하는 역할이어서 책임감이 무척 컸다…"

다시금 1988년으로 돌아가 정몽구의 현대정공은 컨테이너 제조에 이어 각종 공작기계 사업으로 영역을 확대시켜 나간다. 자동차 생산 라인에 쓰이는 핵심 공작기계의 국산화와 더불어 해외 수출을 개척해 보겠다는 의지에 따른 것이었다.

정주영 명예회장도 그런 정몽구에게 힘을 실어주었다. '기왕에 하려면 제대로, 더 큰 규모의 공장을 지어서 해보라'며 격려를 아끼지 않았다. 재검토 작업을 거쳐 1990년 총 1,028억 원을 투자하여 현대정공 울산공장 제2야드yard에 총 만 5,000평 규모 부지에 공장단지를 건설하는 계획이 수립되었다. 착공 18개월 만인 이듬해 가을 공장을 준공하고 본격적인 공작기계 개발 및 생산에 들어갔다.

출발은 결코 만만치 않았다. 처음 시작하는 공작기계 사업에서 내세울 수 있는 거라곤 그저 'HYUNDAI'라는 브랜드뿐이었다. 그렇다고 왕국에 의존할 수도 지원을 받을 수도 없었다. 설상가상으로 국내 경기마저 무너지면서 시장 수요가 감소한 데다, 업체의 난립에 고기술 수입품의 저가 공세까지 판을 쳤다.

그쯤 되면 누구라도 접을 만했다. 하지만 정몽구는 한 발짝도 물러서지 않았다. 특유의 뚝심으로 과감하게 밀어붙였다. 그 결과 내수시장에서 판매망과 사후 서비스를 강화한 덕분에 기종별 평균 30%의 시장점유율을 기록할 수 있었다.

해외 시장 개척에도 나섰다. 1994년 여름 시카고 국제 공작기계전시회에 직접 참석하여 적극적인 마케팅을 펼쳤다.

전 INI스틸지금의 현대제철 사장 성병호는 "정밀기계인 공작기계는 기업에는 자산에 해당되는 것이라 해외에서 한국산 공작기계는 거의 알아주지 않았다. 그러다 보니 규모가 작은 회사들이 주로 우리의 고객이었는데, 수익이 굉장히 빡빡해 고전해야 했다. 여러 가지로 시장 개척이 어려웠지만 정 회장의 적극적인 지원으로 꾸준히 신제품 개발력을 높여 나갔다"고 말한다.

이때 정몽구는 사업 초반 기선을 잡는 것이 중요하다고 새로운 목표를 세운다. 그에 따라 기술 선진국인 독일 등지에서 학습한 고급 인력들을 대거 유치해 기술연구소에서 공작기계 국산화 개발에 전념토록 했다.

사실 1991년 울산에 공작기계 공장이 준공되었을 때만 해도 일본은 현대정공의 공작기계 제품이 세계적인 수준에 이르려면 15년 이상은 걸릴 것이라고 예상했다.

하지만 정몽구의 새로운 목표에 따라 현대정공은 단시일 내에 수준을 끌어올렸다. 사업을 시작한 지 불과 4년여 만에 미국과 유럽 등지에 수출하기 시작했을뿐더러, 품질도 일제의 공작기계와 손색이 없는 수준이어서 일본은 놀라고 당황할 수밖에 없었다.

그러나 아버지의 그림자도 밟지 않았다

이런 성공에도 불구하고 그 아버지에 그 아들이었다. 정주영이 내린 첫 번째와 두 번째 경영 과제였던 현대자동차서비스와 현대정공의 성공에도 그는 허기져 있었다. 오래전부터 내면에 자리 잡은 야망, 자동차를 만들어 보고 싶다는 열망에 사로잡혔던 것이다.

이윽고 정몽구의 나이 지천명이던 1989년 가을, 그동안 현대자동차서비스와 현대정공의 성공에도 불구하고 아버지의 그늘에 가려 그저 웅크리고 만 있던 그가, 드디어 수면 위로 부상하기 시작했다. 왕국 안에서도 점차 자신의 존재감을 드러내기 시작한 것이다.

마침내 현대자동차서비스와 현대정공의 임직원들을 모아놓고 그는 자신의 뜻을 밝힌다.

"이제 제가 4륜 지프를 만들 생각입니다."

이어 그는 헬리콥터에서부터 사출기, 머시닝센터, NC선반 등 공작 기계까지 만들겠다는 포부를 숨기지 않았다. 그가 이런 신규 사업 계획을 공표하자 관련 업계에서는 물론이고, 왕국 안에서조차 놀랍다는 기색이 역력했다.

정몽구는 주위의 반응에 아랑곳하지 않았다. 신규 사업 계획을 추진하면서 이미 주요 신문에 자신의 뜻에 동참할 중견사원 수백 명을 모집한다는 대형 광고까지 실은 마당이었다.

이쯤 되자 관련 업계가 긴장하며 먼저 반응을 살피지 않을 수 없게 되었다. 세간에선 벌써 현대가의 후계 대권에까지 민감한 반응을 보이고 있을 정도였다. 그런 추측이 나올 법도 했다. 신규 프로젝트에서부터 크고 작은 사안들에 이르기까지 정주영이 최종 결재권을 행사하고 있었다. 그런 상황에서 정몽구가 세상을 깜짝 놀라게 할 그런 초대형 신규 사업을 벌이겠다고 공표한 것이다. 이건 분명히 아버지로부터 사전 승인을 얻었기에 가능했다. 후계 구도에 대한 언급이 나올 만한 사안이었다.

더구나 정몽구가 내놓은 신규 프로젝트는 그룹 계열사인 현대자동차나 현대중공업 등에서 이미 추진하고 있는 사업이어서 이목이 집중되었다. 다시 말해 현대가 안에서 정몽구의 행보가 그만큼 주목받고 있다는 증거였다.

"창원의 트랜스미션 공장 옆에 있는 부지에 지프 공장을 신축할 것입니다."

사실 정몽구는 골프장에서 골프백을 운반하는 데 이용되는 골프카를 벌써 생산1989년하고 있는 터였다. 이미 자동차 사업을 향한 예비 작업이 마무리된 상태였다. 또한 군장비를 제작한 경험까지 더해져 4륜 지프를 생산하겠다는 자동차에 대한 그의 열망은 끝이 없었다.

좀 더 뒷날의 얘기이긴 하지만, 현대왕국의 내부에서 벌어진 '왕자의 난2003년'으로 말미암아 정몽구가 현대자동차 소그룹을 맡아 독립하였을 때 세간의 시선이 결코 곱지만은 않았다. '요즘 현대차엔 자동차를 아는 사람이 없다'고 수군거렸다. 자타가 공인하는 자동차 전문가였던 정세영 전 현대자동차 회장을 따랐던 '현대차맨'들이 대거 밀려나고, 대신 그 자리에 정몽구의 사람들, 그러니까 그와 동고동락을 함께했던 현대자동차서비스와 현대정공 사람들이 차지한 것을 빗댄 말이었다.

그러나 세간의 시선이 그렇듯 현대자동차서비스나 현대정공 사람들이 자동차에 대해 전혀 알지 못한 걸까? 자동차 부품과 컨테이너 제조에 이어 각종 공작기계를 만들면서 내공을 키워온 현대정공 사람들은 자동차에만 '올인'했던 이들에 비해 더 많은 모험과 도전을 한 셈이었다. 다양한 경험을 통해 직접 몸으로 노하우를 익힌 정몽구를 비롯한 현대정공의 사람들에게 자동차는 그렇게 어려운 목표가 아니었다.

1989년 현대자동차 임승근 이사_{전 기아자동차 부사장}가 돌연 현대정공 이사로 발령을 받았다. 임 이사는 현대자동차 1기로 입사하여 잔뼈가 굵었다. 그는 이후 미국 포드와 기술 제휴로 생산한 '코티나'와 국산 최초의 개발 승용차인 '포니'를 비롯하여 '스텔라', '엑셀', '쏘나타' 등의 개발에 참여했던 현대자동차 최고의 엔지니어였다. 때문에 그가 갑자기 현대정공으로 자리를 옮긴 배경에 관심이 집중되었다. 그가 맡은 업무는 코드네임 'J카'였다.

한 해 전인 1988년 현대정공 사장 정몽구가 경영회의에서 '4륜 구동 자동차', 곧 지프를 개발해 본격적으로 사업화할 것을 선언했다. 임 이사가 맡은 업무는 바로 그 현대정공의 '지프 개발 프로젝트'였다.

이즈음 정몽구의 현대정공에선 철도차량, 전차, 골프카 등 육상 운송수단을 비롯해 구명정과 요트 등 해상 운송수단, 나중에는 헬기 제조 등 항공우주사업에 이르기까지 운송사업 전 분야에 걸쳐 사업화를 꾀하고 있었다. 마지막으로 4륜 구동 자동차만을 남겨둔 채 자신의 마지막 열망을 실천에 옮기기로 결심한 것이다.

이 같은 프로젝트를 정주영 명예회장에게 보고하자 '잘해 보라'며 정몽구를 격려했다. 자동차를 조선과 함께 핵심 주력사업으로 육성해 왔던 왕국은 현대자동차 생산 차종과 중복되지 않는 차종을 생산하여 제품의 다양화를 실현한다는 차원에서 현대정공의 4륜 구동 자동차 참여를 지원했다.

시기도 때마침 적절했다. 1988년 서울올림픽을 전후해 찾아온 '3저_{저달러·저금리·저유가} 호황'으로 삶의 질이 도약했다. 출퇴근용 소형차 위주였던 국내 자동차 시장에 레저 붐이 일면서 도심을 벗어나 산과 들 어디라도 달릴 수 있는 다목적 4륜 구동 자동차에 관심을 갖기 시작하던 때라 잠재 수요도 컸다.

1988년 여름, 김병주 차장전 기아자동차 이사대우과 마기인 차장전 현대제철 부사장 등이 주축이 된 J카 프로젝트 팀은 곧바로 견본 자동차를 도입하며 개발 작업에 들어갔다. 그해 가을 사업추진 기본 방향을 수립한 뒤, 이듬해 봄 임이사를 비롯하여 현대자동차에서 13명의 기술 인력을 충원받아 시험동 및 설계팀을 구성하며 사업은 구체화 단계로 들어섰다.

맨 처음 계획은 독자 모델을 개발하자는 거였다. 현대차가 독자 모델로 미국시장에서 대성공을 거두고 있었기 때문에 현대정공이 만들 4륜 구동 자동차 역시 당연히 독자 모델 개발이었다. 미국 ECS ROUSH와 'X-100'이라는 다목적 시제차 제작 계약을 맺고, 기술연구소에서 본격적인 개발에 들어갔다.

1990년 봄 자체 완성된 시제차를 미국으로 보내 현지 소비자 반응을 살폈다. 결과는 실망스러웠다. 성능, 기술, 디자인 면에서 미국 소비자의 취향과는 거리가 멀었다. 4륜 구동 자동차는 일반 승용차에 비해 차체 구조가 복잡하고 내구성도 높아야 하는 데다, 미국 시장에서는 글로벌 메이커들이 이미 자리를 굳게 지키고 있던 터였다. 품질 기대 수준마저 높아서 후발업체의 참여가 쉽지만 않아 보였다.

정몽구는 방향을 선회하고 나섰다. 지금 당장 독자 개발 장벽을 넘을 수 없다면 선진 기술을 배우면서 자체 역량을 길러가자고 했다. 독자 모델 개발을 잠정 보류하는 대신에 이미 개발되어 나온 4륜 구동 자동차를 조립, 생산하는 면허생산 방식을 택한 것이다.

여러 차종을 들여다본 결과 일본 미쓰비시의 내수용 디젤 지프인 '파제로'

모델로 결정했다. 미쓰비시는 현대자동차와도 다양한 분야에서 제휴를 맺어온 파트너였기 때문에 협업도 어렵지 않았다. 현대정공과 미쓰비시는 사업 추진 의향서를 교환한 뒤 기술 도입 계약을 체결했다.

전용 생산 공장 건설도 착수했다. 컨테이너를 생산하고 있던 현대정공 울산2공장 컨테이너 D동 자리에 연산年産 3만 5,000대 규모였다. 마침내 오래전부터 열망하던 지프를 생산하는 데 성공했다. 세간의 이목 속에 탄생한 '갤로퍼'였다. 비록 면허생산 방식이긴 하였으나, 갤로퍼는 사실상 현대정공의 순수 작품이었다. 당시 갤로퍼 개발에 참여했던 현대정공 관계자의 회고이다.

"설계도와 기술 자문을 얻었지만 기계라는 것은 사람이 얼마나 잘 만드는가에 따라 설계상의 성능보다 더욱 완성도를 높일 수 있다. 이런 점에서 현대정공 직원들은 완벽한 차체를 만들어 내겠다는 의지에 따라 밤낮을 가리지 않고 부품과 차체 개발에 열을 올렸고, 정몽구 회장도 하루가 멀다 하고 서울과 울산을 오가면서 개발 과정을 지켜보며 독려했다. 덕분에 갤로퍼는 원형인 파제로와 동등한 또는 그 이상의 성능을 갖게 되었다."

아닌 게 아니라 현대정공의 지프 갤로퍼는 정몽구를 연상케 했다. 강인한데다 지칠 줄 모르는 이미지를 그대로 **빼어** 닮아 폭발적인 인기를 얻었다. 생산 첫해인 1991년 2,934대가 팔렸고, 이듬해엔 23,738대가 팔려나가 단숨에 국내 4륜 구동 자동차 시장점유율 51.9%를 차지했다. 같은 해 벌써 러시아와 불가리아 등 동유럽을 시작으로 해외 수출의 길도 열었다.

자신감을 얻은 정몽구는 전동차 개발에도 박차를 가했다. 도시 지하철이 지방 도시에까지 속속 증설되고 있었고, 국토를 종횡하는 고속전철의 건설 등으로 수요가 크게 늘어난다는 판단에서였다. 이어 헬기조차 만들겠다고 호언했다. 미국의 벨과 5인승 헬기의 공동 생산을 위한 기술 제휴를 체결함으로써 항공기 사업으로까지 영토를 끊임없이 넓혀나갔다.

왕국의 영토 한 귀퉁이에 발을 들여놓은 지 20여 년 만에 이뤄낸 성과였다. 현대가의 장자로서 왕국의 영토를 물려받은 것이 아니라, 자신의 뚝심과 돌파력으로 얻어낸 영토 개척이었다.

뿐만 아니다. 정몽구는 일찍이 장자 정몽필이 타계한 이후 현대가의 크고 작은 일에서 실질적인 장자 역할을 도맡아왔다. 그러면서 현대자동차서비스, 현대정공, 현대산업개발, 인천제철 등 그룹의 핵심 계열사까지 이끌며 일찌감치 현대가의 왕자들 가운데 특별한 위치에 오르게 되었다. 왕국 안에서도 그의 발언권이 우선적으로 주어졌다.

그러나 그는 현대가의 장자로서 마땅히 왕국의 영토를 넘겨받았다는 말을 가장 듣기 싫어했다. 때문에 그간 일부러 고생을 사서 한 측면도 없지만 않았다. 4륜 구동 지프며 전동차, 공작기계, 헬기 생산을 독자적으로 시도한 것이 그 좋은 예다. 다시 말해 장자의 자격에 조금이라도 흠집이 생길까 봐 엄격한 아버지 밑에서 혹독한 경영수업을 쌓으며 남모르게 고생을 자처한 것이다.

그러나 정몽구의 경영 능력은 뜻밖에도 놀라웠다. 그가 초대 사장을 맡은 현대자동차서비스는 부품을 국산화하는 데 성공하면서 해마다 두 배 이상의 실적을 올렸다. 당연히 그는 아버지와 같이 현장에 붙어살았다. 그 역시 아버지처럼 말끔한 정장 차림에 넥타이를 매는 일이 드물 정도로 대부분 점퍼와 군화 차림을 고집했다.

더구나 정몽구가 자신의 외연을 넓혀나가던 때는 마침 큰 숙부 정인영이 그룹에서 퇴임하던 무렵과도 겹쳤다. 하지만 큰 숙부의 부재로 생긴 공백을 그가 유감없이 메워줌으로써 아버지의 염려를 덜어주었다.

그럴 즈음이 돼서야 비로소 아버지의 눈길도 차차 온기를 띠어갔다. 아직 겉으로는 살갑게 표현하지 않았지만 아들의 활약에 내심 박수를 보냈을 것으로 믿어진다.

아울러 눈에 보이지 않는 신임과 지원이 뒤따랐음이 물론이다. 현대자동차서비스의 부품 국산화 지원에 이어, 현대정공을 권유한 것도 아버지였음을 상기할 필요가 있다. 뒤이어 현대산업개발과 인천제철에 이르기까지 정몽구에게 총괄하도록 한 것도 딴은 그런 이유에서였다.

이쯤 되자 정몽구에게도 어느 날부터인지 아버지와 같은 '불도저'라는 별명이 따라붙기 시작했다. 나이가 들수록 아버지의 외모와 영락없이 닮아가기도 했지만, 과감한 돌파력이며 경영 스타일이 판박이였다. 남다른 보스기질과 소탈한 몸가짐 하며 솥뚜껑만 한 손바닥, 「삼국지」를 열심히 읽고 경영에 응용하는 것까지도 그러했다.

왕국의 새 총수가 된 이후 정몽구는 환갑1998년을 맞이했다. 별도의 행사는 일절 없었다. 다만 가족들과 단출한 환갑상을 차리고 넘어갔다. '아버님께서 건재하신데 환갑이라고 잔치를 벌이기가 민망하다'는 이유에서였다. 아버지에 대한 변함없는 그의 존경심을 짐작케 하는 대목이다. 평생토록 아버지의 그림자조차 밟은 일이라곤 없었던 것이다.

목계木鷄의 리더십, 낙천적 리더십

그때 이건희는 스물일곱이었다. 이제 막 미국 유학을 마치고 돌아와 1968년 삼성 비서실의 견습 사원으로 왕국의 영토에 처음으로 발을 내딛는 순간이었다. 모든 것이 생소하고 낯선 풍경들일 수밖에 없던 첫 출근 날 아침이었다. 이건희는 아버지 이병철의 부름을 받았다. 당시 태평로에 자리한 삼성 본관 505호의 회장 집무실로 들어섰다.

아버지는 책상 위에 화선지를 펼쳐놓고 조용히 먹을 갈고 있었다. 오래전부터 보아오던 모습이었다. 왕국의 복잡한 문제들에서 잠시 벗어나 홀로 망중한 속에 정심正心을 되찾고자 잡기 시작한 붓이었다. 평생토록 변함없이 고수해온 취미 가운데 하나였다.

아버지는 그동안 수많은 글씨를 써왔다. 하지만 이날 아침은 좀 특별한 날이었다. 이윽고 먹물이 충분히 짙어지자 아버지는 붓을 집어 들었다. 순백의 화선지 위에 붓질을 하여 두 글자를 쓴 뒤, 붉은 낙관을 꾹 눌러 찍었다.

두 글자는 '傾聽경청'이었다. 경영자의 기본자세로 주의 깊게 들으라는 뜻이었다. 아버지는 이후에도 '경청'을 다시 한 번 강조한 적이 있다. 10여 년 뒤 그룹 정례 사장단 회의석상에서였다.

"경영자는 남의 충고를 귀담아들을 줄 알아야 한다. 남의 이야기를 경청하며 참고할 줄 알아야 발전이 있다. 남의 충고를 무시하고 자기 고집대로 하다가 회사와 자기 자신을 망치는 경우가 있다. 특히 각 사는 고문단을 활용하라…"

이병철 회장이 변함없이 고수해온 취미 중 하나인 서예를 즐기는 모습
사진제공: 호암재단

　사실 경청은 아주 어릴 적부터 익히 보아오던 아버지의 또 다른 모습이었다. 그런 아버지를 보면서 깨닫고 배울 수 있었던 삶의 지혜이기도 했다. 그래서인지 이건희는 왕국에 발을 들여놓은 뒤부터 더욱 말수가 줄어들었다. 스스로 자신의 경영철학으로 삼았을 만큼 중요시했다. 좀 더 훗날의 얘기이긴 하지만, 아버지로부터 왕국을 승계한 이건희는 경청을 보다 구체화시킨다. 이미 현직에서 물러나 은퇴한 원로 경영진들을 고문으로 위촉해 그들로부터 깊은 지혜를 얻곤 했다.

　삼성은 사장 이상을 역임한 경영진에게 은퇴 후 2~3년 동안 상근 고문으로 위촉한다. 경우에 따라선 3년 이상 고문으로 위촉되는 이도 많다. 물론 이들은 경영에 직접 참여하지는 않는다. 그러나 중요한 의사를 결정할 때면 자신의 오랜 경험을 바탕으로 한 조언을 한다.

이런 고문들에겐 별도의 집무실과 비서, 차량, 기사가 지원된다. 급여는 현역으로 재직할 때의 50~70%가 지급된다. 단순한 예우 차원이라기보다 경영 활동 전반에 걸쳐 그들의 지혜를 경청하기 위해서이다.

아버지는 '경청'에 이어 다시금 새 화선지를 책상 위에 펼쳐놓았다. 이번에도 역시 두 글자를 붓질했다. 흔들림 없는 경영자의 자세라는 뜻으로 쓴 두 글자는 다름 아닌 '木鷄목계'였다.

흔히 자신의 감정을 지배할 줄 알고, 상대에게 굳이 자신의 발톱을 드러내어 보이지 않더라도, 상대로 하여금 무언가 범접할 수 없는 카리스마를 보여주는 이가 있다. 이 같은 리더를 일컬어 「장자莊子」는 '목계지덕木鷄之德'을 지녔다고 말했다.

나무로 만든 닭처럼 자기 감정을 완전히 제어할 줄 아는 이의 역량을 뜻했다. 「장자」의 '달생達生' 편에 이런 얘기가 있다.

고대 중국에 어떤 왕이 있었다. 왕은 싸움닭 투계를 몹시도 좋아했다. 그리하여 당대 최고의 투계 사육사였던 기성자란 이에게 최고의 싸움닭을 구해 최고의 투계로 만들기 위한 훈련을 맡겼다. 그런 뒤 십여 일이 지나자 왕이 기성자에게 물었다.

"어떤가? 이젠 닭이 싸우기에 충분한가?"

기성자는 이렇게 아뢴다.

"아닙니다. 아직 멀었습니다. 닭이 강하긴 하나 교만하여 아직 자신이 최고인 줄 알고 있습니다. 그런 교만을 떨치지 않는 한 최고의 투계라고 할 수 없습니다."

또 십여 일이 지났다. 왕이 기성자에게 다시 묻자 이번에는 이렇게 대답했다.

"아직 멀었습니다. 교만함은 벗어났으나 상대의 소리와 그림자에도 너무 쉽게 반응을 보입니다. 태산처럼 쉽사리 움직이지 않는 신중함이 있어야 최고라고 할 수 있습니다."

또다시 십여 일이 지나자 왕이 다시금 불렀다. 기성사는 아직 멀있다고 했다.

"아직도 멀었습니다. 이제 조급함은 버렸으나, 상대를 노려보는 눈초리가 너무 공격적입니다. 그 공격적인 눈초리를 버려야만 합니다."

다시 또 십여 일이 지나갔다. 왕이 묻자 기성자는 비로소 반가운 대답을 들려주었다.

"이젠 된 것 같습니다. 상대가 아무리 소리를 쳐도 아무런 반응도 하지 않습니다. 이제는 마음의 평정심을 완전히 찾은 것 같습니다. 나무와도 같은 목계가 되었나이다. 목계의 덕이 완전해졌기 때문에 이제는 어느 싸움닭이라도 그 모습에 물러나고야 말 것입니다."

「장자」가 이 고사에서 들려주고 있는 최고의 투계란 다름 아닌 목계를 뜻한다. 목계가 되기 위해서는 다음 세 가지 조건이 필요하다고 주문한다. 첫째 자신이 제일이라는 교만함을 버리고, 둘째 상대의 반응에 조급하게 반응을 나타내선 안 되며, 셋째 언제 어느 때라도 마음의 평정심을 잃지 않아야 한다는 것이다.

경영수업을 쌓기 위해 왕국의 영토에 첫발을 들여놓은 이건희에게 아버지 이병철은 그같이 충고했다. 장황한 이야기도 아닌 오직 두 단어, '경청과

목계'의 리더십이었을 따름이다.

정몽구는 어땠을까? 비록 무뚝뚝한 방식이었다 하더라도 삼성왕국의 아버지가 첫 출근을 한 젊고 일천한 아들 이건희를 자신의 집무실로 부른 뒤 손수 먹을 갈아 두 가지 충고를 아끼지 않았다면, 현대왕국의 부자는 과연 살가운 풍경이었을까?

앞서 살펴본 것처럼 정몽구는 그보다 못했다. 유학을 마치고 돌아왔지만, 더욱이 이미 결혼해 처자까지 딸린 가장이었음에도 왕국의 영토에 발을 들여놓을 수 있기는커녕 아버지의 얼굴조차 보기 힘들었다. 보다 못한 어머니가 손을 잡고 나서서야 비로소 현대왕국의 한 귀퉁이에 겨우 발을 들여놓을 수 있었다.

그럼 아버지 정주영은 자신의 왕국을 계승할 아들 정몽구에게 정녕 그 어떤 것도 충고하고 싶은 게 없었던 것일까? 그건 아닌 것 같다.

일찍이 귀에 못이 박히도록 되풀이했던 아버지의 '밥상머리 교육'을 떠올려볼 때 젊고 일천한 아들에게, 더구나 자신의 왕국을 이어나갈 아들에게 어찌 할 말이 없었겠는가. 결코 놓치지 않았으면 하는 핵심가치가 없다 할 수 있겠는가. 다른 건 몰라도 하나만은 애써 발견해주길 요청했던 것이 분명 있었을 줄 안다.

한데도 정주영과 정몽구의 부자 사이에선, 아니 다른 아들 누구에게도 이건희가 첫 출근하던 날 아침과 같은 정형화된 풍경을 찾아볼 수 없다. 왕국의 영토에 첫발을 들여놓은 이래 딱히 '이것이다' 하고 굳이 말해주었거나, 보여준 것이라곤 따로 없다. 아니 정주영은 정몽구를 비롯한 아들들이 스스로 찾아내어 발견해주길 자신만의 문법으로 표현하고 있었는지 모른다.

그 같은 문법의 표현을 엿볼 수 있게 하는 장면이 있었다. 정주영 서거 10주년을 기념하여 세종문화회관에서 그를 추모하는 사진전시회가 열렸다. 저자도 시간을 내어 가봐야겠다는 생각은 굴뚝같았으나 이런저런 일로 차일피일 미루고만 있던 차였다.

한데 C신문사에서 연락이 왔다. 정주영에 대한 이야기를 나누고 싶다는 거였다. 장소는 그의 추모 사진전시회가 열리고 있는 세종문화회관에서였다.

도무지 나갈 형편은 아니었지만 거듭되는 부탁에 일단 집을 나섰다. 하지만 기자에게 무슨 말을 들려줘야 할지 고민이 컸다. 사실 인터뷰라는 게 취재원인 저자가 어떤 콘텐츠를 들려줘야만 기사가 만들어지는 건데, 정주영이라면 그간 몇 권의 책을 써내면서 바닥이 드러나고 만 터였다.

때문에 약속 장소 앞에 도착할 때까지도 딱히 손에 잡히는 마땅한 얘깃거리가 떠오르지 않았다. 난감했다. 에라, 모르겠다. 언제 내가 무슨 전략을 갖고 살았더냐 싶어 그냥 전시실 에스컬레이터에 몸을 싣고 내려가는데, 그때 문득 눈길을 사로잡는 게 있었다. 전시실 입구에 내걸린 추모 사진전의 대형 포스터였다. 흰 페도라에 굵은 뿔테 안경, 그리고 오른쪽 안면에 지그시 힘을 준 채 싱긋 웃고 있는, 그간 흔히 보아왔던 정주영의 얼굴 사진이 정면에서 반기고 있었다.

순간 저자는 그래 이거다, 하고 속으로 쾌재를 불렀다. 전시실에서 기다리던 기자에게 당당히 걸어갔다. 기자의 질문은 예상과 다르지 않았다. 정주영의 일생을 징검다리로 짚었고, 아니나 다를까 마지막에 예의 그 질문이 이어졌다. 정주영의 삶이 지금 이 시대에 어떤 의미를 가질 수 있느냐는,

간단치 않은 질문을 던졌다.

고민할 필요란 없었다. 기다렸다는 듯이 술술 즉답이 나왔다. 에스컬레이터를 타고 전시실로 내려오다 맞닥뜨린 대형 포스터, 그 인상을 그대로 얘기하면 되었다.

"이 전시실 안에서도 목격할 수 있는 것처럼 아산 정주영 회장은 우리 현대사에서 보기 드문 '낙천적인 리더'였던 것 같아요. 보세요. 여기에 전시되어 있는 아산의 사진들 가운데 거의 대부분이 웃는 얼굴이잖아요? 홍 기자도 생각해 보세요. 우리의 근현대사를 이끌었던 대부분의 리더들이 근엄하거나, 심각하거나, 비장하거나, 의지가 굳거나 하는 그런 얼굴들이었잖아요? 그만큼 우리의 근현대사가 극심한 격동의 시대를 통과해 왔다는 얘기가 되겠죠. 그런데 지금 이 자리에서도 확인할 수 있듯이 같은 시대를 통과해 왔음에도 아산은 마치 이웃집 아저씨처럼, 어떻게 보면 순진무구한 인상으로 웃는 얼굴이 대부분이잖습니까?"

기자가 다시 물었다.

"낙천적인 리더라 하셨는데 좀 더 구체적으로 설명을 더하신다면?"

"이런 겁니다. 호암 이병철 회장이 '비장한 심사숙고'형의 리더십이었다면, 아산은 낙천적 리더십을 발휘했다는 거죠. 그런 낙천적 리더십이 곧 남다른 '긍정적인 도전정신'을 이끌어낼 수 있었다는 얘깁니다. 다시 말씀드리지만 우리의 근현대사를 이끌었던 리더들 가운데 여기 이 아산만큼 편안하게 웃는 얼굴도 또 찾아보기 어려울 겁니다. 또 이처럼 남다른 긍정적인 도전정신이야말로 중후장대한 중공업에 도전해야 하는 긴 호흡 같은 것이었다고나 할까요? 누구도 엄두를 내지 못하던 중공업 중심의 현대를 일으킬 수 있었던 아산 리더십의 결정적인 요체라고 할 수 있을 것입니다."

그쯤 되면 기사를 건질 수 있다고 생각했을까? 기자는 스마트폰의 녹음 기능을 서둘러 껐다. 그런 뒤 지체 없이 사라져갔다. 기자가 돌아간 뒤 저자는 혼자서 전시실 안을 기웃거리다 아주 재미있는 사진 한 점 앞에 멈춰 섰다. 그간 소문으로만 들었던, 정주영이 자신의 세 아들과 함께 종로구 청운동의 자택에서 이른 아침식사를 마친 다음, 광화문 앞을 지나 계동에 자리한 현대그룹 본사까지 출근하는 사진이었다.

저자의 집이 청운동의 이웃 동네인 부암동이라서 잘 안다. 청운동의 자택에서 계동의 현대 본사까지 걸어간다면 족히 3km는 되는 짧지 않은 거리다. 빛바랜 흑백사진 속의 인물들은 두툼한 점퍼 차림에 흰 운동화를 신은 채였으며, 손에는 가죽 장갑을 낀 채였다. 한겨울이었던 모양이다.

정주영은 아들들과 조식을 하고 새벽에 함께 출근하는 것을 좋아했다

특히 눈길을 끄는 것은 그들의 뒤로 드리운 칠흑의 어둠이었다. 그들 부자는 광화문의 해태상 앞을 지나고 있었는데, 등 뒤쪽으로 정부청사 건물엔 듬성듬성 불빛이 보일 만큼 이른 새벽녘이었다. 도대체 얼마나 일찍 일어나 아버지 집으로 모여 아침식사를 마칠 수 있었는지, 청운동의 자택을 나서서 광화문 앞을 지나도록 아직 어둠이 짙게 남아있었다.

정주영은 아들들과 같이 걷는 이 같은 새벽 출근길을 무척이나 좋아했다고 한다. 하기는 듬직하게 자라준 아들들과 함께 이른 아침을 걷는다는 건 세상의 어떤 아버지라도 즐거운 일일 게 틀림없다.

사진 속의 등장인물들을 다시 한 번 보아주기 바란다. 등장인물들 사이에 무언가 혹 다른 미세한 느낌이 눈에 띄지는 않는가?

삼 형제 가운데 2남 정몽구는 아버지와 함께 보폭을 나란히 하고 있다. 마치 5남 정몽헌과 6남 정몽준이 마지못해 따라오는 듯한 표정과 발걸음들이라면, 정몽구는 아버지가 아들들에게 일깨워주려 하고 있는 속내를 훤히 꿰고 있기라도 한 듯 표정과 발걸음조차 가벼워 보이기까지 하다. 딱히 이것이다 하고 말해주거나 보여주진 않았어도 왕국을 이어갈 자신의 아들들이 결코 놓치지 않았으면 하는 핵심가치, 다른 건 몰라도 얼리버드 하나만은 애써 발견해주길 바랐던 아버지의 문법을 다 알아차리기라도 한 것처럼 말이다.

그렇다. 자신을 이어 왕국을 이끌어나갈 아들들에게 아버지 정주영은 정녕 그같이 충고하고 있다. 결코 장황한 이야기도 아닌 오직 두 단어, '낙천과 얼리버드'의 리더십이었을 따름이다.

현대왕국을 승계받은 정몽구

때가 되었다. 마침내 결행을 실천에 옮길 시점이었다. 정주영의 현대왕국은 1998년 전체 62개의 계열 기업을 거느리고 자산 총액 75조 5,200억 원이 넘는, 한국 경제의 약 17%를 담당하는 거대 기업집단으로 성장해 있었다. 1938년 쌀가게 '경일상회'로 첫 길을 연 이래 60여 년 만에 이뤄낸 기적 같은 성과였다.

이보다 몇 해 앞선 1995년 12월 28일 목요일 오후 2시, 돌연 현대 관련 뉴스 속보가 TV 화면에 떴다. 연말을 불과 사흘 앞둔 이날, 현대왕국의 공식적인 인사 단행 소식을 일제히 뉴스 속보로 내보냈다.

"… 현대그룹의 발표에 따르면 1992년 정주영이 대통령 선거에 출마하면서 그룹 회장에서 물러나 있었다 정세영 그룹 회장은 현대자동차 명예회장으로 퇴진했고, 현대전자 정몽헌 회장이 그룹 부회장 겸 현대건설과 현대상선 회장에 임명되었습니다. 그리고 정세영 회장의 아들인 정몽규 부사장을 현대자동차 신임 회장으로 임명한다고 발표했습니다.

한편 현대종합상사의 이춘림 회장을 비롯하여 현대상선 현영원 회장, 현대엘리베이터 지두현 회장, 대한알루미늄 송윤재 회장, 금강기획 홍일해 회장 등 회장단과 현대증권 김동윤 사장, 대한알루미늄 최동식 사장 등 전문경영인들이 경영 일선에서 대거 퇴진하는 것으로 알려지고 있습니다…."

뉴스 속보를 들은 현대그룹 직원들은 술렁이기 시작했다. 정세영 그룹 회장까지 바뀔 줄은 몰랐다는 반응이었다.

"이건 목요일의 혁명이다!"

놀랍기는 아버지 정주영에 이어 현대왕국의 2대 신임 총수 자리에 낙점된 정몽구도 마찬가지였다.

"도대체 어떻게 된 일이야?"

때마침 대전에 머무르고 있다 승계 소식을 전해 들은 정몽구는 전연 뜻밖이라는 표정이었다. 그만큼 승계 문제는 갑작스러웠다. 사실 왕국의 승계 문제는 누구도 눈치채지 못한 가운데 전격적으로 결정된 것이었다. 왕국의 신임 총수 자리에 오른 정몽구는 물론이고, 왕국의 최고 의사 결정 기구인 '6인 운영위원회'조차 모르고 있을 정도로 감쪽같았다.

이날 있었던 인사 단행은 혁명적이었다. 그야말로 철저한 보안 속에 신중하게 단행되었다. 그러나 정주영이 정몽구로의 승계 체제를 결심한 것은 이미 오래전부터였다. 다만 자신의 그러한 구상을 현실화시켜야겠다고 결심한 것은 전격적인 인사 단행을 내리기 불과 일주일 전인 그해 12월 22일 강릉에서였다고 한다.

그날 정주영은 운전기사만을 대동한 채 서울을 빠져나가 강원도 강릉으로 향했다. 아니 휴전선이라는 군사 장벽만 아니었더라면 고향인 통천까지 내달려 갔을지도 모를 일이다. 실로 만감이 교차했다. 동짓날 기나긴 밤은 참으로 파란만장하게 살아온 노 기업가의 80여 년 생애만큼이나 길게 느껴졌다.

하지만 왕국의 미래에까지 생각이 미치자 머릿속은 복잡해지기만 했다. 자신이 대통령 선거에 출마할 때 아우 정세영에게 그룹 회장을 맡기면서 '앞으로 10년간은 정세영 회장이 그룹을 이끌어가게 된다. 그러나 우리 가족

중에서 그룹 회장을 맡기는 것은 정세영이 마지막이 될 것이다'라고 공언한 터였다.

그러나 왕국의 앞날을 생각하면 자신의 그러한 공언은 속절없이 흔들리 곤 했다. 하염없이 푸른 바다만을 바라볼 수밖에 없었다. 게다가 이 무렵 그는 백척간두에 서 있었다. 지난 대통령 선거1992년 때의 비자금 사건에 휩싸인 것이었다.

그렇지 않아도 지난 대통령 선거 때 라이벌 관계였던 김영삼 정권은 비자금 사건 이후 그룹 총수 1인의 전횡 구조를 매우 못마땅하게 여기던 차였다. 한데 현대그룹이 분할 경영을 통해 재벌 해체 효과를 거두는 듯하자 '그룹 분할 케이스'로 아예 현대그룹의 경영 체제를 선택하려는 듯이 보였다.

더구나 김영삼 정권이 들어선 이후 삼성그룹은 자동차 사업 진출은 물론 조선 설비의 확장, 유통 사업 참여 등 차세대 유망 사업을 선점해 가고 있었으며, LG그룹 또한 정보통신 사업 참여 등으로 사세를 확장시킨 데 반해, 현대그룹은 김영삼 정권과의 불편한 관계를 해소한 것이 거의 유일한 사업 성과라고 할 만큼 한참 뒤처져 있었다.

따라서 왕국을 이끌고 있는 정주영으로선 밤잠을 이룰 수 없었다. 그동안 수십 년에 거쳐 어깨를 나란히 해오던 숙적 삼성왕국의 공격경영에 현대왕국이 뒤지게 될지도 모른다는 우려 속에 결단을 서두르지 않을 수 없었다.

'그래, 이젠 그룹의 경영권을 정비할 때가 됐다!'

'그렇다면 나 대신 그룹을 이끌고 나갈 후계자는 과연 누가 적당하단 말인가?'

다음 순간 그의 머릿속에는 세 사람의 낯익은 얼굴이 떠올랐다.

'몽구는 그동안 훌륭한 경영 수완을 보여 왔어…'

'아우 세영이는 지금까지 현대자동차를 잘 키워왔지…'

'5남 몽헌이는 뛰어난 경영 감각을 가지고 있고…'

'6남 몽준은 머리는 좋으나 아직 나이가 너무 어리지…'

고향 땅이 지척인 강릉의 바닷가에서 꼬박 사흘을 보낸 뒤 서울로 돌아온 정주영은, 곧바로 현대그룹 박세윤 기조실장을 불러 지시했다.

"이젠 그룹 경영을 2세 체제로 전환하기로 했어."

그 소리는 곧 정몽구에게 그룹의 총수 자리를 승계하겠다는 거나 다름이 없었다. 측근들은 조심스럽게 정주영이 정몽구를 낙점한 이유에 대해 이렇게 분석했다.

'물론 장자라는 단순한 이유가 전혀 작용하지 않았다고 말할 수는 없으나, 그동안 정몽구가 보여준 경영 역량이 아버지 정주영의 마음을 굳히게 하는 데 결정적인 역할을 했다. 사실 정몽구는 이른바 'MK그룹'이라 불리는 현대자동차서비스, 현대정공, 현대산업개발, 인천제철, 현대강관, 현대우주항공, 현대할부금융 등 7개 계열사를 이끌면서 이미 현대왕국 안에서는 막강한 발언권을 행사해 왔다.'

벼랑 끝에 내몰린 정주영의 결단에 따라 왕국의 최고 경영권이 마침내 자신의 후계자에게 인계된 것은 그로부터 일주일 뒤인 1996년 1월 3일이었다. 과도기인 정세영 회장 체제를 잠시 더 거쳐 자신의 둘째아들 정몽구가 아버지의 뒤를 이어 왕국을 이끌게 된 것이다. 비록 동생인 정몽헌 부회장과 왕국의 지휘권을 나누어 쥐고 있다고 해도 정몽구에게 우선적인 권한이 부여됐다는 것은 누구도 부인할 수 없는 사실이 되었다.

이윽고 후계자 발표가 있은 지 일주일 뒤, 새해 업무를 시작하는 그룹 시무식 자리에서 정몽구는 왕국의 최고 경영권을 정식으로 승계받았다. 과도기 때 맏형 정주영을 대신해서 왕국을 이끌어왔던 정세영은 새로운 총수 자리에 오른 조카 정몽구의 부담을 덜어주기 위해 경영 일선에서 물러났다. 언뜻 보기에는 숙부에서 조카에게로 왕국의 최고 경영권이 넘겨진 형식이었으나, 실은 정주영에서 정몽구 체제로 재편된 것이다.

정몽구 신임 그룹 회장 취임과 더불어 최고 경영진에 대한 전면적인 후속 인사가 단행되었다. 현대전자 회장인 정몽헌은 그룹 부회장으로 승격했고, 정몽규 현대자동차 부사장은 회장으로 승진했다. 정세영의 외아들인 정몽규는 이때 33세에 불과했다. 정주영의 다섯째 동생인 정신영의 외아들이자 현대정유와 현대석유화학의 부사장을 맡았던 정몽혁은 사장으로 자리를 옮겼다.

반면 정주영을 도와 창업 때부터 앞뒤에서 왕국을 이끌었던 원로들은 대부분 퇴진했다. 왕국 창립 이래 첫 세대교체를 이룬, 이른바 '2세 경영시대'가 열리고 있었다. 바야흐로 '시련은 있어도 실패는 없다'던 선대 회장 정주영의 시대가 저물고, 새로운 총수 정몽구의 시대가 열리는 순간이었다.

하지만 세간의 관심은 정세영 정몽규 부자에게 경영권을 맡긴 현대자동차에 온통 쏠렸다. 현대자동차의 운명이 앞으로 어떻게 될지 아무도 알 수 없게 된 것이다.

"그럼 자동차는 어떻게 되는 겁니까? 그룹에서 분리되는 건가요?"

그룹 회장 취임식이 끝나자마자 기자들은 새 총수의 자리에 오른 정몽구를 에워싸며 일제히 질문 공세를 퍼부었다. 왕국의 한 축이랄 수 있는 현대자동차의 운명을 아는 이는 오직 그뿐이었다.

"그렇지 않습니다."

정몽구는 기자들 사이에 끼여 입을 열었다.

"현대자동차는 그룹에서 분리되지 않을 겁니다. 그러나 자동차는 현대그룹이라는 울타리 안에서 독립적으로 경영될 것이며, 그룹에서도 전폭적으로 지원을 하게 될 것입니다. 자동차 없는 현대그룹은 상상할 수도 없습니다."

이날 정몽구의 답변에는 두 가지 뜻이 담겨 있었다. 그동안 세간에서 꾸준히 나돌던 현대자동차 분리설에 대한 공식적인 해명인 동시에, 분리 불가라는 자신의 강력한 의지 표명이기도 했다. 다시 말해 신임 총수는 자신의 첫 기자회견이기도 했던 이 자리에서 현대자동차는 어디까지나 현대왕국의 일원임을 천명했던 것이다.

이를 두고 당시 그룹의 한 관계자는 이렇게 덧붙였다.

"생각해 보십시오. 정세영 회장의 지분은 3%가 겨우 넘는 정돕니다. 현실적으로 그룹과 분리될 수 있는 여건이 되지 못하죠. 분리를 하기 위해서는 무엇보다 지분이 필요로 하다는 얘깁니다. 다만 그동안 정세영 회장이 키운 사람들이 자동차에 다수 포진하고 있어서 정서적으로나 인맥 구성에 따른 파워 게임 비슷한 현상이 있을 수는 있겠죠. 그렇지만 자동차가 그룹의 일원으로 경영된다면 모르되, 만일 분리하려는 쪽으로 끌고 갔다가는 그런 일을 추진하는 사람들부터 그룹에서 영원히 분리되고 말 것입니다. 자동차를 키운 정세영 회장에게는 그 공로를 인정하여 거기에 걸맞은 경영 지분을 내주는 정도로 매듭지어지지 않겠습니까?"

또 어떤 이는 이렇게 말하기도 했다.

"현대자동차는 우리 그룹의 핵심이에요. 따라서 동생정세영에게 이를 넘긴다는 건 사실상 그룹을 넘기는 것과 다를 바 없습니다. 그렇지만 정주영 명예회장께서 장자 상속을 했다는 것은 그런 예측을 완전히 뒤집은 것이라고 볼 수 있습니다. 이번 인사는 외관상으로 정세영 명예회장의 연고권을 인정해 주는 모양새를 갖춘 데에 불과한 것입니다."

그렇긴 해도 세간의 의문은 해소되지 않고 꼬리에 꼬리를 물었다. 다만 정세영 명예회장이 〈동아일보〉와의 인터뷰에서 향후 현대자동차의 운명을 점쳐볼 수 있을 따름이었다.

"…앞으로는 사장이나 회장에게 맡겨두고 잘못하는 일이 있을 때만 그룹이 관여하는 형태의 자율경영이 강화될 것입니다. 때문에 한 회사가 그룹에서 떨어져 나가느냐 마느냐 하는 것은 큰 의미가 없습니다. 주력 업종들이 서로 협력하고 단합해서 그룹을 끌어가게 될 것입니다."

결국 이 말은 정세영 명예회장과 그의 외아들 정몽규 회장이 현대자동차의 경영을 평생 맡게 될 것이라는 점을 예시하는 것이었다. 그리고 그것으로 그동안 '억대 수수설'이다, '집안 싸움'이다 해서 말도 많았던 현대자동차의 분리설은 대략 일단락되는 듯했다.

사실 현대자동차가 정세영으로 분리되어 나가느냐, 아니면 여전히 정몽구가 이끌고 있는 왕국에 남느냐 하는 문제는 그리 간단치 않았다. 그때나 지금이나 현대자동차는 한국을 대표하는 글로벌 기업이자, 우리 경제에도 매우 긴밀하게 밀착되어 있어 세간의 관심이 집중될 수밖에 없었다.

물론 현대자동차의 성장사는 곧 정세영 명예회장의 생애 그 자체였다. 1967년 맏형 정주영의 요청에 따라 현대자동차 창업 사장이 된 이래, 1987년에는 정주영을 대신하여 그룹 회장을 거친 뒤 현대자동차 명예회장으로 일선에서 물러나기까지, 그는 한국 자동차 산업의 산증인이었다.

더욱이 정세영은 '포니 신화'를 창조해 내면서 현대자동차를 한 단계 도약시킨 주인공이었다. 그러면서 철강, 전자, 석유화학, 기계, 보험 등 수많은 다른 업종과도 유기적으로 연관되어 고용 창출 효과와 기술 자립의 기반 구축 등을 이룩해 냄으로써, 우리나라 경제를 선진 경제권에 진입시키는 데 중요한 역할을 했다는 평가를 받아왔다.

그리하여 현내사동차는 왕국의 핵심 기업이면서도 여타 계열사와는 차별성을 띠었다. 현대자동차의 직원들은 이른바 정주영의 '강릉 구상'이 발표되었을 때 한동안 '이제 자동차는 독립하게 되었다'고 외쳤을 만큼 왕국 안에서도 독특한 기업문화와 색깔을 가지고 있었던 것으로 알려지고 있다.

아무렇든 현대자동차는 정세영 명예회장에게 연고권을 인정해 주되 일정한 틀 안에서 왕국이 관리 경영케 될 것이라는 설이 대두되는 가운데, 아버지 정주영의 후계자로 왕국의 신임 총수에 오른 정몽구 회장은 '분리 절대 불가'라는 강한 의지를 표명하고 나섰다.

삼성왕국을 승계받은 이건희

삼성왕국 또한 후계 구도가 불가피하게 되었다. 그러나 삼성왕국은 현대 왕국보다도, 더구나 이병철이 불치의 병에 걸리면서 그 속도가 한층 빨랐다. 이병철이 암에 걸렸다는 청천벽력과도 같은 소릴 들은 건 그의 나이 67세던 1976년 9월이었다. 그리고 끝내 암 수술을 받기 위해 일본으로 건너가지 않으면 안 되었다.

그가 암 수술을 받기 위해 일본으로 출국하기 전날 밤, 가족이 모두 한자리에 모였다. 장소는 용인에 자리한 그의 거처였다. 그 자리에서 이병철은 왕국의 후계 구도에 대해 처음으로 언급했다.

"앞으로 삼성은 건희가 이끌어 가도록 하겠다."

그 말을 듣는 순간 벌써 10여 년이 넘도록 후계자 수업을 받아왔던 장자 이맹희는 충격을 감추지 못하는 모습이었다. 2남 이창희는 물론 그의 누이들 또한 별반 다르지 않았다. 더구나 이건희라면 일본과 미국에서 학업을 마치고 돌아온 지 얼마 되지도 않은 데다, 아버지가 이뤄놓은 왕국을 넘겨받기에는 너무 젊은 이제 갓 서른다섯에 불과했다.

이맹희가 쓴 「묻어둔 이야기」에서 한 증언이다.

"… 1973년 여름, 아버지는 나를 부르더니 '니 지금 직함을 몇 개나 갖고 있노?'라고 물었다. 내가 '정확히는 모르지만 열댓 개 되는 것 같다'고 했더니, '니가 다 할 수 있나?'라고 되물었다. 아버지의 얼굴이 밝질 않았다. 그전부터 뭔가 낌새를 채고 있었기에 '다 잘할 수 있심더'라고 했더니, '그라모 할 수 있는 것만 해라'고 말을 잘랐다."

벌써 10여 년이 넘도록 후계자 수업을 받아왔던 장자 이맹희를 아버지 이병철이 내친 건 앞서 제2부 '처음에는 머리 좋은 이맹희였다' 편에서 상세히 밝혔기 때문에 다시 말하지 않겠다. 아무튼 이후 얼마 지나지 않아 이건희는 공식적으로 삼성의 후계자로 지목되었다. 암 수술을 받기 위해 이병철이 일본으로 출국하기 직전이었다.

이번에는 이건희가 〈신동아〉 인터뷰에서 한 증언이다.

"… 1973년인가 후계 구도가 내막적으로 정해질 때 선대 회장께서 맹희도 안 되겠고, 창희도 안 되겠다. 건희 니가 해야 되겠다고 하셨어요. 그전까지만 해도 〈중앙일보〉와 동방생명, 중앙개발 3개 사가 내 앞으로 되어 있었거든요. 집안에서도 나는 성격이 고분고분하고 사교적이지 못해서 기업가로선 잘 안 맞는다고 했고, 선대 회장도 '골치 아픈 건 니가 할 것 뭐 있노' 했었어요. 동방생명의 자금에다 중앙매스컴, 그땐 TBC동양방송도 있을 때죠. 부동산 회사중앙개발까지 있겠다 남부러울 거 없었죠 뭐. 그러다가 아버지의 집념에 몰렸어요. 어물어물하다가 하게끔 몰린 것이죠. 그래서 1974년쯤인가는 3개 해서 골치 아프나 10개 해서 골치 아프나 같은 거 아니냐. 그런 생각이 들었고. 나도 한다고 하니까 1978년인가 1979년에 후계자가 됐다고 발표를 했죠."

정확히 1979년 2월 27일이었다. 이날 이건희는 삼성그룹 부회장으로 승진했다. 이때부터 이건희는 아버지 이병철 회장을 그림자처럼 따라다니며 장자 이맹희가 그랬던 것처럼 본격적인 경영 수업을 쌓는다. 1987년 이병철이 타계할 때까지 10여 년 가까운 세월에 걸쳐 후계 구도에 들어간다.

그랬던 만큼 자연스레 공은 아버지 이병철로부터 새로이 그룹 부회장에 취임한 이건희에게로 넘어간 경우가 많았다. 뒷날의 얘기이긴 하지만, 왕국의 미래 성장 동력으로 핵심 역량을 총집결하고 있는 반도체 사업의 운명은 어차피 이건희 몫이었다.

그리고 반도체 사업은 초기의 어려움을 딛고 일어나 마침내 미국, 일본과 어깨를 나란히 하는 경쟁 체제를 구축하기에 이른다. 모두가 실패를 우려했던 첨단기술과 거대 자본의 장벽을 뛰어넘는 쾌거였다.

그렇다고 새로이 취임한 그룹 부회장 이건희에게 처음부터 순탄한 길은 아니었다. 그가 손대는 것마다 다 성공한 것만도 아니었다.

우선 왕국 내 그에 대한 보이지 않는 반발 기류가 없지 않았다. 일찍이 두 형 이맹희와 이창희가 아버지 이병철의 묵인 아래 '기획위원회'와 '5인위원회'를 구성하여 왕국을 이끌었을 때와 마찬가지의 반발 기류였다. 그동안 선대 회장 이병철의 수족이 되어 왕국을 일궈온 창업 공신들이, 이건희에 대한 개혁적인 조치들에 대해 알게 모르게 브레이크를 걸고 나선 것이다.

그 좋은 예가 이건희가 영입해온 인재들에 대한 왕따였다. 이건희는 그룹 부회장에 취임한 뒤 각 분야의 실력파 전문가들을 강단 및 타 기업에서 스카우트해 오는데 많은 공을 들였다.

그러나 삼성 순혈주의의 '성골'들은 냉담했다. 또 그때까지 장자 이맹희를 추종하는 세력까지 합세하여 배타적인 태도로 그들을 모함하고 따돌렸다. 결국 그가 어렵게 영입해온 인재들 가운데 상당수가 왕국을 떠나고 말았다.

그런가 하면 이건희의 요구를 너무 쉽게 무시하고 묵살했다. 그룹 임원들의 특별 세미나에서 이건희는 핵심 문제를 호소했다. 하지만 왕국의 부회장에 취임한 지 이제 3년밖에 되지 않은 그의 호소에 귀 기울이는 임원은 극소수였다.

"입체적인 사고와 기술 개발만이 살아남는 길입니다. 앞으로 다가올 80년대는 과거 수백 년보다 더욱 큰 변화가 올 것이므로, 여기서 살아남기 위해서는 적극적인 기술 개발이 이뤄져야 할 것입니다. … 앞으로 대기업의 중추 역할을 할 인재의 역량은 단순히 평면 사고를 탈피해 어떤 일이나 사물에 대해서도 다각적으로 볼 수 있는 '입체 사고'가 절실히 요청됩니다. … 로버트화에 의한 자동화, 성역화가 이루어질수록 인간의 정신은 더욱 강해져야 할 것이며, 기업의 중역이 되면 1인 5역쯤의 역할을 해야 할 것입니다…."

그러나 이건희의 호소는 그로부터 10년을 더 기다려야만 했다. 생각을 하면 할수록 막막하고 의기소침해질 수밖에는 없었다.

같은 시기 미국 출장길에서 우연히 손병두 전 서강대 총장와 만난 적이 있었다. 먼 타국 땅에서 조우하게 된 두 사람은 밤새 이야기를 나눴는데, 이건희는 자신이 얼마나 참고 있는지 세상 사람들은 모를 것이라고 토로할 정도였다.

그런 연장선상에서 야기된 또 한 번의 참담한 패배는 이건희를 더욱 막막하고 의기소침하게 만들었다. 1980년 국영기업 민영화 때 삼성에 반드시 필요로 했던 대한석유공사이하 유공 인수전에 뛰어들었다가 패배로 끝난 게 그것이었다.

어쨌든 그 같은 이건희에게 자신의 숨은 역량을 발휘할 기회가 주어졌던 건 사실이다. 비록 후계자로 지목되긴 하였으나, 왕국의 부회장으로 취임하기 한 해 전인 1978년이다. 삼성그룹에 해외사업추진위원회가 만들어지면서 이건희가 위원장이 되었다.

그러나 위원회의 전권은 창업 이래 왕국을 이끌어오고 있는 아버지 이병철에게 있었다. 하다못해 회의 주재 역시 마찬가지였다. 이건희는 아버지 이병철의 곁에 앉아 허울 좋은 이름만 위원장일 따름이었다.

그렇더라도 그로선 다시없는 기회가 아닐 수 없었다. 역량이 검증되지 않은 후계자라는 왕국 안팎의 곱지 않은 시선을 잠재울 수 있는 절호의 기회였던 셈이다. 그런 기회를 가져다준 건 석유 파동이었다. 1차 오일쇼크1973년에 이어 5년 만에 다시 불거진 2차 오일쇼크 때였다.

시작은 중동에서부터였다. 산유국 이란에서 이슬람혁명이 일어나 왕정을 무너뜨리면서 석유 수출이 돌연 중단되었다. 동시에 국제 유가가 연일 폭등하기 시작했다. 배럴당 13달러 수준이었던 국제 유가는 이내 20달러까지 치솟았다.

이어 벌어진 이란과 이라크 전쟁으로 말미암아 국제 유가는 다시 30달러 벽을 넘어섰다. 여기에 다시 사우디아라비아마저 석유를 무기화하고 나서면서 국제 유가는 39달러의 벽마저 깨뜨리고 말 기세였다. 기업마다 에너지 확보에 사활이 걸린 문제였다. 당장 에너지를 구하지 못하면 공장을 가동할 수 없었다.

더욱이 에너지를 보다 저렴하게 구하지 못하면 가격 경쟁에서 밀릴 수밖에 없는 절박한 상황이었다. 한 방울의 기름이 당장 아쉬운 터였다. 이쯤 되자 애당초 해외 시장 개척을 목표로 삼아 출범했던 삼성그룹의 해외사업추진위원회도 다급해졌다. 당면 과제인 원유 확보로 목표를 수정하지 않으면 안 되었다.

이처럼 절박한 상황에서 대통령 박정희의 사망 이후 정권을 잡은 당시 신군부와 국내 기업들은 에너지 자원 확보에 팔을 걷어붙였다. 삼성에서도 목표를 수정한 해외사업추진위원회가 그 역할을 맡고 나섰다.

삼성그룹 해외사업추진위원회 위원장 이건희는 곧바로 멕시코에서 열린 '한국·멕시코 경제협력위원회'에 참석했다. 멕시코 대통령 포르티요를 만나 원유 공급 협조를 요청했다. 이어 멕시코 국영 석유회사인 페멕스의 세라뇨 총재를 한국에 초청하고 지원을 구했다. 원유를 확보하기 위해 백방으로 뛰었다. 이 같은 노력으로 1년 만에 멕시코 원유를 한국으로 들여오는 데 성공했다.

그는 다시 말레이시아로 날아갔다. 말레이시아와 원유 협상을 벌여 석 달 만에 말레이시아 원유까지 확보게 되었다. 여기까지는 성공작이었다. 역량이 검증되지 않은 후계자라는 왕국 내 곱지 않은 시선을 잠재우게 하는 데 모자람이 없었다.

그런 이건희에게 이번에는 아버지 이병철로부터 특명이 내려졌다. 해외사업추진위원회에서 유공을 인수하라는 거였다. 당시 유공은 국영기업이었다. 미국계 걸프사로부터 원유를 공급받아 정유해서 국내에 팔고 있었다.

한데 1980년 걸프사가 주식 평가액을 챙긴 뒤 전면 철수키로 하면서 유공의 민영화가 결정되었다. 신군부는 유공이 국가산업인 동시에 정유산업이라는 업종의 특수성을 감안하여, 유공을 인수할 국내 민간기업의 인수 조건 여섯 가지를 제시했다. 10개월 뒤 신군부는 마침내 유공 인수 기업을 최종 발표했다. 동력자원부 장관이 기자회견장에 모습을 드러냈다.

"국영기업의 비능률을 배제하고 책임경영을 확립하기 위해 유공을 민영화하기로 결정, 인수를 희망한 3개 기업삼성, 선경, 남방개발을 자격 기준별로 평가한 결과 원유 확보 능력과 산유국의 석유 달리 유치 능력이 가장 양호한 선경에 인수시키기로 했다…."

선경지금의 SK이 삼성을 따돌렸다. 작은 다윗이 거인 골리앗을 넘어뜨려 이긴 셈이다. 그건 차마 믿기지 않는 결과였다. 왕국은 실망과 충격에 빠져들었다. 아버지 이병철이 곧잘 '기업'이라고 표현하는 제조업, 그것도 왕국의 힘을 보다 강화시킬 수 있는 중공업과 화학공업을 아우르는 중화학공업이었다. 그런 만큼 인수전은 왕국 전체에 영향을 미치는 엄청난 도전이 아닐 수 없었다.

더구나 왕국의 신임 부회장으로 이제 막 취임한 뒤 처음으로 나선 대규모 영토 확장이었다. 자신의 위상을 보다 확고히 다질 수 있는 기회였다. 따라서 유공 인수에 자신이 가진 역량을 모두 다 쏟아부었다. 직접 현장을 지휘하며 의욕을 보였으나 결과적으로 패배하고 만 것이다.

이 같은 패배를 두고 훗날 딴 증언도 없지는 않았다. 삼성의 전 임원 출신은 당시 선경이 유공을 인수한 데 대해 어떤 정치적 흑막이 있었다고 주장한다. 이른바 노태우-최종현 커넥션connection이 그것이다.

"선경이 유공을 인수한 데는 사우디아라비아로부터 하루 5만 배럴의 원유를 확보하고 있었던 것이 가장 큰 장점으로 작용했지만, 그것도 따지고 보면 일본 이노츠상사의 힘을 빌린 것이었다. 그러나 삼성도 말레이시아로부터 하루 1만 5,000배럴을 확보했으며, 자금력이나 조직력 등 종합적인 인수 조건으로 볼 때 삼성을 능가할 기업은 없었다. 또 산유국은 유공을 인수하는 기업에게 원유를 줄 수밖에 없었다. 따라서 사전 원유 확보 여부는 유공 인수의 결정적인 요인은 되지 못했다. 우리삼성가 보기로는 신군부에 대한 로비가 결정적인 요인이었으며, 나름대로의 확신도 있다…."

그렇대도 패배는 돌이킬 수 없는 쓰라림이었다. 결국 유공 인수전의 패배를 받아들이지 않으면 안 되었다. 그런 뒤에도 이건희는 한동안 의욕적으로 움직였다. 마치 자신의 패배를 만회해 보려는 듯 다시금 해외 자원 개발로 눈길을 돌렸다. 말레이시아의 석유회사 페트로나스와 삼성물산 등 4개 회사가 컨소시엄의 연합군을 이뤄 원유를 공동 개발하기로 합의한 데 이어, 알래스카의 베링리버 탄광 개발에도 착수했다.

그러나 운마저 따라주지 않았다. 2차 오일쇼크는 그리 오래가지 않고 시나브로 끝나버렸다. 국제 유가는 언제 그랬느냐는 듯이 다시 안정을 되찾았고, 이건희가 자신의 패배를 만회해 보려고 집념을 갖고 추진했던 해외 자원 개발도 국제 유가의 안정으로 퇴색했다.

그러면서 이건희는 또다시 막막하고 의기소침해지고 말았다. 자신이 직접 결정을 내려야 하는 업무는 배제되어 더이상 맡겨지지 않았다. 물론 그런 조치는 아버지 이병철이 후계자를 보호하기 위한 장치일 수도 있었다. 아울러 아직은 후계자를 신뢰하지 못한다는 암시일 수도 있었다.

이건희로선 충격이 아닐 수 없었다. 자신에 대한 깊은 회의에 빠졌다. 이후 자신도 모를 혼자만의 시련과 방랑이 이어졌다. 설상가상으로 교통사고마저 피해가지 못했다.

1982년 11월 18일 자 〈매일경제〉에는 '지난달 말 교통사고로 치료를 받은 이건희 삼성그룹 부회장이 완쾌되어, 17일 첨단기술 도입 업무 협의차 일본으로 출국했다'는 기사가 실렸다. 비서실은 일본과 미국에 각각 1주일, 2주일 동안 머물 예정이라고 후속 보도자료를 돌리기도 했다.

이건희는 이같이 후계자로 지목된 이후에도 한동안 시련이 그칠 줄 몰랐다. 그룹의 부회장으로 취임하였음에도 결코 순탄치 않았다. 반도체 사업의 성공이 있었는가 하면, 반면에 유공 인수전의 쓰라린 패배가 교차했다.

어쩌면 자신이 보여줄 수 있는 토대가 아직은 마련되어 있지 않았는지 모른다. 아버지 이병철의 보이지 않는 힘이 아직은 더 컸기 때문이었는지도 모를 일이다.

그로부터 4년여 뒤인 1986년 여름, 아버지 이병철의 건강에 갑자기 빨간 불이 커졌다. 왼쪽 폐에 이상 징후가 발견되었다. 즉시 국내외 의료진의 화학 요법, 방사선 요법 등 철저하면서도 합리적인 치료법이 다 동원되었음은 물론이다.

하지만 1년여 동안 투병 노력에도 불구하고 돌이킬 수 없는 지경에 이르러 마침내 투병 생활을 마감해야 하는 안타까운 순간이 다가왔다. 의식마저 점점 흐려져 상태를 더욱 악화시켰다.

1987년 여름, 그동안 후계 구도에서 밀려나 부산 해운대에 칩거하며 두문불출하던 장자 이맹희가 아버지 이병철이 위중하다는 소식을 접하고 병상으로 찾아왔다. 아직 의식은 있었지만 아버지는 아무런 말도 하지 못했다.

아들 이맹희는 뼈만 앙상하게 남아 쇠잔한 아버지 앞에 비로소 무릎을 꿇었다. 그는 자신이 쓴 「묻어둔 이야기」에서 그때를 가슴 벅찬 감정으로 그리고 있다.

"내 나이 어언 쉰여섯, 아버지는 일흔일곱이었다. … 내가 첫날 인사를 드릴 때 말씀은 없으셔도 얼굴 가득히 밝은 표정을 짓던 아버지의 모습을 잊지 못한다. … 무려 15년 만에 보는 아버지의 따뜻한 미소였다. … 긴 세월을 돌아서 아버지와 나는 그렇게 화해를 했다"

그로부터 불과 두 달여 뒤, 아버지 이병철은 가족들이 지켜보는 가운데 영면했다. 자신이 남긴 회고록 「호암자전」에서 '생生은 기奇이고, 사死는 귀歸이다'라고 말한 것처럼 조용히 숨을 거두었다.

이병철 회장이 마지막 숨을 거두고 5분여 뒤, 회장 자택인 승지원承志園에 모여 임종을 기다리던 그룹 사장단은 부회장 이건희를 삼성그룹 회장으로 추대했다. 그러나 공식적인 추대는 그날 오후에 있었다. 이병철 회장이 숨을 거둔 지 12시간이 지난 오후 5시 30분, 태평로 삼성 본관 28층 대회의실에서 그룹 사장단 회의가 열렸다.

비통한 분위기였다. 모두 입을 굳게 다문 채 깊은 침묵에 잠겨 있을 때 삼성물산 신현확 회장이 먼저 입을 열었다.

"이 회장의 서거로 인한 우리들의 충격과 애석함은 말로 표현할 수 없으나, 경영에 잠시라도 공백이 있어서는 안 됩니다."

자칫 선대 회장을 승계하는 과정에 잡음이 일어날 수도 있었다. 선대 회장이 숨을 거두자마자 5분여 만에 그룹 사장단이 이건희 회장의 추대를 결의한 것도 행여 발생할지도 모를 사소한 잡음조차 일절 용납하지 않겠다는 의미였다. 그것은 곧 고인의 뜻이기도 했다.

"이건희 부회장을 새 회장으로 추대합시다. 부회장의 회장 승계는 고인의 뜻일 뿐 아니라, 이 부회장은 고인의 유지를 올바로 이해하고 실천할 수 있는 최적임자라고 우리 모두 생각합시다."

신현확은 일치단결해서 후계 회장을 모시고 경영에 차질이 일어나지 않도록 하자고 제의했다. 이 제의에 참석자들은 모두 동의했다.

바야흐로 선대 회장 이병철의 시대가 저물고, 새로운 총수 이건희의 시대가 열리는 순간이었다. 그로부터 꼭이 열흘 뒤 이건희는 삼성왕국의 2대 회장에 취임했다.

제3장
왕국의 시작점에
다시금 서다

기나긴 사색에 잠기다, 이건희

선대 회장 이병철의 시대가 삼성의 국내 정상이 목표였다면, 2대 회장 이건희의 목표는 마땅히 선대를 뛰어넘는 것이었다. 세계 초일류 기업으로의 비상이었다. 이를 위해 이건희는 회장 취임사에서부터 '제2의 창업'을 강조했다. '세계 초일류 기업'이라는 과제를 보다 구체적으로 제시하고 나섰다.

그러나 아직은 받아들이기 어려웠다. 당시로선 언감생심 꿈만 같은 목표였다. 왕국의 누구도 선뜻 받아들이지 못한 정서였다. 저마다 의문 부호에 갇혀 있는 채였다.

따라서 새로이 회장이 된 이건희의 작심 발언에도 달라진 것은 아무것도 없었다. 지난 반세기여 동안 모두에게 충분히 익숙하고, 그래서 굳어지고,

이미 근육이 되어버린 체질은, 벌써 해가 바뀌어 신년이 밝았음에도 그대로였다. 왕국은 신임 회장 이건희가 아닌 고인이 되어 공산에 누운 선대 회장의 힘으로 여전히 움직이고 있었다.

돌이켜보면 지난 10여 년 가까이 이건희는 선대 회장의 실질적인 후계자였다. 누구도 부정할 수 없는 왕국의 넘버 투였다. 그렇대도 그가 왕국을 실제로 맨 앞에서 이끌었던 적은 없었다. 더구나 이미 깊숙이 체화되어 있는 선대 회장의 체취는 도처에 넘쳐났다.

무엇보다 왕국은 자신이 만든 조직체가 아니었다. 변방에서부터 핵심 조직이랄 수 있는 회장 비서실에 이르기까지 왕국은 모두가 아버지 이병철이 철저하게 다져놓은 조직체였다.

예의 유일적 경영 체계를 한 치의 빈틈도 없이 선대 회장이 구축해 놓았기 때문에, 단순히 선대 회장을 계승한 신임 회장이라는 당위성만으로 삼성그룹이라는 거대한 조직체를 장악하기란 쉽지 않았다. 이건희는 선대 회장으로부터 왕국의 오너십ownership을 상속받았지만, 유일적 경영 체계까지 물려받은 것은 아니었다.

그것은 순전히 또 다른 역량의 문제였다. 과거의 오래된 역사에 묻혀 따를 것인가, 아니면 그 같은 역사를 버리고 예측불허의 광야로 뛰쳐나갈 것인가 하는, 선택의 문제이기조차 했다. 그렇다고 별다른 사전 준비도 없이 섣불리 왕국을 이끌고 오래된 역사의 바깥으로 나설 수도 없었다. 그는 이미 맏형 이맹희와 둘째형 이창희의 시행착오를 목격한 적이 있었다.

형들이 의욕적으로 추진한 기획위원회와 5인위원회의 실패도 결국 그같이 오래된 역사의 굴레에서 벗어날 수 없었음을 지켜본 터였다. 반세기여 동안 아버지 이병철의 수족이 되어 왕국을 일궈온 '성골聖骨'들의 반발 기류를 넘지 못했음을 익히 보아온 까닭에서였다.

더욱이 그 또한 형들과 다름없는 전철을 이미 경험하지 않았던가. 일찍이 신임 부회장으로 취임한 이후 왕국의 역량 강화를 위해 각 분야의 실력파 인재들을 공을 들여 스카우트해 왔건만 결과가 어땠던가. 알게 모르게 배타적인 태도로 그들을 모함하고 또한 따돌렸다. 결국 왕국을 떠나도록 만들었던 기억이 생생하기만 했다.

이건희는 고민이 깊어졌다. 15만 왕국의 패밀리 또한 그걸 모를 리 만무했다. 그들 모두가 신임 회장 이건희만을 바라보았다. 그가 어떤 선택을 할 것인지 주목했다. 과연 지금의 모습에서 그의 다음 카드는 어떤 것이 될지, 모두가 호기심 어린 눈길로 이건희의 다음 행보를 지켜보고 있었다.

이건희 또한 자신에게 쏠려 있는 그 같은 시선을 의식하지 않을 수 없었다. 선대 회장의 1주기가 될 때까진 조용히 지내다 그 이후 공식적인 활동을 본격적으로 나서겠다고 답했다. 그런 뒤 깊은 칩거에 들어갔다. 왕국의 운명을 결정지을 그만의 선택을 찾아 '기나긴 사색'에 잠겨 들었다.

흔들리는 왕좌, 정몽구

정몽구가 현대·기아자동차 회장으로 취임한 것은 1998년 세밑이었다. 그가 현대그룹 신임 회장에 취임1996년했을 때 현대자동차가 정세영 일가에게 넘어가느냐는 기자들의 집요한 질문에 '그룹 분리 절대 불가'라는 강한 의지를 표명했던 그대로였다.

그러나 당시 누가 보더라도 현대그룹의 자동차 사업 부문은 숙부인 정세영 부자에게 분할되는 것으로 받아들이고 있었다. 앞서 보았듯 현대자동차의 성장사는 곧 정세영의 생애 그 자체였다. 일찍이 1967년 맏형 정주영의 요청에 따라 현대자동차 창업사장이 된 이래 '포니 신화'를 창조해 내면서 현대자동차는 현대왕국의 여타 계열사와는 차별되었다. 다시 말해 현대자동차는 곧 정세영 그 자체였던 것이다.

더욱이 현대자동차 이사회 의장이었던 정세영은 외아들인 정몽규를 포함해 이미 이사회를 장악한 터였다. 한데 완전히 반대 상황이 벌어진 것이다.

정세영은 자신의 책 「미래는 만드는 것이다」에서 당시 상황을 이렇게 밝히고 있다.

"1999년 3월 큰형님 정주영이 집무실로 나를 불렀다. 방에는 큰형님의 최고 참모들이 모두 모여 있었다. 평소와 달리 표정이 굳은 채 일제히 나를 쳐다보는 그들의 시선에서 뭔가 심상치 않은 일이 벌어지고 있음을 직감했다. 자리에 앉자마자 큰형님이 내게 말했다. '몽구가 장자인데, 몽구에게 자동차회사를 넘겨주는 게 잘못 됐어?' 내게 일방적으로 던지는 최후통첩이었다. 나는 담담하게 대답했다. '잘못된 것 없습니다.' 그러자 큰형님은 '그렇게 해!'라고 말했고, 나는 '예!'하고 대답했다. 그것이 전부였다…"

이후 정세영은 현대자동차 이사회 의장에서 물러났다. 정주영 명예회장은 정세영 부자가 보유하고 있던 현대자동차 지분 8%를 거둬들이는 대신, 현대산업개발을 넘겨주었다. 바야흐로 정몽구의 현대자동차 시대가 열리게 된 것이다.

그렇다지만 정몽구의 기아자동차 인수1998년는 조금 뜻밖이었다. 자신의 의지라기보다는 어쩔 수 없이 떠맡게 된 케이스였다. 애당초 기아자동차는 삼성의 몫으로 돌아갈 공산이 컸다. 실제 삼성의 구조조정본부 이학수 부회 장은 기아자동차 인수를 위해 로비를 벌였다.

그러나 앞서 보았듯 삼성그룹의 자동차 사업은 출범하자마자 돌이킬 수 없는 난관에 부딪히고 말았다. 그로 인해 결국 자동차 사업을 포기함으로써 자연스레 현대자동차에 넘겨질 수밖에 없었다.

정몽구는 기아자동차를 인수하자마자 아시아자동차, 기아자동차판매, 아시아자동차판매, 기아대전판매 4개사를 합병했다. 또한 그룹 내 자동차 부문의 경영을 일원화한 데 이어 생산 라인의 플랫폼 통합, 부품 공용화, 개 발기간 단축 등 구조조정에 온 힘을 기울였다. 말하자면 자신들의 문법으로 편입시킨 것이다.

그런 결과 기아자동차는 인수 이듬해부터 곧바로 순이익 1,357억 원을 기록하면서 오랜 적자에서 벗어나 흑자경영으로 돌입하는 데 성공했다. 법 정관리 5조 2,000억 원의 자본 잠식 상태에서 벗어나 2조 2,600억 원의 순 자산을 기록했으며, 인수 전 810%를 웃돌던 부채 비율은 정부 가이드라인 이하 수준인 172%까지 낮출 수 있었다.

이는 채권단이 기아자동차의 채무 7조 원을 탕감해준 것이 결정적인 역 할을 한 것이라지만, 기아자동차의 재기에 현대자동차의 유효적절한 기술 과 투자 노력 역시 간과할 수만은 없는 일이었다. 정몽구는 자신의 경영력 을 다시 한 번 과시했다.

그러나 현대그룹 신임 회장 정몽구의 입지는 날로 불안해져 가기만 했다. 신임 회장에 취임한 2년 뒤인 1998년 정주영 명예회장의 갑작스러운 지시로 현대그룹을 정몽구 회장과 정몽헌5남 회장의 공동회장 체제로 재정비시켰다.

동시에 그룹을 3개 소그룹으로 나누어 교통 정리했다. 정몽구에게는 현대정공과 현대캐피탈을 비롯하여 현대·기아차그룹을, 정몽헌에게는 그룹의 모태랄 수 있는 현대건설을 비롯하여 현대전자·현대상선·현대종합상사·현대정보기술·현대엘리베이터를, 정몽준에게는 현대중공업그룹을 각각 맡겼다. 사실상 정몽헌 회장의 권한이 강화되었고 상대적으로 정몽구 회장은 자신의 권한이 약화된 것처럼 느끼게 된다. 충돌이 일어날 수 있는 개연성이 충분했다.

정주영 명예회장은 왜 그 같은 결정을 내렸을까? 왜 자신의 당초 결심을 바꿔 그 같은 단안을 내릴 수밖에 없었던 것일까? 정주영은 얼리버드를 주장한 철저한 현장주의자였다. 하지만 초등학교 공부가 전부였던 그에게 학력에 따른 열등감은 어쩔 수 없는 것이었을까?

그는 자식들에게 어린 시절부터 책상머리를 강조했다. 아이들이 성장하는 과정에서도 공부 잘하는 아들을 노골적으로 편애했다. 5남 정몽헌연세대 국문과·미국 페어레이디킨슨 경영대학원 경영학석사과 6남 정몽준서울대 경제학과·미국 MIT 슬론스쿨 MBA·존스홉킨스대 국제정치학 박사이 그들이다.

그에 반해 정몽구는 학창시절 우등생이었다는 얘길 들어본 일이 없었다. 아버지의 기준에서 정몽구는 항상 눈 밖에 난 둘째였다. 정몽구는 공부 잘하는 동생들에게 상대적으로 열등감을 가질 수밖에 없었고, 대신 책임감이 유달리 강했다. 그것만이 자신의 열등감을 만회할 수 있다고 믿었다.

따라서 왕국의 영토에 첫발을 들여놓았을 때부터 그는 성과에 집착했다. 현대정공의 눈부신 성과가 그 좋은 예라고 볼 수 있다. 그럼에도 동생 정몽헌은 전형적인 현대적 기업 경영자로서 적합한 인물이라는 평을 받았다. 숫자에 강했을뿐더러, 큰 결정을 내릴 땐 위기에 흔들림 없이 단호한 결단의 소유자로 알려져 널리 촉망받았다.

더욱이 형 정몽구가 그룹 단독 회장일 때 부회장으로 현대왕국에선 거의 불모지나 다름없던 전자 분야를 개척하여 현대전자를 일궈냈다. 정주영 명예회장도 정몽헌의 그 같은 탁월한 역량을 높이 평가한 터였다. 때문에 정주영 명예회장도 당초 자신의 결심을 바꿀 수 있었다. 아무래도 정몽구와 정몽헌 공동회장 체제로 재정비하는 편이 보다 안정적이고 미래지향적이라고 본 것이다.

아울러 이듬해 그룹을 3개 소그룹으로 분할할 때 정몽구에게는 자동차 부문을 맡겼지만, 그룹의 적통은 정몽헌에게 맡겼다. 정주영 명예회장이 생애 마지막으로 정열을 불사르고 있던 대북 사업 또한 정몽헌에게 돌아갔다.

이쯤 되자 정몽구 회장 측은 불안감에 휩싸이게 된다. 동생인 정몽헌 회장으로부터 공동 회장의 자리마저 위협받고 있다고 직감하기에 이른다. 그러면서 수비적 자세로 나섰다. 인사 단행으로 친정 체제를 강화시켜보려 한 것이다.

이것이 곧 형제간의 권력 다툼으로 비화된 이른바 현대가에서 벌어진 '왕자의 난'이다. 급기야 형제간의 권력 다툼을 넘어 그룹 계열사 간 치열한 생존 게임으로 확산되어 나갔다. 역사적 격동기에 뜻하지 않은 난리로 왕국은 혼돈 속으로 빠져들어 갔다.

'은둔의 황제', 무성한 소문

선대 회장에 이어 신임 회장에 취임했지만 이건희에겐 아직 풀지 못한 두 가지 숙제가 남아 있었다. 그때까지도 해결되지 않고 있는 형제간의 재산 분할 문제가 첫 번째라면, 두 번째는 반세기 넘도록 선대 회장의 수족이 되어 왕국을 일궈온 이른바 '성골'의 내부 반발 기류였다. 역량이 검증되지 않은 후계자라는 곱지 않은 시선이 그것이다.

취임 이후 이건희는 한동안 침묵만을 지켰다. 대기업의 총수들 가운데 가장 조용한 나날을 보내고 있었다. 물론 드물긴 하지만 종종 그의 모습이 언뜻언뜻 비치기도 했다. 왕국의 안이 아닌 왕국의 바깥에서였다.

취임1987년 이듬해 여름 제주도 KAL호텔에서 열린 전경련 주최 최고경영자 세미나의 참석도 그중 하나였다. 그는 이 세미나에서 '급변의 시대를 어떻게 헤쳐나갈 것인가'라는 주제로 특강을 했다.

특강의 요지는 그간 자신이 줄곧 주장해 온, 첨단기술의 급격한 변화와 함께 고도 정보사회가 도래하고 있다는 것이었다. 특히 소프트웨어 및 시스템화의 급진전이 향후 경제 여건에 커다란 지각 변동을 일으킬 것이라고 경고했다.

그와 함께 누구도 말하지 않은 양 위주의 경영전략에서 질 위주의 경영전략으로 전환하지 않으면 안 된다고 단언하는 한편, 첨단기술을 기반으로 하는 성장성이 높은 산업 중심으로 기업의 체질 변화를 내다보았다. 양에서 질로의 변화를 처음으로 언급한 것이다.

아울러 그는 동시대 한국의 경영자상으로 다섯 가지를 주문했다. 첫째, 자신의 위치를 정확히 파악하고 있어야 한다. 둘째, 지금까지 몸으로 하던 양 위주의 경영에서 머리로 하는 질 위주의 경영을 할 수 있어야 한다. 셋째, 자신이 오너인가 전문경영인인가 하는 개념의 구분 없이 평생직장의 개념으로 전문경영을 실천할 수 있어야 한다. 넷째, 실천 의지가 있어야 한다. 마지막으로 글로벌 감각을 지녀야 한다는 요청이었다.

이어 삼성그룹 회장 취임 이후의 소감을 언론과의 인터뷰에서 처음으로 이같이 밝혔다.

"회장 취임 이후 8개월이 지났는데 8년이 지난 느낌이다. 선친 묘소에는 한 달에 두어 번씩 찾아가 보고 있으며, 1주기가 지날 때까지는 지나친 활동을 삼가겠다는 뜻에서 공식 활동을 자제하고 있다. 종전에는 삼성 하면 직원이 15만 명인 대기업 정도로만 생각했는데, 막상 맡고 보니 외국에서까지 삼성에 대해 많은 관심을 갖고 지켜보는 등 눈에 안 보이는 압박을 느끼고 있다."

그룹의 오너로서 갖고 있는 생각에 대해서도 질문이 쏟아졌다. 그는 자신을 일컬어 전문경영인이라고 분명히 선을 그었다.

"오너라기보다는 전문경영인이라는 말로 대신하고 싶다. 주식 지분은 6%가 약간 넘는다. 계열사 임원들과 식사하는 자리에서도 전문경영인이라고 밝힌 적이 있다. 하긴 그때 임원들도 이미 지상 나더러 오너라고 말했다. 스스로는 전문경영인이라고 생각한다."

전문경영인답게 그는 두 달여를 전후하여 삼성전자를 앞세워 마이크로

파이브사를 인수한 데 이어, 프랑스의 바이오사와 합작회사를 설립하기도 했다. 그렇대도 아직은 기나긴 사색에 들어간 은둔자에 가까웠다. 눈에 띌 만한 그 어떤 행보나 성과도 내놓지 않고 있었다.

하다못해 삼성전자의 주요 전략회의조차 삼성전자 강진구 회장이 주재했다. 다만 청와대를 비롯한 주요 경제인들의 회의가 있을 때에나 간간이 모습을 드러내고 있을 정도였다. 회사에도 나가지 않았다. 태평로 삼성 본관 28층의 그룹 회장실에도 얼굴을 거의 보인 일이 없었다. 해외 출장을 제외하면 이태원의 승지원과 지척의 거리인 한남동 자신의 자택을 오가는 은둔생활을 고수했다.

그러자 왕국의 안팎에서 신임 회장 이건희에 대한 우려 섞인 말들이 돌았다. 일부 임원들 사이에서는 '다른 재벌 총수들은 분주하게 활동하는 데 비해 이 회장은 해외로만 돌아다니고 정부에 대한 역할도 제대로 하지 못한다'는 의심에 찬 눈초리마저 돋아나기 시작했다.

온갖 나쁜 소문도 줄을 이었다. 식물인간이 되었다느니, 엘리베이터걸과 어땠다느니, 교통사고를 당했을 때 연예인과 함께 동승하고 있었다느니, 세 살에서 여섯 살 사이의 자식들이 90명이나 된다느니 하는 따위의 별의별 뜬소문이 그치지 않았다. 나중에는 건강이 나빠져서 그룹 경영에서 손을 뗄 것이라는 소문도 있었다. 정부의 사정 대상으로 지목되었다는 풍문마저 나돌았다.

실제로 해외 출장 중에 불미스러운 일이 발생하기도 했다. 미국 LA공항 세관에서 수행비서가 33만 달러의 외화 밀반입을 시도한 혐의로 체포되었다.

한데도 그의 침묵은 깊었다. 은둔생활은 계속되었고, 그에 따른 소문만이 무성했다. 세간에서 그를 '은둔의 황제'라고 일컫기 시작한 것도 그 무렵이었다.

또 그 같은 소문과 시선은 그를 압박했다. 이때의 심정을 그는 자신의 에세이 「생각 좀 하며 세상을 보자」에서 이렇게 밝히고 있다.

"… 1987년 회장에 취임하고 나니 막막하기만 했다. … 세계 경제는 저성장의 기미가 보이고 있었고, 국내 경제는 3저 호황 뒤의 그늘이 짙게 드리우고 있었다. … 이듬해1988년 제2의 창업을 선언하고, 변화와 개혁을 강조했다. … 그러나 몇 년이 지나도 달라지는 것이 없었다. 50년 동안 굳어진 체질은 너무도 단단했다. … 1992년 여름부터 겨울까지 나는 불면증에 시달렸다. 이대로 가다가는 사업 한두 개를 잃는 게 아니라 삼성 전체가 사그라질 것 같은 절박한 심정이었다. 그때는 하루 네 시간 넘게 자본 적이 없다. 불고기 3인분을 먹어야 직성이 풀리는 대식가인 내가 식욕이 떨어져서 하루 한 끼를 간신히 먹었을 정도였다. 그해에 체중이 10킬로그램 이상 줄었다."

당초 그는 취임 1년이 지나면 공식적인 활동을 하겠다고 공언해 왔다. 선대 회장의 1주기가 될 때까지는 활동을 자제하겠다는 미덕으로 비치기도 했다. 그러나 이건희는 취임 1년이 지난 뒤에도 좀처럼 모습을 드러낼 줄을 몰랐다. 이제는 그대로 사라지고 마는 것이 아닌가 하는 우려마저 낳기에 이르렀다.

그렇듯 이건희는 신임 회장에 취임한 뒤에도 1993년이 되도록 누구보다 조용한 5년여의 시간을 흘려보냈다. 은둔의 황제라는 낯선 수식어와 함께 온갖 소문만이 난무했을 따름이다.

과연 이건희에게 5년여의 시간은 어떤 의미였을까? 그 '기나긴 사색' 속에서 그는 무엇을 만지작거리고 있었던 걸까? '그해에 체중이 10킬로그램 이상 줄었다'는 그의 장고는 도대체 어떤 것을 담고 있었는지. 마침내 은둔생활을 마치고 돌아오는 첫날의 풍경은 또 어떤 것이 될지 궁금하기만 했다.

'왕자의 난'과 소그룹으로의 독립

새로운 천 년을 꼭이 하루 앞둔 1999년 12월 31일이었다. 현대왕국은 예년과 마찬가지로 연말 정기 인사를 단행했다. 이날 눈에 띄었던 점은 그룹의 구조조정본부장_{종합기획실장}이었던 박세용 회장이 돌연 현대자동차 회장으로 발령을 받은 것이다. 박세용 회장은 현대왕국의 최고 전문경영인으로 사실상 정주영 명예회장 다음인 그룹의 2인자였다.

그가 최고위직인 그룹 총괄회장에서 일개 계열사의 회장으로 내려앉은 셈이다. 모두가 고개를 갸웃거릴 수밖에 없는 인사 조치였다. 사실 박세용 회장은 정주영 명예회장의 '왕당파'에 속한 사람이었다. 하지만 후계 구도가 명확해지면서 그는 또 다른 공동회장인 정몽헌의 사람으로 분류되고 있었다.

현대자동차는 발칵 뒤집혔다. 천하가 다 알고 있듯이 현대자동차는 그룹의 공동회장인 정몽구의 몫이었다. 한데 정몽헌의 사람이, 그것도 왕국에서 최고위 권력자가 현대자동차로 온다니. 아무래도 수상쩍었다.

더구나 정몽구는 해외 출장 중이었다. 자신이 모르는 인사가 어떻게 날 수 있으며, 일언반구 상의도 없이 자신의 영토에 '엉뚱한 사람_{정몽헌의 사람}'이

들어올 수 있느냐고 의심의 눈초리를 보낼 수밖에 없었다.

정몽헌 공동회장 측은 정주영 명예회장이 낸 발령이라고 해명했다. 그러나 정몽구 공동회장 측에서 볼 땐 박세용 회장을 '정주영 명예회장과 정몽헌 공동회장이 보낸 대리 섭정' 쯤으로 비쳐졌던 것이다.

다행히 연말 인사가 있은 지 닷새 뒤, 현대자동차로 내려갔던 박세용 회장이 다시금 인천제철 회장으로 발령이 났다. 그것으로 정몽헌 공동회장 측과 정몽구 공동회장 측 간에 싹튼 불신은 일단 해소된 듯이 보였다.

그러나 불신의 싹은 정작 다른 데서 불씨를 키우고 있었다. 이번에는 정몽헌 공동회장 측 계열사인 현대건설 임직원들이 한목소리로 들고 일어났다. 정몽구 공동회장 측 계열사인 현대자동차와 정몽준 측 계열사인 현대중공업을 싸잡아 공공연히 비난하기 시작했다. 심상치 않은 분위기였다.

다음은 정몽헌 측 계열사인 현대건설 관계자의 말이다.

"현대그룹은 2000년 왕자의 난이 터지기 이전부터 분란 분위기가 확산됐다. 모기업인 현대건설의 자금 흐름이 원활하지 못했기 때문이다. 그런데 현대자동차와 현대중공업이 일절 도와주지 않아 볼멘소리가 터져 나왔다. 특히 현대건설은 장기화된 건설 불경기와 무리한 대북 사업 추진으로 쪼들렸다.

현대건설 직원들은 중동의 땡볕 아래서 피땀 흘려 돈을 벌었다. 그 돈을 가지고 현대자동차, 현대중공업을 만들었다는 자부심이 컸다. 그들이 자금난을 겪을 때 현대건설은 돈을 쏟아부었다. 하지만 이제는 거꾸로 현대건설이 어렵게 됐다. 그런데도 저들은 나 몰라라 했다. 현대그룹 사장단 회의에서도 이런 분위기는 그대로 나타났다.

　회의 때 보면 이들 회사의 사장들 간에 감정이 안 좋았다. 건설맨현대건설 사장은 분기탱천했다. 현대자동차, 현대중공업 쪽과 감정이 악화됐다. 심지어 어떤 때는 '현대건설 알기를 우습게 안다'고 따졌다. 현대건설 측은 이들 회사를 '장가보내고 시집보냈다'는 생각을 했다. 그런데 본가가 어려운데 이제는 쳐다보지도 않는다는 비난을 했다.

　…〈중략〉…

　현대자동차와 현대중공업도 할 말이 없는 건 아니다. 이들은 '김대중 대통령 정부 들어 그룹 내 계열사 간 내부 거래를 범죄로 보는데 어떻게 도와줄 수 있느냐'고 호소했다. 과거에는 항공모함 같은 선단식 경영을 했다. 그룹 내에서 한 기업이 어려우면 잘 나가는 다른 계열사 기업들이 음으로 양으로 다 도와줬다. 그러나 이제는 도와주고 싶어도 법적으로 도와줄 수 없다고 했다. 이미 정부 시책에 맞춰 각 계열사 간 독립경영을 선포한 마당에 어쩌겠느냐는 변명이었다."

　현대건설 임직원들은 못내 서운함을 감추지 못했다. 현대자동차와 현대중공업을 싸잡아 비난했다.

　그러나 현대가의 불신은 그보다 더 깊은 데 있었다. 명예회장 정주영의 지시로 왕국을 정몽구와 정몽헌 공동회장 체제로 재정비하면서 이미 예고된 파워 게임이었다. 현대그룹 구조조정본부는 한 해 전 정몽구가 현대자동차 소그룹을 맡아 분리·독립할 예정이라고 발표했다. 세간의 눈총이 따가운 재벌 형태의 전근대적인 족벌경영을 탈피하겠다는 뜻이었다. 하지만 이 발표가 결국 현대왕국의 내분을 일으키게 하는 불씨로 번지고 말았다.

정몽구의 시나리오가 달랐다. 그는 현대자동차 계열 분리보다 현대그룹 후계자로서의 입지를 다시 굳히려 들었다. 그러다 정몽헌 측의 반발에 부딪혔다. 정몽구 측의 현대자동차가 분리·독립한 이후에도 자신의 현대건설과 현대전자까지 총괄하는 공동회장 직을 계속 맡겠다는 것은 이치에 맞지 않다고 크게 반발하면서부터였다. 보통 다른 기업에서는 볼 수 없는 풍경이었다. 이른바 현대가의 '왕자의 난'은 그렇게 안으로부터 움터 올랐다.

하지만 내부 갈등이 이처럼 폭발 직전에까지 이르렀음에도 전체 판세는 아직 정몽구 쪽이었다. 정몽헌 측이 보낸 박세용 회장이 현대자동차로 발령받은 지 불과 닷새 만에 인천제철로 다시 발령이 나면서, 왕국의 후계 구도가 공동회장 정몽헌에서 다시금 공동회장 정몽구 쪽으로 기우는 듯이 보였다. 정주영 명예회장의 정통성을 이어받아 그가 현대왕국을 다시 장악한 것처럼 비쳤다.

그러나 이 무렵 명예회장 정주영의 생각에 변화를 보였다. 지금까지의 '장자 원칙'에서 벗어나 '몽구 회장은 집안일과 현대자동차 부문을, 몽헌 회장은 비즈니스와 그룹 총괄을, 몽준 의원은 정치와 현대중공업을' 하는 속내로 굳어져 갔다. 자신의 아들들이 그렇게 되었으면 하는 오래된 바람이 마침내 불쑥 고개를 내민 것이다.

이윽고 2000년 3월 말, 현대그룹 구조조정본부장 김재수는 기자회견을 자청한다. 명예회장 정주영의 이름으로 발표한 이날 기자회견에서 주목할 점은 '그룹 내 최고 의사결정기구인 현대경영자협의회 의장직에서 정몽구

공동회장을 면제한다'는 내용에 모아졌다. 이로써 정몽구는 그룹 공동회장 직을 상실했다. 그룹 단독회장에서 공동회장으로 추락했다가, 이번에는 돌연 그마저 박탈당하고 만 것이다.

잠시 혼란과 공방이 없지 않았다. 그러자 명예회장 정주영이 현대경영자협의회를 열었다. 현대 최고 경영진 30여 명을 비롯하여 정몽구 공동회장과 정몽헌 공동회장이 참석한 자리에서 공개 발언을 했다.

"앞으로 경영자협의회 의장을 정몽헌 회장 단독으로 한다는 것을 여러분께서 의아하게 생각하는 모양인데, 정몽구 회장은 현대자동차 및 기아자동차 등 여러 가지 일이 바쁘기 때문에 정몽헌 회장이 단독으로 경영자협의회 의장을 한다고 하더라도 아무 잘못이 없다고 생각합니다. 또 제가 있기 때문에 중요한 일은 다 저와 의논할 것이니까 아무 걱정 안 해도 된다고 믿고 있습니다…"

아버지의 공개 발언에 정몽구도 더는 입을 열지 않았다. '아버지의 뜻에 따르겠다'고 곧바로 항복을 선언했다. 이젠 누가 봐도 왕국은 정몽헌의 천하였다. 정몽헌의 대역전극으로 왕자들 간에 빚어진 파워 게임에 종지부를 찍게 된다.

결국 같은 해 9월 마침내 현대자동차가 계열 분리되었다. 정몽구가 현대자동차, 기아자동차, 현대정공, 현대강관, 현대우주항공, 현대캐피탈, 오토에버닷컴, 이에치디닷컴, 인천제철, 삼표제작소 등 10개사를 이끄는 현대자동차 소그룹으로 독립하게 되면서 현대그룹 회장 정몽헌은 '현대사태'는 더 이상 없을 것이라고 단언했다.

그러나 '왕자의 난'이 끝났을 뿐 현대사태가 모두 다 끝난 건 아니었다. 승자에게도 패자에게도 험난한 시련이 기다리고 있었다. 현대자동차 소그룹을 이끌게 된 정몽구의 앞날도 쉽지만은 않아 보였다. 삼성의 자동차 사업부문 포기로 어쩔 수 없이 떠맡다시피 한 적자투성이의 기아자동차라는 커다란 부담을 안고 시작해야 했다.

최후 승자가 되면서 왕국을 이끌게 된 정몽헌 역시 다르지 않았다. 현대건설, 현대상선, 현대전자 등 정몽헌 계열의 주요 회사들은 극심한 자금난에 시달리는 후유증에서 좀처럼 벗어날 줄 몰랐다. 정몽헌 회장의 비참한 자살로 이어진 현대상선 김충식 전 사장의 대북 비밀송금 발설 사건 등이 예고되어 있었던 것이다.

아직 끝나지 않은 재산 분할

이병철은 자신의 나이 60이 넘자 스스로 유언장을 작성해 둔다. 1971년 정월, 태평로에 자리한 삼성 본관의 회장 집무실 안이었다. 집무실은 그의 성격만큼이나 티끌 하나 없이 깔끔했다. 무엇보다 품위가 있었다. 처음 이 방에 발을 들여놓는 사람이라면 누구나 압도당하는 그런 기품이 흘렀다.

널찍한 공간의 벽 쪽에는 흑단으로 만든 장이 쭉 둘러서 있고, 그 한쪽의 복판에는 꽤나 큰 책상이 놓여 있었다. 적당히 배치된 동양화 두세 점과 도자기가 널찍한 공간을 더욱 짜임새 있고 인상 깊게 만들었다.

벽에 걸린 동양화는 주로 이당以堂 김은호 화백의 작품이었다. 계절이 바뀔 때마다 그림과 도자기는 다른 것으로 교체되었다. 또한 월요일 아침이면 싱싱한 새 화분이 들어왔다가 토요일 오후면 다시금 실려 나갔다. 때문에 그의 집무실에 있는 식물들은 언제나 푸르고 싱싱했다.

이 집무실 안에서 이병철은 예의 촉이 뭉텅한 미제 파카 황금만년필로 자신의 사후를 대비하여 유언장에 한 자 한 자 또박또박 적어나갔다.

"장남 맹희는 경영에 뜻이 없고, 자남 창희는 낯은 기업을 하기 싫어한다. 이러한 뜻을 무시할 수도 없는 일이다. 삼남 건희도 당초에는 본인이 사양했으나 마지막에는 '역량은 부족하나 맡아보겠다'는 뜻을 가져두었다. 이러한 경위로 삼성그룹의 후계자는 건희로 정한 만큼 건희를 중심으로 삼성을 이끌어 갈 것이며, 홍진기 〈중앙일보〉 회장이 뒷받침해서 승계해 주기 바란다…"

'홍진기 〈중앙일보〉 회장이 뒷받침해서 승계해 주기 바란다'라고 당부한 건, 홍 회장에 대한 두터운 신뢰와 함께 건희를 후계자로 선택한 배경을 짐작하게 해준다. 이병철은 이날 고문변호사의 공증을 받은 후 유언장을 금고 속에 보관했다. 이어 한 달여쯤 지난 뒤 사장단 회의에서 중대 발표를 한다.

자신의 명의로 되어 있는 주식과 부동산 등 전 재산 150억 원 가운데 50억 원은 삼성문화재단에 내놓고, 50억 원은 직계 자녀와 유공사원에게 상속할 것이며, 나머지 50억 원 가운데서 10억 원은 사원공제조합기금으로 내놓고 40억 원은 일단 자신 소유로 뒀다가 나중에 유익한 사용 방도를 찾겠다고 한 것이다. 말할 나위도 없이 이 같은 발표 또한 후계 구도를 강화하기 위한 포석이었다.

물론 금고 속에 넣어둔 유언장의 내용은 일절 비밀에 부쳐졌다. 자신을 이어 삼성을 이끌어나갈 차기 회장에 대해서는 아직 누구에게도 입 밖에 꺼낸 일이 없었다. 그로부터 5년이 지난 1976년 가을, 위암 판정을 받고 난 뒤에야 비로소 금고 안에 깊숙이 넣어두었던, 자신의 마음속에 깊이 담아 두었던 말을 자식들에게 꺼내 놓았다. 지금껏 누구에게도 밝히지 않은 유언장이었다.

'앞으로 삼성은 건희가 이끌어가도록 하겠다….'

이날 이건희 부부는 그 자리에 있지 않았다. 아버지의 위암 수술 준비를 현지에서 지휘하기 위해 일본으로 먼저 출발한 것이다.

생전에 아버지 이병철의 후계 구도는 명확했다. 자신의 후계자로 지목한 3남 이건희에게 삼성그룹의 93.6%에 해당하는 지분을 한꺼번에 몰아주었다. 후계자에게 왕국의 경영권 전부를 승계시켰다.

그리고 나머지 6.4%만을 자녀들에게 골고루 나누어 주었다. 장녀 이인희에게는 전주제지전체 1%에 해당를, 장자 이맹희에게는 제일제당전체 2.9%을, 2남 이창희에게는 제일합섬전체 1.2%을, 5녀 이명희에게는 신세계백화점전체 1.3%을…, 이런 식이었다.

이 같은 상속은 삼성만이 갖는 경영 체제의 특성을 분명하게 이어나갈 수 있도록 하는 한편, 다른 자녀들에게도 일정 부분 유산을 분배해 경영 상속과 함께 분가의 원칙을 동시에 이루겠다는 취지에서였다.

그가 이렇듯 경영의 상속과 함께 분가의 원칙까지 동시에 적용시킨 이유는 너무도 분명했다. 자칫 단순한 상속으로 인해 훗날 불거질지도 모르는 형제간의 경영권 다툼을 미연에 방지하고, 주주들의 견제를 막으면서, 후계자 이건희로의 경영 기반을 공고하게 다져주려는 치밀한 포석에서였다고 분석할 수 있다. 요컨대 형제간의 불씨마저 꺼주어야 진정한 상속이라고 생각한 것이다.

이 같은 경영 상속의 원칙이 이병철은 가장 바람직하다고 믿었던 것 같다. 기업은 생물처럼 영속되어야 하며, 아버지로서 자식에게 기업을 물려주는 것은 기업가로서 최선의 선택이었다고 확신한 듯하다.

그러나 이 같은 경영 상속 또한 후계 구도에서 문제가 전혀 없었던 것은 아니다. 그가 자신의 사후에 대비해 왕국의 다음 후계자를 분명히 명시한 것까지는 좋았으나, 구체적으로 왕국을 어떻게 분할할 것인가에 대한 언급은 따로 없었다. 사후 얼마든지 분란에 휩싸일 수도 있었던 것이다.

다행히 왕국 패밀리의 재산 분할 문제는 내부 분열과 같은 별다른 소동 없이 이후 순조롭게 풀려나간 듯 보인다. 1991년 여름, 2남 이창희가 미국 LA에서 백혈병으로 사망한 것을 계기로 이른바 '최후의 대협상'으로 형제간의 재산 분할 문제가 비교적 순탄하게 진행될 수 있었다.

그리하여 장자 이맹희에게는 제일제당과 안국화재 등이 돌아가 지금의 CJ그룹으로 탈바꿈했다. 2남 이창희의 유족에게는 제일합섬 등이 돌아가 지금의 새한그룹이 되었고, 장녀 이인희에게는 전주제지와 고려병원 등이 돌아가 지금의 한솔그룹이 되었으며, 5녀 이명희에게는 신세계백화점 등이 돌아갔다. 당초 고인이 생각한 것에서 크게 다르지 않은 형제간의 재산 분할 구도였다.

이처럼 역학 정리가 마무리되기까지는 그가 타계하고 이건희가 2대 회장으로 취임한 이후에도 꼬박 5년이나 지난 시점에서였다. 겉으로 드러난 것과는 달리 내부적으론 오랜 시간 줄다리기가 심했음을 짐작케 하는 대목이다. 물론 마지막까지 발목을 붙잡는 난관도 없지 않았다. 동방생명이하, 삼성생명으로 표기에 관한 지분 분할 문제가 그것이었다.

삼성생명은 국내 최대 보험사인 데다 이른바 '현금장사'였다. 막대한 자산 가치를 가지고 있으면서 유사시 자금동원이 얼마든지 가능한 창구가 될 수 있다는 점에서 이건희나 다른 형제들이 쉽사리 양보할 수 없는 지분이었다.

당시 삼성생명의 대주주는 5녀 이명희의 신세계백화점이 271만 주15.5%, 장자 이맹희의 CJ가 215만 주11.5% 등을 보유한 순이었다. 더욱이 비상장 기업이었기 때문에 주식시장을 통한 지분 정리마저 불가능했다. 결국 합리적인 주가를 지불한 뒤 매입하는 길밖에는 딴은 없었다. 이건희 측에선 주당 8만 원 선에서 주식을 매입하고 싶어 했다.

반면에 이명희의 신세계백화점과 이맹희의 CJ 측 생각은 달랐다. 그 열 배에 해당하는 수준을 요구했다. 이후 이명희의 신세계백화점과 이맹희의 CJ가 이건희 측으로부터 얼마를 받고 지분을 넘겼는지는 정확히 알려진 것이 없다. 이런저런 추측만이 있을 따름이다.

아무렇든 삼성생명의 인수와 함께 그동안 발목을 붙잡고 있던 형제간의 재산 분할 문제에서 이건희는 마침내 홀가분해진다. 이로써 그는 삼성전자·삼성물산·삼성엔지니어링·삼성중공업·삼성건설·삼성전관·삼성전기·삼성데이터시스템·삼성항공·삼성시계·호텔신라·용인자연농원 등 전체

37개 계열사 가운데 24개를 자신이 이끌게 된다.

그리고 몇 달이 지나 삼성물산 신현확 회장이 삼성중공업 조우동 회장, 삼성생명 고문 박태원과 함께 왕국을 떠났다. 신현확은 이건희의 장인이자 스승이었던 〈중앙일보〉 홍진기 회장이 사망하자 왕국 지도부의 공백을 메우기 위해 이병철 선대 회장이 삼성물산 회장으로 영입1986년한, 대구경북TK 인맥의 대부이자 이건희의 후원자 집단 가운데 리더였다.

경북 칠곡 출신1920년인 신현확은 일제 때 고등문과 시험에 합격한 뒤 이승만 정권에서 부흥부 장관을 역임했고, 경제기획원 장관과 국무총리 등을 거쳐 1980년에는 헌법개정심의위원장을 맡아 전두환 5공화국의 헌법을 주도했던 인물이다.

이같이 형제들과의 재산 분할 문제가 원활히 해결되고, 왕국의 원로들이 일선에서 물러나 숨통이 좀 트이자 이건희는 뒤이어 인사를 단행했다. 부사장 제도를 도입하고, 100명에 달하는 새로운 임원을 발탁하는가 하면, 217명에 이르는 임원들을 대거 승진시켰다.

뿐만 아니라 아버지 이병철의 사람들, 다시 말해 구체제 인물들에 대한 결정타를 날리기 위해 다음 수순에 돌입했다. 왕국을 자신의 친정 체제로 장악하기 위한 친위 쿠데타 작업이 사전에 세밀하게 모의 되었다. 실로 아버지 이병철 사후 5년여 만에 비로소 '이건희의 시대'를 열어나갈 채비를 마친 것이다.

그렇대도 왕국에선 여전히 의심의 눈초리로 이건희를 바라보았다. 현대자동차 소그룹으로 계열 분리된 정몽구에게 쏠려 있는 시선 또한 조금도 다르지 않았다.

1부와 2부에서 두루 살펴보았듯 선대 회장 이병철과 정주영은 무無에서 유有를 만들어 낼 줄 아는 인물들이었다. 하지만 2세는 아무래도 달랐다. 황량한 불모지에서 장미꽃을 피워낸 선대 회장들과는 다른 환경에서 자란 탓에 그 같은 불굴의 의지를 암만해도 기대하긴 어려워 보였다.

세간의 이목 또한 집중되었다. 마침내 왕국을 계승한 이건희와 정몽구가 과연 창업을 이룬 선대 회장과 같은 '높은 운명'을 보여줄 수 있을지 모두 궁금해하지 않을 수 없었다.

제4장
'오리의 발'과
갈라파고스의 섬

'오리의 발' 또 메기

1993년, 대망의 새해가 밝았다. 「삼성 60년사」는 이 해를 일컬어 '삼성에 있어서 매우 중요한 분기점'이라고 기록한다.

이건희는 1987년 세밑에 그룹 회장으로 취임한 이래 그때까지 5년여 동안 조용한 은둔자였다. '기나긴 사색'으로 보냈다. 적어도 겉으로는 그렇게 보였다. 그룹 사장단 회의는 대부분 삼성전자 회장 강진구가 주재했고, 전경련 회장단 회의와 같은 공적인 회의조차 강진구 등이 대리 참석했다.

때문에 그를 둘러싼 별의별 추측이 난무했다. 왕국 안에서도 의심의 눈길마저 없지 않았다.

그렇다고 물밑까지 조용했던 건 아니다. 물 위에 떠 있는 오리는 한가로워 보이지만, 물밑에선 끊임없이 움직이는 '오리의 발'이어야 했다. 바깥으로 드러나지 않아도 왕국 내의 권력 투쟁은 소리 소문 없이 치열했던 것이다.

그런 이건희가 마침내 기나긴 사색에 종지부를 찍고 나섰다. 장고를 끝내고 돌아온 것이다.

새해가 밝은지 열흘 후였다. 그룹 계열사 사장단을 4개 계열사 집단으로 나누어 태평로 삼성 본관 27층 대회의실에서 경영전략 회의를 열었다. 그 첫 회의는 전자 계열사 사장단부터였다.

회의장 분위기는 여느 해와 크게 다르지 않아 보였다. 그러나 이날 회의는 장차 '이건희 신드롬'이라는 신조어를 낳으며, 삼성은 물론이고 재계 전반에 개혁의 강풍을 휘몰아치게 하는 전주곡이었다.

"새로운 출발을 합시다. 21세기를 대비하기 위한 마지막 기회를 맞고 있다는 각오로…"

이날 그룹 회장 이건희가 처음으로 입을 열어 말한 건 '위기'였다. 누구도 예상치 못한 비수였다.

회의에 참석한 사장단은 물론 임직원들조차 의아해했다. 삼성은 여전히 국내 정상의 탄탄대로를 질주하고 있었고, 더 이상 오를 곳이 없었다. 애써 또 다른 불확실한 모험을 찾아 나서기보다는 이제는 힘들게 쌓아올린 금자탑을 지켜내는 수성이 더 시급하고 절실한 문제라고 보았기 때문이다.

그러나 이건희가 바라보는 삼성은 달랐다. 거시적이었으며, 미래를 꿰뚫어보는 관통이었다.

사실 당시 삼성의 사업 구조는 후진국형이었다. 일찍이 1936년 마산에서 정미소 사업을 시작으로 출범한 지 반세기 만에 막대한 부의 왕국을 쌓아올렸다지만, 그건 어디까지나 기껏 국내시장을 기반으로 이룬 것이었다. 이제 더 이상 영속성을 기약하기 어려웠다. 세계화를 서두르지 않는다면 왕국에 미래가 없다는 절박감을 느낀 것이다.

그러기 위해서는 지난 반세기여 동안 고도성장을 이룬 삼성을 바꾸어야 했다. 지금까지의 1등 삼성을 모두 내려놓고 다시금 시작하지 않으면 안 되었다. 새로운 성장 동력을 찾지 않고선 삼성은 멈출 수밖에 없다고 생각했다. 자신의 신임 회장 취임사1987년에서 밝힌 것처럼 국내 1등이 아닌 세계 초일류 기업으로 나아가지 않고선 삼성은 없다는 위기감이 작용했다.

물론 삼성의 임직원들이 의아해할 수밖에 없다는 걸 모를 리 만무했다. 국내 정상의 달콤한 안주를 당장 버리기가 쉽지 않다는 것도 십분 이해할 수 있었다.

그래서 이건희 자신이 앞장서기로 했다. 삼성의 메기가 되기로 기꺼이 작정한 것이다. 다음은 그가 1991년 〈한국일보〉에 기고한 '메기와 미꾸라지'의 기고문이다.

"내가 어렸을 때 선친으로부터 들은 얘기다. 선친께서는 20대 시절 고향 의령에서 가업인 농사를 잠시 거드신 적이 있는데, 그때 논에는 으레 미꾸라지를 키웠다고 한다. 한쪽에는 미꾸라지만 키우고, 다른 한쪽에는 미꾸라지 속에 메기를 한 마리 넣어서 키웠는데, 가을이 돼 수확해보니 미꾸라지만 키운 쪽은 시들시들 오그라져 있고, 메기랑 같이 키운 쪽은 살이 통통했다. 메기가 잡아먹으러 다니니까 항상 긴장하고 계속 움직여야만 했고, 많이 먹고 튼튼해진 것이다. 메기보다 빨라야 살아남지 않겠는가.

결과적으로 메기가 없는 것보다 있는 것이 더 낫다는 말씀이었는데, 요컨대 '건전한 위기의식'을 항상 가지라는 뜻으로 나는 이해하고 있다. '안전하다고 생각되는 순간이 가장 위험스럽고, 위험하다고 생각되는 순간이 가장 안전하다'는 말처럼 불의의 재난이나 커다란 실패는 우리가 마음을 놓고 있을 때 느닷없이 다가오는 법이다.

…〈중략〉…

이웃 일본은 일찍이 미국, 독일 등으로부터 기술을 들여와 자기 기술로 정착시켜 오늘날의 경제 대국으로 성장하였으나, 이제는 더 이상 모방할 기술이 없어 그들 스스로 독창적인 기술을 개발하지 못하면 살아남지 못하며, 한 번 뒤떨어지면 영원히 2류 기업으로 전락해 버린다는 사실에 위기감을 느끼고 있고, 차세대를 겨냥한 첨단기술 개발에 온갖 노력을 다하고 있다. 말하자면 메기가 없어진 시점이 바로 위기의 출발점이라는 영악한 자각을 벌써 하고 있다는 얘기다.

어떤 형태로든 메기는 필요하다. 수많은 임직원들을 거느리고 있는 기업의 최고경영자는 좋은 의미에서 '메기'가 돼야 한다. 그러나 더 욕심을 부리자면 최고경영자는 물론이고 직원들 모두가 스스로에 대한 메기가 될 때 비로소 그 조직은 활기와 의욕이 넘치고, 그래야 진정한 의미의 자율경영도 가능해질 것으로 나는 생각한다."

'건전한 위기의식'을 갖자는 호소였다. 그의 이 같은 메기론은 이듬해 여름에도 한 번 더 반복된다. 그룹 임원 연수에서 또다시 '메기론'이 교육의 주제로 언급되기도 했다.

그런가 하면 부회장 시절 삼성의 임직원들에게 주문했던 '입체적 사고'와 더불어 단기 실적 위주의 평가 방식은 지향되어야 한다고 강조했다. 특히 2급 두뇌 1,000명보다 1급 두뇌 2명이 너 소중하다는 이른바 '천재경영'과 함께 60년대식 월급봉투의 두께보다 사명감과 성취감을 심어줘야 한다는 '동기부여'도 아울러 언급되기 시작했다.

"삼성에서는 아주 우수한 사람이거나 무사안일주의자여야 중역이 된다는 이야기를 들었다. 여러분이 전자에 속하는지 후자에 속하는지는 모르지만, 요즘 한 사람만 잘 해가지고 일이 잘 되어가는 그런 세상이 아니다. 이제까지는 자기가 맡은 한 가지 분야만 잘해도 상무, 전무로 승진할 수 있었다. 그러나 앞으로는 이 사회가 그런 것을 용납하지 않을 것이다. 모든 분야를 알며 변화에 대처할 수 있는 입체 사고를 가져야 한다. 입체 사고를 할 수 있는 사람만이 대기업의 중추 역할을 하게 될 것이다…"

기나긴 사색을 끝내고 돌아온 그룹 회장 이건희는 그 같은 주문만이 아니라 날카로운 비판도 서슴지 않았다. 그룹 전체에 만연해 있는 단기 실적 지상주의에 대해서도 가차없이 날을 세웠다. 능력 제일주의에서 인재 제일주의로 삼성의 기조가 바뀌기 시작한 것도 이때부터였다.

"젊은 인재, 우수한 인재를 어떻게 뽑아서 키우느냐에 회사의 운명이 달려있다. 그리고 단기 실적, 업적 위주의 폐단, 이것은 내가 꼭 없애겠다. 나는 이번 중역 인사에서 5년간 그 사람의 업적을 다 뒤졌다. 본인은 생각도 안 했는데 된 사람, '나는 될 것이다' 생각했는데 안 된 사람도 있을 것이다. 시작할 때 고생하며 기초를 다져놓은 사람은 표도 안 나타나고 생색도 안 낸다. 그 자리를 물려받은 사람은 일하기 쉽고 일도 잘된다. 여기서 누가 점수를 더 받아야 하는가. 단기적으로 그 해에 나타나는 숫자, 업적만 갖고 따져서는 안 된다. 이런 풍토가 있어서는 전체 삼성이 발전할 수 없다…"

그가 마지막으로 주문한 것은 앞서 말한 동기부여와 천재경영이었다. 일선 현장의 사원들에게 동기를 부여할 줄 아는 임원, 우수한 인재를 길러낼 줄 아는 중역이 되어줄 것을 요청했다.

"상사뿐 아니라 친구, 후배 등 누구나 인간미가 있어야 한다. 60년대는 월급봉투 두께만 보고 일했지만, 앞으로는 젊은 사람들에게 이건 문제가 안 된다. 어디 가나 월급은 비슷해진다. 돈이 아니라 사명감, 성취감, 희망을 주고 애정이 있는 그런 상사가 돼야 한다. 판단을 안 해주는 책임자나 중역은 아주 질색이다. 우리 집안에는 삼고초려三顧草廬라는 가훈이 있다. 우수한 사람을 영입하기 위해 온갖 노력을 다한다. 1급 두뇌, 2급 두뇌를 나누기는 어렵지만, 앞으로 선진기업에서는 2급 두뇌 1,000명보다 1급 두뇌 두 사람이 훨씬 낫다는 얘기가 나오게 된다…"

조용한 은둔자로 기나긴 사색을 마치고 돌아온 이건희의 첫 풍경은 이처럼 대단히 구체적이고 치밀했으며 또한 결연했다. 그룹의 도처에 만연해 있는 무사안일주의만은 반드시 자신이 없애겠다고 한 다짐은 새로운 문법이었다. 선대 회장의 수족이 되어 왕국을 일궈온 지난 반세기여 동안 몸속 깊숙이 배어들어 근육이 되어버린 관성을 이제는 반드시 바꾸어야 한다고 선포한 것이다.

그리고 그 첫 대상이 밝혀졌다. 그룹의 회장 비서실이었다. 이날 사장단 회의에서 이건희는 이렇게 말문을 이어나갔다.

"선대 회장에 대한 비판이 아니라, 과거 삼성의 사장단 회의는 곧 '어전 회의'였다. 비서실장이 회의 전날 사장단을 상대로 PD 노릇을 했다. A 사장은 이것을 준비하고, B 상무는 회장이 이걸 물어볼 테니 준비하라는 등…. 이게 과거 10년간 사장단 회의의 모습이었다…"

뚝심 또 현장경영

정몽구는 불운했다. 왕국의 경영권을 놓고 형제간에 벌어진 '왕자의 난'에서 패배했다. 아버지가 '장자의 원칙'을 버렸기 때문이다.

하지만 아버지의 뜻에 따르겠다며 깨끗이 항복을 선언했다. 그러면서 왕국의 총수 자리에서 쫓겨나야 했다.

세간에 말들도 적지 않았다. 왕국에서 쫓겨난 그를 두고 이제는 재기하기 어려울 것이라는 풍문마저 돌았다. 왕국에서 계열 분리된 2000년 9월 현재 그에겐 현대자동차, 기아자동차, 현대정공, 현대강관, 현대우주항공, 현대캐피탈, 오토에버닷컴, 이에치디닷컴, 인천제철, 삼표제작소 등 10개사가 남아 있긴 했다.

그러나 이들 기업을 바라보는 시선은 싸늘하기만 했다. 이들 기업 대부분이 적자에서 헤어나지 못했던 것이다.

실로 만감이 교차했다. 젊은 날 미국 유학을 마치고 돌아와 어머니의 손에 이끌려 왕국의 한 귀퉁이에 첫발을 들여놓았을 때부터, 현대자동차 부품 과장일 때 부품을 가득 실은 트럭을 몰고 전국 순회 판매에 나섰다가 어느 여름날 빗속에서 트럭이 개울에 빠져 자칫 목숨을 잃을 뻔한 기억까지, 종로 3가 세운상가에서 보냈던 벤처 '현대정공'의 끝없는 모험과 도전의 나날들이 빠르게 뇌리를 스쳐 지나갔다.

그렇다고 주저앉고 말 정몽구가 아니었다. 언제까지나 패배감에 젖어 있을 수만도 없었다.

그때가 1985년이었다. 그해 현대정공은 방위산업에 뛰어들어 K1 전차 2대를 시제작했다. 이 전차는 특수 장갑판으로 만들어졌다. 기동력과 방어력이 뛰어날뿐더러, 적의 포격을 받아도 뚫리지 않는 장갑 전차였다.

발주처인 국방부는 양산 전차에 제조원가 절감을 위해 국산 특수 장갑판을 쓰라고 주문했다. 그러나 국내 업체에 의한 국산화는 끝내 실패했다. 국산 장갑판으로 만들었으나 차체인 헐Hull에 금이 갔다. 용접 불꽃과 철판의 인장 강도가 달랐기 때문이다.

결국 수십 대가 못쓰게 되었다. 납기일은 코앞인데 당장 난감했다. 그때 정몽구가 결단을 내렸다. 일단 납기를 맞추기 위해 미국에서 장갑판을 구하라고 지시했다. K1 전차가 우리 국방 전력화의 핵심이라는 이유가 그를 움직이게 만들었다.

당시 미국 법인을 맡고 있었던 김동진의 회고이다.

"미국 전역을 샅샅이 뒤지면서 찾아야 했다. 물량 확보를 위해 시카고, 휴스턴, 아칸소, 앨라배마 등을 방문해 결국 찾아냈다. 엄청난 양의 철판을 한국으로 보내는 게 문제였다. 배로 실어 보내기에는 시간이 너무 촉박했다. 정 회장은 보잉 747기로 실어 보내라고 명령했고, 미국 전역의 물량을 LA공항으로 보내 비행기에 안 들어갈 정도로 큰 것은 크기에 맞게 잘랐다. 엄청난 양에 운송업체인 대한항공은 우려했지만 보험료도 비싸게 내어 비행기 5대에 나눠 실어 한국으로 보냈다. 공수작전을 방불케 했다…."

정몽구는 그런 기억들을 떠올리며 마음을 추슬렀다. 패배를 깨끗하게 받아들이며 툴툴 털고 일어났다. 이번 게임에서는 비록 패했지만 다음 게임에서는 보란 듯이 승리를 거두겠다는, 단순 명쾌한 럭비 게임쯤으로 여기기로 했다. 다음 게임을 위한 준비에 착수한 것이다.

현장으로 다시 달려갔다. 현장경영으로 자신의 뚝심을 다시 한 번 보여줄 결심이었다.

그러니까 벌써 24년 전의 일이다. 현대자동차서비스 초대 사장으로 부임한 지 채 1년도 안 된 1976년 늦봄이었다. 신사업 추진을 고민하던 정몽구는 화물을 실어 나르는 '컨테이너'에 온통 빠져 있었다.

컨테이너는 직사각 외형에 내부 공간이 약 34㎥인 상자형 대형 철제 용기였다. 이 컨테이너는 미국의 시랜드1957년가 휴스톤과 뉴욕 사이의 연안 항로에 처음으로 투입한 뒤, 그 이점이 부각되면서 10여 년 만에 세계 교역의 필수 수단으로 성장했다.

더구나 70년대 후반 들어 우리나라는 물론이고 지구촌이 '수출 아니면 죽음'이라는 각오로 저마다 해외 수출에 역점을 두기 시작했을 때였기 때문에 대양을 오가는 컨테이너 수요는 엄청났다.

현대그룹의 자체 수출 물량도 적지 않았을 뿐 아니라, 울산에 이미 세계 최대 규모의 현대중공업 조선소를 건설하고 있는 중이었다.

정몽구는 잠시 생각에 잠겼다. 계열사가 만든 제품을 현대정공에서 만든 컨테이너에 싣고, 이 컨테이너를 현대중공업 조선소에서 건조한 현대상선 소속 화물선에 실어 지구촌을 누빈다면 이만한 시너지도 없을 것이라고 여겼다.

생각이 이쯤 미치자 컨테이너 사업을 결정하는 데 시간이 오래 걸리지 않았다. 또한 사업 진출이 결정되자 전문 인력 확보에서부터 사업계획 수립, 생산 공장 건설, 국내외 영업 활동이 동시다발적으로 이뤄졌다. 신사업을 하루속히 반석 위에 올려놓겠다는 그의 의지였다.

특히 생산 공장 건설은 지금 돌아보아도 기적이라고밖에 말할 수 없을 만큼 속전속결로 이뤄졌다. 같은 해 11월 10일, 울산시 매암동 공장 터는 잡초만이 무성하던 허허벌판이었다.

정몽구는 착공식에서 시간이 없다며 특명을 지시했다. 이날 날짜를 따 '110일 작전'으로 명하고, 3개월 안에 허허벌판 위에 공장을 완공시켜 생산 체제를 갖추자고 선언했다.

공사는 '돌관突寬 작업' 방식으로 추진되었다. 돌관 작업 방식이란, 공기 단축을 목적으로 한 현대 특유의 공사 방식이었다. 주·야간 가릴 것 없이 교대로 24시간 공사를 하는 것을 뜻했다.

정몽구는 현장에 붙어살았다. 뼈대가 올라가고 있는 공장 한 켠에 드럼통을 놓고서 현장 직원들과 삼겹살을 구워먹고, 숙소인 천막에서 직원들과 한데 뒤섞여 잠을 청하기도 했다.

생산 공장은 예정대로 3개월 만에 만들어졌다. 1,641평 규모의 1개 생산라인을 갖춘 1공장 A동이 완공되어 본격적인 생산에 들어갔다.

A동 완공 이후 반년도 되지 않아 생산이 수요를 미처 따라가지 못할 만큼 주문이 폭주하자 생산 라인 증설이 시급했다. 이땐 이미 바로 옆 B동 공장도 돌관 작업 중이었으나 가동은 1년 후에나 가능했다.

상황을 지켜보던 정몽구가 즉석에서 단안을 내렸다. '제조 공정 흐름을 보다 빨리 하기 위해 별도 작업장에서 컨테이너의 각 부분을 생산하고 정규 생산 라인에서 조립하자'는 거였다. 다시 말해 A동 건물과 주조공장 건물 사이에 있던 골목길을 막아 지붕을 얹어 임시로 별도 공장을 건설한다는 것인데, 주어진 시간은 단 하루였다. 당연히 볼멘소리가 터져 나왔다.

이번에도 점퍼 차림으로 그가 앞에 나섰다. 함께 자재를 운반하며 직원들을 독려했다. 다음날 믿기지 않는 일이 벌어졌다. 그가 말한 별도의 임시 공장이 눈앞에 드러났다. 자신들이 해냈으면서도 이 하룻밤 사이의 돌관 작업은 큰 충격이었다. 이후 현대정공의 모든 작업은 그 같은 정신으로 이뤄졌다.

다시 두 해가 지났을 때엔 1공장 B동과 함께 2공장까지 완공되었다. 현대정공의 컨테이너 생산량은 신사업 추진 2년도 채 안 되어 월 600대에서

6,300대로 급증했다. 이것은 국내 총 생산량의 58%, 세계 생산량의 11.4%로 당시 세계 1위였던 일본 도큐카와 어깨를 나란히 하는 규모였다.

정몽구의 뚝심을 그대로 보여주는 현장경영이었다. '왕자의 난'에서 패배해 현대자동차 소그룹으로 계열 분리되어 나왔으나 모두가 재기하기 어려울 것이라고 말했을 때, 그는 묵묵히 현장으로 달려갔다. 지금의 난관을 헤쳐나갈 수 있는 유일한 길이라고 믿었다.

왕국 조직의 새 판짜기

선대 회장 타계 이후 그룹 회장으로 취임했지만 조용한 은둔자로 보내고 있던 이건희가, 5년여 동안의 기나긴 사색을 마치고 돌아와 처음으로 입을 열어 말한 건 뜻밖에도 '위기'였다. 지금까지의 왕국을 버리자고 했다. 새로이 출발하지 않으면 안 된다고 단언한다.

그러면서 이미 자신의 회장 취임사에서 밝힌 '세계 초일류기업'으로의 도약을 21세기 비전으로 제시하며 대대적인 구조조정에 나섰다. 자신의 이름으로 새판 짜기에 들어간 셈이다.

우선 그룹 경영의 효율성을 높이기 위해 그동안 그룹과 분리되어 따로 경영되고 있던 전자·반도체·통신을 삼성전자로 통합시켰다. 이어 유전공학·우주항공 분야의 신규 사업을 추진하는 방안을 마련했다.

그렇다 하더라도 그가 2대 회장에 취임한 뒤 기나긴 사색에 들어갔을 때 가장 많이 고민한 부분은 그룹 회장 비서실이었다. 왕국을 혁신하기 위해서는 무엇보다 회장 비서실을 어떻게든 바꾸어야만 한다고 확신했다.

하지만 회장 비서실은 여전히 철옹성이었다. 선대 회장의 수족이 되어 처음부터 지금까지 왕국을 일궈온, 이른바 누구도 넘볼 수 없는 성역이었다. 선대 회장의 체취가 아직 강하게 남아 있는 데다, 눈에 보이지 않은 막강한 권력마저 쥐고 있었다. 사실상 삼성을 움직이는 두뇌집단이라고 일컬어도 과언은 아니었다.

따라서 섣불리 나섰다가는 벌떼와도 같이 일어나 자칫 역풍을 맞을 수도 있는 일이었다. 이미 고인이 된 선대 회장 말고는 어느 누구도 함부로 건드릴 수 없는 성역과도 같은 단단한 조직체처럼 비쳐졌다.

회장 비서실은 마땅히 자신을 보위해야 할 조직임에도 개혁에 나선 이건희에게는 위협적이지 아닐 수 없었다. 그 역시 회장 비서실을 넘지 않고서는 당장 왕국을 이끌기 어려웠다. 어느 때보다 절묘한 전략을 곤추세우지 않으면 안 되었다.

"선대 회장은 경영권의 80%를 쥐고 비서실에 10%, 각 계열사에 10%를 나눠 행사했다. 나는 앞으로 회장이 20%, 비서실이 40%, 각 사장이 40%를 행사하는 식으로 바꾸겠다."

그의 발언은 언뜻 자신의 권한을 크게 낮추겠다는 소리로 들린다. 대신 회장 비서실과 각 계열사 사장단의 권한을 더욱 높이겠다는 얘기와 같다.

그러나 내막을 들여다보면 정반대였다. 자신의 권한을 줄이겠다는 것이 아니라, 되레 회장 비서실의 권한을 축소시키겠다는 고도의 전략이었다.

사실 선대 회장 생전에 회장 비서실은 곧 선대 회장과 동일한 존재였다. 선대 회장이 가지고 있던 80%의 경영권을 실제로는 회장 비서실에 위임하다시피 한 터여서, 회장 비서실이 가지고 있던 경영권은 10%가 아니라 90%의 권한을 휘둘러온 셈이었다.

결국 회장 비서실이 실질적으로 행사하고 있는 권한을 40%까지 낮추겠다는 선전포고(?)였다. 아울러 그동안 회장 비서실이 좌우지하던 각 계열사의 경영권을 사장단에 대폭 위임하여 자율경영을 이루겠다는 뜻이었다.

회장 비서실에 대한 이건희의 선전포고는 이후에도 이어졌다. 회의석상에서 곧잘 회장 비서실을 일컬어 '경영에 자질이 부족하다'거나, '쓸만한 사람이 보이지 않는다'거나 하는 쓴소리도 마다하지 않았다.

뿐만 아니라 회장 비서실 임원들을 호텔신라로 여러 차례 불렀다. 그러곤 자율경영 체제에 대한 자신의 의지가 제대로 관철되지 않는다고 질타했다. 회장 비서실이 자율경영에 장애 요인이 되고 있음을 간접적으로 시사했다. 가랑비에 옷이 젖어들 듯 회장 비서실을 한 발짝 한 발짝씩 압박해 들어갔다.

삼성의 회장 비서실은 일찍이 정부의 '종합무역상사' 제도가 시행1975년됨에 따라 선대 회장에 의해 만들어진 조직이었다. 일본의 미쓰비시·스미모토·미쓰이 등을 벤치마킹하여 만들어진 삼성의 회장 비서실은, 그동안 선대 회장과 동일한 존재로 일컬어지며 무소불위의 파워 집단으로 성장했다.

특히 1970~80년대 경제 발전의 도약기를 거치면서 회장 비서실은 국내 최고의 엘리트 집단으로 세간의 정평을 얻었다. 당시 회장 비서실은 15개 팀 250명 이상의 인원이 기획, 정보수집, 인사, 자금, 국제금융, 기술개발, 경영지도, 홍보, 감사 등의 그룹 전반에 걸쳐 광범위한 기능을 담당하면서 왕국의 전체 살림을 도맡고 나섰다.

요컨대 회장 비서실은 전략적 참모로서 그룹 회장을 보좌하는 한편 그룹 전반에 관련된 목표를 제시하고, 신규 사업을 추진하며, 계열사 간의 역할을 조율 분담하고, 자원을 분배 관리하는, 실로 막중한 업무를 맡고 있는 핵심 부서로 자리매김하게 되었다. 삼성의 컨트롤타워에 다름 아니었다.

이건희는 그 같은 회장 비서실부터 대대적인 개혁을 시작하고 나섰다. 이유는 분명했다. '변해야 살아남을 수 있다'는 신념에서였다.

사실 삼성의 회장 비서실은 정부의 종합무역상사 제도 실시 훨씬 그 이전까지 거슬러 올라갔다. 이미 1959년에 처음 만들어진 이래 무려 반세기여동안 그 어떤 조직체보다도 단단하게 굳어진 체제였다.

선대 회장이 타계하고 2대 회장이 등장하였음에도 회장 비서실은 아직도 선대 회장의 체제였으며, 구성원들 또한 선대 회장의 사람들이었다. 도무지 자신의 의지가 온데간데없다고 이건희는 분통을 터뜨렸다.

"내가 공장이라도 방문할라치면 비서실은 이렇게 지시했다. "회장 얼굴보지 말고 열심히 일하는 체 해라. 부동자세 취하라"는 등 내 앞에서는 좋은소리만 했다. 안 되는 것 갖고 오라 해도 안 됐다. …비서실은 '~체 병'에 걸려 있었다. 과거 5년간 그랬다…"

그는 회장 비서실이 나치의 게쉬타포, 소련의 KGB비밀 정보기관로 불릴 만큼 한껏 권위에 둘러싸여 있다고 생각했다. 신임 회장에 취임하고 무려 5년동안이나 그렇듯 속앓이를 해왔다. 답답하고 한편으로는 고통스러웠다.

한데도 조직의 속살에까지 깊숙이 드리운 선대 회장의 그림자는 너무도 짙기만 했다. 신임 회장이 전면에 나선 지 꽤 오랜 시간이 흘러갔음에도 사장단과 임원진, 비서진은 자신들이 거머쥔 기득권을 내려놓지 않기 위해 눈치만 살폈다. 좀처럼 움직이려 들지 않았다.

이윽고 선대 회장의 삼년상이 끝난 1990년 세밑, 이건희는 마침내 개혁의 칼날을 빼어 든다. 지체 없이 회장 비서실부터 두들겨 깨웠다. 먼저 회장 비서실의 수장부터 내쳤다. 비서실장 소병해를 삼성생명 부회장으로 전격 발령을 냈다.

소병해는 이건희와 동갑내기였다. 대구상고와 성균관대를 나와 삼성에 입사한 뒤, 23년여 동안 회장 비서실장으로 있으면서 줄곧 선대 회장을 모셨던 인물이다. 선대 회장을 모시면서 선대 회장의 분신으로까지 일컬어질 정도였다.

그런 만큼 막강한 권력을 휘둘러왔다. 선대 회장이 일 년이면 거의 3분의 1을 일본에서 머물렀다는 점을 고려한다면, 공과를 떠나 그가 일상적인 경영권을 위임받아 얼마나 많은 권력을 행사해왔었는지 짐작할 수 있었다.

이건희는 그런 소병해부터 전격 교체했다. 그 자리엔 자신의 사대부고 4년 선배인 이수빈을 임명했다.

이어진 정기 인사에서 회장 비서실 20여 명의 임원 대부분을 교체시켰다. 회장 비서실이 만들어진 반세기 이래 사상 최대 규모의 물갈이였다.

당초 예상되었던 반발 기류도 찻잔 속의 미풍에 그쳤다. 그만큼 전략과 준비가 철저했다. 회장 비서실에 대한 대대적인 개혁을 이끌어내자마자, 이번에는 그룹 전체를 바꾸기 위한 개혁에 착수했다. '변해야 살아남는다'는 그의 자세는 정말이지 내일이 따로 없을 것처럼 절실하고 결연해 보였다.

다음은 같은 시기 경영자 대상 수상1992년 기념 강연에서 그가 한 말의 일부를 옮겨본 것이다.

"…세기말적 변화로 나타나는 구체적인 징후로 먼저 국내에서 민주화 열풍이 일어났다. 우리 삼성이 제2 창업 2단계를 선언하는 시점에서 쏟아진 신정부의 개혁의지는 아주 큰 변화로 볼 수 있다. 또한 잘 아시겠지만 유럽이 통합EC되고 냉전체제가 붕괴되는 등 세계적으로도 많은 세기말적 변화가 진행되고 있다. 특히 불과 몇 십 년 전에 북한에 무기를 원조해 우리나라를 침공했던 소련이 한국과 수교하여 우리의 경제 원조를 받는 엄청난 변화가 일어났다. 이젠 외교라는 것도 그 의미가 과거와는 달라지고 있고, 전 세계가 국경 없는 경쟁시대에 돌입한 것이다. 선대가 경영했던 '87년 이전과 지금의 경영 상황에는 엄청난 차이가 있다. 특히 선대까지는 기업경영이나 상품이 단순하면서도 하드적인 것이었다. 그러나 이제부터는 시스템화, 소프트화가 필요하며 세계적 변화의 흐름을 제대로 이해하고 대응해 나가야 한다…."

기나긴 사색을 마치고 돌아오자마자 이건희는 삼성전자를 중심으로 그룹의 역량을 통합시켰다. 이어 그룹의 오랜 군은살이었던 회장 비서실을 개혁하고 나섰다.

그다음 수순은 삼성의 이미지 제고였다. 자신이 천명한 '세계 초일류 기업'으로의 도약과 '제2 창업' 정신에 따라 로고 CI를 개정하기로 결정했다.

이건희의 생각은 단순히 로고만을 바꾸는 것은 아니었다. 임직원들의 마음가짐과 행동양식까지 포함해 모든 것을 바꾸고자 노심초사했다. 오래되어 굳어진 체질의 개선과 더불어 새로운 시대를 열어나가는 의식의 개혁까지 도모코자 한 것이다.

곧바로 회장 비서실의 홍보팀과 그룹 계열사인 제일기획 실무진으로 CI 추진팀이 만들어졌다. 세계 최고의 CI 전문업체인 L&M사가 협력 파트너로 선정되었다.

이윽고 이듬해 삼성 창립 55주년을 기념해 새로이 만들어진 CI가 첫선을 보였다. 새로이 만들어진 CI는 '영원한 삼성'과 함께 '글로벌 삼성'이라는 의미를 함축하고 있다. 바탕의 파란색은 하늘과 바다를 상징했다. 비스듬한 타원은 세계와 우주를 뜻했다.

영문 SAMSUNG은 글로벌화의 의지를 표방했다. S자의 윗부분과 G자의 아랫부분이 파란색 타원과 연결된 모양은 내부와 외부를 하나로 연결시켜 세계, 우주와 함께 살아 숨쉬고 인류사회에 이바지하겠다는 염원을 담았다.

또한 A자는 가로 선이 빠져 있다. 개방성을 상징한다는 의미가 담겨 있다.

이건희는 그런 뒤라야 다음 행보에 들어갔다. 안으로는 바꾸어야 살아남는다는 개혁으로 역량을 한데 결집시켜 모은 뒤, 이제는 오래전부터 구상해 왔던 해외로의 눈길을 돌리게 된다. 아버지를 넘어 비로소 해외 영토 정복에 나섰다. 일찍이 신대륙을 찾아 포르투갈의 파로스 항구를 떠났던 콜럼버스의 심경이었다.

갈라파고스의 섬에서 벗어나자!

태평양의 망망대해 위에는 아주 작은 섬이 홀로 떠있다. 마치 아득히 펼쳐진 푸른 바다 위에 점 하나가 찍힌 듯 외롭기만 하다. 오랫동안 사람이 살지 않아 토착민이 존재하지 않는다는, 남미 에콰도르에서 서쪽으로 960km 떨어져 있는 갈라파고스Galapagos의 섬이다.

그때 정몽구는 갈라파고스의 섬이었다. 아득히 펼쳐진 푸른 바다 위에 홀로 외롭게 떠있는, 아무도 찾아주는 이 없는 작고 외로운 점 하나였다. 기적이 일어나지 않는 한 그 작은 섬에서 벗어나기 어려워 보였다. 그는 고독했고 이미 지친 몸이었다. '왕자의 난' 패배 이후 자동차 소그룹으로 계열 분리되어 독립할 수 있었다지만, 그의 재기를 믿는 이는 아무도 없었다.

그는 묵묵히 현장으로 달려갔다. 외로운 섬 갈라파고스에서 벗어날 수 있는 유일한 길이라고 믿었다. 하지만 현실은 결코 녹록지 않았다. 기아자동차는 원래 적자투성이의 부실기업이었던 것을 불과 2년 전에 인수한 것이라서 그렇다손 치더라도, 주력 기업이랄 수 있는 현대자동차마저 IMF 외환위기로 적자경영에서 좀처럼 헤어나지 못해 허덕이고 있었다. 왕국에서 쫓겨나 자동차 소그룹으로 독립한 정몽구로선 최대의 위기였다.

그날 이후 그는 오직 자동차 살리기에만 매달렸다. 오직 뚝심으로 현장에 붙어살았다.

"딱 1년이야. 딱 1년 안에 회사를 정상화시켜야 하는데 말야…"

유난히 찬바람이 거세게 불어대던 1998년 세밑이었다. 기아자동차 사장 겸 회장으로 취임한 정몽구는 취임 직후 현대자동차 사장 김수중을 불러 그 같은 고민을 토로했다. 시장에선 '부실 덩어리 기아자동차를 사들인 후 현대차가 위기에 빠지고 있다. 혹 무슨 수로 기아자동차를 살린다 하더라도 최소 5년 이상은 걸릴 것이다'는 얘기가 한창 떠돌던 시기였다.

김수중은 정몽구의 고민을 이해할 수 있었다. 그 역시 정상화가 쉽지 않아 보인데다, 기아자동차 상황이 예상보다 심각하다는 보고를 들어 알고 있었기 때문이다.

정몽구 또한 모를 리 없었다. 회장 취임 이후 기아자동차 중역의 보고를 받으면서 깜짝 놀랐다. 기아자동차를 인수하면서 사전에 실시한 실사 등을 통해서 현황을 확인한 상태였다. 회장으로 취임한 이후 들여다본 실상은 당초 생각보다 더 나빴다.

굳이 재무제표상의 수치까지 일일이 거론치 않더라도, 회사 사정이 어려워지면서 공장 안에서는 부품을 빼돌리는 등의 모럴해저드마저 끊이지 않았다. 눈에 보이는 것보다 그렇지 않은 부분에서 더 컸다.

정몽구는 고민에 빠져들었다. 오전 회의 시간에 맞추어 참석한 임원들에게 '새벽 3시부터 기다리고 있었다'고 털어놓을 정도였다.

같은 달 중순 정몽구는 현대자동차 사장 김수중을 기아자동차 사장으로 발령했다. 가뜩이나 IMF 외환위기로 현대자동차도 어려움에 처해있지만, 그를 빼돌려 쓰러져가고 있는 부실 덩어리인 기아자동차 구원투수로 보내지 않으면 안 되었다.

취임 직후 김수중을 별도로 부른 이유도 거기에 있었다. 현대자동차도 기아자동차도 둘 다 회생할 수 있는 시간이 촉박했던 것이다.

김수중은 기아자동차로 자리를 옮겨 앉자마자 회사 살리기에 대한 구체적인 방안 마련에 돌입했다. 그가 찾아낸 방안은 다른 게 아니었다. 결국 잘 팔리는 차를 만드는 노력에 집중하는 것이 최우선이라는 결론을 내리고, 낙후된 디자인과 파워트레인을 완전히 바꾸어야 한다는 보고서를 제출했다.

방안이 나오자 정몽구는 저돌적으로 기아자동차 살리기에 들어갔다. 무슨 일이 있어도 기아자동차를 1년 안에 정상화시켜야 한다며 기한도 다음 해인 1999년 12월 1일로 못 박았다.

회사 안팎에서 의견이 분분했다. '절대 불가능하다'는 반응이 주류를 이뤘다. 1년 안에 정상화할 수 있을 상태라면 처음부터 부실하지도 않았을 것이라고 반발했다.

정몽구는 꿈쩍도 하지 않았다. 적어도 5년 이상 걸릴 거라는 회사 안팎의 반응에도 흔들림이 없었다. 그는 기아자동차의 저력을 조용히 꿰뚫어보고 있었다.

기아자동차 인수 당시 '타이탄'이나 '복사' 등의 상용차와 승용차인 '프라이드' 등은 현대자동차의 경쟁 차종에서 결코 밀리지 않았다. 한때는 현대자동차를 비롯하여 미국의 포드 등이 기아자동차 인수를 위해 3차 입찰까지 벌일 정도로 인수전이 치열했던 것도 딴은 그런 이유에서였다. 그가 기아자동차의 기술적 저력을 이미 알고 있었기에 1년 안에 정상화라는 공격 경영을 설정한 것이다.

그는 현장에 붙어살았다. 문제가 발견될 때마다 전략회의를 열어 곧바로 문제를 해결해나갔다.

매일 새벽 6시 30분에 출근하면 회의부터 소집했다. 생산판매 점검회의, 품질회의, 본부별 사업목표 실적점검 회의 등 경영 전반에 걸쳐 이뤄졌다. 구조조정과 함께 판매 실적을 확인하고 독려를 반복해나갔다. 하루에도 수

차례 회의가 이어졌다.

오전 회의가 있은 후 혼자 생각에 잠기다 또 무슨 실마리가 보인다 싶으면, 같은 날 오후에 다시 불러들일 정도로 회의를 자주 열었다. 다시 한 번 철저히 점검하기 위해서다.

가장 중점을 둔 건 품질 회의였다. 품질 회의에서는 매번 회의 때마다 15개 이상 부품을 전시해놓고 원인과 책임을 가리며 개선 내용을 직접 확인해 나갔다. 카니발과 스포티지 등 기아자동차의 전 차종이 그 대상이었다.

첫 달이 흘러갔다. 전쟁이 따로 없었다. 그렇듯 그가 앞장을 서는데 누구라도 따르지 않을 수 없었다.

현장경영은 멈출 줄을 몰랐다. 기아자동차 회장으로 취임한 날 당일 화성공장을 찾은 적이 있던 그는, 그때부터 현장의 문제를 직접 파악하고 해결해나가기 위해 일주일이면 두세 번씩 화성공장과 소하리공장, 광주공장까지 번갈아 찾았다.

누구를 결코 닦달하지도 않았다. 그의 현장경영의 목적은 너무도 뚜렷했다. 오랫동안 패배감에 젖어 있는 임직원들에게 사기를 진작시켜 다시금 일으켜 세우는 데 있었다.

또 공장과 서비스 현장을 찾을 때면 품질 회의에서 지혜를 짜 모은 개선 내용을 다시금 직접 확인하는 등 품질관리와 고객 불만 사항은 일일이 챙겨 발 빠르게 대응해나갔다. 동시에 그동안 회사가 어려워지면서 임직원들에게 지급하지 못하고 있던 상여금 450%와 함께 연월차 수당을 지급케 하여 현장의 사기를 드높였다. 침체되어 있는 현장의 분위기부터 애써 바꾸어나갔다.

삼성은 그때 천덕꾸러기 신세였다

오랜 은둔자로 기나긴 사색을 끝내고 돌아온 이건희는 자신에 넘치는 행보를 계속했다. 그동안 자신이 이룬 개혁의 성과와 그룹의 비전을 들고 경영 일선에 본격적으로 등장했다.

그 첫 행보는 그해1993년 정월 초에 열린 그룹 경영전략 회의였다. 각 계열사 사장단을 전자·중공업·화학 및 제조·금융서비스 계열사 등 4개 부분으로 나누어, 첫 번째로 열린 전자 계열사 사장단 회의에서 이건희는 결연했다. 다가오는 21세기를 대비하기 위한 마지막 기회를 맞고 있다는 각오로, 새로운 출발을 하자고 비장한 어조로 입을 열었다.

새해 처음 열리는 경영전략 회의라지만 예년과 크게 다를 건 없었다. '변해야 살아남는다'는 그동안 그가 강조해온 '바꾸자'를 반복했을 따름이다.

한데 회의가 후반 들어 사뭇 진지한 분위기로 바뀌었다. 그것은 머지않아 삼성에 불어 닥칠 폭풍 전야의 조짐 같은 것이었다.

"전자는 암 2기, 중공업은 영양실조, 건설은 영양실조에 당뇨병, 종합화학은 선천성 불구기형으로 처음부터 잘못 태어난 회사, 물산은 전자와 종합화학을 합쳐서 나눈 정도의 병…."

선대 회장에 이어 그룹의 총수가 된 지 어언 5년여. 이건희는 삼성을 그렇게 진단했다. 새로운 패러다임paradigm의 시대에 새로이 대응할 수 있는 새로운 체질로 변화·진화하지 않고는 결코 살아남을 수 없다고 거듭 강조했다.

'바꾸자'는 그의 행보는 자연 분주해질 수밖에 없었다. 연초부터 연이어진 네 차례 경영전략 회의에 이어 라디오 출연이다, 외부 강연이다, 삼성 안팎에서 그가 모습을 드러내는 일이 부쩍 잦아졌다. 대중이나 언론 앞에 좀처럼 얼굴을 드러내지 않던 평소 그답지 않은 파격이자 또한 초조한 모습이 기조차 했다.

그처럼 분주하게 새해 벽두를 열었던 그는, 정월 말 예정된 스케줄에 따라 해외 출장길에 오른다. 비행기에 오를 적만 해도 미국의 시장 현황을 파악하기 위한 정도였다. 따라서 며칠 있으면 금방 돌아올 것처럼 보였다.

하지만 이때 떠난 해외 출장길이 무려 158일에 걸친 대장정이 되리라고는 그 자신도 미처 예기치 못했다. 이 시기 그에게는 그만큼 절박한 나날이었음을 짐작케 하고 있다.

첫 출장지는 세계 전자제품의 각축장으로 불리는 미국 LA였다. 삼성전자가 세계 최초로 8mm VTR을 개발했다는 낭보가 전해지던 날이었다.

이건희는 그곳 현지에서 한국과 미국 간의 통상 현안과 반도체 덤핑 문제 등에 대해 협의했다. 또한 삼성전자 사장 김광호, 삼성항공 사장 이대원 등 삼성의 전자 계열사 임원들과 함께 현지 가전제품 매장을 찾기도 했다. 삼성전자 제품들의 해외시장 평가를 직접 알아보기 위해서였다.

매장엔 수많은 일류 제품들이 별처럼 반짝거렸다. 당시 세계시장을 석권하고 있던 유명 메이커의 제품들이 눈부시도록 화려했다. 미국의 GE와 월풀, 네덜란드의 필립스, 일본의 SONY·도시바·샤프 등이 저마다 첨단 성능과 고유의 디자인을 한껏 뽐내고 있었다.

다행히 삼성전자의 제품도 없지는 않았다. 현장에서 눈에 띄는 순간 그렇게 반가울 수가 없었다. 그러나 삼성전자의 제품은 매장의 누구도 눈길을 주지 않는 한쪽 구석에 처참히 처박혀 있었다. 누가 거들떠보지도 않았는지 먼지만 뽀얗게 뒤집어쓴 초라한 모양새였다.

그 광경을 목격한 이건희와 삼성의 전자 계열사 임원들은 충격을 받았다. 반세기 넘게 국내 정상이라고 자랑스러워했던 삼성의 제품이 해외시장에서는 천덕꾸러기 신세였던 것이다.

"…이대로 가면 삼성은 망한다!"

며칠 뒤 LA에 자리한 센추리플라자 호텔에서 '전자 부문 수출품 현지 비교 평가'라는 좀 특이한 회의가 열렸다. 삼성이 만들어낸 TV·냉장고·세탁기·VTR·전자레인지·캠코더 등의 제품과 경쟁사⑦인 미국의 GE와 월풀, 네덜란드의 필립스, 일본의 SONY·도시바·샤프 등 78개의 제품과 함께 나란히 전시해 놓고서 성능에서 품질, 디자인에 이르기까지 전 부분에 걸쳐 비교 평가하는 자리가 마련되었다.

이건희의 이 같은 비교 전시 평가는 한창 호기심과 상상력을 불러일으켰던 어린 시절 장난감들을 해체하고 다시 조립하던 때까지 거슬러 올라간다. 구체적으론 1968년 아버지 이병철의 회장 비서실에서 짧은 기간 견습 사원의 딱지를 뗀 뒤, 〈중앙일보〉·동양방송TBC-TV의 이사로 왕국에 자리 잡을 때부터였다.

당시 그의 사무실을 찾은 사람들은 이상한⑦ 풍경을 곧잘 목격했다. 책상 위에 이런저런 시계들이 순서대로 모두 분해되어 놓여 있는 것이었다.

아무렇든 회의 분위기는 처음부터 얼어붙어 있었다. 세계 일류 제품들과 비교해보았을 때 삼성의 제품들은 너무나 초라하게만 보였던 것이다. 침통한 가운데 이윽고 그가 입을 열었다.

"삼성은 지난 선대 회장이 사망한 1986년에 망한 회사다. 나는 이미 15년 전부터 위기를 느껴왔다. 지금은 잘해보자고 할 때가 아니라, 죽느냐 사느냐의 기로에 서 있다. 우리 제품은 선진국을 따라잡기에는 아직 멀었다. 2등 정신은 버려라. 세계 제일이 아니면 앞으로 살아남을 수 없다…."

이날 비교 평가 회의는 이례적으로 9시간 동안이나 계속 되었다. 아니 회의라기보다는 거의 질책으로 메워졌다.

그는 때로 고함을 내질렀다. 회의 중간에 삼성전자 미국 현지법인인 삼성미주전자의 임원 한 사람이 전체적인 상황 보고를 하면서, 한 해 전 수출 부진의 원인은 다른 계열사에 있다는 식으로 보고했다. 그러자 잠자코 듣고 있던 그가 갑자기 버럭 소리를 내질렀다.

"당장 집어치우고 나가시오!"

평소 말이 없던 그가 고함을 내지르자 모두 당황하여 어쩔 줄 몰라 했다. 이건희는 그따위 보고는 들을 필요도 없다며 재차 고함을 내질렀다.

결국 그 임원은 중도에 그만 회의장 바깥으로 쫓겨나고 말았다. 변하지 않고는 살아남을 수 없다는 이건희의 개혁이 얼마나 절실한가를 다시금 보여주는 대목이었다.

"어떻게 이런 중역이 아직도 삼성에 있는가? 지금 우리 제품이 세계 각국의 제품들과 피 말리는 싸움을 벌이고 있는데, 계열사와 협력을 해도 모자랄 판에 어떻게 책임을 전가할 수 있는가?"

그 임원은 대기 발령을 받았다. 왕국 안에서는 구구한 억측이 나돌았다. 심지어는 경각심을 불러일으키기 위한 '의도적인 쇼'였다는 해석까지 나왔다. 이날 이건희는 품질과 미국 수출 전략에 대해서도 쓴소리를 멈추지 않았다.

"왜 미국 시장에 수출을 늘려나가야만 하는가? 미국 시장에 수출하면서 지난 20여 년간 엄청난 결손을 보았다. 삼성 TV, VCR은 싸구려의 대명사 같다. 품질문제는 삼성을 싸구려 대명사로 하기에 충분했다. 이번 LA에서 전자 사장단과 임원들은 미국 시장의 전자제품 매장을 직접 둘러보고 그들이 우리 제품을 진열해놓은 꼴을 보았다. 우리 상품이 얼마나 천덕꾸러기가 되어 있는지, 또 한쪽 귀퉁이에 얼마나 많은 먼지가 쌓여 있는지, 똑똑히 보고 왔을 것이다. 2등은 현상 유지밖에 안 되고 못 큰다. 2등, 3등은 맨날 바쁘기만 하다. 그런데도 맨날 그 모양 그 꼴이다. 내가 말 안 해도 사장이 벌써 가보아야 했고, 회장보다 더 잘 알아야 하는데 회장이 제일 잘 안다…."

다음 달에는 장소를 일본의 도쿄로 옮겼다. 이번에는 그룹 사장단 46명이 대거 참석했다. 그룹 경쟁력 제고를 위한 전략을 논의하기 위해서였다.
도쿄에서도 회의에 앞서 그룹 사장단과 함께 지난번 미국 LA 회의 때와 마찬가지로 예의 전자 매장을 찾았다. 세계 전자시장의 흐름을 한눈에 살필

수 있다는 아키하바라 전자시장 전문 매장이었다.

그리고 거기서도 LA 매장에서 보았던 풍경을 다시금 보게 된다. 삼성의 제품이 일본 제품들에 밀려 천덕꾸러기 신세를 면치 못하고 있음을 목격한 것이다.

장소를 전자시장 전문 매장인 아키하바라에서 재래시장으로 옮겨보았다. 스키치 재래시장이나 라라포트 재래시장 역시 다르지 않은 풍경이었다.

도쿄 회의에서는 일본이 자랑하는 초일류 기업도 찾았다. 도시바, NEC, 후지쓰 등의 생산 현장과 연구소를 차례대로 둘러보았다.

"우리 경제가 현재와 같은 상태를 3~4년간 지속한다면 국가적으로 엄청난 위기가 올 수밖에 없다. 삼성 사장단이 역사적 소명을 갖고 경쟁력 강화에 나서야 한다…"

이건희는 변화의 분발을 촉구했다. 미국에서 삼성 제품의 실상과 현주소를 직접 목격한 데 이어, 일본에서는 경쟁력의 원천을 현장에서 눈으로 확인시켜 이를 따라잡기 위한 현장회의를 연거푸 열어나갔다.

'플랫폼 공유'로 부활의 기적을 만들다

현대기아자동차그룹 회장 취임 5개월여 뒤, 화성공장을 다시 찾은 정몽구는 뜻밖의 지시를 내렸다. 기아자동차의 심장이나 다름없는 엔진공장을 바꾸자고 한 것이다.

당시 기아자동차의 차종 가운데 '카렌스'와 '세피아' 등에 T-8D라는 엔진을 장착시켰는데 매연이 많이 발생하는 데다 성능 면에서도 뒤떨어진다는 지적이 있었다. 이 엔진은 기아자동차가 5년여 전부터 생산하던 비교적 최신형 엔진이었다.

갑자기 엔진공장을 바꾸자고 나선 데에는 분명한 이유가 있었다. 자동차의 심장을 바꾸지 않는 한 기아자동차의 회생은 불가능하다고 판단했다.

곧바로 현대자동차에서 구원군이 당도했다. 울산공장에서 홍석종 상무를 비롯한 3명의 엔진 핵심 인력을 화성공장으로 불렀다. 모두가 25년 이상 엔진만을 생산해온 베테랑이었다.

그들에게 임무가 주어졌다. 자금이 얼마가 들어가도 좋으니 빠른 시일 내에 공장을 완성하라는 미션이었다.

당초 설비 개조 공사는 2년 정도가 소요될 것으로 보였다. 하지만 화성공장 엔진 설비 개조 공사는 불과 1년여 만에 마무리되었다.

이와 함께 라인업도 바꿨다. 상대적으로 경쟁력이 떨어지는 차는 모조리 단종시켰다.

2000년 한 해 동안 기아자동차의 간판이랄 수 있는 '크레도스'와 '프라이드', '아벨라', '세피아' 생산이 차례대로 중단되었다. 이듬해에는 '포텐샤'가, 다시 2004년에는 SUV인 '레토나'를 결국 단산시켰다. 당장 수익성을 따져야 할 만큼 차 한 대의 생산이 아쉬운 시기였으나 아픔을 인내하며 굳은 살을 베어냈다.

살아남은 차종도 없진 않았다. '카니발'이 그것이다. 가장 최근에 출시된 '카니발'은 밴 스타일로 인기가 좋았다. 이 차종만큼은 단산 계획에서 제외되었다.

그는 '카니발'의 문제점을 파악하고 품질 강화를 지시했다. 아울러 20만 대 생산 체제를 갖추기 위한 새로운 도장 공장 건설 등 신규 설비에도 과감히 투자했다.

그런 결과 단위 공장별 시간당 생산성이 눈에 띄게 높아졌다. 2000년 기준 생산 대수는 기존 18.7대에서 무려 30대로 향상되었다. 2001년에는 '카니발'이 13만 대 이상 팔리면서 소형차 '리오'에 이어 기아자동차 내 판매 순위 2위에 올라섰다.

이처럼 품질과 생산, 판매가 급속히 안정을 찾아가자 기아자동차 화성공장에서 열린 'KBS 열린음악회'에 그는 임직원들과 자리를 함께했다. 기아자동차 임직원들이 비로소 현대자동차 그룹의 일원이라는 점을 공감하기에 충분한 순간이었다.

그리고 마침내 '딱 1년 안에 기아자동차를 정상화시켜야 한다'고 단언했던 기한이 다가왔다. 이날 기아자동차에선 인수 1주년을 기념하는 행사가 따로 열리진 않았다. 하지만 결과는 대성공이었다. 모두가 피부로 느낄 수 있었다.

1998년 48만 889대에 그쳤던 기아자동차의 판매 대수는, 정몽구가 현장 경영을 시작한 이듬해 85만 5,700대로 뛰어올라 두 배 가까운 성장을 기록했다. 불과 1년 사이에 자본 잠식 상태에서 1,357억 원의 순이익을 남기는 흑자 체제로 전환되었다. 적어도 5년 이상이 걸릴 거라고 예상했던 기아자동차의 정상화는 그렇듯 짧은 시일 안에 실현되었다.

이런 성과를 바탕으로 그는 더욱 빠르게 움직였다. 잇따른 차량 단종과 동시에 신차를 발 빠르게 선보였다. '크레도스' 대신에 '옵티마'를, '프라이드' 와

'아벨라' 대신에 '리오'를, '세피아' 후속으로 '스펙트라'를 속속 출시해냈다.

기아자동차 부활의 숨은 비결은 또 있었다. 현대자동차와의 플랫폼platform 공용화였다.

플랫폼당 최대 1,500억 원의 비용이 발생한다는 점을 고려하면 획기적인 아이디어였다. 더구나 부품도 같이 쓸 수 있어 당연히 원가 절감이 이루어 졌으며, 결국 현대자동차에도 이득을 가져다주는 상생 효과를 낳았다.

정몽구는 기아자동차 인수 직후부터 현대자동차의 엔진을 기아자동차 에 적용하는 방안을 마련하라고 강조했다. 기아자동차의 품질 수준을 단기 간에 끌어올리는 동시에 가격 경쟁력 확보라는, 일석이조의 효과를 거둘 수 있다고 확신한 때문이다.

그같이 플랫폼 공유 계획에 따라 첫 번째 탄생한 차가 현대자동차 'EF 소 나타'의 플랫폼을 사용한 기아자동차의 '옵티마'였다. 안전성을 대폭 높였 을뿐더러, 소음과 진동을 줄였다는 평가였다.

그 밖에도 기아자동차의 부족한 제품 구성을 보완하기 위해 '옵티마'뿐 만이 아니라 경차인 '비스토', 미니밴 '카스타', 소상용차 '파맥스'에도 계속 공급되었다. 또 그 같은 공유 공급은 곧 기아자동차의 매출과 이익을 개선 하는 데 큰 역할을 했다. 다시 말해 기아자동차의 조기 정상화는 곧 '현대· 기아자동차'라는 브랜드의 출발점이 될 수 있었다.

이처럼 기아자동차 살리기에 본격적으로 매달리기 시작한 지 불과 1년 여 만에 그는 자신이 다짐한 그대로를 실현시켰다. 기아자동차를 부실에서 정상화로, 적자를 청산하고 흑자로 돌릴 수 있었다.

정몽구 독자 체제로 다시금 출범하게 된 현대자동차 역시 2001년에는 IMF

외환위기의 악령으로부터 벗어날 수 있었다. 매출 20조 원을 넘어서면서 순이익 1조 1,650억 원을 올리는, 처음으로 '순이익 1조 원 시대'를 열었다.

누구도 예상치 못한 성과였다. 불과 1~2년 전 '왕자의 난'에서 패배해 왕국에서 쫓겨나 태평양의 망망대해 위에 홀로 외롭게 떠있는 갈라파고스의 섬만 같았던 정몽구에게 다시금 모두 주목하기 시작한 것이다.

다시 말해 그가 왕국에서 밀려나 자동차 소그룹에 매달린 것이, 결과적으로는 위기에 처해있던 자동차그룹을 살려낸 계기가 되었다. 또한 패배의 내상을 극복하고 자존심을 되찾을 수 있는 전화위복이기도 한 셈이었다.

이윽고 아버지 정주영이 끝내 파란만장한 생을 마감2001년하면서, 현대가에는 다시 한 번 지각변동을 맞이했다. 그룹이 주력 사업으로 밀고 있던 '대북사업'이 표류하면서 왕국은 경영난에 빠져들었다. 반면에 정몽구는 비로소 아버지 정주영의 그늘에서 벗어나 자동차그룹을 독자 체제로 출범시키면서 불똥을 피해 순항을 계속했다.

그랬다. '왕자의 난' 이후 한때 형 정몽구를 밀어내고 그룹의 단독 회장으로 오르기까지 한 정몽헌은 무리한 대북사업과 대북 송금 사건에 휘말려들면서 결국 2003년 여름, 자신의 집무실에서 투신해 그만 생을 마감했다. '왕자의 난' 당시 정몽헌은 현대건설, 현대전자, 현대상선, 현대엘리베이터, 현대아산 등 그룹의 주요 계열사를 이끌어 사실상 왕국의 새로운 후계자 지위까지 확보한 듯이 보였다. 하지만 계열사 내에 취약한 지분 구조와 함께 실패로 끝나고만 대북사업을 극복하지 못하면서 그의 꿈은 끝내 미완으로 그쳤다.

더욱이 현대중공업과 현대전자가 잇달아 떨어져 나가면서 현대그룹은 현대건설, 현대상선, 현대아산으로 축소되었다. 엎친 데 덮쳐 그룹의 모태인 현대건설마저 채권단으로 넘어갔다. 정몽헌의 입지는 날로 좁아져 갔다.

여기에다 정권이 교체되면서 대북 송금까지 불거지자 정몽헌으로선 심적 부담이 컸다. 벼랑의 끝까지 내몰리고 만 것이다.

그에 반해 정몽구는 비록 왕국의 총수 자리에서 쫓겨나는 치욕을 겪긴 하였으나, 그렇기 때문에 비로소 아버지 정주영의 그늘에서 벗어나 자동차 소그룹을 독자 체제로 경영할 수 있었다. 그리고 마침내 승승장구해 재계 순위 2위에까지 올라서는 기적을 만들어냈다. 아버지 정주영과 똑같은 외모와 성향, '불도저'라는 별명까지 닮았다는 정몽구는, 그가 젊은 날에 왕국의 한 귀퉁이에 첫발을 들여놓을 때부터 인연을 맺었던, 자신에게 더할 나위 없이 딱 들어맞는 자동차 소그룹을 이끌면서 숨은 역량을 맘껏 발휘할 수 있게 되었던 것이다.

다 바꾸자, 프랑크푸르트 선언

이건희는 아직 귀국하지 못하고 있었다. 1993년 6월 초가 되자 이번에는 독일 프랑크푸르트로 날아갔다. 프랑크푸르트에는 당시 삼성의 유럽 총본사가 자리 잡고 있었다.

그보다 사흘 전 이건희는 일본 도쿄의 오쿠라 호텔에 머물렀다. 이미 사흘 전부터 회장 비서실장 이수빈, 삼성전기 사장 윤종용, 회장 비서실 홍보팀장 배종렬, 삼성전자 디자인 고문 후쿠다 타미오 등 10여 명과 함께 전략 회의가 연이어지고 있었다.

전략회의 마지막 날 이건희는 후쿠다를 비롯한 서너 명의 일본인 고문과 별도의 자리를 마련했다. 그들의 눈에 비친 삼성전자를 허심탄회하게 듣고 싶었다. 대화는 밤새워 이어졌다. 그들의 눈에 비친 삼성전자의 문제점도 적나라하게 쏟아져 나왔다.

그 자리에서 후쿠다는 미리 준비한 문건을 내밀었다. '경영과 디자인'이라는, 이른바 '후쿠다 보고서'로 불리는 문건이었다.

이건희는 다음날 독일 프랑크푸르트로 향하는 비행기 안에서 후쿠다의 보고서를 펴보았다. 자그마치 56쪽에 달하는 그의 보고서는 절실했다. 사표를 내겠다는 각오로 보고서를 작성하였다는 자신의 비장한 뜻도 밝혔다.

그는 삼성전자가 이 상태로 가면 결코 세계 톱 브랜드와의 경쟁에서 이길 수 없다고 단언했다. 때문에 지난 2~3년 동안 자신이 담당 책임자에게 의견서를 내는 한편, 수차례나 개선 방안을 제시해보았다고 한다. 하지만 그때마다 번번이 묵살되었다고 밝혔다.

아울러 자신이 판단컨대 지금의 삼성전자는 한마디로 수준 이하이며, 삼성전자의 고문으로 온 것을 후회한다고 적었다. 디자인 전문가로서 자신의 소회를 비교적 솔직하게 밝힌 보고서였다.

이건희는 한동안 후쿠다 보고서를 내려놓지 못했다. 그의 손끝은 이미 가늘게 떨렸다. 눈앞이 캄캄해져 왔다. 몇 달이 지난 뒤 이건희는 그때의 감정을 이렇게 털어놓았다.

"LA 전략회의 이후 모두 잘하겠다고 해서 잘하는 줄로만 알았다. 그러다가 프랑크푸르트로 가는 비행기 안에서 일본인 산업디자인 고문후쿠다이 내 앞으로 올린 보고서를 우연히 보게 되었다. 그 보고서의 내용은 삼성전자가 이래서는 안 된다는 경고장과 같았다. 그것을 사업본부장에게 수없이 올렸는

데도 안 먹히니 마지막 물러날 각오를 하고 나에게 올렸다고 되어 있더라. 기가 막히고 화가 치밀었다….

비서실장이고, 본부장이고, 사장이고, 몽땅 나한테 거짓말을 했다. 모두가 나를 속인 것이다…. 집안에 병균이 들어왔는데 5년, 10년 동안 나를 속여 왔다. 소위 측근이라는 사람들이 이 정도라면 나머지 사람들은 어느 정도였겠나?"

삼성의 유럽 총본사가 자리한 독일 프랑크푸르트에 도착한 이건희는, 삼성의 사장단과 임원들을 불렀다. 그런 뒤 때론 초저녁에 시작해서 다음날 새벽까지 계속되는 회의와 강연을 강행했다.

이 자리에는 비단 삼성의 사장단 말고 낯익은 얼굴도 눈에 띄었다. 이건희의 맏형 이맹희의 장남인 33살의 장조카 제일제당 상무 이재현현 CJ그룹 회장, 이미 고인이 된 둘째형 이창희의 장남인 새한미디어 사장 이재관새한그룹 회장, 그리고 이건희 자신의 외아들인 이재용삼성그룹 부회장 등이 그들이었다.

당시 이재용은 서울대 동양사학과를 졸업한 지 얼마 되지 않은 앳된 얼굴이었다. 삼성전자 일본 현지법인의 사원 신분으로, 게이오대학에서 일본어 연수를 마친 뒤 경영전문대학원에 재학 중일 때였다.

"그저께 5일 하네다 공항에서 비행기를 타기 전에 삼성 사내 방송팀이 비디오 테이프 하나를 주기에 그걸 여기 도착해서 틀어보니 내용이 참 기가 막혔다. 세탁기를 만드는데 치수가 맞지 않아 조립이 잘 되지 않자 그 자리에서 어설프게 응급조치를 한답시고 부품을 깎아서 억지로 끼워 맞추는 장면이 있었다.

그래서 내가 여러분을 불렀다. 자, 이것이 내가 말하는 '질質 경영'인가? 내가 벌써 몇 년째 '질 경영'을 강조해 왔는데, 변한 게 고작 이것인가?

감정의 표현에는 여러 가지가 있다. 쓸쓸함, 씁쓸함, 허무함, 화가 나는, 울화통 터지는, 한심한, 체념하는…. 가장 무서운 감정은 곧 포기다.

나는 평생 두 번의 포기를 했다. 오늘 아침 한 번 더 하려 했다. 삼성전자에 문제가 발생했다. 전관, 코닝, 중공업, 물산, 모직, 제당도 아직 양으로 채워가고 있다. 완전 포기 상태다. 3년 전보다 더 허무하다. 이렇게 내 말을 못 알아듣나? 해도 너무 한 거 아닌가? 내 자신이 개인의 부귀영화를 누리자는 것 아니다. 현재 내 재산은 충분하다. 명예 때문이다. 성취감이다. 성취감은 여러분, 삼성그룹, 우리나라가 잘 되게 하는 것이다.

질을 키우면 양이 커진다. 질이 커지고 탄탄해지면 우리와 후손들이 잘되는 것이다. 나는 그동안 별별 어려움, 허무, 슬픔, 울화통, 울고 웃고 다 겪었다. 포기하기는 싫다. 한 번 포기하면 회복 불가능이다.

…〈중략〉…

국제화 시대에 경쟁력을 확보하려면 우리는 통합해야 한다. 전자, 중공업, 전관, 항공은 상법상 떨어져 있지만 모두 삼성이다. 이런 차원에서 유럽의 삼성 현지법인들을 모두 하나로 묶을 생각이다. 유럽부터 하나로 묶고 동남아, 중국, 미주 등 지역마다 통합을 해나가면 된다.

지금까지 우리는 스스로를 너무 속박해왔다. 스스로의 벽을 허물어야 한다. 모든 사업의 원리는 같다. 업業의 개념을 제대로 분석해야 한다. 모든 것은 근원을 물어야 한다. 인간과 동물의 차이는 근원과 기초를 찾는 데 있다…"

다음날인 7일에 있었던 그의 강연은 여느 때보다 비장했다. 비행기를 전세 내어 1,800여 명에 달하는 삼성의 전체 사장단과 임원들이 프랑크푸르트 켐핀스키 팔켄스타인 호텔에 운집한 가운데, 이른바 '프랑크푸르트 선언'으로 불리는 '신경영'을 선언한다.

'나부터 변하자, 마누라 자식 빼고 다 바꾸자, 양을 버리고 질 위주로 가자'는 신경영의 선언은 오랫동안 굳어진 삼성의 체질에 대대적인 변화의 수술을 가하는 첫 신호탄이었다. 위대한 도전의 서막이었다.

"제대로 하자. 하루 2~3시간 일해도 된다. 나머지는 집에 드러누워도 좋다. 마누라, 자식 빼고 다 바꾸자. 내가 회장 자리에 앉아보자는 생각을 가져보자. 작은 것부터, 우선 나, 마누라, 자식을 부탁하든 협박하든 변화시켜야 한다. 나 자신 먼저 변하자. 실천하지 않는 발상은 필요 없다.

···〈중략〉···

삼성은 2류다. 삼성전자는 3만 명이 만든 물건을 6,000명이 하루에 2만 번씩 고치러 다닌다. 이런 비효율 낭비 집단은 지구상에 없다. 이걸 못 고친다면 구멍가게도 안 된다. 질을 위해서는 한 달이고 두 달이고 공장을 무조건 세우게 할 거다. 회의 방식에서 보고·목표·관리·평가에 이르는 모든 회사의 일을 질 중시로 전환한다. 형식보다 본질과 원리·원칙을 중요시 하는 것으로, 질 없는 양은 알맹이 없는 빈 껍질일 뿐이다. 질을 높이면 저절로 양을 넘어 스케일이 나온다. 제품 가격이 높아지고, 재고가 없어지고, 판매가 확대된다. 근무 시간도 줄어든다. 이는 삼성인 모두의 삶의 질을 높일 것이다···"

이건희는 이날의 '프랑크푸르트 선언'에 즈음하여 훗날 월간 〈말〉 지와의 인터뷰에서 자신의 생각을 이렇게 밝히고 있다.

"상황의 일대 반전을 위하여 나는 '프랑크푸르트 선언', 소위 '신경영'을 선언했다. 선언은 계획에 없던 것이었고, 임원진 회의의 결과도 아니었다. 신경영을 선언하였을 때 변화의 소용돌이 가운데 혼자서 거대한 책임의 산 앞에 서 있는 것 같은 절대 고독을 느꼈다. 동시에 위기 상황에 대한 책임감이 강해졌다.

나는 바로 그날 이것의 성공을 위하여 나의 명예와 생명을 걸 것임을 전 삼성 임직원 앞에 엄숙히 약속했다. 또한 나는 '마누라와 자식만 빼고 모든 것을 다 바꾸자'고 변화를 주장하였으며, 내가 변화 대열의 최선봉에 서서 실천할 것도 약속했다.

이 선언은 물론 한국사회 내부의 조그마한 목소리에 불과할지도 모르지만 당사자인 우리에게 있어서는 150년 전의 '공산당 선언'에 못지않은 의의를 갖는 것이었다. 항상 각 시대는 자신의 상황에 알맞은 선언을 갖는 법이다. 그런 의미에서 '신경영'프랑크푸르트 선언은 우리 시대의 이상적 경영 상을 반영한 것이다.

나는 완전히 배수진을 쳤다. 다른 그룹은 회장이 이렇게 앞장서서 일선에 나오지는 않는다. 내 성격, 내 스타일로는 특히 그렇다…."

대장정은 모두 100여 일이 넘었다. 이건희는 총 48회에 걸친 강연을 통해 1,800여 명의 삼성 중역들에게 자신의 생각과 의지를 토로했다. 지금 세계는 어떻게 변해가고 있는지, 그러한 세계무대에서 삼성은 과연 어떤 위치에 서 있는지를 눈으로 직접 보여주기도 하면서, 미래의 삼성이 나아가야 할 비전을 강조했다.

평균 8시간씩 강행된 삼성 사장단과의 회의 또한 수십 차례였다. 이 기간 동안 삼성 사장단 회의는 총 800여 시간에 걸쳐 이루어졌는데, 어떤 때는 이틀 밤을 꼬박 지새우며 새벽까지 이어지는 날도 없지 않았다. 이선희 사신이 '더러 24시간 잠을 안 자며 구상할 때도 있었지만, 48시간 꼬박 안 잔 것은 이번이 처음이다'고 밝혔을 정도다.

그의 일면을 보여주는 언급도 이 기간에 있었다.

"나는 일본 역사를 알기 위해 45분짜리 비디오테이프 45개를 수십 번 반복해서 보았다…."

대장정이 이어지는 동안 이건희의 집중력은 상상을 초월했다. 프랑크푸르트에서 전략회의가 시작되었을 때부터 모두가 목격한 그대로였다.

그는 밤을 새워가며 책을 읽는 경우도 많았다. 김영삼 정권 시절 스페인 국왕이 방한했을 때 다음날 청와대에서 접견행사가 있었는데 밤을 꼬박 새워 책을 읽고 눈이 벌게져서 청와대 접견행사에 참석했던 것이다.

사실 신임 회장 이건희의 경영 성과는 이미 합격점을 받아놓은 터였다. 선대 회장에 이어 그가 2대 회장으로 취임한 이후에도 삼성은 상당한 경영 성과를 내고 있었다.

이건희의 취임 첫해인 1988년 삼성그룹의 총 매출은 20조 1,000억 원, 순이익은 3,411억 원이었다. 선대 회장이 이끌었던 전년도에 비해 매출은 2조 7,000억 원이 늘어났고, 순이익은 1,200억 원이 늘었다.

그가 친정체제를 구축하기 시작한 1992년도 경영 성과는 더욱 좋았다. 삼성그룹의 총 매출액은 38조 2,100억 원으로 신임 회장 취임 첫해였던 1988년보다 두 배 가까이 늘어났으며, 해외 수출에 있어서도 1987년 11억 2,500만 달러에서 1992년에는 18억 6,000억 달러로 꾸준히 늘어났다.

한데도 그는 왜 삼성을 한사코 바꾸어야만 한다고 혼자서 그같이 노심초사했던 것일까? 미국 LA로, 일본 도쿄로, 독일 프랑크푸르트로 장소를 번갈아가며 그토록 '변해야 살아남는다'고 비장하게 외쳤던 것일까?

그는 왜 프랑크푸르트에서 신경영을 선언할 수밖에 없었고, 그때 당시 주변의 상황은 어떠했으며, 때문에 그가 어떤 위기를 보았는지, 자신의 에세이집 「생각 좀 하며 세상을 보자」에서 그는 이렇게 고백하고 있다.

"1987년 회장에 취임하고 나니 막막하기만 했다. 1979년에 부회장이 된 이후 경영에 대부분 관여해왔지만, 그때는 '선친'이라는 든든한 울타리가 있었다. 이제는 내가 모든 걸 짊어져야 하는데, 세계 경제는 저성장의 기미가 보이고 있었고 국내 경제 역시 3저 호황 뒤의 그늘이 짙게 드리우고 있었다.

이런 상황인데도 삼성 내부는 긴장감이 없었고, '내가 제일이다'라는 착각에서 벗어나지 못하고 있었다. 조직 전체에 위기의식을 불어넣는 것이 필요했다. 이듬해 제2의 창업을 선언하고 '변화와 개혁'을 강조했다. 매년 초에 열리는 경영자 세미나에 참석해서 위기의식을 갖자고 수없이 얘기했다.

그러나 몇 년이 지나도 달라지는 것이 없었다. 50년 동안 굳어진 체질이 너무도 단단했다. 경영자들은 변하지 않고 회사 간, 부서 간 이기주의는 눈에 보일 정도가 되어 소모적 경쟁을 부채질하고 있었다. 이런 삼성의 현실과 세기말적 변화에 대한 위기감에 등골이 오싹해질 때가 많았다.

…〈중략〉…

이런 고민의 일단을 나는 이듬해 신년사에서 '대나무도 매듭이 있어야 잘 자라듯, 삼성의 미래를 위해서라도 반성과 평가를 통한 새로운 결단이 있어야 한다'라고 밝혔다. 그리고 2월에 로스앤젤레스, 3월에 도쿄에서 사장단 회의를 가졌다.

로스앤젤레스에서는 세계 일류 제품과 삼성 제품을 비교했다. 세계시장에서 우리가 얼마나 미미한 존재인가를 눈으로 확인하기 위해서였다. 그 자리에서 나는 삼성의 수준에 대해 변명하는 임원을 퇴장시켰다. 분위기가 몹시 긴장되긴 했지만, 그렇게 해서라도 경각심을 줄 필요가 있었다. 자그마치 9시간 가까이 회의를 계속했다.

회의 전에 사장들과 함께 전자제품 판매장에 들렀을 때, 삼성 TV가 매장 구석에서 먼지를 뒤집어쓴 채 처박혀 있는 것을 보았다. 이것은 물건이 팔리고 안 팔리고의 문제가 아니라 우리 종업원, 주주, 나아가 국민과 나라를 기만하는 행위라고 생각했다.

3월에 도쿄에서 사장단 회의를 다시 열었다. 사장들과 함께 일본의 경쟁력을 상징하는 도쿄 도청都廳, 아키하바라 전자시장을 둘러보고 12시간 동안 토론했다. 무엇이 선진 수준인가를 찾아내는 자리였다. 여기서 얻은 결론은 국민과 정부, 기업이 서로 협력해야 21세기에 선진국, 선진기업이 될 수 있다는 것이었다.

미국, 일본에서 회의를 갖고 그 나라를 둘러보면서 나는 '국가도 기업도 개인도 변하지 않으면 살아남지 못한다'는 결론을 얻었다. 그러기 위해 우선 회장인 나부터 변해야겠다고 결심했다.

이런 나의 결심을 1993년 6월 7일 '나부터 변해야 한다'고 프랑크푸르트에서 선언하고, 삼성의 신경영을 출범시켰다."

이같이 이건희는 해외에서의 전략회의와 강연을 통해서 실로 많은 부분을 언급하고, 제시하고, 요청하고, 주문하고, 또한 지시했다. 얼핏 들어선 모두가 맞는 말 같기도 하고, 또 어떻게 들으면 일부분이라 할지라도 현실의 조건과 나무 동떨어져 보이기조차 한, 자칫 뜬구름 잡는 꿈만 같은 소리일 법도 했다.

그러나 뒷날의 얘기이긴 하지만, 그 모든 것은 한낱 뜬구름 잡는 꿈만 같은 소리가 아니라 놀랍게도 거의 현실로 이뤄졌다는 사실이다. 하기는 지금의 삼성전자를 당시 어느 누가 상상이나 할 수 있었겠는가?

이때부터 이른바 '이건희 신드롬'으로 불리며 그는 국내 경제계에 큰 반향을 일으킨다. 그동안의 은둔자 모습에서 벗어나 단연 새로운 아이콘icon으로 주목받기 시작했다.

그러나 이건희는 좀처럼 귀국하지 않았다. 자신의 '신경영'을 위한 해외출장은 '프랑크푸르트 선언'이 있은 이후에도 68일간이나 더 지속되었다.

그는 프랑크푸르트에서 베를린으로 향했다. 삼성전관이 인수한 베를린의 WF사를 현지 방문한 뒤, 다시 프랑크푸르트로 돌아왔다.

이틀 후에는 스위스 로잔으로 향했다. 임원들을 중심으로 한 특강과 전략회의가 로잔에서 열렸다.

다시 영국으로 날아갔다. 영국에선 빌링햄의 삼성전자 컬러TV 공장을 방문한 데 이어, 한 달 가까이 주재원들을 대상으로 전략회의도 열고 질 경영을 위한 특강도 계속 이어나갔다.

잠시 청와대에서 열린 경제인 모임에 참석하기 위해 귀국했다가, 다시 도쿄로 날아갔다. 깊이 잠들어 있는 삼성을 흔들어 깨우기 위한 이건희의 포석은 또다시 도쿄에서부터 이어져 나갔다. 아버지 이병철의 왕국을 넘어 세계 초일류 기업으로의 새로운 제국을 만들기 위한 그의 잰걸음이 분주하게 움직였던 것이다.

이건희의 '잠든 거인'을 깨우는 방식

이건희가 프랑크푸르트에서 '신경영'을 선언하고 삼성이 가장 먼저 실천에 들어간 작업은 다름 아닌 세계 초일류 기업에 대한 벤치마킹bench-marking 이었다. 국내 1위의 안주에서 벗어나 세계 속의 삼성을 재건설해나가는 데는 먼저 초일류 기업에서 배우는 길밖엔 없다고 결론지었다.

사실 삼성에게 벤치마킹은 결코 낯선 선택이 아니었다. 이미 선대 회장 때부터 삼성이 도약할 때마다 선택해온 남다른 기업문화이기도 했다.

그러나 이번에는 좀 달랐다. 선대 회장 때와 같이 비단 일본에만 국한하지 않았다. 일본을 넘어 미국 등 지구촌의 세계 초일류 기업이 총망라된, 일찍이 그 유례를 찾아볼 수 없는 대대적이고 전폭적인 벤치마킹 작업이었다.

이윽고 2년여의 작업 끝에 전자, 중공업, 섬유 등의 산업부문에서부터 마케팅, 재고관리, 고객서비스, 생산 및 작업관리, 구매 및 조달, 품질관리, 판매관리, 물류시스템, 신제품 개발 등에 이르기까지 기업경영 전반에 걸친 세계 초일류 기업을 선정했다.

예컨대 산업부문에서 전자는 SONY와 마쓰시타가, 중공업은 미쓰비시가, 섬유는 도레이 등이 결정되었다. 경영 기법에 대한 벤치마킹 대상 기업으로는 우선 마케팅 분야에서 마이크로소프트 헬렌커티스 리미티드가, 재고관리는 웨스팅하우스 애플 페더럴익스프레스가, 고객서비스는 제록스 노드스트롬이, 생산 및 작업관리는 휴렛패커드 필립모리스가, 구매 및 조달은 혼다 제록스 NCR이, 품질관리는 웨스팅하우스 제록스가, 판매관리는 IBM P&G가, 물류시스템은 허시 메리케이 코스메틱이, 신제품 개발은 모토로라 SONY 3M 등 지구촌에서 내놓으라 하는 초일류 기업들이 광범위하게 총망라되었다.

곧이어 이건희는 다음 포석에 들어갔다. 질 경영을 위한 세계 초일류 기업의 벤치마킹에 그치지 아니하고, 깊이 잠들어 있는 삼성을 뒤흔들어 깨워 온몸으로 직접 느끼게 해줄 필요가 있다고 생각했다.

그것이 이른바 '7~4제'였다. 세계 속에서 삼성을 돌아보게 하는 질 경영의 각성에 이어, 곧 그러한 자각을 행동으로 옮겨 직접 실천하는 물리적인 방법이었다.

회장 비서실은 곧바로 태스크포스 팀을 구성했다. 회장이 제시하고 나선 질 경영을 구현하기 위한 여러 가지 방안이 논의되었다. 그렇게 나온 것이 '7~4제'였다. 오전 7시에 출근하고 오후 4시에 퇴근하는 근무 제도였다.

이건희는 회장 비서실 차장 이학수에게 지시했다. 스위스 로잔에서 임원들을 위한 특강과 전략회의를 마친 뒤, 다음 일정을 위해 영국으로 향하던 중에 공항에서 전화를 걸었다. 7~4제를 곧바로 시행하라고 했다.

닷새 뒤, 이 제도는 공식적으로 의결되었다. 태평로 삼성 본관 27층 대회의실에서 삼성전자 회장 강진구의 주재로 삼성 사장단 주례 회의가 열린 자리에서였다.

처음에는 이런저런 말들이 없지 않았다. 일찍이 유례를 찾아볼 수 없는 파격 앞에 당황하는 기색이 역력했다. 출근시간이 2시간이나 빨라진 데 대한 불평불만이 쏟아졌는가 하면, 직원들이 일찍 퇴근했다가 저녁을 먹은 뒤에 다시 회사로 돌아와서 일하는 풍경마저 없지 않았다.

몇 달 뒤 장기 해외 출장을 마치고 마침내 귀국한 이건희는, 7~4제가 제대로 시행되고 있는지 조사해보라고 회장 비서실에 지시했다. 고삐를 더욱 바짝 잡아당기기 위함이었다.

"7시에 출근해서 4시에 모든 일과를 끝내 봐라. 퇴근 후에는 운동을 하든지, 친구를 만나든지, 어학 공부를 더하고 6시 30분쯤 집에 들어가라. 회사가 스케줄을 그렇게 만들어주면 자연히 가정적인 사람이 된다. 4~5시에 회사에서 퇴근할 수 있게 되어 밤늦게 친구 안 만나면 가족 불러내서 저녁을 먹게 되고, 이런 게 일주일에 두어 번은 될 것이다. …6시 넘어서까지 무엇하러 회사에 앉아 있나. 그 대신 아침에 일찍 오자. 교통 막히니 7시까지 출근하자. 대신 과장급 이하는 4시에 다 퇴근하고, 과장에서 부장까지는 5시까지는 정리하고 다 나가라. 이건 명령이다. 윗사람이 퇴근해야 나도 한다는 발상은 안 된다. 안 나가는 사람이 나쁜 사람이다. 만약 안 나가면 부서장이 책임져야 한다."

그는 콘크리트처럼 단단히 굳어져 있는 발상을 전환시키고 싶었다. 깊은 잠에서 덜 깬 삼성의 임직원들에게 의식개혁을 온몸으로 느낄 수 있도록 해주고 싶어 했다.

1993년부터 실시된 삼성의 7~4제는 이후 10년 가까이 지속되다 2002년 들어 개정되었다. 의식을 개혁하기 위해서는 더할 나위 없는 파격이었으나, 문제는 야간 근무였다. 일부 부서에서 생산성이 떨어지면서 야근이 불가피했다. 또한 외부 협력사들과 긴밀하게 연락을 주고받아야 하는 부서 또한 부작용이 따랐다.

결국 삼성의 7~4제는 당초 목표한 의식 개혁이 이뤄졌다는 판단에 따라 부작용을 고려해서 폐지하기로 했다. 계열사 별로 환경에 맞도록 운용키로 한 것이다.

예를 들어 일반 부서는 오전 9시에 출근해서 오후 5시 퇴근으로 돌아갔다. 해외 관련 부서는 오후 2시에 출근해서 저녁 10시까지 근무했다.

2012년부터는 다시금 '하루 4시간 근무제'가 도입되기도 했다. 하루 8시간 근무를 기준으로 주당 40시간을 채우면, 일주일 중 하루는 4시간만 근무해도 되는 방식으로 탄력을 갖게 되었다.

어쨌든 7~4제는 분명히 깊이 잠들어 있는 삼성을 뒤흔들어 깨우기 위한 변화와 개혁의 전주곡이었다. 전에 볼 수 없는 새로운 근육을 키워낼 수 있었음은 누구도 부인치 못했다.

우선 가시적인 경영의 성과와 정신적인 측면에서 뿐만 아니라, 삼성의 전체 역량까지도 한 단계 끌어올렸다는 평가다. 겉으로 드러난 것만 하여도 7~4제 이전과 비교해 외국어 자격 취득자는 1만 4,200명에서 3만 500명으로 2배 이상 늘었고, 정보화 자격 취득자는 1,900명에서 3만 5,000명으로 18배 상승한 것으로 나타났다.

다음으로 눈에 띄는 건 '토픽스TOPICS'였다. 출퇴근 시간을 파격적으로 운용한 7~4제가 다름 아닌 의식개혁을 온몸으로 느낄 수 있도록 한 것이라면, 사내 인트라넷 시스템인 토픽스는 임직원 간의 정보를 공유하기 위한 정보공개 망이었다. 그동안 이건희가 수없이 강조해온 정보의 중요성과 가치를 일깨워주려는 조치였다.

뒤이어 열린 도쿄 전략회의에서 그는 삼성의 모든 정보를 하나로 모아 새로운 부가가치를 창조하라고 주문했다. 종합적인 사고방식과 시야를 넓히기 위해서는 각 계열사에서 벌어지고 있는 다양한 상황을 그룹 전체가 공유해야 한다는 판단에서였다.

"지나간 정보는 쓰레기고, 살아 있는 정보가 참 정보다. 정보는 돈과 직결된다. 평소 사소한 정보라도 축적하고, PC에 넣어 한 곳에 모아 정보 공유도 해야 한다. 아무리 사소한 정보라도 모으면 큰 정보가 된다고 수없이 얘기했다…"

다음에는 인사 개혁으로 폭풍을 다시 이어나갔다. 새 술은 새 부대에 담아야 제 맛이 난다는 소신에서였다. 한데 여기서 방법은 또 달랐다.

　그해1993년 가을 삼성은 임원들을 대상으로 '21세기 최고경영자 과정'을 개설하고, 1차로 중역 50여 명을 용인의 그룹 연수원에 입소시켰다. 경영의 안목을 보다 높일 수 있도록 하기 위해, 일선 업무에서 벗어나 6개월 동안 국내외를 두루 돌며 교육을 받도록 하는 재교육 제도였다.

　하지만 재교육에 들어가는 순간 이들의 일선 직책은 자동적으로 사라졌다. 대신 그 자리에는 그 아래 직급이었던 젊은 임원이 새로이 자리를 차지하고 들어갔다. 그야말로 감쪽같은 인사 숙청⑺ 작업이었던 셈이다.

　때문에 6차에 걸쳐 모두 193명의 중역이 교육에 참여하였으나, 다시 살아 현역으로 돌아온 임원은 그리 많지 않았다. 나머지 중역은 그만 삼성을 떠나지 않으면 안 되었다.

　특히 같은 시기 인사 개혁에서 빼놓을 수 없었던 건 회장 비서실의 전면적인 개편이었다. 깊이 잠들어 있는 삼성을 뒤흔들어 깨우기 위한 자신의 '신경영'을 구체적이고 체계적으로 실천해가기 위해 회장 비서실을 축소 통합시켰다. 대신 프랑크푸르트 선언을 실행하기 위한 '신경영실천사무국'을 신설했다.

　그 내용을 들여다보면 기존의 11개 팀을 8개 팀으로 축소 개편하고, 인원도 100명으로 소수 정예화했다. 또 각 팀의 책임 임원을 기존의 전무 직급에서 글로벌 감각을 가진 이사급으로 대폭 교체시켜 회장 비서실을 더욱 젊게 재무장시켰다.

　그런가 하면 회장 취임 이후 질 경영을 부단히 외치면서 제품의 품질에 줄곧 방점을 두어왔다. 삼성이 해외로 나아가기 위한 선결 조건이었다.

한데 자신이 말한 품질경영이 더디게 전개되고 있다고 질책했을 때 회장 비서실장 이수빈은 이렇게 대답한다.

"회사의 생산 능력을 키우려면 양을 무시할 수 없습니다. 그래도 이제는 질과 양의 비율을 50대 50으로 맞췄습니다. 내년에는 질의 비중을 60%로 늘릴 것입니다…"

회장 비서실장 이수빈은 자타가 공인하는 삼성의 철벽 수비수였다. 하지만 철벽 수비수를 앞세워 깊이 잠들어 있는 삼성을 흔들어 깨우는 개혁으로 나아가기에는 아무래도 힘들어 보였다. 더구나 자신의 수족과도 같아야 할 개혁의 최고 수뇌부이자 그룹의 핵심 책임자로는 어쩐지 호흡이 맞지 않았다.

결국 앞서 설명한 대로 회장 비서실장 이수빈은 현명관으로 전격 교체되고 만다. 회장 비서실장의 교체는 이미 예견된 것이었다.

회장 비서실장 현명관은 훗날 당시의 상황을 〈헤럴드경제〉 기자와의 인터뷰에서 이렇게 밝혔다.

기자 – '93년 비서실장으로 발탁된 직후 이 회장으로부터 받은 지시 사항은 어떤 것인가?

실장 – 강력한 개혁이었다. 제도나 관행에 구애받지 말라는 거였다. 회장 눈치도 보지 말고 소신껏 일하라는 당부도 있었다.

기자 – 당시 비서실 조직의 대폭 축소는 이 회장의 의사였는가?

실장 - 회장께서 나부터 바꾸겠다고 여러 차례 사장단에 강조했고, 비서실도 변해야 한다고 주문했다. 중요한 의사 결정에 비서실이 관여하니까 계열사 임직원들의 창의적인 사고가 사라지고 있다고 우려한 적도 있었다.

기자 - 그룹운영위원회 신설은 어떤 의미였는가?

실장 - 신경영 추진은 비서실 산하 신경영실천사무국이 주도하고, 그룹 경영의 전반적인 사항은 그룹운영위원회에서 논의해 결정토록 했다.

깊이 잠들어 있는 삼성을 흔들어 깨우기 위한 이건희의 개혁은 1993년 일 년 내내 들불처럼 번져나갔다. 그해 겨울에는 그동안의 개혁을 마지막으로 마무리 짓는 정례 임원 인사가 있었다.

한데 이 임원 인사 또한 전에 보지 못한 파격이었다. 몇 가지 낯선 풍경이 눈에 띄었다. 「삼성 60년사」에 기록되어 있는 같은 해 임원 인사 개혁에 대한 취지와 평가다.

"첫째, 관리보다는 기술 부문에 경험이 많은 사람을 우대하는 경향을 보였다. 대표이사와 전무를 포함하여 대표이사 12명 가운데 7명이 이공계 대학 출신이었다….

둘째, 젊은 층의 발탁 승진을 통해 조직 내에 신선한 변화 기운을 불어넣었다. 임원 전체 승진자 265명 가운데 10% 선인 24명이 해당 직위 1~2년 차에서 발탁되었다….

셋째, 고졸 출신 및 여성 임원을 배출함으로써 열린 인사를 시도했다. …

이는 삼성의 인사에서 더 이상 성별이나 학력 차별이 없다는 것을 대내외적으로 크게 알리는 계기가 되었다."

다시 투톱, '이건희 정몽구의 시대'

새로운 천 년을 눈앞에 둔 남모를 두려움 때문이런가? 이들만의 '높은 운명' 탓이런가?

삼성과 현대 두 왕국은 새 천 년을 눈앞에 두고 크게 출렁였다. 삼성왕국이 우여곡절 끝에 선대 회장의 그늘에서 벗어나 신임 회장 체제로 점차 자리를 잡아가고 있었으나, 현대왕국은 '왕자의 난1999년'으로 말미암아 소그룹으로 뿔뿔이 흩어지고 만다. 이른바 이병철과 정주영으로 일컬어지는 창업 1세대 간의 숙명적 라이벌전도 끝내 마침표를 찍기에 이른다.

이후 재계는 한동안 뚜렷한 맹주가 없는 춘추전국시대였다. 무엇보다 현대가 힘을 쓰지 못했다. 왕국에서 자동차 소그룹으로 쫓겨나 이젠 다시 재기하기 어렵다던 정몽구가 절치부심 끝에 기아자동차의 호흡을 되살려가고 있는데 반해, 왕국의 단독 회장으로 명예회복에 나섰던 정몽헌이 스스로 생을 마감하고 말면서 위기에 빠졌다.

이어진 정주영 명예회장의 타계와 현대가의 불협화음 등 일련의 과정을 거치면서 왕국의 이미지는 곤두박질 쳤다. 정부와 재계 총수들의 회합에서도 현대가는 마땅히 뒷전으로 밀려났고, 언론 보도에서 비중도 그만큼 낮아졌다. 삼성의 신임 회장 이건희의 성장세가 워낙 가파르다 보니 현대가 중 누구도 상대를 추격하기에는 역부족으로 비쳐졌다.

현대가에선 오직 정몽구만이 보일 따름이었다. 그만이 유일하게 분가의 혼란 속에서도 조금씩 입지를 다져나가고 있었다.

그는 현대·기아자동차그룹 출범2000년 직후 회사의 미래를 걱정하는 임직원들에게 다음과 같이 역설한다. '한니발이 로마를 침공B.C. 202년했을 때 로마의 운명을 짊어진 젊은 장군 스키피오는 조금도 두려워하지 않았다. 오히려 용기를 내어 적진인 카르타고의 본토로 진군해 한니발을 물리쳤다'고 말했다. 그러면서 '르노프랑스와 포드미국 등 해외 자동차 업계의 국내 진출에 맞서, 우리도 그들의 본고장으로 진출하여 신차와 미니밴 등의 주력 차종을 앞세워 두려워 말고 정면 승부를 펴나가자'고 자신감을 불어넣었다.

아울러 그는 일찍이 현대정공 시절부터 임직원들에게 주문해온 조직원들 간의 강력한 단합을 주문했다. '모든 사원이 화합 속에 열과 성을 다해 난관을 돌파해나가는 추진력과 땀의 현장에서 배운 것들이 현대차인들의 긍지로 승화되었다'라면서, '기업의 경영환경이 어려울 때일수록 이 같은 사원들의 단합이 더욱 요청된다'고 강조했다.

그렇듯 정몽구는 현장경영으로 이끌어낸 특유의 조직력, 기술경영, 품질경영 등을 바탕으로 서서히 힘을 길러나갔다. 기아자동차에서 부활의 기적을 만들어내면서 자동차 소그룹을 일으켜 세우는 데 성공한다.

그처럼 세간의 우려를 말끔히 씻어내고 다시 돌아왔다. 망망대해 위에 홀로 떠 있는 작은 섬 갈라파고스에서 벗어나, 선대 회장들이 그랬듯 정몽구 역시 이건희와 더불어 재계의 아이콘으로 다시금 올라섰다. 이병철과 정주영 이후 다시 한 번 '이건희 vs 정몽구'라는 숙명의 라이벌 구도를 부활시켰다.

그리하여 이병철과 정주영이 국내 정상을 놓고 다투는 '왕국national의 시대'였다면, 이건희와 정몽구는 글로벌 시장을 놓고 경쟁해야 하는 '제국

international의 시대'를 정복하기 위한 돛을 올렸다. '좋은good 삼성경영', '좋은 현대경영'을 넘어, '위대한great 삼성경영', '위대한 현대경영'을 위한 출항에 올랐던 것이다.

제5장
이건희의 '창조경영',
정몽구의 '바텀 피더'

품질은 인격, 자존심이다

시점을 조금 거슬러 올라가 1993년 여름이었다. 금성사_{지금의 LG} 창원 냉장고 공장에 삼성전자 직원 2명과 함께 금성사 납품업체 직원 2명이 가짜 명함을 들고서 몰래 잠입해 들어갔다.

그들은 당시 금성사의 히트 제품이었던 '김치독 냉장고' 생산 라인을 훔쳐보았다. 1시간여 동안이나 공정 과정을 살펴보다 붙잡혀 경찰에 넘겨진 사건이었다.

이건희는 일본 후쿠오카에 머물고 있었다. 사건 보고를 받은 시점은 만 하루가 지난 늦은 밤이었다.

이날 저녁 그는 삼성 계열사 임원 및 차장급 이상 간부 100여 명과 함께 밤 10시부터 마지막 현지 전략회의를 갖기로 되어 있었다. 바로 그 직전에 보고를 받게 되었다.

예정대로 열린 이날 밤 전략회의에서 이례적으로 그는 3번씩이나 이 문제를 언급했다. 결코 간단히 보아 넘길 사안이 아니라고 생각한 것이다.

4시간에 걸친 전략회의가 모두 끝나자 새벽 2시 무렵이었다. 이건희는 뉴오타니 호텔 14층에 자리한 자신의 방에서 긴급 임원회의를 소집했다. 임원들은 대수롭지 않게 여기는 얼굴이었다. 좀처럼 잘못을 인정하지 않았다. 경쟁 기업 간에 흔히 있을 수 있는 일쯤으로 치부했다. 우리만이 아니라 상대도 그래왔지 않느냐는 식이었다.

아니면 경쟁사 제품과 항상 품질 비교를 하며 우위에 서야 한다는 강박관념이 삼성인들에겐 오래전부터 있어왔다고 변명만 늘어놓았을 뿐이다. 분명 도덕적으로 잘못을 저질러놓고도 결코 인정하려 들지 않는 도덕 불감증에 가까운 모습들이었다.

그는 대노했다. 명백한 도둑질임에도 인정하지 않으려는 그들을 향해 음성을 높였다.

"기술을 도둑질해 어떻게 세계 초일류가 될 수 있는가? 돈을 주고 외국에서 사오라는 기술은 사오지 않고 이게 무슨 짓인가? 삼성을 위해선 미안한 얘기지만 이번 사건은 어쩌면 잘 터진 거다. 모두가 파악력이 부족하다. 위기의식이 없으니까 상황 인식이 안 되는 거다. 15만 명의 종업원이 있으면 언제 어떤 사고가 생길지 모른다. 사건 자체도 문제가 되지만, 사건의 본질이 무엇인지를 통찰해 근원을 해결하는 것이 더 중요하다. 보고 배울 수 있는 기술이라면 그건 기술이 아니다. 그런 단순한 기술은 이제 못 써먹는다. 도덕적 불감증이 더 문제다. 비싼 값에라도 기술을 사 와서 우리가 개량하면 비싼 게 결코 아니다. 남이 다 개발해놓은 기술에 어렵게 매달릴 필요가 없다…”

　삼성은 이내 상대 경쟁사에 잘못을 인정하기로 했다. 곧바로 상황실을 설치하고 창원 현지에 회사 간부를 파견하여 금성사에 진정으로 사과했다.

　이 사건에서도 볼 수 있는 것처럼 그가 일 년 가까이 지구촌을 종횡무진하며 변화와 개혁을 부르짖고 있었지만, ‘질 경영’은 아직도 요원해 보이기만 했다. 바로 같은 시기에 또다시 발생한 사건이 다름 아닌 ‘휴대전화 화형식’이라는 충격요법이었다.

　그동안 질 경영을 강조하며 불량 제품은 암 덩어리라고까지 일컬었다. 품질경영을 위해서라면 공장 가동을 중단해도 좋다고 했다. 시장 점유율이 일시적으로 떨어져도, 또한 적자가 나더라도 상관치 않겠다고 해왔다.

　삼성의 3만 명이 만들어낸 제품을 6,000명이 하루에 2만 번씩 수리하러 다니는 게 서비스 잘한다고 자랑할 만한 일이냐고 통탄했다. 그런 낭비가 또 어디에 있느냐고 질책해왔었다.

　삼성전자의 휴대전화 출시는 상대적으로 빠른 편이었다. 이미 5년 전1988년에 첫 휴대전화가 시장에 선을 보였다. 당시 휴대전화는 미국의 모토로라가 세계 시장을 장악하고 있을 때였다. 국내 시장의 사정도 다르지 않았다. 삼성전자 무선사업부는 세계 최강 모토로라에 맞섰다. 삼성의 브랜드는 ‘애니콜’이었다.

　한데 삼성전자 무선사업부는 시장 점유율에 쫓기면서 무리하게 제품 출시를 서둘렀다. 품질은 돌아볼 겨를조차 없었다. 모토로라가 점유하고 있는 시장에서 살아남기 위해서는 당장 신제품 투입이 시급한 정황이었다.

그해 삼성전자의 휴대전화 불량률은 무려 11.8%를 기록했다. 명예회복을 위해 5개 모델 가운데 4개 모델의 생산을 중단키로 하고, 유형별 원인 분석에 나섰으나 별 효과가 없었다.

그동안 질 경영을 그토록 외쳐댔건만 일부를 제외하면 질은 아직도 여전히 뒷전이었다. 양의 실적만을 추구하는 관습에서 벗어나지 못하고 있었다.

이건희는 불량 제품을 전원 새 제품으로 바꾸어주라고 말했다. 당시 휴대전화 한 대 가격이 150만 원에서 200만 원을 호가하던 때였다. 회사의 손실이 눈덩이처럼 커질 수밖에 없었다. 어떤 특단의 처방이 필요한 시점이었다.

몇 달 뒤, 구미공장을 방문하는 길에 휴대전화를 공장 운동장에 한데 쌓으라고 지시했다. '품질은 나의 인격이요, 자존심!'이라고 쓰여 있는 현수막 아래 삼성전자 무선사업부 임원들이 자리를 잡았다. 나머지 2,000여 직원들 또한 모두 운동장에 집결했다.

운동장 한복판에는 휴대전화, 팩시밀리 등 15만 대나 되는 제품들이 산더미처럼 쌓였다. 자그마치 500억 원 어치에 달하는 양이었다. 이윽고 대형 해머를 든 10여 명이 산더미처럼 쌓여 있는 제품들을 마구 박살 내기 시작했다. 박살이 난 제품들에 불길이 타올랐다. 화염 속에 제품들이 시나브로 사라져갔다.

당시 무선사업부 이사로 현장에 참석했던 이기태훗날 삼성전자 휴대전화 부문 사장는 그날의 풍경을 보고 이런 심경을 남겼다.

"내 혼이 들어간 제품이 불에 타는 걸을 보니 말로는 표현할 수 없는 감정이 교차했다. 그런데 이상하게도 타고 남은 재를 불도저로 밀고 갈 때쯤 갑자기 각오랄까, 결연함이 생겼다. 그 불길은 과거와의 단절을 상징하는 것이었다…."

이기태의 심경과 같이 휴대전화 화형식은 과거와의 단절을 의미했던 것일까? 휴대전화 화형식이라는 충격요법은 깊이 잠들어 있던 거인을 깨우는 신호탄이었다.

같은 해 국내 4위에 그쳤던 삼성전자 휴대전화는 이듬해 곧바로 시장 점유율 19%까지 수직 상승하며 모토로라를 턱밑까지 바짝 추격했다. 또 그 이듬해엔 국내 시장 정상에 기어이 올라서더니, 2007년엔 마침내 모토로라마저 제치고 노키아에 이어 세계 2위 자리로 올라서는 기적 같은 현실을 만들어냈다. 곧바로 이어진 스마트폰 세계 정상의 시대를 열어 가는데 그때 그렇게 학습과 단련을 할 수 있었던 것이다.

밑바닥 물고기에서 10년 후 'Big 5'까지

'왕자의 난'으로 말미암아 왕국에서 자동차 소그룹으로 독립한 정몽구는, 2000년 9월 양재동에 마련한 신사옥에서 출범식을 겸한 임직원 통합조회를 가졌다. 하지만 분위기는 아직 어수선하기만 했다. 출범식에 축하와 미래를 확신하는 들뜬 분위기 대신 내심 우려와 불안의 검은 그림자가 더 짙었다.

홀로서기에 나선 정몽구 또한 그 같은 분위기를 모를 리 만무했다. 자신을 향한 임직원의 시선이 어느 때보다 물속 깊이 가라앉아 있음을 어렵잖게

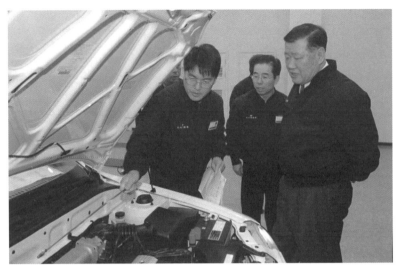

현대자동차 울산공장을 방문한 정몽구 회장이 품질개선을 지시하고 있다

목격할 수 있었다.

이윽고 그가 단상 앞으로 뚜벅뚜벅 걸어 나아갔다. 단상의 양쪽 끝을 예의 솥뚜껑만 한 손으로 힘껏 붙잡고 섰다. 전에는 볼 수 없었던 결의에 찬 모습이었다.

이날 정몽구는 '…오는 2005년에 세계 5위의 품질을 확보하고, 2010년에는 5대 자동차업체로서 거듭나도록 노력하자'는 GT5 비전을 발표했다. 현대·기아차그룹 회장으로 취임한 이래 첫 일성이었던 셈이다.

그러나 왠지 낯설기만 한 비전 선언이었다. 귀를 열어 받아들이기 어려운 꿈만 같은 소리로 들렸다. 현대차그룹의 누구도 아직은 그의 비전 선언을 선뜻 받아들이지 못하는 표정들이었다.

그도 그럴 것이 당시 현대차그룹은 안팎에서 이중으로 포위당하고 있는 처지였다. 안으로는 왕국에서 분리되어 나와 이제 막 홀로서기에 들어가야 하는 데다, IMF 외환 위기로 창사1967년 이래 처음으로 고전을 면치 못하고 있을 즈음이었다. 더구나 적자의 늪에서 헤어나지 못하고 있던 기아자동차까지 마지못해 떠맡게 되면서, 새로운 출범이라는 기대보다는 불투명해진 미래에 대한 우려와 불안이 팽배한 상태였다.

또한 바깥으로는 아직도 '저가 브랜드'의 오명을 씻어내지 못했다. 품질이 그렇고 그런 값싼 자동차라는 굴레에서 벗어나지 못하고 있었다.

따라서 바다를 건너가면 으레 현대자동차는 글로벌 자동차업계가 붙여준 별명 '바텀 피더bottom feeder'였다. 수면 위로 올라가면 자신보다 크고 강하면서 잽싼 물고기들에게 잡혀 먹힐까 봐, 물속의 차가운 바닥에서 일생을 보내야 하는 슬픈 운명의 물고기여야 했다. 일찍이 미주시장에 진출1986년하였으나 21세기 벽두만 하여도 현대자동차는 여전히 '저가 자동차', '덤핑 브랜드'로 치부될 정도였다.

그렇다면 정몽구의 취임 일성은 과연 허언에 불과했을까? 단순히 배를 산으로 끌고 가자는 헛된 망상에 그치고 말았던 것일까?

결론부터 말하면 그건 아니다. 마치 운명인 것처럼 당시 정몽구는 우리나라 표준화와 품질경영의 총본산인 한국표준협회 회장직을 맡고 있었다. 뿐만 아니라 정몽구에게는 이미 글로벌 톱의 경험이 있었다. 한 번 1등을 해본 경험은 무엇과도 바꿀 수 없는 대단히 중요한 자산이자 힘이었다.

더욱이 현대왕국은 경험을 중시하는 오랜 전통이 있다. 자신의 성공 비결을 묻는 기자들의 질문에 "나는 누구에게든, 무엇이든, 필요한 것을 모두 배워

한국표준협회 회장을 겸임했던 정몽구 회장

내 것으로 만든다는 적극적인 생각, 진취적인 자세로 '작은 경험을 확대해 큰 현실로 만들어내는 것'에 평생 동안 결코 주저해 본 적이 없다"는 창업 회장 정주영의 거침없는 답변을 상기시켰다.

물론 정몽구가 현대자동차서비스 초대 사장1974년으로 자신의 경영력을 입증해 보였던 건 사실이다. 그러나 선대 회장으로부터 독립해서 본격적으로 기업경영을 맡았다고 보기는 어렵다. 당시 현대자동차서비스는 원효로 정비공장 단일 사업장 체제였을 따름이다.

경영자로서 그가 선대 회장으로부터 확실하게 인정받았던 건 좀 더 이후였다. 정몽구가 현대정공지금의 현대모비스의 컨테이너 사업 부문을 맡아 생산 개시 7년여 만인 1983년에 세계시장의 35%를 점하면서, 세계 1위에 올라섰을 때라고 보는 게 보다 정확한 얘기다.

당시만 해도 지금과 달라서 월드베스트 상품이 사실상 전무한 때라서 더욱 값진 승전보였다. 같은 해 현대중공업도 건조량 기준으로 조선업계 세계

1위에 올라섰으나, 현대정공의 컨테이너 부문이 간발의 차이로 왕국 최초이자 국내 최초로 세계 1위 상품에 이름을 적바림하게 되었다. 그야말로 뚝심의 개척정신이 이뤄낸 세계 정상이 아닐 수 없었다.

정몽구의 GT5 비전 선언은 이처럼 현대정공에서 컨테이너를 만들어 세계시장을 정복해나갔던 경험이 중요한 바탕이 되었다. 현대차그룹의 누구도 그의 회장 취임 첫 일성에 선뜻 귀를 열어 받아들이려 하지 않았으나, 그로부터 10여 년이 지난 시점에서 그의 비전 선언은 더는 꿈만 같은 소리가 아니었다.

바다 건너 미주시장에서 또한 다르지 않았다. 현대자동차를 일컬어 더 이상 '바텀 피더'라고 부르는 이는 아무도 없었다.

현대자동차는 물속의 차가운 바닥에서 일생을 보내야 하는 바텀 피더의 운명에서 벗어나 있었다. 어느덧 수면 위에서 자신보다 더 크고 강한 고래미국의 자동차 Big 3와 상어일본의 토요타를 괴롭히는 성난 물고기였다.

그리하여 그가 밝힌 비전 선언에 빠르게 다가섰다. 2006년 수출과 내수 포함 총 339만 6,000여 대를 판매해 세계 자동차 판매 순위 6위에 적바림하면서, '그저 그런 자동차'에서 '꼭 한번 타고 싶은 차'로 화려하게 변신해 갔다. '자동차의 나라' 미국에서 판매된 자동차 열 대 가운데 한 대가 현대차라는 믿기지 않은 풍경 속에, 마침내 2010년엔 그가 취임 일성으로 밝힌 'Big 5총 575만 대'에 올라섰다.

과연 지난 10년 동안 현대자동차에 무슨 변화가 일어났던 것일까? 정몽구의 어떤 경영력이 밑바닥 물고기의 '바텀 피더'에서 'Big 5'의 기적을 만들어낼 수 있었을까?

'생존을 위한 독종'을 경험하라

해외 출장에 오를 때마다 먼저 이건희는 그 나라와 방문 지역의 각종 인프라를 비롯하여 문화를 이해하려 애썼다. 출장길에 오르기 전 그는 회장 비서실을 통해 해당 국가와 방문 지역에 대한 거의 모든 자료를 건네받았다. 그 나라와 방문 지역의 역사적 배경에서부터 주변 국가와의 관계, 정치 경제 동향 및 총괄적인 자료를 사전에 두루 살폈다.

명소라면 해마다 몇 명이나 찾는지, 어떤 역사·문화사적 의미가 있는지, 심지어는 경제 효과에 미치는 영향에 이르기까지 구석구석 놓치지 않았다.

현지에 도착하기 전에 그 나라와 방문 지역의 문화를 속속들이 꿰고 있을 정도였다. 현지를 보다 깊이 이해하고 친밀하게 다가서기 위한 그만의 출장 문법이었다.

독일의 프랑크푸르트에서 '신경영'을 선언하기 한 해 전의 일이다. 이건희는 수행 중인 임원들과 함께 스위스 취리히에 기착했다.

호텔에 여장을 풀자마자 수행 중인 임원들을 자신의 방으로 불렀다. 회장 비서실의 재무팀장 이학수, 비서팀장 김순택, 삼성물산 프랑크푸르트 지사장 양해경 등이었다. 그는 창밖을 바라보다 말고 불쑥 입을 열었다.

"나 혼자 쉬고 있을 테니 여러분은 유럽의 독종과 생존, 그리고 일류 문화를 경험해보도록 하세요."

전연 예상치 못한 소리에 수행 임원들은 잠시 영문을 몰라 했다. 더욱이 '독종'이니 '생존' 따위의 낯선 단어에 짐짓 놀란 표정들이었다.

그제야 '짧은 휴가'라고 덧붙였다. 국민소득이 3만 달러에 이르면서도 로마 교황청의 근위병으로 타국으로 용병까지 파견하여 외화를 버는 스위스의 '독종 근성'이며, 독일이라는 강대국에 눌려 있으면서도 Bang&Olufsen 등과 같은 경쟁력 있는 대기업이 존재하는 덴마크의 '생존 본능'이며, 또한 국가 경제를 대기업 없이 오로지 관광산업에만 의존하고 있는 오스트리아와 같은 작은 국가들의 타산지석他山之石을 몸으로 직접 느껴보라는 거였다.

수행 임원들은 곧장 2박 3일간의 일정에 들어갔다. 유럽의 작은 국가들의 '생존을 위한 독종'을 몸으로 직접 느끼기 위한 인프라 기행에 들어갔다.

사실 해외 출장을 떠난다 하더라도 으레 거래처와의 비즈니스가 끝나면 곧바로 다음 행선지로 떠나기 십상이다. 여행이라기보다는 업무의 연속이기 일쑤였다. 애당초 출발 전부터 일정이 그렇게 짜여지기 마련이었다.

이날의 '짧은 휴가'는 그 같은 통념을 깬 것이었다. 해외 출장을 많이 간 '수박 겉핥기'식이 국제화가 아니라, 해외 출장을 간 나라의 인프라와 문화를 직접 '깊이 체험'하는 것이 곧 국제화라는 개념이었다.

그날의 '깊은 체험' 이후 삼성 임원들의 해외 출장 풍경은 크게 달라진다. 해외 출장 비즈니스를 끝낸 뒤에는 으레 2~3일 동안 인프라와 문화의 깊은 체험을 의무적으로 하게 되었다.

1993년 새해 벽두부터 도쿄, LA, 프랑크푸르트, 스위스, 영국 등지로 이어진 전략회의에서 수백 명에 이르는 임원들을 군이 해외로까지 불러냈던 것도 그 같은 이유에서였다. 우물 안의 개구리에서 벗어나 세계 초일류 기업으로 가기 위한 임원들의 국제화를 가속화시키기 위해서였다.

이를 계기로 그룹 전체에 저변을 확대시킨 것이 '지역전문가' 제도였다. 3년 차 이상의 사원, 대리급 인력을 1년 동안 해외 각국으로 보내 자신이 직접 짠 자율 프로그램에 따라 해당 국가의 언어와 문화를 '깊이 체험'하게 했다.

"미래를 내다봐야 한다. 우리가 잘 쓰지 않은 작은 국가의 언어는 1년 안에 배우기 어려운 경우가 많다. 이런 지역은 전문가 기간을 2년으로 늘려 해당 국가의 언어와 문화를 충분히 익히게 해야 한다. 앞으로는 그런 차이가 기업 경쟁력의 차이로 나타난다…"

글로벌을 위한 삼성의 근육 키우기는 이후에도 20년간이나 부단히 지속되었다. 지구촌 대부분의 나라에서 4,400여 명의 지역전문가를 양성해냈다. 최근에는 어느 정도 역량이 쌓였다고 생각하여 전략 국가로 발돋움할 만한 나라만을 선별 예측해 인력을 보내고 있다.

1995년부터 실시한 '테크노 MBA' 제도 역시 삼성의 글로벌 전략 가운데 하나였다. 이 제도를 통해 해외 우수 대학 출신 460여 명의 글로벌 인재를 길러냈다.

또한 국제화에 동력을 불어넣기 위해 국내 인력의 해외 체험 기회 확대와 함께, 해외 인력을 과감히 채용하고 육성하여 국내에서의 국제화 전략과 병행시켜나갔다.

그 대표적인 조직이 순수 외국인만으로 구성되어 출범한 미래전략그룹1993년이다. 미래전략그룹은 매우 특수한 성격의 조직으로, 해외 우수 대학

MBA와 박사급 인력 20여 명이 인-하우스 컨설팅 업무를 하면서 삼성의 미래 글로벌 경영자를 육성해나가기 위해 만들어졌다.

물론 지금이야 외국인 직원만도 수천 명에 달하며, 삼성의 해외 생산 진출과 복합화까지 합하면 그 수효는 수만 명에 이른다. 이들 모두가 일선 현장에서 국제화를 앞당기는 첨병 역할을 다하고 있는 셈이다.

이 같은 국제화 전략 말고도 이건희가 못내 고심한 부분은 다름 아닌 '전문기술 중심체제'의 구축이다. 이를 위해 삼성전자는 해외 선진기업과의 전략적 제휴를 통해 신규 사업에 진출하거나 기존 사업을 더욱 강화해 갔다.

더욱이 이 같은 전략적 제휴는 과거의 기술적 열세를 만회하기 위한 기술도입의 차원을 훨씬 뛰어넘는 적극적인 움직임이었다. 대등한 위치에서 기술을 공유하거나, 공동 발전을 도모키 위한 협력관계였다.

물론 여기엔 삼성전자가 가진 반도체의 힘이 한몫했다. 비록 반도체라는 작은 부품에 불과했으나 하나를 얻자 둘, 셋, 넷으로 술술 풀려나갔다. 1992년 반도체 D램의 세계 정상에 오른 데 이어, 이듬해에는 메모리 반도체 전체 부문에서 세계 정상에 오르면서 삼성전자의 달라진 위상을 실감케 했다.

이윽고 1993년 미국의 GIGeneral Instrument 사와 HDTV와 반도체의 라이선스 및 공동 개발을 시작으로, 위성방송 및 CATV 사업 공동 참여 등 광범위한 협력으로 확대해나가는 전략적 제휴 방안에 합의했다. 또 같은 해 여름에는 위성통신 관련 전문회사인 미국의 컴퀘스트사와 포괄적인 제휴 관계를 맺고 DSB직접 위성방송용 관련 세트인 TV 셋톱박스 등의 핵심 반도체 칩셋을 개발했다.

이어 마이컴 시장을 공동으로 개척하기 위해 일본의 NEC와 기술제휴 계약을 체결하고, NEC의 마이컴 핵심기술을 이용하여 동일 구조의 16비트 제품을 공동으로 개발하기도 했다. 일본의 미쓰비시와 4메가 캐시 D램에 관한 제품 규격을 일치시키고, 차세대 캐시 D램 개발과 시장 확대를 위해 지속적인 공동 노력을 기울여나가기로 합의하기도 했다.

이와 함께 마쓰시타파나소닉와 방송기기의 핵심 제품인 방송용 VCR의 개발·생산·판매를 전제로 한 광범위한 기술 협력을 체결하고, 마쓰시타로부터 핵심부품 기술을 이전받아 전량 수입에 의존하고 있던 방송용 장비의 국산화를 실현시켰다.

특히 삼성전자는 오래전부터 협력관계를 맺어오고 있는 일본의 도시바와 많은 전략적 제휴를 체결했다. 액정 디스플레이 드라이브 IC 분야의 공동 개발을 위한 계약을 맺은 데 이어, 가전용 반도체 분야에 대한 핵심 공정과 관련 제품 개발에 상호 협력하기로 전략적 제휴를 체결했다. 도시바에 삼성의 메모리 제품과 기술을 제공하고, 도시바는 삼성전자에 비메모리 제품을 생산하는 데 중요한 공정 기술인 바이폴라 공정관련 제품인 고화질 TV용 원칩 IC에 대한 기술을 제공키로 한 것이다.

이처럼 삼성전자는 그동안 기술 이전을 기피해오던 일본의 선진기업들과 기술공유 및 공동사업 추진을 위한 전략적 제휴를 맺을 수 있었다. 어느덧 삼성전자는 그들로부터 첨단 기술력을 간접적으로 인정받은 셈이다. 깊이 잠들어 있던 거인이 서서히 깨어나기 시작한 것이다.

세계 초일류 기업을 꿈꾸는 삼성전자는 앞으로 계속 나아갔다. 그 밖에도 차세대 휴대용 정보단말기로 주목받고 있던 개인 휴대 단말기인 PDA의 공동 개발을 위해 미국의 모토로라와 전략적 제휴를 맺었다. 또한 미국의 VOD

주문형 비디오 사업에 참여하기 위해 USA 비디오와 대화형 단말기의 개발·생산·판매에 대한 광범위한 기술협력 계약을 체결했다.

이어 프랑스의 SGS톰슨과도 손을 잡았다. 16비트급 DSP디지털 신호처리 칩과 32비트 마이컴을 공동 개발하기로 했다.

마지막 퍼즐 맞추기는 오디오 부문이었다. 오디오 사업을 강화하기 위해 세계 최고의 매니아용 하이파이 오디오 전문업체인 미국의 마드리갈과 하이파이 오디오에 관한 기술협력 계약을 맺었다. 미국의 헤일즈디자인그룹과는 스피커 분야의 기술제휴를 체결, 매니아용 최고급 스피커를 공동 개발해 하이파이 오디오 시장에까지 속속 진출하고 나섰다.

세계 초일류 기업으로부터 전폭적인 벤치마킹을 하여 전자·중공업·섬유 등의 산업부문에서부터 마케팅, 재고관리, 고객서비스, 생산 및 작업관리, 구매 및 조달, 품질관리, 판매관리, 물류시스템, 신제품 개발 등에 이르는 경영기법 전반에 걸쳐 체질화를 꾀했다면 또다시 최고의 첨단기술을 보유한 세계 초일류 기업과 전략적 기술제휴를 체결함으로써 전혀 다른 근육을 길러나갔다. 지금까지 볼 수 없었던 전혀 다른 삼성으로 변모해나갔다. 세계 초일류 기업으로 나아가기 위한 만반의 준비를 짧은 시간 안에 오롯이 끝마친 셈이었다.

'적진아진敵進我進' 전략으로 글로벌 정벌에 나서다

현대자동차의 미국 시장 첫 진출은 꿈만 같았다. 미국 시장 진출 3년 만인 1988년 무려 26만 대를 팔면서 '엑셀 신화'를 만들어냈다. 미국 시장에서 엑셀과 같은 1,500cc의 경쟁 차종이 없었기 때문에 가능한 성공이었다.

그러나 불과 3년 만에 엑셀 신화는 막을 내리고 만다. 이듬해부터 추세가 한풀 꺾이기 시작하더니 품질이 입방아에 오르내렸다.

이내 '싼 게 전부인 최악의 차'로 인식이 급변했고, 이미지는 악화일로였다. 소비자의 가장 큰 불만은 자동차에서 가장 중요한 내구성 부족과 엔진 출력이 꼽혔다.

현대자동차에서도 빠르게 대응했다. 쏘나타가 미국 시장에 새로이 선보였으나 한번 돌아선 소비자들의 반응은 싸늘하기만 했다. 현대자동차는 싼 차라는 이미지에서 벗어날 수 없었다.

1990년 스쿠프, 1991년 엘란트라가 연이어 출시되었지만, 역시 고전을 면치 못했다. 1990년대 중반까지 현대자동차의 북미 시장 판매 대수는 10만 대 수준에 그쳤다. 급기야 마지노선마저 무너졌다. 1998년 현대자동차의 북미 시장 판매 대수는 9만 대 이하로 뚝 떨어져 사상 최저치를 기록했다.

더욱이 왕국으로부터 자동차 소그룹으로 분리 독립되면서, 정몽구는 이미 GT5 비전을 발표했다. 양재동에 신사옥을 마련하면서 출범식을 겸한 임직원 통합조회에서 '…오는 2005년에 세계 5위의 품질을 확보하고, 2010년에는 5대 자동차업체로서 거듭나도록 하자'고 취임 일성으로 선언한 터였다.

그럴대도 현대자동차는 밑바닥 물고기였다. 물속의 차가운 바닥에서 일생을 보내야 하는 '바텀 피더'였다. 여전히 '저가 자동차', '덤핑 브랜드'라는 굴레에 갇혀있는 채였다.

당장 어떤 결단이 필요했다. 안팎으로 위험에 처했을 땐 이 보 전진을 위한 일 보 후퇴도 하나의 묘수일 수 있었다.

하지만 정몽구는 물러서지 않았다. 시오노 나나미의 베스트셀러 「로마인

이야기」에 나오는, '카르타고의 전쟁영웅 한니발이 알프스를 넘어 로마를 침공했을 때 로마의 운명을 짊어진 장군 스키피오는 적이 진군하면 나도 진군한다는 전략으로 오히려 적진인 카르타고의 본토로 진군해 들어가 한니발을 물리쳤다는 '적진아진敵進我進' 전략을 천명하고 나섰다. 되레 미국 현지 공장을 완공시켜 미국 시장 정벌에 나선다는 배수진을 쳤다.

"이제 때가 됐어. 자네가 미국 공장을 도맡아야 할 것 같아."

자동차 소그룹으로 분리 독립한 이듬해2001년 여름, 정몽구는 현대자동차 사장 김동진에게 말했다. 김동진은 걱정이 앞섰다. 도무지 품질이 안정화되어 있지 않을뿐더러, 미국 앨라배마 현지 공장을 건설하기 위해선 먼저 현대자동차 임원들부터 설득해야 했다.

의견은 양분되었다. 회장의 결단에 따라야 한다는 동조 의견도 다수였으나, 아무래도 '무모한 도박 같다'는 우려 또한 만만찮았다.

하기는 그 같은 우려가 있을 만도 했다. 1990년대 초 의욕을 갖고 진출한 캐나다 브로몽에서 완성차 공장을 그만 철수해야 했던 뼈아픈 전력이 있었다.

더구나 품질 문제로 미국 시장에서 고전을 면치 못하고 있는 마당에, 미국 현지에 공장을 건설한다는 건 누가 봐도 납득하기 어려운 무리수일 수밖에 없었다. 이제 막 왕국으로부터 소그룹으로 분리 독립한 어려운 시기에 자칫 자금난에 빠져 회사의 생존이 위태로워질 수도 있었기 때문이다.

따라서 정몽구의 첫 번째 승부수는 어려운 상황을 맞이했다. 미국 앨라배마 현지 공장 건설은 동조보다 우려의 목소리가 더 컸던 게 사실이다.

그러나 적진아진의 전략에서 정몽구는 한 발짝도 물러설 생각이 없었다. 컨설팅업체 KPMG가 현대자동차의 미국 현지 공장 건설에 긍정적으로 평가한 점도 동력을 얻는 데 디딤돌이 되어주었다.

결국 수개월에 걸친 검토와 토론과 설득 끝에 미국 현지 공장 건설이 채택되기에 이른다. 현대자동차의 운명이 걸려 있는 미국 현지 진출의 당위성에 대해 정몽구는 이렇게 밝혔다.

"여러분도 알다시피 미국에는 강력한 무역장벽이 존재하고 있습니다. 또 이는 수입 차단으로 이어질 수 있습니다. 우리가 2년 전에 세운 '글로벌 톱 5 달성'이라는 비전은 미국의 시장 없이는 불가능합니다. 미국 현지 공장은 우리의 이미지와 위상을 바꿀 수 있는 계기가 될 수 있을 것입니다…"

정몽구가 적진아진의 전략으로 미국 현지 공장 건설에 승부수를 띄우던 때는 안팎으로 어려운 시기였다. 안으로는 IMF 외환위기에서 아직 헤어나오지 못한 때였으며, 밖으로는 세계 자동차업계의 암흑기였다. 불안정한 미래에 합종연횡의 지각 변동이 요동쳤다. 미국의 GM과 포드를 비롯하여 독일의 폭스바겐 등과 같은 공룡들이 잇달아 흡수합병을 통해 몸집을 불려나가고 있어, 현대자동차와 같이 밑바닥 물고기들은 언제 사냥감이 될지 모르는 공포감에 떨어야 했다.

게다가 전문가들의 진단 또한 비관적이었다. 10년 후2010년 세계에서 살아남을 수 있는 자동차 기업은 5개사에 지나지 않을 것이라고 전망했다.

다시 말해 현대자동차와 같은 밑바닥 물고기가 살아남기 위해서는 5개사에 진입하는 것 말고는 딱히 방법이 없었다. 세계 5대 메이커 진입은 곧 생존과도 직결된 미션이었던 셈이다.

그랬던 만큼 거의 필사적이었다. 자동차의 나라에다 처음으로 현지 공장을 건설하는 만큼 여느 때보다 준비가 철저했다. 현지 공장 건설이 미국 앨라배마로 확정되었을 땐, 이미 구체적인 생산 계획에서부터 인력 채용에 이르는 주요 골자가 마련되어 있을 정도였다.

한데 전혀 예기치 않은 부분에서 그만 문제가 불거졌다. 미국 현지에서 고용한 인력의 관리가 쉽지 않은 것이다. 이름도 없는 아시아 변방의 기업이 선진국인 미국 인력을 다루는 게 마뜩잖다는 이유에서였다. 일부에선 아시아인을 무시하는 인종차별적인 발언도 서슴지 않아 현대자동차의 관계자들을 바짝 긴장시켰다.

이쯤 되면 위계질서가 잡힐 리 없다. 양산 체제에 들어가면 보다 심각해질 것은 불을 보듯 했다. 일사불란한 정예로도 이기기 어려운 자동차의 나라에서 오합지졸의 우왕좌왕하는 조직으론 승산이 없었다.

보고를 받은 정몽구는 그들을 데려오라고 했다. 설득하고 교육시켜보아도 결국 본인이 깨닫지 않으면 소용없다는 걸 아는 그는, 현지에서 고용한 인력을 한국으로 초청하라고 지시했다. 한국의 기업문화를 직접 체험케 하여 스스로 깨닫게 하자는 비책이었다.

앨라배마 공장 가동을 목전에 둔 2004년 말, 미국 현지에서 고용한 인력이 한국을 찾았다. 이른바 '포맨foreman'으로 불리는 작업반장 150명 전원이 50명씩 세 차례에 걸쳐 태평양을 건너왔다.

이들은 '꿈의 공장'으로 불리는 현대자동차 아산공장과 연구개발R&D의

'산실'로 불리는 화성의 남양연구소를 둘러보았다. 아산공장에선 앨라배마 공장에서 생산될 예정인 쏘나타가 정확히 1분에 한 대씩 자동으로 생산되어 나오는 과정을 직접 보면서, 남양연구소에선 수천 명에 달하는 연구원들을 보면서 현대자동차가 결코 만만찮은 기업임을 체감했다. 한국인 관리자들의 리더십 역량을 스스로 느낄 수 있게 한 것이다.

그렇듯 현지 고용 인력관리 문제를 풀어냈음에도 해결해야 할 난제는 여전히 남아 있었다. 캐나다 브로몽 현지 공장의 실패를 반복하지 않기 위해선 반드시 품질 문제가 선결되어야만 했다.

하지만 별다른 방법이 없었다. 그가 회장에 취임한 이래 품질관리본부를 신설한 데 이어 월 2회 품질관리 회의를 실시하면서 부단히 문제점을 개선해왔지만, 그것만으론 근본적인 해결책이 될 수 없었다.

정몽구는 미국 앨라배마 현지 공장을 착공할 때부터 장고에 들어갔다. 지금까지의 경험을 갖다 붙여보고, 또한 그 같은 경험을 바탕으로 어떤 묘약을 찾아내기 위해 몸부림쳤다.

한편 국내 생산기술팀에서도 새로운 도전을 준비하고 있었다. 부품을 집약시켜 공급하는 '모듈기능별 단위로 나눈 일부분 시스템'이었다. 보고를 받은 정몽구는 어떤 계시 같은 영감이 스쳐 지나갔다. '그것이다!' 하고 소리쳤다.

그러나 현대자동차의 모듈 시스템은 '무모한 도전'처럼 보였다. 일찍이 창업1967년 이래 그 유례를 찾아볼 수 없는 낯선 생산 방식이었다. 전 세계에서도 일본의 토요타를 비롯해 몇몇 소수 자동차회사만이 진행하고 있을 뿐인, 그야말로 무에서 유를 찾아 스스로 해결하지 않으면 안 되는 개척이나 다를 게 없었다.

그도 그럴 것이 기존의 생산 방식은 자동차 한 대에 들어가는 수천 개에 달하는 부품들을 협력사에서 공급받아 자동차 조립 라인에 일일이 투입시키는 생산 방식이었다. 현장의 인력 투입도, 생산 설비까지도 그 같은 방식에 철저히 맞추어져 있었다. 물론 이 같은 생산 방식은 몇 가지 치명적인 약점을 드러냈다. 조립 시간만이 아니라, 인력 투입 면에서 비효율적이란 지적이 따랐다.

특히 부품의 성능을 일일이 점검하기도 사실상 불가능했다. 부품의 불량 여부는 조립이 끝난 다음에 이뤄지는 최종 검사 라인에서나 가능했다. 최종 검사 라인에서 결함이 발견되면, 지금까지 조립 라인을 거치면서 완성된 차를 다시금 분해해 결함 부품을 빼내고 새로운 부품을 맞춰 넣어야 했다.

때문에 부품 교체를 위한 별도의 인력이 필요한 데다, 완성된 차를 다시금 분해하는 만큼 품질이 떨어질 수밖에 없었다. 이른바 '품질비용'이 증가하면서 품질이 떨어지는 결과가 불가피했다.

모듈 시스템은 그 같은 치명적인 약점을 보완하는 생산 방식이라는 점에서 획기적이었다. 완성차 단계에 가지 않고도 테스트를 통해 어떤 부품이 불량인가를 중도에 확인하고 부품 교체가 가능했다.

그렇다 하더라도 인력 투입에서부터 생산 설비에 이르기까지 지금껏 오랫동안 학습하고, 단련해오며, 진화되어온 생산 방식을 바꾼다는 건 생각처럼 쉽지 않은 일이었다. 새로운 도전에 대한 성공 가능성조차 확신하지 못한 터였다.

무엇보다 모듈 시스템에 맞도록 공장 설비를 대대적으로 교체해야 하는 자금 부담도 결코 만만치 않았다. 전체 공정을 모조리 바꿔야 하는 대공사였던 만큼 내부 분위기마저 반대 기류로 들끓었다.

당장 노조가 나섰다. 모듈 시스템이 생산 라인에 로봇 도입을 늘려 결국 근로자의 고용안정을 해칠 것이라고 반발하면서 파업 움직임까지 내비쳤다. 노조가 없는 삼성과 달리 현대자동차는 노조가 유난히 강하다. 정몽구도 모를 리 없었다.

하지만 이번만은 결코 양보할 수 없는 발등에 떨어진 불이었다. 중장기적으로 볼 때 품질을 개선하지 않는다면 북미 시장에서 밀려날 지경이었다. 모듈 시스템은 선택이 아닌 필수였다.

마침내 미국 앨라배마 현지 공장 완공2004년과 함께 현대자동차 최초로 모듈 시스템 설비가 들어섰다. 미국 앨라배마 현지 공장은 그가 이상적으로 추진해온 모든 첨단 설비의 집합체였다.

이후 신차가 나올 때마다 모듈 작업을 통해 품질이 높아졌다는 평가가 잇따랐다. 그 같은 평가에 따라 단계별로 모듈 시스템이 도입되었다. 국내 공장도 점차 바뀌어갔다. 노조의 반발 기류도 잠잠해졌다. 모듈 작업 이후에도 실직에 대한 우려가 발생하지 않았기 때문이다.

현대자동차 내부에서도 만족해했다. '현대차 품질이 토요타의 럭셔리 브랜드인 렉서스나 미국 Big 3의 프리미엄 브랜드보다 우수해졌다. 대중차이면서도 BMW나 벤츠에 뒤지지 않을 정도로 품질이 프리미엄급으로 좋아졌다'고 자체 평가했다.

그리고 자동차 소그룹으로 분리 독립한 지 5년 만인 2005년 여름, 정몽구는 모처럼 낭보를 접한다. 미국의 유력 자동차 평가 기관인 J. D. 파워의 초기품질지수에서 현대자동차가 사상 최초로 일본이 자랑하는 토요타를 제치고 세계 자동차업계 4위를 차지했다는 소식을 전해 듣는다.

불과 5년 만이었다. 차가운 바닥에서 일생을 보내야 하는 슬픈 운명의 '바텀 피더'에서, 자신이 호언한 것과 같이 불과 5년 만에 어느덧 수면 위에서 고래미국의 Big 3와 상어일본의 토요타를 괴롭히는 성난 물고기로 화려하게 변신해 있었다.

한때 마지노선마저 붕괴되어 미국 시장에서 철수 직전에까지 내몰렸던 현대자동차는 그렇게 또다시 살아남을 수 있었다. 정몽구 특유의 뚝심으로 다시 한 번 정벌에 나설 수 있는 베이스캠프가 미국 현지에 단단히 구축된 것이다.

위기에 더 강한 기업

'다 바꾸자'고 시작된 프랑크푸르트 선언 이후 이건희의 '신경영'은 깊이 잠들어 있던 삼성을 놀랍게 변모시켰다. 그가 2대 회장으로 취임하던 해인 1987년 삼성그룹의 총 매출액은 17조 원이었다. 그 후 신경영이 한창 무르익던 1992년에는 38조, 신경영이 마무리되어 갈 즈음인 1996년에는 무려 72조에 달했다. 같은 시기 국민 총생산은 연평균 8%의 성장률을 기록한 데 반해, 삼성은 그 2배가 넘는 17%의 성장률을 기록했다.

삼성의 자본금 또한 비약적인 성장을 이뤘다. 그가 2대 회장으로 취임하던 해인 1987년 삼성그룹의 총 자본금은 6,310억 원에서 신경영이 마무리되어 갈 즈음인 1996년에는 무려 3조 6,363억 원에 달했다. 신경영 10년 사이 6배 가까이 몸집을 키워낸 것이다.

종업원 수 또한 대폭 확대되었다. 1987년 16만 명에서 1996년에는 26만 명으로 늘어났다. 같은 기간 수출은 11억 2,500만 달러에서 무려 36억 1천만 달러로 늘었다. 경상이익 역시 같은 기간 2,688억 원에서 1995년에는 무려 3조 5,400억 원으로 크게 늘었다.

무엇보다 이 시기 삼성은 한국기업사에 영원히 남을 의미 있는 기록을 세우게 된다. 1994년에 경상이익이 처음으로 1조 원을 돌파하는 1조 6,800억 원이었다. 이듬해에는 자그마치 3조 5,400억 원을 기록하면서 깜짝 놀라게 만들었다.

그러나 이 같은 실적은 단순히 숫자를 넘어 뒤늦게 세계 시장에 진출한 기업으로 무한한 가능성을 열어 보였다는 점에서 의미가 더 컸다. 그동안 외형적인 성장에만 치우쳐 왔던 우리나라의 기업도 이제는 질적 성취를 이룰 수 있음을 입증해보였다는 점에서 일대 사건이 아닐 수 없었다.

낭보는 연이어졌다. 제품도 품질도 크게 나아졌다는 수치가 속속 드러났다. 선진국의 일류 제품 대비 불량률도 1993년 3.3배에서 1996년에는 1.1배로 바로 턱밑까지 좁혀졌으며, 설문 작업을 통해서 확인한 고객이 느끼는 서비스 점수는 1993년 64점에서 1996년에는 74.8점까지 치솟았다.

이처럼 놀라운 성과는 곧 찬사로 이어졌다. 1997년 11월 7일 자 홍콩의 영자 시사지 〈아시아위크〉는 이건희 회장을 '아시아 경쟁력의 밑바탕인 기술 분야에서의 창의와 혁신 등의 활약상'을 높이 평가한다면서, 명예의 전당에 올린다고 발표했다.

또한 미국의 〈비즈니스위크〉도 1998년 신년호에서 삼성의 이건희 회장을 AT&T의 CEO 마이클 암스트롱, 코카콜라의 CEO 더글라스 이베스터, 애플의

CEO 스티브 잡스 등과 함께 '1998년 세계가 주목하는 62명의 경영인'으로 선정했다고 발표한다. 삼성의 역동적인 힘을 처음으로 세계가 인정했다.

아무렇든 신경영이 마무리되어 가는 이 기간 동안 그룹의 비약적인 성장 속에는 그가 주도했던 신경영이 있었다. 그의 노력이 성공적이었음을 결과가 확인해주었다.

그가 앞장서 이끌었던 삼성의 10년은 '삼성의 체질을 완전히 바꾸어 놓았다. 그리하여 국내 정상에서 세계 초일류기업으로의 면모를 갖추는 데 성공했다'는 평가를 받았다.

무엇보다 메모리 반도체의 진화·성장이 눈부셨다. 메모리 반도체 세계 1위를 기록하며 엄청난 외화를 수년째 벌어들이게 되자, 조금은 들뜬 축제의 분위기였던 것도 사실이다.

뿐만 아니라 전자 부문에서도 이제 세계 정상이 멀지 않은 것처럼 보였다. 삼성 내부에서 '위기'라는 말이 사라진 지 오래였다.

그러나 이건희는 거기에 안주하지 않았다. 그룹 안팎의 높은 경영 성과와 국제적인 찬사에도 아직 가야 할 길이 멀다며 한사코 긴장의 끈을 놓지 않았다.

"삼성은 신경영 실천의 원년을 맞아 변화와 개혁을 위해 새롭게 태어나는 고통과 갈등을 겪었다. 그러나 과거의 낡은 생각과 관행을 털어버리고 새로운 사고와 제도의 틀을 마련해나가는 과정에서 우리는 모두 변할 수 있다는 자신감과 함께 국가와 사회의 변화에도 하나의 자극제가 되었다는 자부심을 가질 수 있게 되었다. 세계 최초의 256메가 D램 개발을 통해 21세기 초일류 기업의 가능성을 확인했다…

금년은 신경영 정착의 자신감을 바탕으로 이를 더욱 발전시키는 '신경영 확산의 해'가 되어 21세기를 향한 도약의 기틀을 마련해야 할 중요한 해이다…. '이만하면 됐다'는 개혁의 매너리즘에 빠져서는 안 되며, 발전적 변화에 동참하는 것을 망설이거나 방관자적 자세로 바라보지 말고 능동적으로 뛰어들어야 한다…"

그 무렵 멕시코 티후아나 전자 복합단지를 방문한 이건희는 장소를 미국 샌디에이고로 옮기면서 긴급 사장단 회의를 소집했다. 영문도 모른 채 미국행 비행기에 올랐던 사장단을 기다리고 있었던 건 이건희의 우려 섞인 질타였다.

"반도체가 조금 팔려서 이익이 난다니까 자기가 서 있는 위치가 어디인지도 모르고 그저 자만에 빠져 있다. 수년간 반도체 사업의 호황으로 투자 경비가 과다 지출되는 등 경영상의 거품이 가득하다…. 우리는 지금 땅에서 10cm 정도 떠있다. 땅을 짚어야 한다…"

메모리 반도체를 제외하면 나머지 전자 부문 전체에서 삼성전자는 아직 일본과 미국에 한참 뒤처져 있는 상태였다. 그는 메모리 반도체의 성공에 한껏 취해 있던 사장단에게 원가 및 경비 절감 방안을 당장 마련하라고 지시했다.

그렇게 시작된 것이 '경비 330운동'이었다. 향후 3년 동안 전체 경비의 30%를 절감한다는 자린고비의 목표로 비상경영에 돌입했다. 세계 1등 달성이 불가능한 사업은 과감히 정리하고 차세대 사업에 선택과 집중하는 내부 단속에 들어갔다.

그러자 모두가 의아한 눈길로 바라보았다. 그룹 안팎에서 말들이 적지 않았다. 수년 동안 호황을 누리고 있을 때 적극적인 사업 확대로 공격경영을 펴나가지 아니하고, 되레 허리띠를 졸라매는 비상경영으로 뒷걸음질이나 친다는 식이었다.

그러나 이때 삼성의 비상경영은 미구에 닥칠 시련과 고통에 대한 예방주사였을 줄은 아무도 몰랐다. 허리띠를 졸라매면서 시련과 고통에 대한 면역력을 기른 지 불과 1년밖에 안 된 그 이듬해였다.

뜻하지 않은 IMF 외환위기1997년가 온 나라를 휩쓸었다. 국가 부도 직면이라는 믿기지 않는 사태가 김영삼 정권 말기에 벌어졌다. 누구도 예기치 못한 국가 전체의 위기였다.

사실 이건희는 프랑크푸르트에서의 신경영을 선언한 이후 줄곧 위기를 강조해왔다. '2000년이 오기 전에 뭔가 일어날 것 같다'며 위기감을 곧잘 언급하며 혼자 불안해하곤 했다. 때문에 회장 비서실은 KDI 등에 환율 전망에 관한 연구 용역1996년을 이미 의뢰했었다.

KDI 등의 연구 용역 결과는 그의 불안과 다르지 않았다. 정적 환율은 900원대 초반이었지만, 당시 환율은 그보다 훨씬 못 미치는 800원대였다. 이미 원화가 강세를 보이면서 수출이 한풀 꺾이기 시작한 것이다.

수년째 호황을 누려오던 삼성에도 당장 여파가 미쳤다. 삼성 계열사 가운데 반도체를 제외하면 나머지 거의 모든 업종에서 하향 곡선을 그리고 있었다.

결국 이건희는 같은 해 세밑에 사장단 인사로 비상경영 체제의 전열을 가

다듬는다. 성장형 CEO들을 고문역으로 돌려 일선에서 물러나게 하고, 대신 위기관리형 CEO들을 대거 사장단으로 전면 포진시키는 전술을 폈다.

무엇보다 회장 비서실과 삼성전자에 방점을 두었다. 그동안 그룹 내부 살림을 도맡아왔던 회장 비서실 차장 이학수를 비서실장으로 승진시켜 저수익 위주의 내실 방어경영을 진두지휘케 했다. 이어 삼성전자 사장도 현장성이 강한 기술관리형 CEO인 윤종용을 발탁했다.

한데도 이내 부도 직면이라는 쓰나미는 모든 걸 초월했다. 끝내 전대미문의 IMF 사태가 현실로 나타나고 만 것이다.

이윽고 1997년 새해가 밝아오자 가장 먼저 한보철강이 무너졌다. 이어 한보그룹이 최종 부도 처리되었다. 뒤따라 삼미그룹, 진로그룹, 기아차그룹, 쌍방울그룹 등이 줄줄이 도산해나갔다.

10월 27일, 세계적인 투자사 모건스탠리증권이 결국 한국에서 발을 뺐다. 투자자들에게 아시아 지역에 투자된 자금을 모두 회수하라는 긴급 전문을 타진했다. 10월 한 달에만 자그마치 1조 원 이상의 외국 자본이 썰물처럼 일시에 빠져나가면서 한국 경제는 사실상 국가 부도 직면이라는 초유의 사태에 빠져들었다.

한데도 김영삼 정권의 경제 수장인 경제부총리 강경식은 임창렬로 교체되기 전까지도 '한국 경제의 펀더멘털fundamental나라 경제가 얼마나 절실한가를 나타내는 경제의 기초조건을 굳게 믿고 있다'는 말만을 되풀이했다. 강경식은 나중에 '솔직히 말해 외국 자본은 생리상 국가 경제의 펀더멘털을 보기보다는 단기 수익에 더 집착한다는 사실을 그땐 잘 몰랐던 것이 사실이다'고 자신의 무지와 실책을 고백했다.

다행히 운이 좋았던 것일까? 아니면 세계 경제를 꾸준히 주시하며 연구해온 남다른 예지였던 것일까? 삼성은 IMF 사태가 터지기 한 해 전부터 비상경영 체제로 미리 예방주사를 맞아두었다. 그러나 그런 삼성조차 외환 위기의 파고는 정말 넘기 힘든 쓰나미였다.

11월 21일, 김영삼 정권은 결국 무릎을 꿇었다. 정부가 IMF 체제로 간다는 공식 발표가 있은 직후 삼성 사장단은 신라 호텔로 속속 모여들었다. 외환 위기를 어떻게 극복할 것인지 논의하기 위해서였다.

이 자리에서 삼성은 삼성생명 회장 이수빈을 위원장으로 하는 '구조조정위원회'를 만들기로 합의한 데 이어, '경영체질 혁신' 방안을 내놓았다. 주요 내용은 조직 30% 감축, 전체 비용 50% 절감, 임원 급여 10% 삭감, 투자 규모 30% 축소 등이었다.

12월에는 이건희가 집무실로 쓰고 있는 이태원동 승지원에 세계적인 투자사인 골드먼삭스 회장 존 코자인 일행이 벌써 며칠째 드나들고 있었다. 삼성이 마련한 구조조정 안에 보다 효율성을 기하기 위함이었다.

"삼성전자와 핵심 전자 계열사, 삼성생명을 제외하고 그 어떤 회사를 처분해도 좋습니다."

어느 때처럼 무거운 침묵 끝에 이건희가 입을 열었다. 전자와 생명을 제외하곤 모든 것을 다 버릴 수도 있다는 파격적인 제안에 코자인 회장은 다짐처럼 물었다.

"어디까지 우리가 해야 하는 겁니까?"

"우리 회사를 분석하고 값을 매겨 원매자를 찾아서 처분까지 해주는 것이요. 그 모든 것을 위임합니다."

세간에선 말들이 많았다. 이건희의 이 같은 구조조정 방식을 두고 '선상투하船上投下'라고 일컬었다. 재무구조 개선에 방점을 둔 방식으로 이익과 경쟁력이라는 원칙에서 벗어나면 모두 구조조정 대상이 될 수 있다는 뜻이었다. '해서는 안 될 사업, 하지 않아도 되는 사업은 포기할 줄도 아는 용기와 결단이 필요하다'는 게 그의 메시지였다.

따라서 IMF 사태 이후 처음으로 맞이하는 신년사1998년는 비장할 수밖에 없었다.

"한 달 전 우리는 나라의 경제주권을 저당 잡히면서 IMF 구제 금융을 받았다. 이로 인해 나라의 체면과 정부의 권위는 땅에 떨어지고, 우리의 자존심 또한 지울 수 없는 큰 상처를 입었다. 구제 금융으로 발등의 급한 불은 끌수 있었지만, 나라의 근간이 되는 경제 기반이 뿌리째 흔들리면서, 앞으로의 성장 잠재력마저 잠식당할 절박한 상황에 처해 있다…."

이미 김영삼 정권이 무릎을 꿇으면서 숱한 기업들의 줄도산과 폐업, 실직과 자살이 연이어 속출하며 우울하기만 했다. 새로이 김대중 정권이 들어서서 2001년 3월 비로소 지긋지긋한 IMF의 어두운 터널 속을 빠져나올 때까지는 모두에게 고행의 연속이었다.

그러나 IMF 사태는 삼성에 커다란 위기이자 곧 기회이기도 했다. 무엇보다 새로운 영토 확장에 나섰다가 딜레마에 빠지면서 그룹 전체를 휘청거리게 만든 삼성자동차 사업을 구조조정으로 정리할 수 있었다.

자동차 사업은 그가 미국 유학 시절부터 꿈꾸어왔던 오랜 숙원이었다. 만일 IMF 사태가 아니었더라면 이건희는 자동차 사업이라는 영토 확장에 그룹의 명운을 걸었을 게 분명했다.

그랬을 경우 그룹의 전체 경영이 수렁에 빠져들어 헤어나기 어려울 수가 있었다. 왕국의 창업 때부터 목숨처럼 지켜온 선택과 집중이라는 오랜 덕목을 자칫 망각하고서 깊은 늪 속으로 빠져들고 말 뻔했던 것이다.

한데 그는 자신의 오랜 숙원이기도 했던 자동차 사업이라는 영토 확장을 공교롭게도 IMF 장벽 앞에서 미련 없이 단념할 수 있게 되었다. 미국의 시사주간지 〈뉴스위크〉는 이런 삼성을 두고 'IMF 외환 위기를 무사히 넘긴 한국에서 유일한 재벌이었다'고 평가했다.

무에서 유를 창조하는 정몽구의 현장경영

빈대는 자신의 키보다 더 높이 여러 번 뛸 수 있다. 하지만 코끼리는 그럴 수 없다. 마찬가지로 커다란 조직은 다목적일 수 없다. 큰 조직은 규모에 있어서 효율적이지, 민첩함 때문에 효율적인 게 아니다.

따라서 큰 규모의 조직은 한 사람 혹은 작은 모임에서 투입할 수 있는 양보다 매우 많은 종류의 지식과 기술을 일에 투입할 수가 있다. 이것은 더 나은 조직이나 효율적인 소통만으로 치유될 수 있는 부분이 아니다. 그렇게 보았을 때 큰 조직의 법칙은 곧 집중이랄 수 있다.

하지만 현대 조직은 이것만으론 부족하다. 반드시 변화를 수용해야 한다. 변화를 일으킬 수 있어야만 한다. 조직이 크면 클수록 더 자주 방향을 바꿔야만 하는 것이다. 요컨대 혁신을 꾀해야 한다는 얘기다.

정몽구는 그 같은 변화와 혁신에 대한 해답이 곧 현장에 있다고 말한다. 현장에서 해답을 찾는 CEO로도 유명하다. 그렇다고 단순히 현장에만 기대는 건 전혀 아니다. 그가 말하는 현장에서의 해답은 곧 현장에서 쌓은 오랜 경험으로 누적된 그만의 꼼꼼하면서도 해박함에서 비롯된다.

그래서인지 정몽구와의 첫 독대를 한 현대자동차 임원들은 생각 속의 그와 현실의 모습이 완전히 딴판이라고 말한다. 첫 독대인 만큼 조금은 긴장된 얼굴로 그와 마주하다 보면 어느새 분위기가 술술 풀려가는 걸 느낀다. 눈·코·입에서부터 두툼한 어깨며, 우람한 체격에 이르기까지, 어느 것 하나 선이 굵지 않은 게 없음에도 의외로 부드럽고 소탈한 분위기에 대개 놀라곤 한다.

또 정몽구는 상대방의 얘기를 즐거운 표정으로 경청할 줄도 알지만, 뜻밖에도 수다스러운 면이 없지 않다. 그를 만나고 느끼는 첫인상이 박학다식하다고 말하는 것도 그 때문이다.

세간에 알려져 있는 그의 투박한 이미지와는 다소 거리감이 느껴지는 첫인상이다. 적어도 자동차에 관해서는 그렇게 입을 모아 얘기하고 있다.

실제로 현대자동차 사외이사로 선임된 교수에게서 직접 들은 얘기다. 사외이사로 선임된 직후 잠시 그와 면담한 자리에서 인상적인 장면을 보게 되었다고 한다. 회장 집무실 바로 옆에 마련된 접견실에 사전 한 권이 놓여 있었는데, 새카맣게 닳고 닳은 손 탄 흔적을 보면서 자기계발에 얼마나 애썼는지 느낄 수 있었다는 것이다.

그는 평소 자동차를 소재로 임직원들과 거침없이 대화를 즐겨 나누는 것으로 널리 알려져 있다. 물론 이때 임직원들은 이야깃거리를 단단히 준비하지 않으면 안 된다. 자칫 역공을 맞아 주눅이 들 정도로 자동차에 대한 그의 지식과 이해가 폭넓고 깊기 때문이다. 누구보다 현장을 속속들이 꿰고 있는 까닭에서다.

정몽구는 벌써 일흔을 넘긴 고령에도 개발 중인 신차를 직접 시승해보면서 차량을 꼼꼼히 점검한다. 쏘나타와 K5 하이브리드를 신종으로 출시했을 때에도 예외가 아니었다.

그는 쏘나타와 K5 하이브리드를 직접 시승해본 뒤 '토요타의 하이브리드 차량보다 성능이 더 좋은 것 같다'고 호평했는데, 두 신종 차량이 출시되자마자 예상 외로 판매량이 급증했다. 기아차의 대형 세단인 오피러스를 시승해본 뒤엔 '미세한 잡음이 귀에 거슬린다'고 해서 출시가 지연되기도 했다.

오늘날 현대·기아차그룹의 성장 원동력이 될 수 있었던 R&D 기능을 통합한 것도 현장경영에서 얻은 결과물이었다. 자동차 소그룹으로 분리 독립한 지 얼마 되지 않은 1999년 초, 그는 전국 각지에 흩어져 있는 연구소를 남양으로 한데 모아 효율적으로 역량을 결집시킬 것을 지시했다. 뿐만 아니라 상대적으로 낙후된 기아차의 R&D 수준을 하루빨리 높여 양사 간의 기술 격차를 줄이라고 주문했다.

이같이 현장에서 답을 구한다. 현장경영은 그와 떼려 뗄 수 없는 트레이드마크다. 조금 일찍 발품을 팔아 현장에서 온몸으로 직접 느껴봐야 한다는 것이 그의 오랜 덕목이다. 일찍이 현대자동차 서울사무소 부품과장1970년으로 왕국에 첫발을 들여놓으면서부터 현장의 중요함을 체득한 이후 지금까지 40년이 넘도록 고수해오고 있는 원칙이다.

그렇다면 그의 현장경영의 본질은 무엇일까? 여기엔 특유의 얼리버드와 집요함, 직감과 통찰력, 혜안과 연민 등이 복합적으로 뒤엉켜 있다.

무엇보다 그의 근면은 '일근천하무난사一勤天下無難事'라는 좌우명에서 잘 드러난다. 그는 지금도 새벽 5시면 어김없이 일어나 6시쯤이면 양재동 사옥에 출근한다. 특별한 일이 아니면 이같이 반복되는 일상에서 결코 이탈하지 않는다. 주말이나 휴일에도 한가로이 골프를 치거나 여행을 하는 법이란 없다. 정몽구에겐 일이 곧 취미이자 특기인 셈이다.

지구촌을 다 뒤져서라도 인재를 찾는다

IMF 외환 위기 속에서 자동차 사업 단념이라는 결단을 내린 것 말고도 삼성이 또다시 확인한 것은 한 가지가 더 있었다. 그룹 안에서 이건희의 유일 체제 리더십을 더욱 공고히 다질 수 있게 되었다는 점이다.

또 그런 결과 삼성은 더욱 강해졌다. 삼성전자는 1998년에 세계 최초로 256메가 D램을 생산한 데 이어, 다시 128메가 S램을 세계 최초로 개발했다. 이듬해에는 256메가 D램을 세계 최초로 출하하고, 곧이어 MP3 플레이어 휴대전화를 세계 최초로 개발했다.

더욱 강해진 삼성은 새 천 년에 들어서도 도약을 멈추지 않았다. 2000년엔 삼성전자 컬러TV 1억 대 누적생산을 돌파했다. 이듬해엔 삼성전자 휴대전화 생산 5,000만 대를 돌파하고, 삼성중공업이 국내 최초로 대형 여객선을 성공적으로 건조했다. 또 같은 해 가을에는 삼성전자가 300mm 웨이퍼의 양산 체제에 들어가는 개가를 올렸다.

2002년 삼성의 순이익은 사상 최대인 11조 5,000억 원이었다. 외환 위기 때 366%에 달하던 부채 비율도 2003년에는 50%대로 떨어지면서 삼성은 단숨에 초우량 기업에 필적하는 수준까지 올라서기에 이르렀다.

더욱이 2002년은 삼성전자에게 있어 매우 뜻깊은 한 해였다. 자본시장에서 평가한 기업의 시장가치에서 그동안 지구촌의 전자업계를 지배해오며 세계 최고의 메이커로 평가받던 일본의 SONY를 삼성전자가 처음으로 추월하기 시작한 시점이었다.

지난 1969년 출범 이후 2000년까지만 하더라도 SONY는 도저히 넘보거나 따라잡을 수 없는 명실공히 세계 최강이었다. 그때까지의 시장가치만 해도 SONY는 삼성전자의 무려 4배에 달할 정도였다. 꼬마 다윗과 거인 골리앗이 다름 아니었다.

그러던 삼성전자가 불과 2년 뒤 세계 최강 SONY를 앞서나가기 시작한 것이다. 더구나 이후 두 기업 간의 격차는 점점 더 벌어져가고 있는 추세라는 점이다.

이같이 IMF 외환 위기를 딛고 일어나 실로 기적과도 같은 놀라운 실적을 일궈낸 성과를 바탕으로, 이건희는 이듬해 신년사(2003년)에서 '제2의 신경영'을 제안한다. 이 해는 삼성이 창업한 지 65주년이었고, 제2의 창업 15주년이었다. 그리고 프랑크푸르트 선언으로 시작된 신경영 10주년이 되는 해이기도 했다.

"2003년은 이런 의미에서 기회와 위협, 희망과 불안이 공존하는 전환의 시기라고 할 수 있다. 그러므로 올 한 해의 노력과 투자가 앞으로 10년, 100년 후 우리의 장래를 결정짓게 될지도 모른다…

오늘 이 자리에서 나는 삼성가족 여러분에게 앞으로 5년 후, 우리 삼성을 세계 초일류 기업의 대열에 올려놓을 것을 제안합니다…"

신년사에서 '제2의 신경영'을 선언한 5년 후가 바로 2008년이다. 과연 그가 다짐한 2008년의 삼성은 또 어떤 모습으로 변모했을까? 그의 바람대로 삼성은 세계 초일류 기업의 꿈을 달성할 수 있었을까?

여기서 한 가지 의문이 남는다. IMF 외환 위기 이후 삼성이 그렇듯 짧은 기간 안에 놀랍도록 비약적인 성장을 할 수 있었던 힘이 과연 어디서 나온 거란 말인가? 앞서 밝힌 대로 자동차 사업을 구조조정으로 단념하고, 이건희로의 유일 체제를 굳힌 것만으로 가능했단 말인가? 과연 더욱 강해진 삼성이 될 수 있었던 건, 아니 어느덧 IMF 외환 위기를 딛고 일어나 5년 후 세계 초일류 기업을 제안케 되었던 건 정녕 또 다른 숨은 힘이 있었기 때문이 아니었을까?

이 같은 의문을 풀기 위해서는 아무래도 1982년으로 거슬러 올라가야만 한다. 그해 이병철은 미국 보스턴대학에서 명예박사 학위를 받는다.

선대 회장 이병철은 이 자리에서 매우 인상 깊은 기념 강연을 한다. '삼성이 인재의 보물창고라는 말보다 자신을 더 즐겁게 하는 것은 없다'고 한 것이다. 선대 회장은 '인재 제일'을 사훈으로 내걸었을 만큼 인재경영을 중시했다. 삼성의 더 강한 힘은 바로 이 같은 인재경영에서 비롯된 것이었다.

또 그런 인재들을 길러내기 위한 대표적인 산실이 다름 아닌 삼성종합연수원이었다. 선대 회장의 마지막 작품이기도 했다.

삼성종합연수원은 1982년 설립 이후 한동안 연수원장이 공석으로 남아 있다고 한다. 삼성의 인재 양성 최고 책임자는 다른 누구도 아닌 그룹의 회장임을 상징적으로 보여주기 위한 것이라고. 그만큼 인재 양성에 심혈을 기울이고 있다는 얘기다.

이건희의 인재경영은 앞에서도 살펴본 것처럼 선대 회장 때보다 한 걸음 더 나아간다. 선대 회장 못잖게 그 중요성을 누누이 강조하고 실천해온 것을 넘어, 기업의 자산 가운데 인적 자산을 맨 앞에 두고 있을 정도이다.

그는 인재경영에 대해 이런 글을 쓴 적이 있다. 기업이 인재를 양성하지 않는 것은 일종의 죄악이며, 양질의 인재를 활용하지 못하고 내보내는 것은 경영의 큰 손실이라고.

그렇다면 이건희가 바라는 인재는 어떤 것일까? 그의 신경영에 적합한 인재상이란 과연 어떤 조건과 역량을 가진 모습일까?

이건희는 이른바 'T자형 인재'를 꼽았다. 'I자형 인재'가 한 가지 전문 분야에만 정통하고 다른 분야는 아무것도 모르는 인재를 일컫는다면, T자형 인재는 자기 전문 분야는 물론이고 다른 분야에까지 폭넓게 알고 있는 종합적인 사고 능력을 갖춘 인재를 일컬었다.

"지금까지는 I자형 인재가 그런대로 인정을 받아왔다. 앞으로는 I자형 인재보다 T자형 인재가 훨씬 더 인정받는 시대가 될 것이다. 그 이유를 세

가지만 들어보기로 하자.

첫째, T자형 인재는 폭넓은 지식, 입체적인 사고, 전체를 꿰뚫어보는 통찰력 등을 갖추고 있어서 어떤 임무가 주어지든 I자형 인재보다 훨씬 뛰어난 업무 능력을 발휘한다. 또한 I자형 인재는 주변 동료의 잘못에 대해 적절히 충고할 만한 능력이 없는 사람이라면, T자형 인재는 리더십도 갖춘 사람이다.

둘째, 앞으로는 서로 다른 기술이나 산업이 결합하여 새로운 분야가 창조되는 복합의 시대가 될 것이기 때문에 T자형 인재 같은 종합 기술자의 중요성이 더욱 강조된다.

셋째, 불황인 요즘 80년대부터 시작된 경영 합리화와 한계사업 정리가 거의 모든 기업으로 확산되고 있다. 이는 필연적으로 인력 감축을 부르게 된다. 이런 상황에서 여러 분야의 직무를 무리 없이 감당해낼 수 있는 T자형 인재는 설 땅이 있지만, 한 가지 직무밖에 모르는 I자형 인재는 쓸모가 없게 된다…"

새로운 천 년을 여는 2000년의 신년사에서도 그는 인재경영에 마땅히 방점을 둔다. 새로운 디지털 시대에도 총칼이 아닌 사람의 머리로 싸우는 '두뇌전쟁'의 시대라고 정의하면서, 곧 탁월한 인재가 국가의 경쟁력을 좌우하게 될 것이라고 전제한다.

그런 만큼 디지털 시대를 이끌어나갈 경영 인력, 기술 인력을 체계적으로 육성해나가는 한편, 그런 인재들이 창조적 능력을 마음껏 발휘할 수 있는 '두뇌천국'을 만들자고 역설했다. T자형 인재에서 두뇌전쟁의 시대를 이끌어나갈 경영 인력, 곧 두뇌천국을 만들어 나가자고 한 걸음 더 나아간 것이다.

또 같은 해 연말에는 계열사 사장단 회의에서 매우 의미심장한 지시를 내렸다. 앞으로 5~10년 후 무엇을 먹고살 것인지 6개월간 연구해서 각자 보고서를 제출하라고 한 것이다.

계열사 사장들은 6개월 동안 고뇌했다. 조사와 연구를 거듭하고 매만진 끝에 저마다 보고서를 내놓았다.

그 가운데는 차세대 반도체 산업을 연구해야 한다든지, 차세대 디스플레이 사업이 향후 삼성의 미래 사업이 될 것이라든지 하는, 단박 눈길을 끄는 의견 제시도 없지 않았다. 또한 그 같은 아이템에 대한 시장 가능성이며, 사업 전개 방향까지 꼼꼼히 뒤따랐음도 물론이다.

그는 계열사 사장들이 제출한 보고서를 일일이 검토했다. 그런 뒤 보고서를 제출한 계열사 사장들에게 다음과 같은 메시지를 보낸다.

"내가 원하는 정답을 제시하고 있는 사장은 없다. 1년 앞을 내다보기 힘들 정도로 빠르게 변하는 현실에서 5~10년 후를 예측하는 것은 거의 불가능한 일이다. 결국 정답은 이 같은 변화에 능동적으로 대처할 수 있는 '인재'를 구하고 키우는 것이 아니겠는가."

이건희의 생각은 명료했다. 5~10년 후의 미래 산업은 조사하고 연구해서 찾아지는 것이 아니라고 믿었다. 그 같은 미래 산업을 개척해나갈 탁월한 인재가 필요하다는 점을 사장들에게 강조하고 싶었다. 다시 말해 삼성의 미래를 결정짓는 것은 어떤 특정 산업이 아니라 결국 인재라고 본 것이다.

2003년 여름, 그는 계열사 사장단을 불렀다. 프랑크푸르트에서의 신경영 선언 10주년을 기념하는 사장단 회의를 호텔 신라에서 가졌다.

이날 회의에서 삼성은 신경영의 성공을 자축하는 한편, 거기에 머물지 않고 보다 더 높이 도약하기 위한 결의를 다졌다. 이건희는 이미 신년사에서 밝힌 '제2의 신경영'의 구체적인 비전을 제시했다.

우선 오는 2010년까지 삼성의 브랜드 가치를 700억 달러로 높이기로 했다. 또한 세계 1등 제품을 50개 이상 확보할 것과 세계에서 가장 존경받는 기업으로 성장하겠다는 중장기 비전을 확정 발표했다. 이날 확정한 '제2의 신경영' 비전은 삼성이 월드베스트 전략으로 나아가 세계 초일류 기업으로 발돋움하겠다는 의지를 온 세상에 천명한 것이었다.

또 이날 제2의 신경영 선언에서 그는 '천재경영'을 화두로 내세웠다. 삼성이 세계 초일류 기업으로 발돋움하기 위해서는 천재를 어디서 초빙해오든가, 아니면 길러내든가 해서 그들로 하여금 세계 초일류 제품을 만들도록 하자고 했다.

"외부에서는 신경영이 질 위주의 경영이었다면 제2의 신경영은 무엇이냐고 궁금해들 하고 있다. 그에 대한 답은 바로 나라를 위한 천재 키우기라고 할 수 있다. 21세기는 경쟁에 극한 수준으로 치달아 소수의 창조적 인재가 승패를 좌우하게 된다. 과거에는 10만 명, 20만 명이 군주와 왕족을 먹여 살렸지만, 앞으로는 천재 한 사람이 10만 명, 20만 명을 먹여 살리는 시대가 될 것이다….

20세기에는 컨베이어 벨트가 제품을 만들었으나, 21세기에는 천재급 인력 한 명이 제조공정 전체를 대신할 수 있다. 예를 들어 반도체 라인 1개를 만들려면 30억 달러 정도가 들어가는데, 누군가 회로 선폭을 반만 줄이면 생산성이 높아져 30억 달러에 버금가는 효과를 거두게 된다. 천재들을 키워 5년이나 10년 후 미래 산업에서 선진국과 경쟁해 이기는 방법을 얘기하는 것이다…."

　오랜 검토 끝에 삼성이 이미 정하고 있는 미래 주력 사업은 모두 10가지였다. 정보기술 분야의 SOCSystem On Chip와 탄소나노튜브, 그리고 전자종이, 서비스 로봇, 에이전트 소프트웨어, 에드호크 네트워크, 양자 암호, 연료전지, 또한 바이오 분야에서의 프로테오믹스, 인공장기 등이 그것이다.

　그가 천재경영을 화두로 내세웠던 것도 바로 이 같은 삼성의 미래 주력 산업과도 무관치 않아 보인다. 미래 주력 산업의 세계가 하루가 다르게 기술 중심으로 빠르게 재편되고 있었기 때문이다.

　아무렇든 탁월한 인재 1명이 10만 명을 먹여 살린다는 이건희의 천명에 따라 삼성은 우수 인력 확보가 당면 과제로 떠올랐다. 삼성전자 인사팀은 미국과 유럽 등지를 샅샅이 누비며 고급 인력을 스카우트하기 위해 대상자 물색에 나섰다.

　그렇게 삼성패밀리가 된 우수 인력은 스튜어트 배리, 데이비드 스틸 등을 꼽을 수 있다. 배리는 삼성SDS의 글로벌 신규 사업인 UCUtility Computing 사업을 총괄하고 있다. UC 제품에 휴렛패커드의 이메일 기술인 오픈 메일을 기반으로 제작한 기술을 각종 모바일 데이터 교환 기술과 연동시켜 새로운 부가가치를 창출하는 업무를 담당하고 있다.

　스틸은 MIT 물리학박사 학위와 시카고대학 MBA를 받은 후 삼성의 미래 전략그룹에 입사했다. 그가 맡은 업무는 디지털 미디어 부문의 신규 사업

팀이다.

한편 삼성이 주목하고 있는 해외 우수 대학은 하버드대학, 펜실베이니아 와튼 비즈니스 스쿨 등 미국의 상위 8개 대학 MBA 과정이다. 또 런던 비즈니스 스쿨, 프랑스의 인시아드 등 세계 10대 MBA 과정에서 공부하고 있는 우수 두뇌들이다.

그 밖에도 우수 인재를 확보하기가 비교적 용이한 중국, 러시아, 베트남 등지에서 일류 대학을 갓 졸업한 천재급 인력을 조기에 발굴하여 해외 유학 비를 지원했다.

삼성은 국내 우수 대학과 공동으로 석·박사 과정을 운영하고 있기도 하다. 연세대학교와는 디지털 석·박사 과정을, 고려대학교와는 통신 석·박사 과정을, 성균관대학교와는 반도체 석·박사 과정을, 한양대학교와는 소프트웨어 석·박사 과정을, 경북대학교와는 전자공학 석·박사 과정을 연계하여 우수 인재를 확보해나가고 있다.

그런가 하면 삼성은 연구, 개발, 정보기술 등 경영의 모든 분야에서 석·박사 인력을 매년 1,000명씩 늘려나가기로 결정했다.

"한마디로 마이크로소프트의 빌 게이츠 같은 사람, 그런 천재 3명만 나오면 우리 경제의 차원이 달라진다. 그런 천재 3명만 찾겠다는 것이 나의 목표이다…"

이건희의 천재경영은 온 지구촌을 다 뒤져서라도 탁월한 인재를 찾아오겠다는 선언이었다. 또한 자신의 목표이기도 했다.

삼성의 대표 계열사인 삼성전자의 경우 현재 임직원 수가 28만 6,284명

2014년 기준이다. 이 가운데 박사급이 5,771명이고, 글로벌 연구개발 직원 수만 6만 9,000여 명에 달한다. 가히 두뇌집단이라 할 만도 하다. 인재의 보물 창고라고 일컫지 않을 수 없다.

현대차, '북미 시장을 사수하라!'

이제 막 자동차 소그룹으로 분리 독립1999년하였을 때다. 미국 앨라배마 주에서 현지에 공장을 지어달라는 러브콜을 받았다. 현대자동차가 들어설 부지를 무상으로 제공하고, 도로·상하수도·전기 등의 간접시설과 근린시설을 모두 주정부가 지원하겠다고 했다.

정몽구는 고민에 빠진다. 캐나다 브로몽 현지 공장에서의 실패가 뼈아픈 기억으로 되살아났기 때문이다. 하지만 품질 문제로 미국 시장에서 철수 직전에까지 내몰린 상태였다. 당장 어떤 돌파구를 마련하지 않으면 안 될 위기였다.

결국 정몽구는 결단을 내린다. 적진아진의 전략으로 내부 반발을 잠재우며 미국 현지 공장 건설2002년~2005년을 특유의 뚝심으로 밀어붙였다. 미국 앨라배마 현지 공장은 1,744에이커210만 평 부지에 연건평 5만 6,340평 규모를 자랑한다. 연산 30만 대 생산 능력을 갖췄다.

이로써 현대자동차는 앨라배마 완성차 공장과 함께 LA에 기술연구소와 디자인센터, 캘리포니아 주에 수천만 평 규모의 모하비 사막에 설치된 주행 시험장, 디트로이트의 기술연구소를 연계한 개발-생산-마케팅 등으로 이어지는 자동차 전 부문의 현지화를 구축했다.

그러나 정작 문제는 판매의 부진에 있었다. 잃어버린 '엑셀 신화'와 함께 구매자들은 이미 싸늘하게 돌아선 뒤였다. 품질 문제는 앨라배마 공장을 모듈 시스템으로 작업 환경을 혁신하면서 크게 개선시킬 수 있었지만, 한번 뒤돌아선 구매자들로부터 다시금 믿음을 얻어낸다는 건 쉽지 않은 일이었다.

정몽구는 다시 한 번 승부수를 띄운다. '10년 또는 10만 마일16만km 워런티보증 수리'를 도입하기로 최종 결론지었다. '2년 또는 2만 4,000마일 보증 수리'가 일반적이던 시절에 현대자동차의 이 승부수는 무모하리만치 파격적인 것이었다.

미국 현지 법인을 중심으로 회의적인 시각이 대세였다. 하지만 여기서 물러나면 그만 태평양 바다에 빠질 수밖에 없다며 그야말로 배수의 진을 쳤다.

사실 이 전략은 품질에 웬만큼 자신이 있다 하더라도 시장에서 좀처럼 구사할 수 없는 용단이었다. 회사의 재무적인 위협을 브랜드 확보라는 마케팅 전략으로 맞바꾸는 승부수로, 심지어 국내에선 그의 의사 결정 과정에 무슨 정신적인 결함이 있는 게 아니냐는 입방아조차 생겨났다.

당시 현대자동차는 미국 시장에서 그만큼 절박했다. 사실상 마지막 승부수를 던진 셈이었다. 이를 두고 토요타와 혼다 등의 일본 경쟁사들은 일제히 비웃었다. '미친 행동'이라고 현대자동차를 손가락질했다.

흔히 차량 판매 원가를 정할 땐 판매한 뒤 평균 3년 미만의 무상으로 공급하는 소모성 용품 등 애프터서비스 비용까지를 감안한다. 한데 차량 판매 뒤 10년 또는 주행거리 10만 마일 범위까지 무상 수리를 보증한다는 건 아무리 봐도 미친 짓으로밖엔 보이지 않았다.

그러나 이 마지막 승부수가 파격적이었던 만큼 파괴력 또한 컸다. 세간의 우려를 뒤엎고 대성공을 거두었다. 뒤따라 일본의 경쟁사들조차 품질보증 수준을 높이지 않으면 안 되었다.

이 같은 마지막 승부수를 통해 정몽구는 모처럼 낭보를 접한다. 앞서 얘기한 것처럼 미국 J. D. 파워의 품질조사에서 현대자동차의 쏘나타가 일본의 토요타를 제치고 세계 4위에 오르는 쾌거를 이뤄낸다. 미국의 구매자들 사이에서 토요타의 자동차는 살 때부터 폐차할 때까지 엔진룸을 한 번도 열어보지 않아도 된다는 품질 신화가 있는데, 마침내 일본의 아성을 처음으로 무너뜨린 것이다.

0.6초의 디자인혁명

흔히 작금의 시대를 일컬어 지식과 정보의 시대를 넘어 창조 기반의 시대라고 말한다. 이 같은 시대에 기업경영에서 디자인이 차지하는 가치는 새삼 강조할 필요조차 없다. 이제는 디자인이 왜 중요하며, 디자인경영이 무엇인가를 논하는 시기는 이미 지난 듯하다. 디자인은 기업 내 브랜드와 함께 다루어져야 할 핵심 자원이 되었고, 최고경영자에서부터 개발자와 마케터에 이르기까지 모든 이들이 동시에 다뤄야 하는 전략으로까지 굳어지고 있다.

IMF 외환 위기 이후 '더 강한 삼성'으로 만들기 위한 이건희의 방점에서 또한 디자인이 빠질 수 없었다. 디자인의 혁명이야말로 삼성의 월드베스트를 향한 마지막 마무리인 셈이었다.

2002년 봄, 이건희가 폐암 치료를 끝낸 직후였다. 미국 오스틴에 자리한 삼성전자 현지 공장에서 열린 전략회의에 참석하여 디자인의 중요성을 언급했다. 오스틴의 현지 공장은 건립 2년 만에 흑자를 기록하며 성공적으로 현지 시장에 진입한 케이스였다. 한데 '흑자보다 세계 1등 제품이 아니면 공장

문을 닫아야 한다'고 강조했다. 월드베스트가 되기 위해서는 품질만이 아니라 디자인 부문에서도 1등이 되어야 한다고 요청했다. 이건희는 이미 신경영이 마무리되어갈 시점인 1996년 신년사에서 디자인의 중요성을 강조한 터였다.

"다가올 21세기는 '문화의 시대'이자 '지적 자산'이 기업의 가치를 결정 짓는 시대이다. 기업도 단순히 제품을 파는 시대를 지나 기업의 철학과 문화를 팔아야만 하는 시대라는 뜻이다. 디자인과 같은 소프트한 창의력이 기업의 소중한 자산이자 21세기 경영의 최후 승부처가 될 것이라고 확신하고 있다. '96년 올해를 그룹 전 제품에 대한 '디자인혁명의 해'로 정하고, 우리의 철학과 혼이 깃든 삼성 고유의 디자인 개발에 그룹의 역량을 총 집결해 나가도록 하자…"

이어 2005년 봄, 이탈리아 밀라노에서 제44회 세계가구박람회가 열렸다. 5만 4,000여 평의 너른 행사장에 50개국에서 몰려든 2,128개 가구업체가 참여하여 성황을 이뤘다.

세계 최고의 명품이 아니면 만들지 않는다는 이탈리아의 가구는 오랫동안 세계 정상을 지켜오고 있었다. 가구만으로 연간 130억 달러를 수출하여 세계 가구시장의 16.5%를 지배해왔다.

이건희는 삼성의 핵심사업 부문 사장단을 이끌고 밀라노 세계가구박람회에 참석했다. 삼성 구조조정본부 부회장 이학수, 삼성전자 휴대전화 사장 이기태, 생활가전 총괄사장 이현봉, 디지털미디어 총괄 겸 영상디스플레이

사장 최지성, 구주전략본부장사장 양해경, 제일모직 사장 제진훈, 구조조정 본부 사장 김인주, 그리고 삼성전자 경영기획 상무 이재용외아들과 제일모직 상무보 이서현차녀 등이 주요 수행 일행이었다.

"가구는 소비자들의 욕구를 가장 빠르게 반영하는 제품입니다. 세계적인 명품 가구업체들이 어떻게 유럽의 고급 취향을 디자인에 반영하는지 연구 해주길 바랍니다."

가구박람회를 돌아보기 전에 먼저 일행에게 그같이 요청했다. 이날 그는 일행과 함께 밀라노 세계가구박람회장을 6시간이나 직접 걸어 다니면서 제품 하나하나를 눈여겨보았다. 그런 뒤 자신의 소감을 이렇게 말했다.

"소비자 한 사람이 진열대를 돌아다니면서 3만 개의 상품을 둘러봅니다. 이제 철저히 차별화된 디자인으로 고객의 마음을 끌지 못하면 상품을 팔기 어려운 시대가 되었습니다. … 상품 진열대의 특정 제품이 소비자의 마음을 사로잡는 시간은 평균 0.6초에 불과합니다. 이처럼 짧은 시간 안에 고객의 발길을 붙잡지 못하면 마케팅싸움에서 결코 승리하지 못합니다."

가구박람회장을 둘러보고 포시즌 호텔로 돌아온 이건희와 일행은 곧이어 디자인 전략회의를 가졌다. 회의장 앞에는 SONY, 샤프, 파나소닉, 도시바, 애플, 밀레, 필립스, 톰슨 등 세계 디자인상을 수상한 일류 명품들과 함께 삼성의 주요 제품 100여 개가 나란히 전시되었다. 삼성의 주요 제품과 세계적인 명품의 차이를 직접 비교하는 품평회가 열린 것이다.

이건희와 일행은 세계적인 명품과 삼성의 제품들을 직접 비교해본 뒤 회의장으로 향했다. 이날의 전략회의는 6시간 동안이나 계속 되었다. 먼저 그가 입을 열었다. '내가 굳이 왜 밀라노에서 이런 회의를 하는지 생각해보라'고 했다.

지난 1993년 신경영을 선언할 당시 독일의 프랑크푸르트를 선택했던 것도 그곳이 곧 변화의 중심지여서였다. 마찬가지로 이탈리아의 밀라노를 선택했던 것도 대대로 내려온 장인의 솜씨와 전통, 예술과 디자인이 숨 쉬고 있었기 때문이다.

"최고경영진에서부터 현장사원에 이르기까지 디자인의 의미와 중요성을 새롭게 인식하여 삼성 제품을 명품 수준으로 만들어야 한다….

삼성의 디자인 기술은 아직도 부족하다. 휴대전화 애니콜만 빼면 나머지는 모두 1.5류다. 이제부터 경영의 핵심은 품질이 아니라 디자인이다…."

이날 전략회의의 결론은 곧 디자인혁명의 선언이 되었다. 독창적 디자인의 정체성 구축, 우수 인력 확보, 창조적이고 자유로운 조직문화 조성, 금형기술 인프라 강화에 삼성의 모든 역량을 집중시킬 것이라고 선언한 것이다.

이때의 삼성 디자인혁명 선언은 결과적으로 옳았다. 시기를 놓치지 않은 적절한 타이밍이었다.

삼성은 디자인혁명 선언 이후 글로벌 디자인 거점을 미국, 독일, 이탈리아, 영국, 일본, 중국 등 6개 지역으로 확대했다. 현지 지향형 디자인을 개발하는 글로벌 디자인 체제를 구축한 것이다.

한편 국내에선 디자인 뱅크 시스템을 가동시켰다. 디자인 뱅크 시스템이란 제품을 설계하기 전에 디자인을 먼저 해서 거기에 맞추어 설계에 들어가는 디자인 우선의 혁신적인 제도였다. 이 제도로 미래에 유행할 디자인을 먼저 개발해놓고 시기에 맞추어 제품화하는 시스템이었다.

이 같은 현지 지향형 디자인과 디자인 뱅크 시스템은 당장 효과를 발휘하기 시작했다. 그렇게 만들어진 제품들은 해마다 그래픽, 패션, 제품 디자인 등 다양한 부문에서 삼성의 디자인 수준을 높여나갔다.

특히 삼성전자는 디자인경영센터를 설립2011년하고, 500여 명의 인력이 디자인전략팀과 디자인연구소 팀으로 각기 나뉘어 연구에 몰두해왔다. 또한 삼성전자 부회장 윤종용을 위원장으로 하는 디자인위원회를 설치하여 CDOChief Design Officer 제도를 운용하는 등 디자인경영에 총력을 기울였다.

그런 결과 삼성은 곧 각종 디자인상을 휩쓸어 담는 개가를 올린다. 세계 양대 디자인상으로 불리는 미국의 IDEA상과 Cebit iF 디자인상을 비롯하여 레드닷 디자인상, 일본의 G-Mart상 등 세계적인 디자인 평가기관의 디자인상을 100회 이상 수상했다. 그동안 상대적으로 약세를 면치 못하던 디자인 부문에서 마침내 월드베스트 수준으로 성큼 올라서는 기염을 토한 것이다.

또 다른 세계 정상의 꿈

일이 곧 취미이자 특기인 정몽구는 바깥 활동을 거의 하지 않는 편이다. 재계 단체장이며 이런저런 위원장 후보로 낙점이 유력시될 때마다 으레 고개를 가로젓는다. 자기 업무 외에는 대외 활동에 나서기를 끔찍이 싫어하는 체질 탓이다. 자리 욕심에 스스로 초연해왔다.

그렇다고 바깥 활동을 아예 다 접은 건 아니다. 다섯 손가락 안에 꼽을 정도이긴 하지만, 그의 이름 석 자가 찍힌 직함도 없지만은 않다. 예컨대 양궁협회, 컨테이너공업협회, 강관협회, 한국표준협회, 여수엑스포 조직위 명예위원장 등이 있다.

물론 여수엑스포 조직위 명예위원장과 같은 직함도 있지만 한국표준협회장, 컨테이너공업협회나 강관협회에서 볼 수 있듯 대개 자기 업무와 관련이 깊다. 또한 재임 기간도 그리 길지 않았다.

한데 그리 길지 않은 인연으로 끝난 다른 직함과 달리 각별히 애정을 보이는 자리가 있다. 대한양궁협회장1985~1997년이 그것이다. 비단 자리만이 아니었다. 정몽구가 하는 일이 늘 그렇듯 양궁협회 또한 그는 현장에서 볼 수 있었다.

바르셀로나 올림픽1992년 때의 에피소드다. 굳이 귀빈석을 마다하고 땡볕 아래에서 한국 대표단 응원에 나섰던 그는, 경기가 박빙으로 끝나자 다음날 경기에 앞서 징을 구해오라고 지시했다. 상대에 비해 수적으로 열세였던 응원단 규모가 마음에 걸렸던 때문이다. 규모가 작으면 소리로라도 상대를 제압해 우리 선수들에게 힘을 불어넣어 주어야 한다는 생각에서였다.

정몽구의 양궁 사랑은 그룹 차원은 물론 대를 이어 지속되어 오고 있다. 그를 이어 회장직을 맡은 인물들은 모두 현대차그룹 계열사의 대표들이었으며, 지금은 그의 아들인 현대·기아차그룹 부회장 정의선이 양궁협회장을 맡고 있다. 또한 2016년 여름 브라질 리우올림픽에서 사상 첫 양궁 단체전 8연패에 이어 남녀 전체 종목을 석권했을 적에도, 정의선은 거기 현장에 있었다. 아버지가 그랬던 것처럼 선수들과 승부의 순간을 끝까지 함께했다.

말할 것도 없이 양궁은 지각력의 발달과도 직결된다. 이 지각력은 시공간을 전체적으로 한순간에 파악해 총체적 그림을 단번에 그릴 수 있는 능력을 일컫는다. 브라질 리우올림픽에서 다시 한 번 확인할 수 있었던 것처럼 우리에겐 바로 그런 점이 탁월하다고 말한다.

올림픽 종목 가운데 양궁에서 단연 독보적인 실력을 자랑하는 게 어떤 우연의 일치가 아니란 얘기다. 국내 대회 우승이 곧 세계 정상이라는 우스갯소리가 결코 그냥 생겨난 말이 아니라는 것이다.

하기는 활 잘 쏘는 우리의 솜씨는 일찍이 소문이 난 터였다. 고구려를 세운 주몽의 이름이 곧 '활 잘 쏘는 사람'이란 뜻이었고, 고구려의 고분 벽화마다 그려져 있는 말 타고 활 쏘는 장면은 우리의 활쏘기 전통이 얼마나 유구한 것인가를 보여준다.

한데 이 같은 활쏘기야말로 공간 지각력이 그 능력을 마음껏 발휘하는 스포츠다. 특히 우리의 전통 국궁은 과녁이 100~200m씩 멀리 떨어져 있고, 궁사들은 허공에 대고 그냥 대충대충 쏘는 것 같이 보인다.

그게 멀리 떨어져 있는 과녁의 한복판까지 포물선을 그리며 날아가 정확히 꽂힌다. 그야말로 어림짐작의 결정판이다. 외국인들은 이런 광경에 그저 신기하고 놀랍다는 반응이다.

활쏘기는 이처럼 어떤 한 부분만을 인과 관계의 논리로 파악하는 좌뇌가 아니라, 그림 전체의 총체성을 순간적인 직관으로 파악하는 우뇌가 담당해야 제대로 된다. 그런 만큼 상대적으로 우뇌가 발달해 있는 우린 예부터 활쏘기에 능했고, 그 능력이 지금의 양궁으로까지 이어져 오늘날에도 올림픽에서 주몽의 후예들이 솜씨를 발휘하고 있는 셈이다.

정몽구의 양궁 사랑도 딴은 그런 게 아닐까? 매사에 철저한 분석과 논리를 앞세워 냉철하기보다는, 시공간을 전체적으로 한순간에 파악해 총체적 그림을 단번에 그려나가 일을 신속하게 처리하기를 즐겨하는 현대가의 DNA와 맞닿아 있는 건 아닐까? 때문에 양궁을 그렇듯 각별히 사랑한 것은 아니었을까!

아무렇든 30여 년 가까이 이어진 그의 양궁 사랑은 세계 최강의 한국 양궁을 만드는 데 든든한 밑돌이 되어주었던 게 사실이다. 아직도 그의 양궁 사랑은 식을 줄을 몰라 그룹 차원은 물론이고, 2005년부터는 아버지에서 아들로 바통이 넘겨져 현대차그룹 부회장 정의선현재까지이 대를 이어 또 다른 세계 정상의 꿈을 키워나가고 있다.

'패스트 팔로어'에서 '퍼스트 무버'로의 변신

이건희가 이끈 제국은 확실히 '더 강한 삼성'으로 변모해갔다. 메모리 반도체에 이은 월드베스트의 종목에서 삼성의 제품들이 속속 세계 무대로 진입하고 있었다.

해외 언론에서도 이건희를 주목하기 시작했다. 〈뉴스위크〉, 〈이코노미스트〉, 〈비즈니스위크〉, 〈포춘〉, 〈타임〉 등이 잇달아 삼성을 주시하면서, 삼성의 성공 요인은 이건희 회장을 정점으로 경영환경에 민첩하게 대응할 수 있었던 경영시스템을 들었다.

〈뉴스위크〉는 2003년 11월 이건희를 커버스토리로 다루면서, 그를 '수도사적 제왕The Hermit'이라고 표현했다. 보이지 않는 카리스마에 초점을 맞추었다. 특히 〈뉴스위크〉는 각 계열사의 자율경영을 우선시하여 일상적인 경영 현안은 각 계열사의 CEO에게 일임하고, 이건희는 전략 구상과 조율 등 좀 더 상징적인 역할에 주력하고 있다는 점에서 과거 재벌의 총수와 차별화된다는 분석을 내놓기도 했다.

그러나 이건희는 결코 안주하거나 머뭇거리지도 않았다. 그동안 잠시 '깊은 사색'에 잠겼다가 스스로 침묵을 깨고 나왔다. 삼성의 임직원들을 향해 다시 한 번 위기의식을 불어넣었다. 다시금 허리띠를 바짝 조여 나가기 시작했다.

그 첫 번째 메시지가 2007년 여름에 나왔다. 프랑크푸르트 선언1993년을 하면서 신경영에 들어간 이래 줄곧 시행해오던 '선진 제품 비교 전시회' 자리에서 계열사 사장단을 향해 또다시 입을 연 것이다.

"2010년이 되면 지금은 예측하기 힘들 정도의 급속한 변화가 일어날 것입니다. 지금부터 디자인, 마케팅, 연구 및 개발 등 모든 분야에서 변화에 대비해야 할 것입니다…."

이른바 '창조경영'의 메시지였다. 과거 1등 기업을 모방해 빠르게 추격하는 '패스트 팔로어fast follower' 전략에서 탈피하여 '퍼스트 무버first mover'가 되자는 주문이 그것이었다.

이윽고 2010년 봄이 되자 이건희의 위기의식은 강도를 더해갔다. 삼성은 전년도에 이미 사상 최대의 실적을 올리면서 그야말로 고공 행진을 계속하는 중이었다. 한데 진짜 위기는 지금부터라고 메시지를 던지고 나섰다.

"지금이 진짜 위기입니다. 글로벌 기업들이 무너지고 있습니다. 삼성도 언제 어떻게 될지 모릅니다. 앞으로 10년 내에 삼성을 대표하는 사업과 제품은 대부분 사라질 것입니다. 머뭇거릴 시간이 없습니다. 앞만 보고 나아 갑시다…."

이보다 몇 달 전인 2009년 10월, 삼성전자는 창립 40주년을 맞아 '비전 2020'을 공표한 바 있다. 오는 2020년까지 매출 4,000억 달러, 세계 10대 기업, IT업계 세계 1위를 목표로 삼았다.

같은 날 삼성전자는 향후 5~10년 후 성장 동력이 될 수 있는 바이오칩·의료기기·주머니 속의 병원으로 불리는 U-헬스·태양전지 등 '삶의 질 향상life care' 분야의 신산업을 적극 발굴해내고, 다변화한 고객의 욕구를 충족하는 솔루션 사업을 확대해나갈 방침이라고 구체적인 방안까지 밝혔다.

동시에 그런 목표를 달성키 위해 삼성전자가 내건 새로운 비전의 키워드는 'Inspire the World, Create the Future미래사회에 대한 영감, 새로운 미래창조' 였다. 신기술과 혁신적인 제품, 창조적 솔루션을 통해 미래사회에 대한 영감을 불어넣고, 고객과 사회·임직원의 새로운 가치를 도모하여 궁극적으로 인류사회의 번영을 가져오는 새로운 미래를 창조하겠다는 의지를 내포하고 있었다.

그로부터 달포가 지난 5월, 서울 한남동행정 구역으로는 이태원1동 135-26에 자리한 삼성의 메카인 승지원에서 계열사 사장단이 대거 모여들었다. 이건희는 자신의 은둔처인 승지원에서 사장단 회의를 주재했다.

이 자리에서 이건희는 '세계 최고가 뛰는 트랙은 따로 있다'고 강조하면서 과감하고 공격적인 투자를 통해 미래를 선점해야 한다는 '뉴 플랜'을 제시했다. 이른바 '비전 2020'을 보다 구체화하기 위한 실행 방안이었다.

이 뉴 플랜의 주요 골자는 향후 10년간 그룹에서 23조 3,000억 원이라는 천문학적 거액을 투자, 미래 산업 분야에서 오는 2020년 매출 50조 원에 4만 5,000명의 고용을 창출한다는 청사진이었다. 다시 말해 '과감하고 공격적인 투자'로 기존 주력사업의 경쟁력을 보다 확고하게 다져 누구도 따라올 수 없는 절대 강자로 미래를 열어가겠다는 야심 찬 계획이었다.

일 주일여 뒤, 이건희는 경기도 화성캠퍼스^{반도체} 사업장에서 열린 반도체 16라인 기공식에 참석해서 삼성전자 사상 최대 규모인 연간 26조 원의 투자 계획을 또다시 발표했다. 다른 글로벌 기업이 머뭇거리고 있을 때 과감하게 투자해서 기회를 선점해야 한다는 신념에서였다. 이런 투자는 앞서 발표했던 '비전 2020'의 투자 금액보다도 훨씬 많은 것이어서 재계를 깜짝 놀라게 하였다.

삼성전자는 이날 발표된 연간 26조 원의 대규모 투자 가운데 반도체에 11조 원, 액정 화면인 LCD에 5조 원, 연구 및 개발 사업 R&D에 8조 원 등을 투입하는 것으로 알려졌다. 이는 삼성이 신수종 미래 산업을 육성하고 미래 전략을 구사하면서도, 반도체와 LCD 등 기존 사업의 가치를 낮추어 보지 않고 여전히 삼성의 핵심 사업임을 암시하면서 지켜나가겠다는 의지 표명이기도 했다.

이에 따라 삼성은 메모리·LCD·TV·휴대전화 등의 선도 사업이 압도적인 세계시장 점유율과 더불어 영업이익률을 달성하는 등의 브랜드 파워를 더욱 강화해나갈 수 있는 한편, 생활가전·컴퓨터·프린터 등 6개 사업을 보다 집중적으로 육성시켜 현재 20% 수준인 육성 사업의 매출 비중을 2020년까지 30% 수준까지 끌어올린다는 원대한 야망이었다.

앞서 2007년 여름에 있었던 선진 제품 비교 전시회 자리에서 과거 1등 기업을 모방해 빠르게 추격하는 '패스트 팔로어' 전략에서 탈피해 '퍼스트 무버'가 되자는, 이른바 이건희의 '창조경영'을 언급한 바 있다. 그러면서 디자인, 마케팅, 연구 및 개발 등 모든 분야에서 다가올 변화에 대비해야 한다는 그의 메시지를 전했다.

한데 그로부터 4년이 지난 2011년 여름, 그는 다시금 안팎으로 관심이 집중되는 가운데 예의 선진 제품 비교 전시회를 가졌다. 삼성전자 수원 디지털시티에서 열렸던 전시회 마지막 날에 그가 행사장을 찾았다.

이날 전시회에선 3D 스마트TV와 노트북·블루레이·스마트폰·태블릿PC·반도체 등의 분야에서 SONY, 애플, LG전자, 노키아, 샤프, 파나소닉, 엘피다 등의 경쟁사 제품들이 분석 대상에 올랐다. 삼성전자 부회장 최지성과 DS총괄 사장 권오현, VD사업부 사장 윤부근, 무선사업부 사장 신종균 등 삼성전자의 모든 사장단과 함께 삼성SDI 사장 박상진, 삼성전기 사장 박종우, 삼성모바일디스플레이 사장 조수인 등 전자부문 계열사 사장단도 빠짐없이 참석했다.

이건희는 이들 사장단과 함께 모든 부스를 둘러보았다. 그런 다음 전자 계열사 사장단 전략회의를 주재했다.

삼성 안에선 이날의 사장단 전략회의에서 그가 또 어떤 화두를 던질지에 이목이 집중되었다. 하지만 들리는 바에 의하면 '3D 스마트TV와 스마트폰 등 현 시점에서 가장 첨예한 경쟁이 벌어지고 있는 제품에 대한 코멘트가 있었다'는 소문만이 있을 뿐, 지난 2007년 '창조경영'과 같이 구체적으로 알려지고 있는 것은 아직 없다.

다만 확실한 것은 이건희가 어떤 식으로든 기술과 품질 등에 관한 어떤 메시지를 분명히 사장단에 전달했을 것이라는 후문이다. 그리고 그 메시지의 실체는 좀 더 시간을 두고서 자연스럽게 밝혀질 것이라는 게 중론이다.

강한 현대차, 현대차만의 기업문화

강한 현대차, 현대차만의 기업문화는 어떤 것일까? 적자의 늪에서 헤어나지 못하던 기아자동차를 불과 1년 만에 흑자경영으로 정상화시킨 정몽구의 남다른 뚝심, 현장경영과 같은 리더십을 말할 수 있다.

하지만 1938년 섣달 쌀가게 경일상회로 출범하여 '100년 경영'을 해오는 동안 어찌 그것만이겠는가 하는 의문도 든다. 현대 특유의 개척정신, 얼리버드, 불도저 기질, 할 수 있다Can Do는 도전문화 말고 또 다른 깊은 속내가 있을 법도 하다.

정확히 알 수는 없지만, 알려고 해도 알 길도 없지만, 국내 기업집단 가운데 생산 설비가 설치되어 있는 공장의 부지 외에 건축물부동산을 가장 많이 보유하고 있는 기업집단은 삼성이 아닌가 싶다.

우선 삼성은 태평로를 따라 옛 삼성본관을 시작으로 삼성생명, 중앙미디어, 호암아트홀이 서소문 일대에까지 즐비하다. 그 밖에도 삼성생명 종로타워를 비롯하여 첨단 빌딩으로 눈부신 강남의 삼성전자 서초동 사옥까지 모두가 시내 요지에 있을뿐더러 빌딩마다 거대하고 호화롭기까지 하다.

계열사 기업들도 대개는 독자적인 사옥을 소유하고 있기 마련이다.

여기에 비해 현대는 그룹을 상징하는 이렇다 할 사옥이라곤 없다. 기껏해야 계동의 현대 본사와 양재동의 현대·기아차빌딩 정도가 눈에 띈다. 좀 더 자세히 살펴봤자 광화문의 빌딩 숲 속에 가려 잘 드러나지도 않는 현대해상과 현대상선이 고작이다. 또 계열사 기업들이 독자적인 사옥을 소유하고 있다 하더라도 규모도 그리 크지 않을뿐더러 야단스럽지도 않다.

오래전의 얘기이긴 하지만, 6·25전쟁으로 한때 부산까지 피난을 내려갔다가 1953년 11월 다시 서울로 돌아온 삼성물산은, 당시로선 가장 고급스러우며 비싸다는 반도호텔에 본사를 마련한다. 1966년 태평로에 옛 삼성본관이 완공될 때까지 10년 이상 반도호텔에 본사를 두고 있었다. 옛 삼성본관은 완공 당시 규모가 매우 크고 대단히 호화로운 사옥으로 세간의 눈길을 끌었었다.

반면에 현대가 사옥을 갖게 된 것은 비로소 1970년대 들어서였다. 지금의 무교동에 자리하고 있는 현대상선의 사옥이 그것이다. 1980년대 들어 광화문에 현대해상 빌딩을 완공할 때까지만 해도 현대그룹은 사옥다운 사옥조차 따로 없었다.

창업 초창기부터 호화로운 사옥을 선호했을 뿐 아니라, 기업경영이 자리를 잡아가자마자 곧바로 그룹을 상징하는 대규모 사옥 건설에 나섰던 삼성과 달리, 현대는 그런 사옥 따위에는 별반 관심도 없는 것처럼 보였다. 삼성과는 전연 다른 길을 갔다.

삼성과 현대는 왜 이 같은 차이점을 나타냈던 걸까? 두 왕국의 주력 업종만 놓고 본다면 삼성삼성물산, 제일제당, 제일모직으로 본격 시작보다는 아무래도 현대

현대자동차, 현대건설로 본격 시작가 자기 사옥을 더 보란 듯이 지어 올릴 것만 같은 데도 현실은 정반대인 걸까?

다시금 1970년대로 돌아가 보기로 하자. 삼성은 1970년대 중반 이후 10여 년 동안 태평로와 서소문 일대에 삼성빌딩, 삼성생명, 〈중앙일보〉, 호암아트홀 등 굵직굵직하고 호화로운 사옥을 집중적으로 건설해 나갔다.

현대 또한 삼성과 같이 대규모 사옥을 지어 올릴 기회도 없지 않았다. 또 그럴 역량도 충분히 갖추고 있었다.

한데도 현대는 그런 쪽으로는 눈길을 주지 않았다. 같은 시기 현대는 여의도 개발과 강남 개발에 뛰어들어 아파트 건축 분양이라는 주택사업에 집중하면서 상당한 재력을 쌓는다.

물론 여의도 개발과 강남 개발 당시 삼성이 뒷짐만 지고 있었던 건 아니다. 삼성 역시 현대와 마찬가지로 여의도와 강남 개발 지역에 상당한 땅을 확보했던 게 사실이다.

그러나 삼성과 현대가 확보한 땅은 서로 달랐다. 삼성이 상업용 땅을 확보한 데 반해, 현대는 상대적으로 한적한 지역의 땅을 확보했다. 삼성이 상업용 빌딩사옥을 지어 올릴 땅을 확보한 거라면, 현대는 아파트를 지어 팔 땅을 서로 확보한 것이다.

왜 이처럼 삼성과 현대는 달랐던 걸까? 부동산을 바라보는 시각조차 이토록 크게 엇갈려야만 했던 걸까?

물론 답은 불을 보듯 명확하다. 삼성이 빌딩마다 거대하고 호화로운 사옥을 가지고 있는데 반해, 현대가 사옥다운 사옥조차 갖지 않았던 건 너무도 당연하기만 하다.

삼성은 1980년대까지만 해도 제일제당과 제일모직과 같은 생활용품 제조, 삼성생명과 같은 보험업, 〈중앙일보〉와 동양방송TBC-TV 같은 언론매체 사업이 주력이었다. 소비자들로부터 신뢰를 얻는 것이 절대 가치였던 셈이다.

특히 보험업은 더 그랬다. 보험업은 소비자가 장기적으로 돈을 맡기는 거라서 신뢰가 무엇보다 중요하다.

따라서 신뢰를 얻기 위해선, 다시 말해 소비자가 자기 돈을 떼일 염려가 없다는 믿음을 주기 위해서는 어떤 재산적 가치가 있는 전시물이 필요하다. 바로 그 재산적 가치를 가장 확실하게 내보일 수 있는 대상이 거대하고 호화로운 빌딩사옥이었던 것이다. 지금도 마찬가지이지만 세계적으로 유명한 보험회사나 은행의 본점 건물이 웅장한 것도 다 그런 이유 때문이다. 삼성이 상업용 땅을 한사코 확보한 까닭이 거기에 있다.

현대는 그 반대였다. 건설, 조선, 자동차와 같이 주로 금속과 같은 조립이 주력 업종이었던 현대는 굳이 거대하고 호화로운 빌딩이 절대 조건은 아니었다.

그보다 중요한 것은 생산의 현장이었다. 현대 입장으로 보았을 땐 거대하고 호화로운 빌딩 자체가 괜한 소비성 지출에 불과할 따름이었다. 말하자면 빌딩은 우리가 만들어 파는 상품이지 우리가 사용할 대상이 아니었다.

곧 그 같은 이해와 시각이 삼성과 현대의 차이를 만들어냈다. 삼성의 사옥들이 시내 요지에 우뚝우뚝 솟아있는데 반해, 현대의 사옥들은 상대적으로 야단스럽지가 않았다. 1980년대 이후 지금껏 하나의 문화로 자리 잡아오고 있는 것이다.

이같이 부동산 한 가지를 놓고 보더라도 두 왕국이 갖는 이해와 시각은 큰 차이점을 보인다. 하물며 두 왕국의 기업문화는 말할 나위조차 없다.

그러나 삼성은 뒤에 삼성전자를 통해 본격적으로 들여다볼 기회가 따로 마련될 것이기 때문에, 여기선 현대의 간판이랄 수 있는 현대자동차만의 기업문화에 대해 살펴보기로 한다.

결론부터 말하면 현대자동차의 기업문화는 꼭 집어내어 민첩한 위기대응문화, 럭비공 같은 인사문화, 역동적인 토론문화, 예측불허의 승부문화 네 가지로 요약된다.

민첩한 위기대응문화

우선 현대자동차의 민첩한 위기대응력은 시쳇말로 번갯불에 콩을 구워 먹을 만큼이나 재빠르다. 그 첫 번째 사례가 인도 첸나이 공장의 주력 차종 선정부터 파일럿카 선정에서 볼 수 있다.

1996년 현대자동차는 인도 첸나이 공장의 기공식을 올렸다. 한데 당초 생산 판매하려던 액센트가 인도 현지 상황에선 고급차였기 때문에, 경승용차인 아토즈를 생산 판매 차종으로 바꿔야 했다. 더욱이 인도인들이 쓰고 다니는 터번의 높이를 고려하여 현지화된 모델이 당장 필요했다.

현대자동차는 불과 3개월 만에 아토즈 변형 모델인 '상트로'의 파일럿카를 개발한다. 거기에 그치지 않고 양산에 들어가기까지 6개월밖에 걸리지 않았다. 또한 생산 개시 5년 후인 2003년 인도 현지 생산 부품 비율이 상트로 91%, 액센트 86%, 소나타 60%에 달했다.

두 번째 사례는 중국 진출에서 이른바 '현대 속도'라는 신조어를 만들어낸 경우다.

정몽구는 2002년 5월 베이징 시 당서기인 자칭린과 전략협의서를 체결할 때 같은 해 12월까지 승용차를 만들겠다고 약속했다. 모두가 고개를 갸웃거렸지만 정몽구가 약속한 대로 이뤄졌다. 또한 이듬해 베이징현대기아차는 2만 대 생산 계획을 보고했는데, 정몽구는 그 두 배가 넘는 5만 대 생산을 지시하여 그대로 실행시켰다.

이때부터 중국 자동차업계에선 '현대속도現代速度'라는 신조어가 유행처럼 번지기 시작했다. 협력업체들 또한 베이징현대기아차의 양산일에 맞추느라 자체적으로 생산 라인을 가동하지 않으면 안 되었다.

세 번째 사례는 4개월 만에 새로운 엔진을 개발한 경우다. 현대자동차는 세타theha 엔진 기술을 독일의 벤츠에 이전하던 2004년 당시 벤츠가 경영권을 가지고 있던 미국의 크라이슬러에서 세타 엔진을 거절했다. 세타 엔진은 1,800, 2,000, 2,200cc로 설계되어 있는데 2,400cc 배기량을 만든 것이다.

사실 배기량을 2,400cc로 늘린다는 건 결코 간단치 않은 일이었다. 단순히 배기량만을 늘리는 것이 아니라, 설계도면에서부터 금형 제작 등 제작 공정의 거의 모든 작업을 새로이 시작해야 하는 새 판짜기였다.

한데도 현대자동차의 민첩한 위기대응력은 그야말로 전광석화처럼 빛을 발했다. 4개월 만에 설계 변경에서 금형 제작까지 포함하여 새로운 엔진 시제품을 넌떡 내놓았다. 결국 크라이슬러 차량에 현대의 새로운 엔진을 탑재시킬 수 있었던 것이다.

이게 과연 정몽구 혼자 방방 뜬다고 해서 가능하기나 할 것인가. 현대자동차에 어떤 남다른 무엇, 다시 말해 위기에 민첩하게 대응할 수 있는 기업문화가 정착되어 있었기에 가능한 일이 아니겠는가.

럭비공 같은 인사문화

현대제철이 한창 건설 중이던 2004년이었다. 현대모비스현대정공 마북리 연구소를 방문한 정몽구에게 우유철 이사가 브리핑을 하였는데, 회장의 질문에 우 이사가 막힘없이 정답을 술술 얘기했다.

만족한 정몽구는 우 이사를 곧바로 상무로 승진시켰다. 이어 한 달 만에 현대제철의 전신인 INI스틸로 옮겨 앉으며 전무로, 다시 부사장으로 승진되었다. 한 해 동안 무려 세 단계나 초고속 승진을 하면서 그룹 내에서도 당연히 화제였다.

한보철강을 인수한 정몽구는 오랜 숙원이었던 고로高爐 건설을 추진하면서 자신의 꿈을 실현해줄 적임자로 그를 꼽았다. 365일 공사 현장을 지키며 공장 건설을 진두지휘한 우유철은 제1 고로 완공을 눈앞에 둔 2009년 드디어 사장 자리에 오른다. 6년 전 한 번의 브리핑만으로 정몽구는 우 사장의 역량을 간파했던 것이다.

그러나 우 사장과 같이 초고속 승진을 한 이도 적지 않았지만, 반면에 그만 한순간 자리에서 물러나야 했던 이도 없지만 않았다. 2011년 정기 인사 때만 해도 그렇다. 국내외 사상 최대의 실적을 올린 기아자동차 사장 서영종이 경질되었는가 하면, '파워트레인'으로 현대자동차의 품질 수준을 한 단계 높였다고 평가받았던 현대자동차 부회장 이현순이 갑자기 자리에서 물러나야 했다.

이같이 현대자동차의 전문경영인은 흔히 '파리 목숨'으로 비유된다. 재계에서도 재임 기간이 가장 짧은 편에 속한다. 때문에 정몽구의 이 같은 인사에 대한 평가는 긍정보단 부정적인 인식이 더 큰 것도 사실이다.

또 그런가 하면 나갔던 사람을 금방 찾기도 한다. 한번은 계열사 CEO로부터 업무보고를 받는 자리였는데, 내용이 전혀 맘에 들지 않았다. 정몽구는 그 자리에서 사직서를 제출하라고 했다. 계열사 CEO는 꼼짝 못하고 사직서를 쓰고 속절없이 퇴사해야 했다.

한데 불과 며칠 뒤 사업장을 둘러보던 정몽구가 임원들에게 "아무개 사장 어디 있어?"라고 물어보며 업무를 지시했다. 이미 퇴사 치리까지 마쳤던 인사 담당자는 부랴부랴 그 CEO에게 연락을 해 아무 일도 없었던 것처럼 다시 복직을 시켜야 했다.

세간에선 정몽구의 이 같은 인사를 두고 흔히 '럭비공 인사'라고 일컫는다. 어디로 튈지 모르는 럭비공 같다 해서 그렇게 부른다.

한데 정몽구의 럭비공 인사는 새삼 어제오늘의 것이 아니다. 임직원들에 대한 그의 시각은 아버지 정주영 때부터 이미 고착되어온 현대만의 전통으로 계승된 것이다.

정주영 명예회장의 아우인 한라그룹 정인영 명예회장은 생전에 한 인터뷰에서 당시 스타 전문경영인으로 세간에 화제를 뿌렸던 현대건설 회장 이명박17대 대통령에 대한 평가를 묻는 말에 이렇게 대답했다. "한국에 제법 큰 기업이 몇 개나 되느냐"고 반문한 뒤 2만 개 정도가 된다는 답을 듣자, "그러면 이 군은 2만 1번째 경영자일 뿐"이라고 말했다.

바로 이 같은 인식이 정몽구에게도 스며들었다. 언제 어느 때라도 필요한 인재를 등용하거나 바꿀 수 있다는 생각을 갖게 된 것이다.

정몽구는 양재동의 현대·기아차그룹 본사 집무실과 한남동의 자택에 똑같은 내용의 인사 파일을 보관해두고 있다고 한다. 시간이 날 때면 그 인사 파일을 들여다보며 사람을 파악한다는 후문이다.

그가 이러한 인사에서 지향하는 정점은 곧 '승리'에 있다. 이기지 못하는 시합은 어떤 변명도 필요가 없다. 시합에 나서는 선수는 반드시 이겨야만 한다.

따라서 그는 승리를 위해 언제나 '이길 수 있는 선수'를 시합에 투입하고자 한다. 제아무리 기량이 뛰어나더라도 당일 시합에서 컨디션이 좋지 않으면 언제라도 교체하는 이 같은 유연한⑰ 인사 문법은, 조직원들에게 상당한 긴장감을 불러일으킨다.

긴장을 하게 되면 감정이 고조되기 마련이다. 동공이 확장되고 보다 밝아지기 일쑤다. 하물며 언제 사직서를 제출할 줄 모르는 파리 목숨이 그렇듯 죽을 고비에 놓이게 된다면 말할 나위조차 없다.

손자孫子가 쓴 병법에도 사람이 위기에 처하게 되면 죽을힘을 다해 싸운다고 말한다. 어느 누구도 따를 수 없을 만큼 모든 것이 실로 절실해지기 때문이다. 어쩌면 정몽구가 생각하는 '럭비공 인사'의 진짜 속내란 바로 이것이 아니었는지 모르겠다.

아무렇든 럭비공 같은 그의 용인술은 부정적인 수식어가 따라붙는 측면도 분명히 없지 않다. 그렇더라도 지금까지 현대자동차가 이뤄낸 경영 실적만 놓고 본다면 꼭이 그렇지 않은 측면도 있을 것이다.

역동적인 토론문화

울산에 자리한 현대자동차 공장을 취재 갔을 때였다. 안내를 맡았던 차장이 대리에게 직함을 부르지 않고 그냥 이름을 불렀다. 다른 여느 기업에선 볼 수 없는 풍경이었다.

얘길 들어보니 흔히 그렇게 직함 대신 이름을 부르는 경우가 많다고 한다. 정말 괜찮으냐고 묻자 되레 의아한 눈길로 바라본다. 상사가 밑에 사람을 부를 때 직함이 아닌 이름을 부르면, 가족과 같이 친밀하게 들리고 친근감을 느끼게 되어 공동체 의식이 강해진다는 설명까지 덧붙였다.

하기는 현대에서 상사가 밑에 사람을 부를 때 직함보다는 이름을 즐겨 부르는 건 암만해도 선대 회장 정주영이 심어놓은 게 분명하다는 생각이 든다. 그 같은 남다른 유대감이야말로 현대만의 전통이 아닌가 싶다.

현대조선을 건설하던 초창기, 그리스 선박왕 선엔터프라이즈의 조지 리바노스 회장으로부터 26만 t급 초대형 유조선 2척을 수주받아 한창 건조하던 시절 정주영은 현장에 붙어살다시피 했다. 그 시절 정주영은 현장에서 근무자를 만나면 곧잘 어깨를 툭 치면서 '야, 인마! 밥 먹었어?'라거나, '야, 인마! 넌 부서가 어디냐?' 하는 식으로 소탈하고 다정하게 대하곤 했다.

그가 '야, 인마!' 하고 부르는 대상은 굳이 현장 근무자만은 아니었다. 현대조선 초창기에 부장으로 있었던 이의 말을 들어보면, 상대가 부장이든 임원이든 간에 정주영은 '야, 인마!' 하고 불렀다는 것이다.

처음엔 이상한 기분이 들었던 것도 사실이다. 한데 차츰 익숙해지자 도리어 친근감이 느껴지더란다.

결국 정주영의 이런 소탈함은 친근감으로 느껴지기 시작하면서 왕국 전체에 퍼졌다. 또 그러한 영향이 현대맨들에게 전해지면서 윗사람이 밑에 사람을 부를 땐 직함 대신 이름을 부르는 소탈함이 오랫동안 전해지고 있는 것 같다.

현대의 소탈함은 술자리의 분위기에서 더욱 도드라져 보인다. 예를 들어 현대 사람들이 자주 모여드는 술집 풍경은 시장바닥처럼 늘 왁자지껄하다. 자연 목소리를 높여야만 상대와 대화를 나눌 수 있을 만큼 술집 안은 격의 없이 흥에 넘쳐난다.

반면에 삼성 사람들이 자주 모여드는 술집 풍경은 물속처럼 늘 조용하기만 하다. 사람들이 꽤 여럿 모여 앉아 술을 마셔도 목소리를 낮추어 소곤소곤이다. 누구 한 사람 소란스럽게 굴거나 목소리를 높여 떠들어대는 사람이라곤 없다. 어찌나 목소리들이 낮은지 옆 테이블 사람들의 숨소리까지 들릴 것만 같다.

그러나 현대의 이 같은 소탈함은 토론문화에서 극명하게 드러난다. 현대의 토론문화에서 현대만이 가질 수 있는 어떤 힘이 느껴진다.

현대의 계열사 가운데 어떤 회사는 정해진 자리가 따로 없는 회의실을 운영한다. 참석자들은 대학 강의실처럼 들어오는 순서대로 원하는 자리에 가 앉는다. 회의실에서만큼은 상하 관계를 따지지 말고 수평적 관계를 바탕으로 자유로운 의사 표현과 교환을 해보자는 뜻에서다.

물론 반대 의사를 표현할 수 있는 장치가 분명히 보장되어 있다. 어떤 부서가 특정 안건을 발표하게 되면 정해진 순번에 따라 다른 부서 임원은 그 안건에 대해 반드시 문제점을 지적해야 한다. 반대자 입장에서 반드시 문제점을 지적해야 하는 임원은 안건의 내용을 미리 확인해 사전에 충분히 검토한 이후에 참석하기 때문에 안건을 준비한 부서와 팽팽한 논리 대결이 펼쳐지기 마련이다.

이들의 갑론을박으로 토론 분위기가 달아오르면 다른 참석자들도 자신의 의견을 내놓는 데 망설이거나 주저함이 없어져 회의는 자연 역동적이고 의견 교환의 장으로 변하게 된다. 다른 기업에선 좀처럼 찾아보기 어려운 오직 현대에서만이 볼 수 있는 풍경이 아닐 수 없다. 마치 역사 속 세종의 '견광지絹狂止'를 연상케 한다.

예측불허의 승부문화

이웃 나라 일본의 대기업 임원들은 흔히 이런 말들을 한다. "일본 자동차 업계는 세계 1위의 토요타가 있기 때문에 그 아래에 있는 현대자동차에 대해 별로 관심을 두지 않는다. 하지만 삼성전자가 일본의 전자 업체들을 꺾었기 때문에 삼성전자에는 관심이 많다." 회사에 출근하면 삼성전자 이야기를 많이 한다는 것이다.

여기에 대해 반론도 만만찮은 것 같다. "그렇지 않다. 일본 기업들은 이미 삼성전자의 다음 행보가 어떻게 움직일지 대강은 알 수 있다. 그러나 현대자동차의 다음 행보는 어디로 어떻게 움직일지 도무지 알 수가 없다. 일본이 가장 두려워하는 기업은 실은 삼성전자가 아니라 현대자동차다."

그렇게 말하는 이유는 너무나 분명하다. 현대자동차에 대해 아는 게 별로 없어서라는 것이다.

〈아시아경제〉 신문에서 'MK정몽구 리더십'을 해부해보는 좌담회를 열자는 연락을 받았다. 도저히 시간 내기가 쉽지 않아 정중히 거절했으나, 최일권 차장과의 평소 친분도 있고 해서 마지못해 참석하게 되었다. 일행은 권상술 교수IGM 세계경영연구원, 김기찬 교수가톨릭대 경영학과, 김현종 박사한국경제연구원, 유지수 교수현 국민대 총장로 저자 포함 5명이었다.

좌담회 사회를 맡은 이정일 부장이 재미있는 얘기를 꺼냈다. 세계가 현대자동차를 주목하고 있는데도 우리조차 MK에 대해 아는 게 너무도 없다고 했다. 좌담회를 마련한 이유가 거기에 있음을 밝혔다.

좌담회는 일행과 함께 한 번 더 열렸다. 거기에다 현대자동차 출입기자들의 현장 리포트까지 생생히 더해져 「MK Leadership」이란 책으로 묶어져 출간되기도 했다. 현대자동차의 정몽구에 대해 이 책만큼 상세히 해부하고 있는 책도 아직까진 또 없었다는 게 저자의 생각이다.

아무렇든 우리가 이럴진대 하물며 일본이야 오죽하겠는가? 현대자동차를 30년 가까이 지켜보아 왔다는 유지수 교수조차 이 기업에 대해 안다 말할 수 없다며 손사래 치는데, 일본의 업계나 학계에서 현대자동차를 어떻게 잘 안다고 말할 수 있겠는가?

일찍이 현대자동차는 적자의 늪에 빠져 있던 기아자동차를 어쩔 수 없이 인수하게 되고 '왕자의 난'으로 말미암아 왕국에서 자동차 소그룹으로 독립했으며, 그러나 기아자동차를 회생시키면서 기적처럼 재기에 성공했다. 이어 한보철강 인수와 더불어 제철사업에 대규모 투자를 했으며, 결국에는 왕국의 모태랄 수 있는 현대건설까지 인수하고 나서면서 선대 회장 이병철과 정주영 이후 다시 한 번 '이건희 vs 정몽구'라는 숙명의 라이벌 구도를 부활시켜낸, 매우 복잡하면서도 정확히 실체를 파악하기 어려운 기업이다. 이런 기업에 대해 일본의 어떤 기업이, 어떤 학자가 정확히 안다고 말할 수 있겠는가?

국내 일간지의 현대자동차 출입기자가 현대자동차 홍보실 직원들의 회식자리에 동석할 기회가 있었다고 한다. 저녁식사와 술을 한잔하고 모두 기분 좋게 개방형 노래방으로 몰려갔는데, 노래를 먼저 부르겠다고 그만 다툼이 벌어졌다. 급기야 마이크를 잡고 실랑이가 벌어졌고, 끝내는 주먹질이 오가는 상황으로까지 번지고 말았다. 우연히 함께 했던 일간지 출입기자는 머쓱해져서 그 자리를 피할 수밖에 없었다.

한데 다음날 출입처인 현대자동차 홍보실을 다시 찾은 그는 너무 놀랐다고 한다. 전날 주먹질까지 주고받은 당사자 둘이 언제 그랬냐는 듯이 서로 거리낌 없이 대화를 하는 것을 보고 '이 조직은 도대체 뭐냐?' 하는 생각이 들더라는 것이다.

한때 삼성에는 가격이 100만 원을 넘어가는 상품이 없고, 현대는 100만 원 이하의 상품이 없다는 말이 세간에 회자된 적이 있다. 삼성전자가 아직 에어컨을 시장에 내놓기 이전의 얘기이긴 하지만.

물론 이건 사실이 아니다. 삼성에도 일찍이 삼성조선1977년과 삼성건설1978년이 있었다. 말하자면 두 왕국의 상징성을 두고서 그런 우스갯소리가 나돌았을 터이다.

삼성이 제조업에 뛰어들면서 내놓은 첫 번째 상품은 제일제당의 '백설표' 설탕1953년이었다. 반면에 현대가 제조업에 뛰어들면서 내놓은 첫 번째 상품은 미국 포드가 개발한 승용차를 조립한 '코티나' 승용차1967년였다.

때문에 삼성 하면 설탕과 같은 대중적 소비제품을 먼저 떠올리기 마련이었다. 반면에 현대는 자동차, 건설이라는 인식이 강하게 심어졌다.

더욱이 삼성과 현대가 자웅을 겨루기 시작한 1967년 당시 삼성의 설탕값과 현대의 자동차 가격은 천양지차였다. 예컨대 만 원의 매상을 올리려

할 때 삼성은 천 원짜리 설탕을 만 개를 팔아야 했지만, 현대는 자동차 1대를 팔면 그만이었다.

말할 나위도 없이 현대는 건설업으로부터 시작했다. 건설업은 공사 수주受注를 많이 받아야 성장할 수 있다. 공사 수주야말로 기업경영의 승패를 좌우한다. 공사를 수주할 때 발주처와 상담하는 과정이야말로 곧 판매에 해당한다고 볼 수 있다.

선박 또한 다르지 않다. 선주와 상담하는 과정이 곧 판매에 해당한다. 몇 천만 달러짜리 물건을 상담을 통해서 파느냐 팔지 못하느냐 하는 큰 장사를 벌이게 된다.

따라서 큰 장사를 하려면 혼신을 다할 수밖에 없다. 예측불허의 승부를 펴나가야 할뿐더러, 그런 속에서 마땅히 승부가 갈리기 마련이다.

더구나 이 같은 승부에서 자신을 도와줄 그 어떤 원군援軍도 따로 없다는 사실이다. 공사 수주도, 자동차도, 선박도, 상담은 결국 1대 1의 승부이기 때문에 모든 것을 혼자서 결정해나가지 않으면 안 된다.

요컨대 삼성의 주력 제품이었던 설탕, 조미료, 양복지, 가전제품 같은 것은 이미 소비시장이 형성되어 있는 상품들이다. 그런 만큼 삼성은 이미 형성된 소비시장 안에서 장사를 잘하면 그만이다.

그에 반해 현대의 주력 제품은 소비시장이 따로 마련되어 있지 않다. 스스로 소비시장을 개척해나가야만 하는 상품들이다. 현대에게 예측불허의 승부사 기질이 남다르다고 말하는 것도 딴은 그래서 나온 얘기다.

요컨대 민첩한 위기대응문화, 럭비공 같은 인사문화, 역동적인 토론문화, 예측불허의 승부문화를 현대자동차 어디에서라도 쉽게 만나볼 수 있다는 장면이다. 또 그 같은 장면이야말로 기질이 강한 현대자동차에서만 볼 수 있는 기업문화라는 사실이다.

이건희 경영의 비밀 산실, '코쿤의 성城'

이건희는 평소 자신의 회사 집무실로 출근하지 않았다. 대신 한남동의 자택에서 5분 거리에 자리한 승지원承志園, 선대 회장 이병철이 살았던 집으로 가 그곳에서 주요 업무를 처리하곤 했다.

32년 동안의 태평로 삼성 본관의 시대를 청산하고, 새 보금자리인 '삼성 강남사옥'으로 이전2008년했을 때에도 전혀 다르지 않았다. 그래서 어쩌다 삼성 강남사옥에 그가 모습을 드러내기만 해도 언론이 야단법석을 떨었다.

이건희는 이처럼 승지원에 머물면서 해외 주요 인사들을 접견하는가 하면, 계열사 사장이나 임원들의 면담도, 회의도, 결정도, 대부분 거기서 이뤄졌다. 승지원을 일컬어 '삼성경영의 메카'라고 부르는 것도 그런 이유에서다.

하지만 엄밀히 말해 그의 집무실은 '삼성경영의 메카'라는 승지원도 실은 아니다. 이건희의 집무실은 정작 따로 있다.

전체 대지 1,650평, 연면적 2,744평, 주차 차량 45대, 메인 건물 등 모두 4동으로 구성되어 있는 한남동의 저택 '이건희 타운'이다. 아니 이건희 타운의 30여 평 남짓한 지하실이 그곳이다.

그곳은 곧 '코쿤cocoon의 성城'이라고 할 수 있다. 그곳이야말로 이건희의 집무 공간이자 첨단 제품의 실험실이기도 하다.

이건희의 이 같은 코쿤의 성의 모델은 다름 아닌 마이크로소프트 회장 빌 게이츠의 저택이다. 게이츠는 자신의 저택 이외에도 1년이면 두 차례씩 미국 서북부에 있는 한 별장에 은둔해, 마이크로소프트의 장래를 결정지을 전략과 아이디어에 대한 연구에 몰두한다고 한다.

일주일 남짓한 이 기간 동안에는 마이크로소프트 임직원은 물론 가족이 방문하는 것도 거절된다. 게이츠 홀로 정보기술 업계 동향이나 새로운 아이디어들이 요약 정리되어 있는 갖가지 보고서들을 읽고, 생각을 정리하는 '생각 주간think week'을 보낸다.

게이츠는 그렇게 생각 주간을 보낸다지만, 이건희는 일부러 별장을 찾아갈 필요가 없다. 자신만의 코쿤의 성에서 1년 365일을 모두 생각 주간으로 보낼 수 있기 때문이다.

우선 이건희의 코쿤의 성에선 전화만으로도 전 세계 삼성의 주요 지사로 곧바로 연결이 된다. 팩시밀리나 복사기 등과 같은 갖가지 사무기기까지 완벽하게 갖춰져 있어 일상 집무에 조금도 불편을 느끼지 못한다.

그뿐 아니라 코쿤의 성 실내엔 100인치 규모의 대형 스크린이 자리 잡고 있고, 좌우엔 첨단 음향기기가 장치되어 있다. 대형 스크린 앞쪽에는 가로세로 4~5m 크기의 낮은 책상에 앉은뱅이 의자가 놓여 있다. 그는 오랜 일본 생활이 몸에 배어 있어 맨바닥에 앉길 좋아하는데, 그것은 장시간 자신만의 '몰입 작업'에 따른 피로를 덜기 위한 배치다. 그리고 책상의 한켠에는 1만 개가 넘는 비디오테이프가 빼곡히 꽂혀 있다.

앞서 언급한 적이 있듯이, 언제인가 그는 계열사 사장단의 전략회의에서 이렇게 말했다. '나는 일본의 역사를 알기 위해서 45분짜리 비디오테이프 45개를 수십 번 반복해서 보았다'는 것도 예의 이곳에서였음을 알 수 있다.

비디오테이프는 역사와 다큐멘터리에서 세계 선진 기업들의 기술 개발 동향에 이르기까지 매우 다양하다. 일본이나 미국의 현지 법인에선 선진 기업들의 제품 개발 동향이랄지, 컴덱스 쇼 등 전시회 관련 비디오테이프나 신제품을 신속히 입수해서 그에게 보내는 게 주요 업무가 된 지 오래되었다고 한다.

때문에 한 달이면 몇 차례씩 그의 코쿤의 성에 일본과 미국의 현지 법인에서 공수해온 선진 제품들이 들어왔다가 나가곤 한다. 대개 선진 제품은 제품별로 5개 정도가 공수되어 오는데, 한남동 '코쿤의 성', 삼성전자 수원연구소, 영업담당 임원들에게 보내지고, 나머지 샘플 1개는 그가 나중에 삼성전자 제품과 비교 평가해보기 위해 따로 보관된다고 한다.

물론 삼성전자가 개발하는 신제품 또한 항상 맨 먼저 그에게 전달된다. 그러면 자신만의 코쿤의 성에서 경쟁 선진 회사 제품과 요모조모 비교해

이건희 회장의 한남동 자택 '코쿤의 성' 모습

보곤 한다.

예를 들어 휴대전화라면 애플을, 양문형 냉장고라면 GE를, 스마트TV라면 SONY의 제품과 비교하며 꼼꼼히 따져본다. 삼성전자의 제품과 선진 제품을 직접 사용해보기도 하고, 또한 분해하고 조립까지도 해보면서 철저히 비교 평가된다.

한데 빌 게이츠의 '생각 주간'을 모델로 해서 이건희가 만들었다는 이건희 타운, 아니 그중에서 30여 평 남짓한 저택 지하실을 일컬어 '코쿤의 성'이라고 부르는 건 왜일까?

코쿤은 누에고치라는 뜻이다. 미국의 마케팅 전문가 페이스 팝콘이 처음 사용하기 시작한 용어다.

처음에는 '불확실한 사회에서 단절되어 보호받고 싶은 욕망을 해소하는 공간'이라는 뜻으로 사용되었지만, 지금은 집안에 틀어박혀 지내는 누에고치 같은 사람을 가리키고 있다. 1980~90년대의 베이비붐 세대에게서 코쿠닝 현상을 찾아낸 팝콘은 21세기에는 직장의 속박에서 벗어나 개성과 자유를 찾아 재택근무를 하는, 이른바 코쿠닝 신드롬이 일어날 것이라는 보고서를 발표하면서부터였다.

이같이 코쿤족은 복잡한 현실에서 벗어나 편안함과 자신만의 공간을 추구한다. 이들의 대표적인 특징은 쇼핑, 문화생활 등을 인터넷과 첨단의 전자장비를 통해 집안에서 모두 해결한다는 점이다.

또한 이들은 디지털 유목민과는 대조되는 정착 성향의 그룹이다. 급격한 사회 변화에 대응해 가족, 안전, 인간 등의 개념을 중시한다.

따라서 코쿤족은 외부와의 접촉 없이 혼자서만 어떤 일을 즐기며 살아가는 인간형으로 볼 수 있다. 또는 세상과 무관하게 자기만의 공간 안에 틀어박혀 사는 전자시대 개인주의자의 전형을 일컫기도 한다.

이건희는 그동안 은둔의 경영자답게 코쿤족의 특성을 다분히 보여 온 게 사실이다. 우선 그는 전자 제품을 좋아하고, 자신의 취미가 곧 '탐구'와 '생각'이라고 말할 정도로, 어렸을 적부터 줄곧 혼자서 무엇을 하길 즐겨했거나, 재택근무를 즐겨한다든지, 주로 잠옷차림으로 지내느리 잠옷만 50벌이 된다든가, 새벽 2~3시에 잠자리에 드는 올빼미족인 것도 그 같은 성향과 무관치 않아 보인다.

그가 프랑크푸르트 선언 이후 한동안 '신경영'에 몰두해 있을 때의 에피소드다. 미국 출장길에 올랐다가 필요하다 싶어 서울에서 LA까지 비행하는 12시간 동안 〈중앙일보〉의 '중'자에서부터 맨 마지막 면의 광고까지 한 글자도 빼놓지 않고 읽었다든지, 임원들을 새벽 2~3시에 호출하는가 하면, 새벽 4시에 자신의 코쿤의 성 안에서 전략회의를 소집하기도 했다. 그와 더불어 저택 지하 집무실을 일컬어 '코쿤의 성'이라고 부르고 있는 이유도 따은 거기에 있다.

아무렇든 새 천 년에 접어들면서 연거푸 날아들기 시작한 낭보 '월드베스트 삼성'은, 순전히 한남동의 이건희 타운으로 불리는 코쿤의 성에서 나왔다. '다 바꾸자'고 선언했던 신경영에서부터 비롯된 그만의 부단한 비교전시에서 보여주었던 경영철학은 코쿤의 탐구와 생각정신이 이뤄낸 금자탑이었다.

다음의 표는 한남동의 이건희 타운으로 불리는 '코쿤의 성'에서 이뤄낸 세계시장 점유율 1위를 기록한 삼성의 월드베스트이다. 깊이 잠들어 있던

[삼성의 월드베스트] (2003년 기준)

회사명	제품명	시장점유율	세계 순위
삼성전자	D램(반도체) 칩	31.00%	1위
	S램(반도체) 칩	32.60%	1위
	비디오카세트 레코더(VCR)	22.60%	1위
	휴대전화(CDMA)	20.60%	1위
	전자레인지	22.60%	1위
	컬러 모니터	19.90%	1위
	컬러TV	10.70%	1위
	플래시 메모리	21.00%	1위
	LDI(LCD액정 디스플레이) 드라이버IC	26.00%	1위
삼성SDI	액정패널(박막 트랜지스터 액정 디스플레이)	20.50%	1위
	컬러 디스플레이관	26.80%	1위
	슈퍼 트위스티드 네마틱 액정 디스플레이	23.90%	1위
	튜너	24.30%	1위
삼성전기	프라이백 변압기(FBT)	21.30%	1위
	디프렉션요크(DY)	15.30%	1위
	비디오카세트 레코더(드럼 및 헤드)	14.90%	1위
	플로피 디스크 드라이버(FDD)	23.40%	1위
삼성코닝	STN 무명전극(ITO) 코팅 유리	55.00%	1위
삼성정밀화학	디메틸포름아미드(DMF)	20.20%	1위
제일모직	난연성 고분자(난연성 ABS)	40.00%	1위
삼성코닝 정밀유리	TFT-LCD	28.20%	1위

왕국을 흔들어 깨우기 위해 '다 바꾸자!'고 프랑크푸르트 선언을 한 지 꼭이 10년 만에 이뤄낸 기적 같은 성과였다. 다음 장에선 이를 보다 깊숙이 들여다보기로 하자.

제6장
초고속 성장 제국,
'삼성경영 현대경영'

삼성전자 D램 반도체, 세계 1위 도시바를 제치다

흔히 반도체를 일컬어 '산업의 쌀'이라고 부른다. 우리가 매일 밥을 먹어야 하는 것처럼 PC, TV, 휴대전화, 세탁기, 자동차, 항공기 등에는 반드시 산업의 쌀이라 불리는 반도체가 들어가야 한다. 반도체는 전기전자 제품의 생명이라 해도 과언이 아니다.

반도체는 크게 6가지로 분류된다. 좀 더 세밀하게 분류하면 70가지 이상이 된다. 이 가운데 대표적인 것이 D램과 CPU다. 우리가 사용하고 있는 모든 PC엔 D램과 CPU가 반드시 둘 다 들어가야만 한다.

D램은 메모리라 일컫는 반도체다. 데이터를 기억하는 기능을 한다. 이건희의 삼성전자가 주력하고 있는 반도체가 바로 이 D램이다.

CPU는 중앙처리장치를 일컫는 반도체다. 명령을 해독하고 산술 논리 연산이나 데이터 처리를 실행하는 기능을 한다. 미국의 인텔이 주력하고 있는 반도체가 바로 이 CPU다.

다시 말해 데이터를 기억하는 D램이나, 그 기억을 실행하는 CPU는 곧 PC에 생명을 불어넣는 심장이다. 이 두 반도체가 없다면 PC는 결코 운용이 되지 않는다. 이처럼 PC에서 심장과 같이 중요한 부품을 석권하고 있는 두 기업이 삼성전자와 인텔이다.

그러나 앞서 보았듯이 삼성전자의 D램 반도체는 첫 시작에서부터 힘겨운 도전이었다. 시련과 장벽의 연속이었다. 어렵사리 해외에 흩어져 있던 한국인 반도체 인재들을 찾아내고 끌어모은 데 이어, 미국 마이크론사로부터 가까스로 기술을 들여와 1983년 메모리 반도체 생산에 들어갈 수 있었다.

하지만 누구도 눈여겨보지 않았으나 뒤늦게 출범한 삼성전자의 여정은 어기 찼다. 선택과 집중, 사활을 건 도전은 일찍이 볼 수 없던 풍경이었다.

그리하여 모두가 불가능하다고 말했으나 64메가 D램을 세계 최초로 개발1992년한 데 이어, 2년 뒤에는 다시 세계 최초로 256메가 D램 개발에 성공한다. 반도체 도전 10년 만에 일약 업계 강자로 떠오른다. 탄력이 붙은 삼성전자는 마침내 '꿈의 반도체'라 불리는 1기가 D램 반도체를 역시 세계 최초로 개발1996년했다.

이로써 삼성전자는 3세대 연속 세계 최초 개발이라는 전인미답의 기록을 세우면서, 경쟁사들보다 한발 앞서 나가기 시작했다. 어느새 미국과 일본의 선진 기업들을 모두 제치고 메모리 반도체 D램에서 삼성전자가 맨 선두로 나섰다.

비로소 자신감이 생겼다. 말을 타니 질주하고 싶었다. 반도체 영토 정벌에 나서 이젠 어떤 강적을 만나도 이길 것만 같았다.

사실 시점을 조금만 거슬러 올라가도 판도는 전혀 달랐다. 메모리 D램 반도체의 영토는 일본의 일장기가 지구촌의 전역에서 기세등등하게 휘날리고 있었다. 누구도 넘보지 못할 철옹성이었다. 원래 메모리 반도체 D램은 미국의 영토였다. 여기에 일본이 도전장을 던지고 나섰다.

일본에서 내로라하는 도시바, 히타치, NEC, 미쓰비시 등의 반도체 업체들이 과감한 설비 투자를 쏟아 부으면서 가미가제식 무차별 공격을 퍼부었다. 마침내 1986년 생산량에서 드디어 미국을 제치고 세계 1위에 성큼 올라섰다.

일본에 1위 자리를 빼앗기고만 미국은 리턴매치의 기회조차 얻지 못했다. 때마침 불황이 미국 전역을 휩쓸면서 돌이킬 수 없는 비참한 상황을 맞이한 것이다.

결국 D램 반도체의 최강 인텔이 손을 들었다. 메모리 반도체 D램의 세계 최강이었던 인텔이 일본의 가미가제식 무차별 공격 앞에 공장 6개를 폐쇄하면서 끝내 D램 사업에서 손을 떼야 했다.

인텔만이 아니었다. 같은 처지에 놓여 있던 미국의 D램 주력 기업들이 일본의 무차별 공세를 이겨내지 못한 채 줄줄이 폐업에 들어갔다. 미국의 8개 D램 주력 기업 가운데 살아남은 건 단 2개사뿐이었다. 삼성전자에게 D램 기술을 전수할 수밖에 없었던 마이크론과 텍사스 인스트루먼츠였다.

물론 미국도 손을 놓고 있지만은 않았다. 일본에게 빼앗긴 D램의 영토를 되찾아오기 위해 갖은 노력을 다했다. 그러나 '강한 미국의 부활'을 외쳤던 당시 레이건 정부가 취할 수 있는 선택은 그리 많지 않았다. 미국의 전략은 일본에 정치적 압력을 가하는 수준에 그쳤다.

그런 결과 같은 해 미국과 일본 사이에 반도체 협정이 맺어진다. 일본 정부는 일본 시장에서의 해외미국 반도체 구입 확대를 장려한다는 것과 함께, D램은 미국 상무부가 정한 가격의 범위 안에서만 판매한다는 뜨뜻미지근한 내용이었다.

일본 정부는 일단 미국의 비위를 건드리지 않는 전략으로 나왔다. 자국 내 D램 제조업체들의 생산량을 규제하여, 생산 과다에 따른 가격 저하로 미국과 맺은 협정에 저촉되지 않도록 감시했다.

일본의 D램 제조업체들은 즉각 반발했다. 하지만 D램의 최대 시장을 갖고 있는 미국의 압력을 차마 저버릴 수는 없는 노릇이었다. 일본의 D램 제조업체들은 마지못해 따를 수밖엔 없었다. 가까스로 세계 1위 자리에 올라섰던 일본의 D램 제조업체들로선 우울한 계절이었던 셈이다.

한데 오래지 않아 예상치 못한 사태가 일어났다. 불황의 늪에 빠져 있던 미국의 경제가 살아나면서1987년, D램 수요가 생산량을 넘어서는 호황을 불러왔다. 시장도 예전의 우울한 모습이 아니었다. 메모리 반도체가 어느새 1메가 D램 중심으로 커져 있었던 것이다.

이때 선두 주자로 앞서 치고 나온 D램 제조업체가 도시바였다. 비법이란 다른 게 아니었다. 일본에는 전통적으로 '기술신앙'이란 믿음이 있다. 기술이 좋아서 잘 만들어놓으면 경쟁에서 이길 수 있다는 생각이다. 기술만 좋으면 어떻게든 우위를 선점할 수 있다고 믿는 기술주의다.

때문에 일본에는 유난히 장인들이 많이 나온다. 사회적 대우도 좋은 편이다. 다른 나라에선 좀처럼 찾아보기 어려운 정서다.

도시바는 바로 그 같은 기술신앙에 충실히 따랐다. 최대 시장인 미국의 불경기 속에서도 'W 작전'이란 이름 아래 적극적이면서도 꾸준하게 차세대 1메가 D램 설비 투자에 나섰던 게 그만 적중한 것이다.

행운까지 곱절로 겹쳐왔다. 1메가 D램이 높은 가격대를 유지하면서 선두로 치고 나온 도시바 등은 그야말로 주체할 수 없을 만큼의 막대한 이익을 기록하게 되었다. 또한 메모리 반도체 D램은 미국에서 일본으로 완전히 넘어가고 말았다. 이젠 일본의 내부에서 과연 누가 세계 최강이 되느냐 하는 문제만 남았을 따름이다.

그러면서 일본의 반도체 제조업체들은 선두 주자로 앞서 치고 나온 도시바를 주목했다. 저마다 도시바를 따라가는 데 주저하지 않았다. 최첨단 제품으로의 선행 투자로 두 번째 막대한 이익을 올릴 작전에만 골몰해 있었던 것이다.

이때까지만 해도 삼성전자의 존재는 조금도 두드러져 보이지 않았다. 일본의 반도체 제조업체들을 힐긋힐긋 곁눈질해가며 독자적으로 생산 확대를 지속시켜 나간 결과, 일본에는 미치지 못할지라도 1메가 D램이 한창 호황을 누릴 때 어느 정도 혜택을 본 것도 사실이긴 했다.

하지만 이때까지도 삼성전자의 행보는 매우 조심스러웠다. 삼성전자의 D램 생산량은 보잘 것이 없었다. 일본의 D램 제조업체 각 회사와 비교해보 았을 때 고작 30% 수준에 불과할 정도였다.

일본의 반도체 제조업체들이 그런 삼성전자를 얕잡아볼 만도 했다. 그저 잔챙이로만 보았을 뿐 어느 누구도 경쟁상대로 눈여겨보지 않았다. 그러나 삼성전자를 얕잡아본 건 잘못이었다. 일본의 반도체 제조업체들은 그만 돌이킬 수 없는 실책을 범하고 만 것이다.

그들의 관심사는 오직 한 곳에만 모여 있었다. 때마침 호황을 부른 1메가 D램으로 막대한 이익을 쓸어 담은 일본의 반도체 제조업체들은, 다음에 도래할 두 번째 행운을 붙잡기 위해 혈안이 되어 있었다. 기술의 진보에 따른 차세대 4메가 D램 시장이었다.

그것은 벌써 자신들의 기술신앙으로 이미 확인이 끝난 터였다. W 작전이라는 최첨단 제품으로의 선행 투자로 선두 주자가 될 수 있었던 도시바의 비법을 철석같이 믿었다. 저마다 그렇게 확신하고 있었다.

따라서 일본의 반도체 제조업체들은 하나같이 막대한 설비 투자를 해놓고서 오매불망 4메가 D램의 수요 확대만을 눈이 빠져라 기다렸다. 같은 문법으로 다시 한 번 대박을 터뜨릴 두 번째 행운을 기대하고 있었다.

그러나 기술이 뛰어나다고 해서 꼭이 싸움에서 다 이기는 건 아니다. 기술은 다소 뒤지더라도 전술이 뛰어나다면 싸움의 양상은 얼마든지 달라질 수 있다. 하물며 전연 예기치 않은 불운마저 겹치고 만다면 싸움의 결과는 누구도 예측할 수 없는 미궁으로 빠져들기 마련이다. 역사 속에서 숱하게 목격한 장면이 아니던가.

일본의 반도체 제조업체들은 일단 만반의 준비를 마쳤다. 1메가 D램으로 쓸어 담은 막대한 이익을 오로지 4메가 D램 개발과 생산 라인 구축에 아낌없이 쏟아 부었다. 이제는 4메가 D램을 찾는 시장이 열리기만을 기다렸다.

한데 믿을 수 없었다. 오매불망 기다리던 두 번째 행운은 끝내 오지 않았다. 일본 반도체 제조업체들의 간절한 소망에도 불구하고 4메가 D램 시장이 열리기는커녕 오히려 자꾸만 뒷걸음질쳐갔다.

결국 일본의 반도체 제조업체들은 시장의 장기 침체를 견디지 못할 지경에 처한다. 가격의 안정을 위해선 울며 겨자 먹기로 생산 감축에 들어갈 수밖에는 없었다. 결정적인 실책은 바로 이 지점에서 불거진다. 일본의 D램 제조업체들이 자기 발등에 도끼를 내려치는 순간이었다.

그들은 차세대 4메가 D램 생산 라인을 구축하면서, 이미 구세대 제품이 되고 만 1메가 D램의 수요는 이제 끝났다고 판단했다. 대부분 1메가 D램의 생산을 축소하거나, 아예 폐지시켜 놓은 상태였다. 한발 앞선 최첨단 제품이 막대한 이익을 가져다준 기술신앙의 경험에 따르면 결코 틀린 문법만도 아니었다.

때문에 일본의 반도체 제조업체들은 저마다 1메가 D램의 생산 설비를 줄이거나 폐지시키고, 차세대 4메가 D램에만 주력했다. 축포를 터뜨릴 순간만을 기다리고 있었던 것이다.

그러나 누구도 모를 아찔한 낭떠러지가 기다리고 있을 줄 어찌 알았으랴. 냉엄한 현실을 외면한 채 만화 같은 병법만을 탐한 결과는 엉뚱한 데서 나타나고 말았다. 일본의 반도체 제조업체들이 눈이 빠져라 기다리던 두 번째 행운이 정말 도래하긴 하였으나, 첫 번째 행운과는 전연 다른 풍경이었다.

그리고 그 두 번째 행운은 전혀 예기치 않은 곳으로 불똥이 튀었다. 자신들 가운데 누구도 아닌, 아무도 예상치 못한 삼성전자에게로 그 행운이 돌아가고야 말았다.

그러니까 1992년 후반기라면 미국과 일본의 시장이 거품경제의 붕괴를 뼈저리게 체험한 직후였다. 값비싼 최첨단 제품인 4메가 D램보다는 값이 싸고 실용적인 1메가 D램으로 급속히 수요 확대가 옮겨가는 중이었다.

승부는 여기서 엇갈렸다. 하늘도 삼성전자의 손을 들어주었다. 일본의 반도체 제조업체들처럼 막대한 이익을 올린 것도 아니어서, 따라서 차세대 4메가 D램 개발과 생산에는 차마 전넘키 어려워서, 1메가 D램에만 우직하게 주력하고 있던 삼성전자에게 그 행운이 고스란히 돌아갔다. 삼성전자가 때 아닌 횡재 속에 막대한 이익을 쓸어 담고 있는 가운데 일본의 D램 제조업체들은 그저 강 건너 불구경이나 하는 수밖엔 없었다.

그동안 누구도 눈여겨보지 않았던 삼성전자는 결국 같은 해 세밑 일본의 반도체 제조업체들로부터 세계 정상의 자리를 넘겨받는다. 일찍이 〈중앙일보〉와 동양방송TBC-TV 이사로 경영수업을 쌓고 있을 때인 1974년, 파산 위기에 직면한 '한국반도체'를 인수하면서 왕국의 미래 성장 동력으로 점쳤던 이건희의 남다른 혜안과 담대한 리더십이 진가를 드러내는 순간이었다.

물론 그 이전에도 또 이후에도 삼성전자와 일본의 반도체 제조업체들 사이에는 한 치도 물러설 수 없는 치열한 반도체전쟁을 수없이 치러냈다. 하지만 일본의 반도체 제조업체들이 뒤늦게 출범한 삼성전자를 이겼던 적은 단 한 차례뿐이었다. 이제는 과거의 추억이 되고만, 1987년 일본의 반도체 제조업체들이 미국의 반도체 제조업체들을 물리치면서 마침내 세계 정상에 올라섰을 때가 고작이었다.

사실 일본의 반도체 제조업체들은 미국의 반도체 제조업체들과 싸워 가미가제식 맹폭으로 번번이 압승을 거두었다. 그러나 등 뒤의 삼성전자에겐

1987년에 거둔 단 1승이 전부였다. 이후 한일 간에 벌어진 반도체전쟁에서 일본은 단 한 차례도 이기지 못했다.

일본은 1992년 세계 정상의 자리를 처음으로 삼성전자에게 내어준 이래 세계 정상의 영광을 되찾기 위해 절치부심했다. 한데도 번번이 실책만을 되풀이하면서 1995년과 1997년의 한일 간에 벌어진 반도체전쟁에서 삼성전자에 언거푸 패하고 말았다.

그리고 연패의 대가는 너무도 컸다. 자신에게 패한 미국의 전철을 그대로 밟아야 했다. 결국 삼성전자에게 패배한 일본의 반도체 제조업체들은 철수하지 않으면 안 되었다. 히타치와 NEC는 D램 전업 제조업체인 엘피다메모리를 설립하면서 D램 사업을 이관했다. 마쓰시타와 후지쓰는 D램 사업을 아예 철폐해야 했다.

이 같은 지각 변동은 세계 반도체 영토의 지도를 크게 바꾸어놓았다. 삼성전자를 선두로 미국의 마이크론, 일본의 도시바와 엘피다메모리, 독일의 인피니온과 대만의 군소 제조업체가 그 뒤를 잇는 형세였다.

이건희는 기다렸다는 듯이 이 지점에서 회심의 마지막 승부수를 띄운다. 일본의 반도체 제조업체들이 기진맥진해 있는 사이 총공세를 펼치고 나섰다. 뒷걸음질치고 있는 일본과 달리 반도체 정복에 왕국의 역량을 모두 쏟아 부었다. 세계 최초로 4기가 D램을 개발해내는 등 훨씬 앞선 기술로 일본과의 격차를 더욱더 크게 벌리면서 최후의 승자가 단연 삼성전자임을 확실히 굳혀나갔다.

더욱이 삼성전자는 이후 일본이나 미국의 도전에 단 한 번도 흔들리지 않았다는 점이다. 1992년 이후 지금껏 D램 반도체 세계 정상의 위치를 확고하게 지키는 절대 강자로 군림하고 있다.

그러나 이건 서막에 불과했다. 메모리 반도체 D램의 세계 제패는 삼성전자가 원하든 원치 않든 간에 필연적으로 또 다른 도전을 불러왔다. 또다시 격전의 무대 한복판에 나서지 않으면 안 되었다. D램 반도체 정복을 시작으로 마침내 전자산업 전체의 영토로까지 전쟁이 확대될 수밖에 없었다.

현대자동차, 마침내 승기를 잡다

꽃피던 봄날1982년이었다. 정몽구당시 현대자동차서비스 사장는 그날 경북 금릉군 인근의 고속도로 위를 달리다 그만 망연자실했다. 현대가家의 장자인 정몽필당시 인천제철 사장이 교통사고로 유명을 달리했다는 비보를 전해 들은 것이다.

그는 차를 돌려 급히 현장으로 달려갔다. 손아래 동생인 그가 맏형의 사고 수습을 한 것이다.

8남 1녀 가운데 둘째아들이었던 정몽구는 그날 이후 현대가의 실질적인 장자로서 살게 되었다. 맏형 정몽필의 둘째 딸인 유희가 결혼할 때는 아버지 역할을 자처했고, 동생 정몽우 현대알루미늄 회장이 스스로 목숨을 끊은 후에는 조카 셋을 모두 거둬 현대차그룹 계열사인 현대비앤지스틸에 입사시켰다.

이른바 '왕자의 난'으로 왕국의 경영권 분쟁을 벌였던 동생 정몽헌이 이른 새벽에 계동 사옥의 집무실에서 투신했을 당시에는 누구보다 먼저 계동 사옥으로 달려가 시신수습 현장을 지켰다. 또한 현대가의 장자로서 어린 조카를 대신해 상주 역할을 하며 동생을 떠나보냈다.

정몽구를 비롯한 현대가는 해마다 선대 회장 정주영과 변중석 여사의 기일인 3월과 8월이면 청운동 자택으로 집결한다. 때마다 집안의 장자로서 각종 모임을 주도하는 것은 오롯이 그의 몫이다. 선대 회장 정주영의 10주기를 맞아 진행된 범현대가의 공동 추모 행사 역시 그가 앞장서 이뤄졌다.

최근 들어선 범현대가들이 성몽구를 중심으로 움직이고 있는 것도 주목할 점이다. 2010년 4월에 열린 현대제철 당진제철소 종합 준공식이 그 대표적인 풍경이었다.

이날 종합 준공식에는 KCC 명예회장 정상영숙부을 비롯하여 현대그룹 회장 현정은제수, 현대종합상사 회장 정몽혁사촌 동생, 현대산업개발 회장 정몽규사촌 동생, 현대백화점 회장 정지선조카, 성우오토모티브 회장 정몽용사촌 동생, 한라건설 회장 정몽원사촌 동생 등 범현대가의 오너 일가가 총 집결했다. 범현대가의 오너 일가가 한자리에 모인 것은 이날이 처음이었다. 재계에선 선대 회장으로까지 거슬러 올라가는 오랜 숙원 사업이었던 종합제철소의 꿈을 이뤄낸 정몽구가, 현대가의 장자로서 형제들은 물론 친척들에게까지 널리 인정받은 게 이날 한자리에 모이는 계기가 되었다는 분석이 나오기도 했다.

2011년 마침내 현대제국의 모태랄 수 있는 현대건설까지 인수하고 나선 정몽구는, 3월 세종문화회관에서 열린 '정주영 명예회장 10주기 추모 음악회'에서도 범현대가를 대표하는 얼굴을 자처했다. 이날 추모 음악회에는 범현대가의 오너 일가와 전·현직의 임직원, 정관계 인사 등 3,000여 명이 참석하여 현대제국의 힘을 과시했다.

정몽구의 행보는 이처럼 왕국으로부터 자동차 소그룹으로 분리 독립한 지 10년이 지난 요즘 부쩍 자신감이 넘쳐 보인다. 이 같은 분위기에 대해 현대자동차 내부에선 '이미 승기를 잡았다'는 분위기다. 이젠 자신들이 하고자 하는 생각, 자신들이 하고자 하는 일이 곧 재계를 주도하고 있다는 것을 실감한다고 말한다. 현대자동차는 과거 현대그룹과 비교해 결코 뒤떨어지지 않는다는 것이다.

실제 그룹의 외형에 있어서도 범현대가는 범삼성가와의 격차를 점차 따라잡고 있다. 금융감독원에서 발표한 2010년 12월 31일 기준 금융 계열사를 제외한 범현대가현대차그룹·현대중공업그룹·현대그룹·KCC그룹·현대산업개발그룹·현대백화점그룹의 자산은 총 212조 6,927억 원에 달한다. 범삼성가삼성그룹·신세계그룹·CJ그룹에 비해 불과 22조 5,828억 원의 차이밖에 나지 않는다. 적어도 오너 일가 간의 경쟁에서 삼성가에 대응할 수 있는 유일한 상대가 현대자동차라는 얘기다.

[범삼성가 vs 범현대가]

삼성·신세계·CJ	구분	현대차·현대중공업·현대·KCC·현대산업개발·현대백화점
131개사	계열사 수	134개사
25만 7,467명	종업원 수	19만 4,494명
235조 2,755억 원	자산	212조 6,927억 원
151조 3,789억 원	자본	107조 248억 원
233조 1,882억 원	매출	197조 6,746억 원
25조 7,471억 원	영업이익	16조 6,036억 원

삼성전자 액정화면, 세계 1위 샤프를 제치다

이건희의 삼성전자가 PC, 노트북, 컬러TV 등의 액정화면으로 사용되는 LCD액정화면 정벌에 처음으로 나서기 시작한 건 1995년에 들어서다. 앞서 얘기한 것처럼 선진 기업들과의 전략적 제휴와 기술 협력을 통한 신기술을 확보하면서부터라고 볼 수 있는데, 같은 해 일본의 후지쓰와 TFT-LCD에 대한 기술 공유를 처음으로 합의할 수 있었다. 급성상하고 있던 TFT-LCD의 모니터 시장에 양사가 공동으로 대응하기 위한 적과의 위험한 동행(?)으로, 삼성전자의 자체 기술인 고개구율高開口率과 후지쓰의 핵심 기술인 광시야각廣視野角 기술을 서로 공유하는 순수한 기술 라이센스 협력이었다.

이 협력으로 삼성전자는 후지쓰의 기술을 이용케 되어 많은 투자에 따른 연구개발 부담을 줄일 수 있었다. 뿐만 아니라 개발 기간을 크게 단축시킴으로써 LCD 영토 정벌을 조기에 나설 수 있게 되었다.

한데 반도체 D램으로 한번 세계 정상을 밟아본 삼성전자의 숨은 힘은 생각보다 놀라웠다. 불과 2년 뒤1997년 삼성전자는 기판 사이즈 600×720mm를 세계 최초로 생산한 데 이어, 역시 세계 최초로 30인치 초대형 TFT-LCD를 개발하는 등의 기술력을 바탕으로 어느덧 선두 주자로 앞서 나갔다. 일본의 도시바를 제치고 반도체 신화를 써나간 것처럼 일본의 샤프를 세계 LCD 시장에서 제칠 수 있게 되었다.

마침내 이듬해 8월, 세계 TFT-LCD 시장에서 삼성전자는 부동의 1위였던 일본의 샤프를 앞서 나갔다. 같은 해 1/4분기 세계 시장 점유율 17%를 달성하면서, 16%에 머문 일본의 샤프를 제치고 세계 1위에 올라선 것이다.

LCD산업은 그간 아주 오랫동안 일본이 패권을 쥔 절대 강자였다. 시점을 거슬러 올라가면 LCD의 영토는 일장기만이 기세등등하게 펄럭였다. 누구도 넘보지 못할 철옹성에 다름 아니었다.

일본은 일찍이 1970년대부터 세계 최초로 전탁電卓액정 디스플레이를 상품화하기 시작하면서 세계에서 가장 높은 기술 장벽을 쌓아올렸다고 스스로 자부해오던 분야였다. 지난 20여 년 동안 일본은 거의 독점적인 위치에서 LCD 시장을 지배해왔었다.

그러기에 일본은 어느 때보다 LCD 기술 방비에 철저했다. 반도체 시장에서 삼성전자에게 선두 자리를 내어주었던 쓰라린 전철을 두 번 다시 밟지 않기 위해 LCD 관련 기술의 이전을 정부 차원에서 완벽하게 차단시켜 왔다.

삼성전자가 이런 조건 속에서 양산에 들어간 지 불과 4년이라는 극히 짧은 기간 안에 세계 정상에 올라설 수 있었다는 건 매우 의미 있는 쾌거가 아닐 수 없었다. 반면에 D램 반도체에 이어 정부까지 나섰음에도 LCD까지 선두 자리를 빼앗긴 일본으로선 실로 뼈아픈 상실이었다.

사실 LCD 하면 아주 오랫동안 일본의 샤프였다. 1970년대 상품화한 이래 2005년까지만 해도 LCD-TV는 샤프가 여전히 세계 1위를 변함없이 지켰다.

물론 샤프의 LCD-TV 1위 자리에 눈독을 들이는 세력이 그간 적지 않았다. 샤프를 노리는 세력들로 말미암아 안팎으로 전운이 감돌고 있었다. 또다른 절대 강자 SONY와 신성 삼성전자가 언제 어느 때 샤프를 거꾸러뜨릴지 호시탐탐 기회만을 엿보고 있는 상황이었다.

더욱이 액정화면을 만드는 액정패널로 들어가면 사정은 보다 더 복잡했다. 액정패널로 만들어진 LCD-TV는 샤프가 시장 점유율 21%로 세계 1위,

필립스 15% 2위, SONY 11% 3위, 삼성전자 10% 4위, 마쓰시타와 LG전자가 7%로 공동 5위, 도시바 4% 7위 순이었지만, 액정패널의 시장 점유율 세계 1위는 샤프가 아니었다. 이미 삼성전자가 22.5%로 1위, LG필립스가 21.0%로 2위, 샤프는 8.0%로 5위에 머물렀다.

문제는 갈수록 그 격차가 더 벌어지고 있다는 점이었다. 2003년과 이듬해의 세계 액정패널의 영토만 보너라도 이미 지각 변동이 일어나고 있음을 알 수 있다.

먼저 2003년 액정패널의 시장 점유율을 살펴보면 삼성전자와 LG필립스가 16%로 공동 1위였다. 샤프가 11%로 3위, 대만의 우달광전이 9%로 4위, 도시바-마쓰시타 디스플레이가 8%로 5위 순이었다.

한데 한 해가 지난 이듬해의 액정패널 시장 점유율을 보면 그 사이 벌써 순위 변동이 있었다. 삼성전자가 22%로 세계 1위, LG필립스가 21%로 2위, 대만의 우달광전이 13%로 3위, 역시 대만의 기미전자가 9%로 4위까지 뛰어오른 데 반해, 샤프는 8%로 5위까지 떨어졌다. 전년도 5위를 기록했던 도시바-마쓰시타 디스플레이는 순위 밖으로 밀려나는 수모를 겪었다. 한국과 대만의 액정패널 제조업체들이 시장 점유율을 늘려나간 데 반해, 그간 절대 강자로 군림해오던 일본의 제조업체들은 뒷걸음질하고 있음을 볼 수 있다.

일본의 패인은 너무도 자명했다. 리더십 부재로 인한 전술의 실패도 컸으나, 무엇보다 자만이 결정적이었다. 세계 LCD 영토를 일본이 20여 년 동안이나 지배해오면서 삼성전자의 약진 정도쯤이야 하고 방심한 측면이 없지 않았던 게 사실이다.

일본은 이건희가 이끌고 있는 삼성전자를 그만 얕잡아보았다. 일본의 아성을 결코 넘지 못할 것이라며, 자신들의 '기술신앙'에만 안주해 있었다. 뛰는 놈 위에 나는 놈이 있다는 걸 미처 깨닫지 못했던 것이다.

그러나 삼성전자는 지금까지 그들이 경험했던 그 어떤 왕국보다 훨씬 더 강하고 민첩하며 또한 전략적이었다. 1998년 샤프로부터 액정패널 영토를 정복한 이래 지금껏 단 한 번도 세계 1위 자리를 넘겨주지 않고 있다.

또한 삼성전자는 거기서 더 진화해나갔다. PC 제조 액정패널의 영토까지 마침내 정복시켜 나갔다. 세계 톱 PC 제조업체인 미국의 델Dell과 휴렛패커드HP에 액정패널을 공급하는 데 성공했다. 2004년 기준 세계 PC 출시 대수 1억 7,500만 대 가운데 30%가 넘는 시장 점유율을 삼성전자가 손에 넣으면서 LCD 시장 세계 1위의 자리를 보다 확고히 다질 수 있게 된 것이다.

33년 동안 못다 이룬 꿈, 일관 제철소

제철 사업은 현대왕국이 아주 오래전부터 꿈꾸어오던 소망이었다. 그룹의 핵심 사업인 자동차와 조선 그리고 제철로 이어지는 중공업 라인을 완성코자 그동안 백방으로 노력해왔다. 그러나 꿈은 좀처럼 이루어지지 않았다. 정부와 경쟁업체 간의 견제로 번번이 고배를 들어야 했다.

때문에 선대 회장에게 제철 사업은 33년 해묵은 숙원으로 그냥 남겨지고 말았다. 그리고 선대 회장에 이은 정몽구 역시 왕국의 총수 자리에 오른 그 순간부터 최우선 과제로 삼아온 프로젝트 가운데 하나가 제철 사업이었다.

그러니까 맨 처음 현대가 제철 사업을 해야겠다고 마음먹은 것은 1970년대까지 거슬러 오른다. 당시 정주영은 '우리만큼 철판을 사다 쓰는 회사가 또 어디 있다고. 우리가 돈이 없어 뭐가 없어. 우리가 직접 철강을 못 만들 이유가 어딨어. 당장 만들어야겠다'면서 고로高爐 제철소 설립 의지를 강하게 내비쳤었다.

이때 선대 회장이 마음에 둔 고로 제철소 이름이 지금의 '현대세철'이나. 그는 당시 포항제철지금의 포스코에서 철강재를 가장 많이 구매하면서도 독점 기업에 의존해야 하는 설움을 여러 차례 토로했었다.

그러나 선대 회장의 그런 꿈은 번번이 수포로 돌아가야 했다. 포스코를 육성해야 한다는 정부의 방침에 따라 현대의 제철 사업은 한낱 꿈으로 남을 수밖엔 없었다.

그러던 정부가 불을 지폈다. 중화학공업의 규모가 늘어나면서 매년 철강 수요가 커지자, 늘어나는 철강재 수요에 대처하기 위해 포스코에 이어 제2 제철소 건립을 추진1978년하고 나섰다.

그동안 꿈으로만 간직하고 있던 선대 회장이 또다시 소매를 걷어붙였다. 현대가 가장 먼저 손을 들고서 민영 종합제철소 건립 안을 낸 것이다.

건립 안의 내용은 이러했다. 자본금 2억 달러를 들여 울산에 300만 t 규모의 제철소를 짓고, 최종적으로 1,000만 t 규모의 종합제철소를 건립하겠다는 청사진을 제시했다.

하지만 당시 포스코 사장 박태준도 제2 제철소는 포스코가 마땅히 건립해야 한다고 적극적인 자세를 보였다. 제2 제철소 건립은 사실상 포스코와 현대의 대결 구도로 흘러갔다.

좀 더 뒷날의 얘기이긴 하지만, 삼성이 자동차 사업에 신규 참여하였을 때1993년 현대는 전면에 나서서 적극적으로 반대하지 않았다. 이유는 크게 두 가지였다.

첫째는 삼성이 일본의 닛산 등과 기술 제휴를 통한 신규 진입 방식으로는 자신들을 쫓아오는 데까지 무한의 시간이 걸려 경쟁자로서 의미가 없다고 보았다. 다만 자신들이 국내 기술 인력의 공급처가 되거나 투자해놓은 부품 업체들을 빼앗기지 않을 전략만 지키면 된다고 판단했다.

둘째는 정부가 삼성의 자동차 사업 진입을 허용해줄 경우 형평의 원칙에 따라 포스코 독점의 국내 철강 산업에 자신들이 신규 사업자로 나설 명분을 가질 수 있다는 복안이었다.

하지만 결과는 이번에도 수포로 돌아가고 말았다. 정부는 다시 한 번 포스코의 손을 들어주었고, 그런 결과 포스코의 광양제철소가 세워졌다.

선대 회장은 분을 삼키며 이듬해에 철근을 주로 생산하는 전기로爐 업체인 인천제철을 인수한다. 철강 사업부터 시작하면서 고로 제철소 건립을 위한 기나긴 준비 작업에 들어갔던 것이다.

1995년 선대 회장으로부터 왕국의 총수 자리를 물려받은 정몽구 또한 아버지의 그런 뜻에 따랐다. 정몽구는 회장 취임사에서 '2000년대 국내 철강 공급 부족을 메우기 위해선 우리의 일관제철소 건립은 불가피하다'고 목소리를 높인다. 자동차·부품·중공업 등 현대 계열사들의 경쟁력은 그 무엇보다 철강에 달려있기 때문이었다. 특히 자동차의 핵심 부품인 엔진은 철강의 품질에 따라 경쟁력이 좌우된다고 믿었다. 때문에 그 또한 선대 회장에 이어 다시 한 번 제철 사업을 그룹의 미래 수종 신사업으로 결정하고 나섰다.

이 같은 결정에 따라 그룹의 심장이었던 종합기획실은 별도로 종합제철 사업 프로젝트팀을 만들었다. 철광석에서부터 철강의 완제품까지 만들어지는 일관一貫제철소 건립을 왕국의 숙원 사업으로 추진키로 한 것이다.

이 프로젝트팀에는 왕국의 두뇌가 모두 모였다. 그룹의 심장이랄 수 있는 종합기획실의 멤버를 포함하여, INI스틸인천제철과 현대건설 등 주요 계열사에서 신발된 40여 명의 고급 브레인이 침여했다. 프로젝트팀은 곧 부지 선정에서부터 해외 제철소 벤치마킹, 자금 조달 등 구체적인 방안 찾기에 들어갔다.

프로젝트팀은 먼저 부지 선정을 위해 경남 하동, 전남 율촌, 전북 군산 등 3곳의 후보지를 정했다. 그런 다음 정밀 검토 작업을 벌인 결과, 최종적으로 경남 하동을 점찍었다.

경남 하동으로 최종 후보지가 결정되자, 이번에는 김혁규 경남 지사가 분주히 움직이기 시작했다. 김 지사는 당시 김영삼의 측근이었다.

현대가 제철 사업을 하기 위해서는 그런 김 지사의 도움이 절대 필요로 했다. 지난 대통령 선거1992년에서 선대 회장 정주영은 김영삼과 열띤 대결을 벌였는데 김영삼 정부는 대선이 끝난 후 정주영의 현대그룹에 대한 세무조사를 벌이게 하는 등 껄끄러운 관계였기 때문이다.

김 지사는 곧 김영삼을 설득하고 나섰다. 경남 하동에 현대제철이 들어설 경우 지역 발전의 초석을 다질 수 있다고 설파했다.

이윽고 경남과 현대는 투자조인협정을 맺기에 이른다. 경남이 현대의 제철 사업에 대해 다양한 지원 방안까지 제시하면서 현대의 제철 사업은 금방이라도 실현되는 듯이 보였다.

그러나 이번에도 현대는 마지막 단계에서 그만 포스코에 발목이 잡히고 말았다. '고로 제철은 한물간 사업이며, 현대가 진입할 경우 공급 과잉이 우려된다'는 논리로 현대의 제철 사업을 완강하게 반대하고 나섰다.

정부 또한 포스코의 그런 논리를 적극 수용했다. 금방이라도 실현될 것만 같았던 현대의 제철 사업은 또다시 물거품이 되고야 말았다. 당시 세간에선 현대에게 불편했던 김영삼의 감정도 작용한 것이 아니냐는 소문까지 나돌았다.

아무렇든 그토록 간절히 소망했음에도 제철 사업은 좀처럼 현대와 인연이 닿지 않았다. 속절없는 세월만이 또다시 수년이 흘러가고 말았다.

그리고 IMF 외환 위기라는 거대한 '쓰나미'가 한국 경제를 통째로 덮쳐버렸다. 그때 정몽구는 외환 위기의 한 원인이 되었던 기아자동차를 떠맡다시피 인수하면서 정상화시키는 데 총력을 기울이고 있었다.

당시 그가 기아자동차 화성공장을 찾을 적마다 공장 맞은편에 서 있는 거대한 공장 하나가 눈에 띄곤 했었다. 아산만의 건너편으로 바라다보이는 한보철강이었다.

이 거대한 공장 역시 외환 위기의 단초를 제공한 오명 기업 가운데 하나였다. 전년도에 이미 최종 부도 처리되면서 한때 3,000여 명이 넘었다던 직원들은 뿔뿔이 흩어져 겨우 500여 명만이 남았을 뿐이었다. 아산만을 사이에 두고 서로 마주 보고 있는 기아자동차가 새로운 주인을 맞아 밤낮없이 불을 환히 밝히고 있는 데 반해 한보철강은 벌써 몇 년째 신음하고 있었다.

물론 좌초하고만 한보철강을 구하기 위한 노력이 그동안 진행되지 않았던 건 아니다. 한보철강이 최종 부도 처리되자 포스코와 동국제철의 컨소시엄이 인수 의향서를 제출했다가 그만 결렬된 적이 있었다. 2002년에는 다시 연합철강과의 매각 절차까지 진행되었으나 거액의 잔금을 치르지 못해 또다시 결렬되고 말았다.

납기야 새 주인을 찾기 위한 노력은 해외로까지 눈을 돌리게 되었다. 그동안 국제 입찰을 붙이는 데만 벌써 수차례였다.

하지만 1993년 6,000억 원이던 한보철강의 부채는 1996년 말 4조 원을 넘어섰다. 부채 비율은 자기자본2,000억 원의 무려 20배를 초과했다. 결국 1997년 정초 한보철강은 무려 5조 원에 달하는 부채를 안고 도산하고 말았다. 이 같은 한보철강을 외환 위기 속에서 구해낼 구원투수는 국내외를 막론하고 어디에도 없었던 것이다.

"정 그렇다면 우리가 한번 한보철강을 구해볼 수밖에…."

결국 정몽구가 입을 열었다. 이쯤 되면 마침내 때가 되었다고 판단했다. 오랫동안 여론의 향배를 지켜보며 팔짱만을 끼고 있던 그가 어느 날 깊은 침묵을 깨고서 한보철강을 인수하겠다는 뜻을 천명하고 나섰다.

그렇잖아도 정몽구의 현대·기아차그룹은 일찍부터 INI스틸인천제철에 이어 강원산업지금의 현대제철 포항공장을 합병한 데 이어, 법정관리를 신청하고 나선 삼미특수강지금의 BNG스틸을 인수한 상태였다. 여기에다 한보철강까지 인수한다면 선대 회장 때부터 꿈꾸어왔던 제철 사업의 숙원이 이뤄질 수 있었다.

정몽구의 의지 표명에 따라 현대·기아차그룹 안에 곧바로 인수 실무팀이 구성되었다. 현대자동차·기아자동차·현대모비스현대자동차서비스 등 현대차그룹의 간판 기업들이 빠진 가운데, 대신 이미 몇 해 전부터 한보철강에 대해 인수 의향을 밝힌 바 있는 INI스틸과 현대하이스코 등이 중심이 되어 인수 작업에 들어갔다. 현대자동차·기아자동차·현대모비스 등이 나설 경우 자칫 자동차그룹이 전문화에서 문어발식 경영으로 회귀한 게 아니냐는 시장의 역풍에 휘말릴 수도 있다는 우려에서였다.

그뿐 아니라 포스코에도 신경을 써야 했다. 현대하이스코가 포스코에서 핫코일을 공급받고 있었는데, 행여나 인수전에 뛰어들었다가 포스코로부터 핫코일을 공급받지 못하게 되면 당장에 공장 문을 닫아야만 할 입장이었기 때문이다.

때문에 인수 팀은 포스코에 한보철강의 공동 인수를 매우 정중하게 제안해보기도 했다. 하지만 포스코는 아무런 대답도 들려주지 않았다. 포스코가 단독 인수 의향을 고수키로 한 것이다.

정몽구로선 어느 때보다 신중해야 했다. 일찍이 제2 제철소 민영화1978년와 경남 하동 제철소1996년 무산에 이은, 세 번째 추진에 나선 그는 비장한 각오였다. 이제는 최종 입찰가에 운명을 걸어야만 했다.

정몽구는 최종 입찰가를 결정할 때 당시 현대하이스코 회장 김원갑이 써온 8,000억 원대의 보고서를 받아들곤 고개를 저었다. 그 정도의 가격으론 안 된다면 9,100억 원대로 손수 고쳐 적었다.

한데도 초박빙의 승부였다. 공교롭게도 포스코 역시 입찰가가 똑같은 9,100억 원대였다. 그야말로 손에 땀을 쥐게 하는 입찰 전쟁이었다.

다만 현대·기아차그룹이 입찰가 이외에 근로자 고용 등의 다른 여타 조건에서 포스코를 미세하게 앞섰을 따름이다. 그리고 그 미세한 차이로 말미암아 초박빙의 승부가 엇갈렸다. 마침내 현대·기아차그룹이 한보철강의 최종 인수자로 결정된 것이다.

선대 회장의 해묵은 숙원 사업이자, 선대 회장에 이어 왕국의 총수 자리에 오른 정몽구 역시 최우선 과제로 삼았던 프로젝트가 드디어 완수되는 순간이었다. 꼭이 33년 동안 고이 간직해왔던 꿈이 비로소 현실이 되는 감격의 순간이었다.

그리고 7년여가 지난 2010년 봄이었다. 이날은 정몽구가 한보철강을 인수하여 이윽고 현대제철을 준공한 역사적인 날이었다. 그가 이 일관 제철소에 남다른 애정을 보였던 것은 생전에 자동차에서 조선까지 이어지는 중공업 라인을 완성코자 하였던 아버지 정주영의 오랜 숙원이자 현대가의 한이 서린 미완의 사업이었기 때문이다.

따라서 그는 기회가 있을 때마다 '철은 자동차의 쌀이며, 곧 골수이기도 하다. 좋은 철은 훌륭한 차를 만든다. 그래서 우린 제철소를 갖기 위해 지난 30여 년 동안이나 공을 들여왔고, 제철 사업은 앞으로도 최소 100년 이상을 갈 수 있는 사업이다'고 토로하곤 했었다.

한데 선대 회장도 이루지 못한 현대가의 오랜 숙원이었던 일관 제철소를 마침내 자신의 손으로 준공케 되었다. 그토록 오랜 세월 열망하던 자동차용 고품질 강판을 드디어 현대제철에서 생산할 수 있게 된 것이었다.

정몽구는 종합제철소인 현대제철이 준공된 그날의 행사에서 '당진_{현대제철이 당진에 위치함} 제철소는 신규 건설한 고로 제철소 중 국내 최대로 연간 400

만 t 규모'라고 전제한 뒤, '앞으로 제2 고로가 완성되는 시점에서 현대제철은 연간 2,000만 t의 조강 능력을 보유한 세계적인 철강 기업으로 발돋움하게 될 것'이라고 야심 찬 포부를 밝혔다. 짧은 기간 안에 현대·기아차를 정상화시켜낸 그의 뚝심이 과연 뒤늦게 정벌에 나선 철강 업계에서도 발휘될 수 있을지 기대를 모으게 했다.

어쨌든 좌초하고만 한보철강을 참고 기다린 끝에 마침내 손에 넣게 됨으로써 정몽구는 현대가의 오랜 숙원을 풀었다. 그뿐 아니라 기존에 생산 체제를 보유하고 있던 현대하이스코의 열연강판 제조와 연계할 수 있게 됨은 물론, 현대자동차와 기아자동차도 이 열연 강판을 통해 완성된 차를 생산할 수 있게 되었다.

다시 말해 현대차그룹의 생산 시스템의 완성이라고 일컬을 수 있었다. 세계 최강이라는 토요타조차 아직 달성치 못한 신기원을 그의 손으로 이룬 셈이었다.

그러나 정몽구는 이 시점에서 결코 멈추지 않을 것처럼 보인다. 앞서 준공 환영사에서 '세계적인 철강 기업으로 발돋움하게 될 것'이라고 다짐한 것처럼 그는 철강이라는 또 다른 영토 정벌에 나설 원대한 꿈을 꾸고 있다.

물론 지금의 현대제철은 세계 30위권 정도의 규모에 불과하다. 하지만 꾸준히 생산 설비를 늘려나가 머지않아 세계 10위권의 제철소로 도약하겠다는 당찬 목표를 세워두고 있다.

또 이를 위한 그의 행보도 만만치 않아 보인다. 겉으로 드러난 것만 해도 벌써 몇 가지나 된다.

먼저 항구적인 원료 확보가 그것이다. 정몽구는 일관 제철소 건설에 앞서 이미 철광석의 제철용 유연탄과 같은 원료 확보가 무엇보다 중요하다고 판단하여 호주의 BHP빌리튼과 리오틴토, 브라질의 CVRD, 캐나다의 EVCC 등 세계 주요 원료 공급업체들과 긴밀한 관계를 유지해왔다. 그들 업체로부터 양질의 원료를 장기적이고 안정적으로 공급받기 위한 원료 조달 프로젝트가 그의 진두지휘 아래 일사천리로 진행되었다.

다음 행보는 현대제철의 자체 역량을 키우는 작업이었다. 고급 강판 제조 기술을 조기에 연구하고 개발하기 위한, 철강연구소를 강화시키는 작업이 그것이다.

사실 그동안 자동차, 기계, 조선 업계에서 핵심 부품의 소재로 사용되던 특수 철강 제품은 대부분 일본에 의존하고 있는 실정이었다. 특수 철강이 있어야 비로소 생산이 가능한 철강 수요 산업의 국제 경쟁력을 획득하려면 어느 때보다 철강재의 안정적인 조달과 함께 기능이 향상된 새로운 철강 개발이 시급한 시점이기도 했다.

이를 위해 그는 당진에 일관 제철소 건설을 시작할 때부터 이미 철강연구소 설립을 염두에 두었던 듯하다. 2005년 겨울부터 당진공장 A지구 8,000평의 대지 위에 철강연구소를 착공하여 그 이듬해 봄에 완공시켰다.

그리곤 새로이 완공된 철강연구소에 박사급 연구진 350여 명을 대거 투입시켰다. 일관 제철소 완공 이전부터 그는 이미 고급 강판 제조 기술 연구 및 개발에 돌입한 것이다.

그가 이처럼 철강연구소 설립을 서두른 데에는 그럴 만한 이유가 있었다. 당장 실용화에 들어갈 미래형 하이브리드 자동차는 고강도 경량 강판이 필수적이었다.

더구나 고급 강판 기술을 철강연구소에서 자체 개발하게 되면 전반적인 자동차 산업 수준도 끌어올릴 수 있었다. 철강연구소에서 자체 개발한 기술은 일관 제철소에서 생산할 고기능성 새로운 강재에 적용되어 자동차를 비롯하여 기계·조선과 같은 국내 철강 수요 산업의 국제 경쟁력 확보에도 상당 부분 도움이 될 수 있었기 때문이다.

정몽구는 바로 이 점에 주목했다. 철강연구소를 통하여 품질경쟁력을 강화하는 한편 최신예 설비와 자동화 공정을 구축하여 보다 높이 도약해 나간다는, 세계 철강의 영토 정벌이라는 또 다른 원대한 꿈을 그려나가기 시작한 것이다.

그다음으론 현대제철에서 거함 포스코의 경영권을 인수하는 문제를 들 수 있다. 지금 당장 현대제철에서 그럴 의향이 있다는 것도, 또한 포스코가 원하고 있는 것도 아니긴 하다. 그렇긴 해도 현대제철의 입장에선 철강업의 경영 환경으로 볼 때 포스코를 인수할 수 있는 아주 좋은 기회라는 점이다.

포스코는 창업 30주년인 지난 1998년 조강 생산 기준 세계 1위에 올라섰었다. 하지만 그 해를 정점으로 영업이익률이 계속 하락하고 있다. 2005년 27%에서 2011년 11%로, 2013년에는 7% 수준까지 낮아졌다. 2014년엔 매출 29조 2,000억 원으로 글로벌 5위에 랭크되어 있다.

문제는 부채이다. 포스코의 2014년 말 전체 부채는 2007년 11조 1,000억 원의 3.6배인 40조 원이다. 7년 사이에 무려 29조 원이나 증가했다.

포스코의 실적 하락은 경쟁사 현대제철의 등장과 함께 중국 철강기업들의 약진을 들 수 있다. 또한 세계적인 불경기의 지속 등이 요인으로 꼽히고 있다.

하지만 그보다는 박태준과 같은 보호막이 사라지면서 발생한 정치적 외압을 근본 원인으로 꼽는다. 그러면서 그 대안으로 주인 찾아주기가 거론되고 있다. 포스코가 민영화될 경우 CEO 인사에 정부가 개입하는 일이 더 이상 없어진다는 점에서 설득력이 있어 보인다.

물론 아직은 그저 꿈같은 소리일 따름이다. 현대제철의 포스코 경영권 인수는 분명 시기상조이다.

포스코 자체의 개혁이 지금 진행 중에 있기 때문에 논란에 휩싸일 수도 있을뿐더러 현대제철 역시 풀어야 할 숙제가 산적해 있다. 포스코보다는 현대제철의 재무 상태가 다소 좋긴 하다지만 현대차그룹에 절대적으로 기대는 매출 구조부터 당장 개선해나가야 할 당면 과제를 안고 있는 것이다.

그렇다 하더라도 현대가의 오랜 숙원이었던 종합 제철소인 현대제철을 걸립한 지 불과 10여 년 만에 세계 5위인 거함 포스코의 경영권 인수 얘기가 나올 만큼 초고속으로 성장했다는 건 퍽 고무적이다. 현대제철은 어느새 자동차와 함께 제국의 한 축으로 단단히 뿌리내렸음을 말해주고 있다.

삼성전자 LCD-TV, 세계 1위 SONY를 제치다

삼성전자가 흑백TV 생산을 처음으로 개시1972년하여 컬러TV를 만들기 시작한 건 그로부터 4년이 지난 1976년에 들어서였다. 이미 앞서 제2부 '삼성전자, 이렇게 탄생한다'의 꼭지에서 살펴보았듯이 상당히 뒤늦은 출발이었다.

하지만 그로부터 20여 년이 지난 1996년 삼성전자는 한 해 동안 컬러TV 930만 대를 생산하여 지구촌 시장의 6.8%를 차지하면서 세계 4위로 발돋움해 있었다. 세계 1위는 1,106만 대의 SONY, 2위는 1,026만 대의 마쓰시타,

3위는 987만 대의 프랑스 톰슨, 그리고 삼성전자의 순이었다.

이제 남은 건 1위 SONY와의 격차 176만 대였다. 당시만 해도 영원히 불가능할 것처럼 보이는 간극이기도 했다. 지금껏 삼성전자가 상대했던 그 어떤 세력보다도 SONY는 막강한 제국이었기 때문이다.

그러나 이건희의 삼성전자는 얼마든지 따라잡을 수 있다고 생각했다. 이미 D램의 반도체전쟁에서 도시바라는 세계 최강을 함락시킨 데 이어, 다시 LCD전쟁에서 세계 최강 샤프라는 철옹성마저 차례대로 무너뜨린 경험으로 충만해 있었다. 이건희의 삼성전자는 벌써 다음의 정복 대상으로 세계 최고의 SONY제국을 정조준하고 나선 것이다.

이보다 앞서 삼성전자가 세계 최고 수준의 제품을 만들겠다는 월드베스트 정신으로 컬러TV 개발에 착수한 것은 1993년이었다. 이를 위해 삼성전자는 새로운 전략 숙의에 들어갔다.

또한 기존 제품의 성능 개선이나 신기능 채용 수준을 뛰어넘는 새로운 개념으로 접근코자 삼성전자를 비롯하여 삼성코닝, 삼성전관, 삼성전기 등의 관련 계열사들의 관련 분야가 동시에 참여하는 '동시공학' 개념을 도입했다. 경험과 두뇌, 현장과 시스템을 융합하는 첫 시도였다.

그리고 몇 해 뒤인 1998년 가을, 미국 우주왕복선 디스커버리호의 발사 장면이 세계 최초로 디지털 영상으로 안방극장의 시청자들에게 전달되었다. 미국이 디스커버리호의 발사 장면 중계로 디지털TV 시험방송을 처음 시작한 것이다.

한데 이날의 역사적인 순간을 지금까지 보아왔던 TV보다 한 차원 다른 영상과 음향으로 안방극장의 시청자들에게 전달해준 것은 다름 아닌 삼성전자가 맨 처음으로 개발한 디지털TVHDTV였다. 다시 말해 디지털TV에 대한 치열한 기술 주도권 경쟁에서 삼성전자가 한발 앞서 나가 21세기 컬러 TV 시장을 선도할 수 있게 된 쾌거였다.

이처럼 삼성전자는 세계 유수의 전자업체들과 치열한 개발 경쟁을 벌인 끝에 최후의 승자가 되었다. 미국 디지털TV의 규격을 충족시키는 55인치 및 65인치 디지털TV 세트 개발에 성공했다. 같은 해 겨울부터 시작되는 미국의 디지털 방송 실시를 앞두고 세계적인 전자업체들이 디지털TV 수신용 셋톱박스를 출시한 적은 있었으나 디지털TV 세트를 본격 양산한 것은 삼성전자가 세계 최초였다.

그러나 이 같은 눈부신 성과에도 불구하고 삼성은 세계 시장에서의 낮은 브랜드 인지도와 2류 제품이란 이미지를 아직 벗어나지 못한 채였다. 선진업체와의 가격 격차가 불가피했던 건 가슴 아픈 일이었다.

더욱이 제조 기술 면이나 중소형 컬러TV에서는 어느 정도 기술력을 확보하고 있었지만 대형 브라운관 TV와 디자인을 포함한 품위와 품질 면에선 아직은 정상의 선진업체들과 차이가 벌어져 있었음이 엄연한 현실이었다.

따라서 세계 시장에서의 판세 또한 뚜렷이 양분되어 나타났다. 삼성전자는 중남미·중동·아프리카·동유럽·동남아 등지에선 9%에서 15%까지 시장 점유율을 기록하며 선전하고 있었으나 서구와 북미·중국에서는 2~4%로 열세를 면치 못하고 있었다.

한데 삼성전자가 마침내 그 같은 열세를 일거에 만회할 기회를 잡았다. 디지털TV라는, 아직 누구도 발을 들여놓은 적이 없는 신대륙⑦을 먼저 발견하였기에 가능한 도전이었다.

물론 세계 최강 샤프의 응전 또한 거세기만 했다. 디지털TV 시대를 연 지 무려 8년이 지난 2005년에 들어서도 세계 최강은 여전히 샤프였다.

같은 해 LCD-TV의 세계 시장 점유율을 보면 샤프가 21%로 1위, 필립스와 삼성전자가 11%로 공동 2위를 기록했다. 액정패널을 생산하지 않으면서도 높은 브랜드 가치를 인정받고 있는 SONY가 10%로 3위, LG전자가 7%로 그 뒤를 바짝 뒤쫓는 추세였다.

그러나 새로운 강자는 언제나 어두운 장막 너머에서 돌연 혜성처럼 나타나기 마련이다. 이때까지만 해도 샤프나 SONY는 미처 몰랐겠지만, 아니 설령 알았다 하더라도 '뭐, 삼성전자가 감히 우리에게 도전을?' 하며 가소롭게 웃어넘기고 말았을 테지만. 왜냐하면 샤프나 SONY가 그만큼 세계 무대에서 절대 강세를 띠었기 때문이다.

하지만 누가 알았으랴. 이건희의 삼성전자가 오래전부터 준비해온 총공세에 마침내 돌입하고 나섰음을. 같은 해 2005년 삼성전자는 세계 최강 샤프의 아성을 무너뜨려 LCD-TV 시장을 정복한다는 원대한 야망을 품었다.

실제 초고속 성장 제국 삼성전자에겐 그만한 전력을 지니고 있었다. 이른바 제8세대, 제9세대라고 일컫는 액정패널을 확대시키는 기술력에서 앞서 있었다.

다시 말해 LCD-TV전쟁에선 누가 먼저 큰 액정패널을 만들어 내느냐가 관건이었다. 큰 액정패널을 만들어낼수록 가격 경쟁에서 우위에 설 수 있을 뿐더러 비용을 절감할 수 있어 두루 유리한 고지를 점할 수 있었다.

드디어 때가 왔다. 일본의 오랜 아성을 무너뜨리기 위해 삼성전자가 출정에 나섰다. 무엇보다 제1차 액정패널전쟁1997년에서 이미 세계 최강 샤프를 공략하는 데 성공했던 삼성전자로선 승리를 확신했다. 제2차 LCD-TV전쟁 또한 정상 정복은 시간문제였을 따름이다.

표는 삼성전자와 세계 최강 샤프 사이에 벌어진 제2차 LCD-TV전쟁 이후 10년이 흐른 다음의 세계 지형도이다. 미국의 디스플레이서치가 2014년 예상 판매 대수를 기준으로 발표한 순위표이다. 그동안 세계 최깅이라고 자부하던 샤프는 과연 지금 어디쯤 뒤따라오고 있는 것인가?

[2014년 LCD-TV 예상 판매 대수 순위]

세계 순위	기업명	국가	판매 대수
1위	삼성전자	한국	4,800만 대
2위	LG전자	한국	3,350만 대
3위	TCL	중국	1,430만 대
4위	SONY	일본	1,250만 대
5위	하이센스	중국	1,150만 대
6위	스카이웍스	중국	950만 대
7위	창흥	중국	780만 대
8위	필립스	네덜란드	750만 대
9위	파나소닉	일본	720만 대
	도시바	일본	700만 대
10위	샤프	일본	700만 대
	비지오	미국	700만 대

Big 5 현대자동차, 신예 강자가 달린다

2011년 여름, 미국 대통령 버락 오바마는 새로운 자동차 연비 기준을 발표했다. 워싱턴 월터컨벤션센터에서 열린 이날 연설에서 그는 2025년까지 미국에서 운행되는 자동차의 평균 연비를 1갤런당 54.5마일1리터당 23킬로미터로 높이겠다고 했다. 미국의 해외 석유 의존도를 줄이고 대기 오염도 줄이겠다는 포석이다.

한데 이날 오바마 대통령이 연설한 연설대 뒤쪽에 낯익은 자동차 2대가 눈길을 끌었다. 백악관이 첨단 차량advanced이라고 가려 뽑아 전시한 10대의 모델 가운데 현대 '쏘나타 하이브리드'와 기아 'K5 하이브리드'가 있었다.

이날 행사장에는 미국의 Big 3인 GM·포드·크라이슬러를 비롯하여 독일의 BMW, 일본의 토요타·마쓰다·혼다, 우리나라의 현대·기아차 등 8개 해외 업체 대표들이 참석하여 자웅을 겨뤘다.

특히 현대·기아차는 쏘나타 하이브리드2011년 모델와 K5 하이브리드2011년 모델 2대를 전시하는 기회를 얻었다. 마쓰다를 제외한 포드·토요타·혼다 등 나머지 8개 업체가 각각 1대씩 전시한 것에 비해 두 배의 홍보 효과를 얻은 셈이었다.

오바마 대통령은 2009년 취임한 이후 수시로 한국의 하이브리드카 기술 발전을 부러워하며 미국 업체들에게 분발할 것을 촉구했다. 현대·기아차의 하이브리드카 2대가 백악관 행사에 동시 진출한 배경이 그런 오바마의 지시였는지는 알려지지 않았다.

그러나 10여 년 전만 해도 현대자동차는 미국에서 '바텀 피더'에 불과했었다. 수면 위로 올라가면 자신보다 크고 강하면서 빠른 물고기들에게 잡혀 먹힐까 봐 바다나 호수의 차가운 밑바닥에서 비참하게 일생을 보내는 물고기, 글로벌 자동차 업계가 현대자동차에 붙여준 별명이었다. 1986년 미국 자동차 시장에 진출한 당시만 해도 현대자동차는 그저 '저가 브랜드'나

'덤핑 브랜드'로 분류되기 일쑤였고, 심지어 바텀 피더라는 놀림거리에서 벗어나지 못했었다.

2000년 가을, 현대왕국에서 계열 분리되어 자동차 소그룹으로 홀로서기에 나섰을 때만 해도 미래를 기대하는 축하의 박수 대신 우려와 불안의 목소리가 더 컸던 게 사실이다.

하지만 정몽구는 자신 있는 어조로 'GT5 비전'을 발표했다. '2005년에 세계 5위의 품질을 확보하고, 2010년에는 세계 5대 자동차 업체로 거듭나도록 노력하자'는 비전을 선포한 것이다.

그리고 불과 10여 년 후 자동차의 나라 미국 시장에서 현대자동차를 일컬어 더 이상 바텀 피더라고 부르는 이는 없다. 차가운 바닥에서 헤어나지 못하던 현대자동차는 어느새 수면 위에서 유영하며 '고래미국의 자동차 Big 3와 상어일본의 토요타'를 괴롭히는 성난 물고기로 화려하게 변신했다. 정몽구의 호언처럼 Big 5에 오르는 비전을 실현하기에 이르렀다.

무엇보다 실적이 그렇게 나타났다. 지난 2000년 계열 분리 당시 현대·기아차그룹의 자산 총액은 34조 393억 원, 연간 매출액은 27조 1,049억 원이었다. 공정거래위원회가 발표한 재계 순위공기업 제외 5위였다.

분리 전 현대그룹의 자산 총액이 88조 원으로 재계 1위였던 것과 비교하면 보잘 것이 없는 수준이었다. 중공업과 건설 등 그룹의 3대 핵심사업 가운데 자동차 하나만 떨어져 나온 현대자동차가 삼성이나 LG, SK 등과 규모 면에서 경쟁하기에는 무리일 것이라고 재계에선 점쳤다.

하지만 2005년 현대·기아차그룹은 자산 총액 56조 원, 매출 67조 원을 기록하면서, 삼성에 이어 재계 순위 2위에 이름을 올리며 세상을 깜짝 놀라게 만들었다. 선대 회장 시절의 '현대 대 삼성'이라는 재계의 투톱 체제를 부활시킨 것이다. 그해에 현대·기아차는 수출과 내수 포함 총 339만 6,000여 대를 판매하면서 Big 6위에 올라섰다.

이후에도 현대·기아차는 고공행진을 멈추지 않았다. 2010년 기준 자산 총액 155조 1,884억 원, 매출 129조 7,081억 원으로 몸집을 더욱 키웠다.

이어 2010년 5월에는 미국에서 현지 진출 25년 만에 월간 판매 기준 '10%의 벽'을 돌파해내면서, GM·폭스바겐·토요타·닛산에 이어 575만 대를 팔아치워 드디어 Big 5위로 올라섰다. 토요타가 30년 걸렸던 '10%의 벽'을 정몽구는 계열 분리 이후 10년 만에 뛰어넘었다. 자동차의 나라 미국에서 판매된 자동차 열 대 가운데 한 대가 현대자동차라는 믿어지지 않는 성과를 이뤘다. 10년 전 자신의 다짐을 마침내 성취해낸 것이다.

그러나 정몽구는 강조했다. '성취에 도취하지 말고 좋은 차를 만드는 데 더 힘을 쏟자'고 임원들에게 주문했다. 미국 시장에서 '10%의 벽' 돌파는 이제 시작일 뿐이라는 얘기다.

'일본 자동차들이 뒤에서 쫓아오던 시절을 보는 것 같다.'

'현대자동차는 다른 어떤 업체보다 큰 위협이 되고 있어 매우 걱정스럽다.'

미국 자동차 업계의 전문가들이 무서운 속도로 성장하고 있는 현대·기아차에 대해 내놓고 있는 평가다. 고장이 잦았던 저가의 자동차를 파는 업체에서 세계 최강의 업체들과 어깨를 나란히 하는 메이저 업체로 어느덧 성장한 현대·기아차가 경쟁업체에 큰 위협이 되고 있다는 얘기다.

월스트리트저널WSJ은 불과 10년 전만 해도 현대자동차가 고장이 잘 나는 저가의 소형차로 인식되던 시장의 낙오자also-ran 신세였으나, 이제는 기아자동차와 함께 시장의 막강한 경쟁업체로 부상했다면서 현대자동차의 변화상을 집중 조명한 바 있다.

월스트리트저널은 또 현대자동차의 '엘란트라'를 분해해 엔진을 연구 분석해오던 미국 GM의 엔지니어들이 신형 엘란트라를 보고 나서 깜짝 놀랐다고 전하면서, 무게나 연비·비용 등의 측면에서 GM의 엔지니어들이 예상했던 수준을 크게 잊질렀다고 전했다. 또한 최근까지 GM의 기술남낭 부회장을 지내면서 자동차 업계의 산증인으로 불렸던 밥 러츠 역시 같은 평가를 내놓았다.

실제로 현대의 신형 엘란트라는 미국 시장에서 시쳇말로 없어서 못 팔 정도였다. 토요타의 '코롤라'나 혼다의 '시빅'보다 가격이 저렴하면서도 연비가 높은 데다 6단 기어 등의 고급 시방을 갖추면서 출시 5개월여 만에 선풍적인 인기를 끌어모았었다.

또한 이런 인기에 힘입어 2011년 상반기엔 한때 일본의 토요타를 앞지르기도 했다. 처음으로 Big 4위에까지 도약하기도 한 것이다.

토요타는 2011년 1~6월까지 전 세계 판매량이 전년 동기보다 124만 대 29.1% 감소한 301만 2,000대라고 발표했다. 같은 기간 현대·기아차가 기록한 319만 9,000대보다 18만 7,000대나 적은 수치다.

물론 정몽구가 이끄는 현대·기아차가 하반기에도 토요타를 넘어설지는 알 수 없다. 토요타가 자국 내 대지진의 여파에서 벗어나 생산 수준을 거의 회복한 데다, 신형 '캠리' 등을 앞세워 반격에 나섰기 때문이다.

그렇다 하더라도 현대·기아차가 세계시장에서 Big 5의 신예 강자로 지구촌을 고속 질주하고 있는 것만은 분명해 보인다. 더욱이 과거에는 엑센트·

아반떼 등의 소형차가 중심이었다면 이젠 크게 달라졌다. 쏘나타·싼타페·쏘렌토·아제라·제네시스 등 중대형의 질적 성장으로 점차 미국 시장을 확대해나가고 있다. 현대자동차가 지금보다는 미래가 더 주목되는 이유다.

삼성전자 휴대전화, 세계 영토를 지배하다

연이은 패배감에 일본은 내심 당황했다. 오랜 아성이었던 도시바의 D램 반도체, 샤프의 액정화면에 이어 LCD-TV의 세계 정상까지 이건희의 초고속 성장 제국 삼성전자에게 고스란히 함락당하고만 일본은 아연실색했다.

이제 마지막으로 남은 건 휴대전화뿐이었다. 휴대전화만은 결코 지켜내겠노라 두 눈을 부릅떴다. 이게 어디 말이나 되는 소리냐고 가슴을 치며 분통을 터뜨렸다.

일본은 마지막 남은 휴대전화 영토 지키기에 돌입했다. 결의는 하늘을 찔렀고, 그 여느 때보다 비장하기조차 했다.

무엇보다 휴대전화가 소형화 기술이라는 점에서 일본은 기대를 걸었다. 소형화 기술은 마땅히 세계 제일이라고 확신했다. 전통적으로나 문화적으로 볼 때 소형화 기술은 누구도 따라올 수 없는 자신들만의 DNA라고 자신만만해했다.

그러나 처음부터 전략적 사고가 빈곤했다. 일본이 자랑한다는 소형화 기술은 출발 때부터 벌써 삐꺽거렸다. 기술만 뛰어나다면 어느 누구라도 정복할 수 있다는 기술신앙에 눈이 멀어 미처 세계의 정세를 꿰뚫어보지 못한 우를 범했다.

휴대전화는 일본이 자랑한다는 소형화 기술보단 세계 표준 방식에서 승부가 갈렸다. 예컨대 PC의 윈도우와 같은 지형이었던 셈이다. 한데 기술신앙에만 사로잡혀 있던 일본이 그 점을 그만 간과하고 말았다. 세계 표준 방식을 전략 안으로 끌어들이지 못한 것이다.

반면에 이건희의 삼성전자는 일본처럼 하지 않았다. 일본이 기술신앙에만 사로잡혀 있을 때 삼성전자는 또 다른 부분에까지 눈길을 주었다. 일본이 국내 시장에 골몰하고 있을 때 삼성전자는 세계 시장에 시선을 돌렸다. 이 작고 사소한 차이로 말미암아 전쟁의 승패가 엇갈리고 말았던 것이다.

이건희의 삼성전자는 일본과의 휴대전화 전쟁에 임하면서 이기는 전략을 짰다. 전력보다는 전술을 선택하고 집중하는 것이다.

휴대전화의 승패가 표준 방식에 있음을 일찌감치 꿰뚫어보고서 먼저 그쪽에 주력했다. 일본과 같이 기술 우위를 앞세워 전력만을 다지기보다는 보다 유연한 전술을 선택한 뒤 집중토록 한 것이다.

삼성전자의 전술은 이내 진가를 발했다. 일본이 국내 시장에 머물고 있을 때 처음부터 미국의 표준 방식으로 전환하여 미국 시장에 진출하는 데 교두보를 확보했다. 유럽에서 또한 다르지 않았다. 유럽의 표준 방식으로 연착륙시킴으로써 유럽의 영토에 삼성전자가 일본보다 먼저 깃발을 꽂은 것이다.

그리하여 2005년 휴대전화 세계 시장 점유율을 보면 핀란드 노키아가 30.4%로 1위, 미국의 모토로라가 16.8%로 2위, 삼성전자가 13.3%로 3위, LG전자가 6.2%로 4위, 독일의 지멘스와 일본의 SONY가 5.5%로 공동 5위 순을 기록했다. 첫 시작점에서부터 삼성전자가 일본을 앞질러나간 추세였다.

삼성전자는 이후 일본의 끈질긴 추격을 따돌려야 했다. 반면에 일본은 삼성전자를 집요하게 따라붙지 않으면 안 되었다. 마지막 남은 휴대전화 영토 역시 처음 시작점에서부터 한일 간의 치열한 접전을 피하기 어려웠다.

그럴대도 처음 시작점에서부터 벌어진 격차는 좀처럼 좁혀질 줄 몰랐다. 일본이 한 발 뒤따라오면 삼성전자가 두 발 앞서나가는 양상이 계속되었다. 시간이 흐를수록 격차는 더욱 벌어져 어느새 일본에게 삼성전자는 영원히 따라잡을 수 없는 머나먼 별이 되고야 말았다.

다음에 오는 표는 2005년 이후 최근까지의 휴대전화 세계 시장 점유율의 판도를 살펴본 것이다. 당시 SONY와 공동 5위로 출발선 위에 나란히 섰던 독일의 지멘스가 탈락하고 스티브 잡스의 애플이 새로운 경쟁자로 등장했을 뿐 나머지 주자들은 그대로다. 하지만 그 사이 부침이 결코 적지 않았음을 어렵잖게 목격할 수 있다.

그렇다. 일본이 전통적으로 자랑하는 소형화 기술의 영역답게 세계 휴대전화의 영토에는 엄연히 SONY의 깃발이 휘날리고 있다. 일본의 국가대표 주자답게 지난 2005년 이래 지금껏 5위권을 지켜오고 있다.

하지만 SONY의 도전은 암만해도 힘겨워 보인다. 거기까지가 자신의 체력이 아닌가 하는 의구심마저 들게 만든다.

그에 반해 삼성전자의 도전은 단연 어기 차다. 지난 2005년까지만 해도 선두 노키아의 절반 수준에도 미치지 못했던 삼성전자가 7년여가 지난 2012년에는 비록 간발의 차이이긴 하나 드디어 세계 정상에 올라섰다.

그 이듬해엔 노키아와의 판매 대수에서 2배 가까이 격차를 벌리면서 보다 멀찍이 달아났다. 일본의 국가대표 SONY가 2007년 1억 300만 대에서

2013년에는 4,100만 대로 점점 뒷걸음질하고 있는 것에 비하면 놀라운 도약이 아닐 수 없다.

이미 D램 반도체에서 세계 최강 도시바, 액정화면과 LCD-TV에서 세계

[세계시장에서의 휴대전화 판매 순위]

연도	세계 순위	국가	기업명	판매 대수(단위/100만 대)
2007	1위	핀란드	노키아	437
	2위	한국	삼성전자	161
	3위	미국	모토로라	159
	4위	일본	SONY	103
	5위	한국	LG전자	81
	6위	미국	애플	4
2010	1위	핀란드	노키아	437
	2위	한국	삼성전자	280
	3위	한국	LG전자	110
	4위	미국	애플	45
	5위	일본	SONY	43
	6위	미국	모토로라	40
2012	1위	한국	삼성전자	404
	2위	핀란드	노키아	334
	3위	미국	애플	133
	4위	한국	LG전자	56
	5위	일본	SONY	36
	6위	미국	모토로라	31
2013	1위	한국	삼성전자	456
	2위	핀란드	노키아	279
	3위	미국	애플	160
	4위	한국	LG전자	65
	5위	일본	SONY	41
	6위	미국	모토로라	29
2016 2분기	1위	한국	삼성전자	77
	2위	미국	애플	40
	3위	중국	화웨이	32
	4위	중국	오포	18
	5위	중국	샤오미	14

최강 샤프가 차례대로 삼성전자에게 굴욕적인 패배로 무릎을 꿇었다. 마지막으로 남은 휴대전화에서 기대를 걸었던 일본 국가대표 SONY마저 상대가 되지 않는 전력을 나타내면서 삼성전자에게 끝내 패배를 시인하지 않으면 안 되었다.

일본의 이 같은 굴욕적인 패배는 왜 일어난 것일까? 도대체 언제 어디서부터 시작되었던 것일까? 전문가들은 몇 가지 변수를 짚어낸다.

먼저 아날로그에서 디지털로의 기술 변화에 대한 적응력, 유연성, 세계화 등에서 이건희의 삼성전자가 보다 신선했다고 말한다. 기업이 직면한 여러 가지 환경 문제에서 삼성전자의 진화가 상대적으로 돋보였다는 것이다.

또 그 같은 진화의 진원지로 각기 자국의 국내시장 환경을 들고 있다. 한국과 일본의 국내 시장의 환경이 전혀 다른 자세를 길러냈다고 본다.

예컨대 일본의 국내 시장은 유럽만큼이나 크다. SONY, 파나소닉, NEC, 샤프 등 10개 전자업체가 세계 최강의 신화를 수십 년간 써올 수 있었던 이유이기도 하다. 또 그런 이유 때문에 다른 경쟁사들이 종횡무진 날뛰고 있음에도 어느덧 계절이 바뀌고 있는 줄도 모르는 온실 안의 화초처럼 경쟁력을 상실한 채 나약해졌다는 지적이다.

그에 반해 우리나라의 국내 시장은 지극히 작다. 처음부터 세계무대를 상대하지 않고선 승산이 없다. 온실 안의 일본과는 달리 결코 늠름하지 않으면 안 되는 이유이기도 하다.

주변 부품 환경의 강점을 꼽는 전문가들 또한 적지 않다. 휴대전화 시장의 제품 사이클이 빨라지면 빨라질수록 수직 계열화된 부품회사를 가진 삼성전자가 절대 유리할 수밖에 없었다는 분석이다. 롱텀에볼루션LTE 차세대 통신기술에서 상대적으로 앞서 있고, 스마트TV 등 스마트폰과 연동하는 가전기기를 생산하고 있다는 점도 빼놓을 수 없는 강점이란 얘기다.

아무리 그렇다 하더라도 천하무적 SONY의 패배는 암만해도 뼈아픈 일이다. 도시바와 샤프보다 기대가 클 수밖에 없었던 일본이 자랑하는 국가대표였기 때문이다.

현대제국의 확대, '차-철-건설'

서울 양재동 현대자동차 본사에서 난데없는 환호성이 터져 나왔다. 재계 역사상 가장 극적으로 현대차그룹이 현대건설 인수2011년에 성공한 것이다.

현대건설의 시작은 선대 회장 정주영이 1947년에 설립한 현대토건사다. 아버지 정주영이 이룩했던 현대왕국의 모태는 현대건설이라는 뿌리가 있었기 때문에 가능했다. 더욱이 현대건설은 한국 건설사에 큰 획을 그었다. '최초', '최고'라는 수식어를 휩쓸었다.

그러나 IMF 외환 위기의 파고에 이어 '왕자의 난2000년'을 겪으면서 추락하기 시작했다. 결국 그룹에서 계열 분리되어 채권단의 공동 관리를 받고 있다 9년여가 지나서야 정몽구의 품 안으로 돌아오게 되었다. 현대가의 오랜 꿈이었던 일관 종합제철소 현대제철을 준공한 데 이어 현대건설까지 인수하면서, 정몽구는 '현대가의 성지'로 불리는 계동 사옥의 회장 집무실에 다시금 불빛을 환히 밝힐 수 있게 되었다.

또한 그 불빛은 현대제국의 복원을 넘어 또 다른 시작이라는 점에서 의미가 남달랐다. 그가 양재동 사옥에서 지난 10여 년 동안 현대·기아차를 이끌어오면서 거침없이 내달려온 것처럼 계동 사옥에서 현대건설을 이끌며 또다시 거침없이 내달릴 것이라는 점에서 다시 한 번 이목을 끌기에 충분했다.

그가 이처럼 현대건설을 인수하고 나선 건 과거를 끌어안는 적통성의 확보 말고도 분명히 또 다른 이유가 있었다. 현대건설을 품에 안게 된다면 그룹의 성장 동력 강화는 물론 각 사업 간의 시너지 창출이 가능해지기 때문이었다. 현대건설을 인수함으로써 현대차그룹의 친환경 주택에서부터 하이브리드 자동차 및 전기차에 이르는 친환경 그룹으로서의 준비를 할 수 있게 된 것이다.

다시 말해 글로벌시장에서 자동차사업의 안정화를 기한 데 이어, 일관 종합제철소인 현대제철의 완성을 이룬 그로선 현대건설의 인수가 목표로 삼은 마지막 퍼즐이었던 셈이다. 현대건설을 통해 자동차-철강-건설의 3대 핵심 사업을 미래 성장 축으로 삼는 제국의 포트폴리오를 그리고 있었던 것이다.

이렇듯 차-철-건설로 이어지는 삼각 편대를 이루면서 포트폴리오를 완성한 제국은 그 위상이 몰라보게 달라졌다. 지난 2000년 왕국에서 자동차 소그룹으로 분리 독립했을 당시 정몽구가 이끌던 현대차그룹의 계열사 수는 고작 10개에 불과했다. 한데 10여 년 만에 계열사 수가 7배가량이나 늘어났다.

단지 숫자만이 늘어난 건 아니었다. 기계·부품·물류·광고·금융 등에 이르기까지 자동차사업과 긴밀히 연관된 영역으로 영토를 더욱 확장시켜나가면서, 각 사업 부문의 수직계열화를 동시에 이뤄냈다.

특히 차-철-건설의 삼각 편대는 다각화된 그룹의 사업 가운데서도 가장 핵심의 위치를 차지한다. 오랜 숙원이었던 일관 종합제철소인 현대제철의 건립을 통해 쇳물에서부터 자동차의 완성에 이르기까지 자체 자원 순환형 사업 구조를 완성시켜냈다. 여기에 현대건설의 인수를 통해 또 다른 성장 축을 확보케 된 것이다.

그러면서 2011년 기준 현대제국의 국내 계열사는 63개에 달한다. 주요 계열사는 완성차 부문의 현대자동차와 기아자동차를 비롯해 부품 부문의 현대모비스옛 현대정공·현대위아·현대위스코·현대로템·현대메티아·철강 부문의 현대제철·현대하이스코·현대비엔지스틸·건설 부문의 현대건설·현대엔지니어링·현대엠코·현대스틸산업·현대종합설계·현대도시개발·금융 부문의 현대캐피탈·현대카드·현대커머셜·HMC투자증권·기타 부문의 현대글로비스·해비치호텔&리조트·이노션·현대서산농장 등을 이끌어가고 있다.

그러나 정몽구의 현대자동차에서 단연 **빼놓**을 수 없는 역사적인 기록이 있다. 끊임없는 도전과 어기 찬 혁신으로 새로운 가치를 창조해온 현대·기아차가 1962년 첫 판매에 들어간 지 반세기 만에 글로벌 누적 판매 1억 대를 마침내 돌파2016년 4월했다.

이 기록은 글로벌 자동차 업계를 통틀어 가장 짧은 기간 안에 이뤄낸 놀라운 성과다. 특히 주목할 점은 이른바 '왕자의 난'을 치르면서 정몽구가 왕국에서 자동차 소그룹으로 분리 독립한 이후 판매가 급성장해 전체 누적 판매 대수 중 79% 가량을 차지하고 있다는 사실이다. 다시 말해 2000년 이후 자그마치 7,854만 대가 팔려나가는 기염을 토한 것이다.

이 같은 누적 판매 1억 대 돌파는 기아자동차가 1962년 소하리공장에서 생산된 삼륜 화물차 'K-360'을 67대 판매한 이후 54년 만에 이뤄낸 쾌거였다. 현대·기아차는 지난 1993년 처음 누적 판매 1,000만 대 고지를 넘어섰으며, 해마다 연간 판매 기록을 경신하며 2008년 5,000만 대, 2015년 1월 9,000만 대를 넘어섰다. 그리고 1년 3개월 만에 마침내 1억 대 돌파를 이뤄낸 것이다.

무엇보다 현대·기아차의 1억 대 누적 판매는 수출을 중심으로 한 해외 판매가 주도했다는 점에서 의미가 남다르다. 산업 기반이 취약하고, 기술력이 부족한 후발주자로서의 장벽과 내수시장의 한계를 적극적인 해외 시장의 공략을 통해 극복해낸 것이다.

그간 국내 판매는 2,982만 대, 수출 및 해외 공장 판매를 합한 해외 판매

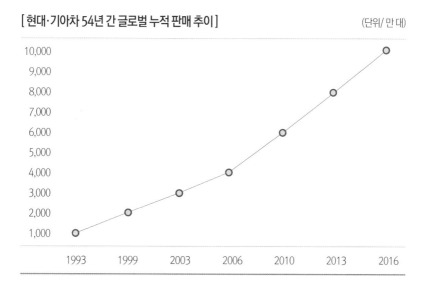

[현대·기아차 54년 간 글로벌 누적 판매 추이]   (단위/ 만 대)

는 6,988만 대로, 해외에서의 판매 비중이 70% 이상이었다. 특히 1998년부터는 해외 판매가 국내 판매 대수를 넘어섰으며, 그 같은 결과는 국내 내수시장 규모가 183만 대로 세계 10위권에 불과한 상황에서 이뤄낸 성과라는 점에서 더욱 유의미했다.

생산에 있어서도 다르지 않았다. 국내 공장 생산 판매량과 해외 공장 생산 판매량으로 나눠 보았을 때 국내 공상 생산 판매 대수는 전체 68,863,609대였으며, 해외 공장의 생산 판매 대수는 30,836,072대였다. 국내 공장 생산 판매 대수가 전체 누적 판매 대수의 약 70%를 차지하고 있음을 알 수 있다. 이는 말할 나위도 없이 현대·기아차가 지난 10년여 사이 해외 개척에 성공하면서 마침내 제국으로 성장했음을 보여주는 또 다른 사례다.

그동안 숱한 히트작도 탄생했다. 현대자동차에선 아반떼수출명 엘란트라는 1,119만 대, 엑센트가 824만 대, 쏘나타가 783만 대나 팔렸다. 기아자동차에선 프라이드가 422만 대, 스포티지가 403만 대로 그 뒤를 이었다.

자신감에 찬 현대자동차는 연비와 안전 등의 기본 성능을 더욱 강화하고 연구 개발 투자 확대를 서두르고 있다. 미래의 기술 혁신을 주도하는 글로벌 자동차 업계에서 '퍼스트 무버'로 도약한다는 야심 찬 전략이다.

특히 현대자동차는 프리미엄 브랜드 '제네시스'를 세계 최고 수준의 럭셔리 브랜드로 글로벌 시장에 조기에 안착시키는 데 주력하고 있는 분위기다. 전 세계 프리미엄 자동차의 최대 격전지인 미국 시장에서 이미 또 다른 도전과 야망이 시작된 것이다.

그러나 정몽구는 이제 시작일 따름이라고 말한다. 조금 뒤늦게 시작했을 뿐 일본의 상어토요타를 반드시 넘어설 수 있다고 확신한다. 삼성전자가

SONY를 넘어섰듯 현대자동차가 토요타를 넘어설 수 있다고 단언한다. 그만한 숨은 역량이 충분히 학습 되고 단련되어 있다고 자신만만해한다.

제4부

일본의 SONY
vs
한국의 삼성전자

제1장
SONY의 수성이냐,
삼성전자의 정복이냐

무명의 벤처기업으로 시작한 SONY

태평양전쟁1941~1945년에서 일본은 결국 미국에게 패배했다. 나가사키와 히로시마에 투하된 원폭의 어마어마한 위력 앞에 속절없이 항복하지 않으면 안 되었다.

그같이 2차 세계대전에서 패전국으로 전락한 지 채 1년도 지나지 않은 1946년 5월, 일본 도쿄 니혼바시에 자리한 백화점 시로야카의 한쪽 구석에 의미 있는 간판 하나가 내걸린다. 군수공장이었던 '일본측정기'를 정리한 뒤, 자신의 경험과 기술을 기업으로 구현해 보겠다는 와세다대학 출신의 천재 기술자 이부카 마사루의 손에 의해서였다. 훗날 세계 전자산업계를 뒤흔들어 거대한 역사를 쓰게 될 'SONY'가 탄생한 것이다.

하지만 사람들의 시선을 끌기에는 너무도 보잘 것이 없었다. '기술자들이 자기 기술을 실현할 수 있는 자유롭고 역동적이며 기쁨이 넘치는 일터를 창조하는 것'을 창업 이념으로 내세우며 출범한 이 작은 회사를 처음엔 누구도 주목하지 않았다.

회사명도 처음에는 '도쿄통신공업'이었다. 더욱이 마쓰시타, 도시바, 히타치 등과 같이 세계대전 이전부터 가전 메이커로 이미 명성을 얻었던 뿌리 깊은 대기업도 아니었다. SONY는 전후에 창업하여 간판을 내건, 요즘 식으로 말하자면 무명의 벤처기업으로 출범했던 셈이다.

그런 만큼 처음 대지 위에 뿌려진 씨앗은 아주 작고 볼품이 없었다. 창업자 이부카 마사루는 자본금 19만 엔으로, 사무실 겸 공장으로 쓰기 위해 백화점 시로야카의 한 층을 빌렸다. 종업원은 20명 남짓이었다.

첫 출발 때부터 이부카 마사루의 남다른 면이 돋보였다. 천재 경영자 모리타 아키오를 창업자로 합류시켰다. 한 사람보다는 두 사람이 연합하면 그만큼 역량이 커질 수 있다는 생각에서였다.

모리타 아키오는 일찍부터 발명에 소질을 나타냈다. 태평양전쟁 중에는 각종 전자 장비를 개발했던 해군 장교 출신의 엔지니어였다. 원래는 전통 있는 양조업체의 장손으로 가업을 잇기로 되어 있었으나, 이부카 마사루와 의기투합하면서 투톱으로 동참케 되었다.

하지만 이부카 마사루가 모리타 아키오를 합류시킨 건 마치 후한의 황손 유비가 조조의 위나라와 손권의 오나라 사이에서 삼국을 통일하기 위해 제갈공명을 삼고초려 끝에 군사軍師로 영입한 모양새였다. 그리고 이 두 명의 창업자로 시작하는 벤처 형태의 도전은 향후 SONY의 성장 과정에 중요 포인트가 된다.

하지만 새로이 간판을 내건 마당에 처음부터 자체 제조품이 있을 턱이 없었다. 따라서 생계를 위해 처음 시작한 것은 자신들의 경험과 기술을 손쉽게 살릴 수 있는 라디오를 수리하고 개조하는 일이었다.

당시 일본에서 라디오는 폐허와 궁허 속에서 외부 소식을 접할 수 있는 거의 유일한 통로였다. 그러나 오랫동안 전쟁을 치르면서 부서지고 낡은 라디오가 더 많았다. 미국의 방송조차 들을 수 없는 라디오가 대다수였다.

이부카 마사루와 모리타 아키오는 이 점에 착안했다. 라디오를 수리하는 일은 물론이고, 미국의 단파 방송을 들을 수 있는 변환기convert를 개발하여 라디오에 부착하는 일부터 시작했다.

그런 시작은 좋았다. 시대를 정확히 읽어낸 것이다.

패전으로 막을 내린 일본은 지구촌의 소식에 누구보다 목말라했다. 일본 바깥의 소식을 접할 수 있는 단파 라디오는 상당히 매력적이었다. 주문이 쇄도하기 시작한 것이다.

도쿄통신공업은 하루가 다르게 번창해 나갔다. 〈아사히신문〉의 유명 칼럼 '파랑연필'에 소개되면서 고객은 더욱더 불어났다.

그러면서 점차 자체 제조품도 갖게 되었다. 진공관 전압계를 비롯하여 통신기기를 생산하는가 하면, 한때는 생존을 위해 전기밥솥과 전기장판 따위를 만들어내기도 했다.

점차 일손이 달리기 시작하자, 이부카 마사루는 우수한 인재를 모으기 위해 모교인 와세다대학을 찾았다. 거기서 만난 대학 후배가 기하라 노부토시였다.

기하라 노부토시는 기계과 출신이지만 전기 분야에 대해 상당히 밝았다. 그는 또 다른 창업자인 모리타 아키오와 짝을 이뤄 연구 개발에 들어갔다.

그렇게 만들어져 나온 것이 일본 최초로 개발1950년한 녹음기였다. 도쿄통신공업이 마침내 기업으로서 기반을 닦을 수 있었던 계기는, 이들이 함께 개발한 녹음기가 일선 학교나 정부기관에 납품되면서 안정적인 수입원이 되면서부터였다.

하지만 도쿄통신공업이 진정한 의미에서 세상에 알려지기 시작한 것은 뭐니 해도 트랜지스터 기술이었다. 1954년 세계 최초로 트랜지스터 기술을 상용화한 데 이어, 이듬해 일본 최초로 트랜지스터 라디오를 개발하면서 마침내 명성을 얻었다.

원래 트랜지스터 기술은 미국이 갖고 있었다. 미국의 AT&T가 세계 최초로 발명1948년했다. 트랜지스터의 특허 기술은 AT&T의 계열사인 웨스턴일렉트릭이 소유하고 있었던 것이다.

한데 이부카 마사루가 미국 출장1952년 중에 아주 우연히 AT&T에서 트랜지스터 특허 기술을 팔려고 한다는 정보를 듣게 되었다. 이부카 마사루는 트랜지스터가 무엇인지조차 몰랐지만 천재 기술자답게 '앞으로는 커다란 진공관의 기술이 아니라 작으면서도 용량이 큰 새로운 반도체 시대가 올 것이라고 판단하여' 흘려듣지 않았다. AT&T는 세계 최대의 전화 회사였을 뿐 더러, 당시 최고의 기술을 보유한 기업이기도 했기 때문이다.

일본으로 돌아온 이부카 마사루는 또 다른 창업자 모리타 아키오에게 AT&T가 트랜지스터 특허 기술을 팔려고 한다는 정보를 전했다. 모리타 아키오 역시 트랜지스터에 대한 잠재력이 크다고 판단했다.

결국 두 창업자는 AT&T로부터 트랜지스터 특허 기술을 당시로선 천문학적인 거액인 2만 5,000달러에 사들였다. 태평양전쟁을 치르면서 첨단 기술을 가진 미국에게 패배한 일본이 살아남는 길은 오직 첨단 기술뿐이라는 판단 아래 선뜻 투자를 결정한 것이다.

하지만 트랜지스터 특허 기술을 사들여 확보하긴 하였으나, 앞으로 어떻게 실용화해야 할지 몰라 고민이었다. AT&T 또한 트랜지스터의 원리는 이해하고 있었지만, 아직 실용화 기술을 보유하고 있지 않은 단계였다. 이부카 마사루 역시 AT&T로부터 사용 허락 권리를 얻어냈을 뿐 어떤 기술 장치를 만드는 방법은 전수받지 못한 상태였다.

그렇더라도 거액을 지불하면서 특허 기술을 확보한 이상 당장 트랜지스터 기술을 실용화해야만 했다. 그렇지 않으면 투자한 거액이 자칫 물거품이 되어버릴 수도 있었기 때문이다.

이부카 마사루는 부지런히 미국을 드나들었다. 트랜지스터 실용화의 모티브를 찾아보기 위해서였다.

그러다 어느 날 트랜지스터 특허 기술을 이용하여 휴대용 라디오를 만든다는 정보를 엿듣게 되었다. 당시만 해도 라디오라면 으레 커다란 진공관이 들어가야만 했다. 따라서 부피도 크고 전력도 많이 필요로 해서 휴대용 라디오는 불가능할 것처럼 여겨졌다. 한데 트랜지스터 기술을 이용하여 크기가 줄어들면서 휴대용 라디오 개발이 가능해졌다는 것이다.

이부카 마사루는 트랜지스터 제조에 필요한 기술을 배우기 위해 AT&T에 접촉을 시도했다. 그리고 마침내 트랜지스터 제조 현장을 볼 수 있는 기회가 처음으로 주어졌다.

일본으로 돌아온 이부카 마사루는 모리타 아키오와 자신 가운데 과연 누가 트랜지스터 제조 현장으로 가야할지 논의했다. 미국 현지에서 시찰을 하려면 기술적 지식은 물론이고 영어에 익숙해야 했다.

결국 두 사람이 아닌 직원들 가운데 적임자를 찾았다. 이부카 마사루도 모리타 아키오도 아닌 이와마 가즈오가 발탁되었다. 도쿄통신공업이 신규 사업으로 설립한 반도체 부문의 책임자였다.

이와마 가즈오는 이미 미국의 기술 잡지 등을 통해 반도체 기술을 익히 접한 터였다. 더욱이 개인적으로도 트랜지스터 제조에 흥미를 갖고 있었다.

그는 곧바로 중대한 임무를 띠고 단신으로 태평양을 건너갔다. AT&T 계열사의 트랜지스터 제조 현장을 방문해 자신이 목격한 것을 저녁이면 호텔로 돌아와 매일같이 보고서를 자세히 작성하여 일본으로 보냈다.

일본에선 반도체 부문의 기술자들이 미국에서 보내온 보고서를 집중적으로 검토했다. 트랜지스터 제조 기술을 직접 개발하기 시작한 것이다.

일본에서 최초로 개발된 트랜지스터 라디오1955년는 그렇게 빛을 볼 수 있었다. 도쿄통신공업이 첫선을 보인 트랜지스터 라디오는 미국의 제품을 복제한 수준이었다.

모리타 아키오는 SONY라는 브랜드가 붙은 트랜지스터 라디오를 들고 미국으로 판매하러 갔다. 미국의 대형 시계 제조업체가 10만 대를 주문하겠다고 나섰다.

한데 조건이 붙었다. SONY라는 브랜드가 붙은 상품명으로는 팔리지 않을 거라며, 자사 상표를 붙이자고 했다. 미국에서 SONY를 아무도 모른다는 이유에서였다.

당시 10만 대 주문이라면 초기 자금난에 허덕이고 있던 SONY로선 엄청난 대박이 아닐 수 없었다. 도저히 뿌리칠 수 없는 제안이었던 셈이다.

그러나 모리타 아키오는 제안을 끝내 거절했다. SONY라는 브랜드를 한사코 고집한 것이다. 가격대도 걸림돌이었다. SONY의 트랜지스터 라디오는 미국산보다도 비싼 40달러였다.

그러나 뒤늦게 뛰어든 SONY의 트랜지스터 라디오는 미국의 제품을 재빨리 따라잡았다. 신제품을 출시할 적마다 기능과 음질은 더 좋아지고, 크기도 줄여나갔다. 가격대 또한 처음의 가격에서 오래지 않아 절반 수준으로 뚝 떨어뜨렸다.

급기야 도쿄통신공업은 트랜지스터 라디오 가격대를 10달러1962년까지 낮추는 데 성공했다. 더 작게 더 저렴하게 만들 수 있는, 일본 특유의 '소형화 문화'의 힘을 톡톡히 보여주었다.

모리타 아키오는 그렇게 만들어진 트랜지스터 라디오에 SONY라는 브랜드를 붙여 같은 해 미국으로 다시 건너갔다. 값이 싸고 성능이 좋은 SONY 트랜지스터 라디오는 미국에서 날개 돋친 듯이 팔려나갔다.

미국의 트랜지스터 라디오 제조업체들도 SONY의 가격대를 따라잡으려고 필사적으로 발버둥쳤다. 하지만 SONY보다 높은 15달러가 손익분기점이었다.

결국 미국에서 트랜지스터 기술을 들여온 지 불과 10년 만에 미국을 넘어섰다. 전자산업의 첫 번째 영토였던 트랜지스터 라디오 시장을 도쿄통신공업이 정복하기에 이른다. 이는 이후 반세기여 동안 세계를 지배할 SONY

의 돌격을 알리는 첫 신호탄이기도 했다.

이부카 마사루와 모리타 아키오는 미국에서 SONY 트랜지스터 라디오가 선풍적인 인기를 끌자, 회사명을 도쿄통신공업에서 수출 상품명인 SONY1958년로 바꾸기로 한다. 'SONY'는 소리를 뜻하는 'sound' 또는 'sonic'의 어원인 라틴어의 'sonus'와 함께 '작다' 혹은 '아기'라는 의미를 가진 'sonny'를 합성해 만든 단어다. 비록 지금은 작은 아기와 같을지라도 앞으로 창대하게 뻗어나갈 것이라는, 활기찬 젊은이들의 집단이라는 이미지와도 통했다.

하지만 이부카 마사루와 모리타 아키오 두 창업자는 이미 마쓰시타, 도시바, 히타치와 같은 오래된 거대 재벌들이 일찍부터 깊게 뿌리내리고 있는 일본 국내 시장에서는 승산이 없다고 보았다. 승산이 없는 전쟁에 뛰어들어 전력을 소모시키느니, 차라리 일본 바깥으로 나가서 새로운 영토를 개척하는 편이 더 낫겠다고 점쳤다.

SONY는 이처럼 처음부터 국내 시장을 마다하고 세계로 나아갔다. 국내 시장에 주력하기보다는 트랜지스터 라디오의 성공을 계기로 초창기부터 세계 영토로 눈길을 돌렸다.

그리하여 일본 전자업계에선 최초로 미국 현지법인인 SONY아메리카를 설립했다. SONY가 미국에 진출하자 이번에는 미국의 거대 공룡 기업들이 OEM주문자 상표 부착 제조 생산을 하자며 유혹했다.

그러나 이 같은 선택의 기로에서 두 창업자는 SONY다운 선택을 한다. SONY의 브랜드 가치를 예견한 두 창업자는 SONY의 세계화 가능성에 무게를 더 두었다. 미국 거대 공룡 기업들의 OEM을 일절 외면한 것이다.

그리고 이듬해 미국 뉴욕 증시에 교두보를 구축하고 나섰다. 미국 예탁증권을 발행하면서 낯선 이국땅에서의 홀로서기에 들어갔다. SONY는 이같이 창업 초기에서부터 트랜지스터 라디오의 성공에 이르기까지 누구보다 재빨랐다. SONY의 탄생이 그만큼 화려했던 것이다.

초라한 후발주자로 시작한 삼성전자

제2차 세계대전의 상처투성이 속에서도 SONY가 화려하게 탄생할 수 있었다면, 삼성전자는 전연 그렇지 못했다. 앞서 제2부의 '삼성전자, 이렇게 탄생한다'에서 볼 수 있듯 삼성전자는 뒤늦게 탄생했다. 여러 가지 악조건으로 불리한 후발주자였을 따름이다.

삼성은 당시 우리나라 최대 기업집단으로 성장했으나 전자산업으로 진출하기 위한 그 어떤 토대도 마련되어 있지 않았다. 전자산업의 어떤 분야, 규모, 수준으로 시작해야 할지 판단하기조차 힘들었다. 게다가 전문 지식을 갖춘 인력을 구하기도 어려웠을뿐더러 무엇보다 기술의 문제를 해결하는 것이 선결과제였다.

결국 기술 문제는 전자산업의 고도화, 기술 집약화에 비춰 해외 선진기업과의 제휴가 필요하다는 결론을 내린다. 외국 자본과의 기술 협력으로 기술 취득을 꾀하는 것이 당시 우리나라에서 선진 전자산업 기술을 조속히 습득·정착할 수 있는 가장 효과적인 지름길이라고 판단한 것이다.

그에 따라 조사단이 미국, 유럽, 일본의 선진 전자업체들과 여러 차례 실무 접촉을 가졌다. 지구촌에서 내로라하는 미국의 제니스·워릭, 유럽의 그룬디히·텔레푼켄·에릭슨, 일본의 마쓰시타·NEC·미쓰비시·SONY 등이 주요 접촉 대상이었다. SONY는 이때 이미 삼성전자가 스승으로 받들어 모실 수밖에 없는 위치로까지 저만큼 앞서 나가고 있었다.

그들 선진 기업들과 접촉한 결과 민생용 제품의 생산에 착수해 기초를 닦고 기술과 경험을 축적한 다음 점차 산업용으로 본격 진출해야 한다는 결론을 얻었다. 그리하여 먼저 흑백TV와 음향기기를 중심으로 사업을 벌이기로 결정을 내렸다. 이제 남은 건 기술을 제휴할 마땅한 선진기업을 찾는 일이었다. 과연 어떤 누구를 선택할 것인지 고민하지 않을 수 없었다.

시장의 확보 면에선 세계 최대 시장인 미국의 선진기업과 제휴가 유리했으나, 기술 흡수 측면에서는 거리와 언어 장벽 때문에 불리했다. 검토와 숙고를 거듭한 끝에 새로운 전자 강국으로 떠오르고 있던 일본의 선진기업과의 기술 제휴를 체결하기로 했다.

기술 제휴 선이 일본으로 결정됨에 따라 선대 회장 이병철은 합작 대상 업체 물색에 직접 나섰다. 일본으로 건너가 재계의 지도급 인사들과 두루 접촉했다.

그러던 중 산요전기로부터 합작 제의를 받았다. 부품에서 완제품에 이르는 다양한 공장을 갖춘 40만 평에 달하는 산요전기의 전자단지를 둘러보면서 선대 회장 이병철은 삼성이 전자산업으로 가야 한다고 다시 한 번 다짐하게 되었다.

그러나 전자산업은 고도의 기술과 숙련된 기술 인력을 필요로 하는 사업이었다. 때문에 삼성전자가 가장 먼저 서두른 것은 기초 기술인력 확보였다.

이를 위해 삼성전자는 주요 일간지에 남녀 해외 기술연수생 모집 광고를 냈다. 137명을 채용하는 이 공모에 만 4,500여 명이 응시했다.

거기서 선발된 인력은 먼저 외국어 교육 등 일정한 소양 교육을 마친 뒤, 일본으로 건너가 합작회사에서 연수를 받았다. NEC에서는 브라운관·진공관·숫자표시 방전관 제작에 대해, 오사카에 자리한 산요전기에서는 라디오·콘덴서·스피커·편향 코일·고압 트랜스 등에 대해, 다시 도쿄에 자리한 산요전기에선 반도체와 흑백TV 관련 연수를 각기 받았다.

이들 해외 연수생은 나중에 각 부서에 배치되어 삼성전자의 전자기술 부문 기간요원으로 활약하게 된다. 허허벌판의 황무지 위에 뿌려질 소중한 씨앗을 그렇게 마련한 셈이다.

동시에 삼성전자는 산요전기와의 기술제휴 계약을 조인함으로써 일본 산요전기와의 합작에 관한 모든 계약을 완료시켰다. 삼성전자 50%, 산요전기 40%, 스미토모상사 10%의 지분 비율로 초기 수권 자본금은 500만 달러로 하고, 다시 1,200만 달러를 투자해 흑백TV와 라디오 및 주요 부품을 생산하는 대규모 공장을 건설하기로 했다.

그러나 이 계약은 굴욕적인 것이었다. 산요전기가 경영에 직접 참여하는 것은 물론 상품의 수출권, 수입 시설재 및 원자재의 독점적 공급, 수출 상품에 대한 산요 상표 표시권 등을 보장하고, 내수 시장의 상품에도 삼성전자의 상표와 함께 산요전기의 심벌과 기술 제휴 사실을 반드시 표시하도록 했다.

그에 반해 삼성전자에게는 국내 판매권만을 갖도록 하고 있었다. 기술 후진업체의 설움을 뼈저리게 느끼게 하는 불리한 조건의 계약이라 하지 않을 수 없었다.

그때가 1969년 9월이었다. 실로 우여곡절 끝에 일본 산요전기를 스승으로 받들어 모신 '삼성산요전기'가 탄생케 된 것이다.

벌써 출발선을 떠난 SONY가 이미 거목으로 자라나 일본과 미국에서 주렁주렁 매달린 황금열매를 한창 수확하고 있을 때 삼성전자는 이제 겨우 허허벌판의 황무지 위에 첫 번째 작은 씨앗을 뿌렸을 따름이다. 도저히 대적할 수 없는 골리앗과 다윗의 풍경 그대로였다.

삼성전자의 탄생은 이렇듯 보잘것없었다. SONY보다 23년이나 뒤늦은, 누구도 눈여겨보지 않았던 초라하기 짝이 없는 출발이었다.

SONY의 '소형화 기술'의 힘

SONY는 처음부터 강자였다. 트랜지스터 라디오를 일본에서 최초로 개발하면서, 또 미국에선 가격 경쟁으로 승리를 거둘 때부터 단연 새로운 강자로 주목받았다. 단숨에 세계 시장을 강렬하게 사로잡았으며 그 모습은 전광석화와도 같이 날카로웠다.

마쓰시타, 도시바, 히타치와 같은 거대 재벌들이 버티고 있는 일본 시장에선 승산이 없다고 판단한 SONY는 새로운 영토 개척에 나섰다.

일찍부터 SONY아메리카를 설립1960년한 데 이어, 이듬해엔 미국 뉴욕 증시에서 미국 예탁 증권을 발행하면서 이국땅에 교두보를 구축했다. 처음부터 세계의 강적들과 맞서 정벌에 뛰어들지 않으면 생존할 수 없는 운명이었다.

이 같은 운명은 SONY 출범 당시 이부카 마사루의 다짐에서도 이미 읽을 수 있다.

"대기업이 하는 일을 흉내 내어서는 결코 이길 수 없다. 우리는 대기업이

할 수 없는 일을 찾아서 해야 한다. 우리에겐 자본이나 설비가 미약하다. 하지만 두뇌와 기술이 있다. 이것을 활용한다면 못할 것이란 없다. 뛰어난 두뇌와 기술을 다른 회사들이 하는 일을 흉내 내고 추종하는 데 써서는 길이 열리지 않을 것이다. 따라서 다른 사람들이 하지 않는 일을 찾아서 하도록 하자….”

또 다른 창업자 모리타 아키오 역시 ‘시장은 따로 존재하지 않는다. 다만 창조되는 것이다’라며, 이부카 마사루와 경영철학을 공유했다.

따라서 SONY의 경영철학은 너무도 자명했다. 세계의 강적들과 맞서 생존을 위한 영토를 정벌해 나가기 위해서는 반드시 최고가 되어야 했고, 최고가 되기 위해서는 최초가 되어야 한다는 것이었다.

결국 SONY는 최초가 되어야만 하는 운명이었다. SONY의 힘은 오직 새로운 기술 창조를 통한 것일 때만이 그 빛을 발할 수 있었다.

그러나 기술을 창조하여 신제품을 개발해냈다고 해서 SONY에게 무슨 원천 기술이 따로 있었던 건 아니다. 앞서 얘기한 것처럼 SONY가 상업적인 성공을 거둔 최초의 제품은 일본에서 최초로 개발1950년한 녹음기였다.

물론 SONY가 녹음기를 만들어내기 이전에 벌써 녹음기가 존재했다. 스테인리스 스틸 와이어를 활용한 와이어 레코더가 이미 출시되어 있었다.

한데 종전 이후 일본에 상륙한 미군들이 사용하던 테이프 녹음기를 보게 된다. 그걸 본 이부카 마사루와 모리타 아키오는 테이프 녹음기의 시장 전망이 좋을 것이라고 판단했다. SONY가 개발하기로 한 것이다.

그날 이후 SONY는 외부의 도움 없이 독자적으로 실험하면서 연구하기 시작했다. 막연히 자성가루만 있으면 될 것으로 생각했다. 때문에 막대자석을 1시간 동안이나 긁어서 가루를 뽑아냈다. 그것을 으깬 밥알로 종이에 접착시켜 보았다.

부분적으론 고도의 기술을 도입하기도 했다. 자기 녹음법의 특허를 개발한 나가이 박사로부터 관련 특허를 구매하여 더하기도 했다.

그런 과정을 거쳐 SONY가 최초로 개발한 녹음기는 무게가 무려 46kg이나 나갔다. 가격대도 엄청나서 16만 엔을 호가했다. 당연히 소비자들의 눈길을 끌지 못했다. 흥미로운 제품으로 인식되긴 하였으나, 실제 구매로까지 연결되지는 않았다.

하지만 SONY는 실망하지 않았다. 불과 1년 만에 무게가 13kg에 불과한 본격적인 보급품을 만들어내면서 적극적인 시장 개척에 나서기 시작했다.

SONY의 첫 자사 제품인 녹음기가 성공할 수 있었던 건 다음의 두 가지 요인에서였다. 첫 번째는 제품의 소형화와 경량화였다. 또한 가격대를 낮추어 존재하지 않은 시장을 창조한 데 있었다.

사람들이 하지 않은 일을 찾아서 하겠다는 이부카 마사루의 다짐과도 같이, 모리타 아키오가 말한 존재하지 않는 시장을 창조할 수 있었기 때문이다. 자신들의 창업 이념이자 경영철학을 확인하는 순간이기도 했다.

이처럼 SONY가 '창조'해낸 녹음기가 일본 국내 시장에서 명성을 떨친 계기가 되었다면, 두 번째로 개발한 트랜지스터 라디오는 일본을 넘어섰다. 자신들이 꿈꾸던 미국 시장에까지 명성을 떨친 히트 상품이었다.

또 그 같은 트랜지스터 라디오 역시 녹음기 개발의 문법과 조금도 다르지 않았다. 원천 기술은 미국의 AT&T에서 구매하여 개발한 것이었다.

당시 SONY가 가진 트랜지스터에 관한 지식이라곤 모리타 아키오가 미국에서 사들고 온 「트랜지스터 테크놀로지」라는 책 한 권이 전부였다. SONY는 AT&T로부터 특허 기술을 구매한 다음에도 트랜지스터를 어떻게 생산으로 연결해야 할지 전혀 알지 못했다.

그러던 중에 미국의 리젠시라는 회사가 트랜지스터 라디오를 개발하여 팔기 시작했는데, 시장의 반응마저 냉담했다. 리젠시가 출시한 트랜지스터 라디오의 부피가 너무 컸던 것이다.

이부카 마사루와 모리타 아키오는 예의 자신의 경험과 문법을 여기에 적용시켰다. 녹음기를 개발할 때와 마찬가지로 소형화와 경량화로 트랜지스터 라디오의 크기를 휴대하고 다니기 좋도록 대폭 줄였다.

리젠시로선 꿈도 꾸지 못할, 와이셔츠 주머니에 쏙 들어갈 수 있을 만큼 소형화와 경량화를 기했다. 가격대 또한 리젠시보다 크게 낮추어 미국 시장을 석권할 수 있었다. 일본의 국내 시장에 이어 미국 시장까지 소형화와 경량화, 그리고 가격대를 크게 낮춘 창조의 문법을 만들어 나간 것이다.

훗날 컬러TV 부문에서 다시 한 번 SONY의 성공에 중요 토대가 된 트리니트론 브라운관 기술 또한 같은 문법에 따른 성과였다. SONY가 미국 RCA의 섀도 마스크shadow mask 기술을 개량하기 위하여 연구 개발하던 중에 얇은 금속판에 얇은 선을 여러 개 새겨 넣으면 전자 광선 투과율이 높아진다는 사실을 우연히 발견하면서부터였다.

이 놀라운 기술은 이후 SONY 특유의 선명한 색상과 밝은 화면의 컬러TV를 만들어내면서 엄청난 성공을 가져다주었다. SONY가 고급 컬러TV의 대명사이자 시대의 아이콘으로 부상하는 데 결정적으로 기여한 것이다.

걸어 다니는 오디오로 세계 시장의 새로운 유행을 창조했던 워크맨의 성공 역시 다르지 않았다. 이부카 마사루가 해외 출장길에 오르면서 장시간의 무료함을 달래기 위해 들고 갔던 스테레오 타입의 소형 녹음기가 너무 크고 무겁다는 불평이 개발의 첫 시작점이었다. 모리타 아키오는 그 불평을 전해 듣는 순간, '그렇게 만들면 잘 팔리겠는데!' 라는 생각이 거의 본능적으로 떠올랐다고 한다.

그는 곧바로 연구 개발에 들어갔다. 크기와 무게를 줄이는 게 과제였다.

크기와 무게를 줄이기 위해 그는 스테레오 타입의 녹음기에서 녹음회로와 스피커를 떼어냈다. 그리고 그 대신 스테레오 증폭기로 대체했는데, 모두들 의아해했다. 과연 이런 제품을 소비자가 구매할지 SONY의 엔지니어들조차 의문을 가졌다.

하지만 녹음 기능과 스피커를 떼어내고 이어폰과 재생 기능만을 탑재하자, 작고 가벼운 소형화와 경량화가 이뤄졌다. 마침내 걸어 다니는 오디오 SONY의 워크맨이 탄생하는 순간이었다. 누구도 예상치 못한 공전의 히트 상품이 될 수 있었던 것이다.

캠코더와 디지털카메라에서 경쟁력의 원천이 되는 기술인 CCDCharge Coupled Device 역시 원래는 미국의 벨연구소가 발명했다. 그것을 SONY가 사들여 실용화하는 데 성공한 것이다.

그 밖에도 SONY는 PC, 고화질 PC모니터, 가정용 VTR, CCD, 3.5인치 플로피디스크, CD, 미니 디스크, 미니 노트북, DVD, 가정용 비디오 게임기 등을 연달아 내놓으면서 제국의 영토를 지구촌 끝까지 확장시켜 나갔다.

그러나 SONY는 거기에 머물지 않았다. 하드웨어와 소프트웨어는 수레의 양 바퀴와 같다고 인식한다. 다시 말해 하드웨어를 팔기 위해서는 소프트웨어가 필요하고, 소프트웨어가 팔려나가면 하드웨어도 팔 수 있다는 전략을 수립하게 된다.

이미 지구촌의 끝까지 제국의 영토를 확대한 SONY는 그 같은 전략에 따라 다시 한 번 민첩하게 움직인다. 미국의 CBS와 'CBS-SONY레코드'라는 합작 투자1968년를 시작했다. 그러다 20억 달러를 쏟아부어 CBS 지분을 전량 인수한 뒤 'SONY 뮤직 엔터테인먼트'라는 독자 사업으로 전환1988년시켰다.

또한 이듬해에는 영화산업에까지 손을 뻗쳤다. 총 60억 달러에 달하는 달러박스를 풀어 미국의 8대 영화사인 '컬럼비아 픽처스'를 전격 인수한 다음, 'SONY 픽처스 엔터테인먼트'로 회사명을 변경했다.

SONY가 이같이 영화산업에까지 손을 뻗친 데는 그럴만한 이유가 있었다. 일찍이 1970년대 중반부터 시작한 비디오 카세트 레코더VHS의 표준전쟁에서 자사의 베타맥스 방식이 JVC일본빅터와 마쓰시타의 VHS 방식에 그만 밀려나고 말았던, 쓰라린 패배를 만회하려는 것이었다.

당시 SONY의 베타맥스 방식은 VHS 방식보다 분명 화질이 더 뛰어났었다. 한데도 할리우드의 영화사들은 SONY의 베타맥스 방식을 외면했다. 재생 기간이 더 긴 폰 방식을 선호했기 때문에 SONY는 어쩔 수 없이 열세에 놓일 수밖에 없었다.

만일 그때 SONY에게 영상 소프트웨어가 있어서 VHS 방식보다 더 빨리 베타맥스 제품을 출시했더라면 VHS 제품과의 전쟁에서 승리할 수도 있었다. SONY가 훗날 달러박스를 풀어헤쳐 미국의 8대 영화사인 컬럼비아 픽처스를 인수한 이유다.

더욱이 컬럼비아 픽처스를 인수할 무렵 SONY는 새로운 도전에 나서고 있었다. DAT Digital Audio Tape와 녹음이 가능한 새로운 매체인 MD Mini Disc를 개발 중이었다. 이 같은 새로운 매체에서 베타맥스와 유사한 실수를 되풀이하지 않으려면 영화와 음악의 콘텐츠를 지배해야 한다고 믿었던 것이다.

SONY 픽처스는 인수 직후 여성 감독 페니 마샬이 메가폰을 잡은 〈그들만의 리그〉, 장 클로드 반담이 주연한 〈유니버설 솔저〉와 같은 영화들이 흥행에 성공하면서 순탄한 출발을 보였다.

물론 개중에는 죽을 쑤면서 더러 실패작도 나오긴 했다. 무려 6,000만 달러가 들어간 아놀드 슈왈제네거 주연의 〈라스트 액션 히어로〉와 같은 영화가 그랬다.

하지만 SONY 픽처스는 그때마다 전열을 가다듬어 영화 사업을 회생시키는 데 성공하며, 다시금 50억 달러를 쏟아부어 미국 4대 영화사인 MGM의 필름 라이브러리를 추가로 인수했다. 그러면서 SONY픽처스는 MGM과 합쳐 할리우드 영화 자산의 40%를 보유한 세계 최대 영화사로 발돋움했다.

SONY는 이 밖에도 네트워크와 IT, 금융 사업에까지 영역을 확장했다. 하드웨어를 팔기 위해서는 소프트웨어가 필요하고, 소프트웨어가 팔려나가면 하드웨어도 팔 수 있다는 전략에 따른 것이었다.

한편 SONY는 1980년대 초반에 가정용 PC를 출시했지만 낭패를 본 아픈 경험이 있었다. 그런 뒤 십여 년도 훨씬 지난 1990년대 후반, 제국의 계열사에서 컴퓨터 관련 엔지니어들을 모두 불러 모아 가정용 멀티미디어 컴퓨터 VAIO 시리즈를 개발했다.

VAIO란 Video Audio Integrated Operation의 약자다. 로고의 V와 A가 파도처럼 연결된 것은 아날로그의 의미였고, I와 O는 디지털의 1과 0을 나타냈다. 다시 말해 아날로그와 디지털의 융합을 의미했다.

이 같은 VAIO정신으로 시작된 시리즈는 단순한 PC나 노트북이 아닌 컴퓨터, AVAudio-Visual, 가전을 서로 융합한 야심 찬 제품이었다. SONY의 자신감을 가장 잘 드러낼 수 있는 문법이기도 했다.

시장의 반응은 곧바로 열광으로 나타났다. SONY의 VAIO 시리즈는 출시하자마자 대성공을 거두었다. 단번에 PC 업계의 스타로 자리 잡았다.

노트북 PCG-505 시리즈는 마그네슘 합금의 두께가 23.9mm라는 초슬림형 보디를 자랑하면서, 첫 데뷔 작품부터 전례를 찾아볼 수 없는 참신한 스타일로 각광을 받았다. 앞으로 세계 노트북 시장을 석권하게 될 영광의 시작이었을 따름이다.

SONY의 다음 사업은 네트워크를 이용한 서비스였다. 이를 위해 일본 국내 시장에 인터넷 통신 서비스인 '소넷SoNet'을 운영하여 인터넷 접속 서비스뿐만이 아니라, 음악 다운로드를 비롯하여 전자상거래, 온라인 금융 서비스 등을 제공하는 사업을 전개해 나갔다.

SONY는 또한 IT 분야에도 손을 뻗쳤다. 미국의 퀄컴과의 합작 투자로 통신서비스 사업을 시도했다.

그러나 SONY가 손을 대는 사업마다 다 성공한 건 아니었다. 특히 IT 분야에선 두각을 나타내지 못한 채 실패로 그치는 경우가 적지 않았다.

일본과 유럽에서 시작한 휴대전화 사업 역시 명성에 비하면 성과가 그다지 좋지 못했다. 그러자 스웨덴의 에릭슨과 손을 잡고2001년 정면 돌파에 나섰다. 그리하여 에릭슨과의 합작 투자 회사인 SONY-에릭슨은 한때 휴대전화 사업에서 노키아, 모토로라에 이어 삼성전자와 함께 3위권을 지키기도 했다.

마지막으로 SONY가 관심을 보인 분야는 금융업이었다. 미국 푸르덴셜 보험과 합작으로 SONY생명을 설립1981년하여 금융업으로의 영역을 넓혀나간 데 이어, 다시 일본의 사쿠라은행, 미국의 JP모건과 합작 투자로 '네트뱅크'를 설립하기도 했다.

요컨대 SONY는 일찍이 녹음기와 트랜지스터 라디오를 시작으로 전자산업의 거의 모든 분야에서 독점적 지배자로 군림하고 있었다. 그 밖에도 음악, 영상, 게임, 이동통신, 보험, 은행과 같이 다양한 영역으로 사업을 다각화하면서 제국의 영토를 확장시켜나갔다.

그러나 앞서 지적한 것처럼 SONY가 군단을 출정시킬 때마다 모두 다 정복에 성공했던 것만은 아니다. 일부 사업에서 부침이 계속되고 있는 반면 전자 사업이 예외적으로 전체 매출과 이익의 절반 가까이를 담당하며 안정적인 수익 공급원이 되어주었다. 주력 사업인 전자 분야에서 SONY의 위상이 그만큼 높고 견고하다는 것을 말해주고 있는 것이다.

삼성전자의 '반도체 도전'의 힘

삼성전자는 자본금 3억 3,000만 원으로 탄생1969년했다. 거의 맨손으로 시작한 것이나 다름없었던 SONY의 자본금 16만 엔보다는 많았다.

하지만 SONY가 천재 기술자 이부카 마사루와 천재 경영자 모리타 아키오의 연구 개발로 창업 초기부터 일본 전통의 소형화와 경량화를 이룬 녹음기에 이어 트랜지스터 라디오를 발 빠르게 출시하면서 순조롭게 시작한 반면 이제 막 출범한 삼성전자에는 기술이라곤 없었다. 오직 스승으로 받들어 모신 합작회사 일본의 산요전기에 기대는 수밖엔 달리 길이 없었다.

따라서 삼성전자는 이미 사양화되어 선진 제조업체들이 관심을 두지 않는 값싼 흑백TV를 생산하는 것으로 시작해야 했다. 그것도 SONY보다 23년이나 뒤늦은 초라하기 짝이 없는 출범이었다.

그러나 누구보다 손재주가 많은 삼성전자였다. 모두의 우려를 말끔히 씻어내고서 오래지 않아 국내 정상에 올라섰다. 창업 10년1978년 만에 월 생산량 17만 대를 돌파하면서 흑백TV 세계 1위 자리에 올라서는 저력을 보여주었다. 자신감을 얻은 삼성전자는 이후 냉장고, 세탁기, 컬러TV, 컴퓨터용 모니터, 전자레인지 등을 생산하면서 전자산업의 제품군을 부단히 확장시켜나갔다.

또한 전자부품 사업에도 뛰어들어 전자산업의 수직계열화에 나섰다. 그런 결과 삼성전자를 비롯하여 전자부품을 생산하는 삼성전기, 브라운관용 벌브 유리를 생산하는 삼성코닝, 텔레비전용 브라운관을 생산하는 삼성SDI 등의 계열사로 진용을 갖추게 되었다.

그럼대도 삼성전자의 전자제품군은 아직 무명에서 벗어나지 못한 채였다. 1990년 초반까지만 해도 월마트, 시어스, K마트와 같은 대형 할인 매장을 대상으로 하는 OEM 사업이 대부분이었다. 자사 브랜드로 나가는 제품들 역시 저가의 이미지에 갇혀 헤어나오지 못하고 있는 처지였다.

그나마 전자제품군 가운데 매출 규모가 제법 크다는 TV에서도 소형이나 중형만을 만들 수 있는 정도였다. 상대적으로 수익성이 높은 고가의 대형 TV는 아직 기술력이 따라가지 못하여 그림의 떡일 따름이었다.

그랬던 삼성전자가 2000년에 접어들면서 돌연 달라졌다. 프랑크푸르트에서의 '신경영 선언1993년' 이후 삼성전자는 몰라보게 힘이 붙은 모습이었다. 어느새 세계 정상의 전자산업 제조업체들을 바짝 추격하거나 몇몇 부문에선 어깨를 나란히 하기에 이르렀다.

급기야 2006년 들어 PC모니터, 노트북, 컬러TV, DVD플레이어, 캠코더, MP3플레이어, 휴대전화 등의 AV가전에 광범위하게 사용되는 액정화면에서 지각 변동을 일으켰다. 오랫동안 세계를 지배해오던 샤프를 물리치고 삼성전자가 정상에 올라선 것이다.

고화질의 LCD-TV 역시 순위가 뒤바뀌는 파란이 일어났다. 삼성전자가 세계 최강의 샤프를 다시 한 번 물리치면서 오랫동안 전자산업의 영토를 철옹성처럼 지켜왔던 일본의 간담을 서늘하게 만들었다.

그러나 무엇보다 삼성전자의 등장을 세계 전자시장에 날카롭게 각인시켰던 건 D램 반도체의 기적이었다. 일찍이 눈 밝은 이건희가 발견하면서 왕국의 미래 성장동력으로 삼았던 D램 반도체 부문에서, 마침내 삼성전자가 처음으로 세계 정상을 밟은 것이다. 그리고 그 후부터 지금껏 단 한 차례도

1위 자리를 놓친 적이 없다. 더욱이 놀라운 건 삼성전자의 D램 반도체의 세계 시장점유율은 30% 수준으로, 2위 하이닉스나 마이크론에 비해 두 배 가까이나 높다는 사실이다.

뿐만 아니라 각종 휴대용 전자기기의 저장 장치로 사용되면서 급성장하고 있는 플래시메모리 부문에서도, 삼성전자는 30% 이상의 시장점유율로 세계 정상을 차지했다. 2위 도시바와 두 배 이상의 확실한 차이를 나타내고 있다.

다시 말해 메모리 반도체 부문에서 삼성전자는 단순히 생산과 제품의 경쟁력에서만 1위 자리를 차지한 것이 아니라, 기술개발 면에서도 이미 선도적인 위치에 올라섰음을 말해준다.

그런가 하면 삼성전자는 SONY가 재미를 보지 못한 IT 분야에도 일찍이 눈길을 두었다. 미국의 GTE와 합작으로 삼성GTE통신을 설립1977년하고, 전자교환기 및 전송장비를 만들면서 IT 사업에 진출했다.

이후 삼성GTE통신은 삼성반도체와 합병한 뒤, 다시 삼성전자로 흡수되어 삼성전자 통신사업부로 본격적인 영토 전쟁에 뛰어들었다. 하지만 1990년 중반만 하더라도 삼성전자의 휴대전화는 해외는 고사하고 국내에서조차 미국의 모토로라에 뒤지는 초라한 전력이었다.

그러자 우리 정부가 나섰다. 휴대전화는 기술 못지않게 표준 방식이 중요하다는 점을 간파한 것이다.

때문에 정부는 우리에게 좀 더 유리한 CDMA 통신 기술을 표준 방식으로 정하고, GSM과 같은 표준에 대한 중복 투자를 미연에 차단했다. 이 같은 조치는 삼성전자를 비롯한 국내 통신 제조업체들에게 일시적이나마 내수 시장을 보호해주는 역할을 했다. 기술개발에 투자할 수 있는 숨통을 트이게 해준 셈이다.

그런 결과 삼성전자를 비롯한 국내 통신 제조업체들은 짧은 시간 안에 재빨리 첨단 기능들을 새로이 장착할 수 있었다. 뿐만 아니라 미국과 유럽에 비해 2년 정도 일찍 출시할 수 있게 되면서 시장을 선도할 수 있었다.

특히 삼성전자는 고부가가치, 고성능의 휴대전화 시장에서 경쟁자들보다 한발 앞서 나갈 수 있었다. 반도체의 신화와 마찬가지로 휴대전화 부문에서 시장점유율 2위 경쟁사와 두 배 이상의 격차를 벌리면서 마침내 삼성전자의 브랜드 가치를 세계 정상의 위치에까지 올려놓기에 이른다.

아울러 삼성의 계열사는 2005년 59개로 불어났다. 총 자산 2,090억 달러, 매출 1,220억 달러, 종업원 수 22만 명으로, 지구촌 어디에 내놔도 손색이 없는 제국의 영토를 거느리게 된다.

이젠 삼성전자보다 조금 앞서 있는 제국은 고작 SONY 정도였다. AV가전에서 단지 몇 가지 부문을 따라잡지 못해 바짝 뒤쫓아 가는 형국이었다.

2005년 기준 주문형 반도체 부문에서 삼성전자는 앞선 일본 기업들을 맹렬히 추격 중이었다. 세계 시장점유율 16%의 도시바가 1위, 12%의 SONY가 2위, 9%의 마쓰시타가 3위, 7%의 삼성전자가 4위였다.

디지털 캠코더 부문에선 삼성전자가 크게 뒤졌다. 세계 시장점유율 43%의 SONY가 1위, 20%의 캐논이 2위, 15%의 마쓰시타가 3위, 12%의 JVC가 4위, 삼성전자는 10위권 바깥으로 한참 뒤처져 있는 판세였다. LCD-TV 부문 역시 한창 추격 중이었다. 세계 시장점유율 19%의 샤프가 1위, 10%의 SONY와 필립스 그리고 삼성전자가 공동 2위였다.

그러나 가정용 게임기 부문은 일본과 미국의 아성을 무너뜨릴 수 없었다.

세계 시장점유율 51%의 SONY가 1위, 34%의 MS가 2위, 15%의 닌텐도가 3위로 독주 체제를 구축하고 있었다.

디지털카메라 부문 역시 일본과 미국의 철옹성이었다. 세계 시장점유율 17%의 캐논이 1위, 15%의 SONY가 2위, 14%의 코닥이 3위, 10%의 올림푸스가 4위, 9%의 니콘이 5위, 8%의 후지필름이 6위, 4%의 HP와 카시오 그리고 삼성전자가 공동 7위를 마크했다.

이같이 삼성전자 앞에 있는 제국은 이제 SONY만이 유일했다. 비록 AV 가전의 몇 가지 부문에서 앞서곤 있다지만, 그렇더라도 SONY는 SONY였다. 트랜지스터 라디오, 워크맨, 트리니트론 TV, CD, MD 등의 찬란한 금자탑을 쌓아왔던 SONY는 지금까지 삼성전자가 상대한 여느 경쟁자들과는 차원이 다른 철벽의 장성을 구축하고 있는 진정한 최강자였다. 일찍이 세계를 정복한 바로 그 SONY제국만을 눈앞에 남겨두고 있을 뿐이었다.

SONY의 굳히기냐, 삼성전자의 뒤집기냐

지구촌의 전자산업계는 1990년대 중반을 통과하면서 매우 중대한 변혁을 겪게 된다. 이른바 아날로그 기술에서 디지털 기술로의 새로운 체질 변화가 급격하게 이뤄졌다. 동시에 세계 전자산업계는 지금까지 볼 수 없었던 예측 불가능하고 격렬한 질서 개편에 빠르게 돌입해 들어갔다.

이미 알려진 것처럼 디지털 기술의 기반 위에서는 종래의 아날로그 신호를 0과 1의 부호로 바꾸어 전송하게 된다. 따라서 아무리 먼 거리에 있는 상대에게 정보를 전달하더라도 신호의 강도가 낮아져서 잘못 전달되는 일이란 있을 수 없다. 더욱이 정보의 전달을 보다 정확히 하기 위해 여러 가지 전송 에러를 발견하고 교정하는 기술이 동시에 진화한 결과 전송 거리에 따른 신호 품질의 저하가 발생하지 않게 되었다.

예컨대 아날로그 기술과 디지털 기술의 차이를 극명하게 보여주는 것으로 LP레코드와 CD를 들 수 있다. LP는 소리를 레코드판의 홈으로 기록하고, 바늘이 그 홈의 미세한 변화를 잡아내면서 소리를 재생한다. 반면에 CD는 음반에서 0과 1을 나타내는 미세한 구멍으로 정보를 기록하고, 레이저가 그 구멍의 정보를 인식하면서 소리를 재생케 된다.

따라서 LP에 기록된 음원은 보관 상태나 재생 반복 횟수에 따라 음질이 달라질 수밖에 없다. 반면에 CD에 기록된 음원은 재생 반복 횟수에 상관없이 언제나 완벽하게 재생할 수 있다.

디지털 기술의 또 다른 특징을 든다면, '융합'과 '브로드밴드광대역통신'를 빼놓을 수 없다. 융합이란 기기나 산업 등 여러 가지 요소들이 합종연횡하면서 점점 더 복잡해지고 다양해지는 것을 뜻한다.

브로드밴드란 초고속 인터넷과 같이 그 속도가 증가함에 따라 많은 디지털 정보가 순식간에 전송되는 것을 뜻한다. 예를 들어 과거 CD에 저장되어 있던 음악은 MP3 파일로 저장되어 컴퓨터나 아이팟과 같은 매체에서 손쉽게 재생할 수 있으며, 인터넷 사이트를 통해 실시간 공유가 가능해졌다.

이 같은 디지털 기술의 발전으로 세계 전자산업계는 '일상재화'와 함께 '모듈화'가 진행될 수 있었다. 뿐만 아니라 '제품의 사이클이 빨라지는' 전혀 낯선 현상이 나타났다.

먼저 '일상재화'란 다른 게 아니다. 제품의 품질이 경쟁자의 것과 별 차이가 없어져 가격 이외의 차별화가 불가능한 속성을 일컫는다. 사실 아날로그 시대에는 회로 기술이 절대적이었다. 엔지니어들의 숙련된 기술과 경험이 제품의 품질을 높이는 데 결정적인 역할을 했다.

때문에 아날로그 시대에는 삼성전자와 같은 후발주자가 필립스나 SONY 와 같은 선발주자를 따라잡기가 여간 어려웠다. 오랫동안 숙련된 기술과 경험을 짧은 시간 안에 좁히기란 거의 불가능했다.

더구나 아날로그 시대의 기술은 대부분 개발자가 독점했다. 예를 들어 SONY가 세계 최초로 개발1968년한 컬러TV의 트리니트론 기술은 특허로 보호받는 기술이라서 삼성전자와 같은 경쟁자가 알면서도 사실상 접근할 수 없었다.

그러나 디지털 시대에는 기술의 보호가 무의미해지고 만다. 모든 기술이 하나의 칩셋chipset으로 집약되고, 그러한 칩셋을 구매하는 한 품질의 차이란 있을 수 없다.

이처럼 디지털 기술은 접근의 장벽이 따로 존재하지 않는다. 개발자가 표준화하고 나면 그 이후부턴 기술의 격차가 거의 없다는 특성이 있다.

그다음 '모듈화'란 다른 게 아니다. 디지털 기술로 말미암아 제품을 구성하는 가치사슬이 나누어지고 분업화하는 것을 일컫는다. 다시 말해 하나의 제품을 구성하는 시스템이 여러 개의 모듈로 나누어지고, 또한 각각의 모듈이 서로 어떻게 연결되어 있는가를 정의한다.

그 같은 모듈화를 추구한 결과 생산 비용이 낮아졌으며, 제품의 성능 역시 지속적으로 개선되었다.

대표적인 디지털 제품은 다름 아닌 컴퓨터다. 컴퓨터의 마이크로프로세서는 인텔이, 운영 체계는 마이크로소프트가, 하드디스크는 씨게이트와 같은 전문 제조업체가 서로 분업화하여 만들어지고 있으며, 또 제각기 모듈에서의 빠른 기술적 진화로 부품의 가격을 급속히 하락시키고 있다.

마지막으로 '제품의 라이프 사이클이 빨라지는 낯선 현상'이다. 컴퓨터의 경우만 하더라도 그렇다. 더 빠른 CPU와 함께 더 많은 메모리 용량을 가진 신형 모델이 불과 몇 달 사이에 속속 개발되어 나온다.

그런 결과 구형 모델의 가격은 급락하게 된다. 또 신형 제품이라 하더라도 아주 짧은 기간 반짝하고 수익을 거둘 수 있을 따름이다.

그런가 하면 제품의 출시가 조금이라도 늦어진 기업은 그만 치명상을 입게 된다. 라이프 사이클이 짧아진 만큼 어느새 급락세로 돌아서고만 시장 가격 때문에 제품의 개발비마저 회수하지 못하는 끔찍한 결과를 낳고 만다.

결국 1990년대 중반 이후 디지털 기술이라는 놀라운 변혁은 앞서 있는 SONY에게나 바짝 뒤쫓고 있는 삼성전자에게 다 같이 변화를 요구했다. 디지털 기술이라는 새로운 룰 속에서 SONY가 여전히 굳히기에 들어가느냐, 아니면 삼성전자의 뒤집기가 가능할 것이냐 하는 중요한 분수령이었다.

더욱이 그 같은 환경 변화는 SONY와 삼성전자 두 제국의 격돌을 부채질하고 나섰다. 디지털 기술이라는 '낯선 현상'은 앞서 있는 SONY에게도, 뒤쫓고 있는 삼성전자에게도 또 다른 기회를 제공했기 때문이었다.

이 지점에서 삼성전자가 단연 우위를 나타냈다. 다음에 이어질 'SONY를 움직이는 힘, 삼성전자를 움직이는 힘'에서 보다 상세히 해부해보겠지만, 디지털 기술로의 새로운 환경 변화가 급격하게 이뤄지는 지점에서 보여준 이건희의 리더십이 보다 디지털에 가까웠던 것이었다.

앞서 얘기했지만 아날로그 환경에선 후발주자가 선발주자를 따라잡기가 여간 어려운 게 아니다. 아날로그 시대의 기술은 독점적인 데다 기술 보호까지 받았기 때문이다.

그러나 기술 접근의 장벽이 더 이상 존재하지 않는 디지털 환경에선 누가 먼저 '낯선 현상'에 몸을 담가 근육을 길러내는가가 중요했다. '일상재화'와 '모듈화' 그리고 '제품의 라이프 사이클이 빨라지는' 문법으로 부장하느냐가 곧 우열을 가리는 척도였던 셈이다.

한데 그러한 사실을 누구보다 잘 알고 있는 SONY가 멈칫멈칫 미루적거렸다고나 할까? 지난 반세기여 동안 이뤄낸 찬란한 금자탑을 차마 다 허물어뜨리지는 못한 채 잠시 연민에 사로잡혀 주춤댔던 면이 없지 않았다.

반면에 삼성전자는 지난날의 영광도, 차마 손을 놓지 못할 연민도 남아 있지 않았다. '낯선 현상' 앞에 기꺼이 새로운 전열을 가다듬을 수 있었다. 앞서 있는 제국을 따라잡기 위해서라면 어차피 새로운 전술을 받아들여 무장해야만 했다. 조금도 망설일 필요도 없이 새로운 디지털 환경으로 올인할 수 있었던 것이다.

그러면서 SONY와 삼성전자 두 제국 사이에 전운이 감돌았다. 두 제국의 제품군이 서로 숙명처럼 겹치면서 이젠 대규모 충돌이 불가피해졌다.

앞서 살펴보았지만 일본에는 세계를 정벌한 강자가 유난히도 많았다. 태평양전쟁에서 미국에 패배한 이유가 전자장비와 같은 첨단 기술력이 부족했기 때문이라고 진단한 일본은, 종전 이후 오로지 '전자입국'을 국가 전략의 하나로 설정했을 만큼 전자산업을 거국적으로 육성해왔다.

그런 결과 세계적인 전자기업들이 수두룩했다. 마쓰시타, 도시바, NEC,

샤프, 산요, 후지쓰, 히타치와 같은 세계 최강의 전자군단들이 일본의 경제 발전을 이끌었다.

그중에서도 최강은 단연 SONY였다. 이미 D램 반도체전쟁에서 도시바를, LCD-TV전쟁에서 각기 샤프를 물리치면서 삼성전자가 세계 정상을 밟았다고는 하지만, 그렇대도 일본의 국가대표는 정작 따로 존재했다. 일찍이 창업 초기부터 세계 정벌에 나서 가장 넓은 시장을 지배하고 있던 SONY제국이었다.

그 때문에 맹렬히 추격해오는 도전자 삼성전자를 SONY는 반드시 저지시켜야만 했다. 삼성전자 또한 앞서 있는 SONY제국을 반드시 딛고 넘어서야 하는 외나무다리 위에 섰다. 하늘 아래 두 개의 태양이 존재할 수 없는 것처럼 그런 SONY를 넘어서지 않고서는 진정한 세계 최강이 될 수 없었다.

이같이 1990년대 중반 이후 새로운 디지털 기술이라는 낯선 환경의 전장에서 SONY와 삼성전자는 필연적으로 맞닥뜨릴 수밖에 없는 숙적이었다. 선두주자 SONY의 굳히기냐, 아니면 후발주자 삼성전자가 뒤집느냐 하는, 두 제국 간의 시장 전쟁은 이미 양쪽 모두가 서로에게 정조준을 끝마친 뒤였다.

제2장

SONY를 움직이는 힘,
삼성전자를 움직이는 힘

SONY vs 삼성전자의 숙명적 충돌

삼성전자를 이끌고 있는 이건희는 SONY와의 전쟁에 나서면서 임원들에게 이렇게 다그친다.

"올림픽 100m 경기에서 1등과 2등은 불과 0.01초의 차이밖에 나지 않는다. 하지만 그 0.01초의 차이가 한 사람을 영웅으로 만들고, 또 한 사람은 기억조차 나지 않게 만든다. 이처럼 1등과 2등의 차이는 불과 0.01초에 불과할 만큼 미세하지만 그 결과는 엄청나다. 기업경영에서도 다르지 않다. 같은 물건을 만들더라도 세계적인 명품을 만드는 일류 회사와 그저 평범한 수준의 물건밖에 만들지 못하는 2류 회사 사이에는 0.01초와 같은 미세한 차이밖에 존재하지 않는다."

이어 어느 일본 샐러리맨의 하루 풍경을 그대로 옮겨본다.

"회사에 출근하면 온통 한국 기업에 관한 이야기다. 아침 신문에도 한국 기업에 대한 특집 기사가 실려 있고, 사내의 기업 동향 분석 리포트에도 한국 기업이 큰 부분을 차지하고 있다. 오후의 기업 심포지엄이나 저녁의 기업 토론회에서도 한국 기업에 관한 이야기가 대부분이다. 더욱이 퇴근하여 집으로 돌아가면 아내는 밥줄 생각은 않고 그저 한국 드라마만 쳐다보고 있으며, 아이들조차 한국의 아이돌 스타에 푹 빠져 있다. 요즘 내 주위에는 온통 한류뿐이다."

짐작하였겠지만, 앞의 에피소드는 승부의 세계에서 승자와 패자가 극히 미세한 차이로 엇갈린다는 사실을 새삼 강조하려는 것이다. 뒤의 에피소드는 디지털 기술이라는 낯선 환경의 전장에서 서로 숙명처럼 맞닥뜨린 SONY와 삼성전자 두 제국 사이에 벌어진 시장 전쟁의 승부가 이미 어느 한쪽으로 기울었음을 암시하기 위한 것이다.

말할 나위도 없이 디지털 기술이라는 낯선 환경의 전장은 비정하기 짝이 없다. 불과 0.01초라는 미세한 차이로 1위와 2위, 영웅과 기억조차 나지 않는 존재로 엇갈리고 만다. 인류 역사상 일찍이 목격할 수 없었던 냉혹한 승부다.

SONY와 삼성전자 사이에 벌어진 디지털 시장 전쟁이 꼭이 그와 같았다. 승부는 그처럼 냉혹하게 판가름이 났다. 아날로그에서와 같이 엎치락뒤치락하는 법도 없이 일찌감치 승패가 엇갈렸다.

2002년에 접어들면서 마침내 삼성전자가 앞서 있던 SONY를 제압해나가기 시작했다. 삼성전자의 SONY 대첩은 그렇듯 누구도 예상치 못한 가운데 매우 신속하면서도 전면적으로 이루어졌다.

삼성전자는 이미 세계 최초로1998년 256메가 D램을 생산한 데 이어, 다시 128메가 S램을 세계 최초로 개발했다. 이듬해에는 256메가 D램을 세계 최초로 출하하고, 곧이어 MP3 플레이어 휴대전화를 세계 최초로 개발했다.

더욱 강해진 삼성전자는 새 천 년에 들어서도 도약을 멈추지 않았다. 2000년에는 컬러TV 1억 대 생산을 돌파하는 저력을 보였다.

이듬해에는 휴대전화 생산 5,000만 대를 돌파한 데 이어, 삼성중공업에서 국내 최초로 초대형 여객선을 성공적으로 건조하는 새로운 역사를 써냈다. 또 같은 해 가을에는 삼성전자가 300mm 웨이퍼의 양산 체제에 들어가는 개가를 올렸다.

더욱이 2002년은 삼성전자에게 뜻깊은 해였다. 자본시장에서 평가한 기업의 시장가치에서 그동안 세계 전자업계를 지배해오며 지구촌 최고의 제국으로 평가받던 SONY를 삼성전자가 처음으로 추월하기 시작했다.

하기는 불과 2년 전만 하더라도 SONY는 도저히 따라잡을 수 없을 것만 같은 최강의 난공불락이었다. 이때까지의 시장가치는 SONY가 삼성전자보다 무려 4배에 달할 정도였다.

그러나 불과 2년 뒤 삼성전자는 SONY를 드디어 앞서나갔다. 누구도 예상치 못한 SONY의 빠른 패배, 삼성전자의 빠른 승전보였다.

주목할 점은 또 있었다. 처음으로 추월한 이후 두 제국 간의 격차가 점점 더 커지고 있는 추세라는 점이다.

급기야 2009년엔 삼성전자의 수익이 일본의 상위 아홉 개 전자기업의 전체 수익을 모두 합친 것보다 한참 앞서나갔다. 일본이 자랑한다는 파나소닉, 도시바, 히타치, 샤프, 후지쓰, NEC, 산요, 미쓰비시, SONY 등이 모두 나서도 삼성전자 하나를 당해내지 못한다는 충격적인 내용까지 뒤따르기에 이르렀다.

어떻게 된 노릇일까? 첨단기술을 자랑하며 일본의 상징처럼 군림해왔던 천하의 SONY가 이처럼 어이없이 삼성전자 앞에 무릎을 꿇을 수밖에 없었던 건….

사실 디지털 기술이라는 낯선 환경의 전장에서 SONY의 전력은 이미 공개된 비밀이었다. 지난날 SONY가 상대적으로 탁월한 제품들을 계속해서 개발할 수 있었던 원동력은, 제품의 기획에서부터 스스로 표준을 정해왔다는 점과 장인정신이 빛나는 경험의 기술로 입증된 소형화와 경량화의 남다른 기술력이었다.

그러나 SONY의 이 두 가지 경쟁 우위 요소는 디지털 기술이라는 낯선 환경의 전장에선 더 이상 유효한 전력이 될 수 없었다. 무장을 해제당한 체 스스로 철옹성에서 걸어 나와 광활한 대지 위에서 새로운 도전자 삼성전자와 대적하지 않으면 안 되었다.

그도 그럴 것이 지난날 아날로그 기술의 전장에서와 같이 SONY 혼자만의 독자적인 표준을 고수할 경우 다른 여타 기업들과의 호환성이 떨어지고, 호환성이 떨어져 불편해지면 소비자들에게 외면당할 수밖에 없었기 때문이다. 결과적으로 SONY의 소형화와 경량화 기술 역시 디지털 기술이라는 낯선 환경의 전장에선 더 이상 차별화된 전력이 되지 못했다.

물론 아날로그 환경의 전장에선 테이프나 디스크를 소형화하고 모터와 디스크 헤드 등을 경량화하거나 견고하게 만드는 기술이 매우 중요했다. 또 그것은 SONY의 차별화된 신제품 개발에 독보적인 핵심 역량이기도 했다.

그러나 디지털 제품에서는 하나의 반도체에 모든 기능이 축약되어 들어가기 때문에 굳이 SONY가 아닌 누구라도 소형화와 경량화를 기할 수 있게 되었다. 칩이 불량이 아닌 이상 고장도 나지 않는 제품을 만들어낼 수가 있었던 것이다.

SONY에게 불리한 조건은 비단 그뿐만이 아니었다. SONY는 전략적인 핵심 부품에서조차 차별화라는 우위를 잃어가고 있었다.

이제껏 SONY의 제품에 차별된 경쟁 우위를 가져다주었던 카메라의 CCD, VCR에서의 마그네틱 드럼 기술, 컬러TV의 트리니트론관에 대한 기술적 우위마저 차츰 퇴색해갔다. CCD는 C-MOS로, VCR은 DVD나 플래시 메모리로, 트리니트론관은 LCD로 빠르게 대체되어 갔다.

침몰해가는 SONY의 경영진도 가만있지만은 않았다. 부랴부랴 파란 눈의 외국인 CEO를 영입하여 새로운 장수로 내세우는 묘책을 썼다. 창업 이래 최초로 SONY아메리카의 CEO 하워드 스트링거를 일본으로 불러들여 마지막 승부수를 띄우고 나섰다.

SONY의 새 장수 하워드 스트링거는 2005년 중반에 LCD-TV의 새로운 브랜드 '브라비아BARVIA'를 개발하여 전세의 반전을 꾀했다. 실제로 모델

베이스에서 1~2위를 기록하는 일정한 성과도 나타났다.

일본 언론도 곧장 호응하고 나섰다. 'SONY의 부활'이라며 일제히 박수를 보냈다.

그러나 브라비아라는 LCD-TV 한 가지 제품이 조금 인기를 되찾았다고 해서 'SONY의 부활' 운운하는 것은 다소 성급했다. 나날이 침몰해가는 SONY의 참담함을 잠시 늦추는 것에 불과할 따름이었다.

더구나 브라비아 LCD-TV에 탑재되어 있는 패널은 SONY가 자체 개발한 것도 아니었다. 말이 좋아 삼성전자와 합작으로 만들어진 것이라고 하였을 뿐 실제로는 삼성전자의 기술이었다. 삼성전자에 머리를 조아려 기술을 빌려온 것이었다.

바꿔 말하면 차세대 패널의 독자 개발을 SONY가 아예 포기한다는 선언에 다름 아니었다. 일찍이 독자적으로 개발한 트리니트론관이나 평면 트리니트론관을 앞세워 세계 컬러TV 시장을 호령하던 SONY의 과거 모습에서는 상상조차 할 수 없는 굴욕이 아닐 수 없었다.

디지털 기술이라는 새롭고 낯선 전장에서의 환경 적응만이 아니었다. 삼성전자를 이끌고 있는 이건희의 리더십 또한 천재 기술자 이부카 마사루와 천재 경영자 모리타 아키오의 SONY제국을 훨씬 뛰어넘었다. 삼성전자가 지니고 있는 전력이 SONY제국을 압도하고 남았던 것이다.

'두루뭉술'한 보카시문화와 '붉은악마'의 극성문화

일본에선 싸우면 끝장이다. 다시 서로 친해지기란 꿈속에서조차 거의 불가능한 일이다.

때문에 웬만해선 '울면서도 그냥 웃는 얼굴'로 참으면서 지나치고 말거나, 구렁이 담 넘어가듯 그럭저럭 넘어가고는 한다.

사람들 여럿이 모여 자신의 주장을 펴는 회의에서도 마찬가지다. 자신의 주장을 끝까지 굽히지 않고 기어이 관철시키려 들거나 격렬한 논쟁을 하는 것은 좀처럼 보기 어렵다.

그래서인지 일본에는 웅변가가 별로 없다. 열렬히 토론을 하는 것은 곧 예의에 어긋날뿐더러 대단히 저속한 것으로 여기는 이유인 줄도 모르겠다.

반면에 조금은 눌변의 사람이 사랑을 받는 경향이 있다. 가능한 한 꼭이 필요한 말만을 하고, 말을 많이 하는 것을 경멸하는 사회라고 보면 된다.

따라서 일본 사람들은 대화를 할 때 대개 진지한 편이다. 농담이 적고 유머 감각이 없다고 생각되는 것도 바로 그 때문이다.

이 같은 생활 태도는 어렸을 때부터 시작되고 길러진다. 일본의 부모들이 자기 자녀에게 귀에 못이 박히도록 하는 교육은 '남에게 폐를 끼치지 마라'는 것이다. 남에게 폐를 끼치면 서로 불편해하다 싸우게 되고, 싸우게 되면 '화합'이 깨지기 때문이다.

예를 들면 이렇다. 일본의 초등학생이 엄마에게 운동화를 사달라고 조른다. 반드시 새로 나온 나이키 운동화여야 한다고 떼를 쓴다.

엄마는 궁금해한다. 같은 반 아이들이 그 운동화를 얼마나 신고 있느냐고 묻는다. 같은 반 아이들이 절반 이상 신고 있으면 사주고, 그렇지 않으면 좀 더 기다렸다가 사주마고 한다. 남들이 거의 신고 있지 않은데 자기 자녀에게만 신게 하는 것을 원치 않아서다.

일본 사람들은 이처럼 다른 사람들과 조화롭게 살아가도록 노력한다.

나 혼자 튀는 행동을 했다가는 전체의 조화가 망가질 수도 있기 때문이다.

따라서 일본 사람들은 늘 다른 사람을 의식한다. 애써 주변을 생각하면서 살아가기 때문에 자아의식은 매우 약한 편이다.

이것은 아무래도 섬나라라는 지리적 특성도 크게 작용한 듯싶다. 대륙 국가라면 서로 싸우다가 불리하면 도망칠 수도 있기 때문에 끝까지 싸울 수 있다. 하지만 섬나라는 그렇지 못하다. 바다로 둘러싸여 있어 도망칠 곳도 없다.

그래서 죽자사자 싸우면 결국 어느 한 쪽은 치명상을 입어야 한다. 이긴 자도 상처가 없을 리 만무하다. 가능하면 싸우지 않고 서로 공존하는 방법을 생각하게 된 것도 이런 까닭에서다.

이는 순전히 화합을 중시하는 섬나라 특유의 문화와 함께, 17세기 에도 막부가 취했던 켄카喧嘩 료세이바이兩成敗 정책이 결정적이었던 것 같다. 여기서 켄카는 싸움을 뜻한다. 료세이바이는 양쪽 모두에게 책임이 있다는 의미다. 다시 말해 싸우는 사람들은 이유가 어떻든 양쪽 모두에게 잘못이 있으므로 같이 처벌하는 제도였다.

싸움을 없애 사회 안정을 취하려는 의도였으나, 이 같은 제도로 말미암아 시시비비를 따져 가리기보다는 그냥 어물어물 넘어가는 문화가 생겼다. 옳고 그름을 분명히 가리기보다는 애매모호하고 두루뭉술하게 처리하는 것이 공동체의 평온과 안정을 위해 좋다는 합의였다.

이렇듯 애매모호하고 두루뭉술한 것을 '보카시문화'라고 일컫는다. 보카시란 일본화를 그릴 때 색상이 짙고 흐린 경계를 희미하게 칠하는 기법이다. 말하자면 이도 저도 아닌 '회색문화'라고 할 수 있다.

일본 사람들은 일상의 대화에서도 이 같은 보카시문화를 흔히 사용한다. 일본 사람들에게 무엇을 부탁하면 똑 부러진 답변을 들을 수가 없다. 분명하게 된다, 안 된다라는 답변을 이끌어내기가 참으로 어렵다. 말 한마디에 목숨이 달려있던 무사의 문화에서 이런 보카시 화법은 자신을 지키기에 매우 유용했을 터이다.

자신의 주장을 명확하게 밝히면 충돌과 책임이 발생할 가능성은 상대적으로 더 커질 수밖에 없다. 하지만 자신의 의견을 줄이고 애매모호하게 밝히면 충돌과 책임을 모면할 수 있는 여지가 그만큼 넓었던 것이다.

이 같은 보카시문화는 아날로그 시대를 넘어 디지털 시대로 접어든 SONY제국에도 엄연히 존재했다. 현장의 하층부가 되었든, 관리 부분의 중층부가 되었든, 경영 부분의 상층부가 되었든지 간에, 그도 아니면 SONY제국의 어딘가에서 분명히 그림자처럼 따라다녔다. 또 그 같은 일본 사람들 특유의 보카시문화가 21세기에 들어 전개된 신예 삼성전자와의 전자대전에서 필연코 어떤 영향을 끼쳤음이 틀림없다.

어느 대학 교수가 전하는 얘기다. 젊은 날 독일에서 유학을 하고 있을 때의 에피소드다. 독일에서 13년을 지내는 동안 유럽여행에 굶주린 한국의 친구나 친척들이 거의 매년 그를 찾아왔다. 한데 기껏해야 최대 속력이 고작 시속 130km인 10년 된 자신의 고물 자동차로 유럽 여행은 무리였다.

때문에 매번 렌터카를 빌려 타고는 했다. 그렇게 약 2주간의 여행을 마치고 차를 반납할 때면 렌터카 회사 직원은 으레 그에게 이렇게 묻곤 했다고 한다.

"진 지 코레아나한국 사람이지요?"

그는 놀라 되물었다.

"어떻게 알았나요?"

직원은 이렇게 대답했다.

"2주 동안에 5,000km를 달릴 수 있는 사람은 한국 사람밖에 없어요. 적어도 하루에 300km 이상을 달렸다는 이야긴데, 그렇게 여행하는 사람은 분명히 한국인입니다."

못 말리는 한국 사람들의 극성은 이미 지난 2002년 한일월드컵 때 지구촌이 고스란히 지켜보았다. 광장을 가득 메운 붉은악마의 물결은 어디서도 볼 수 없는 경이로운 광경이었던 것이다.

한데 우리의 극성은 거기에 그치지 않는다. 여기다 다시금 속도까지 더한다. 외국인들이 한국에 와서 가장 먼저 배우는 말이 예의 '빨리빨리'다. 더구나 이 같은 우리의 '빨리빨리'에 외국인들이 놀랄 수밖에 없는 건 단순히 빨리빨리 만이 아니기 때문이다. 거기다 다시금 '감感'이라는 게 얹어지기 다반사인데, 이쯤 되면 혀를 내두를 수밖에 없게 된다.

그 좋은 예가 김치다. 우리 음식 가운데 외국인들이 가장 좋아하는 건 단연 김치다. 김치의 맛은 곧 양념이 좌우한다. 한데 이 양념이 신비롭기 짝이 없다.

그도 그럴 것이 한국 사람들은 김치의 양념을 만들 때 각기 재료를 따로 재어보는 저울이나 계량 용기 따위를 따로 두는 법이란 없다. 그저 순간적인 직관만을 사용한다. 대략, 알아서, 눈대중, 어림짐작의 감으로 뚝딱 해치우고 만다. '김치과학'의 절묘한 양념은 으레 그렇게 만들어진다. 우리의 김치란 또 그렇게 만들어져야만 제맛이 난다. 더욱이 대략, 알아서, 눈대중, 어림짐작마저 그때마다 일정치 않고 다 달라지기 마련이다. 외국인들이 보기엔 영락없는 마술사의 손놀림이 따로 없다.

물론 이때의 감이란 반드시 오관의 감각만을 뜻하는 건 아니다. 여기엔 직관을 사용하여 순간적으로 전체를 파악하는 감까지 마땅히 포함된다. 어림짐작으로 '감을 잡아' 일을 매우 신속하게 처리하곤 하는 것이다.

일상의 대화에서도 우린 이 같은 극성문화가 그대로 드러나곤 한다. 사람들이 여럿이 모여 자신의 주장을 펴는 회의에서도 마찬가지다. 자신의 주장을 끝까지 굽히지 않고 기어이 관철시키려 애쓰곤 한다.

또 그러자면 대화가 아니라 마치 웅변이라도 하듯 열렬해질 때가 많다. 충돌과 책임이 따르는 문제일수록 보다 적극적이고 격렬한 논쟁도 마다하지 않는 것이다. 때문에 일상의 대화에서조차 두루뭉술한 말은 일절 용납되지 않는다. 흔히 '돌려 말한다'고 일컬어지는 애매모호한 어법을 가장 싫어하고 경계하기조차 한다.

요컨대 2주일 동안에 5,000km를 달릴 수 있는, 시청 광장을 가득 메운 붉은악마와 같은 경이가, 거기에다 속도와 감까지 얹어지는 우리의 극성문화가 아날로그 시대를 넘어 디지털 시대로 접어든 삼성제국에도 엄연히 존재했다. 현장의 하층부가 되었든, 관리 부분의 중층부가 되었든, 경영 부분의 상층부가 되었든지 간에, 아니면 삼성제국의 어딘가에서 분명히 그림자처럼 따라다녔다. 또 그 같은 우리의 극성문화가 21세기 들어 전개된 세계 최강 SONY와의 전자대전에서 필연코 어떤 영향을 끼쳤음이 틀림없다.

적어도 두루뭉술한 보카시문화보다는 붉은악마와 같은 적극적인 극성문화가 디지털이라는 낯선 환경의 전장에선 더 유효했던 셈이다. 스피드가 중요한 디지털의 세계에서 보카시문화보단 극성문화가 더 유리하면 유리했지 불리하지는 않았다는 얘기다.

역전 마라톤의 주자 vs 될성부른 떡잎

일본의 기업에선 CEO란 말을 여간해선 쓰지 않는다. 흔히 '경영자' 또는 '사장'이란 표현을 즐겨 쓰곤 한다. 그런 데는 분명한 이유가 있다. 일본 기업 대부분의 CEO들이 내부에서 승진한 전문 경영자이기 때문이다.

이건 아무래도 1, 2차 세계대전을 치른 전시 체제 아래에서 일본 정부가 기업에 대해 상당한 통제를 가했던 배경 때문으로 여겨진다. 그때부터 고착화하여 일본 기업의 체질로 굳어진 것으로 내다보인다. 당시 일본 정부는 전쟁 수행을 위해 전력과 자원을 집중시켜야 했다. 이를 위해 배당을 통제하는 방식 등으로 기업의 오너 경영자를 경원시했다. 그 대신 기업을 종업원 중심의 공동체로 만들기 위해 내부 승진 경영인을 우대했다.

그래서 일본 기업의 경영자를 일컬어 흔히 역전驛傳 마라톤 주자로 비유하곤 한다. 자신이 재임하는 동안 별다른 과오 없이 후임 경영자에게 무난히 바통만 넘겨주면 된다는 풍경이 마치 역전 마라톤의 선수와 같다는 뜻이다. 그저 다른 기업의 수준으로만 하면 무난히 임기를 마칠 수 있는 지배 구조라는 의미다.

때문에 후임 CEO를 결정하는 조건도 우리와는 사뭇 다르다. 일본 기업에서 후임은 현임 또는 전임 경영자나 회장과 잘 통하는 사람이어야 하며,

동료나 부하직원들로부터 평판이 좋은 사람이어야 하고, 외부의 이해관계 자거래처, 노조, 관청, 언론들 사이에서도 평판이 좋은 사람이어야만 한다. 실적보다는 이해관계의 조건이 보다 중시된다고 볼 수 있다.

하지만 역전 마라톤의 주자처럼 바통만 무난히 넘겨주면 되는 CEO의 역할은 고도 성장기에서나 통하는 경영문법이었다. 고도 성장기에는 CEO가 전략적 의사 결정에 대해 고뇌하지 않더라도 큰 실수만 없다면 기업이 성장할 수 있기 때문이다.

그러나 1980년대 이후 일본 경제가 저성장 단계로 접어든 데다, 불확실성마저 증대되면서 지금까지의 경영문법에 회의가 들었다. 일본 기업의 경영자 시스템에 문제가 드러나기 시작한 것이다.

사실 일본 기업의 경영자는 지금껏 관리나 업무의 의사결정에만 치중해왔을 뿐이다. 전략적 의사결정이나 역할은 거의 없었다.

아니 하고 싶어도 할 수가 없었다는 표현이 더 낫지 싶다. 왜냐하면 그러한 의사결정은 경영자가 하기보다는 상무회常務會와 같은 경영회의에서 다뤄지는 것이 관례였기 때문이다.

더구나 그 같은 경영회의에서 간부들의 의견을 듣고 경영자 자신이 최종 결정을 내리는 것도 아니었다. 간부들의 의견을 조율하여 다수로부터 의견을 통합하는 조정자 역할에 머물렀다.

따라서 이런 시스템에선 경영자가 강력하고 재빠른 의사결정을 취하지 못했다. 선택과 집중의 결단을 조속히 내릴 수가 없는 고질적인 한계를 드러낼 수밖엔 없었다.

SONY제국의 CEO들 역시 예외가 아니었다. 뒤에 다시 설명할 기회가 따로 있겠지만, 1대 경영자 이부카 마사루 → 2대 모리타 아키오 → 3대 오가 노리오 → 4대 이데이 노부유키 → 5대 하워드 스트링거에 이르기까지 모두가 그 같은 전통에 따랐다. 마치 역전 마라톤에 출전한 선수가 다음 레이스를 펼칠 선수에게 무사히 바통을 넘겨주는 것 같은, 일본 기업문화 특유의 승계 문법에 충실했다.

우리의 기업문화에서 후임 CEO 결정 문법은 전통적으로 장자 승계 원칙에 무게를 둔다. 이 땅에 처음 기업을 열었다는 이른바 '100년 기업'들, 예컨대 두산그룹이나 삼양그룹, 동화약품 같은 경우도 기업 내부에서 승진한 전문 경영인이 후임 CEO가 되었다는 얘기를 아직까지 들을 수 없다. 기껏해야 GE의 동양인 1호 사원이었던 유일한이 창업한 유한양행 정도가 겨우 생각날 따름이다.

삼성과 현대 또한 예외가 아니다. 1936년 협동정미소와 1938년 쌀가게 경일상회로 각기 창업한 삼성과 현대 역시 3대째 경영을 이어오는 동안 전통적으로 장자 승계 원칙을 고수해오고 있다.

이건 아무래도 우리가 오랫동안 왕조의 역사를 살아온 배경 때문으로 여겨진다. 그때부터 고착화하여 이미 체질로 굳어진 것으로 내다보인다.

더욱이 '불안의 역사'도 무시할 수만은 없는 이유 가운데 하나다. 우리가 살아온 땅 한반도는 예부터 태생의 지정학적 위치 때문에 유독 바깥으로부터 외침이 잦았다. 지난 5천 년의 시공을 살아오는 동안 우리가 이민족으로부터 외침을 받은 것만도 크고 작은 걸 합쳐 1,000여 차례나 이른다. 여북했으면 '우리 민족은 난리 속에서 태어나 난리 속에서 생을 마친다'고 자조했겠는가.

따라서 우리는 역전 마라톤에 출전한 선수가 다음 레이스를 펼칠 선수에게 무사히 바통을 넘겨줄 수 있는 한심한 승계만으로는 영 마뜩잖다. 왕에서 다음 왕으로 이어가듯 현장에까지 곧바로 실행될 수 있는 절대 권력을 필요로 한다.

다시 말해 기업의 소유와 경영을 한 손에 장악하고서 전권을 행사하지 않으면 안 된다. 한 치 앞을 내다볼 수 없는 위기 앞에서 상황 변화에 따라 모두가 일사불란하게 움직일 수 있는 오너의 승계여야 한다. 장자 승계 원칙의 문법이 그만큼 뿌리 깊은 것이라고 볼 수 있다.

물론 삼성과 현대의 후임 CEO 결정 문법은 중간에 다소 변동도 없진 않았다. 삼성의 경우 처음엔 전통적인 장자 승계의 원칙에 따라 장남 이맹희가 오랫동안 후계 경영수업을 쌓아오다 돌연 3남 이건희로 최종 낙점되었다. 현대 또한 처음엔 장자 승계의 원칙에 따라 정몽구가 그룹 총수에 취임했으나, 3년여 뒤 아우 정몽헌과의 공동회장 체제를 받아들이지 않으면 안 되었다. 그렇다고 전통적인 장자 승계의 원칙이 무너졌다고 말하는 이는 거의 없다. 중간에 다소 변동이 생기기 전까지만 하여도 이맹희와 정몽구였다는 점이 그걸 입증하고 있다.

하지만 아버지보다 아들을 더 잘 아는 이가 또 누가 있겠는가. 다만 영속성에 방점을 두고 보았을 때 장자보다는 그와 같은 선택이 불가피했다는 건 이미 역사 속에서도 숱하게 목격한 장면이 아니겠는가. 될성부른 나무는 떡잎부터 알아본다고, 그처럼 불가피한 선택이 실제로 옳았음을 지금의 '삼성경영 현대경영'에서 목격하고 있질 않은가.

아무렇든 역전 마라톤의 바통 승계와 같은 일본 기업문화의 후임 CEO

결정 문법은, 선택과 집중의 결단을 조속히 내릴 수 없는 고질적인 한계를 드러낼 수밖에 없었다. 무엇보다 스피드가 중요한 디지털이라는 낯선 환경의 전장에서 일본의 경영인과 한국 오너의 차이는 강력하고 재빠른 의사 결정에서 더욱 두드러졌던 것이다.

대표적인 사례로 곧잘 거론되고 있는 것이 바로 리스크가 큰 반도체에 대한 투자 부분이다. 일본 기업의 경영자들이 의사 결정을 머뭇거리는 사이 투자 시기가 늦어져 삼성전자에 주도권을 빼앗기고 말았다는 얘기다. 미국 시장의 상황 변화로 인한 반도체 시장의 불황기에 설비 투자 판단을 신속히 내리지 못해 호황기에 수익을 올릴 수 없었으며, 반대로 호황기의 과잉 설비 투자로 인해 불황기에 막대한 손실을 떠안는 악순환을 반복할 수밖에 없었다는 얘긴 앞서 이미 설명한 그대로다.

전력 자원의 고정인가, 전력 자원의 조정인가

1993년 7월의 어느 날이었다. 삼성의 회장 비서실 차장 이학수는 전화를 받으면서 그만 말문이 막혔다. 스위스 로잔에서 유럽 주재 삼성 임원들을 위한 특강과 전략회의를 마친 이건희가 다음 일정을 위해 영국으로 향하던 중 공항에서 전화를 걸어 지시했다.

"당장 7~4제를 실시하도록 하세요!"

이건희는 그보다 앞선 6월 초 독일의 프랑크푸르트에서 '신경영'을 선언했다. 선언 가운데 '매일 아침 7시나 7시 반에 업무를 시작하여 그날의 모든 일과를 오후 4시나 5시까지 끝내도록 하자'고 언급한 바 있다. 스위스 로잔의 공항에서 전화로 회장 비서실 차장 이학수에게 지시한 건 바로 그날의 언급을 재확인한 것이었다.

그가 지시한 이른바 '7~4제'는 세계 속에서 삼성을 돌아보게 하는 질 경영의 각성에 이어, 곧 그러한 자각을 행동으로 옮겨 직접 실천하는 물리적인 방법이었다. 깊이 잠들어 있는 삼성을 뒤흔들어 깨우는 데 그치지 아니하고, 온몸으로 직접 느끼게 해줄 필요가 있다고 생각한 것이다.

당시 삼성의 출근 시간은 아침 8시 30분이었다. 7~4제는 그보다 1시간 30분이나 빨리 출근해야 한다. 그리고 오후 4시에는 업무를 마쳐야 한다. 회사에서 잔업을 한다고 해도 기껏해야 오후 5시까지다.

이 같은 7~4제는 다른 기업에선 찾아볼 수 없는 전혀 새로운 문화였다. 도무지 상식적으로는 생각할 수 없는, 이건희의 삼성이니까 가능한 문법이었다. 삼성전자로부터 맹렬한 추격을 받고 있는 SONY를 비롯한 일본의 전자업체들은 흉내조차 낼 수 없는 파격 그 자체였다.

흔히 기업의 근무 시간은 아침 9시부터 오후 5시 30분 전후이다. 일본의 전자기업이라고 해서 다르지 않다.

관리직이라도 아침 8시쯤 출근하면 빠른 편이다. 평사원은 대개 아침 8시 45분경에 출근하기 마련이다.

더욱이 대부분 밤늦게까지 회사에 머물러 있어야만 좋은 평가를 받을 수 있게끔 체질화한 지 오래다. 퇴근 시간 이후까지 남아 잔업을 하는 것이 곧 열심히 일하는 사람, 능력 있는 직원의 본보기처럼 되어 있는 게 현실이었다. 아침엔 일찍 출근하고, 밤늦게 퇴근하여 집으로 돌아가는 것이 SONY를 비롯한 일본 전자 제조업체 비즈니스맨들이 일하는 방법이었다.

한데 이처럼 SONY를 비롯한 일본의 전자 제조업체에서 어느 날 갑자기 7~4제를 실시한다고 하면 어떻게 될 것인가? 모르긴 해도 사원들의 거센 반발에 부딪히고 말 게 분명하다. 노조에서도 가만있지 않을 게 확실하다. SONY를 비롯한 일본의 전자 제조업체에선 죽었다 깨어나도 7~4제와 같은 건 어림도 없는 소리다.

그러나 이건희의 SONY대첩은 그때 벌써 시작되고 있었던 셈이다. 1993년 여름에 실시된 7~4제에서부터 이건희는 이미 SONY대첩에 올랐다. 7~4제와 같은 혁명적 근무 자세 또는 의식개혁은 삼성전자가 지닌 전력의 자원을 그가 얼마든지 '조정'할 수 있음을 보여준 좋은 사례 가운데 하나였다.

그에 반해 SONY를 비롯한 일본의 전자 제조업체들은 정반대 풍경을 보여주곤 했다. 그들의 경쟁 방식을 보면 전통적으로 전력의 자원을 '고정'시킨 상태에서 서로 경쟁을 벌인다는 점이다.

다시 말해 전력의 자원을 거의 조정하는 일 없이 붙박이로 고정시켜 놓고서 경쟁을 벌이기 때문에 단순히 그 범주 안에서 활용도를 높이는 방향을 찾는데 고심할 따름이다. 아무래도 변화에 굼뜰 수밖에 없는 구조적 환경 조건이라는 얘기다.

물론 여기서 말한 전력의 자원이란 다른 게 아니다. 기업의 인적 또는 기술적 자산이나 공장, 생산 설비 따위를 일컫는다.

한데 SONY를 비롯한 일본의 전자 제조업체 대부분은 일본의 다른 기업들이 그렇듯 인력의 종신고용제로 고정되어 있다. 시장 상황이 좀 나쁘다고 해서 쉽사리 해고하거나 재고용하지 못한다.

그런가 하면 공장이나 생산 설비 또한 마찬가지로 붙박이로 고정되어 있다. 공장을 폐쇄하거나 생산 설비를 처분하는 일 또한 결코 간단치 않다.

따라서 SONY를 비롯한 일본의 전자 제조업체들은 전력 자원이 고정되어 있다는 전제 아래 모든 것이 결정되고 집행에 들어간다. 전력 자원이 고정되어 있다는 범주 안에서 과연 어떻게 하면 역량을 발휘할 수 있을 섯인가에 대해 고심한다.

그러나 이건희가 이끌고 있는 삼성전자에서 자원을 고정시키는 일이란 결코 있을 수 없다. SONY를 비롯한 경쟁사들이 '평생 고용'이라는 도그마 dogma에 빠져 있을 때 전력 자원을 간단히 조정해나간다. 인력을 감축하거나 공장을 폐쇄하는 등 전력 자원의 조정을 그리 어렵지 않게 할 수가 있다.

따라서 이건희가 이끌고 있는 삼성전자는 시장 상황과 같은 외부 환경에 보다 유연하게 대처할 수 있다. 전력의 자원을 어떻게 안배하고 최적화할 것인가에 초점이 맞춰지기 마련이다.

그런가 하면 공장이나 생산 설비 역시 마찬가지로 얼마든지 조정이 가능하다. 주어진 환경이나 회사의 전략에 따라 공장을 폐쇄하거나 생산 설비의 처분조차 용이하다.

그렇다면 우리와 달리 전력 자원이 고정되어 있는 상태에서 SONY를 비롯한 일본의 전자 제조업체들이 전통적으로 펼쳐보인 전략이란 과연 어떤 것이었을까? 그것은 하나같이 끊임없이 새로운 제품을 개발해내고 투입하는 방식이었다.

제품의 판매에서도 다르지 않았다. 끊임없이 개발되어 나온 신제품을 지속적으로 판매해나간다.

그러기 위해선 자사의 영업 및 마케팅 인력을 철저히 활용한다. 판매를 원활하게 하기 위해 기술력주로 소형화와 경량화이나 디자인, 브랜드 따위로 유통 채널을 지배하는 것이 흔히 쓰이는 전술이다. 다시 말해 유통의 지배를 통해 신제품을 지속적으로 판매할 수 있을뿐더러, 시장의 정보도 신속히 수집해 생산과 공급의 속도를 높여나가는 수법이다.

이같이 SONY를 비롯한 일본의 전자 제조업체들이 전통적으로 펼쳐보인 전략이란 대개 뻔하다. 삼성전자와 같은 경쟁사의 전략에 비해 매우 한정된 것이며, 질서정연하기까지 하다. 어떻게 보면 투명한 어항처럼 별다른 전략이 없어 보인다는 인상마저 주고 있는 것이 사실이다.

때문에 SONY를 비롯한 일본의 전자 제조업체들의 경영문법을 일컬어 '전략이 없는 경영'이라고 부르기까지 한다. 전통적으로 전략이 없는 경영 곧 '전력 자원의 고정'이라는 전략을 구사하는 SONY가, '전력 자원을 자유자재로 조정'하는 삼성전자에 참패할 수밖에 없었던 이유도 딴은 그 점에 있었다고 볼 수 있다.

요컨대 전력 자원이 '고정'되면 그 범위가 좁아질 수밖에 없다. 반대로 전력 자원을 '조정'하면 범위가 그만큼 더 넓어질 수가 있다.

마찬가지로 범위가 좁아지면 상황 변화에 따른 선택의 폭이 한정되기 마련이다. 반대로 범위가 더 넓어지면 상황 변화에 따른 선택의 폭이 그만큼 더 확장될 수가 있다.

다시 말하지만 한 치 앞을 내다볼 수 없다는 정글을 헤쳐나갈 때 과연 전력의 자원을 고정시키는 쪽이 더 유리하겠는가? 전력의 자원을 조정하는 쪽이 더 유리하겠는가? 이쯤 되면 SONY와 삼성전자의 승부는 이미 결정된 것이나 다름없지 않은가?

전통적인 '주군경영'인가, 전통적인 '톱다운경영'인가

지난 2010년 미국에서 일본의 토요타자동차가 대규모 리콜 사태에 직면했을 때다. 미국 의회는 토요타자동차의 리콜 사태가 미국 국민의 안전을 심각하게 위협하고 있다고 보고 사태 파악 및 대책 수립을 위한 의회 차원의 청문회를 실시하겠다고 나섰다. 미국 의회는 당연히 토요타자동차의 CEO 토요타 아키오를 청문회에 출석하도록 했다.

하지만 토요타 아키오는 처음엔 미국 의회 청문회에 출석하지 않겠다고 했다가 타운스 청문회 위원장이 출석을 요구하는 공식 서한을 보내자 마지못해 입장을 바꿨다. 청문회에 출석해서도 이렇다 할 설명조차 하지 못했다.

대신 그는 토요타자동차의 맨 꼭대기 자리에 자신의 이름이 새겨져 있다는 사실과 함께 고객의 안전을 최우선시하는 창업 정신만을 누누이 강조했을 따름이다.

우리나라 어느 대기업의 회장이 회사 복도에서 한 임원과 마주쳤다. 회장은 대뜸 "김 상무, 오랜만이야! 잘 지내지?"하고 물었다. 한데 임원은 난감한 표정으로 "회장님, 저는 이사이지 아직 상무가 아닙니다"라고 대답했다. 그러자 회장이 발끈해 "그럼 오늘부터 자네 상무하게"라고 말했다. 그 임원은 그 날짜로 이사에서 상무로 전격 승진했다.

짐작하였겠지만, 앞의 예화는 SONY를 비롯한 일본의 업체에서 볼 수 있는 '주군主君경영' 실상을 보여준다. 이른바 경영자는 존재하지만 군림하지 않는다는, 일본의 전형적인 주군경영의 단면을 엿볼 수 있는 사례이다.

그다음 예화는 우리나라 기업에서 흔히 목격할 수 있는 오너owner의 황제皇帝경영 실상을 그대로 보여준다. 이른바 절대적인 권한을 행사하는 오너의 무소불위와도 같은 단면을 엿볼 수 있는 사례이다.

흔히 SONY를 비롯한 일본의 전자 제조업체에서 경영자는 주군의 행세만을 할 뿐 실질적인 회사 경영에는 크게 관여하지 않는다는 오랜 전통이 남아 있다. 회사 경영은 전적으로 아랫사람에게 일임하고, 자신은 대외적인 활동에만 전념하는 게 어떤 불문율처럼 되어 있다.

때문에 앞서 미국 의회에 출석한 토요타 아키오의 예에서도 볼 수 있듯이 이렇다 할 설명을 하지 못한다. 회사 경영에 대해 질문을 하면 대부분 그 대답이 정해져 있거나, 아니면 으레 답변하지 못하기 일쑤다. 회사 경영을 아랫사람들에게 모두 맡겨둔 채 무슨 일을 하든 알아서 해결하라고 지시만 하는 주군의 모습 그대로인 것이다.

이건희였다면 어땠을 것 같은가? 어림 반 푼어치도 없는 얘기가 아닐까?

이미 앞서 살펴본 '7~4제'의 예를 보아도 알 수 있다. 도저히 상식적으론 받아들일 수 없는 발상이었으나, 오너의 지시가 떨어지자마자 곧바로 일사불란하게 움직인다. 일부 역기능이 드러났음에도 오너의 지시에 따라 삼성전자는 무려 10년 동안이나 7~4제를 밀어붙였다.

그런 결과 눈에 보이지 않는 의식개혁 말고 겉으로 드러난 수치만 해도 만만치가 않았다. 우선 외국어 자격 취득자가 2배 이상 늘어났다. 정보 관련 자격 취득자는 무려 18배나 증가했다. 0.01초 차이의 치열한 전쟁을 벌이고 있는 경쟁자 SONY를 그만큼 더 앞서 나갈 수 있었던 것이다.

반면에 SONY를 비롯한 일본의 전자 제조업체에선 중요한 결정 과정을 중간 관리자들이 알아서 하거나, 현장에서 결정된 의견을 위로 올려 보내는 것이 보통이다. 권한을 현장에 일임하고 맡겨두기 때문에 의사결정이 하의 상달下意上達 식이다. 경영자는 다만 그런 하의상달을 승인하거나 거부하면 그만인 것이다.

때문에 회사 경영을 아랫사람들에게 모두 맡겨둔 채 무슨 일을 하든 알아서 해결하라는 일본의 주군경영에선 위기 대응 능력이 현저히 떨어질 수밖에 없다. 이건희의 삼성전자와 같이 즉석에서 곧바로 움직이게 하는 강력한 리더십을 기대하기란 하늘의 별 따기다.

그에 반해 이건희의 삼성전자는 정반대로 황제경영을 전통적으로 추구한다. 오너는 기업의 소유와 경영을 한손에 장악하고서 전권을 행사한다. 기업의 중요 의사결정 또한 철저히 상의하달 곧 톱다운top-down 식이다. 경영자의 말 한마디에 모두가 일사불란하게 움직일 수가 있어 위기 대응 능력이 남다를 수밖에 없다.

물론 SONY의 주군경영문법이 오랜 세월 유효했던 것도 사실이다. 아날로그 기술이라는 환경에선 다른 나라의 전자기업에서 흉내조차 내기 어려운 일본만이 가진 파괴력처럼 비춰지기도 했다. 지난 반세기여 동안 세계의 전자 시장을 지배했던 것이 그걸 입증하고 있다.

한데 1990년대 중반 이후 세계 전자시장이 디지털 기술이라는 낯선 환경으로 완전히 접어들면서 상황이 급변했다. 전자기업의 경영 또한 지금까지의 문법이 급속히 해체되는 운명에 놓이게 되었다.

무엇보다 디지털 기술의 발전으로 일상재화와 모듈화가 진행되면서 제품의 라이프 사이클이 빨라졌다. 전자기업의 전략 역시 어느 때보다 스피드가 중요한 변수로 작용케 된 것이다.

그러나 권한을 현장의 아랫사람들에게 일임한 채 무슨 일을 하든 알아서 해결하라는, 전통적인 SONY의 주군경영으로는 디지털이라는 낯선 환경의 속도전에서 승자가 되기란 어려웠다. 일사불란한 톱다운식 삼성전자의 황제경영을 이겨낼 수 없었던 것이다.

더구나 제품의 출시가 조금이라도 늦어진 기업은 그만 치명상을 입기 십상이었다. 라이프 사이클이 짧아진 만큼 어느새 급락세로 돌아선 시장 가격 때문에 제품의 개발비마저 회수치 못하는 끔찍한 결과를 초래하면서, 삼성전자와 SONY 두 제국 간의 격차는 점점 더 벌어질 수밖에 없었다.

SONY를 움직이는 힘, 삼성전자를 움직이는 힘

디지털이라고 하는 낯선 환경의 시대로 완전히 접어들면서 SONY는 자칫 자멸할지도 모른다는 위기감을 느꼈다. 당장 어떤 대책을 모색해야 했다. 먼저 새로운 경영자부터 추대하고 나섰다. 두 창업자인 이부카 마사루와 모리타 아키오를 뒤이어 3대 경영자 오가 노리오가 구원에 들어갔다.

3대 경영자 오가 노리오는 10년 넘도록 소프트웨어 사업에 불을 지폈으나 끝내 기울어가는 제국을 구하지 못했다. 바통을 4대 경영자 이데이 노부유키에게 넘겨야 했다.

SONY의 새로운 장수로 추대된 이데이 노부유키는 이듬해 창업 60주년 1996년을 맞아 '리제너레이션regenerration'이라는 회심의 전략을 수립했다. 창업 세대의 SONY 정신을 이어받아 새로운 도약을 주창하는 동시에 직원들에게도 자유, 역동성, 오리지널리티, 창의성을 강조하는 의미를 담고 있다.

아울러 이데이 노부유키는 제품 개발에 관련해서도 자신의 비전을 밝혔다. '디지털 시대에 자랐고, 디지털 기술에 가슴이 두근거리는 고객의 꿈을 실현시켜 줄 수 있는 독창적이고 재미 넘치는 상품을 계속 만들어가겠다'는 의지를 담은 '디지털 드림 키즈'라는 캐치프레이즈도 주창하고 나섰다.

이는 곧 새로운 디지털 기술로 꿈을 현실화한다는 자신의 경영 이념을 뜻했다. AV와 같은 하드웨어부터 영화, 음악, 게임 등의 소프트웨어에 이르기까지 SONY의 전체 사업 영역에서 디지털 시대에 맞는 사업 전략을 전개해 나갈 것이라는 다짐이었다.

이처럼 이데이 노부유키는 디지털 시대와 네트워크 시대가 도래함에 따라 SONY의 사슬 가치를 주력 사업인 가전 사업과 음악, 영화, 게임 콘텐츠 사업, 그리고 제3의 링크로 인터넷, 전자상거래, 방송과 같은 네트워크 서비스를 통해 '리제너레이션'과 '디지털 드림 키즈'의 비전을 실현하고자 했다.

또 그의 이 같은 비전은 기울어가는 제국을 한동안 일으켜 세우기도 했다. 4대 경영자로 취임할 당시 3,000엔까지 추락했던 SONY의 주가를 5년 뒤엔 1만 5,000엔까지 급등시켰다.

그러나 의욕이 앞섰던 걸까? 고객이 아직 하드웨어와 소프트웨어의 융합 제품을 받아들일 수 없는 상황인데도, 그는 스스로 '너무 앞서 왔다'고 자평할 정도로 너무도 빨리 결행시켰다. 또 그로 말미암아 반도체와 디스플레이와 같은 전자 부문의 투자 타이밍을 놓치는 결정적인 우를 범하면서, 〈비즈니스 위크〉지로부터 2003년 '최악의 경영자'로 선정되는 불명예를 안고 말았다.

결국 전력의 집중이 엉뚱한 곳으로 쏠렸고, 제국은 또다시 불안감에 휩싸였다. 이데이 노부유키의 비전은 채 10년을 넘기지 못하고 다시금 위기에 봉착하는 사태에 이르렀다.

제국은 부랴부랴 새로운 장수를 찾아 다시금 앞에 내세워야 했다. 파란 눈의 외국인 경영자였다. 창업 이래 최초로 SONY아메리카의 CEO 하워드 스트링거를 일본 도쿄로 불러들여 침몰해가는 제국을 구원케 했다.

제국의 새 장수 하워드 스트링거는 2005년 중반부터 LCD-TV의 새로운 브랜드 '브라비아'를 개발하면서 전세의 역전을 꾀하고 나섰다. 실제로 모델베이스에서 SONY의 LCD-TV 브라비아가 한때 1~2위를 기록하는 일정한 선전도 없지만 않았다.

그러나 앞서 얘기한 대로 브라비아 LCD-TV에 탑재된 액정패널은 SONY가 자체 개발한 것이 아니었다. 말이 좋아 삼성전자와 합작으로 만든 것이지, 실제로는 삼성전자의 기술이었다. 삼성전자에 패배를 인정하고서 잠시 빌려온 기술이었다.

다음은 디스플레이서치가 발표한 2014년 기준 LCD-TV 세계 시장점유율이다.

[LCD-TV 세계 시장 점유율]　　　　　　　　　　　　　　(2014년 기준)

순위	기업명	국가	판매대수(단위: 만 대)
1위	삼성전자	한국	4,800
2위	LG전자	한국	3,352
3위	TCL	중국	1,430
4위	SONY	일본	1,250
5위	하이센스	중국	1,150

표에서 볼 수 있듯이 한국과 중국, 일본의 독차지다. 하지만 2012년까지 만해도 세계 LCD-TV시장은 한국과 일본의 양강 구도였다. 4위 SONY에 이어 5위 파나소닉 6.0%, 6위 샤프 5.4%, 10위 도시바 3.5%가 매년 랭크되어 오고 있었다.

그러나 불과 2년 사이에 SONY만이 살아남았을 뿐이다. 마쓰시타와 샤프, 도시바 등은 자국 시장이 큰 중국의 스카이워스, 창홍 등에 밀려나 자리를 내어주어야 했다.

이른바 디지털 기술의 총아로 불린다는, 휴대전화와 개인용 휴대 정보단말기의 장점을 결합시킨 복합형 무선통신기기인 스마트폰을 보면 SONY는 더욱 참담해지고 만다. 삼성전자와의 격차가 더욱더 벌어지기만 한다.

다음은 디스플레이서치가 발표한 2014년 2분기 기준 스마트폰 세계 시장점유율이다. SONY는 바닥권에서 좀처럼 헤어날 줄 모르고 있다.

[스마트폰 세계 시장점유율] (2014년 2분기 기준)

순위	기업명	국가	점유율	판매대수(단위: 만 대)
1위	삼성전자	한국	25.2%	7,430
2위	애플	미국	11.9%	3,510
3위	화웨이	중국	6.9%	2,030
4위	레노바	중국	5.4%	1,580
5위	LG전자	한국	4.9%	1,450

이같이 디지털이라는 낯선 환경의 전장에서 SONY는 좀처럼 힘을 내지 못했다. 과거의 찬란했던 영광은 온데간데없이 나날이 침몰해갔다.

그에 반해 이건희가 이끄는 삼성전자는 SONY의 영토 대부분을 정복하는 놀라운 전과를 올렸다. 이제 SONY에게 삼성전자는 더 이상 따라잡을 수 없는 아득히 머나먼 별이 되고야 만 것이다.

그럼 이쯤에서 마지막까지 남겨둔 질문을 꺼낼 때가 된 것 같다. SONY의 천재 경영자들이 최강의 철옹성이라는 조건에도 불구하고 번번이 몰락해 가고 만 데 반해, 그 반대편에 있던 이건희는 삼성전자라는 초고속 성장 제국을 그토록 안정적으로 이끌어 갈 수 있었느냐는 점이다. 단지 전력 자원의 고정이 아닌 전력 자원의 조정만으로 설명이 다 되었다고 말할 수 있겠느냐는 점이다. SONY 대첩이라는 위업을 이룬 진정한 힘은 도대체 어디서 어떻게 나온 것이란 말인가?

말할 나위도 없이 황제경영에 있어 오너가 눈이 밝다면 그 제국은 곧 날개를 다는 격이 된다. 급속히 성장할 수가 있다. 반대로 오너가 자칫 실책이라도 범하는 날엔 그 제국은 한순간에 몰락할 수도 있는 함정을 갖고 있다.

사실 난공불락의 SONY 대첩에 나선 삼성전자는 항상 그 같은 리스크를 고스란히 안고 있었다. 더욱이 오너가 제아무리 절대 권력을 쥐고 행사한다 하더라도 모든 것을 자기 혼자만의 판단으로 결정하기란 쉽지 않은 일이다.

따라서 삼성은 일찍이 선대 회장 때부터 이 같은 황제경영을 보좌하는 조직을 따로 마련해두고 있었다. 오너의 눈과 귀가 되는 회장 비서실이다.

SONY를 비롯한 일본의 전자 제조업체들도 비서실이 아주 없는 건 아니다. 하지만 일본의 전자 제조업체들은 이름 그대로 오직 비서실에 머물고 만다.

마치 주군의 몸종과도 같은 역할을 하는 부서일 따름이다. 경영자의 일정을 관리하고, 경영자가 외부 활동이라도 하면 가방이나 들고 따라다니는 한낱 비서들로 구성되어 있는 조직에 불과하다.

물론 전략기획실과 같은 부서에서 정보 수집을 취급하지 않는 건 아니다. 그렇더라도 기본적인 정보 수집에 그치고 말거나 취합하는 수준의 한계를 보여준다.

때문에 이 같은 전략기획실을 일본에선 흔히 '스테이플러 부서'라고 일컫는다. 그룹의 계열사에서 올라오는 정보들을 모아 집계하거나 스테이플러로 철해두는 역할만을 한다고 해서 그렇게 부른다.

그러나 삼성의 비서실은 전연 다르다. 일찍이 1975년 선대 회장에 의해 일본 미쓰비시·스미모토·미쓰이 등의 종합상사 비서실을 벤치마킹하여 만들어진 조직체로, 기획·정보수집·인사·자금·국제금융·기술개발·경영지도·홍보·감사 등 그룹 전반에 걸쳐 광범위한 기능을 담당하면서 제국의 살림 전체를 도맡고 있다.

다시 말해 삼성의 비서실은 제국 전반에 관련된 목표를 제시하고, 신규 사업을 추진하며, 계열사 간의 업무를 분담하고, 자원을 분배하여 관리하는, 실로 막강한 씽크탱크 역할을 수행한다. 제국경영의 핵심이랄 수 있는 전략적 참모로서, 그룹의 회장을 보좌하는 매우 중요한 두뇌 집단이라고 부르는데 손색이 없다.

요컨대 초고속 성장 제국 삼성전자를 이끌고 있는 이건희의 공개된 비밀은 이른바 '삼각편대' 경영이다. 제국의 오너를 정점으로 그 아래 좌우로 한쪽에는 회장 비서실이 포진하고, 또 다른 한쪽에는 계열사의 전문 경영자들이 포진하는 삼각 구도이다. 이 같은 삼각 구도 속에 상호 보완이 강화되는 시너지 경영으로, 속도전이 요구되는 디지털 기술이라는 낯선 환경의 전장에서 이건희는 제국의 경영을 안정적으로 이끌어 갈 수가 있는 것이다.

그러나 SONY를 비롯한 일본의 전자 제조업체들은 회장 비서실이 있되 삼성전자와 같은 강력한 삼각편대의 구조는 존재하지 않는다. 무엇보다 그룹에서 오너를 찾아보기가 어렵다.

SONY만 하더라도 그렇다. 천재 기술자 이부카 마사루와 천재 경영자 모리타 아키오의 퇴임 이후 30년이 넘도록 오너가 아닌 전문 경영인 체제로 제국을 이끌어왔다. 경영자는 존재하되 군림하지 않는다는 일본의 전통적인 주군경영으로 일관해온 것이다.

물론 계열사 간 전문 경영자들의 정기 회합 같은 것이 전연 없는 건 아니다. 하지만 그런 회합이 있다 하더라도 업무를 조율하고 정보를 서로 교환하는 경우란 원칙적으로 있을 수 없다. 그저 함께 골프를 치거나 식사나 하는 정도의 친목 성격이 대부분이다.

그건 그룹의 계열사가 상호 협력보다 독자성이 우선 존중되는 개별 기업이란 성격이 더 강하기 때문이다. 더욱이 앞서 얘기한 주군경영으로 말미암

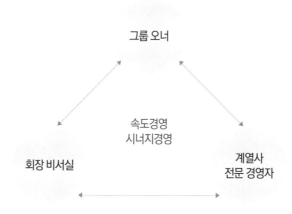

아 그런 개별 기업 또한 경영자를 중심으로 일사불란하게 움직이기보다는 대부분 현장 중심으로 하의상달되기 일쑤다. 오로지 그 같은 범주 안에서 철저히 활용 방법을 찾는 식이다.

더군다나 SONY를 비롯한 일본의 전자 제조업체에서 경영자가 직접 현장을 찾는다는 건 좀처럼 보기 어렵다. 그것은 곧 아랫사람이 하고 있는 업무를 전면 부인하는 행위로 간주되기 때문에 여간해선 있을 수 없는 일이다. 또한 그럴 의도가 있을 때만 볼 수 있는 특별한 장면이기도 하다.

다시 말해 경영자가 현장을 찾는다는 건 현장의 아랫사람에게 반드시 그 책임을 물을 때만이 가능한 풍경이다. 때문에 경영자가 현장을 찾는 것은 되도록 삼가는 것이 관례로 굳어진 지 이미 오래다. 주군경영이 뿌리 깊은 일본의 기업문화에선 경영자가 생산 현장을 찾는 대신 요릿집이나 전전한다는 얘기도 딴은 그래서 생긴 소리다.

그래서인지 몰라도 SONY를 비롯한 일본 기업의 생산 현장은 언제나 물속처럼 조용하기만 하다. 구석구석까지 잘 정돈되어 깨끗하며, 저마다 아무 소리 없이 진지하게 작업에만 몰두한다. 또 그 같은 범주 안에서 활용 방법을 찾아내고 치밀한 개선 활동을 이루어나가곤 하는 것이다.

그렇다면 이른바 '삼각편대' 경영을 하고 있다는 이건희의 삼성전자는 어떨까? 말할 것도 없이 SONY를 비롯한 일본의 전자 제조업체들과는 정반대다.

삼성의 전문 경영인들 역시 자신이 책임지고 있는 계열 기업 안에선 거의 그룹의 오너와 같이 막강한 권한을 행사한다. 생산 현장과 영업 현장까지도 수시로 누비고 다니면서, 즉석에서 의사를 결정하는 톱다운 방식으로 기업을 이끌어나간다.

그런 만큼 물속처럼 조용하기만 한 일본의 전자 제조업체의 현장과는 사뭇 다른 풍경이다. 삼성전자의 현장은 그야말로 전시의 최전방을 방불케 한다. 제국의 오너만이 아니라 계열사를 책임지고 있는 전문 경영인조차 현장을 수시로 찾는다. 현장을 일일이 살펴보다 혹 마음에 들지 않으면 당장 개선하라고 제꺽 불호령이 떨어지곤 한다.

따라서 전문 경영인의 의사 결정 과정 또한 대단히 빠른 편이다. 현안 문제가 발생하면 대부분 그 자리에서 검토되고 즉석에서 결정이 이뤄진다.

다시 말하지만 삼성전자의 황제경영은 오너나 계열 기업을 책임지고 있는 전문 경영인에게 역량이 있다면 날개를 달아주는 격이 된다. 초고속으로 성장할 수가 있다. 반대로 오너나 계열 기업을 책임지고 있는 전문 경영인이 자칫 실책이라도 범하고 만다면 한순간에 몰락할 수도 있는 리스크에 고스란히 노출되어 있다.

그렇대도 디지털 기술이라는 낯선 환경의 전장에서 삼성전자는 남달랐다. 승패의 분수령이 되는 속도전에서 SONY를 크게 앞서 갔을뿐더러, 안정적으로 제국을 이끌 수 있었던 건 지금까지 살펴본 '삼각편대' 경영이 있었기에 가능한 일이었다. SONY를 비롯한 일본의 전자 제조업체들이 빤히 알고 있으면서도 결코 그 같은 근육을 키워나갈 수 없었던 데 반해 삼성에는 초고속 성장 제국을 이끈 이건희만의 비밀이 있었기 때문이다.

SONY의 역사문화, 삼성전자의 역사문화

일본 기업의 경영자는 자신의 후임자를 대부분 자신이 직접 결정하는 경우가 많다. 마치 역전 마라톤의 주자가 바통을 넘겨주는 것처럼 후임자에게 자신의 업무와 권한을 모두 넘겨준 뒤, 자신은 후임자 뒤에서 수렴청정하며 후임자의 활약을 지그시 지켜본다.

따라서 후임자와 전임자가 충돌하는 경우란 있을 수 없다. 아울러 자신이 추구했던 방식을 계승하지 않고 부정하는 사람은 후임자가 될 수 없단 얘기다.

물론 가끔은 자신의 방식을 계승하지 않는 이가 후임자가 될 수도 있다. 그럴 땐 업무와 권한을 인수인계하는 데 다소 시간이 걸린다. 지금껏 자신이 한 일이 무엇이며, 남은 일이 무엇인지 비교적 상세하게 전달해야 하기 때문이다. 말하자면 서로 닮는 데 소요되는 시간이 그만큼 더 걸린다는 얘기가 된다.

일본의 경영자는 이같이 경영을 승계하는 연속성에 가장 중요한 방점을 둔다. 설령 시간이 좀 걸리더라도 이 같은 연속성을 간과하는 일이란 결코 있을 수 없다.

SONY의 후임자들 역시 다르지 않았다. 1대 경영자인 천재 기술자 이부카 마사루는 모두가 예상한 것처럼 공동 창업자였던 천재 경영자 모리타 아키오를 2대 경영자로 낙점했다. 그런 뒤 모리타 아키오를 뒤에서 적극 후원했다.

3대 경영자 오가 노리오 역시 SONY의 신형 테이프 레코더의 문제점을 이부카 마사루에게 설명하면서 첫 인연을 맺었다. 당시 음대생이었던 오가 노리오는 이부카 마사루에게 SONY 제품이 가지고 있는 기술적 문제점을 솔직하게 비판했다.

그의 재능을 확신한 모리타 아키오는 결국 훗날 오가 노리오를 자신의 후임자로 삼는 데 주저하지 않았다. 모리타 아키오 역시 뒤에서 자신의 후임자를 적극 후원했다.

4대 경영자 이데이 노부유키는 그저 평범한 경제학도였다. 유럽에서 근무하다 일본으로 돌아온 이후 그가 맡은 업무는 가정용 컴퓨터 MSX 사업과 홈비디오 사업이었다.

잇달아 실패하고 말았음에도, 학자적 논리력과 타고난 설득력으로 오가 노리오를 매료시키면서 그의 후임자가 될 수 있었다. 오가 노리오 또한 경영자에서 물러난 이후 자신의 후임자인 이데이 노부유키를 뒤에서 적극 후원했다.

5대 경영자 하워드 스트링거는 다소 예상 밖의 후임자였다. 이데이 노부유키는 자신의 후임자로 SONY 사장 안도 구니다케와 부사장 구다라 기켄 등 7명의 임원 가운데 한 명을 결정할 것으로 예상하였다.

그러나 당시 SONY의 위기 상황이 그걸 허락지 않았다. 결국 영국계 미국인 하워드 스트링거를 낙점하지 않으면 안 되었다.

요컨대 1대와 2대의 창업 회장을 제외하고 나면 이후의 후임자는 주군에서 다시 주군으로 승계되어 왔음을 알 수 있다. 일본의 기업에선 흔히 목격할 수 있는 후계 구도였다.

삼성의 선대 회장 이병철 또한 자신의 후임자를 자신이 직접 결정했다. 후임자인 3남 이건희에게 자신의 업무와 권한을 넘겨주고 자신은 후임자 뒤에서 수렴청정하며 그의 활약을 지그시 지켜보았다. 여기까지는 일본 기업의 경영자가 자신의 후임자를 자신이 직접 결정하는 것과 별반 다르지 않은 모양새다.

그러나 자세히 들여다보면 이내 다른 점을 볼 수 있다. 우선 삼성의 후임자는 SONY와 같이 주군에서 주군으로의 승계가 아니라는 점이다. SONY가 1대와 2대의 창업 회장을 제외하면 나머지 모두가 주군에서 다시 주군으로 승계되어 오늘에 이르고 있는데 반해, 삼성은 오너에서 오너로의 승계가 이어져 오고 있다.

또한 이 같은 주군에서 다시 주군으로의 승계와 오너에서 오너로의 승계가, 디지털 기술이라는 낯선 환경의 전장에서 과연 어떠한 결과를 초래했는지도 앞서 이미 살펴본 그대로이다. 요컨대 SONY와 삼성전자가 제각기 무장한 자신들의 역량과 기술, 전술과 노력에 상관없이 또 다른 조건과 보이지 않은 힘에 의해 결국 두 제국 간의 승패가 엇갈렸음을 확인할 수 있게 하는 대목이다.

사실 이번 꼭지는 애당초 원고의 플롯plot에는 없던 것이다. 원고를 써오는 동안에도 줄곧 예상치 못한 대목이다.

한데 'SONY를 움직이는 힘, 삼성전자를 움직이는 힘'을 쓸 때쯤에야 비로소 불현듯이 떠올랐다. 난공불락으로만 여겨지던 SONY의 예상치 못한 참패와, 기적이라고 밖엔 설명할 길이 없는 초고속 성장 제국 삼성전자, 한일 양국의 국가대표 기업을 처음부터 낱낱이 지켜보아 오면서 기업의 흥망성쇠 역시 그 끄트머리까지 다다르다 보면 결국에는 자원이나 기술력 · 경영력을 넘어 과거의 역사성까지 거슬러 올라가게 된다는 사실을 새삼 깨닫게 된 것이다.

앞의 후임자 결정 방식만 해도 그렇다. SONY는 경영의 연속성에 무게를 둔 반면에, 삼성전자는 강력한 리더십에 무게를 둔 후계 구도이다. 주군과 오너라는 서로 다른 역사성을 보여주고 있다.

후임자의 다음 행보도 전혀 다르다. SONY는 주군의 후임자가 전임자를 고스란히 계승해 나가는 반면에, 삼성전자는 전임자를 반드시 뛰어넘지 않으면 안 된다.

제국의 미래를 위해서라면 전임자의 방식을 과감히 바꾸는 것도 허용된다. 아니 전임자는 후임자에게 자신을 따르지 말고 과감히 바꾸어 나갈 것을 기대한다.

따라서 후임자는 으레 전임자의 방식을 버리고 자신만의 새로운 방식을 채택해 나간다. 일찍이 독일 프랑크푸르트에서 이건희가 선언한 '신경영'이 그 좋은 예라고 할 수 있다. 일본의 주군경영에선 눈을 씻고 찾아보아도 볼 수 없는 풍경이다.

그렇다면 이런 질문을 하게 된다. SONY는 어쩌다 그러한 역사성을 갖게 되었으며, 삼성전자 또한 그 같은 역사성을 갖게 되었느냐는 것이다.

앞서 SONY는 전통적으로 전력 자원이 고정되어 있는 전술을 펴고, 삼성전자는 전통적으로 전력 자원을 조정하는 전술을 편다고 비교 분석한 바 있다. 단서는 바로 여기에 있다고 보인다.

무엇보다 일본은 전력 자원을 고정해도 좋을 그런 역사의 근육을 스스로 키워온 셈이다. 그간 일본은 자신들의 역사 안에서 수많은 전쟁을 치러왔음에도 바깥으로부터 외침을 받은 일이라곤 없이 아주 오랫동안 평화를 누려왔다.

아니 일본의 역사에도 딱 한 번 외침이 있기는 했다. 1274년 몽고 제국이 900척의 전함과 4만 명의 군사를 보내 일본을 침략한 것이다. 몽고군은 쓰시마, 이키 섬을 거쳐서 큐슈의 하카다만에 상륙하여 일본 땅을 밟는다.

하지만 해양전을 치러본 적이 없는 몽고군은 현해탄을 건너기가 힘겨웠다. 천신만고 끝에 육지에 상륙했으나 바다에서 이미 기진맥진한 몽고군은 일본군의 저항 앞에 속수무책이었다. 1차 패배를 딛고 1281년 2차 침략을 감행했지만 이번에도 그만 패하고 만다.

물론 일본에는 지진이나 쓰나미와 같은 자연재해가 없는 건 아니지만, 인재 걱정이란 별로 없는 국가다. 더구나 태평양전쟁에서 패배한 이후 평화헌법을 방패 삼아 아주 평화롭게 살아왔다. 너무도 평화로워서 평화 건망증에 빠져 있는 나라다.

오죽하면 일본에서는 '초식남초식동물처럼 온순하고 착한 남자'이라는 신조어까지 생겨났겠는가. 남성은 육식동물 계통이고 여성은 초식동물 계통이라는 오랜 통념을 깬, 초식동물 남성이 그만큼 많아졌다는 현상이다.

다시 말하지만, 우리가 살아온 땅 한반도는 예부터 태생의 지정학적 위치 때문에 유독 바깥으로부터 침략이 잦았다. 북쪽의 대륙에서 밀고 내려오는 난폭하기 짝이 없는 거센 정복의 압력은 참으로 불가항력의 압박이었다. 그런가 하면 남쪽에서 바다를 건너 끊임없이 밀려드는 야망 또한 우리로선 항거하기 힘든 잔인하기 이를 데 없는 폭력이었다.

지난 5천 년의 시공을 살아오는 동안에 우리가 이민족으로부터 외침을 받은 것만도 크고 작은 걸 합쳐 도합 1,000여 차례나 이른다. 5년에 한 번꼴이다. 단 한 번의 외침이 있었던 일본과, 무려 1,000여 차례의 외침이 있었던 한국이 결코 같을 수 없는 분명한 근거다.

여북했으면 '우리의 역사는 곧 외침의 역사였다'라고 자조했겠는가. 오죽

했으면 '우리 민족은 난리 속에서 태어나 난리 속에서 생을 마친다'는 말이 회자하였겠는가.

이처럼 우리는 북쪽의 대륙과 남쪽의 바다 건너에서 끊임없이 밀려드는 정복과 야망을 꺾기에 바빴다. 안심하고 산 날이 지극히 드물었다. 우리는 순전히 외침의 억압 속에서 이루어진 '불안과 위험 속에서 살아온 역사'였다고 정의할 수밖에는 없다.

더욱이 '불안과 위험 속에서 살아온 역사'가 비단 지난 과거만이 아닌 현재에도 여전히 진행형이란 점이다. 서울에서 자동차로 불과 한 시간 반 거리에 휴전선을 두고 있다.

한데 이 지척 거리에 있는 휴전선엔 이름 모를 철새들만이 한가롭다. 서울의 평화로운 모습과는 사뭇 다른 풍경이다. 지구 상에서 군사 밀집도가 가장 높은 분쟁 지역으로 남쪽과 북쪽이 서로 총부리를 정조준하고 있기 때문이다. 북한군의 침략을 막기 위한 수많은 탱크부대와 미사일 기지가 촘촘히 요새화되어 있을뿐더러 금방이라도 전쟁이 벌어질 것만 같은 일촉즉발의 긴장감은 평화 건망증에 빠져 있는 일본의 초식남들에겐 죽었다 깨어나도 실감하기 어려운 풍경이 아닐 수 없다.

때문에 한국의 남성이라면 누구라도 젊은 날에 군 복무를 하게 된다. 군 복무의 경험은 알게 모르게 훗날 기업 조직에 몸을 담았을 적에도 영향을 미친다. 기업 조직에 들어오기 전에 이미 군 복무 동안의 조직경험을 통해서 오너와 임원, 중간 관리자와 평사원의 위치와 역할, 미션 분담을 뼛속 깊이 학습케 된다는 얘기다. 우리의 기업을 일컬어 전략과 전술이 상대적으로 뚜렷이 존재한다는 평가도 바로 여기서 기인한다.

그런 만큼 우리에겐 상의하달 방식이 몸에 깊숙이 배어 있다. 위기와 불안의 상황에 따라 신속하게 의사 결정을 내릴 수 있으며, 결정된 의사에 따라 일사불란하게 움직일 수가 있는 방식이다. 한국에서 여전히 유효한 '빨리빨리'의 극성문화가 어느 날 갑자기 튀어나온 것이 아니라는 사실이다.

우리가 애써 전력의 자원을 한사코 조정하지 않으면 안 되는 이유도 따은 여기에 있다. 누구도 부인할 수 없는, 우리만이 길러온 역사의 근육이 아닐 수 없다.

아울러 이처럼 서로 판이한 역사성이 앞서 언급한 것처럼 경영자의 후임자 결정에서 전혀 다른 선택을, 예컨대 경영의 영속성과 강력한 리더십으로, 전력 자원의 고정과 전력 자원의 조정으로, 평화 건망증에 빠져 있는 초식남과 개인주의가 강하면서도 때가 되면 일사불란하게 움직이는 놀라운 실행력으로, 자신들의 동력이자 곧 한계와도 같은 서로 다른 경영문법을 낳기에 이르렀다는 것이다.

다시 말해 '역사의 불안'과 '역사의 안정'으로 말미암아 한일 양국은 전통적으로 서로 다른 경영문법을 갖게 되었으며, 그로 말미암아 디지털이라는 낯선 환경의 전장에서 끝내 양국 국가대표의 운명을 갈라놓았다. 그동안 난공불락으로만 여겨졌던 세계 최강의 SONY와 그런 SONY를 맹렬히 추격하던 삼성전자 간의 승패에도 반드시 일정한 영향을 끼쳤을 것이란 얘기다.

마땅히 적과 싸워서 이기는 길이란 꼭이 병력의 수효나 무기 체제의 우열에만 있는 것은 결코 아니다. 전승의 요체란 리더의 또 다른 전략, 예컨대 정신이나 어떤 역사성까지도 뒷받침이 되어야만 한다. 초고속 성장 제국 삼성전자의 힘은 리더 이건희의 남다른 결단력과 경영과 같은 리더십만이 아닌, 우리의 역사 근육까지 융합을 이뤘기에 가능한 기적이었다. 그런 의미에서 삼성전자의 기적은 어쩌면 과거의 역사 속에서부터 벌써 준비되고, 학습되고, 단련되어, 이미 움트고 있었는지도 모를 일이다.

삼성경영
현대경영의
미래

제1장

삼성경영 현대경영의
과거

여우형 리더의 '미는 경영'

이미 살펴보았듯이 피터 드러커는 20세기를 대표하는 위대한 경영학자이자 현대 경영학의 창시자로 일컬어지고 있다. 우리에게도 퍽 낯이 익을뿐더러, 그의 저서에 대한 마니아도 적지 않다. 그의 저서에서 영감 받은 수많은 명문 가운데 굳이 한 줄을 가려 꼽는다면 '모든 기업정신은 위에서부터 온다'이다. 그의 저서를 간추려 마지막까지 남은 명문이 곧 그것이다.

'삼성경영'도 이와 다르지 않다. '삼성경영'을 말할 적에도 이병철과 이건희를 결코 빼놓을 순 없다. 그들의 기업정신이 곧 장장 80여 년1936년 창업을 이끌어온 '삼성경영'에 다름 아니었으며, 지속적인 생명력을 불어넣은 힘이었음은 누구도 부인하지 못한다.

돌아보면 대지 위에 처음 씨앗이 뿌려지듯 '삼성경영'의 시작이란 보잘 것이 없었다. 이렇다 할 자본도, 뾰족한 기술조차 전무했다. 믿는 구석이라 곤 그저 자신뿐인 출범이었다.

이처럼 단지 어떤 예감만으로 시작한 이래, 오늘날 글로벌 삼성제국으로 우뚝 성장할 수 있었던 건 곧 그들이 있었기 때문이다. 그들의 남다른 기업 정신이 있었기에 가능한 역사였다.

마찬가지로 이 같은 '삼성경영 80년'에서 굳이 한 줄을 가려 꼽는다면 '삼성의 기업정신은 위에서부터 온 것'이라고 말할 수 있다. 오늘날 글로 벌 삼성제국을 일으킨 이병철과 이건희의 역사를 간추려 나가다 보면 최 후까지 남는 건 그들의 '미는 경영'이다. 그것이 곧 '삼성경영'의 핵심 문법 이었다.

돌이켜보면 이병철과 이건희의 '삼성경영'을 일관되게 관통하고 있는 어휘는 단 하나다. 그동안 '간결하고 냉철한 개성을 보였다'라거나, '고독 한 외톨이로 자랐다'랄지, '황제경영의 경영문법을 지녔다'라고, 그리하여 '신중한 겁쟁이야말로 숲 속의 명승부사'라고 말하는 여우형의 리더였으 며, 또 그 같은 리더십을 모두 미적분하다 보면 결국 '미는 경영'으로 귀결 됨을 알 수 있다.

우린 그동안 어떠한 일을 수행함에 있어 전통적으로 부지런함을 제일 의 덕목으로 삼아왔다. 그저 열심히 하는 걸 만사형통으로 여겨왔던 것도 사실이다.

그러나 '삼성경영'의 이병철과 이건희에게서 그 같은 부지런함은 찾아 보기 어렵다. 애오라지 모두가 부지런함에 목을 맬 적에도 그들은 '은둔의 경영자'로 혹은 '코쿤의 성'으로 오히려 숨어들고는 했다. 모두가 그렇듯 새벽같이 뛰쳐나가야 한다고 믿었을 적에도 그들은 한사코 현장에서 멀리 떨어져 있는 리더이길 원했다.

그러면서 '삼성경영'의 이병철과 이건희는 자신에게 가장 잘 어울리는 방법론을 택했다. 앞으로 나서도 모자랄 판에, 흔치 않게도 그들은 뒤로 한 발짝 물러나 결코 나서는 법이 없었다.

그 대신 적재적소에 유능한 전문 장수경영인들을 찾아내어 전진 배치시켰다. 전문 장수에게 모든 권한과 책임을 동시에 부여하되, 자신은 뒤에서 전력과 자원을 조정하거나 조율하여 목표를 획득해 가는 방식이었다. 삼성이 유독 인재를 중시한 까닭도 따은 그런 이유에서였다.

다시 말해 '삼성경영'은 한국인의 장점은 물론 단점까지 예리하게 꿰뚫어 볼 줄 알았다. 확실한 목표와 동기가 있으면 지구촌에서도 가장 완벽하게 해낼 수 있다는 한국인의 남다른 정신과 역사적 근육을 간파한 것이 '삼성경영'의 용인술이었다.

더구나 그들은 거기서 한 걸음 더 나아갔다. 그중에서도 정예만을 끌어모아 조직화하고 시스템화하여, 삼성이라는 기업을 통해서 한국인의 숨은 역량을 폭발시켰다.

이 같은 핵심 어젠다가 역사와 문화로 절묘하게 어우러져 녹아들고 또 오랜 세월 구축되면서, 오늘날 누구도 따를 수 없는 글로벌 삼성제국을 낳은 성공 에너지가 될 수 있었다. 적어도 창업 1세대의 이병철과 2세대의 이건희에 이르는 80여 년 동안은 그 같은 여우형 리더의 미는 경영이 곧 '삼성경영'의 문법이었던 것이다.

고슴도치형 리더의 '끄는 경영'

'현대경영' 또한 다르지 않았다. '현대경영'을 말할 적에도 정주영과 정몽구를 결코 빼놓을 수 없다. 그들의 기업정신이 곧 장장 80여 년1938년 창업을 이끌어온 '현대경영'에 다름 아니었으며, 지속적인 생명력을 불어넣은 힘이었음은 누구도 부인하지 못한다.

돌아보면 '현대경영'의 시작 역시 보잘 것이 없었다. 이렇다 할 자본도, 뾰족한 기술조차 전무했다. 믿는 구석이라곤 그저 자신뿐인 출범이었다.

그럼에도 오늘날 글로벌 현대제국으로 우뚝 성장할 수 있었던 건 곧 그들이 있었기 때문이다. 요컨대 그들의 남다른 기업정신이 있었기에 가능한 역사였다.

마찬가지로 이 같은 '현대경영 80년'에서 군이 한 줄을 가려 뽑는다면 '현대의 기업정신은 위에서부터 온 것'이라고 말할 수 있다. 오늘날 글로벌 현대제국을 일으킨 정주영과 정몽구의 역사를 간추려 나가다 보면 최후까지 남는 건 그들의 '끄는 경영'이었다. 그것이 곧 '현대경영'의 핵심 문법이었다.

돌이켜보면 정주영과 정몽구의 '현대경영'을 일관되게 관통하고 있는 어휘는 단 하나다. 그동안 '불 같은 열정'이었다거나, '시끌벅적하게 자랐다'랄지, '정벌경영의 경영문법을 지녔다'라고, 그리하여 '용감한 자가 숲 속의 진정한 사냥꾼이다'라고 말하는 고슴도치형 리더였으며, 또 그 같은 리더십을 모두 미적분하다 보면 결국 '끄는 경영'으로 귀결됨을 알 수 있다.

우린 그동안 어떠한 일을 수행함에 있어 전통적으로 부지런함을 제일 덕목으로 삼아왔다. 그저 열심히 하는 걸 만사형통으로 여겨왔던 것도 사실이다.

'현대경영'의 정주영과 정몽구는 한사코 그런 리더이길 원했다. 아니 일찍 일어나는 새가 먹이를 먼저 찾는다는 얼리버드 중에서는 누구에게도 뒤지지 않는 억척스러움마저 자처했다.

실제로 우린 정주영이 장성한 세 아들과 함께 청운동 자택에서 이른 새벽에 식사를 마친 뒤 광화문 앞을 지나 계동에 자리한 현대그룹 본사까지 걸어서 아침 일찍 출근하는 사진을 앞서 본 일이 있다. 또 그건 애비로서의 인간적인 즐거움 때문이라기보단 자신을 이어 왕국을 이끌어 나갈 아들들에게 얼리버드 정신을 일깨워주고 싶어서였음도 살펴보았다.

정몽구 또한 그런 선대를 충실히 따랐다. 널리 알려진 대로 정몽구의 좌우명은 '일근천하무난사─勤天下無難事'이다. 부지런하게 사는 사람은 세상일에 어려움이 없다는 뜻이다.

실제로 그는 매일 새벽 6시 30분이면 양재동 현대·기아차그룹 본사에 출근한다. 때문에 상황을 브리핑하고 하루 스케줄을 보고해야 하는 참모진은 그보다 이른 새벽 6시면 출근해서 준비를 서두르지 않으면 안 된다. 따라서 양재동 본사의 출근 시간은 아침 여섯 시부터 일곱 시 사이에 절정을 이룬다.

그래서 이 같은 일화도 생겨났다. 지난 2011년 1월 3일이었다. 현대·기아차그룹은 여느 해와 다름 없이 아침 8시에 시무식으로 새해를 열었다.

한데 신년 휴무가 끝나고 다시 한 해 업무가 시작되는 새해 첫날, 서울과 수도권은 이른 아침부터 내리기 시작한 폭설로 교통대란을 겪어야 했다. 서울로 통하는 고속도로와 간선도로는 물론이고, 서울 시내 도로조차 갑자기 내리기 시작한 폭설로 차량들이 거북이 운행을 하는 바람에 도로는 삽시간에 거대한 주차장으로 변하고 말았다. 평소의 출근 시간보다 한두 시간을 넘기고만 직장인들이 부지기수였고, 아예 출근을 포기하고 귀가하는 이조차 적지 않았다.

하지만 양재동 현대·기아차그룹 본사에선 대부분의 직원이 정상 출근했다. 이날 서울 시내에서 거의 유일하게 제시간에 맞춰 시무식을 치렀다. 폭설이 내리기 전부터 출근을 시작해 눈발이 굵어진 시각에는 대부분의 직원이 출근을 마친 상태였던 것이다. '현대경영'의 얼리버드 정신이 어떤 것인가를 보여준 풍경이었다.

제2장
삼성경영 현대경영의
미래

'삼성경영'의 3세, 이재용은 누구인가

삼성전자 부회장 이재용은 1968년 서울에서 삼성그룹 회장 이건희와 삼성미술관 리움 관장 홍라희의 1남 2녀 중 장남으로 태어났다. 그는 어렸을 때부터 할아버지 이병철과 아버지 이건희로부터 '누구를 만나든지 경청하고 주의 깊게 들어라'라는 가르침을 받았다. 그래선지 재계에서도 예의 바르고 남의 얘기를 잘 듣기로 소문이 났다.

이재용은 경복고를 졸업한 후 서울대학교에 입학해 동양사학을 전공했다. 경영학을 먼저 배우기보다는 인문학적 소양을 쌓고 경영은 나중에 배우라는 할아버지 이병철의 조언 때문이었다.

이재용은 삼성전자 총무그룹에 입사하면서 제국에 첫발을 들여놓았다.

서울대학교 동양사학과를 졸업한 23세1991년 때였다.

이후 유학길에 올라 일본 게이오기주쿠대학 경영대학원에서 석사 과정을 거친 뒤, 미국 하버드대학교 경영대학원에서 박사 과정을 마쳤다. 일본과 미국을 거치며 수학한 배경에는 아버지 이건희의 경험이 있었다. 미국을 보고 나서 나중에 일본을 보게 되면 일본 사회의 특성, 특히 숨은 섬세함 따위를 자칫 놓치기 쉬워서 먼저 일본을 알라는 조언에 따랐다. 하지만 실무에 목말라 하던 이재용은 박사학위까지 따라는 아버지 이건희의 권유를 뿌리친 것으로 알려져 있다.

유학을 마치고 돌아온 2001년 삼성전자 경영기획팀 상무보와 2004년 S-LCD 등기이사를 거쳐, 본격적으로 경영 일선에 나서기 시작한 것은 2007년부터였다. 삼성전자 글로벌고객총괄책임자CCO 전무를 맡으면서, 주요 협력사 수장들과 만남을 갖기 시작했다. 오랜 시간 경영수업에 전념했던 그는 당시 전무 직급으로 삼성전자 사장급 이상의 권한을 갖게 되었다.

삼성제국의 미래를 완성시키기 위해 총력을 기울이는 이재용 부회장

같은 해 10월, 그는 아버지 이건희의 요청에 따라 해외 순환 근무에 오른다. 중국 상하이에 베이스캠프를 차린 이재용은 중국, 일본, 동남아는 물론 유럽, 북미, 남미를 종횡무진하기 시작했다.

CCO를 맡아 인텔·SONY 등의 주요 협력업체와 글로벌 바이어들을 관리하면서 인맥을 쌓게 했다. 아울러 제국을 이끌어갈 신사업 발굴이라는 막중한 임무도 부여받았다.

2010년에는 삼성전자 최고운영책임자COO 사장에 오르면서 10년 만에 국내로 복귀했다. 이때 그가 세계 시장의 곳곳을 순회하며 찾은 제국의 미래 영토가 다름 아닌 자동차였다. 삼성이 자동차 산업에 관심을 갖게 된 이유는 최첨단 정보기술IT 분야로 자동차가 접근해오고 있었기 때문이다. 차량용 반도체와 디스플레이를 비롯한 거의 모든 IT산업이 결국 자동차와 연결될 것이라는 것이 이재용과 삼성의 판단이었다.

따라서 그는 삼성전자 부회장2012년에 오른 이후에도 제국의 미래 영토인 자동차에 총력을 기울이고 있다. 그렇다고 삼성전자가 다시금 완성차를 직접 만들겠다는 건 아니다. 자동차가 첨단 IT 분야와 결합해가고 있는 만큼, 자동차 내부의 모든 IT 핵심 기술을 삼성전자와 계열사가 선점하겠다는 뜻이다. 제국의 미래를 바로 그 지점에서 완성시킬 것이라는 포부다.

'현대경영'의 3세, 정의선은 누구인가

현대자동차 부회장 정의선은 1970년 서울에서 현대·기아차그룹 회장 정몽구와 이정화의 1남 3녀 중 장남으로 태어났다. 그는 어렸을 때부터 예의 현대가의 밥상머리 교육을 받으며 자랐다.

뿐만 아니라 그는 할아버지 정주영과 손자 이상의 각별한 사이였다. 정주영이 다른 손자들에겐 매우 엄격하게 대했지만, 장손인 정의선에게만은 예외였다. 우선 정의선을 어릴 때부터 청운동의 할아버지 집에서 지내게 했다. 정주영은 사람들에게 곧잘 '우리 집은 인왕산 계곡물 흐르는 소리와 산기슭을 훑으며 오르내리는 바람 소리가 좋은 터'라고 자랑했다. 정의선을 청운동 집에 지내게 한 것은 장손을 가까이 두고 보고 싶은 것도 있었겠지만, 그 같은 좋은 정기를 많이 쐬게 하려는 배려이기도 했다.

정주영은 생전에 매일 새벽 청운동 자택에서 온 집안 식구들과 함께 아침식사를 했다. 소탈한 밥상이었지만 할아버지 정주영은 늘 엄격했다.

정의선은 그 같은 엄격한 가풍을 아버지 정몽구가 그랬던 것처럼 고스란히 물려받았다. 이른 새벽에 다 같이 모여 아침식사를 하면서 자연스레 웃어른을 공경하고 남을 배려하는 예절을 배웠다. 교육의 토대가 되고, 경영자로서의 자질이 되는 학습을 일찍부터 익히게 된 것이다.

정의선은 휘문고를 졸업한 뒤, 할아버지 정주영이 19세 때 무작정 상경하여 신축 공사장에서 돌과 목재를 나르는 막노동을 두 달 가까이했다던 고려대학교에 입학하여 경영학을 전공했다. 졸업하던 이듬해 곧바로 현대정공현대모비스에 입사1994년해 제국에 첫발을 들여놓았다. 일찍이 아버지 정몽구가 갔던 길을 그대로 이어 밟으며 밑바닥부터 다져 나갔다.

이후 미국 유학길에 올랐다. 샌프란시스코대학교에서 경영학 석사 학위를 받고 일본 이토추상사 뉴욕지사에서 근무하다 현대자동차 구매본부 구매담당 이사로 복귀1999년했다. 이듬해 중순부터 국내 영업본부에서 영업담당 및 기획담당을 맡았다. 2001년에는 상무, 2002년에는 전무로 승진한 데

소탈한 오너, 창의적이고 겸손한 인물로 평판을 받고 있는 정의선 부회장

이어, 2003년에는 부사장에 오르는 초고속 승진을 했다.

정의선이 재계의 주목을 받게 된 시기는 2005년 기아자동차 사장을 맡으면서부터였다. 이때부터 현대차그룹의 차세대 리더라는 평가가 나왔다.

하지만 부정적인 시선이 더 많았다. 30대 중반의 젊은 CEO가 과연 기아자동차라는 거대 조직을 제대로 이끌 수 있을지 하는 우려에서였다.

그 같은 우려를 정의선은 한발 앞서 나가는 디자인 경영을 통해 완전히 불식시켰다. 자동차 세계 3대 디자이너 중 한 명으로 손꼽히는 아우디 디자이너 출신인 피터 슈라이어를 디자인 총괄 부사장으로 영입해 디자인이 강조된 박스카 쏘울, '인기 종결자' K5를 연이어 내놓으면서 국내외 자동차 시장에서 돌풍을 일으켰다.

현대자동차 부회장으로 자리를 옮긴 이후에도 성장세를 이어갔다. 2012년 4월 중국 시장에 첫선을 보인 YF쏘나타가 불과 5개월 만에 월 판매 대수 1만 대를 넘어서자 모두 경이로운 눈길로 바라봤다. 현대자동차 이미지가 값싼 소형차에서 비중 있는 중형차로 바뀌는 계기가 되었기 때문이다.

정의선은 현대자동차 부회장에 이어 2012년 봄 또다시 현대제철 부회장 자리에 올랐다. 사실상 자동차와 함께 제국의 또 다른 축인 제철 경영까지 책임지면서 후계 구도의 보폭을 점차 넓혀나가고 있다.

그러면서 정의선의 행보 또한 신중해지고 있다. 2009년 현대차그룹 부회장에 취임했을 때만 해도 글로벌 시장에서 브랜드 강화를 외치기 시작한 그가 관심의 대상을 내수로 전환하였다. 국내 수입차 시장이 몰라보게 커지면서 안방 수성이 최대 관심으로 떠올랐다. 지금껏 '모터쇼 경영'으로 불릴 정도로 주요 해외 모터쇼에는 빠짐없이 참석했지만 공식적인 해외 방문을 일절 삼가고 있다. 내수시장을 적극 방어하겠다는 의지의 표현인 셈이다.

전기차·전자제어 등 제국의 미래를 먹여 살릴 신사업이 추진되고 있지만, 정의선은 직접적인 개입을 하지 않고 있다. 아직은 아버지 정몽구가 건재한데다 현대차그룹은 부문별로 부회장 체제가 갖춰져 있기 때문이다.

정의선은 또 할아버지 정주영만큼 기업적 이벤트를 잘 만들어내고 있는 것으로 알려져 있다. 지난 2005년 기아자동차 수출 500만 대 돌파 기념식 때 그는 임원들의 넥타이를 기아자동차 상징색인 빨간색으로 통일시키는 이벤트를 연출해서 일사불란하게 단결된 풍경을 보여주었다.

그런가 하면 그는 아버지 정몽구를 그대로 빼어 닮아 직원들과 소주잔을 기울이며 우스갯소리도 곧잘 하는 소탈한 오너, 창의적이고 겸손한 인물로 좋은 평판을 받고 있다. 부하 직원들에게 항상 존댓말을 사용하면서 자신을 낮추려는 모습이 역력하다는 소리다.

하지만 정의선은 현대차그룹 안에서의 위상 강화에도 불구하고 외부 노출을 극도로 자제하고 있는 편이다. 그는 다른 오너 3세보다 유난히 언론 노출이 적다. 있는 듯 없는 듯 자신의 존재감을 전혀 드러내 보이지 않는다.

이것은 아무래도 아버지 정몽구 회장과 관련이 있어 보인다. 아버지 정몽구가 아직 건재한데 아들이 전면에 나서기가 부담스럽다는 이유에서다.

실제로 정의선은 누구보다 아버지 정몽구를 존경한다. 그는 몇 해 전 지인들과 함께 자리한 사석에서 '정몽구 회장님은 자신의 롤모델'이라고 스스럼없이 존경심을 나타냈다. 아버지 정몽구가 할아버지 정주영에게 나타냈던 자세 그대로이다.

한편 지난 2009년 10월 9일, 조금은 뜻밖의 풍경을 보게 된다. 현대자동차 부회장 정의선의 모친인 고 이정화 여사 빈소에 삼성전자 부회장당시 전무 이재용이 모습을 드러냈다. 이날 오전 장례식장에 도착한 이재용은 상주인 정의선을 위로하면서 20여 분간 대화를 나눴다. 이재용은 정의선의 걱정을 많이 했다고 덧붙이기도 했다.

제국의 후계자로서 경쟁자이자 동반자인 둘은 사적으론 매우 막역한 사이로 알려져 있다. 이재용이 정의선의 모친 빈소에서 오랜 시간을 머물면서 위로의 말을 건넨 것은 이들의 돈독한 관계를 고스란히 보여준 사례다.

애사뿐 아니라 경사가 있을 적에도 둘은 개인적으로 챙겨준다. 이재용이 삼성전자 CEO로 승진2010년했을 때 정의선이 가장 먼저 축하한다는 내용의 문자 메시지를 보내기도 했다.

둘은 국내 양대 그룹의 3세 경영인이라는 공통점을 갖고 있지만, 이들은 똑같이 외아들이다. 서로 남자형제가 없어 만나면 형, 동생으로 호칭하는 것으로 알려져 있다. 이재용이 정의선보다 두 살이 더 많아 형으로 불린다.

이들의 호형호제 관계는 사업 측면으로도 일부 이어진다. 삼성은 현대·기아차의 대형 세단을 선택해주고, 현대·기아차는 삼성의 갤럭시 등 스마트폰을 활용하는 식이다.

이같이 둘 사이는 재계에선 보기 드문 동반자로서의 성격이 강하다. 일부 라이벌 의식도 없지 않겠지만, 할아버지대나 아버지대와는 달리 지금껏 비교적 서로를 격려하고 이해하며 함께 성장해가고 있다.

한데 최근 들어 이상기류도 감지되고 있다. 삼성전자가 자동차용 반도체 시장을 차세대 성장 동력으로 삼고 나선 가운데, 현대자동차 역시 현대오트론을 설립해 반도체 사업에 뛰어들었다. 삼성전자 입장에선 잘하는 분야를 선점하기 위해서이고 현대자동차 또한 미래 자동차 사업을 위한 원천기술 확보 차원에서 나선 셈이다.

그러면서 둘 사이에 조금씩 이상기류도 생겨나고 있다. 호형호제하는 둘의 관계가 치열한 비즈니스 세계에서 물러설 수 없는 본격적인 경쟁자 구도로 바뀌고 있는 것이다.

삼성제국의 '100년 경영'

삼성제국의 총수 이건희가 급성 심근경색으로 쓰러졌다2014년. 끊이지 않는 위중 설에도 자가 호흡 등 체력적 안정을 되찾은 것으로 알려졌으나 경영일선의 복귀는 어려워 보인다. 그러면서 강력한 리더십을 발휘했던 거목의 공백 속에 삼성제국은 부회장 이재용 체제로 빠르게 재편되고 있다.

이재용은 우선 지주사 체제로의 재편을 단행했다. 환상형 순환출자 구조에서 삼성물산을 정점으로 전자와 금융의 두 날개를 달았다. 이 과정에서 방산 등 불필요한 사업군을 과감히 정리하는가 하면, 미래를 대비해 바이오 등 새로운 성장 동력을 포진시켰다. 큰 그림으로 볼 때 여기까지 그가 보여준 핵심 철학은 실용주의를 기반으로 한 선택과 집중이다.

물론 사업 조정을 동반한 지배 구조 개편은 이건희가 쓰러지기 이전부터 활발했다. 이건희가 쓰러져 입원한 이후에 진행되었던 에버랜드 상장을 비롯하여 중공업과 엔지니어링 합병은 이미 예정된 것이었다. 다만 에버랜드 상장이 경영권 승계를 위한 핵심 절차였다면, 중공업과 엔지니어링의 합병은 경영의 효율성 제고를 위한 사업 조정의 성격이 짙다. 삼성은 이후 대규모 합병 건은 다시는 없을 것이라고 밝혔다.

하지만 같은 해 세밑, 화학과 방산 계열사를 2조 원에 한화그룹으로 넘기기로 하는 빅딜을 발표해 시장을 놀라게 했다. 사실 삼성의 화학 계열사들은 그동안 경쟁력이 떨어진다는 지적을 받아왔다. 삼성의 화학 계열사는 5개사 삼성종합화학·삼성토탈·삼성석유화학·삼성BP화학·삼성정밀화학에 이르렀지만 LG화학 1개사의 영업이익에도 미치지 못한 경우가 많았다. 이어 롯데그룹과의 인수합병도 진행되었다. 선대 회장 이병철이 사업보국 차원에서 진행했던 방산업을 모두 정리했다.

삼성생명 태평로 사옥 매각 2016년 도 충격적이다. 자생력의 한계를 보인 광고사업 제일기획도 매각 대상에 올랐다. 공정거래위원회가 집계한 삼성그룹 기업집단의 계열사 수는 2003년 63개에서 2013년 76개로 증가했다가 2015년 67개까지 줄어들었다.

그렇다고 지난 2년 사이 한계 사업을 정리한 것만은 아니었다. M&A 타겟을 해외 기업으로 확대한 것도 특징 가운데 하나로 꼽히고 있다. 삼성전자가 최근에 인수한 것으로 알려진 자동차 부품사 '마그네티 마렐리'와 이미 인수 계약을 체결한 미국의 럭셔리 가전업체인 '데이코' 등이 그것이다. 그동안 삼성전자의 기술력만으로는 쉽게 뚫지 못했던 스마트카와 프리미엄 가전 시장을 정조준했다는 분석이다.

2015년에 인수한 미국의 '루프페이'는 간편 결제 서비스인 '삼성페이'로 선보여진 후 상당수의 사용자를 확보하여 모바일 결제 시장 진출에 성공적으로 연착륙했다.

이후에도 중국의 대표 신용카드인 은련카드나 중국 최대 모바일 결제 시스템인 알리페이와의 제휴를 통해 세력을 보다 확장시켜나가고 있다. 삼성보다 1년가량 앞섰던 애플페이를 단숨에 따라잡을 수 있었던 것이다.

4차 산업 등 미래 신사업 육성에도 주력한 흔적이 뚜렷하다. 인공지능AI의 원천기술을 보유한 미국 실리콘밸리 기업 '비캐리어스'에 2,000만 달러를 투자한 데 이어 이디본·익스펙트랩·리액터랩 등 10여 개 AI 관련 기업과 손을 맞잡았다.

사물인터넷IOT 플랫폼 기술을 확보한 '스마트 싱스'도 그중 하나다. 클라우드가상 저장 공간 업체 '조이언트'는 미국 증시에 상장도 되지 않은 기업인데, 삼성이 인수한 기업 중에는 창립한 지 4~5년 안팎의 스타트업초기 벤처기업도 적지 않다.

그가 한계 사업의 많은 계열사를 과감히 정리하고, 동시에 신규 사업을 발빠르게 인수하여 체질을 개선해 나가면서 그려지는 제국의 미래는 너무도 분명한 것 같다. 이재용의 사업 재편 구도는 크게 전자·금융·바이오의 3대

축으로 요약된 선택과 집중이다.

　이재용은 아버지 이건희와의 리더십에서도 뚜렷한 차이를 보이고 있다. 아버지 이건희가 '은둔의 경영자'로 불렸다면, 이재용은 현장을 직접 뛰어다닌다. 애플과의 특허전쟁, 중국 반도체라인 신설 등도 그가 직접 현장을 뛰어다니며 비로소 해결 국면에 진입했다.

　그 밖에도 글로벌 자동차 업계의 CEO를 직접 만나는 등 영업 일선에도 적극적이다. 전세기를 내다 팔고 캐주얼 차림으로 캐리어를 직접 끌며 해외 곳곳을 누비는 그에게서 아버지와 같은 은둔의 그림자는 더 이상 찾을 수 없다.

　그런가 하면 '삼성경영'의 전통적인 회장 비서실이 그 모태인 미래전략실도 향후 상당 부분 축소가 예고되고 있다. 보좌에 의존하기보다는 직접 부딪쳐 소통하고, 문제의 현장으로 뛰어가겠다는 의지 표명이다.

　그렇다 하더라도 남은 과제는 산적해 있다. 먼저 이재용은 경영권 승계를 위한 마지막 퍼즐을 맞춰야 한다. 반도체와 TV, 스마트폰을 이어나갈 새로운 성장 동력 확보도 시급하다. 흩어져 있는 범 삼성가의 총수로서의 역량도 보여주어야 한다. 무엇보다 미래를 대비해 그가 지목한 바이오 분야에서 자신의 혜안이 옳았음을 입증해 보여야만 한다.

　이렇듯 삼성제국의 '100년 경영'을 두 어깨에 짊어진 이재용의 갈 길은 멀기만 하다. 이제 막 그 첫걸음을 떼고 있을 따름이다.

현대제국의 '100년 경영'

　전 세계 고급차 시장을 겨냥해 야심 차게 내놓은 프리미엄 브랜드 '제네시스'는 현대차그룹의 미래일 뿐 아니라, 한국 자동차의 기술력과 문화를 끌어

올릴 '마중 물'이다. 그리고 2016년 정월, 현대자동차는 미국 디트로이트에서 개막된 '북미국제오토쇼_{디트로이트 모터쇼}'에서 국산차 최초의 프리미엄 브랜드 '제네시스'를 처음으로 선보였다. 국내에선 이미 전년도에 첫선을 보였으나, 첫 해외 진출 지역으로 삼은 북미 지역에서의 발표는 처음이었다.

이날 발표는 10여 년 전부터 프리미엄 브랜드인 제네시스의 개발을 전면에 나서 주도해온 현대자동차 부회장 정의선이 직접 맡았다. 정의선은 이렇듯 국내와 해외에서 제네시스 브랜드 개발에서부터 발표까지 주도하며 본격적으로 역량 검증의 시험대에 오르게 되었다. 세계 자동차 업계가 현대자동차의 프리미엄 브랜드에 비상한 관심을 쏟는 만큼 제네시스의 성공 여부는 곧 정의선의 경영력을 평가하는 시험대로 인식되고 있기 때문이다.

발표장인 디트로이트 코보센터 제네시스 전용관은 세계 각국에서 언론인 등이 몰려들면서 북새통을 이뤘다. 좀처럼 공개 석상에 나서지 않았던 정의선은 현대자동차의 비전을 직접 발표한 2015년에 이어 다시금 디트로이트 모터쇼의 단상에 올랐다.

이날 정의선은 유창한 영어로 '현대자동차는 지난 반세기 동안 소비자들에게 더 좋은 제품을 제공하기 위해 노력해왔으며 이를 바탕으로 최고급 브랜드 제네시스를 만들었다'고 밝혔다. 아울러 '전 세계 소비자 덕분에 세계 시장을 주도하는 회사로 발전한 현대자동차가 이제 럭셔리라는 새로운 목표를 향해 나아가겠다'고 선언했다.

현대자동차는 제네시스 브랜드 발표와 동시에 한 해 앞서 국내에 출시한 제네시스의 첫 모델인 'G90_{국내명 EQ900}'을 북미 시장에 첫선을 보였다. G90은 '세계 최고의 초대형 럭셔리 세단'을 목표로 지난 4년여 동안 1,200여 명의 전담 연구원을 투입해 완성한 현대자동차의 차세대 야심작이다.

한편 북미 시장의 특성에 맞게 G90를 가솔린 3.3과 5.0 모델로 운영할 계획이라고 한다. 연간 판매 목표는 약 5,000대이며, 곧이어 출시할 2세대 제네시스의 상품성 개선 모델인 'G80' 약 2만 5,000대를 합해 브랜드의 전체 판매 목표는 연간 3만 대로 잡고 있다. G90은 북미에 이어 중동과 러시아에서도 판매에 돌입했으며, 6종의 후속 모델이 모두 갖춰지는 오는 2020년 북미 시장에서의 목표는 연간 10만 대까지 늘어난다.

이처럼 프리미엄 브랜드 제네시스는 3세 정의선의 시대를 여는 서막으로 보는 관측이 많다. 현대자동차의 내부적으로 볼 때에도 그가 이끌어나갈 '현대차 3.0'의 신호탄이기도 하다.

현대차그룹의 1.0 시대는 창업회장 정주영과 전 현대자동차 명예회장 정세영으로 거슬러 올라간다. '자동차 보국'이란 사명감으로 뛰어든 한국 자동차산업의 시발점인 시기다.

2.0 시대는 2세대 정몽구의 이름으로 불린다. 기아자동차의 합병과 아반떼·쏘나타를 쌍두마차로 밑바닥 물고기에서 글로벌5로 도약한 시기다.

3.0 시대는 3세대 정의선이 열어나갈 미래다. 글로벌 고급차 시장에 출사표를 던지면서 1967년 창립 이래 새로운 반세기를 준비하는 '현대차 3.0' 시대에 도전하고 나선 것이다. 더욱이 프리미엄 브랜드 제네시스의 성공 여부는 정의선의 후계 구도 마무리에도 영향을 줄 것으로 보인다. 제네시스가 고급차 시장에서 자리를 잡게 되면 현대차그룹의 미래를 책임질 정의선의 경영 역량도 인정받는 셈이 되기 때문이다.

그렇더라도 제국의 경영권을 승계하는 데는 다소 시간이 걸릴 것으로 보인다. 업계에선 현대자동차가 야심 차게 내놓은 제네시스의 해외 시장 안착이 결국 후계 구도에도 지렛대가 될 것이라고 보고 있다. 오는 2020년까지 총 6개 모델로 구성될 제네시스의 럭셔리 라인업이 고급차 시장에서 꾸준히 인정받을 수 있느냐의 여부에 따라 제네시스와 함께 정의선의 명운을 가를 것이라는 게 지배적이다.

물론 북미 시장에서 제네시스가 조기에 안착할지는 미지수다. 현대제국의 '100년 경영'을 두 어깨에 짊어진 정의선의 미래 또한 아직은 미지수다.

다만 정의선은 할아버지 정주영의 도전정신과 아버지 정몽구의 뚝심을 동시에 물려받은 인물로 평가받고 있다. 현대가 특유의 가부장적 가풍을 이어받아 소박하고 겸손할 줄 알면서도 진중하며 아울러 창의적이라는 게 업계의 중론이다. 재계에선 총수의 3세 가운데 가장 뛰어난 경영 능력과 리더십, 책임감 등을 조화롭게 갖춘 인물이라는 평가도 이어진다.

저자 역시 들은 얘기가 있다. 국내외 자동차산업에 정통하다는 U교수와 정의선에 대해 두루 의견을 나눈 적이 있었는데, 대뜸 정의선이 IT 분야에 매우 해박하다는 것을 들었다. 미래의 자동차가 첨단 IT 분야와 결합해가고 있다는 점에서 기대해도 좋다는 얘기였다.

중국에 「화식열전」
일본에 「논어와 주판」이 있다면
한국에 「삼성경영 현대경영」이 있다

　다시 말하지만, 한국의 경제경영사에서 1945년은 매우 중요한 해로 여긴다. 이 시기를 기점으로 8·15 광복 이전은 경제경영사의 선사시대로, 8·15 광복 이후를 경제경영사의 역사시대로 구분 짓는다. 다시 말하자면 1945년 8·15 광복 이전의 경제경영사는 '문자가 없다'는 것이다. 그 이전의 시대는 우리의 경제경영사에 편입될 수 없다는 얘기와 같다.

　솔직히 이런 구분 짓기에 저자는 동의할 수 없다. 땅바닥에 작대기로 금을 긋듯 구분 짓기 시작한 이 같은 주장에 결코 손을 들어줄 생각이란 없다.

　그렇다. 그 어떠한 구분 짓기에도 으레 경계란 존재하기 마련이다. 또 그 같은 경계가 또 다른 일출을 기대케 하는 웅숭깊은 여명이라는 점에서 때로는 남다른 의미가 있기도 한다.

실제로 애써 찾으려 들지 않았을 뿐, 그 같은 경계의 시대에도 뭇사람들은 마르지 않는 눈동자로 어기차게 살았다. 또 뭇사람이라면 누구나 어차피 어떤 무언가를 팔면서 살아가는 것과 같이, 그러한 경계의 시대에도 엄연히 경제경영의 흥망성쇠가, 또 그들 나름의 문법과 역사가 존재하고 있었다는 사실이다.

따라서 혹 우리가 미처 다 챙기지 못한 구석은 없는지 두루 살펴보는 것은 당연하다. 그리하여 우리의 경제경영사는 1945년 8·15 광복 이후부터가 아니라 그 이전까지 거슬러 올라가야 한다. 한국 기업의 역사가 이제 갓 71년이 된 것이 아니라 100년 이상이 되었다는 게 평소 저자의 생각이다.

그 좋은 예가 두산그룹1896년과 동화약품1897년, 경성방직1919년 등이 있다. 두산그룹은 '마지막 보부상'이라고 일컬어지는 박승직이 오로지 맨주먹으로 일군 기업이다. 동화약품은 왕조 말기 궁중의 어가를 호위하던 선전관 민병호가 궁중에서 대대로 내려오던 비기를 들고 나와 소화제 '활명수'로 창업하여 오늘에 이르고 있다.

상업자본으로 시작했던 이들과 달리 경성방직은 설립 때부터 이미 산업자본으로 출범했다. 인촌仁村 김성수는 조선인들이 옷을 만들어 입으려고 일본에서 들여오는 광목 값으로 한 해 2,700만원지금 돈 약 2조 9,700억 원이나 새어 나간다는 얘길 전해 듣고 방직공장 설립에 나섰다. 우리의 옷은 우리가 만들어 입어야 한다며 전국의 유지들에게 주식을 공모하여 설립한, 대규모 생산 시설을 갖춘 첫 근대 기업이었다. 우리의 경제경영사는 마땅히 거기까지 거슬러 올라가야만 옳다.

그렇다 하더라도 이웃 나라에 비하면 우리 기업사는 일천하기 짝이 없다. 중국은 이미 1872년에 '상인을 초청해서 설립한 공기업'이란 뜻의 해운회사 윤선초상국輪船招商局 설립을 시작으로 기업이 들불처럼 번져나갔다. 일본 역시 민간 철도회사인 니혼철도1881년와 오사카방적1883년을 시작으로 근대 기업들이 우후죽순처럼 세워졌다.

그에 반해 우리의 기업 역사는 턱없이 짧은 데다 또 초라하기까지 했다. 20세기에 들어서야 겨우 경성방직과 같은 근대 기업이 탄생할 수 있었다. 그건 아무리 생각해 보아도 역사 속에서 이유를 물을 수밖엔 없을 것 같다. 우리의 역사를 되돌아 보았을 때 기업경영이 움터 오를 수 있는 토양이나 씨앗은 눈을 씻고 보아도 존재하지 않는다는 사실이다. 땅을 칠 수밖에 없는 노릇이다.

우선 지금의 우리를 있게 한 조선왕조의 역사만 해도 그렇다. 조선왕조 땐 상업을 하고 싶다고 해서 아무나 상업을 할 수 있던 시대가 아니었다. 태조가 왕조를 개국한 이래 유교를 통치 이념으로 삼으면서 일반 백성에게 상업을 허락할 수 없다는, 이른바 억말무본抑末務本의 추상과도 같은 국시를 끝내 견지한 까닭이다.

따라서 조선왕조는 상업에 지극히 부정적이었다. 상업 활동은 백성을 간사하게 만들뿐더러 교화에도 어긋난다고 해서 농산물의 유통에까지 소극적이었다. 유교적 정신주의만을 강조했을 뿐 자본 축적의 기회에 소홀했다.

물론 왕조 후기에 들어서면 통공을 시행하기도 한다. 정조正祖 연간에 이르러 '누구나 상인이 될 수 있다'고 선포한 것이다.

하지만 그것도 다 한성의 바깥에서나 가능한 얘기였다. 도성 안의 알토란 같은 상권을 제외한 찌꺼기나 다름없는 나머지의 것들, 그리하여 도성 바깥으로 나가 서민들을 상대로 하찮은 푼돈이나 주고받는 상거래에 한정한다는 논의에 불과했다. 왕조가 무너지는 날까지 우리에게 상업이란 존재하지도 않았던 것이다.

반면에 중국은 사정이 사뭇 달랐다. 4천여 년 전 대륙 최초의 국가인 하夏나라 때 벌써 상업이 출현했으며, 3천여 년 전 주周나라 땐 상인이 등장했고, 춘추전국 시대에 이미 '재물의 신'이라고 불리는 범려와 자공, 백규와 같은 대상인들이 경영의 진수를 한껏 보여주었다. 이후 한漢 → 송宋 → 명明 → 청淸을 거치면서 상업이 천하와 두루 통하다通行天下, 다시 19세기에 이르러 상인과 기업의 중간 단계인 '매판買辦'을 거쳐 근대 기업으로까지 자연스럽게 연착륙할 수 있었다.

일본 역시 일찍이 상업과 금융업이 상업자본으로 성장하고 있었다. 대표적인 상인으로 지금까지도 건재한 고노이케鴻池, 스미토모住友, 미쓰이三井 등을 들 수 있다. 고노이케는 1656년 환전업에서 시작하여 일반 금융업으로 성장해갔으며, 스미토모는 1691년 이래 부동산 개발과 동銅 거래를 시작하여

금융업 등으로 사업을 전개해갔고, 미쓰이는 1673년 의류상을 시작으로 대자본을 일궜다.

왜 그랬을까? 한·중·일 삼국이 지난 역사 속에서 다 같이 불교와 유교문화의 지배를 받아왔음에도, 자본 축적의 기회에서만은 우리가 유독 뒤늦은데다 또 초라하기까지 했던 것일까? 그저 단순히 유교를 국시로 삼은 왕조의 탓으로 돌리면 그만일까?

"만일 집이 가난하고, 어버이가 늙은 데다, 처자식들은 연약하며, 명절이 되어도 조상에게 제사조차 올리지 못한다면, 더구나 가족이 한데 모여도 음식을 변변히 먹지 못하고, 입을 옷이 없어 사람들과 어울리기 어려우면서도, 그 같은 가난을 진정으로 부끄러워할 줄 모른다면 참으로 못난 사람이 아니냐? 바로 이런 이유 때문에 재물이 없어 가난한 사람은 힘써 일하고, 재물이 조금이나마 있는 사람은 지혜를 짜내며, 이미 많은 재산을 소유한 사람은 시기를 노려 보다 많은 이익을 좇게 된다. 이것이 곧 삶의 진리다…."

중국의 고전 「사기史記」 가운데 한 대목이다. 지금의 시점으로 본다면 어떤 문제도 있을 턱이 없다. 하지만 조선의 중기도, 고려의 말기도 아닌, 고구려·백제·신라시대의 초기로까지 거슬러 올라간다면 얘기가 달라진다.

「사기」는 지금으로부터 약 2천여 년 전인 중국 한나라 때 사마천이 쓴 대륙의 장구한 역사서다. 〈본기本紀〉 12권, 〈표表〉 10권, 〈서書〉 8권, 〈세가世家〉

30권, 〈열전列傳〉 70권 등 모두 130권 526,500자로 구성되어 있는, 결코 만만찮은 방대한 분량이다.

그 130권 중 〈열전〉의 70권 가운데 예순아홉 권째가 이른바 「화식열전」이다. 앞의 문장은 바로 이 「화식열전」에서 가려 뽑은 것이다.

여기서 '화貨'는 재산이요, '식殖'은 불어난다는 뜻이다. 춘추 말기부터 한대 초기에 이르기까지 상공업으로 치부한 이들의 활약상을 꿰뚫어 담은, 다시 말해 재산을 늘리는 숨은 비책을 관통하고 있다.

특히 '재주 있는 자는 부유해지고 모자라는 자는 가난해진다'라거나, '사람의 모든 행위는 오직 부귀해지려는 몸부림이다'랄지, '이익을 존중하고 가난을 치욕으로 여기라'는 사람의 먹고사는 문제를 정면으로 제기한다.

예컨대 경제 능력이 사회생활에서 얼마만큼 중요한가를 강조하면서, 명분보다는 실질을 택하여 가난을 수치로 여기라며 피를 토하듯 목청을 돋우고 있다. '사농공상의 시대'로 상업을 천시했던 전통적인 가치관을 일관되게 부정하고 거역하는, 당시로선 불손하기 짝이 없는 천기누설이 아닐 수 없다.

그럼에도 사마천은 초지일관이다. 당대 유학자들이 '이익을 추구하고 가난을 치욕으로 여긴 자'라고 손가락질하고 혐오했던 상인들의 진가가 본질적인 점에서 유교의 정신과도 합치한다는 주장을 굽히지 않는다. 때문에 방대한 역사서 안에 별도로 상인들의 이야기인 「화식열전」을 따로 구성하여, '이익을 추구하고 가난을 치욕으로 여겼던' 상인들의 삶을 발굴하여 기탄없이 칭송하고 있다.

사마천의 이유는 너무도 자명했다. 그 같은 상인들일지라도 '평범한 사람들로 정치를 어지럽히지 않을뿐더러, 백성의 생활을 방해하지도 않았고, 단지 상품의 매매에서 기회를 포착하여 재산을 증식하였을 따름'이라고 대변한다. 그런 만큼 '지혜로운 자라면 여기서 반드시 깨달은 점이 있어야 한다'고, 상인들의 이야기인「화식열전」을 엮어낸 자신의 의도를 분명히 밝히고 있다.

요컨대 한낱 평범한 필부가 세상을 어지럽히지 않으면서도 상업에서 기회를 포착하여 재산을 증식하는 일이란 제아무리 지혜로운 자라 할지라도 정녕 배울 점이 있다는 확신에서였다. 당대의 유학자들로부터 거센 비판의 대상이 되었던 '이익을 추구한다'는 대목을 사마천은 '그것이야말로 인간의 가장 자연스러운 욕구'라고 벌써 2천여 년 전에 피를 토하듯 부르짖은 것이다.

또한 그처럼 전통적인 가치관을 일관되게 부정하고 거역하고 있음에도 결코 헛되지 않은 천기누설이었기 때문에 일일이 다 손가락으로 헤아릴 수 없을 정도로 수많았던 중국의 성현군자들이 쏟아낸 그 무수한 책더미 속에서도, 그것도 자그마치 2천여 년 동안이나 꿋꿋이 살아남을 수 있었다. 그리하여 중국의 상인들을 '세계 3대 상인'으로 굴기시킨 불멸의 상경商經으로 남게 된 것이다.

중국의 상인들에게 사마천의「화식열전」이 불멸의 상경이라고 한다면, 일본을 경제 대국으로 굴기시킨 불멸의 상경은 시부사와 에이치의「논어와 주판」이다. '상업은 곧 악'이라고 일컫던 '사농공상'의 에도막부 시대에

'부귀는 인류의 성욕과도 같은 가장 원시적이고 근본적인 욕구'라고 주장하면서 '에도 시대의 유학자들이나 송나라의 유학자들이 생각하고 있는 것처럼 도덕과 이익 추구는 상호 모순의 관계가 아니며, 따라서 도덕과 이익 추구는 더불어 추구할 수 있다'고 강조하고 나섰다.

그는 「논어」에 결코 부귀를 천시하는 내용은 없으며, 공자가 부귀를 악으로 보았다는 해석도 후세의 오독이라고 단언한다. 본래 공자는 부귀하여 방탕해지는 것을 경계하고 있을 뿐인데 이것을 마치 공자가 부귀를 혐오했다고 이해하는 건 잘못이라고 지적한 것이다.

시부사와 에이치는 이 같은 폐해를 해소하기 위해 공자의 「논어」를 찾는다. 그는 송나라의 주자학에 뿌리를 둔 에도 막부 시대의 유학은 '이利를 배척하고 인仁만을 강조'했기 때문에 「논어」와 다르다고 말한다. 당초에 공자가 의와 이는 불과 물처럼 서로 섞일 수 없는 관계라고 주장한 것이 아니라, '의리합일義利合一'을 외쳤다고 주장한다.

에도 막부 말기에 농업과 상업을 겸한 집안에서 자란 시부사와 에이치는, 27세1867년 때 파리 만국박람회 시찰을 계기로 선진 자본주의 국가의 산업 제도가 얼마나 우수한지 몸소 체득했다. 유럽에서 돌아온 그는 메이지 정부의 조세국장과 구조개혁국장을 지내며, 일본의 조세·화폐·은행·회계 제도를 근대적으로 개혁했다.

하지만 33세1893년 때 '상업이 부흥해야 나라가 산다'는 신념으로 탄탄대로를 걷던 고위 관직을 스스로 버린다. 그런 뒤 '만약 부를 추구해서 얻을 수 있고 떳떳한 것이라면 비록 말채찍을 잡고서 왕의 길을 트는 미천한 마부의 일이라도 마다하지 않겠다'며 실업계에 투신한다.

이후 미즈호은행, 도쿄가스, 도쿄해상화재보험, 태평양시멘트, 데이코쿠 호텔, 지치부철도, 도쿄증권거래소, 기린맥주, 세키스이건설 등 500여 개의 기업을 설립했다. 유교적 도덕과 함께 현실적인 시장 감각의 조화를 꾀하면서 '일본 경제의 아버지', '일본 근대화의 아버지'로 추앙받고 있다.

왼손에는 건전한 부의 윤리를 강조한 〈논어〉를, 오른손에는 화식의 「주판」을 들고 당당하게 경제 활동을 하라는 메시지를 담고 있는 그의 「논어와 주판」은, 일본 상인들에게 나침반이자 일본 경제를 굴기시킨 '비즈니스의 바이블'로 불리며 지금껏 끊임없이 읽히고 있다.

불행하게도 우리의 역사에선 이 같은 상경商經이 없다. 율곡과 퇴계가 남겼다는 무수한 저술 속에도, 개혁 군주의 아이콘으로 가난한 백성을 그리도 생각했다는 정조의 수많은 어록 속에도, 무려 500여 권이 넘는 책을 펴냈다는 다산 정약용의 책 곳간 속에도, 평생 출사하지 않고 종루거리의 거지 왕초로 살아가면서 애오라지 저작에만 몰두했다는 연암 박지원의 도서 목록을 다 뒤져보아도, 아니 그들 말고도 문文·사史·철哲의 일체를 추구한다는 그 수많았던 조선 선비들의 서재 어디에서도 찾을 수 없다. 누구 한 사람 단단한 복숭아씨 같은 그런 불멸의 상경을 남겼다는 이는 끝내 찾을 길이 없다.

우리에겐 왜 가난을 치욕으로 여기라고, 그래서 부유한 자가 되라고 피를 토하듯 부르짖는 역사가 없었는지 아쉽다. 요란스러운 빈말들이 아닌 역사의 물줄기를 바꾸어낼 그 같은 고뇌가 부재했는지, 결과적으로 먹물들의 해오_{解悟}는 있었을지 몰라도 그것을 헤쳐나갈 수 있는 대각_{大覺}은 없었는지 그저 안타깝기 그지없다. 정말이지 2천여 년 전까지는 아니더라도, 일본과 같은 1800년대만이라도 그 같은 상경을 누군가가 써내고 그래서 널리 읽게 되었더라면, 우리의 역사가 또 어떻게 흘렀을지 알 수 없는 노릇이다.

끝내 두 사람은 자리를 털고 일어섰다. 속절없이 떨리는 두려움을 안으로 지그시 억누른 채 껍질 바깥으로 첫발을 내디뎠다. 아직은 한 번도 나가본 적이라곤 없는 낯선 바다였다.

26세의 젊은 이병철은 1936년 봄, 지방의 소도시에 '협동정미소'라는 간판을 걸고 첫 항해에 올랐다. 24세의 젊은 정주영은 1938년 섣달, 소 판 돈 70원을 훔쳐 들고 무작정 상경한 지 4년여 만에 쌀가게 '경일상회'라는 간판을 내걸고 역시 첫 항해에 돌입했다.

정미소와 쌀가게에서 볼 수 있듯이 별다른 자본도, 뾰족한 기술도 없이, 그저 '할 수 있을 것 같다'는 예감만으로 시작된 '100년 경영'의 첫 시작이었다. 신대륙을 찾아 포르투갈의 파로스 항구를 떠났던 콜럼버스와 같은 심경으로, 둘은 그렇게 보잘 것 없는 작은 배 한 척을 띄워 미지의 바다로 나아갔다.

예상했던 것처럼 파고는 높고 거칠었다. 하지만 굴하지 않았다. 항해는 중단 없이 계속되었다.

　자기 앞의 모든 고난과 시련, 도전과 응전을 부단히 헤쳐나간 끝에, 드디어 국내 정상에 오르는 '왕국의 시대'를 만개했다. 두 사람의 후계자 이건희와 정몽구 또한 선대의 유업을 이어받아, 글로벌과 디지털이라는 낯선 바다로까지 부단히 헤쳐 나아가 마침내 '제국의 시대'를 활짝 열었다. 선대에서의 '좋은 기업을 넘어 위대한 기업Good to Great'을 탄생시켜냈다. 우리의 경제 경영사에서 이보다 더 자랑스러운 역사란 일찍이 딴은 또 없었다.

　그것은 실로 누구도 예기치 못한 현상이었다. 지금 곧 또 다른 찬사를 찾지 않으면 안 될, 가슴 벅찬 기적이라고 밖엔 말할 수 없는 위업이었다. 패배의 역사에 주눅이 들어 있던 우리도 할 수 있다는 숨은 역량을 만천하에 보여주었다. 우리 모두에게 가슴 뛰는 자신감을 피부처럼 녹아들게 해준 것이다.

　「삼성경영 현대경영」을 처음 붓질하기 시작하였을 때 '삼성경영 현대경영'은 역사이자 전기이며, 기업전략이자 기업문화의 텍스트라고 분명한 목표를 내걸었다. 과연 삼성과 현대는 그간 어떤 시공을 거쳐 오늘에 이르렀는지, 지금의 삼성과 현대가 탄생하기까지 그러한 시간은 도대체 어떠한 역사를 만들어간 것인지, 삼성과 현대라는 기업의 조직 안에서 우세하게 발현된 이른바 가치·태도·신념·기강·극기·인내·몰입·지향 등으로 일컬어지는 성공의 DNA를 베일 너머에서 두루 끄집어내어 톺아볼 요량이었다.

　물론 어느 누구도 지난 과거를 완벽하게 기록할 수는 없다. 저자 또한 예외가 아니다. 아닌 게 아니라 애초 결심한 그 같은 과녁의 홍색 혁심을 얼마만큼 관통한 것인지 알 수 없다.

더욱이 이 원고는 비판의 소지도 많을 줄 안다. 비록 기업의 문화와 전략을 씨줄로 삼고 있다곤 하나 경제의 흐름 속에서 지난 역사를 살펴본다는 건 지극히 편협한 시각인 데다, 더구나 우연적인 요소도 적지 않아서 80여 년 동안이나 그 두께를 아우르는 방대한 사회적 변화를 단지 경제의 흐름 속에 담아내기에는 어림도 없다는 지적이 뒤따를 수 있다.

뿐만 아니고 의문과 질문은 제법 크게 벌려 놓았으나 그 해답을 뒷받침하는 논거의 빈약은 물론이고, 그나마 친절하고 설득력 있게 입증하려 하기보다는 그저 주장에만 그치고 있을뿐더러, 그러한 사실조차 단순화하고 말았다는 미진함 또한 고백하지 않을 수 없다.

그럼에도 「삼성경영 현대경영」을 기어이 광장으로 끌어냈다. 그 이유는 자명하다. 비록 책장의 뒷면을 뚫을 만큼 분명한 해답을 다 밝혀내진 못했다 하더라도 맑은 우물 속을 한참 들여다보면 그 안에 또 다른 신세계가 펼쳐지는 것을 본 기억이 있다.

그렇다. 「삼성경영 현대경영」을 읽다 보면 뭔가 알 수 없는 번뜩임을 느끼게 된다. 곁에 두고 읽다 보면 분명히 무언가를 목격하게 된다. 읽고 또 읽으면 반드시 어떤 무엇인가를 찾을 수 있게 될뿐더러, 그들이 담고 있는 계시와도 같은 '가슴 뛰는' 신세계를 만나볼 수 있다. 다양한 경영문법과 함께 기업경영의 해법을 이끌어낼 수도 있고, 자기 내면의 깊은 성찰은 물론 미처 상상하지 못한 어떤 영감의 확장까지도 경험하게 될 것이라고 단언할 수 있다.

아놀드 토인비는 말한다. 문명은 항구가 아니라 곧 항해라고. 여태 그 어떠한 문명도 아직 항구에 다다른 일은 없다고.

우리는 앞으로도 「삼성경영 현대경영」을 오랫동안 곁에 두고 마주하게 될 것으로 믿어진다. 우리의 항해가 끝나 항구에 다다를 그날까지 거울처럼 끊임없이 다시금 꺼내어보게 될 것이다.

참고 문헌

이용우, 「삼성뎐」, 감고당, 2013

조기준, 「한국기업가사」, 박영사, 1976

朴東洵, 「한국재벌의 창업사상」, 공평출판사, 1981

朴炳潤, 「財閥과 政治」, 한국양서, 1982

朴東洵, 「韓國의 財閥들」 상록서점, 1982

임호연, 「재계산맥─근세 100년 산업과 인물」, 매일경제, 1982

한국일보 경제부, 「한국의 50대 재벌」, 경영능률연구소, 1983

강철규 외, 「재벌」, 비봉출판사, 1991

趙東成, 「한국재벌연구」, 매일경제, 1994

백승열, 「재벌그룹·재벌 총수들」, 문원, 1995

황명수, 「한국기업가사연구」, 단국대 출판부, 1999

이훈섭, 「한국전통사론」, 글로벌, 1999

동아일보 경제부, 「한국 대기업의 리더들」, 김영사, 2002

趙東成 외, 「한국 자본주의의 개척자들」, 월간조선, 2003

파이낸셜 산업부, 「집념과 도전의 역사 100년」, 아테네, 2004

아산고희기념출판위원회, 「峨山 鄭周永演說文集」, 울산대 출판국, 1985

정주영, 「시련은 있어도 실패는 없다」, 김영사, 1991

정규백, 「아산 정주영의 창업과 기업 활동」, 경영사학, 1993

허영섭, 「現代 50년의 신화」, 자작나무, 1999

정주영, 「이 땅에 태어나서」, 솔, 1998

김명호, 「정주영 畵傳, 世紀의 架橋」, 삼연서점, 1997

박상하, 「한국의 기업가」, 월간 품질경영, 2003

박상하, 「이병철과의 대화」, 이롬미디어, 2007

李秉喆, 「財界回顧, 李秉喆」, 한국일보 출판국, 1981

李秉喆, 「湖巖自傳」, 〈중앙일보〉, 1986

삼성경제연구소, 「湖巖의 經營哲學」, 삼성경제연구소, 1989

經營史學會, 「湖巖 李秉喆研究」, 經營史學會, 1990

異園樹, 「李秉喆 思想과 哲學」, 경영아카데미, 1978

異園樹, 「李秉喆 會長, 그는 누구인가」, 자유문학사, 1983

孫光植 외, 「巨搭의 內幕─三星篇」, 경향신문 출판국, 1982

전범성, 「실록소설 이병철」, 서문당, 1985

金敎植, 「李秉喆」, 삼성문화사, 1986

金敎植, 「三星그룹 李秉喆」, 율곡문화사, 1986

손충무, 「李秉喆과 三星王國」, 화음, 1988

李孟熙, 「묻어둔 이야기」, 청산, 1993

李孟熙, 「하고 싶은 이야기」, 청산, 1993

維民洪璉基傳記刊行委員會, 「維民 洪璉基 傳記」, 〈중앙일보〉, 1993

한상복, 「외발자전거는 넘어지지 않는다」, 하늘출판사, 1995
강진구, 「삼성전자 신화와 그 비결」, 고려원, 1996
심명기 외, 「이병철 회장을 추모한다」, 미네르바기획, 1996
박세록, 「삼성비서실」, 미네르바기획, 1997
이종곤, 「삼성기질 현대기질」, 제3문학사, 1996
이건희, 「생각 좀 하며 세상을 보자」, 동아일보, 1997
권오현, 「이병철」, 동서문화사, 1984
박동순, 「한국재벌의 창업사상」, 공평출판사, 1981
박원배, 「이건희 신경영어록, 마누라 빼고 다 바꿔라」, 청맥, 1993
강준만, 「이건희시대」, 인물과 사상사, 2005
홍하상, 「이건희」, 한국경제신문, 2003
김용철, 「삼성을 생각한다」, 사회평론, 2010
정철화, 「삼성&도요타 창조경영」, 무한, 2007
이채윤, 「이건희, 21세기 신경영노트」, 행복한 마음, 2006
이용우, 「100년을 앞서는 사람, 李健熙」, 건강다이제스트, 2006
기타오카 도시오키, 「세계 최강기업, 삼성이 두렵다」, 책보출판사, 2006
이창우, 「다시 이병철에게 배워라」, 서울문화사, 2003
홍하상, 「이건희, 세계의 인재를 구하다」, 북폴리오, 2006
장세진, 「SONY VS SAMSUNG」, 살림Biz, 2008
김성홍 외, 「이건희 개혁 10년」, 김영사, 2003
전범성, 「실록소설 정주영」, 서문당, 1985
정대용, 「아산 정주영의 기업가정신」, 삼영사, 2001
김방희, 「정몽구 이야기」, 명진출판, 1996
김성홍 외, 「정몽구의 도전」, 고즈원, 2005
이임광, 「정몽구와 현대·기아차, 변화를 향한 질주」, 생각의 지도, 2007
진희정 외, 「현대자동차의 힘」, 명성, 2006
박상하, 「이기는 정주영 지지 않는 이병철」, 무한, 2009
박상하, 「정주영 집념의 승부사, 정몽구 결단의 승부사」, 무한, 2011
박상하, 「이건희」, 경영자료사, 2014
송재용 외, 「이건희 경영학 SAMSUNG WAY」, 21세기북스, 2013
노순규, 「현대자동차의 품질과 경영」, 한국기업경영연구원, 2013
노순규, 「삼성전자의 조직과 전략」, 한국기업경영연구원, 2013
이채윤, 「현대가 사람들」, 성안당, 2015
현대경제연구원, 「정주영, 경영을 말하다」, 현대경제연구원BOOKS, 2011
고승희 외, 「왜 삼성인가」, 비즈니스맵, 2012
신용인, 「삼성과 인텔」, 랜덤하우스, 2009
심정택, 「삼성의 몰락」, 랜덤하우스, 2015
정세영, 「미래는 만드는 것이다」, 행림출판사, 2000

심정택, 「현대자동차를 말한다」, 알에이치코리아, 2015
아시아경제, 「MK리더십」, 아경북스, 2011
가재산, 「삼성이 강한 진짜 이유」, 한울, 2014
손욱, 「삼성, 집요한 혁신의 역사」, 코리아닷컴, 2013
신완선, 「한국처럼 품질하라」, 한국표준협회미디어, 2014
기타오카 도시아키, 「삼성이 두렵다」, 책보출판사, 2006
성화용, 「2015년 이재용의 삼성」, 월간조선, 2005
이어령, 「축소 지향의 일본인」, 문학사상, 2002
오대영, 「닛폰 리포트」, 중앙북스, 2007
이우광, 「일본 재발견」, 삼성경제연구소, 2010
아사꼬 카즈미 외, 「入門 日本經濟」, 이롬미디어, 2009
가이도 마모루, 「일본의 종합상사」, 소학사, 1993
박명훈, 「일본의 기업을 해부한다」, 김광수경제연구소, 2009
이데이 노부유키, 「ON & OFF」, 청림출판, 2003
아사쿠라 레이지, 「소니의 야망」, 바다출판사, 2000
가토 료헤, 「소니 출신 CEO는 왜 강한가」, 청년정신, 2004
김경준, 「소니는 왜 삼성전자와 손을 잡았나」, 원앤원북스, 2005
이병하, 「일본 문화 조직」, 민음인, 2012
유노가미 다카시, 「일본 반도체 패전」, 성안당, 2011
김병욱, 「삼성vs소니」, 서울미디어, 2006
아리사와 소지, 「제2차 디지털전쟁」, 씨엔씨미디어, 2000
존 네이던, 「SONY 4인의 CEO」, YBM시사, 2001
요코타 히로노부, 「무엇이 SONY를 추락시켰나」, 이립, 2009
세노오 겐이치로, 「기술력의 일본이 사업에 실패하는 이유」, 21세기북스, 2011
삼성비서실, 「三星 五十年史」, 삼성비서실, 1988
전국경제인연합회, 「全經聯 三十年史」, 전국경제인연합회, 1991
현대그룹 문화실, 「현대50년사」, 현대그룹, 1997
윤종용, 「삼성전자 30년사」, 삼성전자, 1999
최지성, 「삼성전자 40년사」, 삼성전자, 2010
현대모비스 30년사 편찬위원회, 「현대모비스 30년사」, 현대모비스 30년사 편찬위원회, 2014
현대자동차 30년사 편찬위원회, 「현대자동차 30년사」, 현대자동차 30년사 편찬위원회, 1997
기타 〈매일경제〉, 〈아시아경제〉, 〈한국경제〉, 〈해럴드경제〉, 〈서울경제〉, 〈파이낸셜뉴스〉 등의
신문 스크랩 및 관계자 인터뷰

사진 출처

본 도서에 실린 사진은 아산사회복지재단, 호암재단,
연합뉴스, 조선일보 사진DB, 중앙일보 사진DB 등으로부터 제공받았습니다.

지은이 **박 상 하**

인간과 조직의 전력은 오래된 지혜에서 나온다는 평소 신념에 따라,
실존의 경험이라는 역사의 넓이 속에서 경영을 발견하고 접목하는
길 찾기 작업을 지속해오고 있다.
특히 기업史 분야를 개척한 알프레드 챈들러의 저서에 감화를 받아
기업史를 추적하는 글을 쓰고자 마음먹게 되었다.
향후에는 우리 기업의 역사와 문화 스토리에 대해서도 두루 톺아볼 작정이다.
그 첫 번째 붓질이 새로운 프레임으로 조명한
「이기는 정주영 지지 않는 이병철」이었다.
이 책에서 저자는 오늘을 살아가는 우리에게,
특히나 글로벌화 된 지구촌을 살아가는 리더들에게
이병철과 정주영의 생애, 철학, 전략 등을 낱낱이 분석해내어,
두 사람의 의미가 현재성과 아울러 미래성을 갖고 있음을
설득력 있는 붓질로 생생히 그려냈다는 평을 받은 바 있다.

건국대학교 교육대학원 국어교육과를 졸업했다.
1995년 허균문학상을 수상하면서 등단했고,
2000년에는 문예진흥원 소설 부문 창작지원금을 받으면서
줄곧 문학 작품을 써오고 있다.
또한 경영칼럼니스트로 경제경영 관련 원고 역시 줄곧 써오면서
우리 기업의 속살까지도 주의 깊게 들여다보는 중이다.
EBS교육방송의 고정 패널로 출연했으며, 기업과 행정기관 등지에서
리더십을 주제로 강연하고 있다.

지은 책으로는 「한국인의 기질」, 「경성 상계史」, 「이병철과의 대화」,
「최초의 근대기업가 박승직 상점」, 「한국기업성장100년史」,
「정조의 리더십, 수원 화성에 묻다」 등 다수가 있다.
또 「이기는 정주영 지지 않는 이병철」은 연합뉴스TV에서 다큐멘터리로,
「이건희」는 한국과 중국에서 동시 출간되었다.

psangha1215@hanmail.net